LA
PHILOSOPHIE DE PLATON

EXPOSITION, HISTOIRE ET CRITIQUE

DE

LA THÉORIE DES IDÉES

PAR

ALFRED FOUILLÉE

Professeur de Philosophie au Lycée de Bordeaux.

OUVRAGE COURONNÉ PAR L'ACADÉMIE DES SCIENCES MORALES ET POLITIQUES

TOME PREMIER

PARIS
LIBRAIRIE PHILOSOPHIQUE DE LADRANGE
41, RUE SAINT-ANDRÉ-DES-ARTS

1869

À Monsieur F. Ravaisson,
de l'Institut,

hommage très-respectueux,

A. Fouillée

LA

PHILOSOPHIE DE PLATON

TOME PREMIER.

SAINT-CLOUD — IMPRIMERIE DE Mme. Ve BELIN.

LIVRE PREMIER.

EXISTENCE DES IDÉES.

CHAPITRE PREMIER.

MÉTHODE DE DÉMONSTRATION PLATONICIENNE.

I. Platon démontrait-il l'existence des Idées ? — II. Méthode de démonstration platonicienne. Preuves indiquées par Platon et par Aristote. Classification des preuves inductives et déductives. — III. Dogmatisme de Platon. Comment sa doctrine enveloppe à la fois des thèses négatives et des thèses affirmatives. Quadruple aspect sous lequel Platon envisage les questions.

I. *Platon démontrait-il l'existence des Idées ?*

Aristote reproche à Platon de ne pas avoir établi scientifiquement l'existence des Idées. On ne trouve pas en effet dans les dialogues de démonstration proprement dite. Souvent même Platon pose comme évidente l'existence de la *vérité* absolue, de la *beauté*, de la *justice*.

« *Je ne vois rien de si évident* que l'existence, au plus haut degré possible du beau, du bon, et de toutes les autres choses de ce genre; et elle m'est *suffisamment démontrée.* (1). »

« Dirons-nous qu'il y a quelque chose qui est la justice même, ou qu'il n'y a rien de tel ? — Par Jupiter,

---

(1) Οὐ γὰρ ἔχω ἔγωγ' οὐδὲν οὕτω μοι ἐναργές ὄν, ὡς τοῦτο, τὸ πάντα τά τοιαῦτα εἶναι ὡς οἶόν τε μάλιστα, καλόν τε καὶ ἀγαθὸν καὶ τἆλλα πάντα, ἅ σὺ νῦν δὴ ἔλεγες· κἀμοὶ γε δοκεῖ ἱκανῶς ἀποδεδεῖχθαι. (*Phédon,* 177, *b.*)

nous le dirons. — N'en dirons-nous pas autant du beau et du bon?... » (1)

« N'est-ce point par la justice que les choses sont justes, par la beauté que les choses sont belles? *La justice n'est-elle pas quelque chose de réel?...* » (2)

Cette absence de preuves *régulières* ne tient pas seulement à la forme libre et poétique des dialogues (3). Elle a des causes plus profondes, soit dans le caractère même de Platon, soit dans l'opinion qu'il s'était faite de la valeur des preuves logiques.

Le principal trait du génie de Platon, celui qui frappe tout d'abord à la lecture de ses ouvrages, c'est précisément la foi aux Idées, c'est-à-dire à la vérité, à la beauté, à la justice. « Toute âme, dit-il, s'élance naturellement vers ce qui est immuable et éternel, *comme étant de la même nature,* ὡς συγγενὴς οὖσα, » et plus une âme est grande, plus sa foi est vive. Aussi, ce qui paraît à Platon digne d'étonnement, ce n'est pas l'existence de l'idéal et du parfait; mais bien plutôt celle du monde sensible où le laid se mêle au beau, le non-être à l'être, le mal au bien. Si la vérité, la beauté, la justice, la perfection, ne sont pas réelles, où sera la réalité? La *plénitude* de l'existence est-elle donc le *contraire* de l'existence! Platon s'écrierait volontiers, lui aussi : « Pourquoi l'imparfait serait-il, et le parfait ne serait-il pas? La perfection n'est pas un obstacle à l'être, c'est la raison d'être. »

---

(1) Φάμεν τι εἶναι δίκαιον αὐτό, ἢ οὐδέν; — φάμεν μέν τοι νὴ Δία. Καὶ καλόν γέ τι καὶ ἀγαθόν; — Πῶς οὔ; — *ib.*

(2) Ἆρ' οὐ δικαιοσύνῃ δίκαιοί εἰσιν οἱ δίκαιοι;... οὐκοῦν καὶ τὰ καλὰ πάντα τῷ καλῷ ἐστι καλά; etc. (1ᵉʳ *Hipp.* 177, *b.*)

(3) Il ne faut cependant pas l'oublier, Platon ne considérait pas les dialogues comme l'expression rigoureuse de sa propre doctrine; il exposait celle-ci, non en écrivant ou en conversant, mais dans de véritables leçons orales. (Voir p. 14, note 2.)

D'ailleurs, quelle est la véritable portée des démonstrations logiques ? Seraient-elles capables de nous donner les Idées, si nous ne les portions pas déjà dans notre âme ? Platon ne le croit pas : la réflexion, bien interrogée, ne fait que montrer l'insuffisance de la réflexion même et la nécessité d'un procédé supérieur : l'intuition primitive, la νόησις. La raison et les Idées sont intimement unies ; l'intelligible et l'intelligence se pénètrent l'un l'autre dans une intuition immédiate, mais confuse : L'âme, disait Socrate, est grosse de la vérité (1). Seulement il faut que cette vérité apparaisse au grand jour. La réflexion et la logique doivent éclaircir et développer ce qu'enveloppe l'obscurité de la foi instinctive. Il y a donc un genre de preuves qui loin d'être inutiles, confirment la croyance aux Idées en l'élevant à la hauteur d'une science.

Comment Platon conçoit-il ces preuves ? par quelle méthode les aurait-il établies, s'il avait entrepris une démonstration régulière de sa doctrine ? Ne trouve-t-on dans les dialogues aucune trace de cette méthode et de ces preuves ?

II. *Méthode platonicienne pour prouver l'existence des Idées.*

Le *Timée* et la *République* contiennent l'indication d'une preuve positive de l'existence des Idées.

« Les objets que nous voyons, et tous ceux que nous sentons par nos sens corporels, sont-ils les seuls qui aient une réalité propre, et n'y en a-t-il absolument aucune autre que celle-là ? Est-ce faussement que nous disons toujours qu'à chacun d'eux correspond une espèce intelligible, et ne seraient-ce là que de vaines

---

(1) V. le *Théét.* et le 6ᵉ liv. de la *Rép.*, plus loin, ch. II.

paroles?... Si nous pouvions nous renfermer dans de justes limites, de manière à paraître dire beaucoup de choses en peu de mots, ce serait sans doute ce qui conviendrait le mieux à la circonstance. Voici donc, sur cette question, mon avis personnel; si l'intelligence et l'opinion vraie sont deux choses différentes, il faut absolument croire à l'existence en soi de ces espèces qui ne tombent point sous nos sens, et que notre intelligence seule peut comprendre ; mais si, au contraire, comme il paraît à quelques-uns, l'opinion vraie ne diffère en rien de l'intelligence, toutes les choses que nous sentons par le corps doivent être jugées les plus solides. Mais il faut dire que ce sont deux choses distinctes; car elles se forment séparément et elles sont dissemblables (1). »

Dans ce passage du *Timée*, l'existence des espèces intelligibles est établie par une preuve toute psychologique : la distinction, dans l'intelligence humaine, de deux facultés différentes par leur *nature*, et conséquemment par leurs *objets* : la raison et l'opinion ; ou, dans le langage moderne, la raison et l'expérience.

Cette preuve est également indiquée dans la *République*. — « Les facultés sont une espèce d'êtres qui nous rendent capables, nous et tous les autres agents, des opérations qui nous sont propres. Par exemple, j'appelle faculté la puissance de voir, d'entendre... Je ne vois dans chacune de ces facultés ni couleur, ni figure, ni rien de semblable à ce qui se trouve en mille autres choses, sur quoi je puisse porter les yeux pour m'aider à faire les distinctions convenables. Je ne considère en chaque faculté que son objet et ses effets ; c'est par là que je les distingue. J'appelle facul-

---

(1) *Timée*, p. 51, b. c., tr. H. Martin.

tés identiques celles qui ont le même objet et produisent les mêmes effets, facultés différentes celles dont les objets et les effets sont différents (1). » Suit la distinction de l'opinion et de la science, qui aboutit à l'affirmation des Idées.

Platon a consacré tout un dialogue au développement de cette preuve psychologique : le *Théétète*. Aristote, au XIII⁰ livre de la *Métaphysique*, lorsqu'il entreprend de réfuter Platon et réduit à deux preuves principales la démonstration de l'existence des Idées, cite en premier lieu la preuve tirée de la nécessité des Idées pour la science.

On est en droit de conclure que Platon, dans une exposition régulière et didactique de son système, aurait placé au premier rang la preuve psychologique. Fidèle à la méthode de Socrate, qui prend pour point de départ l'observation de soi-même, Platon faisait reposer sa doctrine sur l'analyse de la connaissance et de ses divers degrés. Le *Théétète* et le VI⁰ livre de la *République* en sont la preuve. Aucune démonstration logique, aucune série de déductions, n'est supérieure, pour Platon, à la simple analyse psychologique de nos facultés intellectuelles.

La seconde raison de l'existence des Idées, indiquée par Aristote dans sa *Métaphysique*, est la considération de l'*unité* dans la *pluralité*. Les objets sensibles, divers et changeants supposent au-dessus d'eux l'unité immuable où ils ont leur raison et leur essence. Cette preuve se retrouve à chaque page dans Platon ; et elle forme le complément naturel de la précédente. Après avoir considéré le sujet pensant, Platon considère l'objet de la pensée. L'observation de nous-même

---

(1) *Rép.*, v. 477.

avait abouti à cette vérité : l'âme n'est intelligente que par les Idées ; l'observation du monde extérieur aboutit à une vérité inséparable de la première : la Nature n'est intelligible que par les Idées.

Toutes les preuves possibles se ramènent donc à ces deux grandes propositions que développera le VI° livre de la *République*. — Il y a de la pensée ; il y a de l'être ; or l'Idée est le principe nécessaire de toute pensée et de toute existence ; elle est donc la suprême réalité, dans laquelle s'unissent éternellement la pensée et l'être.

Ces preuves, qui remontent de la pensée et de l'être, de l'âme et de la nature, à un principe supérieur, l'antiquité les nommait preuves inductives : elles contiennent ce qu'on pourrait appeler la dialectique ascendante. Mais elles ne sont pas les seules. Les preuves déductives, qui appartiennent à la dialectique descendante, sont comme la contre-partie et la vérification des premières. La logique, dans Platon, prête son appui à la psychologie et à la métaphysique.

Dégagée par l'induction, et comme *posée* sous le regard de l'intelligence, l'Idée semble conserver encore le caractère d'une hypothèse (ὑπόθεσις), tant qu'elle n'a pas été soumise à une vérification logique. Il faut que le raisonnement analyse toutes les conséquences de l'Idée, afin de voir si elles se contredisent entre elles et si elles contredisent leur principe. — « Que si on venait à attaquer le principe lui-même, ne laisserais-tu pas cette attaque sans réponse, jusqu'à ce que tu eusses examiné toutes les conséquences qui dérivent de ce principe, et reconnu toi-même si elles s'accordent ou ne s'accordent pas entre elles (1) ? »

---

(1) *Phæd.*, 100, a.

Ainsi, pour enlever à l'Idée tout caractère hypothétique, il faut tour à tour remonter aux principes et descendre aux dernières conséquences. Le *Sophiste* et le *Parménide* sont les principales applications de cette méthode. L'Idée, préalablement posée par la raison, est vérifiée par le raisonnement. L'intuition spontanée est soumise à l'épreuve de la réflexion et de la pensée discursive. A vrai dire, pour prouver l'existence des Idées, il faut la théorie des Idées tout entière, dans ses premiers principes et dans ses dernières conséquences. Si cette théorie éclaire toutes choses, si elle vient à bout de toutes les difficultés, si elle résiste à tous les efforts de la déduction, alors l'objet de la foi naturelle aura pour ainsi dire reçu ses titres de légitimité scientifique. La science et la logique auront confirmé ce que la pensée et l'amour, par une induction rapide, quoique régulière, avaient déjà saisi. L'Idée, objet de croyance, sera devenue objet de science. Ce ne sera plus une hypothèse, mais un principe évident.

Toute la théorie des Idées est donc une preuve des Idées. Platon veut faire voir que sa doctrine est la vraie, qu'elle seule est vivante, qu'elle seule assure le progrès de l'esprit ; pour cela, il répond aux objections comme Diogène à Zénon d'Elée : en marchant.

De là la nécessité d'établir, dans tout travail sur les Idées, une gradation continue qui, partant de la foi naturelle, aboutisse à la conviction raisonnée, après avoir tour à tour remonté ou redescendu la longue série des principes et des conséquences. Ce n'est pas trop de tous les procédés de l'esprit et de toutes les ressources de la science pour démontrer les Idées ; car les Idées sont la science même ; et c'est en se constituant, en vivant, en marchant, que la science démontre sa propre valeur.

En résumé, la véritable méthode philosophique, d'accord avec la doctrine de Platon et avec le témoignage d'Aristote, aboutit à la division suivante des preuves de l'existence des Idées :

1° Preuve psychologique par l'étude des conditions de la *connaissance* (le *Théétète*).

2° Preuve ontologique par l'étude des conditions de l'*existence* (le *Phédon*, le *Philèbe*, la *République*, etc.). Ce sont les deux preuves inductives.

3° Preuves logiques par l'analyse des conséquences; ou vérification de la théorie par ses applications de toute espèce, métaphysiques, morales, politiques, esthétiques.

III. *Dogmatisme de Platon.*

L'ensemble de ces preuves, aux formes extrèmement libres et variées, et dont la portée semble parfois toute négative, n'en constitue pas moins un dogmatisme très-réel, mais trop compréhensif pour être réduit aux étroites proportions des systèmes ordinaires. On a souvent mis en doute le dogmatisme de Platon ; parfois même la libre allure de son génie, sa dialectique *ondoyante et diverse* ont fait soupçonner de scepticisme l'esprit le plus spéculatif, le plus hardi et le plus *croyant* de l'antiquité. Un de ses plus récents et de ses plus habiles commentateurs, M. Grote (1), n'a guère aperçu ou du moins n'a guère apprécié que ce qu'il appelle la veine négative de Platon (the negative vein) et sa méthode d'examen contradictoire, d'examen en croix (cross-examination) (2). C'est là assu-

---

(1) *Plato and the other companions of Sokrates*, 3 vol. in-8°, 2ᵉ éd., 1867 (Londres, Murray).

(2) Terme de jurisprudence, désignant la mise aux prises de l'accusateur, du défenseur et des témoins.

rément une des parties les plus admirables du Platonisme ; c'est la pensée grecque dans toute sa liberté d'investigation scientifique, aimant à déployer sa vigueur et sa souplesse aux luttes intellectuelles; mais enfin, c'est le côté socratique et zénonien, parfois même sophistique, plutôt que platonicien. Ce n'est là pour Platon qu'un procédé d'essai préalable et comme d'expérimentation dialectique; mais sa méthode embrasse, nous le verrons, une foule d'autres procédés. Nous pouvons l'appeler, avec M. Grote, mais dans un autre sens, une méthode d'examen en croix. Il y a presque toujours, en effet, dans la doctrine de Platon, quatre thèses opposées qui se croisent pour ainsi dire, et qui nous font voir chaque question sous quatre aspects principaux et également nécessaires à une solution complète. Le *Parménide* est l'exemple le plus rigoureux de ce quadruple procédé auquel Platon soumet toute question ; mais, en lisant les autres dialogues dont la forme est moins régulière, il ne faut pas oublier de compléter la pensée parfois inachevée de Platon d'après la méthode qu'il emploie dans le *Parménide*, dans le *Sophiste* et dans le *Philèbe*, et dont il a toujours été plus ou moins préoccupé. Dans le *Parménide*, Platon pose successivement la *thèse*, l'*antithèse*, la négation de l'une et de l'autre (τὸ οὐδέτερον), et enfin l'affirmation simultanée de l'une et de l'autre (τὸ ἀμφότερον). Ce sont là, comme on dirait aujourd'hui, quatre moments nécessaires de la pensée qui forment, si l'on veut, un examen en croix de la question. A vrai dire, c'est plutôt une trilogie comprenant une thèse affirmative, une antithèse négative, et une synthèse, d'abord négative, puis affirmative. Sans doute, Platon n'emploie pas ces trois procédés d'une manière constante, uniforme et comme systématique ; mais il n'en a pas moins compris que sa théorie des Idées aboutissait nécessairement à cette suite dialectique d'affirmations et de négations. Nous verrons dans le *Sophiste* que chaque Idée contient beaucoup d'être et beaucoup de non-être. Une Idée *est* ce qu'elle est, et *n'est pas* une multitude d'autres choses ; à côté de sa détermination positive, de son unité et de son identité, elle contient toujours une multiplicité de différences négatives ; c'est ce qui rend nécessaire l'apparition d'une Idée supérieure qui embrasse dans une synthèse plus large, dans une détermination plus compréhensive, les Idées inférieures qui ont servi de point de départ. La dialectique consiste dans cette série d'analyses et de synthèses faisant *d'un plusieurs*, de *plusieurs un*. Platon applique cette méthode aux systèmes de ses devanciers : il les pose, les oppose et les concilie. Par exemple, dans le *Sophiste*, il met en contraste le système de l'universel mouvement et celui de l'universel repos (thèse et antithèse) ; puis il conclut que ni l'un ni l'autre n'est la vérité (synthèse négative ou double négation, οὐδέτερον), parce que l'un et l'autre sont vrais à la fois sous divers rapports (synthèse affirmative ou double affirmation, ἀμφότερον). Démontrer, pour Platon, ce n'est pas s'attacher à un principe exclusif et se contenter d'en déduire les conséquences logiques ; c'est compléter un principe par un autre, une conséquence par une autre, une Idée par une Idée ; démontrer, c'est montrer les Idées sous tous leurs aspects ; c'est ne négliger aucune négation comme aucune affirmation ; c'est tourner et retourner l'objet en tous sens sous le regard de la pensée. Démontrer, c'est faire voir une Idée, comme un rayon de lumière, se réfléchissant dans tous les sens et dans tous les milieux, développant toutes ses nuances et ses ombres comme ses clartés; puis le dialecticien réunit tous les rayons en un même faisceau, les concentre en une même lumière et les rattache au foyer universel, au *soleil intelligible,* unité suprême d'où dérive la multiplicité infinie des essences et des intelligences. En un mot, démontrer, c'est comprendre ; et comprendre, c'est embrasser la multiplicité tout entière dans l'unité. Platon n'est pas de ceux qui disent : qui trop embrasse, mal étreint; il dirait plutôt: qui n'embrasse pas tout, n'étreint rien ; la vérité, qu'il croit alors tenir d'un côté, lui échappe de l'autre. De là une critique impitoyable des systèmes étroits qui osent dire : je suis la vérité, toute la vérité; mais cette critique n'est négative qu'à l'égard des négations mêmes, et ce que Platon laisse toujours entrevoir au delà, c'est l'affirmation des Idées (1).

Beaucoup de dialogues ont ce caractère négatif, mais il en est aussi beaucoup qui sont ouvertement dogmatiques. Il est du reste certain que les dialogues écrits avaient presque toujours aux yeux de Platon un caractère plus ou moins ésotérique ; il les considérait comme une préparation à un enseignement plus intime et plus régulier, c'est-à-dire aux leçons orales

---

(1) Notre exposition fera voir suffisamment, nous l'espérons, combien M. Grote s'éloigne de la vérité en soutenant « qu'aucune intention commune ne traverse les Dialogues » (*no common purpose pervading the Dialogues,* t. II, *Kratylus*). Voir en particulier notre analyse du Cratyle, que M. Grote prétend sans aucun lien avec les autres dialogues. (Voir notre chapitre sur le rapport des Idées aux mots.) C'est surtout par les contradictions vraies ou prétendues de Platon avec lui-même qu'on veut prouver l'absence de dogmatisme chez ce philosophe. D'abord, ces contradictions sont beaucoup moins nombreuses qu'on ne le croit et portent sur des détails secondaires; ensuite, ces contradictions fussent-elles plus réelles et plus fréquentes, il ne suffit pas que la pensée d'un philosophe ait erré ou varié pour qu'on ait le droit de lui refuser un esprit systématique et une doctrine propre.

— « ἄγραφα δόγματα » (1). Il n'y avait aucune contradiction entre l'enseignement écrit et l'enseignement non écrit (2) ; mais il est clair *à priori*, et d'après le témoignage d'Aristote, que les leçons orales étaient plus systématiques et plus hardies dans leurs affirmations. Aussi Aristote ne traite-t-il jamais Platon comme un sceptique : il lui reproche beaucoup plutôt de trop affirmer que de trop nier ; pour lui, Platon est tout entier dans la théorie des Idées et toutes les parties de sa philosophie s'y ramènent ; toutes ses pensées convergent vers ce point.

Nous ne prêterons donc pas à Platon un dogmatisme étranger à ses habitudes en ramenant sa philosophie à la théorie des Idées ; nous montrerons dans tous ses dialogues, ou d'évidentes allusions à cette théorie, ou des arguments directs tendant à l'établir et à la confirmer. Nous serons seulement obligés de mettre dans les diverses parties du système un ordre plus régulier que les dialogues ne peuvent l'offrir.

(1) On répète sans cesse : il n'y a pas eu d'ἄγραφα δόγματα, puisque l'antiquité ne les a jamais vus ; mais il est clair que l'antiquité n'a pas pu voir des leçons non écrites. Il n'en est pas moins vrai que Platon avait son enseignement oral auquel Aristote se reporte très-souvent. Aristote avait même rédigé en partie les leçons de son maître dans le traité du Bien. (Voir M. Ravaisson, *Essai sur la métaphysique d'Aristote*, t. I ; et plus loin, dans notre chapitre sur les attributs de Dieu, un fragment platonicien où est démontrée l'immutabilité divine.) — On trouve dans Aristoxène un curieux passage où il raconte, d'après le témoignage d'Aristote, l'effet produit sur les auditeurs par les leçons sévères et abstraites de Platon (*Harm.* II, p. 30). Ceux qui venaient aux leçons sur le souverain bien, croyaient entendre parler de la gloire, de la beauté, de la santé et de tout ce qui passe pour des biens aux yeux des hommes ; mais ils entendaient parler de la monade et de la dyade indéfinie, et s'en retournaient désagréablement surpris. Dans les *Lettres*, que M. Grote regarde comme authentiques (*Plato*, I, 220), Platon répète qu'il ne faut pas livrer au vulgaire les parties les plus belles et les plus difficiles de la philosophie. Tout le monde connaît le mot : Que nul n'entre ici, s'il n'est géomètre.

(2) Sur l'ésotérisme de Platon, voir dans ce volume la note qui suit l'exposition de la philosophie platonicienne.

Nous ne ferons que recomposer ainsi à l'aide des dialogues eux-mêmes et avec le secours d'Aristote l'enseignement oral des « ἄγραφα δόγματα ». Par là, nous appliquerons à Platon lui-même sa propre méthode : embrassant dans le détail de ses parties et dans l'unité de l'ensemble sa vaste doctrine, nous ferons *d'un plusieurs*, et de *plusieurs un ;* ce que nous mettrons sous les yeux du lecteur, ce ne sera pas seulement la forme extérieure du platonisme et ses apparences multiples; ce sera son intime unité et comme sa réalité intelligible ; en un mot, ce sera l'*Idée* de la philosophie platonicienne.

CHAPITRE II.

PREUVE DE L'EXISTENCE DES IDÉES PAR L'ANALYSE DES CONDITIONS
DE LA CONNAISSANCE.

I. *La sensation.* Réfutation d'Héraclite et de Protagoras dans le *Théétète*. — II. *L'opinion.* Analyse des jugements médiats et comparatifs. La définition. — III. *La pensée discursive* et le raisonnement déductif. Éléments de la méthode géométrique : les figures, la démonstration, les principes et les axiomes. — IV. *La pensée intuitive.* L'induction et les vérités générales. Caractères de ces vérités. Rapport de l'universalité et de la perfection. En quoi consiste la pureté et la simplicité d'une notion. Qu'est-ce que la science? Comment elle a pour principe les Idées.

Il est une question qui domine toutes les autres, qui résume tous les problèmes en un seul, et dont les sciences particulières supposent la solution sans pouvoir elles-mêmes la donner : — Qu'est-ce que la science?

Une réponse complète à cette question, si elle était possible, nous révélerait, avec les principes de la connaissance, les principes mêmes de l'être, et nous serions en possession de la sagesse absolue, sagesse plus qu'humaine, sans doute. Cependant, l'homme peut s'en rapprocher sans cesse; son âme enveloppe la science infinie, et il n'y a de limite que le développement actuel de cette science. Ne possédons-nous pas une partie de la vérité, et d'autre part, la vérité n'est-elle pas une en elle-même? S'il en est ainsi, nous la possédons implicitement tout entière. La pensée, dit Socrate à Théétète, porte dans son sein la vérité et l'être ; elle voudrait les produire au dehors, et dans son effort laborieux, elle éprouve toutes les douleurs de l'enfantement.

Qu'est-ce que la science? qu'est-ce que la pensée?— Pour répondre à cette question, l'intelligence se replie sur elle-même, et ce qu'elle aperçoit tout d'abord en elle, pour ainsi dire à sa surface, c'est la sensation.

I. *La sensation.*

Avant la sensation, l'intelligence était comme endormie, renfermant en elle-même la vérité, mais sans le savoir et sans éprouver le besoin de la mettre au jour. Par la sensation le monde extérieur agit sur elle, la provoque, la réjouit ou la tourmente; la tire enfin de sa torpeur et de son sommeil. Elle voit, elle entend, elle sent, elle connaît. Supprimez la sensation, vous supprimez la connaissance. Savoir, dit Théétète, n'est autre chose que sentir. Ce qui *est* pour nous, c'est ce qui nous *apparaît.* Comment donc faire une distinction entre l'apparence et la réalité? Cette réalité que vous supposez derrière le phénomène, comment vous est-elle révélée, si elle ne vous apparaît pas? La substance même n'est accessible à la pensée que si elle devient une apparence; le *paraître* est donc identique à l'*être*, et l'homme, par la sensation, est la *mesure de toutes choses, de l'existence de celles qui existent, et de la non-existence de celles qui n'existent pas* (1). La sensation est un changement produit dans l'âme; c'est cette transformation intérieure par laquelle nous apparaît ce qui nous était d'abord caché. La sensation succède à la sensation, l'apparence à l'apparence, et ce mouvement sans fin est la pensée.

(1) *Théét.*, 152 A, et ss.

L'apparence étant identique à l'existence, le mouvement de la première se retrouve nécessairement dans la seconde : tout change, tout s'écoule, et Héraclite avait raison de dire avec tristesse : On ne se baigne pas deux fois dans le même fleuve. Dans ce flux et reflux perpétuel des choses, rien n'est absolument. — « On ne peut attribuer à quoi que ce soit aucune dénomination, aucune qualité ; si on appelle une chose grande, elle paraîtra petite ; pesante, elle paraîtra légère, et ainsi du reste ; rien n'est un, ni affecté d'une qualité fixe ; mais du mouvement réciproque et du mélange de toutes choses se forme tout ce que nous disons exister, nous servant en cela d'une expression impropre ; car *rien n'est*, mais *tout se fait*. Les sages, à l'exception de Parménide, s'accordent sur ce point : Protagoras, Héraclite, Empédocle ; les plus excellents poëtes dans tous les genres de poésie ; Epicharme dans la comédie (1), et dans la tragédie, Homère. En effet, Homère n'a-t-il pas dit : — *L'Océan, père des dieux, et Téthis leur mère ;* — donnant à entendre que toutes choses sont produites par le flux et le mouvement? »

Telle est l'antique doctrine des Ioniens, que Protagoras avait exposée dans son livre de la *Vérité*. N'est-elle point la négation de la Vérité même ?

« Puisque la sensation est la science, dit Socrate, je m'étonne que Protagoras, au commencement de son livre, n'ait pas dit que le pourceau, le cynocéphale, ou quelque être encore plus bizarre, capable de sensation, est la mesure de toutes choses (2). » Pourquoi encore, si chacun est la mesure de la Vérité, Protagoras se croit-il en droit d'enseigner les autres et de mettre ses

---

(1) Sur Épicharme, voir Diog. Laer., III, 12.
(2) *Théét.*, 161 C. Nous nous servons en général de la traduction Cousin, mais en corrigeant les inexactitudes et les erreurs.

leçons à un si haut prix? Quant à la dialectique, cet art d'examiner et de réfuter les opinions contraires à la vérité, qu'est-ce autre chose qu'une insigne extravagance, puisque toute opinion est vraie pour chacun? »

Si la sensation est la science, il suffit d'entendre la langue des barbares pour savoir cette langue; de regarder les lettres d'un livre pour savoir les lire (1). La Nature est un livre ouvert devant nos regards, et dont les sensations sont les signes. Suffit-il donc de sentir pour comprendre?

Si la science est la sensation et disparaît avec elle, il ne peut y avoir aucune science du passé. Celui qui voit un objet le connaît; ferme-t-il les yeux, il a beau s'en souvenir, il ne le connaît plus, puisqu'il ne le sent plus. La mémoire est donc impossible; notre science, exclue du passé et par là même de l'avenir, est renfermée dans l'espace infiniment petit du présent (2).

S'il y a connaissance partout où il y a sensation, celui qui regarde un objet avec un seul œil et tient l'autre fermé, voit et ne voit pas, sent et ne sent pas, connaît et ne connaît pas. La contradiction qui existe entre les sensations passe dans la science elle-même; tout est vrai, et en même temps tout est faux.

Il y a plus : Protagoras, en reconnaissant que ce qui paraît tel à chacun est, accorde que l'opinion de ceux qui contredisent la sienne est vraie. Et puisque sa prétendue vérité est contestée par tout le monde, elle n'est vraie ni pour personne ni pour lui-même.

Examinons maintenant, non plus les conséquences logiques de la doctrine ionienne, mais ses conséquences morales et sociales.

Le juste, c'est ce qui paraît tel à chacun; il n'y a

(1) *Ibid.*, 163 B
(2) *Ibid.*, 163

donc plus de justice absolue ; le bien et le mal sont choses toutes relatives. Une loi est juste tant qu'elle est établie, mais non au delà ; elle est juste pour ceux qui la croient telle, mais elle n'a pour les autres aucun caractère qui commande le respect.

Qu'importe le juste, dira Protagoras, pourvu que l'utile subsiste (1) ? Le sage ne connaît ni le vrai ni le juste, choses chimériques ; mais il sait ce qui est agréable et avantageux : c'est par là qu'il l'emporte sur les autres hommes, et qu'il est le meilleur des *politiques*. — Mais comment comprendre, répond Socrate, que tout le monde ne soit pas apte à juger de ce qui est utile, si tout le monde est également apte à juger de ce qui est vrai ? L'utilité regarde l'avenir, et c'est pour l'avenir qu'une législation est faite. « Dirons-nous donc que l'homme a en lui la règle propre à juger les choses à venir, et qu'elles deviennent pour chacun tel qu'il se figure qu'elles seront ? » Est-ce le malade ou le médecin qui aura l'opinion la plus juste sur la nature et le traitement d'une maladie ? Toute cité qui se donne des lois est-elle incapable d'erreur sur l'utilité future de ces lois ? Protagoras avoue lui-même que l'avenir, dépassant les limites de la sensation présente, échappe à la science ; il doit donc avouer que l'utile, ayant pour objet l'avenir, lui échappe également ; et la science politique n'est pas moins impossible que la science morale dans le système de la sensation (2).

---

(1) *Théét.*, 167, A sqq.
(2) M. Grote prend en main, contre Platon et Aristote, la cause de Protagoras, pour lequel il a une sympathie toute particulière ; et il déploie dans la défense de l'illustre sophiste une finesse et une subtilité de dialectique vraiment admirables. Platon lui-même eût certainement applaudi à son chapitre sur le *Théétète* (*Plato*, t. II). M. Grote emprunte ses principaux arguments à Hamilton et à Stuart Mill, qui ont eu eux-mêmes Kant pour devancier. « L'homme est la mesure de toutes

Serrons encore de plus près ce système, et au lieu d'emprunter à la logique et à la morale des objections choses » signifierait simplement, d'après M. Grote, que toute connaissance suppose, en même temps qu'un objet connu, un sujet auquel la connaissance est nécessairement relative. Objet et sujet, dit M. Grote, s'appellent réciproquement et sont inséparables ; l'objet n'est pour nous qu'en tant que connu, et nous ne connaissons qu'en tant que l'objet nous apparaît. La connaissance, ajoute ingénieusement M. Grote, est un phénomène bi-polaire ou bi-latéral (*a bi-polar, bi-lateral phænomenon*) ; elle périt dans l'abstraction de l'un ou de l'autre des deux termes. Quand Platon reproche à Protagoras de constituer l'homme mesure de la vérité, il se fait lui-même mesure de cette vérité ; toutes les propositions qu'il prononce sur la mesure absolue des choses et qu'il veut rendre indépendantes de la pensée humaine, ont pour sujet exprimé ou sous-entendu *je* ou *moi*. « Je ne suis pas la mesure de la vérité », revient à dire : Je mesure par ma pensée que je ne suis pas la mesure de la vérité. Quand nous affirmons qu'une chose est indépendante de nous, nous sous-entendons encore ces mots : pour nous ; — elle est donc *pour nous* indépendante de nous. En un mot, quoi que l'homme fasse et pense, « qu'il s'élève au plus haut des cieux ou descende au plus profond de la terre », il ne peut jamais sortir de sa propre pensée. C'est donc bien le sujet qui est la mesure de l'objet. — Nous craignons qu'il n'y ait là un malentendu, et que ni Protagoras ni Platon n'aient été compris dans leur véritable sens. Nous avons pour nous le témoignage d'Aristote, dont M. Grote semble contester à tort la valeur. Protagoras ne se bornait pas à soutenir que toute pensée suppose un sujet pensant en même temps qu'un objet, ce que personne ne lui eût contesté. Son but était, d'une part, de supprimer l'objet, la vérité, et d'autre part, de réduire le sujet à la sensation. M. Grote prétend que Platon rapproche à tort la doctrine du sensualisme ionien de celle de Protagoras. Rien ne prouve d'après lui que Protagoras ait été sensualiste, sinon les critiques de Platon et d'Aristote ; mais en vérité, pourquoi rejetterions-nous ces deux autorités pour le seul plaisir de réhabiliter Protagoras et d'en faire un Kant ou un Hamilton ? Pourquoi cette défiance non motivée à l'égard de Platon et d'Aristote lui-même, joint à cette confiance également peu motivée dans le sophiste Protagoras ? Que M. Grote oppose des preuves et des textes à Platon et à Aristote, nous le croirons. Jusque-là, nous continuerons de voir un lien très-logique entre ces trois choses : phénoménisme, sensualisme et scepticisme. — Quant à Platon, qui a voulu réfuter cette triple conséquence de la doctrine ionienne, M. Grote fait à son égard ce qu'il l'accuse d'avoir fait à l'égard de Protagoras : il lui prête une doctrine qui n'est pas la sienne. Platon ne nie pas que chacun porte en soi la mesure de la vérité, que chacun ne soit, en un certain sens, mesure des choses. Mais il s'agit de savoir quelle est cette mesure que chacun porte en soi. Est-ce le côté individuel, subjectif, variable et sensible de la connaissance, comme Protagoras le prétendait ? ou n'est-ce pas le côté universel, immuable, intelligible, c'est-à-dire l'Idée ? Loin de qui pourront toujours paraître extérieures, pénétrons jusqu'au fond des choses; soumettons à l'épreuve le principe même de la doctrine, la sensation prétendue infaillible. « Examinons cette essence toujours en mouvement, et en la frappant comme un vase, voyons si elle rend un son bon ou mauvais (1). »

Il y a deux espèces de mouvement. L'un est un changement de qualité, l'altération; l'autre un changement de lieu, la translation. Dirons-nous que tout se meut, mais d'un seul de ces mouvements? Alors, par rapport au mouvement contraire, tout serait en repos. Pour être conséquent avec lui-même, Héraclite doit admettre à la fois les deux mouvements : tout s'altère et en même temps change de lieu. S'il en est ainsi, aucune qualité n'est fixe : couleur, saveur, odeur, tout s'écoule et s'échappe dans un perpétuel mouvement d'altération, et aucune qualité ne peut être déterminée par le langage. On ne saurait donc dire d'un homme qu'il *voit* plutôt qu'il ne voit pas, qu'il a telle sensation plutôt qu'il ne l'a pas. La sensation n'est pas plus sensation qu'autre chose; elle n'est pas plus la science que le contraire de la science. Les qualités, même relatives, s'évanouissent dans une indétermination invincible; non-seulement il n'y a plus d'*être*, mais il n'y a pas même de *devenir*. Tous ces termes, par lesquels on essaie de déterminer

---

vouloir refuser à l'homme la mesure de la vérité, Platon n'a d'autre but dans toute sa philosophie que de nous faire découvrir en nous cette mesure et de nous apprendre à nous en servir. C'est de notre *propre fonds* que nous tirons la science. Peut-on nier, oui ou non, que tantôt l'homme se trompe, et tantôt il ne se trompe pas? Pourtant, dans les deux cas, il sent ou croit; donc ce n'est pas la sensation ou la croyance qui par elles-mêmes font la vérité. Quand il ne se trompe pas, quand il *sait*, l'homme raisonne d'après des idées universelles; donc ces idées sont la vraie mesure, et non la sensation ou l'opinion.

(1) *Ib.*, 179, B.

un objet, portent en eux-mêmes leur contradiction. La seule expression qui reste, c'est : *en aucune manière;* ou plutôt, le silence seul convient devant ce flux éternel des choses ; il ne faut pas nommer les objets, il ne faut pas même les montrer du doigt : il faut s'abandonner passivement au torrent qui emporte à la fois la nature et l'humanité.

Telle est la légitime conclusion du système d'Héraclite. Protagoras invoque ce système à l'appui du sien ; et il ne s'aperçoit pas que sa propre doctrine est détruite par la preuve même qu'il en donne, que sa *vérité* disparaît, avec toute vérité, au milieu de la contradiction et de l'indétermination universelles.

Concluons que la sensation ne peut se suffire à elle-même ; elle contient en elle sa propre négation : si elle est seule, elle n'est rien. Pour exister, au moins faut-il qu'elle soit sentie. Au lieu de considérer seulement la surface de l'âme, pénétrons plus avant. Sous la multiplicité des sensations, pures manières d'être, la conscience n'aperçoit-elle pas l'unité de l'être ? Toutes les impressions du dehors ne viennent-elles pas aboutir à un centre commun ? Ce n'est point l'œil qui voit, ni l'oreille qui entend ; c'est l'âme qui voit et entend par le moyen des organes. « Il serait étrange, en effet, qu'il y eût en nous plusieurs organes des sens, comme dans des chevaux de bois, et que nos sens ne se rapportassent pas tous à une seule essence, qu'on l'appelle âme ou autrement, avec laquelle, nous servant des sens comme d'instruments, nous sentons tout ce qui est sensible (1). » Ainsi, la réalité que l'école ionienne accordait faussement aux sensations, il faut la leur retirer si on veut que les sensations elles-

---

(1) *Théét.*, 184, D.

mêmes subsistent; car elles empruntent leur existence mobile et fugitive au principe permanent qui est leur centre commun.

Il y a plus. Supposons que la sensation, réduite à elle-même, puisse encore subsister. Du moins elle ne pourra sortir de ses propres limites pour apercevoir les autres sensations, soit passées, soit présentes, et toute notion de rapport lui échappera. « Ce que tu sens par un organe, il t'est impossible de le sentir par un autre; comme de sentir par la vue ce que tu sens par l'ouïe, ou par l'ouïe ce que tu sens par la vue. Si donc tu as quelque notion commune sur les objets de ces deux sens pris ensemble, ce ne peut être ni par l'un ni par l'autre organe que te vient cette idée collective. Or, la première idée que tu as à l'égard du son et de la couleur pris ensemble, c'est que tous les deux *existent*. Et aussi que l'un est *différent* de l'autre, et *identique* à lui-même. Que, pris conjointement ils sont *deux*, et que chacun pris à part est *un*. Toutes ces idées, par quel organe les acquiers-tu? Car ce n'est ni par l'ouïe ni par la vue qu'on peut saisir ce que la couleur et le son ont de commun (1). » — « Il me paraît que nous n'avons point d'organe particulier pour ces sortes de choses; mais que notre âme examine immédiatement par elle-même ce que tous les objets ont de commun. — Tu juges donc qu'il y a des objets que l'âme connaît par elle-même, et d'autres qu'elle connaît par les organes du corps... Dans laquelle de ces deux classes ranges-tu l'*être*? Car c'est ce qui est le plus généralement commun à toutes choses? — Dans la classe des objets avec lesquels l'âme se met en rapport immédiatement et par elle-même. — En est-il de

---

(1) *Théét.*, 185 D.

même de la ressemblance et de la dissemblance, de l'identité et de la différence? — Oui. — Et du beau et du laid, et du bien et du mal? — Ces objets surtout sont du nombre de ceux dont l'âme examine l'essence en les comparant et en combinant en elle-même le passé et le présent avec le futur... — Ainsi donc, il est des choses qu'il est donné aux hommes et aux animaux de sentir, dès qu'ils sont nés : celles qui passent jusqu'à l'âme par l'organe du corps; au contraire, les réflexions sur les sensations, par rapport à leur essence et à leur utilité, on n'y arrive qu'à la longue, quand on y arrive, avec beaucoup de peine, de soins et d'études. — Assurément. — Mais est-il possible que ce qui ne saurait atteindre à l'essence, atteigne à la vérité? Aura-t-on jamais la science quand on ignore la vérité? — Le moyen, Socrate? — La science ne réside donc pas dans les sensations, mais dans la *réflexion sur les sensations*, puisqu'il paraît que c'est par la réflexion qu'on peut saisir l'essence et la vérité, et que cela est impossible par l'autre voie?... C'est à présent surtout que nous voyons avec la dernière évidence que la science est autre chose que la sensation (1). » La sensation, en effet, concentrée dans le moment présent et isolée en elle-même, ne peut nous fournir ces idées universelles et infinies d'existence, d'unité, d'identité, de bien et de beau, qui embrassent tous les objets, tous les lieux et tous les temps; idées nécessaires et absolues, qui se rapportent à l'essence des choses, par conséquent à la vérité même, et sans le secours desquelles il n'y a point de science possible.

Où donc est l'origine de ces idées, tellement supérieures à la sensation que la sensation elle-même en

---

(1) *Ib.*, 186 D.

a besoin pour être perçue, connue et conservée dans la mémoire? Si nous parvenions à découvrir cette origine, ne serions-nous pas remontés jusqu'à la source la plus haute de la science? — Maintenant du moins « nous sommes assez avancés pour ne plus chercher la science dans la sensation, mais dans une opération de l'âme, quel que soit le nom qu'on lui donne, par laquelle elle considère elle-même les objets (1). »

II. *L'opinion.*

La première solution qui se présente, c'est d'attribuer les idées d'être, d'unité, d'identité, et les autres principes de la science au travail logique de l'esprit sur les sensations.

« Dans l'*opinion*, l'âme ne fait autre chose que s'entretenir avec elle-même, interrogeant et répondant, affirmant et niant. Or, quand elle se décide, que cette décision se fasse plus ou moins promptement, quand elle sort du doute et qu'elle prononce, c'est cela qu'il faut appeler *avoir une opinion* (2). »

Le point de départ de l'opinion, la matière sur la-

---

(1) *Théét.*, *ib.* et sqq. Schleiermacher (*Einleit. zum Theet.*) croit cette première partie du dialogue dirigée contre Aristippe et la suivante contre Antisthène. Nous verrons plus tard que ce dernier est réfuté dans le *Sophiste* et non dans le *Théétète*.

(2) C'est avec elle-même, et non avec les choses, que l'âme s'entretient dans l'opinion, qui demeure alors subjective. « Qu'est-ce que j'aperçois là-bas près du rocher, et qui paraît debout sous un arbre?... Ensuite cet homme, *répondant à sa pensée,* pourra se dire : c'est un homme, — jugeant ainsi à l'aventure. Puis, venant à passer auprès, il pourra se dire alors que l'objet qu'il a vu est une statue. » (*Philèb.* 38, b. e.; 39, a.). Schleiermacher (*Einleit. zum Th.*) et Ueberweg (*Ueber die Aechtheit und Zeitfolge Plat. Schr*, 279) soutiennent avec raison que la science et l'opinion sont absolument séparées dans Platon. La science est *infaillible,* capable de *rendre raison d'elle-même,* et répond aux *Idées.* Steinhart (*Einleit. z. Th.*, 94) conteste à tort ce point. Voir surtout *Phéd.*, 76, b., *Mén.*, 96, a, *Tim.*, 51, e.

quelle elle s'exerce, c'est la sensation, soit actuelle, soit conservée dans la mémoire (1). L'esprit s'adresse une question (2); il se demande quel rapport existe entre plusieurs sensations ou entre une sensation et une pensée, ou entre plusieurs pensées (3). Pour découvrir ce rapport, il revient sur ses souvenirs : c'est la *réflexion;* puis il les compare, et enfin il exprime le résultat de sa comparaison dans un jugement, sorte de parole intérieure qui met fin au doute, et prononce (4).

Sensation, souvenir, réflexion, comparaison, jugement, tels sont les procédés de l'opinion proprement dite. Suffisent-ils à la science?

Le souvenir ne crée pas la science, il la présuppose. De même, la réflexion n'est qu'une opération ultérieure et un retour de la pensée sur ce qu'elle possédait déjà.

Peut-être la science est-elle dans le jugement comparatif? — D'abord, ce n'est pas la comparaison qui crée les deux termes du jugement; au contraire, pour que la comparaison soit possible, il faut que les deux objets à comparer soient donnés antérieurement et déjà connus en eux-mêmes.

Supposons que ces éléments soient donnés; comment savoir si le rapport établi entre eux par le jugement est conforme aux trois rapports des choses? Pour le savoir, il faudrait une comparaison nouvelle entre la réalité et notre pensée, entre l'objet représenté et l'idée qui le représente. Cette comparaison, à son tour, n'a de valeur qu'autant que les deux termes

---

(1) *Philèbe,* 38, b. e.
(2) *Id.*
(3) *Id.*, 39, a.
(4) *Théét.*, 189, e., 190, a.

sont parfaitement connus en eux-mêmes. Donc, pour comparer notre pensée à l'objet réel, il faut déjà connaître cet objet et le bien connaître; on aboutit ainsi à un cercle vicieux.

Si la vérité et la science consistaient dans un rapport de convenance entre un sujet et un attribut, l'erreur se réduirait à une méprise. Ce faux jugement consisterait à prendre une chose pour une autre et à affirmer ainsi un rapport inexact entre les deux termes de la comparaison. Or, supposez ces deux termes également inconnus, il est clair que la méprise sera impossible; supposez que l'un soit connu et que l'autre ne le soit pas, l'impossibilité sera la même, car on ne peut comparer une chose que l'on connaît à une autre chose dont on n'a pas même l'idée. Il faut donc que les deux termes de la comparaison soient préalablement connus; mais alors comment les confondre l'un avec l'autre? Il faut admettre, pour expliquer une telle confusion, que l'on connaît et que l'on ne connaît pas tout ensemble le même objet. L'erreur est donc aussi inexplicable que la science, et on ne peut les distinguer l'une de l'autre si on est réduit à juger toutes choses par comparaison (1).

L'impuissance de cette espèce de jugement apparaîtrait avec bien plus d'évidence encore, si on lui demandait d'expliquer les notions universelles d'être, d'identité, de différence et les autres idées pures. Dans la comparaison, la pensée cherche la ressemblance ou la différence; et si elle les cherche, elle en a donc déjà la notion. L'être, l'égalité, l'inégalité, la ressemblance, la différence, sont comme des types sur lesquels se règle le jugement pour prononcer que tel

(1) *Th.* 199, 200 et ss.

objet existe, qu'il est égal à tel autre objet ou qu'il lui est inégal. De là encore la nécessité d'un savoir antérieur à toute comparaison.

Au-dessus du jugement comparatif, au-dessus de l'opinion vraie, se trouve l'opinion accompagnée d'explication et de notion, δόξα μετὰ λόγου, qui a plus de portée que la première; peut-être est-ce là que nous découvrirons enfin l'origine de la science.

La notion est due à la définition, qui est de trois sortes :

1° La définition de mots consiste à exprimer en termes précis l'objet que l'on conçoit, en sorte qu'il se peigne dans la parole comme dans un miroir.

Demande-t-on, par exemple, qu'est-ce qu'un char? On pourra répondre : ce sont des roues, un essieu, des ailes, des jantes, un timon. Mais, outre que cette espèce de définition présuppose encore la connaissance de l'objet, on peut exprimer en termes précis l'erreur comme la vérité (1).

2° La définition d'un tout par ses éléments. Elle consisterait, par exemple, à énumérer par ordre toutes les pièces du char. C'est une division, une analyse qui aboutit à des éléments simples et indivisibles.

Or, de deux choses l'une: ou bien ces éléments échappent à la connaissance, et alors, en définissant un objet, vous le définissez par l'inconnu. En ce cas la science se résout dans l'ignorance. Ou bien les éléments, quoique simples et indécomposables, tombent cependant sous la connaissance, et alors ce n'est pas la définition qui les fait connaître.

3° La troisième espèce de définition se fait par la différence; exemple: Le soleil est le plus brillant de

(1) *Th.* 207 et ss.

tous les corps célestes qui tournent autour de la terre.

Cette définition est supérieure à la précédente. Se borner à l'énumération de tous les éléments, de toutes les qualités d'un objet, ce n'est pas distinguer les qualités propres des qualités communes; l'objet demeure donc comme absorbé dans le genre dont il fait partie. Aussi la définition, pour être complète, doit-elle ajouter au genre les différences. Est-ce là enfin la science véritable? Non encore; car pour assigner la différence d'un objet, il faut déjà connaître cet objet, et le connaître dans ce qu'il a de propre; autrement il demeurerait confondu avec tous les autres et ne serait pas plus qu'un autre l'objet de la pensée. Donc, pour distinguer un objet des autres par la définition, il faut déjà l'avoir distingué de tous les autres par une vue préalable et immédiate. Nous retombons dans le même cercle vicieux.

Ainsi le jugement par définition ne donne pas plus la science que le jugement comparatif; et en général, tout jugement qui est le produit de la réflexion suppose des notions spontanées auxquelles il s'applique.

Qu'il s'agisse de comparaison, de division, de définition, peu importe. Juger, c'est toujours établir des rapports entre plusieurs termes. Il y a donc deux choses à considérer dans le jugement : les deux termes et le rapport. Les deux termes ont besoin d'être préalablement connus; les rapports sont des relations d'identité, de différence, d'égalité, d'inégalité, ou encore des relations de substance et de mode, de cause et d'effet, etc. Ces rapports sont universels, absolus, nécessaires, quels que soient les termes qui les unissent; et tout jugement n'est que l'application de ces rapports généraux à deux termes particuliers. Diriez-vous que telle chose *est*, si vous ne possédiez pas déjà en vous-même, sous une forme plus ou moins obscure, cette idée de l'existence qui dépasse de l'infini les êtres bornés auxquels nous l'appliquons, et qui semble un modèle idéal dont nous retrouvons l'imparfaite image dans les objets particuliers? Tout jugement implique cette idée, et aucun jugement ne la donne (1).

De même, pourrions-nous juger, si nous ne possédions pas les notions d'identité et de différence? L'affirmation ne suppose-t-elle pas que ce qui est est, et qu'une même chose ne peut tout à la fois être et n'être pas sous le même rapport. Ce qui est, dit Platon dans le *Sophiste*, est identique à soi-même et autre que les autres choses. Ainsi l'intelligence affirme, antérieurement à tout jugement, l'identité intime et essentielle de l'être, et l'impossibilité où il est de recevoir son contraire (2).

A quelque point de vue qu'on se place, qu'il s'agisse des *termes* ou des *rapports*, l'opération logique du jugement ne donne qu'une science dérivée et empruntée. « L'opinion est à la science ce que l'image est à l'objet (3). » Où donc trouver la science primitive, la science immédiate qui se suffit à elle-même, qui contient en elle sa propre raison et donne la raison de toutes les autres connaissances? De la sensation à l'opinion vraie, de l'opinion vraie à l'opinion raisonnée, nous avons cherché vainement la science. Elevons-nous plus haut encore, et de l'opinion raisonnée passons au raisonnement pur (4).

---

(1) Leibnitz : Il y a de l'être dans toute proposition.
(2) Cf. *Phédon*. 102, e.
(3) Ὡς τὸ δοξαστὸν πρὸς τὸ γνωστόν, οὕτως τὸ ὁμοιωθὲν πρὸς τὸ ᾧ ὡμοιώθη. *Rép.*, 510, a.
(4) Le *Théétète* n'a d'autre but que de montrer l'insuffisance de la sensation et de l'opinion. C'est un dialogue négatif, comme le soutiennent Ast, Socher, Stallbaum, Ueberweg, Zeller et Grote. Mais ce dernier pré-

III. *La pensée discursive.*

La διάνοια ou pensée discursive, c'est la déduction, principalement celle des géomètres, avec tous ses procédés accessoires : *définitions* où l'on pose des principes (ὑποθέσεις), *figures* dont on s'aide en raisonnant (εἰκόνες), etc.

Dans les mathématiques, « l'âme se sert des données du monde sensible comme d'autant d'images, en partant de certaines hypothèses, non pour remonter au principe, mais pour descendre à la conclusion... Les géomètres et les arithméticiens supposent deux sortes de nombres, l'un pair, l'autre impair, les figures, trois espèces d'angles ; et ainsi du reste, selon la démonstration qu'ils cherchent. Ces hypothèses une fois établies, ils les regardent comme autant de vérités que tout le monde peut reconnaître, et *n'en rendent compte ni à eux-mêmes ni aux autres;* enfin, partant de ces hypothèses, ils *descendent* par une chaîne non interrompue de propositions, *en demeurant toujours d'accord avec eux-mêmes,* jusqu'à la

---

tend que, au delà de ce résultat négatif, Platon ne tend à aucune doctrine positive, qu'il n'y a dans le *Théétète* aucune allusion aux *Idées*, et que les difficultés soulevées dans ce dialogue ne reçoivent aucune solution dans les autres ouvrages de Platon. Ces trois points sont également erronés. Prétendre que Platon n'avait aucune doctrine positive sur la nature de la science, est-ce comprendre les théories platoniciennes? Nous verrons dans la *République* et dans *tous* les autres dialogues la fausseté de cette assertion. En second lieu, Platon laisse clairement entrevoir les *Idées* dans le *Théétète*, 1° quand il représente le philosophe comme se demandant : *qu'est-ce que l'homme?* et non *qu'est-ce que tel ou tel homme? — Qu'est-ce que le juste?* et non *ceci est-il juste?* 2° Quand il parle de l'être, de l'unité, de la différence, impliqués dans le jugement, de l'essence et de la vérité, objets de la science, etc.

Quant à l'absence de solution dont parle M. Grote, nous verrons plus tard ce qu'il en faut penser. — V. Grote : Plato, t. II, *Theætetus.*

conclusion qu'ils avaient dessein de démontrer... Ils se servent sans doute de figures visibles et raisonnent sur ces figures ; mais *ce n'est point à elles qu'ils pensent*, c'est à d'autres figures représentées par celles-là. Par exemple, leurs raisonnements ne portent pas sur le carré, ni sur la diagonale, tels qu'ils les tracent, mais sur le carré tel qu'il est en lui-même avec sa diagonale. J'en dis autant de toutes sortes de formes qu'ils représentent, soit en relief, soit par le dessin. Les géomètres les emploient comme autant d'images, et *sans considérer autre chose que ces autres figures dont j'ai parlé*, qu'on ne peut saisir que par la pensée, διανοία. Ces figures, j'ai dû les ranger parmi les choses intelligibles ; pour les obtenir, l'âme est contrainte de se servir d'hypothèses, non pour aller jusqu'au premier principe ; car *elle ne peut remonter au delà de ses hypothèses* (ὡς οὐ δυναμένην τῶν ὑποθέσεων ἀνωτέρω ἐκβαίνειν) ; mais elle emploie les images qui lui sont fournies par les objets terrestres et sensibles, en choisissant toutefois parmi ces images celles qui, relativement à d'autres, sont regardées et estimées comme ayant plus de netteté. — Je conçois que tu parles de ce qui se fait dans la géométrie et les autres sciences de cette nature... Ces arts ont pour principes des hypothèses, et ils sont bien obligés de se servir du raisonnement (διάνοια) et non des sens (αἰσθήσεσιν) ; mais ne remontant pas au principe (μὴ ἐπ' ἀρχὴν ἀνέλθοντες) et partant au contraire d'hypothèses (ἐξ ὑποθέσεων), ils ne te semblent pas appartenir à l'intelligence (νοῦν ἴσχειν), *bien qu'ils devinssent intelligibles avec un principe* (καίτοι νοητῶν ὄντων μετὰ ἀρχῆς) ; et tu appelles connaissance raisonnée celle qu'on acquiert au moyen de la géométrie et des autres arts semblables, et non pas intelligence, cette connaissance étant comme intermédiaire entre l'opinion et la pure intelligence. — Tu as fort bien compris ma pensée (1). »

La διάνοια est donc, sans aucun doute, le raisonnement géométrique, la déduction ; et Platon croit que la véritable science n'est pas encore là. Résumons les raisons qu'il en donne.

La méthode géométrique comprend quatre procédés : 1° les images sensibles ou figures (εἰκόνες) ; 2° le raisonnement déductif (διάνοια) ; 3° les principes du raisonnement (ὑποθέσεις, ἀρχαί) ; 4° la loi du raisonnement : à savoir l'*absence de toute contradiction* (ὁμολογουμένως), en d'autres termes l'axiome d'identité.

La déduction descend du principe à la conséquence, et ne peut *remonter* plus haut (ἀνωτέρω ἐκβαίνειν). Simple analyse, elle ne sort pas des limites où elle s'est comme enfermée ; elle explore et creuse un domaine dont elle ne saurait reculer les bornes. En d'autres termes, elle suppose des principes.

C'est aux principes que le raisonnement emprunte sa valeur absolue. Une déduction exacte peut aboutir à une conclusion fausse. Le raisonnement ne contient par lui-même ni vérité ni fausseté, ou du moins il n'a qu'une valeur intrinsèque, relative, qui vient de ce qu'il est ou n'est pas conforme à sa loi propre.

Cette loi, nous l'avons vu, c'est l'accord de la pensée avec elle-même, ὁμολογουμένως. De même que le jugement établissait un rapport entre plusieurs notions, le raisonnement établit un rapport entre plusieurs jugements. C'est le rapport du même au même ; c'est la loi de l'identité qui veut que l'être véritable

---

(1) *Rép.*, VI, 510 c. d. et ss., 511, a. b. — Cf. Lettre VII. « Ce cercle est un dessin qu'on efface, une figure matérielle qui se brise ; tandis que le cercle lui-même (αὐτόκυκλον) auquel tout cela se rapporte ne souffre pourtant rien de tout cela. » Cousin, 97.

ne puisse recevoir son contraire. Les contraires sont mêlés dans la sensation, où se confondent le grand et le petit, la ressemblance et la différence, le beau et le laid. Par le jugement, par le raisonnement, par toutes les opérations logiques, la pensée sépare ce que la sensation réunit. Au lieu de cette opposition, elle veut l'harmonie; sous cette contrariété, elle cherche l'unité. Elle sait donc déjà que l'unité existe; elle le sait puisqu'elle la cherche; et ce n'est pas aux sens, ce n'est pas au jugement, ce n'est pas au raisonnement qu'elle doit cette science. Ces grandes notions de l'existence, de la vérité, de l'identité, qui sont les lois de toute opération logique, ne peuvent elles-mêmes résulter de ces opérations, puisque l'esprit humain tournerait ainsi dans un cercle vicieux.

On le voit, la déduction n'emprunte pas seulement à des principes supérieurs sa vérité absolue ; elle leur emprunte jusqu'à cette vérité imparfaite et relative qui résulte de sa conformité avec sa loi; car cette loi elle-même, cette loi de l'identité et de l'unité, qu'est-ce autre chose qu'un principe?

Laissons donc de côté le raisonnement lui-même et considérons les principes dont le raisonnement dérive. Certes, c'est dans la région des principes, c'est dans le domaine de la νόησις, que nous trouverons la science, si la science existe.

IV. *La pensée intuitive.*

Les mathématiques ont pour principes les définitions du nombre, de la figure, du triangle, du cercle et autres objets semblables. Le géomètre les représente par des images sensibles; mais tandis que ses yeux se fixent sur les figures matérielles, sa pensée est ailleurs. Il pense au triangle idéal, au cercle idéal, aux nombres idéaux, et il développe par le raisonnement tout ce que contiennent ces principes intelligibles. Seulement, il ne se rend pas compte à lui-même et il ne rend pas compte aux autres des principes qu'il a posés : il les admet, mais il ne les vérifie pas. Ils ne sont pour lui que des *hypothèses ;* car, tout ce qui n'est pas par soi-même intelligible, tout ce qui n'a pas en soi-même sa raison, ne satisfait pas entièrement l'esprit et conserve un caractère d'incertitude ; la pensée demande encore quelque chose au delà, elle veut s'élever plus haut, et tant qu'elle n'est pas remontée à un principe inconditionnel et absolu, elle comprend qu'elle n'est pas encore en possession de la véritable science.

Ce que ne fait pas le mathématicien, — rendre compte des principes sur lesquels il s'appuie, — le philosophe doit le faire. Quelle est donc la vraie nature des conceptions géométriques : cercle, triangle, figures et nombres? Comment ces conceptions naissent-elles dans l'esprit? Nous savons que la *déduction* les suppose, et par conséquent ne les explique pas. Il faut chercher ailleurs leur origine.

I. Les conceptions géométriques ont pour premier caractère la généralité, τὸ καθόλου. L'opération intellectuelle dont elles sont le produit aura donc elle-même pour premier caractère de s'élever du particulier au général : elle impliquera la généralisation, « qui réunit les objets multiples sous l'unité de la notion universelle pour aboutir ainsi à une définition (1). »

---

(1) Εἰς μίαν τε ἰδέαν συνορῶντα ἄγειν τὰ πολλαχῇ διεσπαρμένα, ἵν' ἕκαστον ὁριζόμενος δῆλον ποιῇ. (*Phèdre*, 265, d.)

On reconnaît le procédé familier à Socrate, l'*induction* (ἐπαγωγή), qui conduit par la généralisation à une définition universelle (τοὺς ἐπακτικοὺς λόγους καὶ τὸ ὁρίζεσθαι καθόλου) (1). C'est l'induction qui fournit à la déduction ses principes, car pour descendre du général au particulier, il faut bien concevoir préalablement le général. La déduction la plus simple, la plus élémentaire, suppose une induction antérieure : pour raisonner sur l'homme, sur l'animal, sur le bien, sur la justice, sur les figures, sur les nombres, il faut concevoir tous ces objets sous la forme de l'universel : il faut généraliser. Tant l'induction est supérieure à la déduction ! Socrate le comprenait, et il voyait dans l'induction la science même (2). Platon approfondit à son tour la nature du procédé socratique : et à ses yeux, l'induction est très-voisine de la science, si voisine qu'elle se confond presque avec elle ; cependant, elle n'est pas encore la science. C'est ici que le disciple va se séparer du maître ; c'est ici que la théorie des Idées va commencer.

L'induction a pour point de départ les données des sens. « C'est par la vue, c'est par le toucher, c'est par l'ouïe, dit Platon, qu'il faut débuter ; toute autre voie est impraticable (3). » Point de généralisation possible sans la perception des objets particuliers ; pour concevoir l'unité, τὸ ἓν ἐπὶ πολλοῖς, il faut avoir perçu le multiple. Est-ce à dire que l'idée générale soit un simple résumé des sensations individuelles, et dans cette recherche des principes de la science, serions-nous ramené après un long détour à notre point de départ, la sensation ?

---

(1) Arist., *Mét.* XIII.
(2) Voir notre travail spécial sur Socrate.
(3) *Phédo*, loc. cit.

Il faudrait pour cela qu'il n'y eût rien de plus dans l'idée générale que dans les diverses perceptions qui l'ont fait naître. Or, il y a dans l'idée générale un élément tout à fait nouveau ; je veux dire la généralité même.

La généralité n'est dans aucune sensation particulière : rien de plus évident. Elle n'est pas non plus dans une certaine somme de sensations. Toute somme, en effet, est finie et multiple. La généralité, au contraire, implique à la fois l'infinité et l'unité. Une notion générale n'a-t-elle pas une extension sans limites ? La notion du cercle, par exemple, ne convient-elle pas, non-seulement à un certain nombre de cercles, mais à tous les cercles réels ou possibles ? Vous n'avez cependant aperçu par les sens qu'un nombre limité d'objets ayant la forme circulaire ; ajoutez-les l'un à l'autre, vous n'obtiendrez rien d'infini et d'universel. De plus, toute somme est multiple, tandis que l'idée générale est une. Réunissez et confondez dans votre mémoire un nombre quelconque de sensations, et vous obtiendrez une image vague dont la multiplicité se refusera à toute détermination, par conséquent à toute définition. L'image ne se définit pas plus que la sensation elle-même dont elle n'est que le souvenir indécis et à demi effacé : c'est une ombre inférieure en netteté à l'objet qu'elle représente ; c'est un reflet affaibli dont les contours sont insaisissables. L'idée, au contraire, est nette et précise : elle peut se définir, elle est le principe même de la définition. Ainsi, par sa généralité infinie, elle est au-dessus de tout nombre ; elle embrasse le présent, le passé et l'avenir ; elle satisfait la pensée qui ne se repose que dans l'universel. Mais en même temps, par son unité et sa détermination, elle offre une prise à la définition et à la science. Infinie et finie, multiple et une tout ensemble, la notion générale réunit en elle-même le principe de l'identité et le principe de la distinction. Ce n'est pas l'identité pure, chose supérieure ; ce n'est pas non plus la diversité pure ; c'est un terme intermédiaire, qui dépasse la sensation par son infinité et sa simplicité, mais qu'il faut dépasser lui-même pour remonter à un principe plus élevé encore. Au-dessus de la notion générale, il y a les principes mêmes de la généralité, je veux dire l'infini et l'universel, l'unité et l'identité, la distinction et la différence, tous ces principes enfin que nous avons déjà vus apparaître comme conditions du jugement et du raisonnement, et qui nous apparaissent de nouveau comme conditions essentielles de la généralisation et de l'induction.

Socrate avait donc tort de s'arrêter à la notion générale, ou du moins de la laisser confondue avec les objets qui la font naître, comme si elle ne contenait pas un élément nouveau et parfaitement séparé de toutes les données sensibles ; comme si elle était le produit d'un simple travail logique appliqué aux sensations. Sans doute, elle est due au travail de l'esprit ; mais pour accomplir ce travail, l'esprit a besoin de données supérieures, qu'il faut poser à part (διορίζειν). La généralisation la plus simple et la plus élémentaire, par cela même qu'elle communique à son produit un caractère de généralité, implique la conception de l'universel dans son unité et son infinité.

II. Que sera-ce, si les notions des genres offrent à l'esprit, outre leur caractère d'universalité, un caractère de perfection ? Dans les idées de cercle, de triangle, de nombres et de figures idéales, nous avons considéré seulement ce qu'on appellera plus tard l'extension et la quantité de l'idée. Considérons maintenant avec Platon la qualité.

A ce nouveau point de vue, le contraste de la notion avec la sensation ou avec l'image sensible est encore plus incontestable. La notion a pour caractère essentiel ce que Platon appelle la *pureté* sans mélange, τὸ καθαρόν, τὸ εἰλικρινές, τὸ τέλειον, c'est-à-dire cette perfection d'une qualité qui exclut radicalement son contraire, et à laquelle ne vient se mêler aucun défaut. De même que la blancheur par excellence, la blancheur parfaite, c'est celle qui est pure et sans mélange, de même le cercle parfait, le triangle véritable, la vraie beauté, la vraie justice, excluent toute qualité contraire et tirent toute leur excellence de leur pureté absolue (1).

En est-il ainsi de la sensation ? ou plutôt, les objets qui frappent nos sens ne sont-ils pas le plus souvent un mélange imparfait des contraires ? N'est-ce pas leur imperfection même qui nous force à concevoir la perfection? N'est-ce pas leur mélange de beauté et de laideur, de grandeur et de petitesse, de multiplicité et d'unité, qui nous fait penser, par contraste, à la beauté pure, à la grandeur absolue, à l'unité véritable? Ce sont les contradictions des sens qui étonnent et éveillent la pensée; et cet étonnement fécond engendre la science : Iris est fille de Thaumas.

Les perceptions des sens sont de deux sortes : « Les unes n'invitent point l'entendement à la réflexion, parce que les sens en sont juges compétents; les autres sont très-propres à l'y inviter, parce que les sens n'en sauraient porter un jugement sain... J'entends

---

(1) *Philéb.*, p. 58. — « Le cercle véritable ne peut avoir en lui-même, ni en petite ni en grande quantité, rien de contraire à sa nature. » Lettre VII. Cousin, 98.

comme n'invitant point l'entendement à la réflexion tout ce qui n'excite point en même temps deux sensations contraires; et je tiens comme invitant à la réflexion tout ce qui fait naître deux sensations opposées... Voilà trois doigts ; le petit, le suivant et celui du milieu. Chacun nous paraît également un doigt; peu importe à cet égard qu'on le voie au milieu ou à l'extrémité, blanc ou noir, gros ou menu, et ainsi du reste. Rien de tout cela n'oblige l'âme à demander à l'entendement ce que c'est précisément qu'un doigt ; car jamais la vue n'a témoigné en même temps qu'un doigt fût autre chose qu'un doigt. « Mais quoi? la vue juge-t-elle bien de la grandeur ou de la petitesse de ces doigts..: ou de la grosseur et de la finesse, de la mollesse et de la dureté au toucher? En général, le rapport des sens sur tous ces points n'est-il pas bien défectueux? Le sens destiné à juger ce qui est dur ne peut le faire qu'après s'être préalablement appliqué à ce qui est mou, et il rapporte à l'âme que la sensation qu'elle éprouve est en même temps une sensation de dureté et de mollesse. N'est-il pas inévitable alors que l'âme soit embarrassée de ce que peut signifier une sensation qui lui dit dur, quand la même sensation dit aussi mou? De même pour la pesanteur et la légèreté... Ce n'est donc pas à tort que l'âme, appelant à son secours l'entendement et la réflexion, tâche alors d'examiner si chacun de ces témoignages porte sur une seule chose ou sur deux? Et si elle juge que ce sont deux choses, chacune d'elles ne lui paraîtra-t-elle pas *une* et distincte de l'autre? » (Par exemple la grandeur lui semblera une, et distincte de la petitesse ; ce sera la grandeur sans mélange de petitesse, dans son unité, sa simplicité, sa pureté). « Si donc chacune de ces choses lui paraît *une*, et l'une et l'autre deux, elle les concevra toutes deux à part » (elle concevra la grandeur à part de la petitesse), « car si elle les concevait comme n'étant pas séparées, ce ne serait plus la conception de deux choses, mais d'une seule » (et il faudrait dire que la grandeur et la petitesse ne font qu'un).

« La vue, disions-nous, aperçoit la grandeur et la petitesse comme des choses non séparées, mais confondues ensemble. Et pour éclaircir cette confusion, l'entendement, au contraire de la vue, est forcé de considérer la grandeur et la petitesse, non plus confondues, mais séparées l'une de l'autre. Voilà ce qui nous fait naître la pensée de nous demander à nous-mêmes ce que c'est que grandeur et petitesse... C'est ce que je voulais te faire entendre, lorsque je disais que, parmi les sensations, les unes appellent la réflexion, à savoir celles qui sont enveloppées avec des sensations contraires, et les autres ne l'appellent point, parce qu'elles ne renferment pas cette contradiction. A laquelle de ces deux classes rapportes-tu le nombre et l'unité? — Je n'en sais rien. — Juges-en par ce que nous avons dit. Si nous obtenons une connaissance satisfaisante de l'unité par la vue ou par quelque autre sens, cette connaissance ne saurait porter la pensée vers l'être, comme nous le disions tout à l'heure du doigt » (l'être, en effet, ou l'essence, objet de la science, exclut cette multiplicité et cette indétermination qui résulte du mélange des contraires). « Mais si l'unité offre toujours quelque contradiction, de sorte que l'unité ne paraisse pas plus unité que multiplicité, il est alors besoin d'un juge qui décide ; l'âme se trouve nécessairement embarrassée, et réveillant en elle l'entendement, elle est contrainte de faire des recherches et de se demander ce que c'est que l'unité; c'est à cette condition que la connaissance de l'unité est une de celles qui élèvent l'âme et la tournent vers la contemplation de l'être. »

« C'est là précisément ce qui arrive dans la perception de l'unité par la vue; nous voyons la même chose à la fois une et multiple jusqu'à l'infini. Ce qui arrive à l'unité n'arrive-t-il pas aussi à tout nombre quel qu'il soit? — Oui. — Or la science du calcul et l'arithmétique ont pour objet le nombre? — Sans contredit. — Elles conduisent par conséquent à la connaissance de la vérité (1). »

Elles y conduisent; mais elles ne sont pas cette connaissance même. Elles occupent une région intermédiaire entre la région des sens et le domaine de la science pure. Il en est de même de la géométrie, de l'astronomie, et de toutes les études qui ont pour objet des notions revêtues du double caractère de l'universalité et de la pureté absolues des (*genres* ou des *types*) et qui ont par cela même pour instrument la généralisation ou induction.

Le point de départ de ces études, ce sont les données sensibles, dans lesquelles il n'y a rien de pur, de parfait, d'un et d'identique. La même chose est grande et petite suivant le point de vue; elle est belle et laide, bonne et mauvaise. Il n'y a rien là que de relatif, et la pensée n'en peut rien affirmer que par comparaison. Mais ce relatif suppose l'absolu; ces affirmations par comparaison supposent une affirmation pure et simple, portant sur des objets fixes, ayant leur essence propre, déterminés en eux-mêmes, au lieu d'être déterminables seulement par rapport à d'autres objets. Pas de science possible, si l'induction ne vient géné-

---

(1) *Rép.* VII, 525.

raliser et purifier les données sensibles, en les ramenant, sous le rapport de l'extension, à l'unité de l'universel, et sous le rapport de la qualité, à l'unité du parfait, exclusive de tout mélange. Mais l'induction, à son tour, n'est possible que par l'application aux choses sensibles de certains principes de généralité et de perfection, en un mot d'*unité*. Ces principes, l'induction ne les fait pas ; elle les reçoit d'ailleurs et les applique. La science n'est pas dans l'induction, mais dans les principes qui rendent l'induction possible ; elle n'est pas dans les opérations logiques, mais dans les principes métaphysiques qui sont les conditions nécessaires de ces opérations.

Approfondissons la nature de ces principes de la science, si nous voulons savoir enfin en quoi consiste la science.

III. « Il y a plusieurs choses que nous appelons *belles*, et plusieurs choses, *bonnes;* c'est ainsi que nous désignons chacune d'elles. — Oui. — Et le principe de chacune, nous l'appelons le *beau*, le *bien;* et nous faisons de même de toutes les choses que nous avons considérées tout à l'heure dans leur variété, en les considérant sous un autre point de vue, dans l'unité de l'idée générale à laquelle chacune d'elles se rapporte (1). »

La pensée ne peut être satisfaite par la considération de tel objet beau, de tel objet bon; car la beauté, la bonté des choses particulières, est mêlée de laideur et de méchanceté. La pensée conçoit donc nécessairement un principe du beau et un principe du bien. Ce principe devra exister partout où il y a quelque degré de beauté et de bonté : car la cause est partout où est

---

(1) *Rép.* VI, 507 c.

l'effet; elle contient même la raison, non-seulement des effets actuels, mais encore des effets passés ou à venir, et même des effets purement possibles. Le bien et le beau, qui se trouvent dans les objets particuliers, supposent donc un principe qui contienne dans son sein l'origine du réel et du possible, du présent, du passé et de l'avenir. Ce principe, en d'autres termes, est d'une généralité absolue et infinie, et par là, il est un. C'est quelque chose d'identique à soi-même, malgré la diversité des objets qui en dérivent, ou plutôt à cause de cette diversité même. Tel est le premier caractère que l'esprit attribue nécessairement au principe du beau et au principe du bien : l'*unité* de l'universel.

Ce n'est pas tout. Comment pourrions-nous juger que tel objet est beau ou bon, et surtout que celui-ci est supérieur à celui-là sous le rapport de la beauté et de la bonté, si nous ne concevions pas, derrière cette multiplicité de degrés dans le bien et dans le beau, l'unité d'un principe toujours égal à lui-même. Ce qui fait les degrés divers du bien et du beau dans les objets particuliers, c'est que ces qualités y sont confondues avec des qualités contraires; elles n'ont, dans les objets sensibles, ni pureté ni simplicité. Or, il n'en peut être ainsi du principe même qui produit le bien et le beau. Le principe du bien produit le bien seul, et non le mal; autrement il serait faux de dire qu'il est le principe du bien; ce ne serait même pas un principe, mais je ne sais quoi d'indéterminé et d'indifférent à tous les contraires. Donc nous ne concevons le bien imparfait, multiple, relatif et comme *impur*, qu'à la condition de concevoir un principe où le bien soit parfait, simple, pur et sans degrés, parce qu'il est sans mélange. Il en est de même du beau, et les divers degrés de la beauté imparfaite ne sont intelligibles que par la beauté parfaite et sans degrés. « Nous rapportons nos sensations à ces notions primitives que nous trouvons en nous et qui nous servent d'exemplaires (1). » Les principes du bien et du beau, outre leur universalité, ont donc pour second caractère l'absolue perfection. Cette perfection résulte de leur unité même ; la beauté *une* et simple, c'est la beauté sans mélange de laideur. « Formons-nous l'idée suivante de toutes les choses que nous appelons *pures*... Comment et en quoi consiste la pureté de la blancheur ? Est-ce dans la grandeur et la quantité ? ou bien en ce qui est tout à fait sans mélange, et où il ne se trouve aucune trace d'aucune autre couleur ? — Il est évident que c'est en ce qui est parfaitement dégagé de tout mélange. — Fort bien. Ne dirons-nous pas que ce blanc est le plus *vrai* et en même temps le plus beau de tous les blancs, et non pas celui qui serait en plus grande quantité ou plus grand ? — Oui, et avec beaucoup de raison (2). » — Aussitôt donc que vous concevez une qualité sous le point de vue de l'unité absolue, vous lui communiquez deux caractères qu'elle n'avait pas d'abord : elle devient d'une généralité sans limites, et par là même d'une pureté et d'une perfection absolues.

Demande-t-on maintenant quel nom il faut donner au principe de la beauté et de la bonté répandues dans les choses possibles ? Comment l'appellerait-on, si ce n'est *le beau*, si ce n'est *le bien ?* Ce n'est plus telle beauté, telle bonté particulière ; tout ce qui exprime la variété, la multiplicité de degrés et de manières d'être, ne convient point à un principe immuable et identique ; il est *le beau*, il est *le bien ?* dans leur simplicité sublime, et tout ce qu'on ajouterait à ces ex-

(1) *Phédo*, 75.
(2) *Philèbe*, 58.

pressions ne pourrait que détruire l'unité absolue des premiers principes. Disons-le donc encore une fois : « Il y a plusieurs choses que nous appelons belles et plusieurs choses bonnes. Et le principe de chacune, nous l'appelons *le beau, le bien;* et nous faisons de même de toutes les choses que nous avons considérées tout à l'heure dans leur *variété*, en les considérant sous un autre point de vue, dans *l'unité* de l'idée à laquelle chacune d'elles se rapporte. »

Veut-on d'autres exemples? Nous ne concevons *l'égalité qui se trouve entre un arbre et un arbre, entre une pierre et une pierre*, que par la conception de l'égalité en soi, *qui est en dehors de tous ces objets* et ne varie pas comme eux. « Les pierres, les arbres, ne nous paraissent-ils pas tantôt égaux, tantôt inégaux, bien que souvent ils ne subissent par eux-mêmes aucune modification? — Assurément. — Mais quoi, ce qui est égal en soi t'a-t-il quelquefois paru inégal, ou l'égalité te paraît-elle inégalité? — Jamais. — L'égalité et ce qui est égal ne sont donc pas la même chose. » L'égalité en soi, c'est celle qui a pour caractère l'unité absolue. Elle est donc *égalité* et rien autre chose : par là elle est pure et *parfaite*. De plus, elle est présente dans son unité partout où il y a quelque degré d'égalité, et sous ce rapport elle est *universelle*.

» Ce que nous disons ici ne concerne pas plus l'égalité que le beau en soi, le bien, la justice, la sainteté. » Joignons-y les notions de l'être, de l'identité, de la différence, que supposent le jugement et le raisonnement. Toutes ces notions expriment un principe d'unité dans la multitude des choses particulières : τὸ ἕν ἐπὶ πολλοῖς.

Mais elles-mêmes sont multiples encore : elles contiennent des éléments divers. Là où la simplicité n'est pas absolue, l'esprit sent le besoin d'un principe supérieur. Les genres et les types ne sont donc pas parfaitement intelligibles en eux-mêmes; ils conservent un caractère hypothétique qui force l'esprit à les dépasser pour s'élever toujours plus haut; ils ne seront complétement intelligibles qu'une fois ramenés à leur principe : νοητῶν ὄντων μετ' ἀρχῆς. Toutes les notions où l'unité n'est pas absolue sont pour le philosophe « des hypothèses qu'il regarde comme telles, et non comme des principes, et qui lui servent de degrés et de points d'appui pour s'élever jusqu'à un premier principe qui n'admet plus d'hypothèse. » Or, ce qu'il y a de commun dans tous les genres, c'est la généralité infinie; dans tous les types, c'est la perfection infinie. Et qu'est-ce que la généralité infinie? Nous l'avons vu, c'est l'unité absolue sous le rapport de la quantité et de l'extension. Qu'est-ce que la perfection infinie? — C'est l'unité absolue sous le rapport de la qualité; c'est la simplicité excluant tout mélange. Le premier principe est donc conçu comme unité; et d'un autre nom, c'est le parfait, le bien par excellence : τὸ ἀγαθόν. Là se repose la pensée après sa marche dialectique; là est le principe suprême de la science.

Il faut donc bien l'avouer : au-dessus de toutes les opérations logiques, ascendantes ou descendantes, inductives ou déductives, il y a des principes d'unité auxquels l'induction et la déduction sont également suspendues, et que l'esprit impose aux objets sensibles, loin de les recevoir de la sensation.

Ces principes eux-mêmes peuvent se ramener à un principe unique, dernier terme de la science. Le dernier, — et en même temps le premier! C'est là qu'elle arrive; mais c'est de là qu'elle était partie. Jugement, définition, division, raisonnement, toute opération logique aboutit à l'unité; mais en même temps elle la suppose. Elle implique l'obscure et confuse notion de l'universel et du parfait, qu'elle ne fait qu'éclaircir. Comment donc l'esprit est-il entré en possession de ce principe qui rend tout le reste intelligible et d'où dérive la connaissance tout entière?

IV. C'est à la vue des choses belles que nous concevons le beau, qui pourtant en diffère; c'est à la vue des choses bonnes que nous concevons le bien, qui ne peut être confondu avec les objets où il se trouve. La sensation est donc l'*occasion* qui nous fait concevoir les principes, l'occasion et non la cause. « Mais, quand la vue d'une chose nous fait penser à une autre, il y a nécessairement réminiscence. » Ainsi l'ami pense à son ami en voyant la lyre dont il a coutume de faire usage. Le portrait fait penser à l'original, et les objets sensibles font penser aux types intelligibles dont ils offrent l'imparfaite image. Concevoir la beauté, la bonté, la justice, ne semble donc être autre chose qu'un souvenir. De même que la mémoire conserve chaque idée, mais sous une forme obscure et implicite, jusqu'au moment où la vue de quelque objet, par son rapport avec cette idée, la réveille et la force à se manifester; de même, il y a dans l'âme une faculté qui conserve les principes sous une forme obscure, jusqu'au moment où la vue du monde extérieur les éveille, les excite, les produit au grand jour.

Le souvenir sera-t-il donc le fait primitif de la vie intellectuelle? Sera-t-il la science, la seule véritable science? — Non, cela est impossible et contradictoire. On se souvient seulement de ce que l'on connaît déjà; le souvenir, comme toute réflexion, comme toute opération de l'esprit, suppose un acte primitif de pensée;

et comme une prise de possession immédiate par laquelle l'intelligence s'est emparée de l'intelligible.

Cette vision sans intermédiaire, cette vision face à face de la beauté, de la justice, de l'unité et du bien, dans laquelle la pensée et son objet sont unis et se pénètrent l'un l'autre comme se pénètrent l'œil et la lumière, c'est l'*intuition*, c'est la raison pure, c'est la νόησις. Que cette connaissance immédiate de la vérité par la pensée ait eu lieu dans la vie présente ou dans une vie antérieure, c'est un point secondaire ; ce qui est certain, c'est qu'elle a eu lieu. Au-dessus des procédés multiples de la logique, comme au-dessus des contradictions de nos sens, se trouve nécessairement l'unité de l'intelligence et de l'intelligible dans l'intuition. Voilà cette science primitive que nous cherchions vainement et dans le domaine des sens et dans le domaine des opérations logiques. Qu'est-ce que la science ? demandions-nous ; est-ce la sensation ? est-ce l'opinion ? est-ce la pensée discursive ? — Et aucune de ces réponses ne pouvait satisfaire notre pensée, car la pensée ne se reconnaît pas dans les opérations des sens ni dans les opérations de la logique : images imparfaites d'elle-même, miroirs incomplets et infidèles où elle ne peut se réfléchir tout entière dans son unité. La pensée ne se reconnaît que dans l'immédiate intuition de la vérité infinie.

Qu'est-ce que la science ? — Nous pouvons maintenant répondre : La science, c'est l'intuition ; c'est l'intelligence saisissant l'intelligible sans aucun intermédiaire et ne faisant qu'un avec son objet. — Et ce n'est pas là, sans doute, une définition logique de la science ; car on ne définit pas ce qui est primitif ; on ne décompose pas ce qui est simple. Dans toute prétendue définition de la science, on introduira les mots mêmes de *savoir*, de *connaissance*, de *pensée*. La raison ne se définit pas à elle-même ; elle a seulement conscience d'elle-même ; et toute explication logique de la science n'en donnerait pas l'idée à celui qui ne posséderait pas déjà cette idée primitive et irréductible, cette idée de la science, qui n'est pas distincte de la science même (1).

Mais, si de simples synonymes, si de simples éclaircissements métaphysiques peuvent remplacer la définition logique, disons alors que la science est la connaissance de l'unité par le multiple ; que l'unité a deux noms divers qui expriment son rapport avec les diverses espèces de multiplicité : l'*un* est l'*universel* ; l'un est aussi le *parfait*. La science a donc pour objet l'universalité et la perfection, l'unité identique au bien, et en un seul mot le bien.

Le bien, un et simple en lui-même, prend des aspects et des noms divers suivant ses diverses relations avec le multiple : il s'appelle alors le beau, le vrai, l'ordre, le juste, l'égalité, l'identité ; il donne naissance à ces principes que nous avons trouvés au-dessus de la sensation et de la réflexion qu'ils rendent possibles. Toute qualité élevée au degré de l'universel et du parfait est une forme du bien ; ces formes sont l'objet des diverses sciences, et sans elles rien n'est intelligible ; par elles, tout s'éclaircit et s'explique, de même que tout devient visible à la lumière du jour. Ces *principes d'universalité et de perfection*, d'unité et de bien, supérieurs tout ensemble à la sensation et aux abstrac-

---

(1) *Théét*. 196 e. Dans ses symboles mathématiques, Platon appelle la science l'unité ou le point ; le raisonnement, la dualité ou la longueur ; l'opinion, la triplicité ou surface ; et la sensation, le nombre *quatre* ou le solide. V. plus loin un important passage d'Arist. Liv. II, *les Nombres*. Sur l'Idée de la science v. l'analyse du *Parménide*.

tions logiques, objets de la raison intuitive, origine et fin de la science, aussi réels que la science même, puisqu'ils la produisent, aussi réels que notre pensée, puisqu'ils l'éclairent et la développent; ces principes intelligibles par lesquels l'intelligence existe, et qui existent aussi certainement que l'intelligence même, quelle que soit d'ailleurs la manière dont on se représente leur existence, — ce sont les *Idées* (1).

(1) Dans la Lettre VII, la plus authentique de toutes (M. Grote admet même que toutes le sont) nous trouvons une confirmation remarquable de l'exposition qui précède. « Il y a dans tout être trois choses qui sont la condition de la connaissance : en quatrième lieu vient la connaissance elle-même, et en cinquième lieu ce qu'il s'agit de connaître, la vérité (l'Idée). La première chose est le nom, la seconde la définition, la troisième l'image; la science est la quatrième... Le cercle a d'abord un nom... puis une définition composée de noms et de verbes... Le cercle matériel est un dessin qu'on efface... tandis que le cercle en soi est essentiellement différent. Vient ensuite la science, la pensée, l'opinion vraie sur cet objet » (Ce sont les trois degrés de la connaissance, raison, raisonnement et opinion). « Prises ensemble ces trois choses sont un nouvel élément qui n'est ni dans les noms, ni dans les figures des corps, mais dans les âmes; d'où il est clair que sa nature diffère et du cercle en soi et des autres choses dont nous avons parlé. » C'est-à-dire que les états subjectifs et les notions de notre âme, intuitives, discursives, ou purement conjecturales, diffèrent à la fois des objets sensibles, des noms et des objets intelligibles ou Idées. Eclatante réfutation de ceux qui prennent les Idées de Platon pour des notions générales et subjectives. « De ces quatre éléments, le νοῦς est celui qui, par ses ressemblances et son affinité naturelle, se rapproche le plus du cinquième (l'Idée), les autres (raisonnement, opinion, mots, figures) en diffèrent beaucoup plus. » (342 c.) — Donc les Idées sont les *objets* de la science et des notions scientifiques; le subjectif est seulement *analogue* à l'objectif, en vertu du principe platonicien que la connaissance doit être analogue à l'objet connu (Arist., *De an.*, 404 b.)

CHAPITRE III.

PREUVE DES IDÉES PAR LES CONDITIONS DE L'EXISTENCE.

I. *L'Idée, principe d'essence.* La détermination, l'indétermination et l'essence mixte. — II. *L'Idée, type de perfection.* — III. *L'Idée, principe des genres.* — IV. *L'Idée, cause finale.*

L'analyse de la connaissance suffit pour prouver les Idées ; car elle aboutit à cette conclusion : sans les Idées, point d'intelligence. Cherchons cependant des preuves d'un autre ordre, et après avoir étudié les principes de la connaissance, étudions les principes de l'existence.

Comment cette preuve ne serait-elle pas la confirmation de la première? comment pourrait-il y avoir opposition entre la pensée et son objet, entre la raison et la réalité? D'ailleurs, la réalité ne nous est connue que par la pensée, comme d'autre part la pensée n'entre en acte que par la réalité qu'elle conçoit. Pas de pensée sans l'être, pas d'être pour nous sans la pensée. Là où nous voyons deux preuves, il n'y en a qu'une seule pour celui qui descend au fond des choses. Telle est la connaissance, et telle est pour nous l'existence. La connaissance a son origine dans les Idées : comment n'en serait-il pas de même de la Nature?

Il n'est pas inutile, cependant, de reprendre à un autre point de vue la recherche des Idées. L'analyse de l'*être* sera la contre-partie et la confirmation de l'analyse du *connaître*. Si nous trouvions entre les deux points de vue des oppositions véritables et invincibles, il faudrait y reconnaître le signe de quelque illusion naturelle et de quelque erreur inévitable ; l'esprit humain entrerait alors en suspicion, et nous n'aurions d'autre refuge que le doute. Si au contraire l'harmonie se maintient jusqu'au bout entre la raison et la réalité, ne sera-ce pas la preuve que les principes de la raison sont identiques aux principes de la réalité, les lois de la pensée aux lois des choses?

I. *L'Idée, principe d'essence.*

Considérons les objets sensibles, d'abord en eux-mêmes, puis dans leurs relations entre eux, et recherchons quelles sont toutes leurs conditions d'existence.

De même qu'au plus bas degré de la connaissance nous avons trouvé la sensation, de même, au plus humble degré de l'existence, nous trouvons le phénomène sensible, ou génération (γένεσις), « toujours en mouvement, naissant dans un lieu, d'où il disparaît bientôt en périssant, compréhensible par l'opinion accompagnée de la sensation (1).

Dans ce monde sensible, la variété est infinie ; mais cette variété a elle-même son origine dans un phénomène commun, auquel se réduisent tous les autres, auquel aboutit toute explication du monde physique : « Le mouvement est le principe de l'existence apparente et de la génération, et le repos, celui du non-être et de la corruption. En effet, la chaleur, le feu qui engendre et entretient tout, est lui-même produit par

---

(1) *Timée*, 52, a. Τὸ δὲ ὁμώνυμον, ὅμοιόν τε ἐκείνῳ δεύτερον, αἰσθητόν, γεννητόν, πεφορημένον ἀεί... δόξῃ μετ' αἰσθήσεως περιληπτόν.

la translation et le frottement, qui ne sont que du mouvement. N'est-ce pas là ce qui donne naissance au feu? — Sans contredit. — L'espèce des animaux doit aussi sa production aux mêmes principes. — Assurément. — Mais quoi? notre corps ne se corrompt-il point par le repos et l'inaction, et ne se conserve-t-il point principalement par l'exercice et le mouvement? — Oui. — L'âme elle-même n'acquiert-elle pas et ne conserve-t-elle pas l'instruction, et ne devient-elle pas meilleure par l'étude et la méditation, qui sont des mouvements; au lieu que le repos, c'est-à-dire le défaut de réflexion et d'étude, l'empêchent de rien apprendre, ou lui font oublier ce qu'elle a appris? — Oui. — Le mouvement est donc un bien pour l'âme comme pour le corps, et le repos un mal... Admets donc cette façon de raisonner pour tout ce qui frappe tes yeux; conçois que ce que tu appelles couleur blanche, n'est point quelque chose qui existe hors de tes yeux, ni dans tes yeux : ne lui assigne même aucun lieu déterminé, parce qu'ainsi elle aurait un rang marqué, une existence fixe, et ne serait plus en voie de génération... Il faut se former la même idée de toutes les autres qualités, telles que le dur, le chaud, et ainsi du reste; et concevoir que rien de tout cela n'est tel en soi, mais que toutes choses sont produites avec une diversité prodigieuse dans le mélange universel qui est une suite du mouvement (1). » Héraclite, en ramenant tous les phénomènes au mouvement, et tous les mouvements à l'action d'un feu intérieur qui anime, produit et détruit toutes choses, avait parfaitement compris le caractère principal du monde sensible.

---

(1) *Théét.*, 153, 154.

De l'universelle mobilité résulte l'universelle indétermination. « Examine si tu découvriras quelque chose de déterminé dans ce qui est plus chaud ou plus froid ; ou si le plus et le moins qui réside dans cette espèce d'êtres, tant qu'il y réside, ne les empêche point d'avoir des bornes précises ; car aussitôt qu'ils sont déterminés et finis, leur fin est venue... Tout ce qui nous paraîtra devenir plus et moins, recevoir le *fort* et le *doucement*, et encore le trop et les autres qualités semblables, il nous faut le rassembler en quelque sorte en un, et le ranger dans l'espèce de l'*indéterminé* (τὸ ἄπειρον), suivant ce qui a été dit plus haut, qu'il fallait, autant qu'il se peut, réunir les choses séparées et partagées en plusieurs sortes, et les marquer du sceau de l'unité (1). »

Cependant l'indétermination n'est pas absolue dans le monde matériel, comme le prétendait faussement Héraclite. Nous déterminons les objets sensibles en les qualifiant et en les nommant. Nous disons même qu'ils sont, sinon absolument, du moins d'une certaine manière. Il faut donc admettre qu'ils sont un mélange d'indéterminé et de détermination. Examinons-les attentivement sous chacun de ces points de vue, et recherchons d'abord le principe de l'indétermination des objets sensibles. Considérés en eux-mêmes, il est vrai de dire avec Héraclite qu'ils n'ont aucune forme propre, aucune unité, et par conséquent aucune existence véritable. « L'eau, en se congelant, devient, à ce qu'il semble, des pierres et de la terre ; la terre dissoute et décomposée s'évapore en air ; l'air enflammé devient du feu ; le feu comprimé et éteint redevient de l'air ; à son

---

(1) *Philèbe*, 23 c. et ss.

tour l'air condensé et épaissi se transforme en nuage et en brouillard; les nuages, en se condensant encore plus, s'écoulent en eau; l'eau se change de nouveau en terres et en pierres; tout cela forme un cercle, dont toutes les parties ont l'air de s'engendrer les unes les autres. Ainsi, ces choses ne paraissant jamais conserver une nature propre, qui oserait affirmer que l'une d'elles est telle chose et non pas telle autre?... Il ne faut pas parler de ces choses comme d'individus distincts, mais il faut les appeler toutes et chacune des apparences soumises à de perpétuels changements. Nous appellerons donc des apparences le feu et tout ce qui a eu un commencement. » (En effet, ce qui *commence* ne peut sortir du pur néant; il est donc nécessairement un simple changement d'apparence dans ce qui existait déjà.) « Mais l'être dans lequel ces choses apparaissent pour s'évanouir ensuite, celui-là seul peut être désigné par ces mots : *ceci* ou *cela*, tandis qu'on ne peut les appliquer aux qualités... Supposons qu'on fasse prendre successivement toutes les formes possibles à un lingot d'or, et qu'on ne cesse de remplacer chaque forme par une autre; si quelqu'un, en montrant une de ces formes, demandait ce que c'est, on serait certain de dire la vérité en répondant que c'est de l'or; mais on ne pourrait pas dire, comme si cette forme avait une existence réelle, que c'est un triangle ou toute autre figure, puisque cette figure disparaît au moment même où l'on en parle. Si donc on répondait, pour éviter toute erreur : elle est l'apparence que vous voyez, il faudrait se contenter de cette réponse. L'être qui contient tous les corps en lui-même est comme ce lingot d'or : il faut toujours le désigner par le même nom, car il ne change jamais de nature; il reçoit perpétuellement toutes choses dans son sein, sans revêtir jamais une forme particulière semblable à quelqu'une de celles qu'il renferme; il est le fond commun où vient s'empreindre tout ce qui existe, et il n'a d'autre mouvement ni d'autres formes que les mouvements et les formes des êtres qu'il contient. Ce sont eux qui le font paraître divers... Il est donc nécessaire que ce qui doit recevoir dans son sein toutes les formes, soit dépourvu lui-même de toute forme... En conséquence, cette mère du monde, ce réceptacle de tout ce qui est visible et perceptible par les sens, nous ne l'appellerons ni terre, ni air, ni feu, ni eau, ni rien de ce que ces corps ont formé, ni aucun des éléments dont ils sont sortis; mais nous ne nous tromperons pas en disant que c'est un certain être invisible, informe, contenant toutes choses en son sein (1). » S'il faut donner un nom à ce principe innommable, appelons-le l'indéfini ou l'indéterminé, τὸ ἄπειρον. Ce n'est pas la matière, dans le sens ordinaire de ce mot, puisque nous appelons matière quelque chose de déterminé, ayant des formes et des qualités réelles. Mais c'est une matière première, qui contient en elle-même la possibilité de toutes choses, sans être par elle-même aucune chose en particulier.

Tel est le fond commun de tous les phénomènes sensibles; telle est la première condition de leur existence; par là ils sont *possibles*, mais ils ne sont pas encore *réels*. De la matière indéfinie vient ce caractère d'indétermination qui apparaît tout d'abord dans le monde extérieur.

Mais il y a autre chose dans ce monde; ce monde n'est pas la matière pure, l'indétermination absolue,

---

(1) *Timée*, 50, a. b. c.

τὸ ἄπειρον; il a des qualités déterminées, des formes réelles, quoique fugitives, quoique emportées par un mouvement sans fin. L'*indéfini* n'*est* pas, à proprement parler. Peut-on dire d'une chose qu'elle est, si elle n'est point telle ou telle chose? Où donc est l'être? il n'est pas dans l'indétermination absolue de la matière pure : il est dans la forme que prend cette matière, qui la définit et la détermine (τὸ πέρας).

Or, nous disons que le monde sensible existe, non d'une manière absolue, mais dans un sens relatif, qui convient à son incessante mobilité; il *naît*, il *apparaît*, il *est* donc d'une certaine manière, et s'il n'est pas l'être véritable, au moins il est une imitation de l'être : l'*apparence* n'est autre chose que cette imitation de l'*existence*. D'où vient donc ce commencement de détermination que la pensée aperçoit dans les objets sensibles? Encore une fois, la détermination ne vient pas de ces objets eux-mêmes; elle vient d'ailleurs, elle vient de plus haut. Au-dessus d'eux, il faut bien admettre un principe de détermination. Ce principe, appelons-le l'*essence*, c'est-à-dire ce qui fait que ce qui est est tel, ou plus simplement que ce qui est est, puisque l'être est dans la forme déterminée et non dans la matière indéterminée.

C'est ce principe de détermination, de qualification, d'existence, dont il faut approfondir la nature.

Nous ne saurions trop le redire : Les objets sensibles n'ont par eux-mêmes aucune essence, et cependant ils en ont une dans la réalité actuelle. Quel est donc le principe qui explique la présence de telle ou telle qualité dans les choses? Pourquoi, par exemple, une chose est-elle belle ou bonne? Il y a une réponse bien simple : mais c'est souvent dans la simplicité que l'on trouve la profondeur. Voici cette réponse : une chose est belle par la présence de la beauté, bonne par la présence de la bonté. « Je ne saurais comprendre toutes ces autres causes si savantes que l'on nous donne. Si quelqu'un me dit qu'une chose est belle à cause de ses couleurs vives, ou de sa forme, ou d'autres propriétés semblables, je laisse là toutes ces raisons qui ne font que me troubler (1). » Et en effet, elles reculent la difficulté sans la résoudre; elles énumèrent les conditions d'une chose sans en faire comprendre le principe et l'essence. « Autre chose est la cause, et autre chose est la condition sans laquelle la cause ne serait jamais cause. » Les couleurs vives, par exemple, ne communiqueront la beauté à un objet que si elles la possèdent déjà en elles-mêmes; et alors d'où vient qu'elles la possèdent? qu'est-ce que cette beauté qu'elles contiennent? — La même question se présentera toujours tant qu'on restera dans le domaine des causes secondaires et particulières. « Je me dis donc à moi-même, sans façon et sans art, peut-être même trop simplement, que ce qui rend belle une chose quelconque, c'est la présence ou la communication de *la beauté*, de quelque manière que cette communication se fasse : car, sur ce dernier point, je n'affirme rien ; ce que j'affirme, c'est que toutes les belles choses sont belles par la présence du beau. C'est, à mes yeux, la réponse la plus sûre pour moi et pour tout autre, et tant que je m'en tiendrai là j'espère bien ne jamais me tromper et répondre en toute sûreté, moi et tout autre, que c'est à la beauté que les choses belles doivent d'être belles... De même, c'est par la grandeur que les choses grandes sont grandes, et par la petitesse que les choses petites sont petites

---

(1) *Phéd.*, 100, 101.

(τῷ καλῷ τὰ καλὰ γίγνεται καλὰ, καὶ μεγέθει ἄρα τὰ μέγαλα μέγαλα)(1).

Maintenant, quels sont les caractères de cette bonté, de cette beauté, de cette grandeur, dont la présence rend un objet bon, beau ou grand? Est-ce, par exemple, une beauté particulière, qui appartienne seulement à l'objet où elle se trouve et qui y soit comme épuisée tout entière? Il faudrait dire alors que ce qui rend un objet beau, c'est *sa* beauté. Mais une telle réponse serait un cercle vicieux ridicule : elle n'aurait aucun caractère scientifique; elle serait même la négation de la science. Dire que Phédon est beau à cause de *sa* beauté, ce n'est pas seulement une naïveté, c'est une erreur : car la beauté n'est point une chose propre à Phédon, une chose qui lui appartienne tout entière : la beauté particulière qui réside dans Phédon n'a point en elle-même sa raison et son principe : elle n'est ni nécessaire ni absolue. En d'autres termes, elle n'est pas son essence à elle-même; car alors il serait contradictoire de supposer Phédon sans beauté; et pourtant il n'a peut-être pas toujours eu, il n'aura peut-être pas toujours cette beauté qu'il possède aujourd'hui. Qu'est-ce donc, sinon une beauté d'emprunt? Ainsi Phédon n'est point le principe de la beauté qui est en lui, et il est encore moins le principe de la beauté qui est dans les autres. Le particulier ne peut être principe ni essence. La beauté de tel ou tel objet se rattache donc à un principe supérieur, qui est la beauté même, la beauté, dis-je, et non telle ou telle beauté particulière. Il en est de même pour la bonté, pour la grandeur. — Cette proposition : — Simmias est plus

---

(1) *Phéd.*, 101, a.

grand que Socrate, — n'est pas vraie dans son acception littérale; Simmias n'est pas plus grand *naturellement et parce qu'il est Simmias*, mais à cause de la grandeur qu'il se trouve avoir; et de même, s'il est plus grand que Socrate, ce n'est pas parce que Socrate est Socrate, mais parce que Socrate se trouve avoir la petitesse en comparaison de la grandeur de Simmias (1). » La preuve en est que Socrate lui-même, qui est petit par rapport à Simmias, est grand par rapport à Phédon. Loin d'avoir pour essence la grandeur, il admet en lui-même la petitesse. En un mot, les termes particuliers d'une comparaison, comme Simmias et Socrate, ne sont point ce qui constitue le rapport de grandeur; et ce rapport n'est lui-même que la manière dont se manifeste dans deux objets particuliers le principe universel de la grandeur ou de la quantité.

L'universalité, tel est donc le premier caractère qu'offre le principe de l'essence ou de la forme.

Le second caractère de ce principe, c'est la *pureté*, c'est-à-dire cette simplicité absolue qui exclut les contraires et qui est identique à la perfection. Socrate, nous l'avons vu, est à la fois grand et petit; « la grandeur en soi ne peut jamais être en même temps grande et petite; il y a plus, la grandeur même qui est en nous n'admet point la petitesse » (en tant qu'elle est grandeur) « et ne peut être surpassée » (car alors elle deviendrait petite). Socrate peut être surpassé par Simmias, et admettre en lui-même grandeur et petitesse; mais la grandeur à laquelle il participe en tant qu'il est grand, exclut absolument la petitesse. « De deux choses l'une, ou la grandeur s'enfuit et se

---

(1) *Phéd.*, 102, b.

retire quand elle voit venir son contraire, ou elle périt à son approche ; mais lorsqu'elle demeure et reçoit la petitesse, elle ne peut devenir autre chose qu'elle n'était. Ainsi, moi, après avoir admis la petitesse, restant le même Socrate que je suis, je suis ce même Socrate petit. » Il n'y a pas contradiction entre Socrate et la petitesse, parce que Socrate n'est pas la grandeur, quoiqu'il en participe. Il peut donc, sans cesser d'être Socrate, admettre la petitesse ; mais la grandeur qui est en lui sans être lui ne l'admet pas : elle peut coexister dans un même sujet, qui est Socrate, avec la petitesse ; mais elle ne se confond pas avec la petitesse même. « En un mot, il n'est pas un seul contraire qui puisse, pendant qu'il est ce qu'il est, devenir ou être son contraire. Mais il se retire ou il périt quand l'autre arrive. » — « Pourtant, objecte Cébès, nous avons dit tout à l'heure que les contraires naissent toujours de leurs contraires, et maintenant nous disons qu'un contraire ne peut jamais être contraire à lui-même, soit en nous, soit dans la nature des choses. » — « Alors, mon ami, nous parlions des choses qui ont en elles les contraires et leur empruntent leur nom. » (Voici, par exemple, deux contraires : la vie et la mort ; quand un être possède la vie (ἔχει), il a en lui l'un des contraires et on l'appelle *vivant ;* s'il meurt, il sera passé d'un contraire à l'autre, et en lui la mort sera née de la vie, qui est son contraire.) « Mais à présent nous parlons des essences mêmes qui, par leur présence, donnent leur nom aux choses où elles se trouvent, et ce sont ces essences qui, selon nous, ne peuvent naître l'une de l'autre (1). » Les essences générales qui prêtent leur

(1) *Phéd.*, ib. Nous corrigeons la traduction Cousin, qui contient un énorme non-sens.

forme aux objets particuliers, excluent donc nécessairement tout mélange; car en elles le mélange serait une contradiction. La grandeur en soi, la grandeur parfaite, exclut nécessairement la petitesse; car, si elle l'admettait, elle cesserait d'être absolue et parfaite. Le mélange des contraires est la marque infaillible de la multiplicité, de l'impureté, de l'imperfection. Mais toute chose qui est son essence à elle-même est simple, sans degré, sans défaut, sans contradiction intérieure. Ce qu'elle est, elle l'est sans restriction, elle l'est absolument, elle l'est uniquement. A cette unité, qui résulte de son universalité, elle joint l'unité de la perfection.

De là dérive une conséquence importante. Les principes d'essence, comme la grandeur en soi, la beauté en soi, excluant tout mélange qui altérerait la perfection de leur essence, sont parfaitement distincts entre eux sous le rapport même de l'essence ou de la forme. Il peut exister des essences qui s'allient et d'autres qui s'excluent, mais lors même qu'il y a union, l'unité intrinsèque de chaque essence persiste, et cette unité intérieure est précisément ce qui fait leur distinction les unes par rapport aux autres.

Unité intrinsèque et distinction réciproque des essences, — tels sont, d'après Platon, les fondements métaphysiques de cette loi logique que l'on appellera plus tard axiome d'identité et de contradiction. « Ce qui est grand est grand et ne peut être en même temps petit sous le même rapport. » Cet axiome logique suppose que chaque essence est identique à elle-même, et qu'elle doit à sa perfection une simplicité, une unité intérieure exclusive de tout mélange, par laquelle elle se distingue nettement de toute essence opposée ou même simplement différente. La raison conçoit cette nécessité métaphysique, et elle la transforme en règle logique : l'absence de contradiction, qui est la loi de toute essence, devient la loi de toute pensée. « Dans une chose n'entrera jamais d'idée contraire à la forme qui la constitue (ἀπεργάζεται). Par exemple, ce qui constitue *trois*, c'est l'impair » (l'impair n'est pas un accident, mais l'essence même de trois, essence sans laquelle trois ne pourrait exister). « L'idée du pair ne se trouvera donc jamais dans le trois; » car il y aurait alors contradiction, et l'essence de trois serait détruite.

En résumé, toute chose multiple, mobile, relative et particulière, n'a point et ne peut avoir en elle-même la raison de son essence. Il n'y a d'essence véritable que dans l'unité, non pas l'unité vide et morte produite par l'élimination de toute qualité, mais l'unité infiniment riche produite par l'élévation d'une qualité à sa plus haute puissance. Alors disparaît toute contradiction, toute négation, toute limitation. Les principes des formes, les causes essentielles, renferment l'identité absolue qui s'exprime dans la logique par l'absolue affirmation; c'est donc par eux que les êtres particuliers sont *identiques* à eux-mêmes et *distincts* des autres êtres. Ces principes d'identité et de distinction, d'essence et de forme, ce sont les Idées.

II. *L'Idée, type de perfection.* — *Du matérialisme.*

L'Idée, par cela même qu'elle est un principe d'essence, nous est apparue aussi comme un principe de perfection. Un objet ne peut *être* qu'à la condition de posséder certaines qualités positives qui le déterminent en lui-même et dans notre pensée. Autant il aura de qualités positives, et par conséquent de perfections, autant de fois nous aurons le droit d'affirmer son existence.

Nous l'avons vu, dans les êtres variables et multiples aucune qualité n'est pure et parfaite : on ne peut dire que Phédon est beau, que Socrate est grand, sans restriction et dans le sens absolu de ces termes. Il n'y a point en eux cette simplicité infiniment riche de la beauté véritable et de la véritable grandeur. Seule la beauté en soi est belle simplement, et sans qu'aucune négation vienne s'ajouter à cette affirmation absolue, sans qu'aucun mélange de contraires vienne altérer cette parfaite identité du beau avec lui-même. Le beau seul est beau, la grandeur seule est grande, et sous l'apparente naïveté de ces termes se cache une réelle profondeur.

De même la véritable science est celle qui *sait*, dans toute la simplicité et dans toute l'universalité de ce terme ; ce n'est pas cette science incomplète et inachevée qui sait telle chose et ignore telle autre, qui par là même « est sujette au changement et variable suivant les différents objets que nous appelons des êtres (1). » Non, la vraie connaissance n'est pas celle qui connaît telle et telle chose, mais celle qui connaît tout, ou, plus simplement encore, celle qui *connaît*, sans qu'il soit nécessaire de rien ajouter. Telle n'est pas la science humaine avec toutes ses ignorances : elle a beau s'étendre, s'accroître et faire effort pour se compléter, passant de la science d'un objet à la science d'un autre ; jamais il ne lui sera donné de se reposer dans l'universel et de se résumer elle-même dans l'infinité de ce seul mot : « Je sais ! »

« Je sais ! » — Expression étrange qui semble l'in-

---

(1) *Phèdre*, 248 et ss.

détermination même pour un esprit borné comme l'esprit de l'homme, et qui exprime cependant la détermination la plus absolue et la perfection même de la science. « Je sais! » Derrière ce mot, il n'y a rien ou il y a toutes choses; il y a la simple possibilité ou la complète réalité de la science, l'absolu non-être ou l'être absolu. Mais dans aucun de ces deux sens ce mot ne s'applique véritablement à l'homme; car la science humaine n'est ni la pure indétermination et la pure possibilité de la science, ni la science parfaitement déterminée et réelle; c'est quelque chose d'intermédiaire, comme le mouvement entre le repos du non-être et le repos de l'être, comme le nombre entre l'unité du néant et l'unité de l'universel; c'est un trait d'union entre la pure ignorance et la pure science, c'est un milieu entre rien et tout.

Ce qui est vrai de la science humaine est vrai de toutes les qualités ou vertus humaines; et il en faut dire autant de la nature entière, mélange de perfection et d'imperfection.

Ce mélange, comme le montre fort bien le *Philèbe*, doit avoir une *cause*. Cette cause ne peut être elle-même un mélange, un *degré* particulier de perfection ou d'imperfection : car alors on ne sortirait pas du relatif et du multiple, et comme il n'y aurait aucune raison pour s'arrêter à tel degré plutôt qu'à tel autre, la pensée avancerait ou reculerait toujours sans pouvoir se fixer nulle part, sans se reposer dans l'absolu et dans l'unité. La cause du mélange doit donc être pure, simple, sans mélange; et par conséquent elle ne peut être que l'absolue imperfection de la matière pure ou l'absolue perfection de l'Idée. Le matérialisme, qui choisit la première hypothèse, prétend faire sortir le plus du moins; mais d'où peut venir ce surplus qui se trouve dans l'effet, s'il n'est pas emprunté à la cause? Ne venant ni de la cause qui ne peut donner ce qu'elle n'a pas, ni de l'effet qui n'existe pas encore et reçoit tout de sa cause, ce surplus est évidemment sans cause. Donc, le matérialisme, après nous avoir annoncé qu'il nous découvrirait la cause du mélange, finit par la supprimer. Sans doute le *plus* est communiqué au *moins*, mais non *par* le *moins*. Si le monde est le développement d'un germe que la Pauvreté ou la Matière reçoit dans son sein, encore faut-il que ce germe fécondant y ait été déposé par la Richesse ou la Perfection. L'Amour, c'est-à-dire ce monde mobile qui aspire sans cesse au bien, et qu'un désir insatiable pousse au développement et au progrès, ne doit donc à sa mère, l'Imperfection radicale, que sa *possibilité* et la condition *passive* de son existence; mais il doit à son père, le Parfait, son existence réelle et son activité (1). Le matérialisme confond, par une erreur grossière, le *réceptacle* (ἐκμαγεῖον) (2) avec la vraie *cause*.

Si vous voulez trouver la vraie cause d'un être, ne regardez pas au-dessous de lui, mais au-dessus; ne cherchez pas seulement d'où il vient, mais encore, mais surtout où il va; ne vous contentez pas de regarder le sein qui l'a reçu, découvrez le germe fécondant qui lui a donné la forme et la vie. La vraie raison des choses, c'est le parfait ou l'Idée, qui est à la fois cause et modèle, ou *cause exemplaire*: αἴτιον παραδειγματικόν (3). Les degrés relatifs du bien ne s'expliquent que par l'absolu du bien.

(1) *Banquet*, 208.
(2) *Timée*, 50.
(3) Procl., *in Parm.* V, 133.

Aristote, dans son traité *sur la Philosophie*, où il résumait les leçons de son maître, exprime avec une admirable précision cette formule platonicienne qui rattache la perfection relative à la perfection absolue. « En général, là où se trouve du *plus* parfait (et du *moins*, c'est-à-dire des degrés), là existe aussi *le parfait*. Si donc il y a dans les êtres tel être meilleur que tel autre, il faut qu'il existe aussi quelque chose de parfait, qui ne peut être que le divin (1). » Impossible de mieux dégager le procédé fondamental du platonisme, qui consiste à expliquer les degrés des choses, ou le mixte, par l'absolu et le *pur*, c'est-à-dire par le parfait. Nous l'avons vu, pourquoi disons-nous que Phédon est *plus* beau que Socrate? Est-ce seulement parce que nous le comparons à Socrate? — Réponse incomplète et qui ne pénètre pas au fond de la difficulté! Cette comparaison de Phédon avec Socrate n'est elle-même possible que si une lumière supérieure vient éclairer les deux termes; je veux dire cette lumière de la beauté absolue au milieu de laquelle nous apercevons tout ensemble Phédon et Socrate, comme deux ombres dans lesquelles l'obscurité n'est pas complète, et qui empruntent inégalement au soleil de la beauté une partie de sa lumière. Alors nous disons que Phédon est plus beau que Socrate, c'est-à-dire qu'il participe davantage à la beauté, mais sans la posséder tout entière. Ainsi donc la connaissance de la beauté relative a pour condition celle de la beauté absolue; et de même, dans la réalité, la première n'existe que par la seconde dont elle est l'imitation. « Là où se trouve le *meilleur*, existe aussi le parfait. »

---

(1) Λέγει δὲ περὶ τούτου ἐν τοῖς περὶ φιλοσοφίας.
Καθόλου γὰρ, ἐν οἷς ἐστι τὸ βέλτιον, ἐν τούτοις ἐστὶ καὶ τὸ ἄριστον· ἐπεὶ οὖν ἐστιν ἐν τοῖς οὖσιν ἄλλο ἄλλου βέλτιον, ἔστιν ἄρα τι καὶ ἄριστον, ὅπερ εἴη ἂν τὸ θεῖον.
— Simplicius, *de Cœlo*. (Ald., 67, b.)

En résumé, la variété des choses sensibles est produite par le concours de deux termes : la matière première et indéterminée, semblable à l'obscurité complète ; la forme déterminante, ou type de perfection, analogue à la pure lumière. Le monde sensible est la région des ombres où la lumière se mêle à l'obscurité dans les proportions les plus diverses, où le parfait se reflète dans l'imparfait avec plus ou moins de netteté. La cause du mélange est le bien absolu, l'unité concrète qui enveloppe toutes les qualités positives, et non l'unité abstraite qui les exclut. Tel est le grand principe du platonisme : Identité de la perfection avec la détermination et par conséquent avec l'existence. C'est le parfait qui constitue le réel ; c'est le Bien, τὸ ἀγαθόν, qui est la source de toute existence ; et les différents aspects du bien par rapport au monde où il se reflète, les apparences diverses de l'unité par rapport à la multiplicité, ce sont les *types* éternels, principes de perfection, causes exemplaires de toutes choses ; ce sont les Idées.

III. *L'Idée, principe des genres.*

Jusqu'à présent, nous avons considéré les objets en eux-mêmes, dans leur essence et leurs qualités. Si nous les considérons maintenant dans leurs relations mutuelles, ils nous apparaîtront sous de nouveaux aspects,— genres, lois et fins, — dont l'ensemble constitue l'ordre du monde.

La connaissance n'a point pour objet l'individu, sujet au changement, à la naissance et à la mort ; car elle serait variable elle-même et s'évanouirait dans l'indétermination. Ni la multiplicité pure ni la pure unité ne sont l'objet ordinaire de la science humaine, du moins de la science discursive : l'unité pure n'est saisissable que dans l'unité de l'intuition, et la multiplicité indéfinie se conçoit indirectement par un raisonnement bâtard, à peine compréhensible. Les objets ordinaires de la science, ce sont les rapports, chose intermédiaire entre le multiple et l'un : tout rapport, en effet, suppose l'unité dans la multiplicité.

Entre les divers individus l'esprit saisit des rapports de ressemblance ou d'opposition. S'il considère les ressemblances isolément, en faisant abstraction des différences, l'idée ainsi obtenue est *générale*.

Cette idée n'existe-t-elle que dans notre esprit, et ne suppose-t-elle rien en dehors de l'esprit lui-même ou des objets particuliers qui ont servi de termes à la comparaison?

Les genres ne désignent pas des individus, mais s'ensuit-il qu'ils ne désignent rien de réel? Parmi les notions générales, il en est sans doute que l'esprit forme à son gré et qui semblent de pures fictions. Et cependant, même dans ces idées factices, l'esprit est peut-être moins créateur qu'il ne le semble; peut-être une analyse plus profonde découvrirait-elle, même dans nos chimères, des éléments nombreux de réalité. La possibilité de concevoir une chimère suppose quelque principe réel d'où cette possibilité dérive (1). N'im-

---

(1) Nous ne laissons pas d'affirmer d'une manière absolue les vérités que nous avons une fois découvertes, que les objets existent ou n'existent pas ; ce qui ne pourrait avoir lieu, si ces vérités dépendaient uniquement de l'existence des objets, et si elles ne subsistaient pas toujours comme des possibilités, dont la réalité est fondée dans quelque chose d'actuel ou dans les Idées.

« Les scolastiques, dit Leibnitz, ont fort disputé *de constantiâ subjecti*, c'est-à-dire comment la proposition faite sur un sujet peut avoir une vérité réelle, si ce sujet n'existe pas.

porte ; accordons qu'il y a des notions tout artificielles, et considérons exclusivement celles que la nature même nous enseigne à produire, celles qu'on retrouve dans toutes les langues parce qu'elles existent dans tous les esprits. Cette universalité de certaines notions prouve qu'elles sont tout au moins des lois de la pensée et le résultat nécessaire du développement intellectuel. Ne sont-elles rien de plus, et n'y a-t-il absolument rien qui leur corresponde en dehors de nous? Cela est impossible ; car comment la nature viendrait-elle se conformer d'elle-même aux conceptions de notre pensée? comment se soumettrait-elle aux lois de notre intelligence? Confiez à la terre le germe d'une fleur, et vous savez à l'avance que ce germe produira une fleur semblable à celle d'où il est sorti : jamais la fleur n'engendrera autre chose qu'une fleur de son espèce. Cette espèce n'est donc pas seulement dans votre esprit ; elle est dans les choses mêmes, et les lois de la pensée sont les lois de la nature.

Cependant, si les genres et les espèces sont dans les objets particuliers, il faut reconnaître qu'en

» C'est que la vérité n'est que conditionnelle, et dit qu'en cas que le sujet existe jamais, on le trouvera tel.

» Mais on demandera en quoi est fondée cette connexion, puisqu'il y a de la réalité là dedans qui ne trompe pas.

» La réponse sera qu'elle est dans la liaison des idées.

» Mais on demandera en répliquant où seraient ces idées, si aucun esprit n'existait, et que deviendrait alors le fondement réel de cette certitude des vérités éternelles?

» Cela nous conduit au dernier fondement des vérités, savoir à cet esprit suprême et universel, qui ne peut manquer d'exister, dont l'entendement est la région des vérités éternelles. Et afin qu'on ne pense pas qu'il n'est point nécessaire d'y recourir, il faut considérer que les vérités nécessaires contiennent la raison déterminante des existences mêmes, en un mot, les lois de l'univers. Ainsi, ces vérités étant antérieures aux existences des êtres contingents, il faut bien qu'elles soient fondées dans l'existence d'une substance nécessaire. » (*Nouveaux Essais sur l'entendement humain*, liv. IV, ch. 2.)

même temps ils dépassent de l'infini ces mêmes objets. Le type général déborde, pour ainsi dire, les choses présentes : il s'étend dans le passé et dans l'avenir; bien plus, il déborde la réalité tout entière, présente, passée ou future, et embrasse le possible, qui n'existera peut-être jamais, mais qui pourrait exister. Ne dites donc pas que les genres sont seulement dans les choses et existent par elles; ne voyez-vous pas plutôt que ce sont les choses particulières qui existent par les genres, que ce sont les phénomènes qui existent par la loi? La loi qui préside à la génération de la fleur et qui la fait sortir du germe, n'est pas l'effet de cette fleur qui n'existe pas encore; elle en est plutôt la cause. « C'est le semblable, objectera-t-on, qui produit par lui-même le semblable (1). » Etrange explication qui n'est qu'une pétition de principe : ces deux semblables, l'un engendrant, l'autre engendré, d'où vient qu'ils sont semblables? C'est précisément cette ressemblance qui étonne et qu'il s'agit d'expliquer. Suffit-il pour cela de répondre par la question même, et de dire qu'un être particulier a la vertu de produire un être semblable à lui? Encore une fois, c'est cette vertu même qu'il s'agit d'expliquer; c'est cette possibilité indéfinie des semblables dont il faut donner la raison; et tant que vous resterez dans le domaine des êtres particuliers, vous n'obtiendrez aucune raison générale et absolue : la difficulté reculera à l'infini dans la série rétrograde des causes secondes, mais elle subsistera tant que l'esprit ne se reposera pas dans une cause première (2).

---

(1) V. plus loin les chapitres sur Aristote.
(2) Cf. Jacobi, *Des choses divines*, Appendice C. « Les genres, les Idées de Platon, existent en réalité et en vérité avant les espèces et les choses particulières, et dans le sens le plus propre et le plus strict, elles

Concluons que les genres et les lois existent dans les choses sensibles, mais mutilés et incomplets. Le particulier aura beau s'ajouter au particulier, il ne sera jamais identique au général. Les genres et les lois sont la condition des objets individuels, loin d'en être l'effet. S'ils ne sont pas eux-mêmes des causes, ils expriment du moins le rapport des effets à leur cause première. Là est la grande conception platonicienne : les notions générales sont des rapports, mais non pas seulement des rapports entre les objets particuliers, comme l'enseigne une logique vulgaire; car ces rapports supposent eux-mêmes un rapport supérieur : celui des objets particuliers et imparfaits avec l'être universel et parfait, qui est l'unité absolue. Ainsi, au-dessus de la matière, comme au-dessus de

rendent d'abord celles-ci possibles, de la même manière que la pensée du premier inventeur et le modèle qu'il a construit sur cette pensée, existent avant le nombre infini des copies, qui se font d'après la vue et la règle du modèle, en sorte que cette multiplicité postérieure n'est devenue possible qu'au moyen de l'unité antérieure et lui doit sa naissance ; mais il ne se peut, en aucune façon, que l'unité, qui a donné naissance à la pluralité, devienne elle-même multiple ; elle demeure à jamais l'unité, et ne peut absolument pas être multiple. Il ne saurait rien sortir de la pluralité, en tant que pluralité ; de l'unité, il ne sort jamais que l'unité. On n'invente point *des* montres, *des* vaisseaux, *des* métiers, *des* langues ; mais on invente *une* ou *la* montre, *un* ou *le* vaisseau, *une* ou *cette* langue. On ne peut et l'on ne doit dire d'aucune chose particulière et individuelle de ces différentes espèces, d'aucune montre, d'aucun vaisseau, d'aucune langue, qu'elle est *la* montre, *le* vaisseau, *la* langue. Cette manière de s'exprimer ne convient qu'à une cause, qu'on l'appelle comme on voudra, espèce, loi, pensée ou âme, d'où est provenu le multiple, et d'où il continue à provenir. » Malebranche dit aussi : *Il semble même que l'esprit ne serait pas capable de se représenter les Idées universelles de genre, d'espèce, etc., s'il ne voyait tous les êtres renfermés en un* (c'est-à-dire dans leur Idée). *Car, toute créature étant un être particulier, on ne peut pas dire qu'on voye quelque chose de créé, lorsqu'on voit un triangle en général. Enfin, je ne crois pas qu'on puisse rendre raison de plusieurs vérités abstraites et générales, que par la présence de celui qui peut éclairer l'esprit en une infinité de façons différentes.* (Recherche de la vérité, v. III, ch. 6.)

l'esprit, il faut admettre un principe qui explique la réalisation des genres dans la matière et la conception des genres dans l'esprit. Cette « cause exemplaire de ce qu'il y a de *constant* dans la nature » et dans la pensée humaine, c'est l'Idée (1).

IV. *L'Idée, cause finale.*

« N'y a-t-il point deux sortes de choses, l'une qui est pour elle-même, l'autre qui en désire sans cesse une autre ? — Comment, et de quelle chose parles-tu ? — L'une est très-noble de sa nature, l'autre lui est inférieure en dignité... Celle-ci est toujours faite en vue de quelque autre chose ; l'autre est celle en vue de laquelle se fait ordinairement tout le reste... Conçois à présent le *phénomène* et l'*être*. Lequel des deux dirons-nous qui est fait à cause de l'autre ?... Mais la chose en vue de laquelle les autres se font doit être mise dans la classe du bien ; et il faut mettre dans une classe toute différente ce qui se fait en vue d'une autre chose (2). »

Ainsi, le caractère essentiel du monde sensible, c'est la mobilité, la génération, le devenir (ἡ γένεσις). Mais conçoit-on le mouvement sans un but auquel il aspire ? Si un objet se suffisait à lui-même, admettrait-il le changement et le développement ? Non sans

---

(1) Aristot., *Mét.*, XII, 242. Procl. *in Parmen.* éd. Cousin, V, 133 : Καθά φησιν ὁ Ξενοκράτης, εἶναι τὴν ἰδέαν θέμενος αἰτίαν παραδειγματικὴν τῶν κατὰ φύσιν ἀεὶ συνεστώτων... Ὁ μὲν οὖν Ξενοκράτης τοῦτον ὡς ἀρέσκοντα τῷ καθηγεμόνι τὸν ὅρον τῆς ἰδέας ἀνέγραψε, χωριστὴν αὐτὴν καὶ θείαν αἰτίαν τιθέμενος. L'opinion d'Alcinoüs est parfaitement d'accord avec le témoignage de Xénocrate. *Introd. in Platon.*; VIII : Ὁρίζονται δὲ τὴν ἰδέαν παράδειγμα τῶν κατὰ φύσιν αἰώνιον (leg. αἰωνίων?). Diogène de Laërte semble aussi faire allusion à la définition rapportée par Xénocrate; III, LXVII : Τὰς δὲ ἰδέας ὑφίσταται..... αἰτίας τινὰς καὶ ἀρχὰς τοῦ τοιαῦτα εἶναι τὰ φύσει συνεστῶτα οἷά πέρ ἐστιν αὐτά.

(2) *Philèbe*, 27. a. b. c.

doute, et il faut dire que le mouvement existe à cause du but, le moyen à cause de la fin, l'imparfait à cause du bien qui est la perfection, l'amour à cause de l'objet aimé.

Le bien, fin dernière des choses, existe donc par lui-même et pour lui-même, et, de plus, c'est pour lui seul qu'existe le reste : le vrai principe de toute chose imparfaite, c'est l'Idée du meilleur, c'est la perfection.

Sans doute le mouvement suppose, non-seulement une fin, mais un moteur. Cependant la cause motrice n'est point la raison dernière et véritable du mouvement. Le mouvement ne pourrait se produire sans un but ; la cause du mouvement serait donc impuissante et inactive si ce but n'existait pas. Aussi les causes motrices sont-elles pour Platon « au nombre de ces causes secondaires et comme auxiliaires (συναιτίων), dont Dieu se sert pour représenter l'Idée du bien aussi parfaitement qu'il est possible. » « La plupart des hommes les regardent, non comme des causes secondaires, comme des moyens auxiliaires, mais comme les vraies causes de toutes choses, parce qu'elles refroidissent, échauffent, condensent, liquéfient et produisent d'autres effets semblables. Mais il ne peut y avoir en elles ni raison ni intelligence. Car, de tous les êtres, le seul qui puisse posséder l'intelligence, c'est l'âme ; or l'âme est invisible, tandis que le feu, l'eau, la terre et l'air sont tous des corps visibles. Mais celui qui aime l'intelligence et la science doit rechercher, comme les vraies causes premières, les causes intelligentes (τὰς τῆς ἔμφρονος φύσεως αἰτίας πρώτας μεταδιώκειν), et mettre au rang des causes secondaires toutes celles qui sont mues et meuvent nécessairement. Il faut suivre et exposer ces deux genres de causes, en traitant séparément de celles qui produisent avec intelligence ce qui est beau et bon, et de celles qui, dépourvues de raison, agissent au hasard et sans ordre (1). »

Socrate, pendant sa jeunesse, était possédé du désir d'apprendre cette science qu'on appelle la physique ; mais il reconnut bientôt l'insuffisance d'une science qui se réduit tout entière à la considération des causes motrices, et qui néglige la fin en faveur des moyens, les raisons véritables en faveur de raisons secondaires. « Enfin, ayant un jour entendu quelqu'un lire, dans un livre qu'il disait être d'Anaxagore, que l'intelligence est l'ordonnatrice et le principe de toutes choses, je fus ravi; il me parut convenable que l'intelligence eût tout ordonné et tout disposé dans le meilleur ordre possible. Si donc, pensai-je, quelqu'un veut trouver la cause de chaque chose, comment elle naît, périt ou existe, il faut qu'il cherche comment l'être, l'action ou une modification quelconque, sont pour elle ce qu'il y a de meilleur ; et d'après ce principe, il s'ensuit que l'homme ne doit chercher à connaître, dans ce qui le concerne comme dans ce qui se rapporte à quoi que ce soit, que ce qui est le meilleur et le plus parfait. Que l'on dise, par exemple, que, si je n'avais ni os ni muscles, je ne pourrais faire ce que je jugerais à propos, on dira la vérité; mais dire que ces os et ces muscles sont la cause de ce que je fais, et non pas la préférence pour ce qui est le meilleur, en quoi je me sers de l'intelligence, voilà une explication de la dernière faiblesse : c'est ne pouvoir pas faire cette distinction qu'autre chose est la cause, et autre chose ce sans quoi la cause ne serait jamais cause ; c'est pourtant à ce qui

---

(1) *Timée*, 46, c. Cf. *Phil.*, 27, a, et *Polit.*, 128.

sert de moyen que la plupart des hommes, marchant à tâtons comme dans les ténèbres, donnent improprement le nom de cause... Ils n'admettent pas le principe du bien, nécessaire pour tout lier et tout soutenir. Quant à moi, pour apprendre quelle est cette cause, je me serais fait volontiers le disciple de qui que ce fût; mais n'ayant pu parvenir à la connaître, ni par moi ni par les autres, j'allai à sa recherche par une voie nouvelle (1). »

Cette voie consiste à regarder comme cause véritable d'un objet la perfection idéale de ce même objet, c'est-à-dire son Idée. Pour Platon, la méthode des causes finales et la méthode des Idées sont absolument identiques, et il expose la seconde dans le *Phédon*, comme application de la première (2). Entre la cause exemplaire et la cause finale, il n'y a pour lui aucune différence. L'artiste « qui a les yeux fixés sur l'idéal et qui s'efforce d'en reproduire la vertu, » n'a d'autre fin que l'idéal lui-même. Ainsi l'intelligence divine a pour modèle la perfection, le bien, soit qu'elle porte en elle-même ce modèle, soit qu'elle s'en distingue; et sa fin est également le bien. Elle n'agirait point si le bien n'existait pas; elle aurait beau contenir en elle-même la puissance efficiente, elle ne pourrait la manifester et la développer; car cette manifestation, étant sans motif et sans but, serait sans raison. Si donc la cause efficiente explique la réalité de l'effet, la cause finale, à son tour, explique l'action de la cause efficiente, et ainsi, au premier rang des causes, il faut placer, non pas l'activité, non pas la pensée, non pas même l'être, mais le bien.

(1) *Phædo*, 100, sqq.
(2) La première appartient à Socrate, la seconde à Platon, qui a changé la cause finale en Idée. *Phædo* 100, 101 et ss.

A cette hauteur, la métaphysique et la morale s'unissent dans la communauté d'un même principe, et c'est pour ainsi dire la moralité et la bonté des choses qui en explique l'existence. Toute qualité, toute essence, dérive du bien et n'est complétement intelligible que si on l'élève au degré de la perfection. Tout genre, toute loi, dérive du bien et n'est intelligible que par un modèle idéal qui est la perfection même. Tout mouvement, enfin, tout changement s'explique par un but idéal qui est encore la perfection. Il y a un principe qui se repose à jamais dans son unité et sa pureté, tandis que la nature inquiète le poursuit et le désire : ce principe est l'Idée.

L'Idée est donc la raison suprême de l'existence, comme elle est la raison suprême de la connaissance. C'est tout à la fois une forme de l'être et une forme de la pensée, par laquelle l'être devient intelligible et la pensée intelligente. L'être et la pensée émanent d'un même foyer; ce sont les rayons d'un même soleil intelligible ; et s'il y a partout harmonie entre l'intelligence et l'existence, c'est que la pensée et l'être ne font qu'un à leur origine dans ce centre commun des Idées, qui est le Bien (1).

(1) Nous reviendrons sur la cause finale et sur la cause efficiente dans la Théodicée.

LIVRE DEUXIÈME

NATURE DES IDÉES.

CHAPITRE I.

L'IDÉE, PRINCIPE D'UNITÉ.

Du caractère d'unité dans les Idées. Est-ce l'unité logique ou réelle? L'Idée n'est-elle qu'une notion générale ou est-elle une forme de la perfection? — I. Distinction de l'Idée et de la notion générale. — II. Union de l'Idée et de la notion générale. — III. L'unité de l'Idée résulte de sa perfection.

S'il est dans le platonisme un point incontestable, c'est que Platon a conçu l'Idée comme un principe d'unité. Des textes nombreux établissent ce caractère de l'Idée; mais, à les prendre isolément, ils n'indiquent pas d'une manière nette s'il faut concevoir cette unité comme logique ou comme réelle. Aussi a-t-on prétendu que l'Idée était simplement une notion générale n'ayant d'existence que dans l'esprit qui la conçoit.

Résumons d'abord les textes sur lesquels on s'appuie.

« Le propre de l'homme est de comprendre le général, c'est-à-dire ce qui, dans la diversité des sensations, est compris sous une unité rationnelle (1). »

« Il faut réunir sous une seule Idée toutes les choses particulières, éparses de côté et d'autre, afin de bien

---

(1) Δεῖ γὰρ ἄνθρωπον ξυνιέναι τὸ κατ' εἶδος λεγόμενον, ἐκ πολλῶν ἰὸν αἰσθήσεων εἰς ἓν λογισμῷ ξυναιρούμενον. (*Phèdre*, 249, b.)

faire comprendre par une définition précise le sujet qu'on veut traiter (1). »

« Nous avons coutume de poser une Idée distincte pour chacune des multitudes auxquelles nous donnons le même nom (2). »

Il faut « réunir tous les objets de la même famille sous une ressemblance commune, et les rassembler dans l'unité essentielle d'un genre (3). »

« Le dialecticien sait démêler comme il faut l'Idée une, répandue tout entière dans une multitude d'individus dont chacun existe séparément (4). »

Que prouvent ces textes ? — Que l'Idée est un principe d'unité dans la multitude. Mais on peut comprendre diversement le rôle et la nature de ce principe d'unité. Il ne résulte nullement des textes précités que l'Idée soit simplement la notion générale par laquelle nous ramenons le multiple à l'unité ; il en résulte seulement que, partout où il y a notion générale, et conséquemment un même nom pour une multitude d'objets, il y a Idée. Donc, rapport intime entre la notion générale et l'Idée, voilà tout ce qu'on peut conclure des textes en question.

Or, nous avons déterminé dans le chapitre précédent la nature exacte de ce rapport, non d'après quelques phrases isolées, mais d'après des dialogues entiers, comme le *Théétète*, et conformément à l'esprit même de la philosophie de Platon. La solution à laquelle nous avons abouti nous semble exclure à la

---

(1) Εἰς μίαν ἰδέαν συνορῶντα ἄγειν τὰ πολλὰ διεσπαρμένα, ἵν' ἕκαστον ὁριζόμενος δῆλον ποιῇ περὶ οὗ ἂν ἀεὶ διδάσκειν ἐθέλῃ. (*Phèdre*, 265, d.)

(2) Εἶδος γάρ πού τι ἓν ἕκαστον εἰώθαμεν τίθεσθαι περὶ ἕκαστα τὰ πολλά, οἷς ταὐτὸν ὄνομα ἐπιφέρομεν. (*Rép.*, X, 596, a.)

(3) Γένους τινὸς οὐσίᾳ περιβάληται. (*Polit.*, 285, b.)

(4) Μίαν ἰδέαν διὰ πολλῶν ἑνὸς ἑκάστου κειμένου χωρίς ; πάντῃ διατεταγμένην διαισθάνεται. (*Sophiste*, 253, d.)

fois deux opinions contraires et également erronées, dans lesquelles sont généralement tombés les interprètes de Platon. Les uns confondent trop l'Idée et la notion générale (1), les autres les séparent à l'excès. C'est ne pas comprendre la profondeur de la théorie platonicienne. Platon distingue parfaitement la notion logique et l'Idée métaphysique, mais il les distingue sans les séparer, parce que la première, étant impossible sans la seconde, est avec elle dans un rapport intime. Rappelons en quoi ces deux choses se distinguent et s'unissent.

I. L'Idée est séparée de l'esprit et des choses ; c'est le *Noumène* transcendant (τὸ νοούμενον) (2). La notion purement logique n'a qu'une existence abstraite dans l'esprit et une existence concrète dans les choses particulières (3).

La notion logique se forme au moyen des opérations discursives (διάνοια) ; l'Idée se conçoit par la réminiscence qui se résout elle-même dans une intuition primitive (νόησις).

La notion générale est élaborée par la réflexion ; l'Idée, *posée* immédiatement par l'intelligence (τίθεται).

La notion générale résulte d'une comparaison entre plusieurs objets particuliers. L'Idée résulte d'une comparaison entre un ou plusieurs objets particuliers et un terme supérieur, avec lequel ils n'ont qu'une

---

(1) V. F. Ravaisson, *Mét. d'Arist.*, t. I et t. II, passim. Grote, *Plato*, passim.

(2) Lettre VII, 342, c.

(3) Τὰ εἴδη, dit Aristote, μὴ ἐνυπάρχοντά γε τοῖς μετέχουσιν. Mét., I, 29. Οὐδὲ δὴ τὸ κοινὸν ἀγαθὸν ταὐτό τῇ ἰδέᾳ, πᾶσι γὰρ ὑπάρχει κοινόν. *Eth. Eud.*, I, VIII. « Le bien général n'est pas la même chose que l'*Idée* du bien; car le bien général se trouve commun à tous les êtres (sans existence propre et séparée). » Ces témoignages d'Aristote sont très-précieux, et précieux surtout contre Aristote lui-même, qui affecte ailleurs de confondre l'*Idée* et la *généralité abstraite*.

ressemblance imparfaite et dont ils sont l'incomplète imitation. C'est en comparant tel ou tel objet avec le bon en soi, avec le beau en soi, que nous le déclarons bon ou beau.

La notion générale est suscitée par la vue des ressemblances ; mais ce sont les contradictions des sens qui provoquent le souvenir de l'Idée. Il suffit donc d'un seul objet dans lequel nous apercevions quelque contradiction intérieure pour éveiller le souvenir de l'Idée, essence pure de tout mélange et de toute contradiction.

La notion générale n'implique pas la perfection (1). L'Idée, au contraire, est essentiellement un type de *pureté*, de simplicité, de perfection. L'Idée de la blancheur n'est pas l'image vague d'une qualité commune à tous les objets blancs, mais la conception d'une blancheur pure et sans mélange.

Enfin la notion générale, loin d'être l'Idée, la suppose au contraire. Aussi Platon a-t-il prouvé que la science n'est ni dans le jugement, ni dans la comparaison, ni dans la définition, ni dans le raisonnement, ni dans aucune de ces opérations logiques qui se ramènent à la généralisation. La science est dans la contemplation des Idées, soit immédiate (intuition), soit médiate (réminiscence) (2).

Ou le *Théétète*, le *Phédon*, le *Phèdre* et la *République*, n'ont aucun sens, ou il faut reconnaître que Platon distingue les notions logiques de l'Idée méta-

(1) Platon hésite à dire, dans le *Parménide*, qu'il y a une Idée de la fange, dont nous avons cependant la notion générale. Il hésite même à donner une Idée aux *genres* naturels (*homme, feu*). (V. livre III).

(2) Voir plus haut, page 52, un passage décisif des *Lettres* (vii, 342, c) où les états et les notions de l'âme sont opposés formellement au *cercle en soi* et à l'Idée. La distinction du sujet et de l'objet y est formellement établie. — Rappelons aussi le passage du *Phédon* où l'Idée est appelée une cause, un principe, αἴτιον (100, a), et la définition de Xénocrate : L'Idée est la cause exemplaire des choses constantes (des genres).

physique. Cette distinction, mainte fois établie par les anciens et par les modernes, est devenue presque banale. Ne pas la comprendre, c'est ignorer le principe même du Platonisme, par lequel il diffère essentiellement de la philosophie socratique.

Une pareille confusion de l'Idée et de la notion logique ne peut être attribuée à Platon que par les partisans d'Aristote. Or, d'après Aristote lui-même, Socrate avait placé l'essence des êtres dans les généralités distinctes des choses particulières, que l'induction en dégage et sous lesquelles les classe la définition. Platon ne distingua pas seulement l'universel des choses qu'il domine ; il l'en sépara, et le posa sous le nom d'*Idée* en dehors du monde sensible. Ἀλλ' ὁ μὲν Σωκράτης τὰ καθόλου οὐ χωριστὰ ἐποίει οὐδὲ τοὺς ὁρισμούς· οἱ δ' ἐχώρισαν (1).

Aristote attribue également à Platon une distinction très-importante entre les notions générales et les Idées. C'est la théorie des essences intermédiaires (τὰ μεταξύ), qui ne sont autre chose que les genres, les espèces, et toutes les notions logiques ou mathématiques (τὰ μαθηματικά). « Entre les objets sensibles et les Idées, Platon admettait des choses intermédiaires, dont les notions mathématiques font partie. Ces choses intermédiaires sont distinctes des objets sensibles, en ce qu'elles sont éternelles et immobiles, et des Idées, en ce qu'elles sont plusieurs semblables, tandis que chaque Idée est seule de son espèce (2). » Par exemple, il y a trois triangles : 1° le triangle sensible; 2° le triangle mathématique, distinct du triangle sensible sans en être séparé ; c'est cette forme abstraite du triangle,

---

(1) *Mét.*, XIII, p. 266. Voir les autres textes d'Aristote cités plus haut.
(2) Ἔτι δὲ παρὰ τὰ αἰσθητὰ καὶ τὰ εἴδη τὰ μαθηματικὰ τῶν πραγμάτων εἶναι φησι μεταξύ, διαφέροντα τῶν μὲν αἰσθητῶν τῷ ἀίδια καὶ ἀκίνητα εἶναι, τῶν δ' εἰδῶν τῷ τὰ μὲν πολλ' ἄττα ὅμοια εἶναι, τὸ δὲ εἶδος αὐτὸ ἓν ἕκαστον μόνον. (*Mét.* I, 6. Cf. *ib.* I, 31, l. 24 ; III, p. 46, l. 12, 24.)

immobile et éternelle, qui se retrouve toujours la même dans la pluralité des figures sensibles ; c'est l'espèce ou le genre, élément commun que la comparaison découvre entre plusieurs individus, et que l'abstraction dégage ; 3° le triangle idéal, qui est seul le vrai triangle, est le principe suprême qui rend possible la forme triangulaire ; c'est le dernier fondement de cette forme dans l'absolu. Cet idéal du triangle n'est ni abstrait ni multiple ; il ne peut pas se répéter, se reproduire, se retrouver toujours le même dans plusieurs individus ; il est seul de son espèce, et il est le fondement de toute l'espèce des triangles.

Aristote est ici parfaitement d'accord avec Platon, qui, dans le VIIe livre de la *République*, distingue le *vrai* nombre et les *vraies* figures (1), objets de la philosophie, des nombres et des figures mathématiques. Le vulgaire des musiciens et des astronomes s'arrête au nombre sensible ; les Pythagoriciens, au nombre mathématique ; les Platoniciens recherchent les nombres harmoniques (σύμφωνοι) qui amènent l'esprit à l'Idée du bien (2). De là les trois principales divisions de la connaissance : la sensation, la connaissance discursive et la connaissance intuitive. Dans la région intermédiaire des mathématiques, il faut placer aussi toutes les notions logiques, comme celles des genres et des espèces, pures abstractions formelles (3).

« L'Idée, dit un savant interprète d'Aristote, n'est

---

(1) Τῷ ἀληθινῷ ἀριθμῷ καὶ πᾶσι τοῖς ἀληθέσι σχήμασι. (529, d.)
(2) *Rép.*, 530, e. Cf. *Phileb.*, 56, d. (6, d.).
(3) On verra aussi que Platon, qui attribue un cercle particulier à la raison, et un autre à la sensation, dans la sphère symbolique de l'âme, n'en attribue aucun à l'entendement discursif, et fait résulter les catégories logiques du mouvement simultané des deux cercles, c'est-à-dire d'un rapport entre la sensation et la raison, qui seuls saisissent des réalités. V. *Cosmologie et Psychologie platoniciennes.*

plus pour Platon, comme les généralités qui suffisaient à Socrate, une unité logique ; c'est une unité réelle dont l'unité logique n'est que le résultat et le signe. L'Idée n'est pas seulement ce qui se trouve de commun dans une pluralité d'existences individuelles, mais le principe auquel elles participent toutes ensemble, d'où elles tirent leur ressemblance les unes avec les autres, et dont elles reçoivent le nom. Elle n'est donc pas dispersée dans les individus ; elle n'est pas le simple attribut qui est tout entier dans les sujets particuliers : elle subsiste par elle-même et en elle-même, d'une manière indépendante et absolue. En elle-même, par conséquent, l'Idée, qui donne aux choses particulières l'unité d'une forme générale, l'Idée est une chose à part.... (1) »

II. Est-ce à dire qu'il faille séparer radicalement ces deux choses : le genre et l'Idée? Platon ne les réunit-il pas sans cesse tout en les distinguant? n'a-t-il pas un seul et même mot, εἶδος, pour désigner l'espèce et l'Idée? N'appelle-t-il pas aussi les Idées, τὰ γένη? Autant il a soin de distinguer, autant il a soin d'unir. C'est ce que n'ont pas compris certains Platoniciens qui ont exagéré la séparation de l'Idée et du genre. La vraie pensée de Platon, nous l'avons vu, c'est que les genres naturels ont leur raison dans l'Idée, et que, de même, les notions générales ont leur raison dans la conception de l'Idée, qui seule les rend possibles. Platon eût souri en entendant attribuer à l'esprit humain le merveilleux pouvoir de tirer de son propre fond des notions purement logiques et générales. L'esprit ne peut rien créer ; non-seulement il lui faut les sensa-

---

(1) Ravaisson, *Mét. d'Ar.*, I, 292. Malgré ce passage formel, M. Ravaisson, dans son second volume, traite les *Idées platoniciennes* comme des généralités abstraites.

tions pour matière de ses conceptions; mais il emprunte la forme même de ces conceptions à une réalité supérieure. — Telle conception s'explique, dit-on, par une simple généralisation. — Soit; mais cette généralisation ne s'explique elle-même que par l'Idée qui la rend possible (1). Les opérations logiques, dont on fait tant de bruit, se résolvent dans des principes métaphysiques : la διάνοια suppose la νόησις; les nombres mathématiques ou logiques supposent les nombres idéaux. Aussi, pour Platon, il n'y a pas grand inconvénient à prendre l'un pour l'autre dans le langage le genre et l'Idée, pourvu qu'on s'entende sur le fond ; car il n'y a véritablement pas de genre sans Idée. A proprement parler, l'Idée est le principe du genre, et non le genre lui-même; mais le principe et la conséquence sont ici choses tellement voisines, que l'une remplace l'autre dans le langage sans grand inconvénient.

La logique s'identifie ainsi avec la métaphysique, au point de vue le plus élevé du platonisme (2).

(1) Voir notre *Conclusion critique*, et le passage de Leibnitz cité plus haut.

(2) C'est ce qu'il ne faut jamais oublier en étudiant Platon. Le point de vue *dialectique* consiste essentiellement dans l'unité de la *logique* et de la *métaphysique*. Dialectique est synonyme de *logique réelle*, par opposition à la logique purement formelle. Platon objective la logique, et n'admet pas que la pensée puisse concevoir plus que la nature ne fournit. Sur ce point Hégel est fidèle à l'esprit de Platon : lui aussi, il conçoit la logique comme une dialectique réelle et idéale tout à la fois.

La logique formelle commence à Aristote. Ce dernier dit, en parlant de la dialectique de ses prédécesseurs (Socrate et Platon) : Διαλεκτικὴ γὰρ ἰσχὺς οὔπω τοτ' ἦν ὥστε δύνασθαι καὶ χωρὶς τοῦ τί ἐστι τἀναντία ἐπισκοπεῖν. (*Mét.*, XIII, 266.) Cette phrase, mal comprise par Rœtscher et par Hégel, signifie que la dialectique n'était pas encore assez forte pour pouvoir examiner les diverses formes logiques et leurs contraires indépendamment de l'essence métaphysique. En d'autres termes, la dialectique enveloppait la logique et l'ontologie, et n'était pas assez forte pour devenir une logique pure et purement formelle, comme celle d'Aristote.

Le moment dialectique est celui de la synthèse primitive où le *logique*

Ainsi se résout une apparente contradiction de Platon avec lui-même. C'est qu'il aperçoit tout ensemble l'union étroite et la différence de l'Idée et de la notion générale, signe de l'Idée. A ses yeux, l'Idée n'en est pas moins une unité *réelle*, quoiqu'elle soit en même temps la condition et le principe de toute unité *logique*.

III. Cette unité réelle de l'Idée consiste, ne l'oublions pas, dans l'*universalité* et la *perfection*. Ce serait une vue très-incomplète que de s'en tenir au premier aspect de l'unité : l'universalité, — caractère logique autant que métaphysique, qui suppose dans l'Idée une unité plus profonde, plus intime, plus essentielle. L'Idée est une par rapport à toute multitude parce qu'elle est une en soi, et elle est une en soi parce qu'elle est parfaite. L'unité de perfection, voilà le principal caractère des Idées, bien supérieur à l'unité de nombre dont les commentateurs se sont préoccupés à l'excès. Ne voir dans le système de Platon que des rapports de nombre et de quantité, c'est confondre le platonisme avec le pythagorisme. La qualité, la détermination, l'essence, est ce que Platon recherche avant tout. Encore une fois, l'Idée n'est une *de nombre* que parce qu'elle est une *de forme*. Une qualité quelconque, en effet, n'est une qu'à la condition d'exclure le plus et le moins, c'est-à-dire les degrés, les limites, les négations, les imperfections. L'unité essentielle d'une chose, ou son Idée, c'est donc le bien de cette chose, sa perfection absolue. Autant d'Idées, autant de formes du bien par

---

et l'*ontologique* ne font qu'un. Aristote marque le moment de l'analyse ; mais, s'il y a plus de clarté dans le point de vue péripatéticien, il y a une vérité plus profonde et plus large dans le point de vue platonicien.

rapport à telle ou telle qualité particulière. Les Idées pourraient se définir les divers points de vue du bien, qui est absolument un en lui-même, mais qui semble se diviser, se fractionner, se différencier, quand on le considère dans ses rapports avec la pluralité sensible, et qui devient ainsi unité dans le multiple (ἓν ἐπὶ πολλοῖς) et non plus unité pure (1).

(1) Αὐτὸ μὲν ἓν ἕκαστον εἶναι, τῇ δὲ τῶν πράξεων καὶ σωμάτων καὶ ἀλλήλων κοινωνίᾳ πανταχοῦ φανταζόμενα πολλὰ φαίνεσθαι ἕκαστον. (*Rép.*, V, 465, c.)

CHAPITRE II.

L'IDÉE, PRINCIPE DE DISTINCTION.

Comment l'Idée, en même temps qu'elle unit, différencie les êtres. — Réfutation dans le *Sophiste* des systèmes de Parménide et des Mégariques. — L'Idée, moyen terme entre la multiplicité pure et la pure unité, principe intelligible et vivant, immuable et actif tout ensemble. — Conciliation de ces systèmes avec ceux des Ioniens et des Atomistes, par le moyen de l'Idée.

L'Idée est essentiellement un principe d'unité ; et cependant, ce ne serait comprendre qu'à moitié le platonisme, que de n'y pas apercevoir le principe de la distinction. Platon prétend réfuter tout à la fois le système ionien de la multiplicité pure et le système éléate de la pure unité. Pour cela, il ne fait autre chose que de concevoir plus complétement l'unité même, imparfaitement comprise par Xénophane et Parménide ; et le dernier résultat de la dialectique, c'est d'apercevoir dans ce principe même de l'unité le principe de la distinction.

Là est l'originalité du platonisme. Autant Platon unit et généralise, autant il divise et différencie. Voilà pourquoi on lui a fait les reproches les plus contradictoires. Les uns l'accusent de se perdre dans l'unité de Parménide ; les autres de poser une multiplicité d'Idées distinctes en dehors de la multiplicité sensible, d'expliquer le monde en le doublant, et d'aboutir à une pluralité de premiers principes indépendants et du monde et de Dieu. Platon est donc suspect de deux erreurs entièrement opposées l'une à l'autre : l'universelle identité du panthéisme, et la pluralité indéfinie d'une sorte de polythéisme métaphysique. Ces deux erreurs sont cependant inconciliables, et deux reproches aussi contraires se détruisent mutuellement.

Un des dialogues les plus propres à faire comprendre le caractère original du platonisme, c'est le *Sophiste*. Le principe de distinction y est mis en pleine lumière, et Platon y oppose nettement sa doctrine conciliatrice aux systèmes exclusifs de ses prédécesseurs et de ses contemporains.

Il y a deux parties dans le *Sophiste* : l'une est toute critique, l'autre dogmatique. Dans la première, Platon réfute les systèmes par la simple analyse de leurs conséquences. Se plaçant au cœur de chaque doctrine, dans le principe même d'où elle dérive, il montre que ce principe engendre l'erreur. Parménide, Empédocle, Héraclite, les Ioniens, les Mégariques, se succèdent ainsi dans le *Sophiste*, se réfutant eux-mêmes et réfutés l'un par l'autre. Après cette discussion préalable, Platon pénètre à son tour dans l'intérieur de la question, et aboutit, par une analyse plus profonde, à un système qui réconcilie tous les autres dans ce qu'ils ont de vrai. Souvent alors des principes sur lesquels Platon s'était appuyé dans la discussion sont abandonnés par lui ou employés dans un sens nouveau. C'étaient des armes provisoires fournies par les systèmes eux-mêmes; maintenant, ce que Platon oppose à l'erreur, c'est la vérité.

« Une matière que Parménide semble avoir traitée un peu trop à son aise, ainsi que tous ceux qui s'en sont occupés, c'est la distinction des êtres, combien d'espèces il y en a et quelles elles sont. — Comment? — Il semble que chacun nous ait débité sa fable, comme à des enfants. L'un nous présente les êtres au nombre de trois. Un autre n'en compte que deux, le sec et l'humide, ou bien le chaud et le froid, les marie et les met en ménage. Nos éléates, à partir de Xénophane, ou même de plus loin, arrangent leur fable en réduisant à un seul être ce qu'on appelle l'univers. » — « Il nous faut procéder comme si nous avions devant nous les personnages dont il s'agit, et leur faire des questions. »

Platon commence par le système ionien de la pluralité. « Vous tous qui prétendez que le chaud et le froid ou deux autres éléments analogues sont l'univers, que dites-vous quand vous dites de l'un et de l'autre ou de chacun d'eux séparément qu'il *est*? L'être est-il une troisième chose? alors l'univers est *trois* et non *deux*. Est-ce un seul de ces deux éléments qui existe? Ne dites donc plus qu'ils *sont* tous les deux. Quel que soit celui que vous appelez *être*, l'être n'est qu'un et non pas deux. » Sans doute vous voulez appeler *être* l'un et l'autre; mais « c'est dire de la manière la plus claire *que les deux ne font qu'un*, et cet *un* c'est l'*être*. »

Le système de la dualité se trouve ainsi réfuté par les principes de Parménide, d'après lequel tout est un.

Mais Parménide, à son tour, est soumis à l'épreuve. « Vous dites qu'il n'y a qu'une chose? — Oui. — Ce que vous appelez être, n'est-ce pas quelque chose? — Oui. — Et ce *quelque chose*, n'est-ce pas ce que vous appelez aussi *un*, donnant deux noms à une même chose? » Ainsi, en disant l'*un est*, on affirme *deux* choses, l'*un* et l'*être*; à moins qu'il n'y ait deux noms pour une seule chose, « ce qui serait assez ridicule. Il ne serait même pas raisonnable de reconnaître qu'il y eût aucun nom. Car admettre le nom comme différent de la chose, c'est admettre deux choses. Ou si le nom ne fait qu'un avec la chose, alors on sera obligé de dire, ou que le nom n'est le nom de rien, ou qu'il est le nom d'un nom et rien autre, et que l'unité, n'étant à son tour que l'unité de l'unité, est l'unité d'un nom (1). »

« Ainsi celui qui dit que l'être est un, comme celui qui dit que l'être est plusieurs, s'embarrasse dans des difficultés inextricables. »

Restent deux écoles. 1° Les physiciens de l'école atomiste « ne savent généralement qu'embrasser grossièrement de leurs mains les pierres et les arbres qu'ils rencontrent; attachés à tous ces objets, ils nient qu'il y ait rien autre chose que ce que les sens peuvent atteindre. Le corps et l'être sont pour eux une seule et même chose. »

2° « Leurs adversaires (les Mégariques) s'en vont avec raison, pour les combattre, chercher dans une région supérieure et invisible des formes intelligibles et incorporelles qu'ils les forcent de reconnaître pour les véritables êtres ; et quant aux corps et à cette prétendue réalité que les autres admettent seuls, ils les réduisent en poussière par leurs raisonnements, et ne leur accordent, au lieu de l'existence, qu'un perpétuel mouvement pour y arriver (2). »

(1) Cf. Diog., II, 16. Plut., *De placitis*, II, 25. Ce passage rappelle ce que Diogène dit des Mégariques, qui admettaient la pluralité des noms. L'étranger éléate (qui est Platon lui-même) considère une pareille chose comme absurde, à moins qu'on n'admette la pluralité des choses ou des Idées. S'il y avait eu un système assez absurde pour admettre cette doctrine, Platon l'aurait sans doute réfuté. Il est vrai qu'on pourrait voir une allusion et une réfutation rapide dans ces lignes du *Sophiste* et dans les suivantes.

(2) Voir dans le second volume notre chapitre sur l'école de Mégare, où ces pages du *Sophiste* sont expliquées dans leurs détails. On sait que les Mégariques, continuateurs de Zénon, rejetaient la théorie ionienne de la matière par des raisons subtiles tirées pour la plupart de la divisibilité à l'infini. M. Grote croit à tort que Platon réfute ici son propre sys-

Platon réfute d'abord les philosophes atomistes, et il les réfute par des arguments psychologiques : « Qu'ils entendent parler d'un corps animé, ils croient que c'est quelque chose, et ils conviennent que c'est un corps où respire une âme. Ils mettent donc l'*âme* au nombre des êtres. De plus, ils trouvent telle âme juste, telle âme injuste, celle-ci sage, celle-là dépourvue de sagesse. Or cette justice, cette sagesse, qui peuvent être présentes à l'âme ou absentes, il faut bien convenir qu'elles sont quelque chose. L'âme, les vertus, les vices, ont donc une existence, et cependant ce ne sont point des corps. Les fils de Cadmus, les enfants de la terre, pourraient seuls soutenir que ce qu'ils ne peuvent palper de leurs mains n'existe en aucune manière. D'autres, moins grossiers, reconnaissent quelque chose d'incorporel ; si peu que ce soit, cela suffit. Comment définiront-ils donc l'être, qui est commun au corporel et à l'incorporel ? Peut-être diront-ils : — C'est tout ce qui possède une puissance quelconque, pour exercer une action quelconque ou pour en souffrir une. L'être, c'est la puissance active ou passive. »

Les partisans des formes intelligibles et incorporelles, que Platon fait alors intervenir, ne peuvent admettre cette définition, qui serait pour eux la source d'une difficulté très-grave. En effet, d'après ces philosophes, nous communiquons avec la génération par les sens, avec l'être par la raison. Mais, si la définition précédente est vraie, la communication de la raison avec l'être sera *une passion ou une action, résultat d'une puissance de deux objets mis en rapport.* S'il en est ainsi, l'immuable essence, par cela même qu'elle est connue et que la raison communique avec elle,

tème des Idées. Il va seulement réfuter celui des Idées inertes et inactives, formes intelligibles, mais sans vie, admises par l'école de Mégare.

devient passive et perd son immobilité. Aussi, pour échapper à cette difficulté, les partisans des formes intelligibles contestent la définition empirique de l'être par la puissance : « Nous avons cru bien définir les êtres par la puissance d'exercer ou de souffrir une action, si petite qu'elle soit? — Oui. — A cela ils disent que, quelle que soit cette double puissance, elle appartient à la génération, mais que ni la puissance passive ni la puissance active n'appartiennent à l'être. »

Par cette réaction extrême contre l'empirisme, par cette définition exclusive qui enlève la vie à l'être, les Mégariques introduisent dans l'essence intelligible l'inertie et la torpeur. Leur point de vue est donc encore incomplet en son genre, comme ceux des systèmes précédents. Aussi Platon ne se montre-t-il pas satisfait. Il veut bien rejeter avec les Mégariques la passivité de l'être absolu, mais non son activité et sa puissance motrice; car alors tout se réduirait de nouveau à l'absolue immobilité de l'éléatisme. Les formes intelligibles des Mégariques, quoique assez voisines des Idées pour que Platon leur en accorde le nom, ne sont donc point encore l'Idée véritable, principe conciliateur de la multiplicité ionienne et de l'unité éléate, de la mobilité atomistique et de l'immobilité Mégarique. Platon repousse ces formes intelligibles, mais inertes et sans vie, où l'on sacrifie l'une à l'autre l'immutabilité et l'activité divines, au lieu de les maintenir toutes les deux en les distinguant, au lieu de concilier l'âme motrice et l'intelligence immuable dans le principe supérieur du Bien. — « Par Jupiter, nous persuadera-t-on si facilement que, dans la réalité, le mouvement, la vie, l'âme, l'intelligence, ne conviennent pas à l'être absolu? — Cela me paraît déraisonnable. — Il faut donc accorder que le mouvement et ce qui est mû existent. — Sans doute; car si tout est immobile, il ne peut y avoir connaissance d'aucune chose. — D'autre part, si nous reconnaissons que tout est livré à un perpétuel mouvement, nous retranchons du nombre des êtres, par le même raisonnement, cela même que nous venons d'établir. Penses-tu que sans stabilité il puisse rien y avoir qui soit le même dans ses modes, dans sa durée, dans ses rapports? Et vois-tu que sans cela quelque connaissance au monde puisse être ou paraître? Il faut donc combattre avec toutes les armes du raisonnement celui qui, détruisant la science, la pensée, l'intelligence, prétend encore pouvoir affirmer quelque chose de quoi que ce soit. Ainsi le philosophe, lui qui a pour toutes ces choses la plus haute estime, est forcé de n'écouter ni ceux qui croient le monde immobile, qu'ils le fassent un (Parménide et les éléates) ou multiple (les mégariques, partisans des Idées inertes), ni ceux qui mettent l'être dans un mouvement universel. Entre le repos et le mouvement de l'être et du monde, il faut qu'il fasse comme les enfants dans leurs souhaits, qu'il les prenne l'un et l'autre. »

La vérité doit donc être, d'après Platon, dans un système plus compréhensif, qui admette à la fois ces deux contraires : le mouvement et le repos. Mais une autre difficulté se présente. Le mouvement et le repos *sont* tous les deux ; *l'être* est donc quelque chose qui diffère de chacun d'eux. « *Par conséquent, l'être, par sa nature, ne se meut ni ne se repose.* » Or, si une chose ne se meut point, comment n'est-elle pas en repos? Si elle est en repos, comment ne se meut-elle point? — Voilà la forme définitive du problème, telle qu'elle résulte de la partie critique du dialogue. Quant à la solution, Platon la donne un peu plus loin.

Cette solution consiste dans le maintien simultané du principe de distinction et du principe d'union, dont nous avons fait voir successivement la nécessité. C'est par le moyen de l'Idée que ces deux principes peuvent être maintenus à la fois. Tous les systèmes qui précèdent reposent sur une fausse notion des genres, d'après laquelle ils ne pourraient aucunement ou s'allier ou se distinguer. Dans l'ignorance de ce moyen terme conciliateur, l'Idée, les uns confondent les choses différentes, mais alliables malgré leurs différences, avec les choses contradictoires qui s'excluent entièrement; ils exagèrent ainsi le principe de distinction jusqu'à nier l'union. Les autres, au contraire, poussent l'union des genres jusqu'à l'absolue identité. Ici, Parménide; là, Antisthènes. Nous avons vu le système du premier ; quant au second, il croyait que *plusieurs* ne peuvent en aucune manière être *un*, ni *un*, *plusieurs*. D'où il suit qu'on ne peut dire qu'un homme est *bon*, parce que, d'une part, l'*homme* est *homme*, et de l'autre, le *bon* est *bon*.

Après avoir évité l'exagération de Parménide, tomberons-nous dans celle d'Antisthène, et pousserons-nous à un tel excès le principe de distinction ? — « Ôterons-nous l'être au mouvement et au repos, et en général exclurons-nous toute chose quelconque de toute autre chose ? établirons-nous en principe que chacune est essentiellement inalliable et ne peut participer d'aucune autre ? »

Platon répond en montrant dans le fond positif de l'Idée la possibilité de quelque chose de négatif et de multiple, qui devienne une raison différentielle et un principe de distinction. Voici le principe qu'il pose :

« *Une négation ne signifie pas le contraire, mais seulement quelque chose de différent des noms qui la suivent.* » Ainsi, dire qu'une chose n'est pas grande, ce n'est pas désigner le petit plutôt que le moyen. De même, dire que l'être n'est pas le mouvement, ce n'est pas dire qu'il est le repos, mais simplement quelque chose de différent du mouvement. D'autre part, dire qu'il n'est pas le repos, c'est seulement dire qu'il en est différent, sans être pour cela le mouvement. Donc l'être diffère tout à la fois du mouvement et du repos. De leur côté, le mouvement et le repos diffèrent de l'être ; mais ce n'est pas à dire pour cela qu'ils n'existent point et soient un pur néant. Loin de là, ils participent de l'être, et sous ce rapport ils sont; comme aussi, n'étant pas l'*être même*, mais quelque chose de différent, ils participent au *non-être*.

Le *non-être*, ce n'est pas le néant pur, chose inconcevable et innommable; c'est tout ce qui diffère de l'être, sans pour cela en être l'absolue négation. L'être est en toutes choses, et aussi le non-être; l'être lui-même est non-être par rapport à tout ce qu'il n'est pas. Il n'y a point là de contradiction, mais le principe de toute distinction essentielle et l'élément nécessaire de toute Idée.

Les divers systèmes antérieurs au platonisme n'ont point su unir et différencier les êtres. Ils sont tombés dans cette erreur de logique qui consiste à appeler ou *contraire* ou *contradictoire* d'une chose tout ce qui *n'est pas* cette chose. Erreur grossière qui aboutit, soit à l'exclusion mutuelle de tous les genres, soit à leur identification.

De là l'embarras des philosophes qui, pour éviter une contradiction purement apparente, absorbent tantôt l'unité dans la pluralité, tantôt la pluralité dans l'unité et le mouvement dans le repos. Pour nous, « qu'on ne vienne pas nous reprocher qu'après avoir présenté le non-être comme le *contraire* de l'être, nous osons affirmer son existence; car, quant au *contraire* de l'être (le néant absolu), il y a longtemps que nous avons renoncé à discuter s'il y en a ou s'il n'y en a pas, et si l'on peut ou non l'expliquer... Si quelqu'un refuse son assentiment à ces contradictions (prétendues), celui-là n'a qu'à bien regarder et à nous offrir quelque solution meilleure. »

Parménide avait donc tort de dire, en s'appuyant sur son *unité* absolue et exclusive : « Tu ne comprendras jamais que le non-être soit; éloigne ta pensée de cette recherche (1). » Une chose peut n'être pas, en ce sens qu'elle n'est pas l'être, et cependant exister. De son côté, Antisthène n'avait pas moins tort de dire, en vertu de sa *distinction* absolue et exclusive : l'homme est homme, et le bon est bon. »

Sur cette théorie, d'après laquelle l'être et le non-être se concilient dans l'Idée, repose la possibilité logique de l'attribution dans le jugement. Rejetez cette théorie, il ne sera plus permis d'unir un attribut à un sujet, tout en les distinguant. Le jugement et le langage deviendront impossibles. — « L'homme est bon. » — De deux choses l'une, dira le sophiste, l'homme est-il la même chose que le bon? alors votre proposition est une identité stérile ; de plus on en peut conclure que le cheval est l'homme, puisque le cheval est bon, et que le bon est homme. Dites-vous que le bon n'est pas l'homme? alors il est non-homme, il est le contraire de l'homme, et votre affirmation prétend identifier des

---

(1)   Οὐ γὰρ μήποτε τοῦτο δαῇς εἶναι μὴ ὄντα.
V. sur toute cette théorie, *Soph.*, 243, 244, 245, 248, 261, 258.

contradictoires. — Où est le sophisme? dans la confusion du différent et du contradictoire, du non-être, négation relative, et du néant pur, négation absolue. L'homme n'est pas la bonté ; et cependant, quoiqu'il en diffère, il peut lui être uni et être appelé bon, parce qu'il n'est pas le contraire du bon, c'est-à-dire le *mal*. Tel est le principe logique d'attribution, où se reflète la nature métaphysique de l'Idée.

En dernière analyse, la nature de l'Idée est de réunir l'unité et la pluralité. Platon, au témoignage d'Aristote, donnait comme éléments des Idées l'unité et la dyade indéfinie. Ce témoignage est confirmé par le passage suivant du *Philèbe* : « Les anciens qui valaient mieux que nous (1), et qui étaient plus près des dieux, nous ont transmis cette tradition, que toutes les choses auxquelles on attribue une existence éternelle (τῶν ἀεὶ λεγομένων εἶναι) sont composées d'un et de plusieurs (ἐξ ἑνὸς καὶ ἐκ πολλῶν), et réunissent en elles, par une unité naturelle, le fini déterminé et l'indétermination (πέρας δὲ καὶ ἀπειρίαν ἐν αὑτοῖς ξυμφυτὸν ἐχόντων) (2). « L'unité primitive elle-même (τὸ κατ' ἀρχὰς ἕν) est *une* et *plusieurs* et une *infinité* (ἓν καὶ πολλὰ καὶ ἄπειρά ἐστι). » Logiquement et mathématiquement, un et plusieurs semblent s'exclure d'une manière radicale ; mais au point de vue métaphysique de la qualité et de l'essence, ils se réconcilient. Car, remarquez-le bien, toute qualité, toute essence, élevée au plus haut degré de pureté, de perfection,

---

(1) Ce sont probablement les pythagoriciens que Platon désigne. Pythagore trouve seul grâce devant lui, à cause de l'analogie du nombre et de l'Idée.

(2) *Phil.* 16, d. Cf. *Phæd.*, 265, d. *Soph.*, 253, d.

d'unité, étant par là même absolument déterminée, ne peut être confondue avec autre chose. Plus elle est *une* et pure, plus elle se *différencie* de tout ce qui n'est pas elle. Élever les essences à leur perfection idéale, c'est donc les rendre parfaitement distinctes au point de vue même de l'essence. En leur donnant la perfection, on leur donne l'absolu de leur être; mais aussi on les pose, par la même raison, comme n'étant pas tout le reste; on leur attribue donc le non-être relativement à la multitude indéfinie des autres essences. C'est ainsi qu'en élevant les choses à l'absolu, on trouve l'unité dans la différence, la différence dans l'unité.

En résumé, chaque Idée, considérée en elle-même, est principe d'identité et principe de distinction. Elle unit tous les objets d'un même genre, et elle les distingue des objets d'un autre genre. Elle est donc ce qu'elle est, et elle n'est pas une infinité de choses; il y a dans l'Idée, à côté de l'être et comme en dehors, l'indéfini du non-être. L'être est positif et absolu; il est identique à la détermination. Le non-être est relatif et négatif, sans être pour cela l'absolue négation, le néant absolu. Au fond, le non-être est une relation idéale de l'être à l'être : c'est toujours l'être (1); et on peut dire, malgré Parménide, que le non-être est, que l'être n'est pas, pourvu que l'on comprenne le caractère relatif de ces affirmations. Dans l'Idée le non-être se rattache à l'être, la dyade indéfinie à l'unité. Et si cette conciliation est possible, c'est que l'unité des Idées, loin d'être une forme sans vie, comme

(1) *Soph.*, 256, 258, 257 b.

celles des Mégariques, est l'unité vivante et féconde de la perfection. C'est la perfection même d'un genre déterminé qui en fait l'unité essentielle, et c'est encore cette perfection qui le différencie par rapport aux autres genres. Ces genres, à leur tour, élevés à la perfection typique, se concilient dans ce qu'ils ont de positif et d'un. Considérés dans le multiple, ils s'éloignent; considérés dans l'unité, ils se rapprochent. La pensée s'élève donc d'Idée en Idée, jusqu'à ce qu'elle conçoive une unité assez compréhensive pour embrasser en elle-même toutes les autres Idées. Cette unité n'est plus seulement la perfection d'un genre; elle est la perfection absolue, le parfait en soi, le Bien en soi, où l'identité et la différence sont à jamais réconciliées (1).

(1) V. Livre V, l'analyse du *Parménide*.

LIVRE TROISIÈME

DE QUOI Y A-T-IL IDÉE?

CHAPITRE I.

PRINCIPES GÉNÉRAUX ET MÉTHODE GÉNÉRALE POUR DÉTERMINER DE QUELLES CHOSES IL Y A IDÉE.

C'est un des points les plus obscurs du platonisme que la question de savoir de quoi il y a Idée. On ne trouve pas dans Platon une réponse assez catégorique. Aristote triomphe de ces indécisions et de ces difficultés, et il croit réfuter le principe même du platonisme en montrant combien sont mal déterminées les limites dans lesquelles il en faut renfermer l'application. N'est-ce point triompher trop aisément d'une difficulté commune à toutes les doctrines? Les préceptes les plus clairs de la morale elle-même ne semblent-ils pas s'obscurcir quand on les pousse jusqu'à leurs conséquences les plus extrêmes? N'a-t-on pas exprimé ce fait en disant : *summum jus, summa injuria?* Pour aboutir aux conclusions les plus inadmissibles, il suffit quelquefois de faire de la logique à outrance. En un mot, les questions de limites comportent peu de solutions satisfaisantes. Cela tient à cette grande loi de continuité, entrevue par Aristote lui-même, qui fait que toutes choses se tiennent, et, par conséquent, que toute limitation trop tranchée semble artificielle. L'absence de déterminations exactes donne aux théories quelque chose d'indéfini; et d'autre part, si ces déterminations sont trop absolues, elles semblent arbitraires et systématiques. Rien n'est donc plus facile que de susciter mille embarras en se plaçant aux limites d'une doctrine, là où le vrai et le faux, la lumière et les ténèbres, se rapprochent et se confondent sous nos regards indécis. Mais ces difficultés secondaires d'application, qui tiennent à la faiblesse de notre vue, ne suffisent pas pour faire rejeter une théorie dans ce qu'elle a de clair et d'évident.

On rencontre dans le *Parménide* un passage propre à faire comprendre les dispositions d'esprit où se trouvait Platon par rapport au problème qui nous occupe.

« Distingues-tu, comme tu l'as dit, d'une part les Idées elles-mêmes, et de l'autre ce qui en participe, et crois-tu que la *ressemblance* en elle-même (αὐτὴ ἡ ὁμοιότης) soit quelque chose de distinct de la *ressemblance* qui se trouve en nous (ἧς ἡμεῖς ὁμοιότητος ἔχομεν); et de même pour l'*unité*, la *multitude* (ἓν δὴ καὶ πολλὰ), et tout ce que tu viens d'entendre demander à Zénon? — Oui, répondit Socrate. — Peut-être, continua Parménide, y a-t-il quelque Idée en soi du *juste*, du *beau*, du *bon*, et de toutes les choses de cette sorte? — Assurément, reprit Socrate. — Eh quoi? y aurait-il aussi une Idée de l'*homme*, séparée de nous et de tous tant que nous sommes, enfin une Idée en soi de l'*homme*, du *feu* ou de l'*eau?* — J'ai souvent douté, Parménide, dit Socrate, si on en doit dire autant de toutes ces choses que des autres dont nous venons de parler. — Es-tu dans le même doute, Socrate, pour celles-ci, qui pourraient te paraître ignobles, telles que *poil*, *boue*, *ordure*, enfin, tout ce que tu voudras de plus abject et de plus vil? et crois-tu qu'il faut ou non admettre pour chacune de ces choses des Idées différentes de ce qui tombe sous nos sens? — Nullement, reprit Socrate; ces objets n'ont rien de plus que ce que nous voyons; leur supposer une Idée serait peut-être par trop absurde. Cependant, quelquefois, il m'est venu à l'esprit que toute chose pourrait bien avoir également son Idée. Mais, quand je tombe sur cette pensée, je me hâte de la fuir, de peur de m'aller perdre dans un abîme sans fond. Je me réfugie donc auprès de ces autres choses dont nous avons reconnu qu'il existe des Idées, et je me livre tout entier à leur étude (1). »

Ce passage contient des affirmations et des hésitations. Socrate affirme qu'il existe des Idées de ressemblance, d'unité, de pluralité, de justice, de beauté, de bonté. Or, il y a dans ces différentes choses, 1° *qualité* (juste, beau, bon); 2° *relation* (ressemblance); 3° *quantité* (pluralité, unité). L'affirmation s'étend donc assez loin, et la théorie des Idées apparaît de prime abord comme plus large que les interprétations de certains platoniciens qui réduisent les Idées aux types des genres et des espèces, comme Alcinoüs et Proclus (2). Remarquons même que le doute de Socrate commence avec les genres et les espèces : il s'est souvent demandé, dit-il, s'il y a une Idée en soi de l'*homme*. L'*humanité* est pourtant un genre naturel. — Excellente preuve que l'Idée n'est point la simple notion générale. — Le doute est plus grand encore quand il s'agit de fange, d'ordure, c'està-dire de choses viles, mauvaises et laides, dont nous avons d'ailleurs une notion générique ; ou de simples parties du corps, comme les *cheveux*. L'hésitation, ici, semble presque aboutir à la négation. Socrate, avec son bon sens pratique, a peur du ri-

---

(1) *Parménide*, 129, 130, a, b, c.
(2) Parmi les modernes, il en est plusieurs qui nous semblent avoir suivi Proclus plutôt que Platon, et à tort selon nous. M. Vacherot, par exemple, dans son chapitre d'ailleurs si remarquable sur le platonisme, restreint beaucoup trop le domaine des Idées.

dicule, et repousse les excès de la spéculation. — « Tu es encore jeune, » lui répond Parménide. — L'opinion de Socrate encore jeune désigne très-probablement l'opinion que Platon lui-même avait dans sa jeunesse. Ce qui est certain, c'est que toutes les Idées n'ont pas la même évidence à ses yeux. Elles forment une hiérarchie, dont les degrés sont plus ou moins éloignés du suprême intelligible et offrent par là même plus ou moins de clarté. Aux degrés inférieurs, la pensée de Platon hésite et se trouble ; n'apercevant plus les limites de sa théorie, il lui semble qu'il va se perdre dans un abîme d'indétermination, et il *se réfugie auprès de ces autres choses dont nous avons reconnu qu'il existe des Idées.*

Est-ce là cependant son dernier mot ? La prudence quelque peu timide de Socrate représente-t-elle exactement l'opinion décisive de Platon ? C'est peu probable, si l'on réfléchit que ce qui domine dans le disciple de Socrate, c'est l'esprit de spéculation et la hardiesse philosophique. Socrate encore jeune n'est pas le véritable héros du *Parménide* : il représente le bon sens un peu étroit qu'embarrassent des difficultés souvent plus apparentes que réelles, et il ne sait que répondre à des objections qui n'avaient certainement pas pour Platon une valeur absolue, puisque dans ce cas elles détruiraient la théorie même des Idées. Parménide, au contraire, le grand Parménide, arrivé à son extrême vieillesse, représente la haute spéculation qui ne recule point devant des difficultés vulgaires. Platon a placé dans sa bouche ses pensées les plus hardies, objet de ses secrètes préférences. Il eût été invraisemblable de les prêter à Socrate ; et en les prêtant à Parménide, dialecticien aussi subtil que profond, Platon prépare une excuse à sa témérité.

Cherchons donc dans la suite du dialogue l'opinion vers laquelle Platon se sentait attiré.

« Tu es jeune encore, Socrate ; la philosophie ne s'est pas encore emparée de toi, *comme elle le fera un jour* si je ne me trompe, lorsque tu ne mépriseras plus rien de ces choses. Aujourd'hui tu regardes l'opinion des hommes à cause de ton âge. » — Ainsi, d'après Platon, c'est faire preuve d'un esprit peu scientifique que d'exclure du domaine des Idées des choses qui ne sont méprisables qu'à un point de vue relatif et tout humain. Pour mettre Socrate en défiance, Parménide lui propose de nouvelles difficultés sur les Idées et sur la participation des objets sensibles aux essences intelligibles. Il accumule les objections que peut faire un bon sens vulgaire, qui juge d'après les apparences plutôt que d'après la réalité, et qui est trop enclin à transporter dans le monde des choses divines les conditions de l'existence sensible. Ces objections, aux yeux de Parménide, quelque embarrassantes qu'elles paraissent, sont tout extérieures et toutes superficielles : un esprit philosophique peut en venir à bout, « quoique avec peine, par des argumentations très-diverses, et tirées de fort loin (1). » — « Tout cela cependant aura l'air d'une difficulté sérieuse, et il sera singulièrement malaisé de convaincre d'erreur son adversaire. Il faudra un homme bien heureusement né pour comprendre qu'*à toute chose* répond un genre et une essence en soi ; et il en faudrait un plus admirable encore pour trouver tout cela et l'enseigner à un autre avec les explications convenables. — J'en conviens, Parménide, dit Socrate ; je suis tout à fait de ton avis. — Mais cependant, reprit Parménide, si, en

---

(1) *Parm.*, p. 19 ; 132, c.

considérant tout ce que nous venons de dire et tout ce que l'on pourrait dire encore, on venait à nier qu'il y eût des Idées des êtres, et qu'on se refusât d'*en assigner une à chacun d'eux*, on ne saurait plus où tourner sa pensée, lorsqu'on n'aurait plus *pour chaque être* une Idée subsistant toujours la même, et par là, on rendrait le discours absolument impossible. Il me semble que tu comprends très-bien cela. — Tu dis vrai, repartit Socrate. »

Ce passage est décisif. Pour un esprit bien doué de la nature et capable d'approfondir les questions sans être embarrassé par des difficultés apparentes, les Idées existent et leur domaine est universel. *Tout a son Idée ;* c'est le véritable principe platonicien. Tout ce qui est, de quelque manière qu'il soit, n'est que par une certaine participation à l'intelligible, et ne peut être connu qu'à la condition d'être ramené à un type idéal. En dehors de l'Idée, il n'y a ni existence ni intelligence.

Platon exprime lui-même, dans un passage célèbre de la République, sa méthode habituelle pour *poser* les Idées. « Nous avons coutume, dit-il, de poser une Idée distincte pour chaque multiplicité d'objets auxquels nous donnons le même nom (1). »

A quelles conditions, en effet, une chose peut-elle être nommée? Le nom commun suppose nécessaire-

---

(1) Εἶδος γάρ πού τι ἓν ἕκαστον εἰώθαμεν τίθεσθαι περὶ ἕκαστα τὰ πολλὰ οἷς ταὐτὸν ὄνομα ἐπιφέρομεν. (*Rép.*, X, 596, a.) — La VIIe lettre (qui est de Platon ou d'un de ses disciples immédiats) contient également un passage décisif. Après avoir montré la nécessité de l'Idée pour le cercle, l'auteur ajoute : « On peut faire les mêmes observations sur les lignes droites ou courbes, sur les couleurs, sur le bon, sur le beau, sur le juste, sur les objets que l'homme fait ou sur les corps naturels, comme le feu, l'eau et tant d'autres ; sur tout animal, sur toute qualité de l'âme, sur les actions et les passions en général. » (C. 19.)

ment une certaine unité qui se retrouve dans plusieurs objets, des qualités communes qui supposent une commune participation à un principe supérieur. En même temps, cette unité doit être distincte de toute autre, de même que le nom est distinct des autres noms. Nommer, c'est classer et spécifier tout à la fois ; c'est exprimer quelque chose de commun par rapport à plusieurs objets, et de propre par rapport à tout autre genre d'objets. Il y a donc, dans tout ce qui peut être nommé, un principe d'unité et de différence qui rend la chose intelligible. Donc, par cela seul que les choses ont des noms divers, et non synonymes, elles sont conçues distinctement par la pensée ; elles sont donc aussi distinctes dans la réalité. L'être, dans son absolue universalité, sans élément de distinction, ne suffirait pas pour expliquer les caractères propres des êtres.

A chaque forme réelle, distincte des autres, doit correspondre une forme idéale également distincte et déterminée. Ce principe, on le reconnaît, est le principe même du platonisme. Il en résulte que tout ce qui a une essence propre, tout ce que la pensée distingue et détermine par des caractères particuliers, a son principe intelligible dans une Idée correspondante. La seule analyse des principes de Platon conduit donc logiquement, et *à priori*, à cette conséquence : tout a son Idée. L'examen des textes confirme ce que le raisonnement avait déjà fait prévoir.

Sans doute, cette universelle application de l'Idée peut, de l'aveu même de Platon, paraître aboutir aux conséquences les plus ridicules. Un Socrate reculera devant ces conséquences ; mais un Parménide ou un Platon ira jusqu'au bout, et, sous l'apparente absurdité, découvrira une vérité profonde. Suivons donc Platon lui-même dans les conclusions diverses qu'il a tirées de son principe, et, dans cette étude, allons du facile au difficile, de l'évident à l'obscur. Réfugions-nous d'abord « auprès de ces choses dont il est certain qu'il y a des Idées, » pour passer ensuite à des applications moins simples et moins claires.

CHAPITRE II.

I. — LES QUALITÉS.

1. Y a-t-il des Idées des conceptions universelles (le bien, le beau, le juste).

De quoi y a-t-il évidemment des Idées? A cette question Platon eût sans nul doute répondu : — Du bien, du beau, du juste. Il n'hésite jamais sur ces Idées, et il les met toujours en avant. Le passage du *Parménide* que nous venons de citer en est un exemple (1).

D'où vient cet incontestable privilége accordé par Platon aux Idées du bien, du beau et du juste? C'est qu'on trouve dans ces conceptions des caractères de nécessité, d'universalité, d'immutabilité et de perfection absolue. Par exemple, ce qui est juste ne peut pas ne pas l'être : la justice exclut, non-seulement toute convention humaine, mais même toute contingence métaphysique. La loi de nos actions n'est point une simple *coutume*, comme le prétendaient les sophistes; ce n'est pas non plus un effet arbitraire de la volonté divine, comme le soutenait Euthyphron. Le saint est saint

---

(1) On se rappelle aussi ces passages du *Phédon* : « Pour moi, je ne trouve rien de si évident que l'existence du beau et du bien : cela m'est suffisamment démontré. » — « Je reviens à ce que j'ai déjà *tant rebattu*, et je commence par établir qu'il y a quelque chose de beau, de bon, de grand par soi-même... Dirons-nous que la justice est quelque chose, ou qu'elle n'est rien? — Nous le dirons assurément. — N'en dirons-nous pas autant du bien et du beau? — Sans doute. » (*Phéd.*, 77 a. 100 b, 65 d.)

par lui-même, et tout ce qui est juste est juste en soi et pour tous par la nécessité de sa nature éternelle.

On en peut dire autant de la beauté absolue, « non engendrée et non périssable, exempte de décadence comme d'accroissement, qui n'est point belle en tel lieu, laide en telle autre. »

Les Idées de vérité et de science absolues sont voisines des précédentes. Platon cite, dans le *Phèdre*, à côté de la justice et de la sainteté, la science absolue, τὸ τῆς ἀληθοῦς ἐπιστήμης γένος, que l'âme a jadis contemplée dans son commerce avec les dieux. Quant à la vérité, objet de la science, elle n'est autre chose que l'ensemble de toutes les Idées, ou, si l'on veut, leur caractère commun (la *vraie* science, la *vraie* beauté, la *vraie* justice). La vérité est identique à l'*essence*, ἡ οὐσία, et l'essence est elle-même identique à l'Idée (1).

En résumé, la partie la plus certaine, comme aussi la plus claire, de la théorie des Idées, est celle qui regarde les conceptions absolues, nécessaires, universelles et immuables, de *vérité*, d'*essence*, de *beauté*, de *justice*, et de *perfection* ou de *bien en soi*.

II. Y a-t-il des Idées des conceptions générales (genres et espèces, réels ou artificiels) ?

Les conceptions *universelles* sont celles dont la généralité est absolument sans bornes, non-seulement dans tel ou tel genre déterminé, mais dans tous les genres possibles. Les conceptions simplement *générales* embrassent aussi l'infini, mais dans un ordre déterminé et restreint. L'Idée d'homme, par exemple, s'étend à tous les hommes réels ou possibles, et par là

---

(1) *Théét.*, 186 d.

elle est sans bornes; mais elle s'étend seulement aux hommes, et par là elle est bornée; elle n'est donc pas absolument universelle.

Les conceptions générales sont de deux sortes. Les unes correspondent à des choses réelles et naturelles (l'homme, le feu et l'eau), les autres à des choses artificielles (la table, le lit, le battant à tisser). Nous devons les considérer successivement.

I. Plusieurs philosophes ne voient dans le platonisme qu'un système d'Idées correspondant aux genres naturels dont elles sont les types ou les causes exemplaires. Mais nous avons remarqué que Platon, après avoir affirmé comme évidente l'existence de la justice et du bien, semble hésiter au sujet de l'*homme*, du *feu* et de l'*eau*, c'est-à-dire des genres naturels (1). Cependant, cette hésitation n'est que provisoire. « Y a-t-il un feu en soi, dit-il dans le *Timée*, et toute chose a-t-elle son existence en soi, comme nous avons coutume de le dire (2)? » Et il répond affirmativement. Aristote attribue à Platon dans une foule de passages l'Idée de l'homme en soi, et représente toutes les choses sensibles comme érigées en Idées par l'addition de ces mots: en soi, αὐτὸ καθ' αὑτό. Il est donc certain que Platon admettait des Idées pour tous les genres naturels, bien qu'il ne considérât point l'existence de ces Idées comme aussi évidente que celle de la justice en soi et du bien en soi.

Entre les divers individus de l'espèce humaine il y a des ressemblances qui font qu'on les appelle tous d'un même nom. Or, ces ressemblances doivent avoir

---

(1) Voir plus haut le passage du *Parménide*.
(2) *Tim.*, 51 b.

une raison, puisque toute chose a une raison et un principe. Nous avons vu que, pour Platon, la raison qui fait qu'un individu ressemble à un individu ne peut être dans aucun d'eux. D'autre part, elle n'est pas dans l'esprit de l'homme, qui découvre les genres, mais ne les constitue pas. Il faut donc admettre au-dessus de la nature et de l'esprit un principe qui contienne la raison des ressemblances aperçues entre les individus d'une même espèce. Ajoutons que ce principe doit expliquer, non-seulement le caractère général d'une espèce par rapport aux individus, mais encore le caractère distinctif de cette espèce par rapport aux espèces différentes. Il y a donc une Idée de l'*humanité*, une Idée du *feu*, de *l'eau* et des autres éléments naturels.

Ces Idées s'échelonnent suivant qu'elles sont plus ou moins générales. Au-dessus de l'*humanité*, par exemple, se trouve l'*animalité*. Ce sont deux Idées distinctes, puisqu'il n'y a pas identité entre l'homme et l'animal, bien que d'ailleurs la première de ces Idées participe à la seconde. S'il n'y avait pas deux Idées distinctes, quoique unies d'une certaine manière, nous n'aurions pas le droit, dans notre pensée et dans notre langage, d'établir une différence entre l'humanité et l'animalité. Cette différence n'est intelligible que par l'*Idée* qui la détermine.

II. Mais Platon étendait-il les Idées aux genres artificiels? — C'est ici qu'il y a contradiction entre les interprètes. Avant tout il faut consulter Platon lui-même. Or, dans la *République*, il parle des Idées du *lit* et de la *table;* dans le *Cratyle*, des Idées du *battant à tisser* et du *nom* (1).

---

(1) *Rép.*, X, 591, a. *Cratyle*, 589, b. Voy. aussi le passage de la lettre VII, où l'auteur donne une Idée aux œuvres de l'homme, p. 110.

« Voici trois lits à distinguer : l'un essentiellement existant dans la nature des choses, et dont nous pouvons dire, ce me semble, que Dieu est l'auteur. A quel autre, en effet, peut-on l'attribuer ? — A nul autre. » Ce texte contient une affirmation formelle. Malgré cela, quelques interprètes y voient un de ces symboles dans lesquels la pensée de Platon aime à s'envelopper (1). Continuons cependant, et les paroles de Platon prendront un caractère de plus en plus sérieux.

« Que Dieu l'ait voulu, ou que ç'ait été une nécessité pour lui de ne faire essentiellement qu'un seul lit, il n'en a fait qu'un seul, qui est le lit proprement dit (c'est-à-dire l'*Idée* du lit). Il n'en a jamais produit ni deux, ni plusieurs, et jamais il n'en produira. — Pour quelle raison? — C'est que s'il en faisait seulement deux, il s'en manifesterait un troisième, dont l'Idée serait commune aux deux autres; et celui-là serait le lit proprement dit, et non pas les deux autres. » — On reconnaît là une des difficultés exposées dans le *Parménide* (2). — « Dieu l'a compris sans doute, et voulant être réellement l'auteur du vrai lit, et non de tel lit en particulier; *ce qui aurait fait de Dieu un fabricant de lits*, il a produit le lit qui est un de sa nature. » — On voit avec quel soin Platon prévient l'objection plaisante qu'on tirerait de ce que Dieu, dans son système, est un fabricant de lits. Il distingue profondément cette qualité de fabricants de lits, qui ne pourrait être attribuée à Dieu que par une métaphore ridicule et inexacte, de la qualité d'*auteur du lit idéal* qui doit lui être sérieusement attribuée. S'il ne s'agissait dans ce passage que de comparaisons et

---

(1) Ravaisson, *Mét. d'Ar*, I, 294. Vacherot, *École d'Alex.*, I, ch. 1er. Cf. Proclus, *In Parm.*, éd. Cousin, t. V, p. 58.

(2) Voir plus loin, Livre IV.

de symboles, on ne comprendrait pas pourquoi Platon repousse avec tant d'empressement la qualification métaphorique de fabricant de lits, qu'on pourrait donner à Dieu. Il aboutit à une conclusion qui n'a absolument rien de symbolique et qui résume la théorie des Idées tout entière : Dieu, dit-il, « a fait de soi et l'essence du lit et celle de toutes les autres choses. » L'universelle application des Idées, même aux choses de l'art, est affirmée ici de la manière la plus décisive. Rien n'existe qu'à la condition d'avoir le principe de son essence en Dieu, auteur de toutes les essences. Rien n'est intelligible que si Dieu lui-même en fonde et en conçoit éternellement l'intelligibilité, ou en d'autres termes la possibilité essentielle. L'essence même du lit est conçue par Dieu, comme une chose possible et réalisable pour l'art humain.

Aristote et ses disciples objecteront que toute l'essence des produits de l'art réside dans la pensée de l'artiste. Mais Platon répondrait sans doute que c'est faire trop d'honneur à la pensée humaine, qui ne crée pas la possibilité des choses, mais ne fait que la concevoir. Qu'on y songe : la possibilité même d'une telle conception implique que l'objet conçu est possible en soi, qu'il a une essence propre par laquelle il peut être déterminé et distingué de tout le reste. L'homme a sans doute le pouvoir de combiner ses idées et de réaliser au dehors les combinaisons de son esprit; à une condition cependant : c'est que ces combinaisons soient en elles-mêmes possibles et intelligibles. Dire que l'œuvre d'art a sa raison dans la pensée de l'artiste, ce n'est donc pas résoudre la difficulté aux yeux de Platon; car la pensée de l'artiste, à son tour, doit avoir sa raison dans la nature des choses.

Ainsi il est conforme, non-seulement à la lettre, mais à l'esprit du platonisme, de poser des Idées même pour les œuvres d'art. Encore une fois, ces œuvres d'art sont possibles puisqu'on les réalise; et quand même elles ne seraient pas réalisées, l'esprit humain les conçoit distinctement : cette double possibilité d'être *conçue* et d'être *réalisée*, qu'on retrouve dans toute œuvre d'art, a son fondement nécessaire dans l'essence éternelle des choses, dans la vérité immuable, dans l'Idée.

Nous sommes ici en désaccord avec Proclus, qui interprète tout différemment la pensée de Platon, et qui attribue trop souvent au disciple de Socrate les spéculations à demi péripatéticiennes d'Alexandrie.

Voici ce qu'on lit dans le commentaire sur le *Parménide* : « C'est la notion du lit qui est dans la pensée de l'artiste que Platon appelle *Idée* ; et il ajoute que cette notion est un produit de Dieu, parce qu'à son avis l'âme reçoit des Dieux l'inspiration artistique (1). » N'est-ce pas là dénaturer un texte complétement ? Platon ne dit-il pas en propres termes qu'il y a un lit *véritable, unique, éternel*, qui est le *lit proprement dit*, qui est l'essence du lit, et dont *Dieu seul est l'auteur*, non par ses mains sans doute, mais par sa pensée ? Ces caractères conviennent-ils à la notion du lit qui est dans la pensée humaine ? Le menuisier, dit formellement Platon, « ne fait pas *l'Idée même que nous appelons l'essence du lit*, mais *un tel lit en particulier. Dieu seul fait de soi et l'essence du lit et celle de toutes les autres choses.* » — La notion des choses de l'art, dit Proclus, nous est donnée par Dieu ; soit, mais il

---

(1) Τὸν ἐν τῇ διανοίᾳ τοῦ τεχνίτου λόγον ἰδέαν ἐκάλεσε, καὶ τοῦτον ἔφατο τὸν λόγον εἶναι θεοῦ γέννημα, διότι καὶ αὐτὸ τὸ τεχνικὸν τοῦτο θεόθεν οἴεται δίδοσθαι ταῖς ψυχαῖς. (*Comm. Parm.*, V, 57.)

faut pour cela que Dieu conçoive lui-même les choses de l'art comme possibles pour nous. Il en a donc l'*Idée*.

Pour prouver son assertion, Proclus s'appuie sur ce passage de Platon : « L'imitateur (par exemple, le peintre qui représente un lit) est éloigné de la nature et de la vérité de trois degrés. » En effet, il y a trois lits, le lit idéal, le lit réel fait par le menuisier, et le lit imité par le peintre. Le peintre et son œuvre n'arrivent donc qu'au troisième rang : rien de plus simple. Mais de là Proclus veut conclure que l'Idée du lit est seulement la notion qu'en a l'artiste; car, si cette notion était distincte de l'Idée, il faudrait compter quatre lits : l'Idée divine, la notion du lit qu'a le menuisier, le lit réel, et le lit représenté par le peintre. Mais Platon n'admettrait pas cette conclusion : il parle de réalités et non de notions ; il compare trois œuvres différentes : l'œuvre de Dieu (le lit en soi), l'œuvre du menuisier (le lit visible) et l'œuvre du peintre (le lit peint). Quant à la notion abstraite du lit, on ne peut la mêler avec ces produits réels des trois artistes, et Platon la néglige avec raison, puisqu'il parle seulement des trois œuvres d'art.

Les autres arguments de Proclus sont empruntés aux spéculations des Alexandrins sur la Nature, et nullement à Platon. Les arts, dit Proclus, sont des imitations de la Nature ; donc c'est par l'intermédiaire de la Nature que le lit participe à l'Idée ; mais, s'il en était ainsi, le lit devrait être vivant, comme tout ce qui est naturel. — On voit combien ce raisonnement est étranger à la pensée de Platon. Celui-ci eût répondu d'ailleurs que le lit participe à *l'Idée*, d'abord par l'intermédiaire de la pensée humaine, puis par les éléments naturels dont se sert l'ouvrier.

Nous devons donc maintenir, malgré les interprétations alexandrines, le premier sens que nous avons attribué à ce passage important et profond de la *République*. Encore une fois, il y a ici accord entre la lettre et l'esprit du platonisme.

Nous avons entendu Platon lui-même. Voici maintenant, sur la question qui nous occupe, les divers témoignages de ses contemporains ou de ses successeurs.

On attachera peu d'importance au témoignage de Diogène de Laërte, qui nous représente Platon s'entretenant avec ses disciples sur la *tabléité* et la *coupéité* (1). Néanmoins, rapproché du dixième livre de la *République*, ce témoignage acquiert une certaine valeur..

Xénocrate définissait l'Idée la *cause exemplaire de ce qu'il y a de constant dans la Nature* (2), et cette définition plaisait, dit-il, à son maître. Diogène de Laërte semble faire allusion à cette définition dans le passage suivant : « Les Idées sont certaines causes, certains principes qui font que les choses constantes dans la nature sont telles qu'elles sont (3). » (αἰτίας τινάς καὶ ἀρχὰς τοῦ τοιαῦτα εἶναι τὰ φύσει συνέστωτα οἷάπερ ἐστὶν αὐτά.) Plus tard Alcinoüs adoptera une définition analogue : « Les Platoniciens, dit-il, définissent l'Idée le modèle éternel des choses qui sont selon la nature (παράδειγμα τῶν κατὰ τὴν φύσιν αἰώνιον, peut-être αἰωνίων?). Car, d'après la plupart des disciples de Platon, il n'y a point d'Idées pour les objets d'art, comme le bouclier ou la lyre (4). » — Ces textes montrent qu'il y avait désaccord entre les platoniciens sur l'application des

---

(1) Diog. L., VI, 52.
(2) Procl., *in Parm.*, V, 133.
(3) Diog. L., III, 67.
(4) Alcin., *Intr. in Pl.* VIII.

Idées aux œuvres d'art, et même que la majorité était pour la négative. Ce fait pourrait s'expliquer par la nécessité où étaient les platoniciens de se *réfugier dans le vraisemblable* et dans l'évident, pour éviter les objections et les plaisanteries des péripatéticiens. Mais il est fort possible que l'indécision des disciples de Platon ait pour cause l'indécision du maître lui-même. Quand Platon suivait jusqu'au bout l'impulsion de la dialectique, il était porté à admettre que *tout a son Idée*; mais les absurdités apparentes de cette doctrine l'inquiétaient et le retenaient, aux dépens de la logique, sur la pente où il s'était d'abord lancé. Voilà sans doute la vérité touchant le point qui nous occupe. Aristote lui-même semble faire allusion à ces incertitudes de Platon : « Peut-être, dit-il, les choses de ce genre (la maison et le meuble) ne sont-elles pas des essences, ni aucune des choses qui ne subsistent pas naturellement (ὅσα μὴ φύσει συνέστηκε (1); c'est l'expression de Xénocrate). » — Et ailleurs : « Platon a eu raison de dire que tout ce qui est naturellement est Idée (2). » Et enfin : « La maison et l'anneau, dont nous disons qu'il n'y a pas d'Idée (3). »

En résumé, Platon admettait-il des Idées pour les œuvres d'art? — Aristote, Xénophane et les platoniciens semblent dire non; mais les Dialogues de Platon et les Lettres disent oui. Il faut en conclure que Platon lui-même a hésité sur ce point. Ce qui est certain, c'est qu'il penchait pour l'affirmative, seule conséquence logique de sa doctrine, et que, s'il a parfois reculé, c'est une simple concession qu'il a faite à ses adversaires pour se mettre à leur portée.

(1) *Mét.*, VII, 169.
(2) *Ib.*, XII, 242.
(3) *Ib.*, III, 52.

CHAPITRE III.

II. — LES EXISTENCES.

L'existence peut être envisagée à deux points de vue, celui de l'universel et celui des individus. De là deux questions différentes : « Y a-t-il une Idée de l'*être* conçu dans toute son universalité? 2° Y a-t-il des Idées des êtres individuels, tels que Socrate ou Phédon ?

I. Y a-t-il une Idée de l'*être*?

La doctrine de Platon sur ce point n'est pas douteuse. Tout ce qui est universel a une *Idée*, et qu'y a-t-il de plus universel que l'*être*, puisqu'on le retrouve dans tout ce qui existe ? Dans l'esprit humain, la conception de l'être est la plus générale de toutes ; et elle est aussi la plus abstraite et la plus indéterminée. Mais ce n'est pas cette conception que Platon appelle l'Idée de l'être ; c'est le type auquel cette conception emprunte sa possibilité, et auquel d'autre part la nature emprunte sa réalité. L'être, pour Platon, n'est pas une abstraction ; c'est le fonds de réalité et de vérité qu'on retrouve en toutes choses.

Tout ce qui est est par participation à l'Idée de l'être. Cette Idée n'est donc point simplement une qualité générale, mais la substance absolue dont tout le reste est l'imitation. L'Idée de l'être est l'être même ; et l'être à son tour, c'est l'Idée.

Platon parle souvent de l'Idée de l'être. Nous l'avons

vu, dans le *Théétète*, opposer cette Idée universelle, type de toute réalité, à Héraclite et à Protagoras qui soutenaient que rien n'existe dans le sens propre du mot. Non-seulement toute réalité n'est réelle que par l'être qui lui est communiqué, mais encore toute pensée n'est intelligible que par l'être qu'elle contient et affirme. Dans toute proposition, dans tout raisonnement, dans tout acte de la pensée, est impliquée cette grande conception de l'être et de l'essence.

Dans le *Sophiste*, Platon parle longuement de l'Idée d'être. « Ne penses-tu pas que le mouvement et le repos sont absolument contraires l'un à l'autre ? — Certainement. — Et tu prétends aussi que l'un et l'autre existent également ? — Oui. — Penses-tu, en accordant qu'ils existent, que l'un et l'autre soient mus également ? — Non. — Mais en disant qu'ils existent, veux-tu faire entendre que tous deux sont en repos ? — Impossible. — Alors, c'est que tu te représentes l'être comme une troisième chose différente des deux autres, et, considérant le repos et le mouvement comme compris dans l'être et en une sorte de communauté avec lui, dans ce point de vue tu as pu dire que tous deux existaient.... Ainsi l'être n'est pas le mouvement et le repos pris ensemble ; c'est quelque chose qui en est différent (1). » On voit parfaitement ici le procédé de Platon pour établir l'existence d'une Idée. Tout ce qui est distinct dans notre esprit est distinct dans la réalité des choses. Il y a un

---

(1) *Soph.* 254 et sqq. — Quelques interprètes (par ex. M. Chaignet, *Psych. de Pl.*) croient, à tort selon nous, que les Idées dont traite le *Sophiste* sont de simples genres logiques auxquels Platon n'attribue pas une réalité métaphysique correspondante. Platon nous semble plus profond : la pensée ne peut concevoir plus que la réalité intelligible ne fournit. Il objective toute chose dans la Réalité et dans la Pensée absolues. Sa logique, comme celle de Hégel, est une ontologie.

principe de détermination réelle qui correspond à chaque détermination de la pensée. Le mouvement et le repos sont distincts dans l'esprit, et même opposés ; donc il y a une Idée de mouvement qui diffère de l'Idée de repos. Il est possible qu'en dernière analyse le mouvement et le repos se rattachent au même principe: mais il y aura dans ce principe du repos une raison de la différence qui existe entre le mouvement et le repos; cette raison différentielle, c'est l'Idée. L'être, à son tour, n'est ni le mouvement, ni le repos, ni tous les deux pris ensemble ; car, dans ce dernier cas, il ne serait rien qu'une conception abstraite de la pensée qui réunit plusieurs objets en un seul ou les considère à la fois. L'être est plus qu'une simple somme de conceptions; il est une conception propre, parfaitement distincte des objets mêmes auxquels on l'applique, comme le mouvement et le repos. A cette distinction établie par la raison correspond une différence réelle entre l'*être* et les diverses choses qui *existent*. Cette différence, d'ailleurs, n'exclut pas l'unité. Mais dans l'unité même il y a un principe intelligible de distinction qui fait que, par la nature éternelle des choses, l'être en lui-même n'est ni le mouvement ni le repos. Supprimez ce principe de distinction, et tout se confond pour la pensée. Si l'Être n'est absolument rien en dehors des objets particuliers, on retombe dans la multiplicité et l'indétermination universelles.

II. Y a-t-il des Idées des êtres individuels? 1° Les corps; 2° les âmes.

Nous nous trouvons de nouveau en présence d'une des plus grandes difficultés de la théorie platonicienne.

La notion de l'individu est la plus obscure de toutes dans les Dialogues de Platon. Le mot *individuel* est d'ailleurs ambigu, ainsi que le grec, τὸ καθ' ἕκαστον. Le *chacun* peut désigner deux choses opposées, par exemple, *chaque* phénomène de sensation, ou *chaque* être sentant. Là, le phénomène passager, qui n'est indivisible que parce qu'il dure infiniment peu ou même ne dure pas ; ici, l'unité qui persiste sous les phénomènes, par exemple, sous les sensations, et qui fait qu'elles sont toutes les sensations d'un même Socrate, d'un même Simmias. Le phénomène est indivisible à force de multiplicité et de mobilité; la substance individuelle, à force d'unité et d'identité. Appelons *singuliers* les phénomènes qui se produisent chacun à chacun, καθ' ἕκαστον, et réservons le nom d'*individus* aux êtres dont *chacun* existe et persiste.

Le singulier, en tant que singulier, n'existe pas à proprement parler, d'après Platon, ou n'existe que par sa participation à l'universel. Le singulier pur, sans mélange d'universalité, va se *perdre* dans l'infini, et n'a d'autre Idée que celle de l'infini même, de la Dyade indéterminée ou de la Matière.

Reste à savoir si les individus proprement dits ont une Idée.

I. Les individus, au premier abord, semblent de deux sortes : matériels ou immatériels. On connaît tout le mépris de Platon pour les phénomènes sensibles, où il ne voit qu'une image confuse de l'intelligible. Le sensible, c'est la matière réfléchissant les Idées, c'est la multiplicité indéfinie recevant l'empreinte de l'unité, c'est le non-être participant d'une manière mystérieuse à l'être. Le moment n'est pas venu d'approfondir la nature de cette participation. Contentons-nous d'établir que, d'après Platon, il n'y a point d'Idées de ce qui est singulier et particulier dans le monde sensible, mais seulement de ce qui est commun et persistant. La couleur, par exemple, quoique étant une qualité sensible, est commune à plusieurs objets, et par conséquent il y a une Idée de la couleur. Il en est de même de la voix (1). Ainsi le sensible, toutes les fois qu'on le considère en général, implique l'Idée. Mais il ne semble pas y avoir d'Idée spéciale pour l'*individu sensible* proprement dit. C'est que Platon, à vrai dire, n'aperçoit dans le sensible aucune individualité, aucune unité propre, mais quelque chose de phénoménal et d'indéfini. Et dans le fait, il n'y a pas individu *sensible*: l'individualité ne peut venir que de l'âme; elle est essentiellement spirituelle. Le sensible, comme tel, est un pur phénomène, non quelque chose d'un et d'identique; c'est un simple rapport entre la matière indéfinie et les Idées. Mais le fond réel du sensible, qui n'est qu'une apparence, n'en est pas moins quelque chose d'intelligible et de concevable pour la pensée pure. Il faut bien que le corporel se ramène de quelque manière à des principes rationnels, immatériels et en dernière analyse spirituels. Aussi la *génération*, d'après le *Timée*, n'est-elle que la manifestation de l'âme motrice (2), qui elle-même se ramène à des éléments idéaux. Platon tendra constamment à résoudre le sensible dans l'intelligible, la matière apparente dans l'esprit réel et dans l'Idée; le moyen terme de cette réduction est l'âme, qui fait seule l'individualité du sensible sous lequel elle réside.

(1) *Crat.*, 423, e.
(2) Voy. plus loin : *Cosmologie et Psychologie Plat.*

II. Platon a fort bien aperçu dans l'homme un principe supérieur à la matière : l'*âme*. On peut donc lui poser cette question : — Y a-t-il une Idée de l'âme? — Mais cette question à son tour peut s'entendre de deux manières.

D'abord, l'âme est un nom commun donné à plusieurs objets, un genre. Sous ce rapport, il y a certainement une Idée d'âme qui est le type de toutes les âmes particulières (1). Reste à savoir s'il y a une Idée spéciale pour chaque âme; si même chaque âme n'est pas une Idée.

Cette dernière opinion a été soutenue par Ritter (2) d'après un passage célèbre du *Théétète*, et contredite par beaucoup d'historiens de la philosophie (3). Voici littéralement le passage du *Théétète*.

« Il serait étrange (δεινὸν γάρ που) que *plusieurs* sensations (πολλαί τινες αἰσθήσεις) se trouvassent immobiles en nous (ἐν ἡμῖν ἐγκάθηνται), comme dans des chevaux de bois, et qu'elles ne tendissent pas ensemble (ξυντείνει) à une seule Idée (εἰς μίαν τινὰ ἰδέαν), soit âme, soit d'un autre nom (εἴτε ψυχὴν, εἴτε ὅ δεῖ καλεῖν) (4). »

Par malheur, ce passage est susceptible de plusieurs interprétations. Ritter y voit l'identification de l'Idée avec l'âme individuelle. Il y a en nous pluralité de sensations. Or, d'après la dialectique, toute pluralité suppose au-dessus d'elle l'unité à laquelle elle participe; cette unité qui se retrouve dans les objets de même ordre et constitue leur essence propre, c'est l'Idée. Au-dessus des sensations diverses, il y a donc un prin-

---

(1) Nous verrons dans la Théodicée que cette Idée de l'âme, l'*Ame en soi*, n'est autre chose que l'âme divine, dont toutes les autres dérivent.

(2) Ritter, *Hist. de la philos. gr.*, II, 221.

(3) Entre autres M. Vacherot, *École d'Alex.*, I, p. 10.

(4) *Théét.*, 184.

cipe d'unité qui fait qu'elles sont des sensations et qu'elles sont senties. Ce principe est l'âme. — Mais l'âme est-elle l'Idée même, ou seulement une image et comme une réalisation de l'Idée? — C'est ce que Platon ne dit pas nettement. Les mots εἰς μίαν ἰδέαν, εἴτε ψυχήν... συντείνει, peuvent signifier que les sensations ont leur centre et leur unité dans une certaine *espèce* d'être, qui est l'*espèce* âme, mais non l'*âme individuelle*. Il faut avouer cependant qu'une pareille interprétation est détournée; car il s'agit dans le passage du *Théétète* d'un principe d'individualité qui est en nous, et qui n'est point dans le cheval de bois, œuvre de l'art et non de la nature. L'œuvre de l'art, d'après Platon, ne participerait point à l'Idée d'âme; mais l'œuvre de la nature, l'individu vivant, y participe, et c'est cette participation qui constitue son *âme*, son essence individuelle.

Confrontons le passage du *Théétète* avec un passage non moins remarquable du *Phédon*.

« Veux-tu que nous posions deux espèces de choses, les unes visibles, les autres immatérielles? — Oui, posons-les, dit Cébès. — Celles-ci toujours les mêmes, celles-là dans un continuel changement. — Posons encore ceci. — Ne sommes-nous pas composés d'un corps et d'une âme, ou y a-t-il quelque autre chose en nous? — Non sans doute, il n'y a que cela. — A laquelle de ces deux espèces de choses dirons-nous que notre corps est *plus conforme et plus ressemblant?* — Il n'y a personne qui ne convienne que c'est à l'espèce des choses visibles. — Et notre âme, cher Cébès, est-elle visible ou immatérielle? — Elle n'est pas visible, au moins pour les hommes.... Et par conséquent notre âme est *plus conforme que le corps à la nature immatérielle*. Quand l'âme examine les choses par elle-même, elle se porte vers ce qui est pur, éternel, immortel et immuable, et comme *étant de même nature*, elle y demeure attachée aussi longtemps qu'elle peut exister en elle-même. Alors ses égarements cessent, et elle est toujours la même, parce qu'elle est unie à ce qui est immuable; et cet état de l'âme est ce qu'on appelle *sagesse* (1). » Plus loin : « L'âme est très semblable à ce qui est divin, immortel, intelligible, simple, indissoluble (2). »

Ainsi, pour Platon, il y a *analogie* entre l'âme et les Idées. Mais cette analogie va-t-elle jusqu'à l'identité? — C'est ce qu'il est impossible de conclure avec certitude des passages qui précèdent. La suite du *Phédon* prouve même que Platon admettait des degrés dans l'analogie de l'âme avec les Idées. Après la mort, suivant qu'elle est plus ou moins pure, plus ou moins semblable aux choses intelligibles, elle est plus ou moins voisine du séjour des dieux. « Si l'âme sort du corps en cet état de pureté, elle se rend vers ce qui est semblable à elle, c'est-à-dire vers ce qui est immatériel, divin, immortel et sage. » Si elle est remplie au contraire « de ce qui a la forme matérielle, » elle est appesantie et entraînée de nouveau vers le monde visible (3).

Tous ces passages ne nous apprennent rien de positif sur la vraie nature de l'âme. Il en est de même d'un autre passage du *Phédon* cité par Ritter à l'appui de sa doctrine. « Simmias n'est pas plus grand que Socrate par sa nature même et par ce qu'il est Simmias, mais à cause de la *grandeur* à laquelle il participe. » Donc, conclut Ritter, « ce qu'est Socrate et ce qu'est

(1) *Phœdo*, p. 66.
(2) *Ib.*, p. 66.
(3) *Phœdo*, p. 66 et sqq.

Simmias est différent de ce qui est commun à tous les deux. » — Sans aucun doute. Mais peut-on en conclure que l'individualité soit constituée par une Idée? Ce passage n'a-t-il pas pour but, au contraire, de distinguer l'individu des Idées universelles auxquelles il participe, comme la *grandeur*, la *bonté*, la *beauté*?

La difficulté reste donc tout entière. Elle diminuerait peut-être si l'on admettait qu'il y a en nous, d'après Platon, plusieurs âmes, ou que du moins l'âme elle-même contient plusieurs parties. Les deux premières, l'âme concupiscible et l'âme irascible, sont périssables à cause de leur analogie avec le sensible. La raison, au contraire, est immortelle à cause de son analogie avec les Idées. Cette analogie est telle qu'elle semble aller jusqu'à l'identité de la pensée et de son objet.

Mais Platon a-t-il eu sur ce point une doctrine précise? — Nous ne le croyons pas. La vérité, c'est qu'il ne savait trop comment s'expliquer la nature de l'âme d'après la théorie des Idées. L'âme devait embarrasser Platon encore plus que la matière. Après avoir placé l'individualité du sensible dans l'âme et ramené ainsi le matériel au spirituel, il restait à réduire le spirituel lui-même à l'intelligible et au rationnel, l'âme à l'Idée. Platon apercevait en lui-même par la conscience un principe d'unité, de réalité et de vie, très-différent des simples phénomènes, analogue sous bien des rapports aux Idées elles-mêmes, mais différent en ce qu'il n'a point le caractère universel de l'Idée et appartient à un individu. Quand nous approfondirons plus tard la nature de l'âme et de ses facultés, nous verrons que Platon a eu parfois un certain sens psychologique et un sentiment assez vif de l'activité intérieure. Dans le xe livre des *Lois*, il appelle l'âme un nombre qui se meut et même un mouvement qui se meut; mais ces expressions mêmes trahissent la tendance idéaliste qui l'emporte sur le sens psychologique. D'abord, Platon ne désigne par ces mots que l'âme universelle qui anime le monde et en produit le perpétuel mouvement. Il reste toujours à savoir en quoi consiste précisément notre individualité propre, en quoi le principe moteur qui est en nous se distingue du moteur universel. En outre, cette âme qui se meut elle-même, Platon l'appelle, comme les pythagoriciens, *un nombre*, ce qui est presque l'appeler une Idée. Il la nomme aussi un mouvement qui se meut lui-même ce qui ne ressemble guère à une substance individuelle. Platon ne pouvait pas ne pas chercher dans les Idées l'explication de l'âme comme de tout le reste. Et dans le fait, si le sensible doit se ramener d'une façon quelconque à l'intelligible où il a sa raison et sa cause, ne faut-il pas de même que l'âme ait sa raison dans les Idées et vienne s'y réduire plus ou moins directement? Aussi Platon recherchera-t-il les éléments idéaux qui entrent dans la composition dialectique de l'âme : le *même*, l'*autre*, le *mixte*. Partant de ce principe, que le sujet connaissant doit être analogue à l'objet connu tout en s'opposant à lui, Platon fera entrer dans la composition de l'âme tous les éléments intelligibles des choses ou Idées. L'âme est donc moins une Idée qu'un composé d'Idées, une proportion, un nombre. En même temps, cette proportion, cette harmonie d'éléments, qui fait que tout est en germe dans l'âme, suppose comme tout le reste un principe d'unité et de différence, une Idée qui caractérise les âmes et à laquelle elles participent. Le genre *âme* a donc bien certainement son Idée, comme nous l'avons déjà dit plus haut. Mais il reste toujours à savoir si telle âme individuelle, en tant qu'individuelle, est à proprement parler une Idée. Réduire l'âme individuelle aux phénomènes sensibles, ce serait la rabaisser et même la nier, et renoncer en même temps à l'immortalité. La réduire purement et simplement aux Idées, n'offre pas des difficultés moins grandes ; de là des hésitations et des fluctuations sans nombre.

Platon, pour être logique, aurait dû admettre une Idée de l'individu, par exemple Socrate ou Simmias, puisque l'individu a une existence à la fois une et distincte. Aristote parle sans cesse du *Socrate en soi*, ce qui laisse croire que Platon avait dû aller jusqu'au bout de sa doctrine, au moins dans les leçons orales. Les Dialogues ne contiennent sur ce sujet que le passage ambigu et hésitant du *Théététe*. Mais y eût-il une Idée de l'âme individuelle, proportion définie et particulière d'éléments idéaux reliés par une Idée dominante, on n'aurait pas le droit d'en conclure que l'âme individuelle est elle-même une Idée. Cette âme demeure un *nombre*, qui n'est ni le nombre idéal, ni le nombre mathématique, ni le nombre sensible, mais plutôt un nombre complexe enveloppant tous les autres, une *décade* en petit. Au nombre sensible correspond la sensation et la passion ; au nombre intermédiaire, l'entendement et l'énergie ; au nombre idéal, la raison. Cette dernière fonction de l'âme est tellement analogue aux Idées que Platon finira par se demander si la raison et les Idées ne font pas un seul et même être, et si ce n'est pas la présence de l'Idée en nous qui constitue et l'intelligence et l'âme.

En résumé, le *genre* âme a son Idée : l'Ame en soi.

Les diverses *espèces* d'âmes ont également leurs Idées, proportions définies d'éléments idéaux.

Les âmes *individuelles*, proportions plus indéfinies

aux yeux de Platon, et où l'accident semble avoir une grande place, ont cependant une certaine unité intime comme le prouve le *Théétète*, et devraient avoir leurs Idées. Le *Théétète* et Aristote montrent que Platon s'est posé la question, mais sans la trancher.

L'âme individuelle est-elle elle-même une Idée? — Elle est plutôt un rapport d'Idées à quelque chose de mal défini qui en participe; c'est, si l'on veut, un nombre d'une espèce particulière où se résument tous les nombres et tous les éléments, condition nécessaire à l'intelligence et à la vie (1).

(1) Voir, pour plus de détails, dans la *Théodicée*, le chapitre intitulé : L'âme universelle et les âmes particulières.

CHAPITRE IV.

III. — LES RELATIONS.

I. Des relations en général. — II. Des négations et de l'Idée du non-être. — III. De l'Idée du mal.

I. — *Des relations en général.*

D'après Proclus et Alcinoüs, qui cherchent dans Platon, non pas le platonisme pur, mais celui d'Alexandrie, il n'y a point d'Idée des choses relatives (τῶν πρός τι) (1). Une telle opinion nous semble contraire à la lettre et à l'esprit de la théorie des Idées.

Dans une foule de passages, Platon reconnaît des Idées de choses relatives, comme l'égalité (2), la grandeur (3), la petitesse, la ressemblance et la différence (4), la vitesse et la lenteur (5), la duité (6), etc. Il est même très-remarquable que Platon cite toujours à côté du beau, du bon et du juste, comme des Idées au-dessus du doute, les Idées d'égalité (7) et de grandeur. L'Idée d'égalité revient à chaque instant dans Platon, et il s'en sert même pour établir sa théorie. Il distingue avec le plus grand soin les choses

---

(1) Alcinoüs, *Int.* VIII.
(2) *République, Parménide, Théétète, Phédon, loc. cit.*
(3) *Théét., Sophiste.*
(4) *Rép.*, VII, 529, d.
(5) *Phédon.*
(6) V. le *Phédon.*
(7) V. le *Parménide.*

égales de l'égalité en soi, les choses grandes de la grandeur en soi. Prendrait-il donc plaisir à nous donner le change, ou ne se serait-il pas aperçu qu'il y a un caractère essentiellement relatif dans toute notion de grandeur, d'égalité, de ressemblance ou de différence (1)? Disons plutôt qu'à côté de l'élément relatif il sut apercevoir l'élément absolu, qui est la condition même du premier. Toute relation suppose au-dessus d'elle quelque chose qui la rend possible et intelligible. Non-seulement les deux termes pris isolément doivent avoir leur Idée, mais tous les rapports possibles de ces deux termes ont aussi leur Idée distincte. Ce qui le prouve, c'est que ces rapports ne tiennent pas aux termes particuliers qui les manifestent, mais demeurent les mêmes dans leur généralité malgré le changement des termes individuels. Simmias est plus grand que Socrate; Phédon, à son tour, est plus grand que Cébès : les termes ont changé, mais le rapport est toujours un rapport de grandeur. Il y a donc là quelque chose de général et même d'absolu qui rend la relation possible. Il y a un principe de grandeur auquel participent différemment Simmias, Socrate, Phédon et Cébès. Il y a un exemplaire commun dont ils sont la reproduction plus ou moins pure, plus ou moins parfaite. De même, entre une foule d'objets on peut établir le rapport d'égalité. Ce rapport est donc intelligible en lui-même, indépendamment des termes qu'il unit; et comment serait-il intelligible sans l'Idée? Il y a donc dans la nature éternelle des choses une *raison* qui rend l'égalité possible, un type

---

(1) Voir, au commencement du *Théétète*, un passage qui prouve que Platon a connu ce caractère relatif : « Si tu mets six osselets vis-à-vis de quatre, nous dirons qu'ils sont un plus grand nombre.....; vis-à-vis de douze, qu'ils sont un plus petit nombre. »

d'égalité; et c'est ce que Platon appelle l'égalité en soi. Peut-être l'analyse découvrira-t-elle que cette égalité en soi n'est autre chose qu'un aspect de l'*unité en soi*, et que de même la grandeur ne fait qu'un avec quelque principe supérieur. Mais nous n'en sommes pas encore à la simplification et à la hiérarchie des Idées. D'ailleurs, là où il y a autre chose qu'une simple distinction verbale, il faut aussi, d'après Platon, qu'il y ait un principe de distinction réelle, et, s'il est permis d'employer un barbarisme mathématique, de *différenciation*. Or, nous concevons la grandeur, l'égalité, la ressemblance, la vitesse, la lenteur, comme quelque chose de distinct de tout le reste; il faut donc admettre, dans la nature éternelle de l'être et dans l'éternelle intelligence, une raison qui rende cette distinction possible et intelligible.

II. *Des négations et de l'Idée du non-être.*

Parmi les choses relatives, il faut compter les négations. Négatif et relatif sont à peu près synonymes. La négation d'une chose ne se comprend que par la chose qui est niée : de là une relation nécessaire entre le négatif et le positif.

La négation absolue et universelle, — c'est-à-dire le néant, — n'est elle-même intelligible que par sa relation à l'être universel.

Platon admettait des Idées pour les choses négatives. Ici encore les textes sont formels. Il suffit de se rappeler la *République* (IIIe et v^e livres) et surtout le *Sophiste*. Platon admet des Idées de la sagesse, du courage, des autres vertus, et de leurs contraires ou de leurs négations (τὰ τῆς σωφροσύνης εἴδη, καὶ τὰ τούτων αὖ ἐνάντια) (1). « Le beau et le laid, dit-il dans le v° livre de la *République* (2), sont deux choses; par conséquent chacune en particulier est une... il en est de même du juste et de l'injuste, du bon et du mauvais, et de toutes les *Idées*. »

Les textes du *Sophiste* sont tellement nombreux qu'il serait trop long de les citer. Ce dialogue nous montre, non-seulement que Platon admettait des Idées de choses négatives, mais qu'il considérait ce point comme capital dans sa théorie. Le supprimer, ce serait lui enlever son originalité même. C'est ce que nous comprendrons en étudiant l'Idée du non-être, type des Idées négatives, qui joue un rôle si important dans la doctrine de Platon.

La négation peut être de deux sortes, absolue et universelle, ou relative et partielle. La négation absolue de toutes choses, ce serait le pur néant, le contraire absolu de l'être, qui, d'après Platon, n'est pas concevable; qui n'est point objet de science ou de discussion, et à la rigueur ne peut même pas être nommé. Nier absolument tout, c'est nier toute pensée, c'est ne penser à rien, c'est ne pas penser (3). En pensant le néant, la pensée s'efforce de se nier et de se détruire elle-même; effort qui suppose en elle une puissance surprenante. Mais c'est un effort vain, et Platon entrevoyait déjà ce que Descartes exprima plus tard : en voulant se nier, la pensée s'affirme. Le pur néant échappe donc à toute Idée; c'est le contraire absolu de l'Idée. Il n'y a pas d'Idée du néant absolu, puisque cette Idée ne correspondrait à rien. « Qu'on ne vienne donc pas nous reprocher qu'après avoir présenté le

---

(1) *Rép.*, III, 402, b.
(2) P. 475, e.
(3) V. le *Sophiste*, loc. cit.

non-être comme le contraire de l'être, nous osons affirmer son existence; car, quant à un contraire de l'être, il y a longtemps que nous avons renoncé à discuter s'il y en a ou s'il n'y en a pas, et si l'on peut ou non l'expliquer (1). »

Il y a une autre négation, partielle et relative, bien différente de la première, et parfaitement intelligible en elle-même, d'après Platon. Rappelons-nous « qu'une négation ne signifie pas le contraire, mais seulement quelque chose de différent des noms qui la suivent, ou pour mieux dire, des choses auxquelles s'appliquent les noms que la négation précède... L'Idée de l'*autre* me paraît divisée en quantité de parties comme la science. — Comment? — La science est aussi une en quelque manière ; mais chacune de ses parties, appliquée à un objet quelconque, forme une division à part et reçoit un nom particulier. De là cette foule de sciences et d'arts diversement nommés... N'en est-il pas de même des parties de l'Idée de l'*autre*, qui pourtant est une? N'y a-t-il pas une partie de l'*autre* qui est opposée au *beau*... ce que nous appelons *non-beau*... Le *non-beau* ne vient-il pas d'une chose qu'on tire d'un des genres des êtres, et que derechef on oppose à quelque autre être? — Oui. — Le *non-beau* consiste donc, à ce qu'il paraît, dans une opposition d'un *être* avec un *être* » (c'est-à-dire que le non-beau est une simple relation entre des choses positives en elles-mêmes, mais qui deviennent mutuellement négatives quand on les met en présence). « De cette manière, *avons-nous moins de raisons pour mettre le non-beau au nombre des êtres* que pour y mettre le beau? — Point du tout. — On doit donc dire du *non-*

---

(1) *Soph.*, loc. cit.

grand qu'il. *est*, tout aussi bien que du grand lui-même. — Tout aussi bien. — Ainsi le *non-juste* doit être assimilé au *juste* sous ce rapport que l'un n'existe pas moins que l'autre. — Et nous en dirions autant du reste, dès que l'*autre* nous a paru être au nombre des *êtres;* s'il existe, il faut admettre que ses parties n'existent pas moins. — Nécessairement. — Ainsi apparemment l'opposition entre une partie de l'*autre* et l'*être*, mis en regard l'un de l'autre, n'existe pas moins, si j'ose le dire, que l'être lui-même; et cette opposition ne représente point le *contraire* de l'*être*, mais seulement quelque chose d'*autre* que lui. — Rien de plus clair. — Or, quel nom lui donnerons-nous? — Évidemment c'est là le *non-être*, que nous cherchions en cherchant le sophiste. — Est-il vrai qu'*il ne le cède du côté de l'être à aucune autre chose*? Nous reste-t-il encore quelque doute sur son existence? — Aucun (1). » — On voit toute l'importance que Platon attache au principe de négation et de relation, et par conséquent de différence et de distinction. Le *non-être*, l'*autre*, la *différence*, répandus en toute chose, introduisent partout la variété sans compromettre l'unité. Là est l'origine du relatif, c'est-à-dire de la négation partielle. La négation n'est intelligible que grâce à un principe qui la rend possible, et ce principe c'est l'Idée du *non-être*, qui prend les noms les plus divers, suivant les objets particuliers auxquels on l'applique, et qui engendre ainsi les Idées du *non-juste*, du *non-beau* et de toutes les choses négatives (2).

---

(1) *Soph.*, 258, 256 et ss.
(2) Hégel remarque fort bien que le bon sens vulgaire se débarrasse arbitrairement des Idées contraires, en prétendant que le *froid* et l'*ombre*, par exemple, sont de simples privations de la chaleur et de la lumière, se payant ainsi de mots et ne voyant pas que la privation doit avoir, elle

Dans chacune de ces Idées il y a deux éléments qu'il faut bien distinguer. L'Idée du *non-beau* suppose premièrement l'Idée positive de la beauté, et secondement l'Idée du non-être ou de la négation, appliquée à la beauté. L'Idée positive du *beau* et l'Idée négative du *non-beau* ont donc un élément commun, et ne sont intelligibles que par la conception d'une même unité qui les domine. La seule différence, c'est que cette conception est associée tantôt à l'Idée de l'être, tantôt à celle du non-être. Telle est, d'après le *Sophiste*, la vraie doctrine de Platon.

III. *De l'Idée du mal.*

Nous avons résolu à l'avance la question épineuse de l'Idée du mal. Proclus nie énergiquement l'existence de cette Idée. Ici encore il ne semble pas fidèle au véritable platonisme.

Le mal, pour Platon, est identique à la relation ou à la négation, et a par conséquent son principe dans le *non-être*, identique lui-même à la *matière*.

Ce mal n'est autre chose que la négation ou la limite d'un bien, d'une qualité positive. Le juste est quelque chose de positif; donnez-lui des limites, vous le niez *partiellement*, et avec cette limitation commence le non-juste ou l'injustice. Si votre négation est *totale* par rapport au juste, vous concevez alors l'injuste en soi.

Aussi y a-t-il deux espèces de mal.

Le mal absolu et infini serait la négation absolue de toute qualité positive; car, nous le savons, il y a du

aussi, un principe, et un principe réel. (*Logique*, Iʳᵉ partie.) Il faut bien, en effet, qu'il y ait, dans la nature éternelle de l'être, quelque chose de réel qui rende possible la privation et le *non-être*. C'est ce que Platon appelle l'Idée du non-être. Vouloir réduire cette Idée à une simple conception logique, c'est oublier que la logique a toujours sa racine dans l'ontologie, le subjectif dans l'objectif.

bien partout où il y a existence et qualité. Le mal absolu serait donc identique au néant absolu, dont Platon ne s'occupe pas, nous venons de voir pourquoi.

Le mal relatif est la même chose que la négation relative. Il se trouve partout où il y a le non-être à côté de l'être, partout où il y a bornes et imperfection. Le non-juste, le non-beau, le non-grand, sont des maux. Nous avons vu qu'il existe des Idées de toutes ces choses. Il y a aussi des Idées de tous les vices contraires au courage, à la sainteté, etc. (1). Le mal relatif est intelligible, et de plus il est réel; il faut bien qu'il y ait un principe qui en constitue et l'intelligibilité et la réalité : ce principe est nécessairement une Idée, l'Idée du *non-être*, ou de l'*autre*, ou de la *matière*. C'est ce qui fait dire à Platon dans le *Théétète* : « Il n'est pas possible, Théodore, que le mal soit détruit, parce qu'il faut toujours qu'il y ait quelque chose de contraire au bien.... Il y a dans la nature des choses deux *modèles*, l'un divin et bienheureux, l'autre sans Dieu et misérable (2). » Platon parle aussi dans le *Timée* (3) de ces deux modèles, qui ne peuvent être que l'Idée du bien et l'Idée du non-bien ou du non-être, ou de la matière, ou du mal.

Enfin, dans le *Parménide*, nous avons vu qu'il paraît peu philosophique à Platon de rejeter les Idées de la boue ou de l'ordure, et des autres choses méprisables et mauvaises. Il n'y a là qu'un mal relatif, qui vient de ce qu'on a une vue partielle des choses. Dans notre conception imparfaite, la limitation et la négation viennent se mêler à l'affirmation et à l'existence positive, qui est le Bien.

---

(1) *Rép.*, III, 402, b.
(2) *Théét.*, 176, a.
(3) *Tim.*, 28, c. Πρὸς πότερον τῶν παραδειγμάτων...

CHAPITRE V.

IV. — LES QUANTITÉS.

Rapport des Idées aux nombres. — Différentes sortes de nombres. — Explication d'un curieux passage d'Aristote. — Comment la connaissance humaine avec ses divers degrés est une décade intellectuelle, représentant la décade intelligible.

On a souvent confondu le Platonisme avec le Pythagorisme, qui ramène toutes choses à la quantité dont il fait l'élément universel. C'est méconnaître entièrement le caractère propre du platonisme, dans lequel la notion de la qualité a la première place, tellement que l'existence même semble s'évanouir dans les qualités qui la déterminent. Apercevoir partout la qualité, sans laquelle rien n'est intelligible, et qui est par conséquent la part de la pensée dans les choses, tel est le but de Platon. Loin de ramener tout à la quantité, il ramène la quantité elle-même, comme tout le reste, à la *qualité* qui la domine et la rend saisissable pour la pensée.

Prenons pour exemple le nombre ou la quantité mathématique. Nous l'avons vu, le nombre ne se suffit pas à lui-même. C'est une unité abstraite, ou une collection d'unités abstraites de même espèce, et conséquemment combinables. Tout nombre se réduit aux unités qui le composent, si vous le considérez à un point de vue exclusivement mathématique. Mais si vous vous placez au point de vue métaphysique, vous reconnaissez que l'acte de l'esprit qui conçoit un certain nombre, par exemple le nombre *quatre*, est un acte spécial, parfaitement distinct de la conception séparée des unités composantes. Le nombre quatre, bien que mathématiquement réductible à quatre unités, n'en est pas moins *sui generis* au point de vue métaphysique, et la notion de ce nombre ne peut être confondue avec aucune autre. C'est une simple combinaison des unités mathématiques égales entre elles ; soit, mais entre *toutes* les manières possibles de combiner les unités, le nombre quatre n'en est pas moins *une* combinaison *spéciale*, déterminée, ayant son caractère spécifique et ses propriétés particulières ; à ce point que l'esprit ne confondra jamais le groupe de quatre unités avec tout autre groupe. Il y a donc là autre chose que la quantité mathématique ; il y a un principe de qualité et de détermination spécifique qui différencie et distingue le nombre quatre, et qui en même temps lui imprime une certaine unité propre, distincte des unités composantes et de leur collection abstraite. Kant dira plus tard : — Les notions des unités individuelles qui entrent dans un nombre composé ne donnent point la notion *une* du composé. Cette unité qui est dans le nombre quatre, suppose une synthèse de l'esprit distincte des unités que l'analyse découvre dans ce nombre. — Platon a conçu quelque chose d'analogue. Il a aperçu dans chaque nombre une certaine unité différencielle et spécifique, un élément formel et intelligible, la qualité dans la quantité. Il a donc posé, au-dessus des nombres mathématiques, les nombres idéaux, les vrais nombres, οἱ ἀριθμοί ἀληθινοί (1). Les nombres purement mathématiques ne diffèrent que par la quantité ; ils peuvent se répéter,

---

(1) *Rép.*, VII, 529, d. Cf. *Mét.*, I, 31 : Ἡ' ἰδέα ἀριθμός, XIV, 294, 299. Εἰδητικὸς ἀριθμός, 307 : οἱ ἐν τοῖς εἴδεσιν ἀριθμοί, I, 28. Νοητὸς ἀριθμός. — Cf. *Phileb.*, 56, d.

s'ajouter, se combiner; ils se contiennent les uns les autres, comme le tout contient les parties. Mais les Idées des nombres sont des unités essentielles qui diffèrent par la qualité, qui ont chacune leur caractère propre, leur individualité distincte, et qui ne peuvent, par conséquent, ni se partager ni se combiner ensemble (1). Les nombres idéaux ne se contiennent pas les uns les autres; il y a entre eux, non le rapport du contenant au contenu, mais un rapport mystérieux de génération et de participation (2). L'Idée du nombre quatre ne se ramène pas entièrement à l'Idée du nombre deux; chacune a sa valeur spécifique, son élément intelligible, sa condition éternelle de possibilité, résultant de la nature éternelle de l'être et de la nature éternelle de la pensée.

Concluons que les nombres ou en général les quantités, comme la surface, la ligne, le point, le triangle, le cercle, ont leurs Idées sans lesquelles ils ne seraient pas concevables. La quantité pure, considérée en elle-même, est quelque chose d'absolument indéterminé. Ce n'est pas plus ceci que cela, pas plus le grand que le petit; c'est un je ne sais quoi d'indéfiniment variable, toujours susceptible d'augmentation et de diminution, qui échappe véritablement à l'intelligence, et qu'on ne peut saisir qu'indirectement par une conception bâtarde, λογισμῷ νόθῳ. La quantité n'est donc rien en elle-même, tant qu'on ne la sou-

---

(1) Arist., *Mét.*, XIII, vi, viii, xiii; I, 20, l. 23. Ravaisson, *Mét. d'Ar.*, I. 318. Ἔτι δὲ παρὰ τὰ αἰσθητὰ καὶ τὰ εἴδη τὰ μαθηματικὰ τῶν πραγμάτων εἶναί φησι μεταξύ, διαφέροντα τῶν μὲν αἰσθητῶν τῷ ἀίδια καὶ ἀκίνητα εἶναι, τῶν δ' εἰδῶν τῷ τὰ μὲν πόλλ' ἄττα ὅμοια εἶναι, τὸ δὲ εἶδος αὐτὸ ἓν ἕκαστον μόνον. XIII, p. 272, l. 16 : Οἱ δ' (ἀριθμοὶ μαθηματικοὶ) ὅμοιοι καὶ ἀδιάφοροι. Sur la différence des unités sensibles et mathématiques, cf. Plat. *Phileb.* p. 56 d; *Rep.* VII, p. 525 a.

(2) Arist., *Mét.*, I, 21, l. 17; XIV, p. 800, l. 17; XIII, 280, l. 14.

met pas à des déterminations et à des limites, tant que la qualité ne vient pas lui donner une forme.

On reconnaît là la matière indéfinie du *Timée*. Le caractère distinctif de la forme, c'est l'unité ; la matière, au contraire, la quantité pure, contient en elle-même une pluralité invincible : c'est la possibilité sans limites du *plus* et du *moins*, par conséquent du *grand* et du *petit*. Le plus et le moins, le grand et le petit, sont deux termes essentiellement relatifs, qui ne sont rien en eux-mêmes, mais seulement dans leur rapport (1). Il ne peut donc y avoir unité dans la quantité pure et indéterminée ; on ne la conçoit que sous la forme de la relation et par conséquent de la dualité, puisque tout rapport suppose au moins deux termes. De là le nom donné par Platon à la quantité pure, qu'il apelle la dyade indéterminée du grand et du petit (2). Il ne faut pas confondre cette dyade indéfinie avec la dyade déterminée qui est l'Idée du nombre deux. La δυὰς ἀόριστός n'est pas un nombre, mais la matière de tout nombre. Pour constituer le nombre proprement dit, il faut mettre la quantité pure, la matière, la multiplicité indéfinie, en rapport avec la qualité, avec la forme, avec l'unité. Mais ne l'oublions pas, cette unité n'a rien de mathématique, et c'est ce qui a trompé bien des commentateurs. Ce n'est pas une quantité, c'est la qualité pure.

Sous ces formes mathématiques, nous retrouvons toujours la même théorie métaphysique : les noms seuls ont changé. Mais la dyade est au fond identique à ce que Platon appelle dans le *Sophiste* le *non-être* et

---

(1) Arist., *Mét.*, XIV, 1. Πρός τι ἀνάγκη εἶναι τὸ μέγα καὶ τὸ σμικρόν.
(2) *Mét.*, XIII, 274, 272 ; I, 21, 1. 3. — Cf. Trendelenburg, *Platonis de ideis et numeris doctrina ex Aristotele illustrata* (p. 50). Brandis, *Ueber die Zahlenlehre*, Rhein. Mus., 1828.

l'autre, dans le *Philèbe*, l'*indéfini*, dans le *Timée*, la matière. L'unité, à son tour, c'est toujours le Bien ou la perfection, principe de toute essence, de toute forme, de toute qualité.

C'est ainsi que Platon fut amené à établir une analogie entre les Idées et les nombres. Il appelle même les Idées des nombres, parce qu'elles sont l'unité dans la multiplicité (1). Mais il ne faut pas oublier que ce mot de *nombre* n'est point pris au sens mathématique, et que la distinction des nombres *idéaux* et des nombres *intermédiaires* est capitale dans le platonisme (2).

Cependant Platon paraît avoir exagéré, sur la fin de sa vie et dans son enseignement oral, le symbolisme mathématique de sa théorie (3). Les Dialogues ne contiennent pas trace de ces exagérations.

On trouve dans le *Traité de l'âme* un exemple très-curieux, mais très-obscur, de l'application pythagorique des nombres à la théorie des Idées : « Dans les livres intitulés *Sur la philosophie* [et où la doctrine de Platon était exposée], on a défini le Vivant en soi d'après l'Idée de l'Un et celles de la première longueur, de la première largeur et de la première profondeur ; et les autres choses d'une manière analogue (4). » Le Vivant en soi, type intelligible

---

(1) *Phileb.*, 16, d, 18, a. — *Mét.*, I, 21 ; XII, 250, l. 16 ; XIII, 286, l. 9.

(2) *Mét.*, I, 20, l. 23. *Phileb.*, 56, d.

(3) *Mét.*, XIII, 565, l. 26. Πρῶτον αὐτὴν τὴν κατὰ τὴν ἰδέαν δόξαν ἐπισκεπτέον μηδὲν συνάπτοντας πρὸς τὴν τῶν ἀριθμῶν φύσιν, ἀλλ' ὡς ὑπέλαβον ἐξ ἀρχῆς οἱ πρῶτοι τὰς ἰδέας φήσαντες εἶναι. Voir la polémique d'Aristote contre les Idées-nombres, dans la seconde partie de cet ouvrage.

(4) Ὁμοίως δὲ, καὶ ἐν τοῖς περὶ φιλοσοφίας λεγομένοις διωρίσθη αὐτὸ μὲν τὸ ζῷον ἐκ τῆς τοῦ ἑνὸς ἰδέας καὶ τοῦ πρώτου μήκους καὶ πλάτους καὶ βάθους· τὰ δὲ ἄλλα ὁμοιοτρόπως, ἔτι δὲ καὶ ἄλλως (h. e. *et vero etiam ceteroquin ; ac præterea* quod non intellexerunt interpretes). νοῦν μὲν τὸ ἕν, ἐπιστήμην δὲ τὰ δύο· μονα-

. de l'univers, modèle conçu et imité par Dieu, était assimilé par Platon à la décade pythagoricienne ou à la tétractys formée par l'addition des quatre premiers nombres. L'unité, — jointe d'abord à la première longueur, c'est-à-dire à l'Idée de *deux*, type et raison de toute longueur ; puis à la première largeur, c'est-à-dire à l'Idée de *trois*, type et raison de toute surface ; et enfin à la première profondeur, c'est-à-dire à l'Idée de *quatre*, type et raison de toute solidité, — constituait la Tétrade ou Décade, qui enveloppe en elle-même toutes les formes possibles et intelligibles, et mérite par là d'être le symbole du Vivant universel. La suite du passage confirme notre interprétation : « D'une autre manière, l'intelligence (intuitive) est l'*un ;* la science (discursive, mathématique et logique) est le *deux*, car c'est d'une seule manière qu'on atteint l'unité ; le nombre de la surface (trois) est l'*opinion* ; celui du solide (quatre) est la *sensation*. Car les nombres étaient appelés (par Platon) les Idées mêmes et les principes des êtres. Les choses *existent* par les éléments (qu'on vient de dire) ; et d'autre part elles sont discernées, les unes par l'intelligence (intuitive), les autres par la science, les autres par l'opinion, les autres par la sensation. Et ces nombres sont les Idées des choses (1). » On reconnaît encore la Tétrade, qui se retrouve par participation dans l'intelligence humaine comme elle se trouve dans le Vivant intelligible. Aux divers nombres idéaux, formes suprêmes des choses que renferme la Pensée éternelle, correspondent les formes diverses

---

χῶς γὰρ ἐφ' ἕν· τὸν δὲ τοῦ ἐπιπέδου ἀριθμὸν δόξαν· αἴσθησιν δὲ τὸν τοῦ στερεοῦ οἱ μὲν γὰρ ἀριθμοὶ τὰ εἴδη αὐτὰ καὶ ἀρχαὶ τῶν ὄντων ἐλέγοντο εἶσί· δὲ ἐκ τῶν στοιχείων, χρῆται δὲ τὰ πράγματα τὰ μὲν νῷ, τὰ δὲ ἐπιστήμῃ, τὰ δὲ δόξῃ, τὰ δὲ αἰσθήσει, εἴδη δὲ οἱ ἀριθμοὶ οὗτοι τῶν πραγμάτων. (I, 2.)

(1) *Ibid.*

de la connaissance, qui embrasse tous les objets comme la décade embrasse tous les nombres. Notre pensée porte en elle un monde, comme la Pensée divine. A l'unité suprême correspond l'unité de l'intuition : le simple ne peut être saisi que par un acte simple; c'est d'une manière une que l'on connaît l'unité, et dans l'indivisible intuition qui constitue le fond immuable de toute connaissance, le sujet est un comme l'objet, bien plus, il semble ne faire qu'un avec l'objet. La science discursive parcourt les êtres, les traverse, va d'un point à un autre, comme la ligne, dont le type est la dualité. Ce n'est plus l'unité pure; déjà la multiplicité commence : il y a un point de départ et un point d'arrivée, et, entre les deux, comme un mouvement rectiligne. Ce n'est plus une simple participation à l'unité, mais aussi à la dyade; la part de la matière multiple s'ajoute à celle du Bien un; Aristote eût dit que la puissance vient se mêler à l'acte. Quant à l'opinion, elle se borne à parcourir les surfaces dans son mouvement indécis et variable, au lieu de pénétrer l'objet d'un mouvement rectiligne: ce n'est même plus la dualité pure, c'est déjà de la triplicité; la part du multiple et de la matière va en augmentant. Enfin, la sensation ne peut que toucher et palper l'extérieur des choses dans leurs divers sens; elle en embrasse pour ainsi dire les diverses dimensions; elle a donc pour type et pour principe le nombre du solide, le nombre *quatre*. Or, c'est là tout à la fois le privilége et l'infériorité de la sensation. Le nombre quatre est complet : il contient en lui-même tous les éléments de la décade (un, deux, trois, quatre); la sensation, qui lui correspond en nous, embrasse aussi les choses dans leur ensemble : c'est une tétrade, mais confuse et synthétique. Toute sensation enveloppe obscurément le monde entier, l'universel ; mais ce n'est point sous la forme parfaite de la pure unité, c'est-à-dire de l'intuition rationnelle. La sensation n'a que l'unité d'un mélange et non celle de la simplicité. Ainsi, la connaissance n'est synthétique qu'à ses deux extrémités : l'unité de l'intuition parfaite et la tétrade de la sensation. Entre ces deux extrêmes se trouvent les procédés analytiques et nécessairement incomplets, qui constituent la pensée discursive ou linéaire et l'opinion superficielle. Pour que la connaissance soit absolument complète, pour qu'elle reproduise en elle-même et l'unité fondamentale de l'objet et la multiplicité de ses formes, il faut qu'elle soit la décade, c'est-à-dire qu'elle comprenne tout à la fois la sensation, l'opinion, la science et l'intuition. Alors seulement le Vivant intelligible, décade éternelle éternellement dérivée de la monade, se reflète en entier dans notre intelligence. Comme lui, notre pensée enveloppe tous les êtres, tous les genres, toutes les lois des choses : elle est un tout vraiment total et complet (πᾶν ἅπαν), suivant l'expression du *Timée*, et participe ainsi, par l'intermédiaire des nombres, à l'unité infinie de l'Universel.

En résumé, si on demande de quelles choses il y a Idée, il faut répondre : Tout ce qui est conçu distinctement par l'esprit, et en conséquence embrassé sous une unité spécifique, a dans la nature éternelle de l'être et de la pensée sa raison propre, son Idée distincte, principe et cause d'unité et de différence. Tout a donc son Idée, du moins tout ce qui existe de quelque manière, tout ce qui a une forme, tout ce qui est déterminé, définissable, concevable et nommable. Le néant seul, la négation pure, est en dehors de l'Idée (1). Pour tout le reste la logique veut que Platon établisse des Idées. Quelque vile, quelque méprisable qu'une chose paraisse, elle existe cependant, et elle n'existe qu'à la condition de contenir un élément intelligible ; il faut donc que, dans l'être éternel et dans l'éternelle pensée, se trouve la condition de sa possibilité et de son existence, l'*Idée* à laquelle elle emprunte son essence et sa forme. Platon hésite cependant sur quelques points; mais, suivant l'expression de Parménide, l'âge et la philosophie, arrivant à la fois, devaient l'amener à l'affirmation hardie de ce grand principe : Tout a son Idée.

(1) Et encore la possibilité de le concevoir par je ne sais quelle conception bâtarde a-t-elle son fondement dans quelque Idée, probablement dans celle de l'*autre* et du non-être.

LIVRE QUATRIÈME

RAPPORT DES IDÉES AUX CHOSES.

CHAPITRE I.

PARTICIPATION DES CHOSES AUX IDÉES.

I. Hypothèse pythagoricienne de l'*imitation* (μίμησις). — II. Hypothèse de la *participation* de deux principes coéternels (μέθεξις). Caractère exotérique du dualisme dans le *Timée*. — III. Explication du rapport des Idées aux choses par le rapport des Idées entre elles. Le *Parménide*. Importance de ce dialogue. Première partie du *Parménide*. Discussion provisoire du rapport des Idées aux choses. Objection tirée de la notion d'étendue. Objection du troisième homme. Comment Platon réfute, par anticipation, le conceptualisme d'Aristote. Objection tirée de l'impossibilité pour l'homme de connaître les Idées et pour Dieu de connaître les choses. Que ces objections sont dirigées contre le dualisme. Nécessité d'une communication intime entre les choses et les Idées. Comment la participation des choses aux Idées doit être cherchée dans la participation mutuelle des Idées elles-mêmes.

« Dis-moi, crois-tu qu'il y a des Idées dont les choses qui en *participent* tirent leur dénomination? Comme, par exemple, ce qui participe de la ressemblance est semblable ; de la grandeur, grand ; de la beauté et de la justice, juste et beau ? »

C'est ainsi que Platon pose, dans le *Parménide*, le grand problème de la participation dont il aperçoit mieux que personne toutes les difficultés. Le *Parménide* tout entier semble n'avoir d'autre but que de faire entrevoir comment une chose peut participer d'une autre, et comment les Idées les plus différentes peuvent trouver dans le premier principe un lien qui les rapproche et les réconcilie.

Le problème de la participation n'est autre chose que la question des rapports du fini à l'infini, du monde à Dieu. Pour le résoudre, il faudrait pénétrer dans l'essence absolue des choses, et comprendre la production des êtres imparfaits par l'être parfait. Faudra-t-il s'étonner si Platon ne nous fournit pas une solution très-précise à un problème qui ne sera jamais entièrement résolu ?

La participation implique un rapport entre substances de nature différente, entre l'incorporel et le corporel, entre l'intelligible et le sensible. De là la difficulté de comprendre comment l'objet participe à l'Idée. Nulle image ne peut fidèlement exprimer ce rapport ; et pourtant, ce n'est que par une image que nous pouvons d'abord le concevoir.

I. Les Pythagoriciens représentaient le sensible comme une imitation, μίμησις, de l'intelligible. Cette image se retrouve souvent dans Platon. Le *Timée*, dont le héros est un pythagoricien, appelle l'ensemble des Idées ou monde intelligible le *modèle* du monde sensible. L'éternel artiste, les yeux fixés sur cet exemplaire, le reproduit en façonnant la matière à l'image des Idées (1). Dans un autre passage du *Timée*, la matière est représentée comme recevant l'empreinte des Idées, de même que la cire reçoit une forme sous la main qui la pétrit (2). La *République* appelle les objets sensibles les *reflets*, les *ombres*, les *images* du monde intelligible (3). La nature réfléchit

---

(1) *Timée*, ὁ δημιουργὸς πρὸς τὸ κατὰ ταὐτὰ ἔχον βλέπων ἀεὶ τοιῷδέ τινι προσχρώμενος παραδείγματι. 28, a.

(2) Les stoïciens préféreront cette métaphore à toute autre (τύπωσις), et représenteront la matière comme la cire qui reçoit l'empreinte du cachet.

(3) *Rép.*, VII.

l'Idée comme un miroir qui renvoie la lumière en l'affaiblissant. La *copie* (1), l'*empreinte*, l'*image* ou *reflet*, sont les trois principales figures qui expriment l'*imitation* de l'intelligible par le sensible, la μίμησις.

Mais l'*imitation* n'est qu'une métaphore, et non une explication scientifique. Platon le sait bien, et il s'en tient le plus souvent, pour exprimer le rapport des objets aux Idées, au terme général de *participation*, μέθεξις. « Cette participation est-elle une *présence* de l'Idée dans les choses (παρουσία), ou une *communication* de l'Idée aux choses (κοινωνία), ce n'est pas le moment de l'examiner (2). » Ainsi parle-t-il dans le *Phédon*.

II. Platon répète souvent : « L'Idée est présente aux choses (πάρεστι); elle est *dans* les choses (ἔνεστι); » ne faut-il voir là encore qu'une image? — Ce qu'il faut poser tout d'abord, dans la théorie de la participation, c'est que l'Idée, à proprement parler, demeure en elle-même et ne se confond jamais avec les choses qui en participent. Elle se communique d'une certaine manière, et cependant, à proprement parler, elle demeure incommunicable. Son immanence dans les choses ne l'empêche pas d'être transcendante en soi (χωριστή). Elle n'est pas l'attribut qui réside tout entier dans le sujet, et qui n'est rien, si on l'abstrait, qu'une conception logique. L'Idée est le principe des attributs, la raison qui les rend possibles, la cause qui les communique, mais sans se confondre avec eux (3). Si l'Idée était seulement présente *dans* les

---

(1) *Tim.*, 92. Εἰκὼν τοῦ νοητοῦ θεοῦ. Cf. 28, a; 49, d.
(2) *Phæd.*, 100, c.
(3) Αἰτία, *Phædo*, 100.

objets sensibles, elle ne s'en distinguerait pas, et tout s'évanouirait dans les Idées. Platon s'explique nettement sur ce point dans le *Timée*. « Comme toute image n'est pas la même chose que le modèle sur lequel elle est faite, sans relever non plus d'elle-même, mais qu'elle est toujours la représentation d'un être différent d'elle, et que par conséquent elle *doit avoir lieu au sein d'un autre être* à la substance duquel elle participe d'une manière quelconque, ou n'être *absolument rien*, un discours *exact* et *véridique* éclaire la nature de l'être véritable, en nous montrant que, *tant que l'être véritable sera une chose et ses images une autre chose*, ces deux natures différentes ne *peuvent exister l'une dans l'autre*, de manière à être *à la fois deux choses et une seule*. Voici donc en peu de mots quelle est ma pensée ; il existe, et il existait avant la formation de l'univers trois choses distinctes : l'être, le lieu, la génération (1). » L'être, ce sont les Idées ; le lieu, c'est la matière première, la quantité pure et indéfinie ; la génération, c'est la matière seconde, déjà réelle, mais dans un état de chaos désordonné avant qu'elle reçût la forme des Idées. On voit combien cette matière seconde embarrasse Platon. Il ne la pose que par nécessité, pour échapper à l'identification de toutes choses dans l'unité de l'intelligible.

On peut considérer ce passage du *Timée* comme l'expression de la doctrine la plus populaire de Platon sur la participation. D'après cette doctrine, les Idées ou l'être sont profondément distincts, non-seulement de la matière première qui est identique au non-être, mais encore d'une matière seconde coéternelle, qui tient le milieu entre l'être et le non-être, et dont il

---

(1) *Tim.*, tr. Cousin, 259. — 52 d.

est impossible de se faire une notion exacte. Cette doctrine a un caractère symbolique et plus ou moins ésotérique, et on ne peut la considérer comme le dernier mot de Platon. Ce dualisme métaphorique et pythagoricien s'efface dans les dialogues moins populaires, et se rapproche de l'unité, terme suprême auquel Platon aspira toujours.

Il laisse voir lui-même son embarras dans le *Timée*. Il déclare que, dans cette question de la matière, nous sommes le jouet « de songes qui nous empêchent de distinguer les choses les unes des autres, comme pourraient le faire des hommes bien éveillés, et de dire la vérité (1). » La matière qui participe aux Idées est une espèce (εἶδός τι) invisible et *sans forme;* et il y a une certaine contradiction entre le mot εἶδος, qui indique un principe formel, une Idée, et le mot ἄμορφον, qui est la négation de toute forme. La matière, ajoute-t-il, participe de l'intelligible d'une manière tout à fait incompréhensible (ἀπορώτατα), et on ne mentira pas en la déclarant très-embarrassante (δυσταλωτότατον αὐτὸ λέγοντες οὐ ψευσόμεθα). Il appelle ailleurs cette matière l'espace; mais l'espace est une simple condition de l'existence, et n'est pas lui-même une existence. Il faut donc supposer dans l'espace un je ne sais quoi, existant sous un certain rapport, qui puisse *participer* aux Idées : c'est la matière seconde, la γένεσις, le phénoménal coéternel à l'intelligible. Mais ce principe n'est pas moins obscur que le précédent, et, pour en expliquer l'existence, Platon se tire d'affaire en invoquant la *nécessité.* Il y a, dit-il, deux causes : la nécessité, qui produit la génération sans commencement ni fin, et l'intelligence, qui introduit l'ordre

(1) *Timée*, 52 b.

dans la génération. Un pareil dualisme, analogue à celui d'Anaxagore et d'Empédocle, ne pouvait évidemment satisfaire un esprit aussi amoureux de l'unité. Si on lui eût reproché ce dualisme, Platon se fût excusé en faisant remarquer que c'est un pythagoricien qui expose ce système. Quant à ses propres Idées, Platon les trouvait sans doute lui-même bien hardies, et non moins embarrassantes sous d'autres rapports que celles des Pythagoriciens. Aussi les a-t-il mises en avant sous le nom de Parménide, se préparant ainsi une nouvelle excuse (1).

III. Le *Parménide* représente, à notre avis, la face en quelque sorte intérieure des idées de Platon, la partie ésotérique du système, la tentation incessante à laquelle le disciple de Socrate résiste avec peine. Sous le dualisme provisoire dont Platon se contente dans le *Timée*, le *Parménide*, creusant plus avant, nous fait entrevoir l'unité. Le problème de la participation y est résolu d'une manière moins symbolique et beaucoup plus métaphysique que dans le *Timée*, quelles que soient d'ailleurs les dates de ces deux ouvrages (2).

(1) On remarquera que Platon conserve toujours une certaine vraisemblance dans les discours qu'il prête à ses personnages : Timée parle en pythagoricien, Parménide en éléate, et Platon trouve sans doute qu'ils ont tous les deux raison à leur point de vue, et représentent chacun un côté des choses.

(2) M. Lévêque nous reproche dans son rapport de ne pas avoir suffisamment démontré l'antériorité chronologique du *Timée* relativement au *Parménide*, antériorité sur laquelle repose, dit-il, notre interprétation. Nous avons voulu, au contraire, rendre cette interprétation absolument indépendante des questions de chronologie. Un dialogue peut être métaphysiquement supérieur à un autre, bien qu'il lui soit antérieur dans le temps. En effet, une question métaphysique déterminée peut être traitée plus ou moins profondément par Platon, et sous une forme plus ou moins ésotérique, 1° selon l'objet spécial et le caractère général du dialogue ; 2° suivant le personnage mis en scène et l'école à laquelle il appartient ; 3° suivant les variations et les doutes qui ont pu se pro-

Il est intéressant de rapprocher les deux dialogues. Voici le passage du *Parménide* qui concerne la parti-

duire dans la pensée même de Platon ; 4° suivant les lecteurs plus ou moins initiés auxquels s'adresse plus particulièrement le dialogue. Peu importe donc que le *Parménide* ait précédé ou suivi le *Timée* ; ce qui est certain, c'est que l'un est plus dialectique et plus ésotérique que l'autre. En premier lieu, l'objet spécial du Parménide est précisément la question des Idées et de leur participation ; son caractère général est évidemment dialectique, scientifique et rigoureux comme une démonstration magistrale. Le *Timée*, au contraire, n'a point pour objet spécial l'essence intime et l'explication rationnelle de la participation ; c'est un tableau général de la nature, une cosmogonie dans laquelle la poésie et les symboles jouent un rôle évident, de l'aveu même de l'auteur, ainsi que dans toutes les cosmogonies. Avec la forme dialoguée disparaît la rigueur dialectique ; c'est une sorte de chant inspiré qui rappelle les poëmes philosophiques d'Empédocle. Aussi est-ce un pythagoricien qui a la parole; et comme tous les pythagoriciens, Timée rend des oracles ; il aime les allégories, les symboles mystiques, et voile la pensée philosophique sous l'ésotérisme de la poésie. Au contraire, dans le *Parménide*, c'est le grand éléate qui parle, lui qui, même dans son poëme, parlait avec la rigueur inflexible de la déduction, méprisant les trompeuses images des sens et pensant avec la pensée pure. Il en résulte que le *Timée* s'adresse à un public plus nombreux, moins initié, moins dialecticien. Composé après la *République*, à l'époque où Platon proposait des réformes sociales ou religieuses et s'efforçait de populariser son enseignement, le *Timée* n'a pas le caractère scientifique du *Parménide*. Les *Lois*, dernier ouvrage de Platon, ne sont pas pour cela le plus ésotérique ; loin de là, la théologie des *Lois* est la plus extérieure de toutes. En dernier lieu, à la hardiesse systématique que Platon déploie dans le *Parménide* relativement à la participation des Idées, il a fort bien pu substituer dans la suite quelque chose de moins tranchant, de moins opposé aux opinions reçues et de plus accessible à toutes les intelligences.

Concluons : la question chronologique est ici tout à fait indifférente à la question métaphysique. La solution du *Timée* demeure toujours provisoire relativement à la solution plus approfondie et plus intime du *Parménide*.

Si on veut absolument quelques détails de pure curiosité sur la date du *Parménide*, il est très-difficile et même impossible de fournir aucun renseignement positif. Disons seulement que Schleiermacher se trompe, sans aucun doute, en prenant pour un méchant dialogue de jeunesse un chef-d'œuvre qu'aucun ouvrage de l'antiquité ne surpasse en puissance dialectique. C'est au contraire une œuvre de pleine maturité, comme le démontrera, nous osons le croire, notre courte analyse ; ce n'est pas un jeune homme qui aurait à ce point approfondi toutes les difficultés de la théorie des Idées. Socher prétend que le *Parménide* est sans conclusion, ce dont nous ferons voir la fausseté. Ast, ne sachant comment concilier cipation : (1) « Tout ce qui participe de l'Idée participe-t-il de l'Idée entière, ou seulement d'une partie de l'Idée, ou bien y a-t-il encore une autre manière de participer d'une chose? — Comment cela serait-il possible? répondit Socrate. — Eh bien, crois-tu que l'Idée soit tout entière dans chacun des objets qui en participent, tout en étant une, ou bien quelle est ton opinion? — Et pourquoi l'Idée n'y serait-elle pas? — Ainsi l'Idée une et identique serait à la fois tout entière en plusieurs choses séparées les unes des autres, et par conséquent, elle serait *elle-même hors d'elle-même*? — Point du tout, reprit Socrate; car, comme le jour, tout en étant un seul et même jour, est en même temps dans beaucoup de lieux sans être pour cela sé-

---

ce dialogue avec les autres, prend suivant son habitude le parti commode d'en nier l'authenticité, ainsi que celle du *Sophiste* et du *Politique*. M. Grote blâme avec raison ce procédé; mais il croit que Platon s'est plu à détruire lui-même sa propre théorie des Idées, ce qui est plus inadmissible que tout le reste; il place la date probable de ce dialogue dans la période de maturité de Platon. Stallbaum croit que le *Théétète*, le *Sophiste*, le *Parménide* et le *Politique* se suivent et ont été composés à la même époque, après le voyage à Mégare. Dans cette hypothèse, il vaudrait mieux placer le *Parménide* au premier rang; puis viendraient le *Théétète* et le *Sophiste*, où paraît se trouver la solution de certaines difficultés dialectiques qu'on rencontre dans le *Parménide*. En définitive on ne peut apporter sur le problème chronologique que de pures hypothèses. Nous préférons élever la question au-dessus de ces incertitudes historiques.

M. Lévêque demande encore dans son rapport pourquoi Platon n'aurait pas cédé en écrivant le *Parménide* à la séduction, si puissante pour un Grec, de la subtile dialectique des éléates; mais nous ne prétendons pas du tout que Platon n'y ait pas cédé. Au contraire. La question est de savoir s'il n'y a pas autre chose dans le *Parménide* qu'un exercice dialectique sans portée et sans conclusion; si Platon a pu écrire un dialogue tout entier sur les Idées, c'est-à-dire sur sa théorie la plus chère, sans avoir une intention dogmatique, une pensée spéculative et profonde. Notre opinion n'a rien de négatif: elle ne rejette aucun des aspects sous lesquels on a vu le *Parménide*; elle s'efforce seulement de les concilier et de les compléter. Notre analyse montrera, nous l'espérons, que le *Parménide* est tout plein de théorie, et que cette grande joute dialectique a pour but le triomphe de l'Idée platonicienne.

(1) *Parm.*, 131, a, b, c. Cousin, p. 14.

paré de lui-même, de même chacune des Idées sera en plusieurs choses à la fois sans cesser d'être une seule et même Idée. — Voilà, Socrate, une ingénieuse manière de faire que la même chose soit en plusieurs à la fois; comme si tu disais qu'une toile dont on couvrirait à la fois plusieurs hommes, est tout entière en plusieurs... La toile serait-elle donc tout entière au-dessus de chacun, ou bien seulement une partie? — Une partie. — Donc, Socrate, les Idées sont elles-mêmes divisibles, et les objets qui participent des Idées ne participent que d'une partie de chacune... Voudras-tu donc dire, Socrate, que l'Idée qui est une se divise en effet, et qu'elle n'en reste pas moins une? — Point du tout. — En effet... un objet quelconque qui ne participerait que d'une petite partie de l'égalité, pourrait-il, par cette petite chose, moindre que l'égalité elle-même, être égal à une autre chose? — C'est impossible. »

Nous voyons posé ici un principe logique et métaphysique de la plus grande importance. Une chose est égale à une autre par l'égalité tout entière à laquelle elle participe, et non par une partie de l'égalité. C'est-à-dire qu'un attribut est toujours reçu par un sujet avec sa nature intégrale et essentielle. Si l'homme est animal, l'animalité tout entière, spécifiquement parlant, est dans l'homme, avec son essence et ses caractères distinctifs; si bien que tout ce qui sera vrai de l'animal, sera vrai de l'homme. Tout ce qui s'affirme de l'attribut, s'affirme donc du sujet dans lequel réside cet attribut. Telle est la traduction logique du principe métaphysique de Platon. Les objets participent donc à l'Idée tout entière, et non à une partie de l'Idée; d'autant plus que l'Idée n'a pas de parties.

Mais alors se pose la difficulté si bien exprimée par

Platon. Comment l'Idée peut-elle être tout entière en elle-même et dans une foule d'autres objets?

On se rappelle la réponse que fournissait le *Timée*. L'Idée n'est véritablement pas dans les objets; elle demeure toute en elle-même. Il n'y a dans le sensible que l'*image* de l'intelligible. Autrement le sensible et l'intelligible ne feraient plus qu'un. La participation ne consiste donc pas dans une présence réelle de l'Idée dans les choses (παρουσία). Le cachet ne donne à la cire que son empreinte et demeure en lui-même imparticipable.

Mais alors, qu'est-ce que cette image? et surtout qu'est-ce que cette matière où elle se produit? en quoi consiste précisément la *forme* imprimée par l'Idée à la matière, et qui en constitue l'essence? Voilà ce qui embarrasse Platon. Le dualisme ne le satisfait guère, nous l'avons vu ; il cherche dans le *Parménide* un moyen d'y échapper.

Il y a quelque chose de superficiel et d'inexact dans l'objection, d'ailleurs provisoire, de Parménide à Socrate. Cette objection établit entre les Idées et les objets des rapports de lieu ; elle dissémine les Idées dans l'espace, comme si ces principes de qualité et d'essence devaient être considérés sous le rapport de la quantité. Les objets sensibles sont dans l'espace et se distinguent par les lieux différents qu'ils occupent, par les parties dont ils se composent. Mais l'Idée ne ressemble pas à la lumière qui se répand au loin et se divise à l'infini. Elle n'est ni dans l'espace ni en dehors de l'espace : sa nature supérieure échappe à ces déterminations de la quantité (1). De même elle

---

(1) *Timée*, 152 b. « Nous parlons dans un songe et nous disons qu'il est nécessaire que tout être soit dans un lieu et occupe quelque place, et

n'est ni en mouvement ni en repos, ni unité mathématique ni pluralité mathématique, bien qu'elle renferme dans sa riche simplicité l'origine de toutes ces distinctions, et qu'elle réconcilie dans son unité intime les contradictions qui étonnent et troublent un œil vulgaire. Telle est la doctrine qui va se dégager lentement des subtiles discussions du *Parménide*. Mais écoutons de nouveau les objections que Platon se fait à lui-même au sujet de la participation.

« Que penseras-tu maintenant de ceci? — Voyons. — Si je ne me trompe, toute Idée te paraît être une par cette raison : lorsque plusieurs objets te paraissent grands, si tu les regardes tous à la fois, il te semble qu'il y a en tous un seul et même caractère, d'où tu infères que la grandeur est une? — C'est vrai. — Mais quoi? si tu embrasses à la fois dans ta pensée la grandeur elle-même avec les objets grands, ne vois-tu pas apparaître encore une autre grandeur avec un seul et même caractère qui fait que toutes ces choses paraissent grandes? — Il le semble. — Ainsi, au-dessus de la grandeur et des objets qui en participent, il s'élève une autre Idée de grandeur; et au-dessus de tout cela ensemble une autre Idée encore, qui fait que tout cela est grand, et tu n'auras plus dans chaque Idée une unité, mais une multitude infinie (1). » C'est l'objection célèbre du *troisième homme*. Il est impossible de mieux exposer cette dif-

---

que ce qui n'est ni sur la terre ni dans le ciel n'est rien. Toutes ces conceptions et d'autres qui en sont sœurs, nous les transportons même à la *nature* que nous ne voyons point en rêve et qui existe véritablement (l'Idée); et ces songes nous rendent incapables de faire les distinctions nécessaires (la distinction des choses qui *deviennent* dans l'espace, et des Idées qui *sont* en dehors de l'espace. » De même l'être véritable est supérieur au temps : *Ibid.* 37 e.

(1) *Parm.*, 132, a, b, c.

ficulté que Platon ne l'a fait. On voit qu'il a prévu toutes les objections, ou qu'il les a entendues dans la bouche de ses plus intelligents disciples, peut-être d'Aristote lui-même.

Socrate essaie une première réponse qui est précisément l'opinion qu'Aristote adoptera plus tard. « Peut-être chacune de ces Idées n'est-elle qu'une pensée qui ne peut exister ailleurs que dans l'âme (1). » — On reconnaît le conceptualisme d'Aristote. Pour le disciple de Platon, les idées universelles n'existeront pas ailleurs que dans la pensée ou dans les objets particuliers. En regardant les Idées comme de simples conceptions de l'esprit mal à propos réalisées, Aristote croira échapper à toutes les difficultés. C'est aussi ce que semble croire Socrate dans le *Parménide* (2). En effet, « si les Idées sont de simples pensées, » dit Socrate à son interlocuteur, « chaque Idée sera une et indivisible, et tu ne pourras plus lui appliquer ce que tu viens de dire. »

Mais Platon ne peut s'arrêter à cette solution apparente du problème, et il fait au conceptualisme deux objections principales. « Comment! chaque pensée serait-elle une sans que ce fût la pensée de rien? — C'est impossible. — Ce serait donc la pensée de quelque chose? — Oui. — De quelque chose qui est, ou qui n'est pas? — De quelque chose qui est (3). » Ainsi toute pensée a nécessairement un objet, et un objet réel. A la pensée il faut nécessairement l'*être*, et la pensée ne peut concevoir plus que l'*être* ne fournit. On se rappelle que Platon n'accorde point à l'esprit la puissance de créer des conceptions sans objet.

---

(1) *Parm.*, *ib.* et ss.
(2) On sait que Socrate ne séparait pas les genres, ὡς ἐχώριζε.
(3) 132, c.

« Si donc l'Idée est une pensée, n'est-ce pas la pensée d'une certaine chose *une*, que cette même pensée pense d'une *multitude* de choses, comme une forme qui leur est commune? » C'est-à-dire que penser l'universel, c'est penser l'unité commune à une multitude. « Mais ce qui est pensé comme étant un, ne serait-ce pas précisément l'*Idée* toujours une et identique à elle-même dans toutes choses? » L'inconséquence du conceptualisme est ici démontrée. Ce système appelle Idée la pensée de l'universel; mais, comme toute pensée a un objet, c'est bien plutôt l'objet même de cette pensée, — c'est-à-dire l'universel, — qui mérite le nom d'Idée ou de forme intelligible. En d'autres termes, la pensée suppose l'Idée, qui est son objet. Si nous concevons l'unité, il faut que l'unité soit; et c'est cette unité réelle, non la pensée que nous en avons, qui est pour Platon l'*Idée*. Rejeter la réalité de l'Idée équivaut pour lui à soutenir que, pensant l'unité, nous ne pensons à rien, ou que nous ne pensons pas du tout.

Si le conceptualisme insiste, s'il prétend que cette *unité, qui se retrouve toujours identique à elle-même dans toutes choses* et en fait le fond, c'est la pensée, il en résulte que la pensée est le fond de toutes choses, puisque l'essence des choses est dans l'unité et que l'unité à son tour est dans la pensée. Alors se produit la seconde objection de Platon au conceptualisme : « Si les choses participent des Idées (et que les Idées soient des pensées), n'est-il pas nécessaire d'admettre, ou que toute chose est faite de pensées et que tout pense, ou bien que tout, quoique pensée, ne pense pas (1)? » Tel est l'idéalisme excessif que

(1) *Parm.*, id., c.

Platon aperçoit dans le conceptualisme. L'unité est le fond des choses, et d'autre part l'unité n'est qu'une pensée ; c'est donc la pensée qui est le fond des choses. Il faut dire alors que tout est pensée et que tout pense, ce qui est faux ; ou au moins que toute chose n'existe qu'en tant que pensée, d'où il suit que rien n'existe en dehors de nous.

Le problème de la participation n'est donc point résolu par le conceptualisme. Platon admettra bien, lui aussi, que tout participe de la pensée; mais par là il entendra d'abord l'objet de la pensée, l'intelligible; puis il reconnaîtra qu'à l'intelligible correspond une intelligence ; et à ce point de vue il redeviendra vrai de dire que tout participe à la pensée. Mais il s'agit alors de la Pensée divine où l'objet et le sujet, l'intelligible et l'intelligence, ramenés à l'identité, embrassent tout à la fois l'existence et la connaissance, et rendent ainsi possible la participation de l'une par l'autre. Cette solution sera indiquée dans le VII° livre de la *République*; Platon nous montrera que tout participe à la pensée divine, qui n'est pas une conception abstraite comme les nôtres, mais une pensée substantielle dans laquelle l'être lui-même est contenu (1).

(1) Voici ce que dit Proclus de ce passage du *Parménide* ; il a bien saisi la doctrine de Platon, tout en y mêlant les conceptions Alexandrines. « Elevons-nous d'abord des principes divisibles aux principes indivisibles de la nature, qui n'a pas la puissance de penser ce qui la domine: car non-seulement la nature ne pense pas, mais encore elle ne raisonne pas et n'imagine pas ; puis des formes naturelles, élevons-nous jusqu'aux êtres intelligibles qui planent sur elles, puisqu'ils sont les actes et les produits de l'âme intelligente, suivant la manière de voir de Socrate, qui a dit qu'ils naissaient dans l'âme et en étaient en quelque sorte les conceptions ; enfin, des pensées de l'âme, élevons-nous jusqu'aux êtres vraiment intelligibles : car ceux-ci peuvent être réellement la cause de tout ce qui existe, et non ceux qui sont seulement des pensées ; en sorte que si l'esprit créateur est le père du monde, par l'être

Socrate, n'ayant pu trouver cette solution métaphysique, revient à la métaphore pythagoricienne de la *ressemblance*, μίμησις. « Voici plutôt ce qui en est selon moi, Parménide. Les Idées sont naturellement comme des modèles. Les autres objets leur ressemblent et sont des copies, et par la participation des choses aux Idées il ne faut entendre que la ressemblance. » Nous revenons ainsi à la théorie du *Timée* : les Idées qui servent de modèles, et qui sont l'être ; et un je ne sais quoi qui leur ressemble, mais s'en distingue : la matière (1). Mais, si les Idées sont l'être, la matière sera donc un non-être, et alors comment ce qui n'est rien peut-il ressembler à l'être ? Ou, si la matière a une certaine réalité, tout l'être n'est pas dans les Idées, et il faut admettre deux principes coéternels dont le rapport est incompréhensible. En outre, l'objection qui montre les Idées se multipliant à l'infini pour chaque objet, va reparaître avec plus de puissance. L'Idée et sa copie se ressemblent ; or elles ne peuvent se ressembler que par une commune participation à une Idée supérieure ; donc, « au-dessus de l'Idée il s'élèvera encore une autre Idée, et si celle-ci à son tour ressemble à quelque chose, une autre Idée encore. Ce n'est donc pas par la ressemblance que les choses participent des Idées, et il faut chercher un autre mode de participation (2). »

intelligible qui est en lui, il fait tout exister : par la vie, il fait seulement vivre, et par l'intelligence, il fait seulement penser. Ce ne sont donc pas les êtres pensants qui sont les principes des choses, mais les êtres pensés, afin qu'ils soient la cause de ceux qui ont la faculté de penser et de ceux qui ne l'ont pas : car l'être est un attribut général et la pensée ne l'est pas. Les pensées de l'âme ne précèdent donc pas les Idées ; mais ce sont leurs objets qui sont les causes premières, et produisent partout l'être, l'unification et la perfection. (*Commentaire sur le Parménide*, liv. IV, page 154.)

(1) 132, d.
(2) *Parménide*, 133, a.

— C'est toujours le besoin d'un terme commun et *dernier* qui se fait sentir. Platon comprend, comme Aristote le comprendra à son tour, qu'il faut une fin à laquelle la pensée s'arrête et où elle se repose, au lieu de se perdre dans l'indéfini. Or, tout système dualiste, comme celui du *Timée*, sera en butte à l'objection de Parménide et ne pourra nous faire concevoir comment les objets participent aux Idées ; car il sera forcé d'élever une Idée nouvelle au-dessus du modèle et de sa copie, et ainsi de suite à l'infini, sans trouver jamais l'unité (1). C'est cette unité que Platon cherche dans le *Parménide* ; c'est dans l'unité seule qu'il espère trouver le secret de la *participation*, c'est-à-dire de l'existence du monde sensible.

Ce n'est pas tout. Quelle que soit la force des objections précédentes, elles ne sont rien en présence d'une difficulté nouvelle que Platon va opposer aux explications dualistes de la participation. Si vous séparez complétement le monde intelligible et le monde sensible, il s'ensuit que les Idées ne peuvent être connues. « Pourquoi donc, Parménide ? demande Socrate. — Parce que toi et tous ceux qui attribuent à chaque chose particulière une certaine essence existant en

---

(1) Remarquons la force de l'argument platonicien. Le dualisme admet deux *réalités* dont l'une participe à l'autre par ressemblance, et conséquemment deux réalités ayant des caractères semblables; or, la loi inflexible de la dialectique élève toujours au-dessus de deux ou de plusieurs choses semblables l'Idée qui contient la raison de cette similitude. Cela est clair. En effet, deux choses ne peuvent se ressembler qu'en vertu d'une *raison* supérieure et commune, d'un principe qui les mette en rapport et les relie. Donc, au-dessus de la dualité reparait nécessairement l'unité. Toute la dialectique et toute la théorie des Idées sont là : deux choses ne se ressemblent qu'en vertu d'un principe commun et unique de ressemblance; donc il ne peut exister deux *réalités* premières dont l'une participerait à l'autre par ressemblance, car ces prétendus termes *premiers* supposeraient encore un terme supérieur et inconditionnel (ἀνυπόθετον).

soi, vous conviendrez d'abord, si je ne me trompe, qu'aucune de ces essences n'est en nous. — En effet, reprit Socrate : comment alors pourrait-elle exister en soi ? — Tu as raison. Ainsi celles des Idées qui sont ce qu'elles sont par leurs rapports réciproques, tiennent leur essence de leurs rapports les unes avec les autres, et non de leurs rapports avec les copies qui s'en trouvent auprès de vous, ou comme on voudra appeler ce dont nous participons et recevons par là tel ou tel nom (1). » Dans l'hypothèse d'un dualisme des Idées et du monde sensible, les Idées se trouvent isolées de nous, et nous ne pouvons plus participer qu'à quelque chose de relatif et de sensible dont nous recevons le nom. « Les Idées se rapportent donc les unes aux autres, et les choses sensibles les unes aux autres. » Mais alors, la science des Idées est impossible. En effet, la science des Idées, c'est la science de la vérité en soi, c'est la science en soi. « C'est seulement par l'Idée de la science [par une participation à la *science en soi*] qu'on connaît les Idées en elles-mêmes ? — Oui. — Et cette Idée de la science, nous ne la possédons pas » [puisque les Idées sont en elles-mêmes, et non en nous]. « Donc nous ne connaissons aucune Idée, puisque nous n'avons pas part à la science en soi (2). » Tout rapport entre les deux mondes par la science devient donc impossible.

« Mais voici quelque chose de plus grave encore.... Si jamais un être peut posséder la science en soi, ne penseras-tu pas que c'est à Dieu seul, et non à un autre, que peut appartenir la science parfaite ? — Nécessairement. — Mais Dieu, possédant la science en soi, pourra-t-il connaître ce qui est en nous ? — Pour-

---

(1) 133, c, d.
(2) *Parm.*, 133, d, e, 134, a.

quoi pas? — Parce que nous sommes convenus, Socrate, que les Idées ne se rapportent pas à ce qui est parmi nous, ni ce qui est parmi nous aux Idées, mais les Idées à elles-mêmes, et ce qui est parmi nous à ce qui est parmi nous. — Nous en sommes convenus. — Si donc la puissance et la science parfaites appartiennent aux dieux, leur puissance ne s'exercera jamais sur nous, et leur science ne nous connaîtra jamais (1). »

Voilà l'extrémité à laquelle on arrive, d'après Platon, si l'on pose les Idées à part et les objets à part, si, en disant que l'Idée existe en soi, on soutient qu'elle n'existe pas en même temps dans les objets. Le dualisme aboutit à la suppression de tout rapport entre le sensible et l'intelligible. D'un côté est la science divine, avec les Idées qu'elle conçoit; de l'autre sont la nature et l'humanité; l'homme ne peut connaître Dieu, et Dieu ne peut connaître l'homme. Platon comprend donc parfaitement que ce qui n'a pas en Dieu son essence et son origine échappe par là même à la science de Dieu. Comment alors admettre qu'il y ait une matière coéternelle à Dieu et indépendante de Dieu, à moins que cette matière ne soit un véritable *non-être?* Si elle est autre chose, si elle a quelque degré de réalité propre, quelque forme qui lui appartienne, fût-ce la forme la plus désordonnée et la plus informe (εἶδος ἄμορφον), Dieu ne peut la connaître, et par conséquent ne peut agir sur elle pour y introduire l'ordre. La doctrine du *Timée* semble donc bien ébranlée par les objections du *Parménide;* elle prend un caractère de plus en plus symbolique quand on la rapproche d'une métaphysique

(1) *Ib.*, d.

aussi profonde. Pas de salut possible en dehors de l'unité. Le dualisme est provisoire, apparent, exotérique ; il faut qu'un des termes rentre en quelque manière dans l'autre ou qu'il y ait un terme supérieur.

C'est ce terme supérieur dont Platon veut nous faire comprendre la nécessité dans le *Parménide*. Déjà il nous l'a montré, la participation demeure inexplicable tant que l'on considère l'intelligible et le sensible comme deux termes non-seulement distincts, mais absolument séparés. Nous voyons donc se prononcer et s'accuser de plus en plus la tendance de Platon à résoudre la réalité du sensible dans la réalité de l'intelligible. L'hypothèse de la *ressemblance* a été écartée ; celle de la *participation* proprement dite, qui suppose deux termes séparés communiquant l'un avec l'autre, a succombé à son tour sous les objections les plus sérieuses. Qu'est-ce donc que le sensible, et comment peut-il entrer en rapport avec les Idées ?

Il ne reste plus qu'une hypothèse, vers laquelle Platon se trouve entraîné de plus en plus, bien qu'elle lui inspire en même temps de l'inquiétude. Le rapport du sensible aux Idées ne s'expliquerait-il point par le rapport des Idées entre elles ? Après tout, où est l'être véritable ? Dans les Idées, et seulement dans les Idées. Rien n'existe que par elles ; c'est toujours à elles qu'il faut en revenir. Nous cherchons l'explication du sensible ; cette explication doit être dans l'intelligible lui-même. Celui qui connaîtrait parfaitement les rapports des Idées entre elles aurait trouvé par là même leur rapport au monde matériel. La pensée cherche en toutes choses l'unité ; on n'explique rien que par l'unité ; c'est pour trouver l'unité que nous nous sommes élevés du monde des sens aux Idées ; mais les Idées elles-mêmes, tant qu'elles sont multiples, ont besoin d'explication. Il faut donc chercher le rapport mutuel des Idées, et par là même l'unité qui les concilie et les embrasse. Arrivés à ce principe, nous aurons saisi sans doute le principe universel d'où découle, non-seulement le monde intelligible, mais aussi le monde sensible.

Tel devait être et tel fut en effet le mouvement de la pensée de Platon. C'est dans l'intelligible qu'il va chercher en dernière analyse l'explication du sensible et de sa relation avec les Idées. Le problème de la participation se transforme donc pour nous en un problème nouveau dont il n'est qu'une partie. Nous devons suivre Platon dans ces recherches nouvelles, et au lieu de dire : Quel est le rapport des objets aux Idées ? nous devons nous poser cette question : Quel est le rapport des Idées entre elles?— C'est dans ce rapport que Platon s'efforcera de trouver le dernier mot de la *participation*.

LIVRE CINQUIÈME.

RAPPORTS DES IDÉES ENTRE ELLES.

CHAPITRE I.

RAPPORT DES IDÉES ENTRE ELLES. SUITE DE LA PARTICIPATION.

I. Des contradictoires et des contraires d'après le *Phédon* et le *Sophiste*. II. De la participation des contraires d'après le *Parménide*. Vrai sens de ce dialogue. Introduction du dialogue et position du problème. Discussion préalable sur la participation des choses aux Idées. — III. Thèses sur la participation mutuelle des Idées : 1° Si l'un est un dans le sens absolu, il exclut tous les contraires (thèse). Le bien-un. 2° Si l'un est un dans le sens relatif, il admet tous les contraires (antithèse). Les Idées. 3° Si l'un est un et multiple, il exclut et admet tous les contraires (synthèse). L'âme motrice. 4° Si l'un est un d'une manière relative, les autres choses en participent et réunissent tous les contraires (thèse). La génération. 5° Si l'un est un d'une manière absolue, les autres choses n'en participent pas et excluent tous les contraires (antithèse). La matière. 6° Si l'un n'existe pas d'une manière relative, il admet tous les contraires (thèse). 7° Si l'un n'existe pas, d'une manière absolue, il exclut tous les contraires (antithèse). 8° Si l'un n'existe pas, d'une manière relative, les autres choses admettent tous les contraires (thèse). 9° Si l'un n'existe pas, d'une manière absolue, les autres choses excluent tous les contraires, et rien n'existe (antithèse). — IV. Application à la participation des choses aux Idées. Qu'est-ce que le sensible ?

I. Le *Sophiste* et le *Parménide* sont en grande partie consacrés à expliquer la participation mutuelle des Idées. Les recherches socratiques sur la définition, qui contiennent le germe de la théorie platonicienne, devaient aboutir nécessairement à l'étude du rapport réciproque des Idées. La définition, en effet, résume toutes les opérations logiques, et exprime une relation entre les objets, puisqu'elle les classe et les différencie. Pas de pensée, pas de langage, s'il n'y a pas de rapports fixes entre les Idées. Quelle est donc cette participation réciproque des essences absolues, sans laquelle il n'y a ni existence ni connaissance? Jusqu'où va-t-elle? Faut-il identifier toutes les Idées? faut-il toutes les séparer? Entre l'unité absolue et la multiplicité absolue, comment trouver un moyen terme? C'est la recherche de ce moyen terme qui a donné naissance à la théorie de Platon. Pourra-t-il se soutenir jusqu'au bout dans une voie aussi difficile?

« Exclurons-nous toute chose quelconque de toute autre chose, et établirons-nous en principe que chacune est essentiellement inalliable et ne peut participer d'aucune autre » (c'est l'hypothèse de la séparation absolue)? « ou bien les mettrons-nous toutes ensemble, comme étant susceptibles d'une certaine communauté entre elles » (hypothèse de l'unité absolue); « ou enfin le ferons-nous pour quelques-unes, et pour d'autres non? »

L'hypothèse de la séparation absolue des genres, on s'en souvient, est celle d'Antisthène et des cyniques qui prétendaient que « *homme bon* » ne peut se dire, parce que d'une part l'homme est homme, et que de l'autre le bon est bon (1).

La conséquence de cette séparation absolue des genres était l'impossibilité de la définition, professée par Antisthène (2), et aussi la réduction des Idées à de

---

(1) *Sophiste*, 261, d. 251 b. « Tu n'es pas, je crois, Théétète, sans avoir rencontré plus d'une fois des gens qui s'adonnent à de pareilles arguties, et souvent même des vieillards qui, par pauvreté d'esprit et de connaissance, sont en admiration devant ces choses-là, et s'imaginent y avoir trouvé des trésors de sagesse. » A ce portrait peu flatté, on reconnaît Antisthène, dont Aristote ridiculisera à son tour l'ignorance et la naïveté. Οἱ Ἀντισθένειοι, καὶ οἱ οὕτως ἀπαίδευτοι. *Mét.*, VIII, 3. Ἀντισθένης ᾤετο εὐήθως, V, 29.

(2) Arist., *Mét.*, VIII. 3.

simples conceptions abstraites (ἔννοιαι). « Je vois bien tel homme, tel cheval, disait Antisthène, mais non le cheval en soi ni l'*humanité* (1). » C'est une des formes de ce conceptualisme auquel Platon faisait allusion dans le *Parménide*. Il n'est point de doctrine pour laquelle Platon ait plus de mépris; car, en même temps qu'elle détruit toute autre doctrine, elle se détruit aussi elle-même. S'il n'y a aucune communication possible entre les genres, on ne peut rien affirmer, puisque l'affirmation consiste dans l'union du mot être avec quelque autre terme. Ceux même qui affirment la séparation absolue des genres, les unissent cependant dans leur langage « de sorte qu'ils n'ont besoin de personne qui les réfute, et qu'ils logent, comme on dit, leur ennemi avec eux (2). » « Cette manie de séparer toutes choses, absurde en elle-même, annonce un esprit étranger aux Muses et à la philosophie. Car le moyen le plus sûr d'anéantir tout discours, c'est de disloquer ainsi toutes choses. N'est-ce pas à l'enchaînement des idées entre elles que nous devons le langage (3). »

La seconde hypothèse est celle qui confond tous les genres et les unit indistinctement. « Pour cette supposition, je me chargerais de la réfuter moi-même. — Comment? — Parce que le mouvement serait en repos, et qu'à son tour le repos serait en mouvement, si l'un et l'autre communiquaient entre eux; il est pourtant de la dernière impossibilité que le mouvement soit en repos, et que le repos se meuve (4). »

---

(1) Ψιλὰς ἐννοίας φησὶ ταύτας ὁ Ἀντισθένης, λέγων, βλέπω μὲν ἄνθρωπον καὶ ἵππον δὲ ὁμοίως, ἱππότητα οὐ βλέπω δὲ, οὐδ' ἀνθρωπότητά γε. Tzetz, *Chil.* VII, 60. Porphyre emploie aussi ce terme de ψιλαὶ ἐπίνοιαι.
(2) *Ib.*, 252, c.
(3) 259, d.
(4) 252, c, d.

Aux partisans de la séparation absolue Platon avait opposé le principe de l'unité; aux partisans de la confusion absolue il oppose le principe de la distinction. On se rappelle que tout l'effort du platonisme est de maintenir à la fois ces deux principes et de les réconcilier dans l'Idée.

La forme la plus précise du principe de la distinction des genres est ce que les logiciens ont appelé l'axiôme de contradiction. C'est sur cet axiôme que Platon s'appuie, et il importe de bien comprendre comment il l'interprète. Le sens où il le prend est précisément celui que lui donnera Aristote, fidèle sur ce point à la doctrine de son maître. Une même chose ne peut pas être et n'être pas *en même temps et sous le même rapport*. Cette restriction est nécessaire, et elle est formellement exprimée dans Platon. « Quand nous disons que le mouvement est le même et qu'il n'est pas le même, ce n'est pas sous le même rapport (1). » La véritable contradiction consisterait à dire par exemple que le mouvement, en tant que mouvement, est en même temps le repos, c'est-à-dire qu'une Idée *peut être à elle-même son propre contraire* (2). « Aucun contraire, *pendant qu'il est ce qu'il est*, ne peut vouloir devenir ou être son contraire (3). » Quand Cébès oppose à cette doctrine de Socrate la doctrine de la *génération* mutuelle des contraires qui avait été précédemment exposée, Socrate répond : « Nous avons dit tout à l'heure que les contraires *naissent* toujours des contraires; maintenant nous disons qu'un contraire considéré en soi (αὐτὸ τοὐναντίον) ne peut jamais être contraire à lui-

---

(1) *Soph.*, 256, b.
(2) *Phæd.*, 104, b. Αὐτὸ τὸ ἐνάντιον ἑαυτῷ ἐνάντιον οὐκ ἄν ποτε γένοιτο.
(3) *Phæd.*, 102, e. Οὐδὲ ἀλλὰ οὐδὲν τῶν ἐναντίων εἴφ' ὅπερ ἦν, ἅμα τοὐναντίον γίγνεσθαί τε καὶ εἶναι...

même, ni en nous, ni dans la nature. Alors, mon ami, nous parlions des choses qui reçoivent en elles les contraires (τῶν ἐχόντων τἀναντία) (1) et auxquelles nous donnons le nom de celui des contraires qu'elles reçoivent (ἐπονομάζοντες αὐτὰ τῇ ἐκείνων ἐπωνυμίᾳ); mais maintenant nous parlons des essences mêmes qui, par leur présence, donnent leur nom aux choses où elles se trouvent; et ce sont ces essences qui, selon nous, ne peuvent naître l'une de l'autre. » Ce passage est significatif : chaque *Idée* considérée *en elle-même* est absolument distincte de l'Idée contraire ; autrement, elle ne serait pas un principe de détermination, de forme et d'essence.

Le rapport de contradiction ne peut donc exister entre une Idée et elle-même, ou, en d'autres termes, le rapport d'identité ne peut exister entre une Idée et son contraire, quand on les compare indépendamment de tout le reste.

Telle est la part que fait Platon aux partisans de la diversité. Mais il la fait aussi petite qu'il est possible; il se tient dans les strictes limites du principe de contradiction, et en dehors de ce principe il cherche avec ardeur l'unité et l'identité.

Voici les rapports d'union qui peuvent exister entre les Idées.

1° Deux Idées différentes, et même contraires, peuvent coexister dans un même objet qui participe de l'une et de l'autre. « Il n'y aurait rien de surprenant à ce que l'on démontrât que moi je suis à la fois un et multiple. Pour prouver que je suis multiple, il suffirait de montrer que la partie de ma personne qui est

---

(1) *Phæd.*, ib. Ce passage n'a été compris ni par Stallbaum ni par Cousin, qui traduisent : Les choses qui *ont des contraires*.

à droite diffère de celle qui est à gauche, etc. Et pour prouver que je suis un, on dirait que, de sept hommes ici présents, j'en suis un, de sorte que je participe aussi de l'unité... En nous montrant une unité multiple, et une multiplicité une, on ne prouve pas que l'un est le multiple et que le multiple est l'un, et on ne dit rien qui étonne (1). » Les genres sont donc mêlés dans le monde sensible qui en participe; c'est même ce mélange des contraires qui éveille la pensée par l'étonnement qu'il lui inspire, et qui lui fait concevoir, au-dessus de la confusion sensible, les essences pures et sans mélange.

Cette coexistence des contraires dans un même sujet n'est encore qu'un rapport tout extrinsèque (2). Voici des rapports plus intimes entre les Idées.

2° Les Idées qui ne se contredisent pas peuvent communiquer entre elles. En soi, l'homme est homme, et le bon est bon. Mais l'homme peut être bon sans cesser d'être homme, sans devenir son contraire à lui-même, sans perdre son essence propre. L'*humanité* et la *bonté* peuvent donc s'allier l'une à l'autre. Répéter obstinément, avec Antisthène, que l'homme est homme et qu'il n'est rien autre chose, c'est se contredire, puisqu'on lui attribue l'être. Même en disant l'*homme homme*, on exprime une identité, et on attribue encore à l'homme deux choses : la qualité d'homme et l'identité (3).

3° Il peut y avoir entre les contraires mêmes une certaine participation.

Rappelons-nous qu'il y a pour Platon deux sortes de contraires, les uns relatifs, les autres absolus. L'être,

---

(1) *Parm.*, 129, b, c.
(2) Voir sur ce point P. Janet, *Dialectique de Platon*, 120.
(3) Voir le *Soph.*, loc. cit.

par exemple, a un contraire relatif, qui est le non-être. « Nous n'admettons pas qu'une négation signifie le contraire (absolu), mais seulement quelque chose de différent des noms qui la suivent (1). » La *grandeur* a de même un contraire relatif, qui est le *non-grand*; et le non-grand ne désigne pas plus le petit que le moyen ; ce n'est donc pas une expression absolue. Il en est ainsi du non-beau, du non-juste, etc. De même le *multiple* ou le non-un n'est pas, à parler rigoureusement, le contraire de l'*un*. L'*un* n'admet pas en lui-même sa négation absolue, qu'on pourrait appeler la multiplicité absolue, évidemment exclusive de l'unité. Mais il peut admettre en lui-même une multiplicité relative qui n'exclut pas l'unité, qui en diffère seulement sans la détruire. L'*être* lui-même admet le non-être ; et nous savons qu'il ne s'agit point de l'absolu néant, chose exclusive parce qu'elle est absolue ; mais d'une négation relative qui se concilie avec l'être. On ne saurait trop le répéter : l'être, en soi, et considéré à l'état de pureté absolue, n'est pas le non-être. Deux contraires absolus s'excluent nécessairement, suivant le principe du *Phédon*. Mais il n'en est pas moins vrai que, dans l'éternelle réalité, il y a union entre l'être et quelque chose qui n'est pas l'être même, mais qui d'ailleurs n'exclut pas l'être ; — ce quelque chose différent de l'être, Platon l'appelle le non-être.

Le non-être résulte de la distinction des Idées. Considérez une Idée quelconque dans son rapport avec les autres ; ce qu'elle *est*, est *non-être* par rapport à ce que les autres sont, — et réciproquement les autres Idées sont non-être par rapport à ce qu'est la première.

---

(1) *Soph.*, 257. Loc. cit. — V. plus haut, p. 93.

Sous le non-être il y a donc toujours l'être; mais ce mot désigne des déterminations de l'être autres que celle qu'on considère spécialement. Dans le fond, c'est toujours l'être qui s'oppose à l'être. Par exemple, « le *non-beau* consiste dans une opposition d'un être avec un être (1). »

Quelle est donc la valeur précise du principe de contradiction? On peut le conclure de ce qui précède. L'être et le non-être sont deux contraires; si vous les considérez en eux-mêmes, à l'état de pureté absolue, il est clair que l'être pur exclura le non-être pur. Ce qui est, *en tant qu'il est*, exclut ce qui n'est pas, en tant qu'il n'est pas. Mais le principe de contradiction, tout en gardant sa valeur dans les limites indiquées, exprime-t-il le fond réel des choses? Platon ne paraît pas le croire. Le fond des choses, pour lui, c'est l'unité; seulement cette unité n'exclut pas la multiplicité. La perfection est simple; seulement elle contient toutes les déterminations possibles dans sa simplicité. Si donc vous considérez une de ces déterminations isolément et que vous l'opposiez aux autres, la diversité, la multiplicité, le non-être apparaîtront. Ce qu'est cette détermination, les autres *ne le sont pas*. Et cependant, dans la réalité, cette détermination n'est point isolée; elle s'absorbe dans toutes les autres. La diversité n'était que logique : elle résultait d'une *relation* établie au sein de l'être entre plusieurs manières d'être. Cette multiplicité relative doit donc rentrer dans l'unité, et le non-être doit se résoudre dans l'être. La pensée intime de Platon est que le divers, le multiple, le non-être, résultent simplement du point de vue de la *relation* entre des Idées

---

(1) *Ib.*, 291.

artificiellement séparées, mais naturellement unies. L'unité suprême n'est donc point suppressive de la multiplicité des déterminations ou des Idées, mais la renferme au contraire. De même l'*Être*, qui ne mérite véritablement son nom qu'à la condition de réunir toutes les manières d'être positives, n'est point suppressif du *non-être*; puisque le non-être est ce qui fait qu'une détermination considérée spécialement se distingue de toutes les autres pour la pensée, bien que coïncidant avec toutes les autres dans l'existence. « La nature de l'*autre*, répandue en tout, rendant chaque chose (que l'on considère spécialement) *autre* que l'*être*, en fait du *non-être*; et en ce sens, on est en droit de dire que tout est non-être, tandis que dans un autre sens, en tant que tout participe de l'être, on peut dire que tout est (1). »

En résumé, le rapport des Idées entre elles consiste dans des relations de contrariété ou de différence *formelles* quand on les compare une à une, et d'unité *substantielle* quand on les embrasse dans leur ensemble. Ainsi se trouvent conciliés le système de la distinction absolue et celui de l'identification absolue.

II. Cette théorie du *Sophiste* ne serait-elle point la clef des énigmes du *Parménide ?* Comme le *Sophiste*, le *Parménide* a pour objet la doctrine de la participation, — soit participation des choses aux Idées, soit participation des Idées entre elles. Les commentateurs n'ont pas aperçu l'admirable unité du dialogue, où ce sujet unique se développe à travers des digressions qui ne sont qu'apparentes. La vraie thèse du *Parménide* nous semble pourtant posée dès le début dans ces

---

(1) *Soph.*, 259, a.

paroles de Socrate, que les commentateurs oublient d'ordinaire une fois qu'ils sont engagés dans l'analyse du dialogue. « Il n'y aurait rien de surprenant si on me montrait que tout est un par participation de l'unité, et multiple par participation de la multiplicité.... par exemple, il n'y aurait rien de surprenant à ce qu'on démontrât que moi je suis à la fois un et multiple.... Mais si, *après avoir mis à part les Idées en elles-mêmes*, comme la ressemblance et la dissemblance, la multiplicité et l'unité, le repos et le mouvement, et toutes les autres du même genre; si, dis-je, on venait à *démontrer que les Idées sont susceptibles de se mêler et de se séparer* (ἐν ἑαυτοῖς ταῦτα δυνάμενα συγκεράννυσθαι καὶ διακρίνεσθαι), voilà, Zénon, ce qui me surprendrait. Je reconnais la force que tu as déployée dans tes raisonnements; mais, je te le répète, ce que j'admirerais bien davantage, ce serait qu'on pût me montrer *la même difficulté* (ἀπορίαν) *impliquée dans les Idées elles-mêmes, et faire pour les objets de la pensée ce que tu as fait pour les objets visibles* (1). » La question n'est-elle pas nettement posée? Socrate trouve naturelle la coexistence des contraires dans les objets sensibles; mais il met Zénon au défi de lui montrer une coexistence semblable dans le monde intelligible. Il lui semble que le principe de contradiction condamne à l'avance toute entreprise de ce genre. Rien de merveilleux à montrer la participation d'un même sujet à des Idées opposées; mais ce qui serait merveilleux, ce serait la participation réciproque des Idées opposées, et leur unité intime.

Parménide relève ce défi : toute la suite de son argumentation a pour but de donner à Socrate le

---

(1) *Parm.*, 129, d, e.

spectacle qu'il a demandé, et de lui faire voir la participation réciproque des contraires. Platon se propose de faire éprouver au lecteur le même embarras qu'éprouve Socrate, et de faire ainsi sentir la nécessité d'une théorie assez profonde et assez compréhensive pour venir à bout de ces difficultés : cette théorie est précisément la sienne.

Parménide commence par une discussion préalable qui se rattache au sujet plus intimement qu'il ne le semble (1). Socrate a parlé des Idées comme un jeune homme qui n'aperçoit pas encore la profondeur et l'obscurité des problèmes métaphysiques. Parménide veut lui inspirer une défiance salutaire : dans ce but, il lui montre que la participation des choses aux Idées, qui lui semblait d'abord si simple, ne l'est aucunement. Ces contradictions réelles ou apparentes, que Socrate défiait Zénon de montrer dans le domaine des Idées, Parménide va les lui montrer déjà dans le rapport des Idées aux choses. L'unité et la multiplicité s'excluent, dit Socrate; et il ne s'aperçoit pas que sa théorie des Idées les met déjà aux prises l'une avec l'autre. Nous l'avons vu, l'Idée est une, et cependant elle est dans plusieurs objets à la fois; elle est donc une et multiple tout ensemble; elle est en elle-même, et elle est hors d'elle-même. Dira-t-on que l'Idée n'est point dans les objets, mais seulement une image ou une participation de l'Idée; mais, nous l'avons vu encore, au-dessus de l'Idée et de son image s'élèvera une Idée nouvelle, et au-dessus de cette Idée d'autres encore, sans fin et sans repos; si bien que chaque Idée, représentée comme une unité, est en même temps une multitude infinie. D'ailleurs, comment

---

(1) Voir le chapitre précédent.

pouvons-nous connaître ces unités, si elles sont en dehors de nous? et comment Dieu même peut-il nous connaître, s'il ne connaît que les Idées et si les Idées sont séparées de leurs copies (1)? Il faut donc en revenir à une présence réelle des Idées en nous; et alors l'Idée apparaît de nouveau comme une en soi, quoique dispersée dans le multiple. Elle réunit donc en elle-même ces oppositions que Socrate apercevait seulement dans le monde sensible; et voilà la contradiction qui semble pénétrer dans la sphère intelligible. Le défi porté à Zénon est donc relevé dès à présent, et Socrate est satisfait dans le désir qu'il avait exprimé; ou plutôt, il est dans un trouble salutaire et il éprouve un étonnement qui sera pour lui le commencement de la science.

Le résultat de cette première discussion, c'est, comme nous l'avons déjà fait voir, que la participation des choses aux Idées ne peut s'expliquer que par la participation réciproque des Idées elles-mêmes; car elle suppose cette participation. C'est donc bien là qu'il faut revenir, et au lieu de considérer les contrariétés du monde sensible comme une chose toute naturelle, il faut comprendre que cette contrariété implique une participation mystérieuse des essences entre elles, et ne peut trouver sa solution que dans les dernières profondeurs de la métaphysique.

« Essaie tes forces, Socrate, et exerce-toi, tandis que tu es jeune encore, à ce qui semble inutile et paraît au vulgaire un pur verbiage; sans quoi la vérité t'échappera. — Et en quoi consiste donc cet exercice, Parménide? — Zénon t'en a donné l'exemple; seulement j'ai été charmé de t'entendre lui dire que tu

---

(1) Voir le chapitre précédent.

voudrais voir la discussion porter, non sur des objets visibles, mais sur les choses que l'on saisit par la pensée seule, et qu'on peut regarder comme des Idées. » Avec quel soin Platon ne pose-t-il pas, pour la seconde fois, la question véritable, celle du rapport mutuel des Idées et de leur participation réciproque ! La méthode qu'il indique ensuite est en harmonie parfaite avec les conditions du problème. Nous sommes dans la sphère des Idées pures, des *choses que l'on saisit par la pensée seule*. Nous ne pouvons donc employer cette méthode inductive qui part des objets sensibles pour s'élever aux Idées; car nous avons fait abstraction des objets sensibles. Quelle méthode nous reste? La déduction. Poser une Idée, et en analyser toutes les conséquences, voilà le premier procédé de cette méthode. Mais ce procédé serait insuffisant. Nous étudions les contraires et le rapport qui les unit ; nous devons donc examiner successivement les thèses contradictoires. Après avoir posé une Idée comme existant, et analysé les conséquences de cette thèse affirmative, il faut poser la même Idée comme n'existant pas, et rechercher les conséquences de cette sorte d'antithèse négative. Alors seulement la relation des Idées nous apparaîtra, et nous verrons si les contraires sont absolument inconciliables sous tous les points de vue. « Il ne faut pas te contenter de supposer l'existence de quelqu'une de ces Idées dont tu parles ; il faut aussi supposer la non-existence de cette même Idée. » Sans cette double épreuve, on ne peut pas saisir la vraie liaison des Idées ni le rapport des contraires. Telle est la méthode qui convient pour résoudre le problème proposé par Socrate au commencement du dialogue.

Parménide met la méthode en exécution (1). Il ne donne pas, comme on l'a prétendu, un exemple quelconque de cet exercice dialectique. Il ne prend pas au hasard la thèse de l'unité et de la multiplicité. Loin de là, il ne perd pas de vue le défi de Socrate : après avoir embarrassé une première fois le philosophe novice, il va lui fournir les exemples les plus nombreux de ces contradictions (apparentes ou réelles) qu'il croyait étrangères au domaine des Idées. — Montrez-

---

(1) Voici le tableau des opérations du *Parménide*, suivant Proclus :

I. Εἰ ἔστι.

Τί ἕπεται αὐτῷ πρὸς αὐτό
Τί οὐχ ἕπεται αὐτῷ πρὸς αὐτό
Τί ἕπεται καὶ οὐχ ἕπεται αὐτῷ πρὸς αὐτό

Τί ἕπεται αὐτῷ πρὸς τὰ ἄλλα
Τί οὐχ ἕπεται αὐτῷ πρὸς τὰ ἄλλα
Τί ἕπεται καὶ οὐχ ἕπεται αὐτῷ πρὸς τὰ ἄλλα

⎱ πρώτη ἑξάς.

Τί ἕπεται τοῖς ἄλλοις πρὸς ἑαυτά
Τί οὐχ ἕπεται τοῖς ἄλλοις πρὸς ἑαυτά
Τί ἕπεται καὶ οὐχ ἕπεται τοῖς ἄλλοις πρὸς ἑαυτά

Τί ἕπεται τοῖς ἄλλοις πρὸς αὐτό
Τί οὐχ ἕπεται τοῖς ἄλλοις πρὸς αὐτό
Τί ἕπεται καὶ οὐχ ἕπεται τοῖς ἄλλοις πρὸς αὐτό

⎱ δευτέρα ἑξάς.

II. Εἰ μὴ ἔστι.

Τί ἕπεται αὐτῷ πρὸς αὐτό
Τί οὐχ ἕπεται αὐτῷ πρὸς αὐτό
Τί ἕπεται καὶ οὐχ ἕπεται αὐτῷ πρὸς αὐτό

Τί ἕπεται αὐτῷ πρὸς τὰ ἄλλα
Τί οὐχ ἕπεται αὐτῷ πρὸς τὰ ἄλλα
Τί ἕπεται καὶ οὐχ αὐτῷ πρὸς τὰ ἄλλα

⎱ τρίτη ἑξάς.

Τί ἕπεται τοῖς ἄλλοις πρὸς ἑαυτά
Τί οὐχ ἕπεται τοῖς ἄλλοις πρὸς ἑαυτά
Τί ἕπεται καὶ οὐχ ἕπεται τοῖς ἄλλοις πρὸς ἑαυτά

Τί ἕπεται τοῖς ἄλλοις πρὸς αὐτό
Τί οὐχ ἕπεται τοῖς ἄλλοις πρὸς αὐτό
Τί ἕπεται καὶ οὐχ ἕπεται αὐτῷ πρὸς αὐτό

⎱ τετάρτη ἑξάς.

moi, disait Socrate, que, dans le fond des choses, et non pas seulement dans les phénomènes sensibles, l'unité admet la multiplicité, et qu'en général les contraires admettent leurs contraires. — La conclusion du *Parménide*, qui a semblé inintelligible et sans rapport avec le sujet des Idées, est au contraire la réponse la plus directe et la plus catégorique à la demande de Socrate. Parménide, en effet, conclut par ces lignes : « *A ce qu'il semble*, que l'*un* soit ou ne soit pas (c'est la thèse et l'antithèse réclamées par la méthode déductive), l'*un* et les autres choses, considérés par rapport à eux-mêmes ou par rapport les uns aux autres, sont absolument *tout* (πάντα πάντως ἐστί) et ne le sont pas, le paraissent et ne le paraissent pas. » — Socrate doit être satisfait, car on lui a montré que tous les contraires *s'unissent et se séparent tour à tour* dans les Idées pures.

On voit si le début et la fin du *Parménide* se répondent (1). Reste à examiner le milieu, et à faire la part de l'absolu et du relatif dans ce chef-d'œuvre de la subtilité grecque (2).

(1) Les critiques qui prétendent que le *Parménide* est, non sans tête (ἀκέφαλος) mais sans queue, nous semblent par trop naïfs. La composition du *Parménide* est au contraire une merveille d'art.

(2) Voici comment Proclus résume les deux opinions contraires sur le but, dogmatique ou non dogmatique, du *Parménide* : « Quelques-uns, dit Proclus (*Comm. in Parm.*, t. IV, l. 1, p. 25), ne tiennent aucun compte du titre du dialogue περὶ ἰδέων ; ils considèrent le Parménide comme un exercice logique (λογικὴ γυμνασία). Ils divisent le dialogue en trois parties : la première renferme l'exposition des difficultés (τὰς ἀπορίας) de la théorie des Idées ; la seconde contient en résumé la méthode à laquelle doivent s'appliquer les amis de la vérité ; la troisième donne un exemple de cette méthode, à savoir, la thèse de Parménide sur l'unité. La première partie a pour objet de démontrer combien est nécessaire la méthode expliquée dans le Parménide, puisque Socrate, à cause de son peu d'expérience de cette méthode, ne peut pas soutenir la théorie des Idées, toute vraie qu'elle soit, et toute vive que soit son ardeur (αὐτός θείαν ὁρμὴν ὁρμῶν, τῆς δὲ ὑποθέσεως ἀληθεστάτης οὔσης). Quant à la troisième

Première hypothèse. *Si l'un est, dans un sens absolu, quelles sont les conséquences ? (Thèse).* — *L'unité supérieure à l'intelligence et à l'essence.*

Dans les diverses hypothèses que le *Parménide* analyse successivement, on remarque que Platon revient sans cesse à un certain nombre d'Idées fondamentales ou de catégories d'où il tire ses raisonnements.

partie, elle n'est autre chose qu'un modèle qui nous montre comment il faut s'exercer par cette méthode. C'est ici, comme dans le *Sophiste*, pour la méthode de division. Là il s'essayait sur le pêcheur à l'hameçon, ici sur l'unité de Parménide. Ils disent aussi que la méthode de Parménide diffère de la topique d'Aristote. Aristote établit quatre classes de problèmes (ὅρος, γένος, συμβεβηκός, πρὸς ἴδιον), que Théophraste réduit à deux (ὅρος, συμβεβηκός). Mais une pareille science ne convient qu'à ceux qui ne recherchent que le vraisemblable (τὸ ἔνδοξον θήρωσιν); au contraire, la méthode de Platon soulève sur chacun de ces problèmes une foule d'hypothèses qui, traitées tour à tour, font paraître la vérité. Car, dans ces déductions nécessaires, le possible sort du possible, et l'impossible de l'impossible (τῶν μὲν δυνατῶν τοῖς δυνατοῖς ἐν ταῖς ἀναγκαίαις ἀκολουθίαις ἑπομένων, τῶν δὲ ἀδυνάτων, τοῖς ἀδυνάτοις).

» Telle est l'opinion de ceux qui pensent que le but du dialogue est purement logique. Quant à ceux qui pensent que l'objet du dialogue est pour ainsi dire *ontologique* (πραγματειώδη), et que la méthode n'est ici que pour servir aux choses elles-mêmes, bien loin que ces dogmes mystérieux ne soient mis en avant que pour l'intelligence de la méthode, ils disent que jamais Platon n'établit de thèses pour conduire à l'exposition d'une méthode, mais qu'il se sert de telle ou telle méthode, suivant le besoin du moment. Partout il introduit certaines méthodes, en vue des choses qu'il veut rechercher; par exemple, la méthode de division dans le *Sophiste*, non pour apprendre à son auditeur à diviser, mais pour arriver à enlacer le sophiste aux mille têtes, et en cela il imite fidèlement la nature même qui emploie les moyens pour la fin et non la fin pour les moyens. Toute méthode est nécessaire pour ceux qui veulent s'exercer à la science des choses, mais n'est pas par elle-même digne de recherche. En outre, si le *Parménide* n'était qu'un simple exercice de méthode, il faudrait appliquer la méthode dans sa rigueur, et c'est ce qui n'a pas lieu : de toutes les hypothèses qui sont indiquées par la méthode on choisit celle-ci, on néglige celle-là, on modifie les autres. Or, si en effet la thèse de l'unité n'était ici qu'un exemple, ne serait-il pas ridicule de ne pas observer la méthode, et de ne pas traiter l'exemple suivant les règles qu'elle détermine? » — (Traduction de M. Janet : *Dial. de Plat.*, p. 194 et ss.)

Ces catégories sont : la qualité : nombre, espace, temps ; la relation : identité et différence, similitude et dissimilitude, égalité et inégalité ; la qualité et l'action · agir, pâtir, mouvement, repos ; et enfin l'être ou le non-être, l'unité ou la pluralité. Ce sont les Idées métaphysiques correspondant aux principales catégories logiques ou mathématiques. Nous les avons déjà trouvées en grande partie dans le *Sophiste*, surtout le mouvement et le repos, l'identité et la différence (*même* et *autre*), l'être et le non-être. Nous les retrouverons dans le *Timée* : « L'âme proclame, par son mouvement dans toute son étendue, à quoi telle chose est *identique* (ταὐτόν) et de quoi elle diffère (ἕτερον), dans quelle *relation* (πρὸς ὅ τί), en quel *lieu* (ὅπου), avec quel *mode* (ὅπως), dans quel temps (ὁπότε), il arrive aux choses produites d'*être* de telle manière (εἶναι), et de souffrir telle action (πάσχειν), tant entre elles que dans leurs rapports avec ce qui reste toujours dans le même état (1). » Ces catégories, très-différentes des dix oppositions pythagoriciennes, offrent une frappante analogie avec les célèbres catégories d'Aristote (2). Voyons comment Platon les applique dans le *Parménide* à la thèse de l'unité.

(1) *Timée*, 37 b.
(2) Οὐσίαν ἢ ποσὸν ἢ ποιὸν ἢ πρός τί ἢ ποῦ ἢ πότε ἢ κεῖσθαι ἢ ἔχειν ἢ ποιεῖν ἢ πάσχειν. *Top.* I, ix : Ἔστι δὲ ταῦτα τὸν ἀριθμὸν δέκα. Dans un passage des secondes Analytiques, où Aristote affirme que le nombre des catégories doit être fini, il n'en compte que huit. *Anal. post.* I, xxii : Τὰ γένη τῶν κατηγοριῶν πεπέρανται· ἢ γὰρ ποιὸν, ἢ ποσὸν, ἢ πρός τί, ἢ ποιοῦν, ἢ πάσχον, ἢ ποῦ, ἢ πότε. Il néglige donc ici la *situation* et la *possession*. Dans la Métaphysique, il semble retrancher encore le *temps* (XI, p. 236, l. 20 ; p. 238, l. 10). Il varie sur l'ordre des catégories, qu'il ne paraît pas s'occuper de déterminer rigoureusement. On voit qu'Aristote n'a pas beaucoup ajouté aux catégories platoniciennes. Il distingue seulement avec soin les *contraires* logiques (ἐνάντια, ἀντικείμενα), qui se retrouvent en toutes choses, des différents genres de lettres ou catégories (*Mét.*, IV, 62. X, 199).

1° Quantité : *nombre.* « Si l'un existe, il n'est pas multiple... Il n'a donc pas de parties et n'est pas un tout. » Il n'aura non plus ni commencement, ni fin, ni milieu, car ce seraient là des parties. (Simplicité de l'Un.)

2° *Figure.* N'ayant ni commencement ni fin, il est nécessairement illimité, et par là même il n'a point de figure; il n'est ni rond ni droit. (Infinité de l'Un.)

3° *Espace.* En conséquence, il ne sera dans aucun espace. Car il ne peut être dans un espace qu'il entourerait, puisqu'il n'a pas la forme circulaire. Il ne peut pas non plus être en lui-même comme dans un espace, ni s'entourer et s'envelopper lui-même. Il n'est donc nullement dans l'espace. (Immensité de l'Un.)

4° *Mouvement.* — De même, l'Un ne peut se mouvoir dans l'espace, puisqu'il n'occupe aucun lieu, et il ne peut non plus se mouvoir d'un mouvement d'altération, car le changement introduirait dans son sein la multiplicité. Il ne se meut donc d'aucune manière. (Immutabilité de l'Un.)

5° *Repos.* — N'en concluez pas qu'il soit en repos. Etre en repos, c'est demeurer dans un même lieu, et l'un n'est dans aucun lieu. Il n'est donc pas plus en repos qu'en mouvement. (Supériorité de l'Un par rapport au repos.)

6° *Différence.* — De plus, l'Un n'est pas autre que lui-même (car alors il ne serait plus Un) et il n'est pas non plus autre qu'un autre, en tant qu'il est *un*; car l'*autre* seul peut être autre. « L'unité ne sera pas différente d'un autre, tant qu'elle demeurera une : car il ne convient pas à l'unité de différer de quelque chose, mais à cela seul qui diffère de ce qui est différent, et à rien autre. — C'est juste. — Ce n'est donc pas par son essence d'unité qu'elle sera différente, ou le penses-tu? — Non certes. — Cependant, si elle ne l'est pas de cette manière, ce ne sera point par elle-même qu'elle le sera, et si ce n'est pas par elle-même, elle ne le sera pas elle-même; ainsi, n'étant différente d'aucune manière, elle ne différera de rien. » (Supériorité de l'Un par rapport à tout principe de diversité.)

Cette proposition est de la plus haute importance et exprime bien la nature de l'absolu. En effet, l'unité absolue, telle qu'on la considère ici, ne peut différer de rien : elle ne contient pas l'élément de la différence par une espèce de participation, puisqu'il n'y a rien avant et au-dessus d'elle qui puisse la faire participer à quoi que ce soit, et elle ne le contient pas non plus par son essence d'unité, comme Platon vient de le montrer; elle n'est donc différente sous aucun rapport.

De là découlent deux grandes conséquences que Platon a peut-être vaguement entrevues. Premièrement, l'Unité suprême qui produit toutes choses, y compris la différence même, la diversité et la pluralité, domine tellement tout ce qu'elle produit, qu'elle en demeure parfaitement indépendante. Aucune nécessité fatale, aucun principe supérieur à elle, ne lui impose la loi de différer de quelque chose d'autre qu'elle-même. Car alors elle subirait une relation nécessaire avec autre chose et perdrait son indépendance absolue. Elle serait forcée, en se *posant*, de s'*opposer* quelque chose de différent et de se limiter ainsi elle-même, semblable à l'homme qui ne s'affirme qu'en affirmant aussi autre chose, en niant de lui-même cette chose, en se niant lui-même dans cette chose. Le *moi* divin n'appelle pas nécessairement un *non-moi*. L'Unité est une, et ne souffre ni par elle-même ni par autre chose aucune relation de différence et d'opposition avec le multiple. Elle se pose éternellement dans son absolue indépendance, et si elle veut bien s'opposer le monde, ce n'est point par une nécessité inhérente à sa nature d'unité, ni en vertu d'une loi de relation qui lui serait supérieure : c'est elle qui *fait subir*. Ce n'est pas l'unité qui reçoit la différence, c'est la différence qui reçoit l'Unité; l'Unité ne participe à rien, et c'est à elle que tout participe. Platon a donc raison de le dire : dans la nature absolue de l'Un on ne trouve pas une relation nécessaire de différence avec autre chose.

En second lieu, ce même principe platonicien et éléatique par lequel l'Unité ne diffère de rien, laisse entrevoir comment, sans pouvoir être identifié avec toutes choses (Platon va nous montrer tout à l'heure l'impossibilité de cette identification), le fond absolu du premier principe ne peut cependant pas être opposé à aucun des êtres qu'il produit, comme quelque chose qui serait en dehors d'eux et en dehors duquel ils pourraient être, vivre, se mouvoir. Le rapport d'opposition et de différence ne peut pas être établi purement et simplement entre le premier Principe et les êtres contingents. Il y a un point suprême, dans l'absolu, où l'on ne peut plus dire que l'être divin diffère des êtres qu'il produit.

Mais n'oublions pas de l'ajouter immédiatement avec Platon : on ne peut dire pour cela que l'être divin soit identique aux autres êtres; car la relation d'identité, par cela même qu'elle est une relation, ne peut pas plus être imposée à Dieu et se communiquer à lui que celle de la différence. Le premier principe ne participe pas plus à l'identité qu'à la diversité: il les produit et les limite l'une par l'autre dans la plus parfaite indépendance, et sans que sa liberté absolue connaisse elle-même aucune limite. Dans cette région suprême de la raison pure, les thèses et les antithèses de l'entendement s'évanouissent en une synthèse supérieure : l'Un est et n'est pas le *même* ou *autre* que ce qu'il produit et domine.

7° *Identité*. — L'un n'est pas identique à un autre ; car alors, étant cet autre, il ne serait plus l'Un.

L'un n'est pas non plus identique à lui-même. « C'est que la nature de l'Unité n'est pas la même que celle de l'identité... Une chose peut devenir identique à une autre sans pour cela devenir une. Par exemple, ce qui est identique au multiple est identique sans être un. Donc l'unité n'est pas essentiellement la même chose que l'identité. »

Ainsi, de même que la relation de différence, ne pouvant exister qu'entre des choses du même ordre et relatives pour les empêcher de se confondre l'une avec l'autre, ne peut être attribuée à l'Unité absolue ; de même la relation d'identité est une participation de l'Un à laquelle l'Un lui-même ne participe pas. L'identité est l'image de l'Unité absolue au sein du multiple, mais elle n'est pas cette Unité même. Par exemple, mon âme se retrouve toujours identique à elle-même au milieu des changements qu'elle éprouve ; si je compare mon âme telle qu'elle est dans le moment présent avec mon âme telle qu'elle était dans le moment passé, je la trouve identique. Mais par cela même qu'il y a en elle identité, il faut aussi qu'il y ait en elle différence : car c'est mon âme considérée dans différents temps ou avec différents modes, que je déclare identique à elle-même. Platon a donc compris cette vérité profonde : Pas d'identité sans quelque diversité ; l'identité suppose au moins deux termes ;

elle est une relation, au moins idéale, établie dans l'espace ou dans le changement. Donc cette relation ne peut convenir à la nature de l'Unité absolue : il n'y a pas de relation d'identité entre Dieu et le changement; et il n'y a pas non plus de relation d'identité entre Dieu et lui-même, puisqu'il n'y a pas deux choses en Dieu que vous puissiez comparer. C'est parler un langage humain que de déclarer Dieu identique à lui-même : c'est introduire en lui une analogie avec l'identité substantielle des êtres changeants. Toute relation s'évanouit dans l'absolu.

8° *Similitude et dissimilitude*. — Par la même raison, l'Unité ne peut être, à proprement parler, en relation de ressemblance ou de dissemblance ni avec autre chose ni avec elle-même.

9° *Égalité et inégalité*. — Cette relation de quantité et de mesure convient moins encore à l'unité que toute autre relation. « Si elle est plus grande ou plus petite, elle aura plus de mesures que les choses plus petites, et moins de mesures que les choses plus grandes avec lesquelles elle est commensurable. Quant aux choses avec lesquelles elle est incommensurable, elle aura dans le premier cas des mesures plus grandes, et dans le second des mesures plus petites. — Comment cela ne serait-il pas ? — N'est-il pas impossible que ce qui ne participe pas à l'identité ait des mesures identiques ou quelque autre chose qui soit identique ? — Cela est impossible. — L'unité ne sera donc égale ni à elle-même ni à un autre, puisqu'elle n'a pas de mesures identiques. — Il ne paraît pas. — Pourtant, si elle avait plus ou moins de mesures, elle aurait autant de parties que de mesures, et de cette manière elle cesserait d'être une, et elle serait aussi multiple que le nombre de ses mesures. » (Supériorité de l'Un par rapport à toute relation mathématique.)

10° *Temps*. — Dans la relation du temps se trouvent impliquées toutes celles qui précèdent. Aussi Platon exclut-il le temps de l'Unité absolue. Elle ne peut être ni plus vieille ni plus jeune ni du même âge qu'autre chose. Elle ne peut non plus souffrir ces relations avec elle-même. « Si quelque chose existe dans le temps, ne faut-il pas qu'il devienne toujours plus vieux que soi-même. — Nécessairement. — Mais le plus vieux n'est-il pas toujours plus vieux qu'un plus jeune? — Assurément. — Ce qui devient plus vieux que soi-même devient donc en même temps plus jeune que soi-même, puisqu'il doit avoir ce par rapport à quoi il devient plus vieux. » Cet argument, qui a semblé si paradoxal, n'est cependant pas sans vérité. Emporté dans le temps par un mouvement sans fin, je deviens sans cesse plus vieux que moi-même (dans mon passé) et plus jeune que moi-même (dans mon avenir). C'est une relation perpétuelle et une invincible dualité établie au sein de mon être. Et comme, d'autre part, j'ai toujours la même existence bornée au même instant présent, à ce point de vue j'ai toujours la même durée. « Il faut donc, à ce qu'il semble, que tout ce qui existe dans le temps et participe à quelque affection semblable ait la même durée que soi-même, et devienne à la fois et plus vieux et plus jeune que soi-même. » De là résulte l'éternité de l'Un. « Quoi donc! ces mots : il *était*, il *a été*, il *devenait*, ne semblent-ils pas marquer la participation d'un temps passé? — Certainement. — Et il *sera*, il *deviendra*, il *sera devenu*, celle d'un temps à venir? — Oui. — Et il *devient*, il *est*, celle d'un temps présent? — Sans doute. »

11° *Etre*. — On ne peut dire de l'Un, ni qu'il a été, ni qu'il sera, ni qu'il est. « Or, demande Platon, peut-on *participer* de l'être autrement qu'en quelqu'une de ces manières?... L'Un n'*est* donc pas et n'est pas un. » Il ne peut s'agir ici que de l'existence relative dans le temps et dans l'espace, la seule dont on ait parlé précédemment, et qui consiste à *avoir été* dans le passé, à *être* dans le présent, et à continuer d'être dans l'avenir. Mais Platon sait fort bien qu'il y a une autre existence que celle-là, comme il le fait voir dans le *Timée*. Si donc l'un *n'est pas*, cela veut dire qu'il n'a point un être analogue à celui des êtres. Relativement à l'être connu de nous, l'Un n'est pas. Et si nous prenons le mot être dans ce sens inférieur, nous n'avons même pas le droit de dire que l'Un *est* un ; car, ne *participant* à rien, « il ne participe pas à l'être. »

L'Un sera donc pour nous absolument incompréhensible, et tous nos moyens de connaître demeureront impuissants en face de ce principe ineffable. « Il n'a pas de nom, et on n'en peut avoir ni idée, ni science, ni sensation, ni opinion. Il ne peut donc être ni nommé ni exprimé; on ne peut s'en former d'opinion ni de connaissance, et aucun être ne peut le sentir (1). »

C'est là, a-t-on dit, la formule ordinaire par laquelle Platon exprime la fausseté et l'impossibilité d'une doctrine. Cependant, les interprètes alexandrins ont reconnu dans l'*Un* dont parle Platon la première hypostase divine, et ils ont cru que Platon, loin de la rejeter, l'admettait purement et simplement. D'autre part, les interprètes modernes, rapprochant la conclusion qui précède d'une phrase analogue du *Sophiste*, ont vu dans l'analyse de l'Unité la condamnation absolue de l'Éléatisme (2). Parménide se réfuterait ainsi lui-même et déclarerait sa propre doctrine

---
(1) *Parm.*, p. 137, 138 et suiv.
(2) Voir principalement M. P. Janet, *Dial. de Plat.*, 219.

inintelligible. — Il y a du vrai et du faux dans ces deux interprétations contradictoires; mais aucune ne nous semble pénétrer dans la profondeur de la pensée platonicienne.

Et d'abord, la phrase du *Sophiste* qui exprime le caractère inintelligible du non-être ne suffit pas pour prouver l'absolue fausseté de la thèse de Parménide. En effet, Platon nous apprend lui-même qu'il y a deux espèces d'obscurité : celle qui vient du caractère inintelligible de l'erreur complète, et celle qui vient du caractère également inintelligible de l'absolue vérité. Le vrai, souverainement lumineux et intelligible en lui-même, éblouit nos faibles regards et semble inintelligible à l'humaine intelligence. Sous ce rapport, on peut dire que le principe absolu de toute vérité, l'Unité primitive qui est Dieu même, échappe à toutes les conditions et à toutes les formes de notre pensée : science, opinion, sensation, etc. Le temps, l'espace, la quantité, et même les qualités accessibles à l'intelligence humaine, sont réellement étrangers à la nature absolue du premier principe. Qu'on relise dans le *Timée* les belles pages où Platon élève la nature divine au-dessus des relations du temps, et on sera frappé de leur ressemblance avec celles du *Parménide*. Il ne faut pas dire de Dieu qu'il a été ou sera, qu'il est plus jeune ou plus vieux qu'aucune chose ; un seul mot exprime l'éternité de son existence : il est. Encore ce mot n'est-il point pris dans un sens *univoque* avec l'être des choses sensibles. Tout ce que nous appelons être ou essence étant borné, Dieu est *au-dessus* de l'essence, d'après le VI⁰ livre de la *République*.

On peut donc dire avec Parménide que l'*Un* n'*est* pas. Mais ce que Parménide semble prendre ici dans un sens absolu, Platon ne l'accepte que dans un sens relatif. La solution du problème, que Platon, suivant son habitude, n'énonce pas, mais à laquelle il prépare peu à peu l'esprit, est la doctrine de la participation mutuelle des genres au sein de l'Unité, exposée dans le *Sophiste*. Parménide se plaçait au point de vue de l'exclusion absolue des genres. Tel n'est pas le point de vue de Platon. L'un *n'est pas* sous un certain rapport, et relativement à l'existence sensible; mais il *est* sous un autre rapport. Platon n'admet donc pas sans restriction la conclusion de Parménide, comme semblent le croire les Alexandrins; il ne la rejette pas non plus absolument, comme l'ont cru les critiques modernes. Il veut établir, à la place des systèmes exclusifs, la théorie conciliatrice des Idées; et grâce à sa doctrine de la participation mutuelle des genres, il pourra accepter, comme nous le verrons, tout ce que chaque système contient de vrai.

La conclusion de la première thèse sur l'*Un* n'est donc fausse pour Platon que si on la prend dans un sens absolu et exclusif, d'après lequel ce qui *n'est* pas d'une certaine manière ne pourrait *être* d'aucune manière. Mais si on se rappelle que, d'après le *Sophiste*, l'être est *non-être* en un certain sens, on comprendra que Platon accepte la première thèse de Parménide, sauf à la compléter sans la détruire par d'autres thèses qui présentent, elles aussi, un des aspects de la vérité.

Cette première thèse peut être considérée comme une admirable détermination des attributs métaphysiques de Dieu : unité, simplicité, immutabilité, immensité, éternité, indépendance absolue, excluant toute relation d'identité ou de différence, d'égalité ou d'inégalité, etc. Il n'y a rien qui ne soit vrai et profond dans ce chef-d'œuvre de déduction. Seulement, la méthode employée étant une méthode d'élimination par laquelle on nie de Dieu toutes les qualités des êtres finis, l'Idée suprême ainsi obtenue, souverainement positive en elle-même, semble négative par rapport à nous. Si nous demeurions en face de cette Unité qui, à force d'*être* en elle-même, *n'est plus* pour notre pensée; qui, à force de détermination, devient pour nous indéterminable, nous risquerions de demeurer abîmés comme Parménide dans l'incompréhensible et dans l'ineffable. De là la nécessité de restituer à Dieu par induction les formes intelligibles ou les Idées, les attributs intelligibles et intellectuels. Ce sera le but de la seconde thèse (1).

DEUXIÈME THÈSE. *Si l'un est, dans un sens relatif, quelles en sont les conséquences.* (Antithèse.) *Les Idées et le monde intelligible.*

Il y a dans l'hypothèse précédente une inexactitude. « Ce que nous nous sommes proposé, c'est de rechercher ce qui arrivera, non pas dans l'hypothèse de

---

(1) Stallbaum, dans son savant commentaire du *Parménide* (liber I, sectio IV), nous semble commettre une erreur singulière touchant l'Unité absolue, objet de la première thèse. Il croit que, par cette unité, Platon veut désigner la dyade indéfinie du grand et du petit, la matière indéterminée des Idées, en un mot le τὸ ἄπειρον, opposé au πέρας, sujet de l'antithèse. Mais il est impossible d'admettre que Platon ait désigné, sous le nom d'unité absolument une, la dyade ou multiplicité indéfinie. L'unité est la détermination suprême. La matière, qui est la suprême indétermination, sera l'objet évident de la cinquième thèse du *Parménide*, et n'est nullement l'objet de la première. Pourtant, il est très-vrai (et c'est ce qui a trompé Stallbaum) que Platon a voulu représenter l'unité, quand on la pose absolument seule, comme indéterminée relativement à nous, et comme se confondant *pour nous* avec son contraire. L'Un absolument un, quelque déterminé qu'il soit en lui-même, demeure pour nous indéterminable, tant qu'on n'y introduit pas une certaine multiplicité idéale. Du reste, le but du *Parménide* est précisément de faire voir que tout principe exclusif, vrai et intelligible dans son rapport avec les autres, se transforme en contraire quand on veut le poser seul.

l'*unité de l'Un*, mais dans celle de l'*existence de l'Un*. »
L'*Un est*, peut avoir en effet deux sens : 1° l'*Un* est *un* ;
2° l'*Un* est *être*. Dans le premier sens, on pose l'Un *absolu* ; dans le second, on pose l'Un en relation avec l'être. L'Un et l'être ne sont pas la même chose. Dire que l'Un est, c'est dire qu'il participe de l'être. Considérons donc, non plus l'*Un un*, principe indéterminé, sinon en soi, du moins pour nous, où se sont perdus les Éléates ; mais l'*Un être*, qui sera sans doute un principe plus réel et plus fécond.

Dans l'*Un-être* il y a multiplicité, car l'Un et l'être sont posés comme deux choses. Mais ces deux parties (logiques) de l'Un qui est, — à savoir l'*un* et l'*être*, quoique différentes, sont cependant inséparables dans l'hypothèse de l'existence de l'Un : l'Un ne peut se séparer de l'être, ni l'être de l'Un. Chaque partie contient donc encore l'être et l'unité, et se subdivise ainsi elle-même en deux parties qui se subdiviseront à leur tour (idéalement). « De cette manière, l'un qui est, serait une multitude infinie. »

Si l'Un est, il faut nécessairement que le *nombre* soit aussi. L'un et l'être sont deux, parce que l'un et l'être sont *autres* ; mais l'*autre* est une troisième chose à laquelle l'un et l'être participent. Nous avons ainsi le nombre *deux* et le nombre *trois*, qui peuvent engendrer tous les nombres. Donc l'existence de l'Un rend nécessaire l'existence de la pluralité et d'une multitude infinie d'êtres. Toutes les parties de cette multitude infinie participeront à l'être, qui se trouve ainsi divisé à l'infini. Si vous prenez *une* de ces parties, elle est *une*. L'un se trouve donc dans toutes les parties de l'être, et il est divisé à son tour à l'infini. « Ce n'est donc pas seulement l'*être un* qui est plusieurs, mais aussi l'*un lui-même*, divisé par l'être. » — Ainsi il y avait d'abord coexistence nécessaire de l'un et du nombre infini; mais on aurait pu dire que l'un, tout en rendant nécessaire le nombre infini, ne l'admet cependant pas en lui-même. Parménide va plus loin, et fait voir que c'est bien « *l'un lui-même qui est plusieurs et infini en nombre* (1). » Parménide n'est jamais satisfait qu'après avoir montré le contraire recevant en lui-même son contraire, suivant les propres expressions de Socrate. Mais Platon fait voir dans le *Sophiste* que ces contrariétés résultent des divers aspects des choses, qui se concilient dans l'Unité.

L'un, renfermant des parties, est un tout; et ce qui renferme doit être une limite. L'un est donc limité. Ainsi « *l'un* est à la fois un et plusieurs, tout et parties, limité et illimité en nombre. » Parménide allie ouvertement les contraires.

L'un, étant limité, aura un commencement, un milieu, une fin. Il aura ainsi une forme. D'où Parménide conclut, après une déduction subtile, que « l'un est nécessairement et en lui-même et en quelque chose d'autre que lui-même (2). » Nouvelle alliance de contraires.

« Étant ainsi fait, l'un ne doit-il pas être en mouvement et en repos? Il est en repos, puisqu'il est toujours lui-même *en* lui-même. Il est en mouvement, puisqu'il est constamment dans autre chose que lui-même. » Nouvelle contrariété.

Parménide en entasse une foule d'autres. « L'un est tout à la fois identique à lui-même et différent de lui-même, et pareillement le même et autre que les autres choses. » La preuve que Parménide en donne est digne d'attention, quand on la rapproche de la théorie du

---

(1) P. 142, b, c, d.
(2) P. 143, sqq.

Sophiste. « Le même et l'autre ne sont-ils pas contraires entre eux? — Soit. — Et le même se trouvera-t-il jamais dans l'autre, ou l'autre dans le même? — Cela ne sera jamais.... — Puis donc que l'autre n'est jamais compris dans le même, il ne sera jamais dans aucun *être* » (parce que, si l'*autre* se trouvait quelque temps dans un certain être, pendant ce temps l'*autre* serait compris dans un *même* être). — Telle est la majeure du raisonnement. On voit qu'elle est en contradiction formelle avec la doctrine du *Sophiste*. L'étranger éléate nous l'a montré : 1° le même et l'autre sont des contraires relatifs, et non absolus; le non-même ou l'autre est simplement quelque chose de différent du même; il n'en est pas la négation absolue; 2° le même et l'autre peuvent parfaitement être compris dans l'être; bien plus, ils se retrouvent dans tous les êtres. « La nature de l'être, répandue partout, rend toute chose autre que l'être, et en fait du non-être. » Tout être est *le même que soi* et *autre que les autres*. Le mouvement, par exemple, est le *même*, parce que tout participe au même; et il est *autre*, parce qu'il est distinct du même quoiqu'il en participe. « Il faut donc reconnaître que le mouvement est le même et n'est pas le même, et ne pas s'effaroucher de cela ; car, quand nous disons qu'il est le même et qu'il n'est pas le même, ce n'est pas dans le même sens. Quand nous disons qu'il est le même, c'est à cause de sa participation à l'Idée du même; quand nous disons qu'il n'est pas le même, c'est par rapport à ce qu'il a de commun avec l'autre (1). » La conclusion de ce passage du *Sophiste*, c'est que l'autre et le même peuvent parfaitement, ou plutôt doivent nécessairement être compris

---

(1) *Soph.*, 253.

en toutes choses. Tout être et toute Idée les réunit, en participant à tous les deux. Cette participation est fort bien mise en lumière dans le *Sophiste*. Parménide, au contraire, profite de ce que son interlocuteur ignore la vraie théorie de la participation mutuelle des Idées, et l'embarrasse dans d'apparentes contradictions. Il commence par poser le même et l'autre comme absolument contraires, mais son but est d'arriver, par ce moyen même, à les identifier. Si vous commencez, en effet, par supprimer la participation mutuelle du même et de l'autre, Parménide vous montrera que cette séparation absolue est l'équivalent de la confusion absolue. Si le même et l'autre sont entièrement séparés, ne faudra-t-il pas dire avec Parménide que l'autre ne peut se trouver pendant aucun temps dans aucun être, parce qu'alors l'*autre* se trouverait pendant un certain temps dans un *même* être; l'autre serait compris dans le même. Cette majeure ne convient qu'à un *même* et à un *autre* absolus; et comme l'identité et la différence sont des relations, on ne peut les traiter comme des absolus.

La majeure une fois concédée, Parménide passe à la mineure suivante : « L'autre ne sera pas dans ce qui n'est pas un, ni dans ce qui est un (car alors il serait dans *ce qui est*, et nous venons de voir que l'autre n'est dans aucun être). — Assurément, répond le jeune Aristote. » L'étranger d'Élée n'eût pas fait une telle concession sans distinguer le sens relatif et le sens absolu des choses : l'autre n'est pas absolument et tout entier dans ce qui est autre que l'un (car le même est autre que l'un sans être *l'autre*). Mais, d'autre part, l'*autre* est (relativement et par participation) dans ce qui est autre que l'un.

Sans faire ces distinctions, l'interlocuteur de Parménide accorde que l'autre n'est ni dans l'un ni dans ce qui n'est pas un. Voici maintenant ce que Parménide en conclut : 1° Ce n'est pas par *l'autre* que l'*un* peut être autre que le *non-un* puisque l'un et le non-un sont supposés sans rapport avec l'autre). 2₀ « *Ce n'est pas non plus par eux-mêmes que l'un et le non-un seront autres, car ils ne participent point de l'autre.* Or, s'ils ne sont autres, ni par eux-mêmes, ni par *l'autre*, leur différence s'évanouit. » Il faut donc dire que l'un et le non-un sont la même chose, c'est-à-dire que l'un et *l'autre que l'un* sont la même chose, ou finalement que l'autre et le même, posés d'abord comme absolument contraires, sont identiques. — C'est ainsi que l'absolue séparation aboutit à l'absolue confusion. Toute chose élevée à l'absolu ne fait plus qu'un avec les autres choses également élevées à l'absolu, et on rentre dans le point de vue de l'Unité incompréhensible. Ce point de vue a sans doute sa vérité, mais il n'est pas toute la vérité, pas plus que celui de la distinction absolue. C'est ce que Platon laisse entendre par les antithèses du *Parménide*.

La suite du raisonnement est tout à fait dans le même sens, et il est nécessaire de l'analyser pour dégager de plus en plus la vraie conclusion du *Parménide*. « Ce qui n'est pas un ne participe pas de l'un ; car autrement il ne serait pas le non-un, mais plutôt il serait un. » Voilà encore un principe d'exclusion absolue, que l'étranger éléate n'eût pas admis. De même que le non-être peut participer de l'être, et l'être du non-être, de même il peut y avoir participation mutuelle entre l'un et le non-un, qui ne sont pas la négation absolue l'un de l'autre. « Nous n'admettrons pas qu'une négation signifie le contraire absolu, mais seulement quelque chose de différent. » L'interlocuteur de Parménide, ignorant cette règle et séparant toujours d'une manière absolue l'un et le non-un, va être encore une fois réduit par Parménide à les identifier. « Si le non-un ne participe nullement de l'un et n'est nullement un, il ne peut pas non plus être un nombre ; car *avoir du nombre* ne serait pas être tout à fait sans unité. » Il ne peut non plus être une partie de l'un, car alors il en participerait. « Si donc l'un est ABSOLUMENT un, et le *non-un* ABSOLUMENT non-un, l'un ne peut être ni une partie du non-un, ni un tout dont le non-un fasse partie ; et réciproquement, le non-un ne peut former le tout ni les parties de l'un. » Ces mots : absolument un, absolument non-un, auraient bien dû attirer l'attention des commentateurs : Εἰ ἄρα πάντῃ τὸ πᾶν ἕν ἐστι. — N'est-ce pas l'expression la plus claire du principe de l'exclusion absolue, que l'interlocuteur de Parménide admet trop naïvement ? « Or, nous avons dit que les choses qui ne sont, à l'égard des autres, ni tout, ni parties, ni autres, sont les mêmes. — Oui, nous l'avons dit. — Dirons-nous donc aussi que l'un, étant dans ce rapport avec le non-un, lui est identique ? — Nous le dirons. » Ainsi, pour avoir séparé complétement l'un et le non-un, on se trouve forcé de les déclarer identiques.

L'argument qui suit mérite encore d'être examiné. Il offre même un intérêt particulier à cause de sa ressemblance avec un argument fameux de Hégel.

Quand on prononce un même nom plusieurs fois, on désigne toujours la même chose. Si donc je prononce le mot *autre* plusieurs fois, je désigne toujours une même chose, qui est l'*autre*. « Or, quand nous disons que tout le reste est *autre* que l'un, et l'un *autre* que tout le reste, en prononçant ainsi deux fois le mot *autre*, il n'en est pas moins vrai que nous ne désignons par là qu'une seule et même chose dont le mot *autre* est le nom. Ainsi, en tant que l'un est autre que tout le reste et tout le reste autre que l'un, l'un, participant au même *autre* que tout le reste, ne participe pas à une chose différente, mais à la même chose que tout le reste. Or, ce qui participe en quelque manière de la même chose est semblable. Donc, c'est par la même raison qui fait que l'un se trouve être *autre* que tout le reste, que tout serait *semblable* à tout (1). » Ce raisonnement a une analogie frappante avec celui de Hegel. — L'un est *autre* que le non-un ; le non-un est *autre* que l'un ; donc ils sont la *même chose* (puisqu'ils sont tous deux *autres*). — « L'un, dit Platon, sera semblable et dissemblable aux autres choses : *semblable* en tant qu'*autre*, dissemblable en tant que le même ; » ce qui revient à dire : semblable en tant que dissemblable, et dissemblable en tant que semblable.

L'étranger éléate (c'est-à-dire Platon lui-même) n'eût pas été intimidé par cet argument de Parménide. Il eût distingué le sens absolu et le sens relatif

---

(1) *Parm.*, 647, e, c, sqq. Remarquons l'exactitude de ce raisonnement, si étrange au premier abord. « *En tant que* l'un est autre que *tout* le reste, et *tout* le reste autre que l'un, » il en résulte évidemment entre l'un et les autres choses cette ressemblance, que l'un et les autres choses contiennent également un principe de diversité. Toute dissimilitude suppose une similitude ; car des termes qui n'auraient absolument rien de semblable ne pourraient même pas être comparés ni rapprochés par l'esprit sous une Idée commune ; et de même toute similitude suppose une dissimilitude, sans laquelle il n'y aurait pas *deux* termes semblables, mais un seul et même terme dont on ne pourrait plus dire qu'il est semblable. Aussi avons-nous vu dans la thèse précédente que l'absolu exclut toutes ces relations ; dans l'antithèse, il ne les admet qu'à la condition de les admettre toutes à la fois, de manière à les neutraliser l'une par l'autre et à demeurer absolu par sa relation d'indifférence avec toutes les relations possibles. Tous les contraires s'impliquent mutuellement dans l'absolu.

du mot *autre*. — Sans doute, eût-il dit, l'un et le non-un, en tant qu'ils participent également à l'*autre*, se ressemblent; et en même temps, puisqu'ils participent à l'autre et sont *autres*, ils ne se ressemblent pas; mais *ce n'est point sous le même rapport*. La nature de l'autre, répandue en tout, n'exclut pas la nature du même, également répandue en tout. Ce sont là des points de vue relatifs, et ce n'est pas sous la même relation que les choses sont *autres* et sont les *mêmes* (1). Réconcilions donc l'autre et le même, tout en les distinguant; car, si vous les séparez absolument, vous arriverez en définitive à les confondre (2). Vous, partisan de l'exclusion absolue, vous donnez la main, sans le savoir, aux partisans de l'identité absolue. Antisthène et Parménide tiennent un langage analogue. L'homme est homme, dit Antisthène, et pas autre chose. L'un est un, dit Parménide, et pas autre

---

(1) C'est aussi la pensée de Hégel auquel les Français ont prêté des absurdités de leur invention. Hégel répète sans cesse dans sa Logique que le principe de contradiction est vrai à son point de vue, — et quand il s'agit de choses prises exactement sous les mêmes relations, mais que l'identité n'en implique pas moins la différence, et la différence l'identité. (V. *Logique*, § 88, 115, 119.)

(2) Si l'un n'est absolument *rien* de ce qu'est tout le reste, il n'est rien qu'un, et il n'*est* même pas un (car il ne peut avoir l'être en commun avec les autres choses, qui elles aussi sont posées comme étant); l'un n'est donc *rien*. D'autre part, si les autres choses ne sont absolument rien de ce qu'est l'un, elles ne sont rien qu'*autres*, et ne *sont* même pas autres (car alors elles auraient l'être en commun avec l'un); elles ne sont donc rien, elles aussi; et comme l'un, de son côté, n'est rien, l'un et le multiple, séparés d'abord absolument, se confondent absolument. Dira-t-on qu'on joue sur le sens du mot *être* qui n'exprime que l'affirmation d'un rapport conçu par l'intelligence, et non l'existence? — Objection superficielle. Peu importe que le mot *être* exprime la simple *intelligibilité* ou la *réalité*; car, si l'un et le multiple sont absolument différents, ils auront en commun l'*intelligibilité*, la possibilité d'être un objet d'affirmation. De plus, pour Platon, il n'y a pas d'intelligibilité qui ne corresponde à quelque réalité, de pensée qui ne suppose quelque existence; et ce point de vue platonicien est le plus profond et le plus vrai.

chose. D'où l'on peut conclure à volonté que l'un n'est rien ou qu'il est tout.

Une fois que l'inexpérience de son jeune interlocuteur a laissé le champ libre à la vieille adresse de Parménide, celui-ci peut aller aussi loin qu'il le voudra. Il ne lui est pas difficile de démontrer que l'un « se touche et ne se touche pas lui-même, touche et ne touche pas les autres choses; » qu'il est, sous le rapport de la quantité, « à la fois égal, supérieur, inférieur, et à lui-même et aux autres choses; » et enfin : « l'un est et devient plus jeune et plus vieux que lui-même et les autres choses, et il n'est ni ne devient ni plus jeune, ni plus vieux, ni que lui-même ni que les autres choses. » Toutes propositions vraies à leurs divers points de vue.

L'argumentation qui concerne l'*un-être* est l'antithèse de celle qui concerne l'*un-un*. Si l'un est un, disait Parménide, il est sans rapport avec la quantité, avec l'espace, avec le temps; il n'est ni égal ni inégal, ni jeune ni vieux; il échappe à toute connaissance. Si l'un est, dit-il maintenant, il est égal et inégal, jeune et vieux; il participe au temps; il était, est, et sera. « Il y aura donc aussi une science, une opinion, une sensation de l'un... On le nomme et on le définit, et en général tout ce qui convient aux autres choses de ce genre convient aussi à l'un. » Ainsi la double analyse de l'un (en tant qu'il est *un*, et en tant qu'il est *être*) aboutit à une complète opposition. La première thèse contient la double négation (οὐδέτερον), et la seconde thèse, la double affirmation (ἀμφότερον).

On a cru voir dans cette seconde thèse sur l'*un* la doctrine même de Platon (1). Mais cette doctrine est

---

(1) Voir principalement M. Janet (*Dial. de Plat.*).

beaucoup plus compréhensive. La deuxième thèse n'est pas plus définitive que la première, dont elle est l'antithèse extrême. Ici encore Platon admet ou rejette les diverses conclusions, suivant qu'on les prend dans un sens relatif ou dans un sens absolu. L'*un*, par cela même qu'il est, enveloppe sans doute la multiplicité, et c'est ce qui produit les Idées; mais il n'en est pas moins en soi cette unité suprême dont la première thèse nous a montré les caractères. Platon adopte, en les conciliant, les deux thèses contraires de Parménide, et il les concilie en donnant un caractère relatif aux oppositions que Parménide présente comme absolues. Considérée en elle-même, l'Unité primitive est une et ineffable; considérée par rapport aux êtres dont elle enveloppe la possibilité, elle apparaît comme une multiplicité indéfinie de formes intelligibles. Mais c'est là une multiplicité tout idéale, que Parménide érige en multiplicité réelle par ignorance des vraies lois de la participation mutuelle des genres.

Dans chaque thèse, Parménide approche de la vérité, dont il nous fait entrevoir un aspect; seulement, ne posant point d'abord la vraie loi de la participation, il semble aboutir à des sophismes. Platon, par une simple distinction qu'il laisse au lecteur le soin de deviner, changera tous ces sophismes en vérités profondes. Mais aucune des thèses du *Parménide* n'est l'expression adéquate de la doctrine platonicienne; nous nous en convaincrons de plus en plus par l'analyse du dialogue: il faut réunir, en les conciliant, toutes les thèses et toutes les antithèses pour avoir la vraie pensée de Platon.

Les critiques alexandrins se sont accordés à voir dans la seconde thèse dialectique du *Parménide* une allusion aux Idées et à l'Intelligence. Sans prêter à Platon une division trop systématique, il est incontestable qu'il a voulu montrer la nécessité d'une unité multiple qui rende possibles tous les êtres. D'autre part, cette multiplicité de l'un est évidemment *idéale;* elle constitue les *Idées* mêmes. On ne peut donc nier que Platon fasse ici allusion aux Idées. Quant au rapport des Idées à l'Intelligence divine, il n'en est pas question, et les alexandrins ont tort de le chercher dans la seconde thèse du *Parmenide*.

3ᵉ Hypothèse. *Si l'un est un et multiple tout ensemble, quelles sont les conséquences?* (Synthèse.) — *L'âme qui se meut elle-même.*

Les thèses précédentes ont eu pour conclusion un mélange de l'un et du multiple, à tel point qu'on peut dire tout à la fois : « l'un est un et multiple (ἀμφότερον), et n'est ni un ni multiple (οὐδέτερον). » Mais, pour que l'un soit tout ensemble un et multiple, il faut que tantôt il participe de l'être, tantôt il n'en participe pas. Comme cela ne peut avoir lieu en même temps, l'un-multiple doit passer de l'être au non-être et du non-être à l'être; il doit naître et périr, passer du mouvement au repos, du repos au mouvement, du semblable au dissemblable, et en général d'un contraire à l'autre contraire. Or, ce passage ne peut avoir lieu qu'à travers l'instant présent. Platon fait voir tout ce qu'il y a de merveilleux dans cette chose incompréhensible qu'on appelle l'instant. L'instant est entre les contraires sans être aucun des contraires. C'est quelque chose d'intermédiaire, de neutre et d'indifférent. « Lorsque l'un change de l'être au néant, ou du néant la naissance, n'est-il pas vrai de dire alors qu'il tient le milieu entre le mouvement et le repos, qu'il ne se trouve ni être ni ne pas être, qu'il ne naît ni ne périt.

— Selon toute apparence. — Par la même raison, l'un, en passant de l'un au multiple et du multiple à l'un, n'est ni un ni multiple, ne se divise ni ne se réunit, et en passant du semblable au dissemblable et du dissemblable au semblable, il ne devient ni semblable ni dissemblable; et en passant du petit au grand, de l'inégal à l'égal, et réciproquement, il n'est ni petit, ni grand, ni égal; il n'augmente, ni ne diminue, ni ne s'égalise. — Il paraît. — Ainsi donc, tout cela est vrai de l'un, s'il existe. — Assurément. »

La solution de cette contradiction est encore dans la distinction du relatif et de l'absolu. Si vous considérez une chose au moment où elle passe d'un état à un autre, par exemple du semblable au dissemblable, elle apparaît, dans l'infiniment petit du présent, comme n'étant ni semblable ni dissemblable. Mais, si vous comparez le présent au passé, la dissemblance apparaîtra. Sous un rapport, la chose n'est ni semblable ni dissemblable; sous l'autre rapport, elle est semblable ou dissemblable. Tout se réduit à diverses relations.

Cette unité-multiple, qui change sans cesse tout en demeurant identique, qui passe du non-être à l'être et se meut ainsi elle-même, désigne probablement l'âme. Car l'âme, d'après le *Phédon* et les *Lois*, a en elle-même le principe du mouvement, et d'après le *Timée*, elle réunit la nature du même et de l'autre, de l'un et du multiple, dans une essence intermédiaire. Le mouvement, qui est propre à l'âme, est l'indifférence des contraires, puisque l'être qui se meut n'est plus le premier contraire et n'est pas encore le second (1).

---

(1) L'évolution idéale par laquelle les contraires s'unissent et se sé-

La troisième thèse de Parménide aboutit donc, comme les autres, à une contradiction réelle ou apparente, à ce mélange d'Idées opposées que Socrate déclarait impossible. Montrer partout les contraires qui s'unissent, c'est le but que poursuit Parménide. Pour cela, il modifie son hypothèse de toutes les manières possibles ; il prend l'unité sous toutes ses formes et dans tous ses sens, et le résultat est toujours une union de contraires qu'il présente comme absolue pour embarrasser Socrate, mais que l'étranger d'Élée résoudrait dans une relation d'Idées.

La première thèse considérait l'Un en lui-même dans sa pureté parfaite, le Dieu de l'école d'Élée supérieur à la pensée et à l'essence ; et il semblait que, dans ce domaine de l'identité éternelle et absolue, l'introduction des contraires serait à jamais impossible. Mais voici que l'unité, à peine posée en elle-même, s'échappe pour nous et s'évanouit : elle apparaît comme n'étant pas plus l'*un* que le *non-un*, et dans son sein se confondent les Idées les plus opposées.

Parménide change alors de thèse : il considère l'unité réelle, l'unité existante, intimement unie à l'être et se confondant avec lui, le dieu réel et vivant. Et voici que de nouveau les opposés reparaissent, pour s'unir et se séparer tour à tour.

Il reste un troisième point de vue. Après avoir étudié l'*un supérieur à l'essence*, et l'*un identique à*

parent éternellement dans l'Unité constitue la dialectique vivante, l'activité immanente de Dieu, ou l'Ame divine. Les rapports mêmes de temps se retrouvent éminemment dans l'éternité de la Vie divine. La génération sensible ou le *devenir* réel, dont Platon va parler dans la quatrième hypothèse, n'est que l'évolution dans le temps de ce que l'âme divine embrasse dans son évolution éternelle ou dans sa dialectique idéale. — Cette conception de la Vie absolue, reproduite par Hégel, est très-platonicienne d'esprit. Cf., dans la Théodicée, les chapitres sur l'âme, où la troisième thèse du *Parménide* reçoit de nouveaux éclaircissements.

l'essence (c'est-à-dire l'Idée), Parménide étudie l'*un inférieur à l'essence*, l'unité multiple, l'unité mélangée qui constitue l'âme. Mais ici encore la contradiction se montre et semble constituer le fond même des choses. Quelle que soit donc l'*unité* que l'on considère, cette unité appelle son contraire et semble se confondre avec la multiplicité dans l'absolu.

Fidèle à sa méthode et au plan qu'il s'est tracé, Parménide va rechercher maintenant *ce qui doit arriver aux autres choses si l'un existe.*

4ᵉ Hypothèse. *Si l'un existe, dans un sens relatif, que sont les autres choses en supposant qu'elles en participent?* (Thèse.) *La génération sensible ou Matière seconde.*

Les choses autres que l'un ne sont pas l'un; cependant elles en participent de quelque manière, et elles n'en participent qu'à condition d'être autre chose que l'un. Donc, en elles-mêmes et indépendamment de cette participation, ces choses sont une multitude infinie en nombre, excluant toute unité et toute borne. « En considérant de cette manière et en soi-même *cette sorte d'être qui est autre que l'Idée*, n'y trouverons-nous pas, tant que nous y regarderons, une pluralité infinie? — Sans aucun doute. » Cette sorte d'être autre que l'Idée est évidemment le monde sensible, qui, abstraction faite de sa participation à l'unité, se résout dans l'infini. Mais, si vous mettez les choses autres que l'un en rapport avec l'unité, « il naît, ce semble, de leur commerce avec l'un quelque chose de *différent* qui leur donne des limites les unes à l'égard des autres; tandis que leur nature propre ne donne par elle-même qu'illimitation (1). » On

(1) *Parm.*, 157, 158.

reconnaît ce mélange du limité et de l'illimité dont parle le *Philèbe*. « Ainsi, continue Parménide, les choses autres que l'un sont illimitées et participant de la limite. — Tout à fait. — Ne sont-elles pas aussi semblables et dissemblables à elles-mêmes et entre elles? » Semblables, parce qu'elles ont toutes les mêmes qualités de limitation et d'illimitation; dissemblables, parce que, réunissant des qualités contraires, on peut toujours opposer une chose à une autre. « Après avoir une fois montré que les choses autres que l'un sont susceptibles à la fois de ces qualités opposées, il ne nous serait pas difficile de faire voir qu'elles sont et les mêmes et autres les unes que les autres, en mouvement et en repos, et qu'elles réunissent ainsi tous les contraires. » Remarquons que cette réunion est simplement une participation, et que l'opposition des contraires dans les objets sensibles est toute relative. Cette quatrième hypothèse désigne la *génération*, effet de l'Ame, distincte à la fois des Idées et de la *matière* qui va être l'objet de l'hypothèse suivante.

5° Hypothèse. *Si l'un existe, dans un sens absolu, que sont les autres choses, en supposant qu'elles n'en participent pas?* (Antithèse.) *La matière première.*

C'est l'antithèse de l'argumentation précédente, qui alliait l'un et les autres choses par la participation. Parménide va maintenant considérer les choses comme ne participant pas à l'unité. « L'un n'est-il pas à part des autres choses, et les autres choses à part de l'un?... L'un et les autres choses ne sont jamais dans une même chose. Ils sont donc séparés. Et nous sommes convenus que ce qui est véritablement un est sans parties. Si donc l'un est en dehors des autres choses et sans parties, il ne peut être dans les autres choses, ni tout entier, ni par parties. Les autres choses ne participent donc de l'un en aucune manière (1). » C'est l'objection que Parménide avait déjà faite à Socrate, à propos de la participation des essences par les objets sensibles. Si les autres choses n'ont rien d'un en elle, il s'ensuit qu'elles ne sont pas même une pluralité ; « car, si elles étaient plusieurs, chacune d'elles serait *une* partie du tout. » Elles ne sont donc « ni une, ni plusieurs, ni tout, ni parties, ni deux, ni trois, ni aucun nombre. Elles ne sont ni semblables, ni dissemblables, ni l'un ni l'autre à la fois : car elles ne peuvent participer ni à *une* Idée ni à *deux* Idées. » « Elles ne sont donc ni mêmes ni autres, ni en mouvement ni en repos; elles ne naissent ni ne périssent; elles ne sont ni plus grandes ni plus petites ni égales. » En d'autres termes, elles n'ont aucune essence.

Ce qui est privé ainsi de toute essence propre, c'est la *matière*, qui est relativement à l'un le non-un, et relativement à l'être le non-être. Parménide veut démontrer que la matière, indépendamment de sa participation à l'unité, est l'indétermination absolue, qui se résout dans le non-être. De là cette conclusion : « Ainsi donc, si l'un existe (et qu'aucune autre chose n'en participe), l'un est toutes choses, et il n'est plus un ni pour lui ni pour les autres choses. » C'est-à-dire: si l'on soutient que l'un existe, mais que les autres choses n'en participent pas, il faut dire alors ou que les autres choses ne sont point, ou, si elles sont, que l'un est toutes choses, qu'il est une pluralité, qu'il n'est plus l'un.

(1) *Parm.*, 159, sqq.

6ᵉ Hypothèse. *Si l'un n'est pas, dans un sens relatif, qu'en résulte-t-il pour lui ?* (Thèse.) — *Non-être relatif de l'un.*

Cette proposition : *l'un n'est pas*, peut se prendre dans deux sens : elle peut désigner une *non-existence* relative qui n'est pas le néant pur, ou une *non-existence* absolue, un pur néant. Parménide traite successivement l'une et l'autre hypothèse.

Ici encore il profite de ce que le jeune Aristote ignore les règles posées dans le *Sophiste*. — Compare, lui dit-il, ces deux propositions : *l'un* n'existe pas, le *non-un* n'existe pas. Sont-elles seulement différentes ? — Le jeune Aristote devrait répondre affirmativement ; car la négation de l'un, ou le non-un, n'est pas le contraire absolu de l'un, mais quelque chose de *différent*. Parménide lui fait avouer que ce sont deux choses contraires. Cette séparation absolue, par peur d'une contradiction apparente, va entraîner comme toujours une contradiction véritable. Parménide va prouver que cette prétendue *non-existence* de l'un est au fond une *existence*. — Quand on dit : *l'un n'est pas*, on distingue l'*un* de toute autre chose, sous peine de ne pas se comprendre soi-même. Cet *un* qu'on dit ne pas exister, on le connaît donc, et il tombe sous la science. Mais la science suppose la distinction des Idées et la différence. Quand on dit que l'un n'existe pas, c'est l'un, c'est *cela même* et non autre chose, qu'on prétend ne pas exister. Donc l'un, qui n'existe pas, participe de la science, de la différence, de la détermination, de ce que Platon appelle le *ceci*, le *cela* (1), en un mot le déterminé. Il y a donc en lui *dissemblance* par rapport aux autres choses, *ressemblance* par rapport à lui-

___
(1) *Parm.*, 164, a.

même, et on prouve pareillement qu'il participe de l'égalité et de l'inégalité, de la grandeur et de la petitesse, et enfin de l'être lui-même.

En disant : l'un n'est pas, nous disons vrai, nous disons ce qui est, nous disons : l'un *est n'étant pas* (1). « Il faut donc, pour ne pas être, que l'un soit attaché au non-être par l'être du non-être, de même que l'être, pour posséder parfaitement l'être, doit avoir le non-être du non-être (2). » Cette formule fait bien saisir la différence de la négation relative et de la négation absolue. L'être est la négation de toute négation. Mais dans le non-être, l'affirmation se mêle nécessairement à la négation. Le non-être *est* non-être, et par là il participe à l'être d'une façon relative, suivant le *Sophiste*. L'être, à son tour, n'*est pas* non-être, et par là il participe au non-être. De là ces formules subtiles, que l'étranger éléate eût parfaitement admises en les interprétant : l'être participe au non-être d'être un non-être ; et d'autre part, le non-être participe à l'être d'être un non-être. « Puis donc que l'être participe du non-être, et le non-être de l'être..., nous voyons l'être appartenir à l'un, s'il n'est pas ; et le non-être aussi, par cela même qu'il n'est pas. » Parménide montre alors que cette union de l'être et du non-être implique le *changement*. L'un qui n'est pas, est donc en mouvement. Et d'autre part, il ne peut se mouvoir dans un lieu où il n'est pas, et il est en repos. « Ainsi, l'un, en tant qu'il n'est pas, est, à ce qu'il paraît, et en repos et en mouvement. » Étant en repos, il ne s'altère pas ;

---

(1) *Parm.*, 165.
(2) L'être du non-être est son *intelligibilité*, qui doit correspondre à quelque *réalité*. Le non-être, par cela même que nous le concevons, est en quelque manière. L'être, à son tour, par cela même qu'il est conçu distinctement par opposition à ce qui n'est pas lui, n'est pas ce qu'on lui oppose : il a le non-être du non-être.

étant en mouvement, il s'altère. S'altérant, il naît et périt; ne s'altérant pas, il ne naît ni ne périt. Conclusion : « l'Un, n'étant pas, naît et périt, de même qu'il ne naît ni ne périt. »

Cette possibilité de tous les contraires vient de ce qu'on a attribué à l'un le non-être relatif, qui participe encore à l'être et soutient un rapport avec toutes les manières d'être. Attribuons-lui maintenant le non-être absolu.

7ᵉ Hypothèse. *Si l'un n'est pas, dans un sens absolu, qu'en résulte-t-il pour lui ?* (Antithèse.) *Non-être absolu de l'un.*

« Quand nous disons qu'une chose n'est pas, voulons-nous dire qu'en un sens elle n'est pas, et qu'elle est en un autre? ou bien ce — *n'est pas* — exprime-t-il sans restriction que ce qui n'est pas n'est absolument pas, et ne participe en rien de l'être? — Oui, sans aucune restriction (1). » Or, ce qui n'est absolument pas ne peut ni recevoir l'être ni le perdre, ni naître ni périr, ni se mouvoir ni être en repos. Il n'a ni grandeur ni petitesse, ni ressemblance ni différence ; il ne tombe ni sous la science, ni sous l'opinion, ni sous la sensation, et ne peut pas même être nommé. « L'un, n'étant pas, n'a absolument aucune manière d'être (2). »

C'est l'antithèse de la thèse précédente, dans laquelle l'*un* admettait toutes les manières d'être. Donc, si l'un n'est pas, ou bien on peut tout en dire (thèse) ou bien on n'en peut rien dire (antithèse). Platon admet l'ob-

---

(1) 163, c, d, e.
(2) Il ne faut pas se laisser tromper par la ressemblance de cette conclusion avec celle de la première thèse sur l'un absolu. L'existence absolue de l'Un, souverainement intelligible en elle-même, n'est inintelligible que par rapport à nous ; mais la non-existence absolue de l'un est inintelligible en elle-même comme pour nous.

jet de la thèse, le non-être relatif de l'un, condition des Idées; mais il rejette l'objet de l'antithèse, le non-être absolu de l'un, chose contradictoire, puisque notre pensée la nie en la concevant.

Nous avons vu ce qui arrivera à l'un lui-même, si l'un n'est pas. Nous devons maintenant, suivant la méthode proposée dès le début, examiner ce qui arrivera aux autres choses, si l'un n'est pas (soit d'un non-être relatif, soit d'un non-être absolu).

8° HYPOTHÈSE. *Si l'un n'est pas, dans un sens relatif, qu'en résulte-t-il pour les autres choses ?* (Thèse.) *Non-être relatif des autres choses.*

Si l'un n'est pas, les autres choses sont de quelque manière, puisqu'on en parle. Elles sont *autres ;* mais elles ne peuvent l'être que par rapport à quelque chose. Cette chose n'est pas l'un, puisque l'un n'existe pas. Elles sont donc autres par rapport les unes aux autres, c'est-à-dire qu'elles sont autres par la pluralité. « La masse de chacune renferme une pluralité infinie, et lorsqu'on croit avoir pris la chose du monde la plus petite, on verra tout à coup, comme dans un rêve, au lieu de l'unité qu'on croyait tenir, une multitude; au lieu d'une petite chose, une chose immense, eu égard aux divisions dont elle est susceptible (1). » Les choses nous paraîtront unes, et ne le seront pas; elles nous paraîtront limitées, et elles seront réellement illimitées. En vain poursuivra-t-on la limite, l'unité qui borne et détermine : elle nous échappera, et on verra toute chose *se diviser et se disperser.* « Ainsi, il faut que chaque chose autre que l'un paraisse infinie et limitée, une et plusieurs, si

(1) 164, 165.

l'un n'est pas et qu'il y ait d'autres choses que l'un. » De même toute chose nous paraîtra semblable et dissemblable, mobile et immobile, naissant et ne naissant pas, périssant et ne périssant pas ; « et tout ce qu'il nous serait loisible de développer dans l'hypothèse où l'un n'est pas et où il y a de la pluralité, » ce qui suppose que l'un est encore de quelque manière, car il n'y a pas de pluralité véritable sans quelque participation à l'unité. En définitive, si l'un n'est pas, d'un non-être relatif, il ne reste que l'*infini* de la matière.

Les arguments de cette hypothèse ont une frappante analogie avec ceux de Zénon d'Élée, qui réduisait le monde sensible des Ioniens au non-être par la divisibilité indéfinie. Platon accepte ces arguments comme exprimant une partie de la vérité, et il accorde à Zénon que les choses considérées dans ce qu'elles ont de non-un tendent vers une invincible indétermination (1).

9ᵉ Hypothèse. *Si l'un n'existe pas, dans un sens absolu, quelles sont les conséquences pour les autres choses ?*

Si l'un n'existe absolument pas, nulle autre chose ne sera ni une, ni plusieurs, « car l'unité serait comprise dans la pluralité. » Les autres choses ne seront non plus ni semblables ni dissemblables, ni identiques ni différentes, ni en contact ni isolées ; « enfin tout ce que tout à l'heure elles nous paraissaient être, elles ne le sont pas ni ne paraissent l'être, si l'un n'est pas. — A la bonne heure. — Si donc nous disions en résumé : Si l'un n'est pas, rien n'est, ne dirions-nous pas bien ? — Très-bien (2). » Platon repousse ici

(1) Voir plus loin notre chapitre sur les éléates et sur Zénon.
(2) *Parm.*, p. 166.

de nouveau, comme contradictoire, la non-existence absolue de l'un, tandis qu'il en a deux fois admis le non-être relatif (1).

Telle est la conclusion de la neuvième hypothèse, et non, comme on l'a cru, du dialogue lui-même. C'est simplement l'antithèse et pour ainsi dire l'antistrophe de la conclusion précédente.

Quant au dialogue lui-même, il est parfaitement résumé dans ces dernières lignes : « Disons en outre que, *à ce qu'il semble*, soit que l'un existe (comme dans les cinq premières hypothèses), soit qu'il n'existe pas (comme dans les quatre dernières), lui et les autres choses, par rapport à eux-mêmes et par rapport les uns aux autres, sont *absolument tout* et ne le sont pas, le paraissent et ne le paraissent pas. — Rien de plus vrai. »

Quelle est la valeur de cette conclusion dans l'esprit de Platon? — Elle ne peut être absolue, car elle serait la négation de toute vérité, de toute doctrine, et du platonisme lui-même. Platon n'a pu soutenir que les mêmes choses, prises dans le même sens, admettent à la fois les contradictoires. Une telle conclusion serait le triomphe de la sophistique vaincue et l'expression du plus absolu scepticisme. En outre, elle est opposée à la doctrine de Platon sur les contradictoires, telle que le *Phédon* et le *Sophiste* nous la montrent. Cette communication mutuelle de tous les contraires était donc relative pour Platon, et elle résultait des différents sens dans lesquels on peut prendre l'un et le

---

(1) Les deux thèses sur le non-être absolu de l'un sont les seules qui ne paraissent pas exprimer à Platon un aspect de la réalité, parce que ce sont les seules qui aboutissent à une contradiction véritable et absolue : le *néant*, qu'on détruit en le pensant, et qu'on ne peut affirmer sans se contredire.

non-un, l'être et le non-être, et les autres contraires.

Résumons rapidement tout le dialogue, et nous en verrons se préciser le sens véritable.

Le dialogue a été intitulé par les plus anciens commentateurs : *Des Idées*. Et en effet, c'est seulement des Idées et de leurs rapports entre elles que Parménide nous a entretenu. Il nous a transporté, suivant le désir de Socrate, dans le domaine des Idées pures.

Il y a, disait Socrate, dans le monde sensible, un mélange de contraires qui s'explique aisément par la participation aux Idées contraires. Mais ce mélange existe-t-il dans le monde intelligible? — Telle est la question qui domine tout le *Parménide*. On pourrait intituler ce dialogue : *Des Idées, de leurs rapports et de leur participation*.

La discussion préalable entre Parménide et Socrate a pour objet la participation des choses aux Idées. Parménide démontre que le mélange des contraires dans le monde sensible implique un mélange de contraires dans les Idées elles-mêmes, et que les difficultés qui concernent la participation des choses aux Idées doivent avoir leur solution dans la participation réciproque des Idées elles-mêmes. De là la nécessité d'une analyse qui porte sur les Idées seules, abstraction faite du monde sensible. Le vrai problème auquel tous les autres se ramènent, c'est celui du rapport mutuel des Idées; Socrate en comprend maintenant l'importance.

Parménide, s'adressant alors au jeune Aristote, recherche tous les rapports de contrariété qui peuvent exister entre les Idées. Son but est de montrer, dans toute Idée, la thèse et l'antithèse, et de relever ainsi le défi de Socrate. Il arrive en effet à conclure qu'on peut tout dire de l'unité et de la pluralité, dans l'hypothèse de leur existence comme dans celle de leur non-existence. Cette confusion complète des Idées est parfaitement à sa place dans la bouche de Parménide, puisque son système était celui de l'unité absolue. Sans doute il a paru se réfuter lui-même en montrant que l'un-un est inintelligible pour nous; mais il reprend sa revanche en montrant qu'après tout, quelle que soit l'hypothèse, c'est toujours à la confusion et à l'unité qu'on aboutit.

Mais le triomphe de Parménide n'est qu'apparent; et en réalité, c'est à sa propre doctrine que Platon veut amener le lecteur. Il pratique à notre égard la maïeutique de Socrate, et tout cet exercice auquel il nous soumet, par l'intermédiaire de Parménide, doit provoquer en nous l'intelligence de la véritable doctrine. Le dialogue a un dernier mot, que Platon ne dit pas, mais qu'il force le lecteur à deviner.

Quelle est la vérité qui ressort de l'argumentation subtile du *Parménide?* — C'est que toute séparation absolue introduite entre deux Idées équivaut à une confusion absolue. Séparer ou confondre, c'est se perdre également dans l'inintelligible et le contradictoire. Que faut-il donc? Distinguer et unir tout à la fois.

Les thèses de Parménide roulent sur les contraires. Or, ce que Parménide ne dit pas et ce dont il profite, mais ce que le lecteur est forcé d'apercevoir à la longue, c'est qu'il y a deux sortes de contraires. L'un et le non-un, l'être et le non-être, sont des expressions à double sens, qu'il faut juger d'après la grande règle du *Sophiste*. Prenez-vous la contradiction dans le sens absolu? alors il n'y a plus de communication possible entre les Idées, et vous tombez dans une pluralité indéfinie et inintelligible. Prenez-vous la contradiction dans le sens relatif? alors il est vrai de dire qu'il y a communication mutuelle entre tous les contraires. Cette communication mutuelle est nécessaire à la distinction même des essences; hors de là, il n'y a que les extrémités équivalentes de l'absolue séparation et de l'absolue unité, qui détruisent également toute existence et toute science.

La vérité finale qui ressort du *Parménide* est donc celle-ci : — Considérez deux Idées contraires, l'une positive, l'autre négative; vous trouverez toujours dans quelque autre Idée un moyen terme. Donc *toutes les Idées, même les Idées contraires*, rentrent directement ou indirectement les unes dans les autres et se concilient dans l'unité, à la condition qu'il s'agisse de contraires relatifs.

L'unité est donc le fond absolu des choses; la différence et l'opposition sont simplement dans les relations des Idées entre elles, et par conséquent elles sont toutes relatives. La perfection absolue embrasse toutes les déterminations positives dans la plus complète unité. Mais, si vous la mettez en regard du monde sensible, ou si vous considérez à part deux déterminations spéciales, l'unité semble alors se multiplier. A dire vrai, cette multiplicité tient à la faiblesse de notre intelligence, qui considère les choses à un point de vue partiel et relatif. « Chaque Idée en soi est une, dit Platon dans la *République;* mais le rapport des Idées avec l'activité ou avec le corporel, ou *leurs rapports de participation entre elles*, leur donnent l'apparence de la multiplicité. » Αὐτὸ μὲν ἓν ἕκαστον εἶναι, τῇ δὲ τῶν πράξεων καὶ σωμάτων καὶ ἀλλήλων κοινωνίᾳ πανταχοῦ φανταζόμενα πολλὰ φαίνεσθαι ἕκαστον (1).

Toutes les contradictions du *Parménide* ne sont

---

(1) *Rép.*, vi.

donc pas impossibles à résoudre pour celui qui s'est pénétré de la doctrine du *Sophiste* (1). « Si quelqu'un refuse son assentiment à ces contradictions, celui-là n'a qu'à y bien regarder et à nous offrir quelque solution meilleure. Si, au contraire, croyant avoir fait merveille, on se complaît à tirer ces raisonnements tantôt dans un sens, tantôt dans un autre, on y prendra bien plus de peine que cela ne vaut, comme nous le voyons maintenant. Car tout cela n'est ni fort spirituel, ni difficile à trouver. Mais ce qui est à la fois difficile et beau,... c'est de laisser de côté tout cela, comme parfaitement possible, et d'être en état de suivre pas à pas, en les réfutant, ceux qui viennent dire que ce qui est autre est le même, ou ce qui est le même autre en un certain sens, en le prenant dans ce sens même et sous le point de vue dans lequel ils veulent qu'il en soit ainsi » (c'est-à-dire que la discussion doit porter sur le particulier et le déterminé, pour être vraiment féconde). « Mais de prouver vaguement que le même est autre, l'autre identique, le grand petit, le semblable dissemblable, et de s'amuser à faire comparaître de la sorte les contraires dans son discours, ce n'est pas là une véritable méthode dialectique ; c'est celle d'un novice qui commence à peine à faire connaissance avec les êtres (2). »

Est-ce à dire que l'argumentation de Parménide soit l'exercice d'un novice ? — Nullement. Platon ne parlerait pas ainsi de ce philosophe *respectable* et re-

---

(1) Peut-être faut-il, comme nous l'avons déjà dit, considérer le *Parménide*, le *Théétète* et le *Sophiste* comme se faisant suite. Une chose qu'on n'a pas remarquée semble favorable à cette opinion. C'est précisément dans le *Théétète* et dans le *Sophiste* que Socrate répète qu'il a entendu Parménide dans sa jeunesse. On pourrait voir là une double allusion à un dialogue précédant le *Théétète* et le *Sophiste*.

(2) *Soph.*, 259, d.

doutable (1). Mais tout est vrai et tout est faux dans le *Parménide*, suivant le point de vue. Tout est faux, si vous prenez les contraires dans le sens absolu et si vous aboutissez ainsi à une confusion véritable. Tout est vrai, profond, instructif, si vous devinez l'arrière-pensée de Platon, et que vous preniez les contraires dans le sens relatif; car alors vous connaîtrez les vrais rapports de participation qui existent entre les Idées. A ce point de vue, chacune des neuf thèses ou antithèses contient sa vérité et est féconde en enseignements. Le *Parménide* est donc, comme le dit Platon lui-même, un grand exercice logique; mais il recouvre un travail vraiment ontologique. C'est l'exposition indirecte de la théorie de la participation; c'est la démonstration également indirecte de l'existence des Idées; c'est une réponse victorieuse à toutes les objections des adversaires. Ces adversaires croient apercevoir des contradictions dans la théorie des Idées; Platon leur fait comprendre que

(1) « Parménide me paraît tout à la fois respectable et redoutable, pour me servir des termes d'Homère. Je l'ai fréquenté moi fort jeune, lui étant fort vieux ; et il m'a semblé qu'il y avait dans ses discours une profondeur tout à fait extraordinaire. » En racontant cet entretien dans un dialogue auquel ce passage semble faire allusion, Platon a dû évidemment y mettre lui-même une *profondeur extraordinaire*. « J'ai donc grand'peur que nous ne comprenions point ses paroles, et encore moins sa pensée. » Platon laisse assez voir ici que l'argumentation du *Parménide* n'est pas un jeu frivole. C'est l'imitation maladroite de cette dialectique que Platon appelle un exercice de novice. V. *Théét.*, 154.
Socrate dit également dans le *Sophiste :* « La méthode des interrogations dont j'ai vu Parménide tirer *les plus beaux discours du monde* à une époque où j'étais bien jeune encore, et lui très-avancé en âge. » (*Soph.*, 164, C.) Comment méconnaître après cela que le *Parménide* est pour Platon un dialogue des plus sérieux et à portée dogmatique ? Ce que prouvent d'ailleurs suffisamment tant de pages admirables sur les attributs métaphysiques de Dieu, sur la nature de l'instant, sur la coexistence des contraires dans le mouvement, sur la divisibilité à l'infini, etc. Ce n'est pas nous, c'est Platon lui-même qui range le *Parménide* parmi ses dialogues les plus *profonds*.

ces contrariétés sont dans la nature même des choses, qu'elles sont en tout, qu'elles sont partout, et que l'Idée même n'est autre chose qu'un rapport entre la pluralité et l'unité. Platon dit dans un passage du *Philèbe* qui est le résumé le plus exact du *Parménide* : « Il y a un principe qui cause de grands embarras à tous les hommes, volontairement et involontairement, et en toute occasion... C'est en effet une chose étrange à dire, que *plusieurs sont un* et qu'*un est plusieurs*; et il est aisé d'embarrasser quiconque soutient en cela le pour et le contre. — As-tu ici en vue ce qu'on dit, que moi Protarque, par exemple, je suis un par nature, et ensuite qu'il y a plusieurs moi contraires les uns aux autres, tout à la fois grands et petits, pesants et légers, et mille autres choses semblables? — Tu viens de dire, Protarque, sur un et plusieurs, une de ces merveilles qui sont connues de tout le monde; et on est d'accord aujourd'hui qu'il ne faut point toucher à de semblables questions, que l'on regarde comme puériles, triviales et n'étant bonnes qu'à arrêter dans les discussions... — Quelles sont donc, en ce genre, les autres merveilles dont tu veux parler, Socrate, qui font tant de bruit et sur lesquelles on n'est point d'accord? — C'est, mon enfant, lorsque *cette unité n'est point prise parmi les choses sujettes à la génération et à la corruption* (1), comme celles dont nous venons de faire mention. Car en ce cas, et quand il est question de cette espèce d'unité, on convient qu'il ne faut entreprendre de réfuter personne. *Mais lorsqu'on parle de l'Idée de l'homme ou du bœuf en général,* du *beau,* du *bon,* c'est sur ces unités et les autres de même nature que l'on s'échauffe beaucoup sans pouvoir s'entendre. — Comment? — Première-

(1) Socrate fait la même remarque au début du *Parménide*.

ment on conteste si l'on doit admettre ces sortes d'unités comme réellement existantes. Puis on demande comment chacune d'elles est toujours la même, et peut, sans admettre en soi ni génération ni corruption, rester constamment la même unité; ensuite s'il faut dire que cette unité existe dans les êtres soumis à la génération et infinis en nombre, divisée par parcelles et devenue plusieurs, *ou que dans chacun elle est tout entière, bien que hors d'elle-même* : ce qui *paraît* la chose du monde la plus impossible, qu'une seule et même unité existe à la fois dans une et plusieurs choses [et qui est cependant vrai, d'après Socrate]. » — On reconnaît ici la discussion préalable du *Parménide* sur la participation. — « Ce sont ces questions, Protarque, qui sont la source des plus grands embarras lorsqu'on y répond mal, et aussi *des plus grandes clartés lorsqu'on y répond bien.* » Voici maintenant, d'après Socrate, la vraie réponse, qui nous donne clairement le sens de l'argumentation du *Parménide*. « Je dis que *ce rapport d'un et plusieurs* se trouve *partout* et *toujours* [même dans les Idées, surtout dans les Idées], de tout temps comme aujourd'hui, dans *chacune des choses dont on parle*. Jamais il ne cessera d'être, et il *n'a jamais commencé d'exister;* mais, autant qu'il me paraît, c'est une qualité inhérente au discours, immortelle et incapable de vieillir. Le jeune homme qui se sert pour la première fois de cette formule, charmé comme s'il avait découvert un trésor de sagesse, est transporté de joie jusqu'à l'enthousiasme, et il n'est point de sujet qu'il ne se plaise à remuer, tantôt le roulant et le confondant en un, tantôt le développant et le coupant en morceaux, s'embarrassant lui-même et quiconque l'approche (1)... Les an-

(1) Le jeune Aristote, embarrassé par l'argumentation de Parménide,

ciens... nous ont transmis cette tradition, que *toutes les choses auxquelles on attribue une existence éternelle* [et par conséquent les Idées] sont composées d'un et de plusieurs, et réunissent en elles, par leur nature, le fini et l'infini. » C'est pour cette raison qu'on les appelle des *nombres*, des rapports entre la matière indéterminée et l'unité absolument déterminée. Socrate ajoute qu'il faut s'élever d'Idées en Idées, « jusqu'à ce qu'on voie, non-seulement que l'*unité primitive* est *une* et *plusieurs* et une *infinité*, mais encore combien d'espèces elle contient en soi. » Que démontre l'argumentation du *Parménide*? La première thèse conclut que l'unité primitive est *une*, et que, considérée exclusivement sous ce rapport, elle échappe à notre science. La seconde thèse prouve que l'unité primitive, par cela même qu'elle existe, est *plusieurs* et une *infinité*. Les thèses suivantes aboutissent à la même conclusion. Le *Philèbe* nous offre donc, dans cet important passage, le plan même du *Parménide*, et confirme l'interprétation que nous en avons donnée. Les contraires qui comparaissent dans le *Parménide* ne sont donc point inconciliables : ils ont un sujet commun où ils coexistent. Ce sujet

est un exemple de cette jeunesse qui se laisse surprendre et parfois séduire par les contradictions de la dialectique; mais quoique le vieux Parménide se plaise à laisser sur sa pensée le masque du sophisme, il ne faudrait pas confondre la discussion du *Parménide* avec ces discussions sans portée dont parle le *Sophiste* et le *Philèbe*. Platon a voulu, dans le *Parménide*, donner l'exemple d'une discussion qui peut être tout à la fois sophistique (pour l'inexpérience du jeune Aristote dans l'art des distinctions) et très-profonde (pour le grand Parménide). Dans le *Théétète*, Socrate nous a dit que les paroles de Parménide lui avaient semblé d'une extrême profondeur, et qu'il craindrait, en voulant le réfuter, de ne pas bien le comprendre. Si donc le *Sophiste* indique l'abus sophistique qu'on peut faire des contradictions et le côté insidieux du *Parménide* lui-même, le *Théétète* semble faire allusion à ce que ce dialogue contient de sérieux et de sublime.

n'est pas la matière ; ce ne sont pas non plus les Idées, car les Idées, étant multiples, sont le domaine de la *différence* ; c'est quelque chose de supérieur aux Idées mêmes, qui les embrasse toutes et les réconcilie ; et qu'est-ce que ce principe supérieur à l'essence et à la pensée, sinon l'*Unité primitive* dont parle le *Philèbe*, et que la *République* nous représente comme identique au Bien ou à la perfection ?

Concluons que le *Parménide* tout entier se ramène aux propositions suivantes :

La confusion absolue des contraires est inintelligible et aboutit à de véritables contradictions.

La séparation absolue des contraires est également inintelligible et aboutit aux mêmes contradictions.

Chacune de ces erreurs est équivalente à l'autre, dans laquelle elle se résout et se transforme en définitive.

La vérité est que les contraires, n'étant jamais absolus, mais relatifs aux objets matériels ou aux pensées de l'homme, sont en communication intime et coexistent dans l'unité du premier principe ; car, toute chose ayant sa raison en Dieu, les opposés eux-mêmes y ont leur origine, et par conséquent y sont ramenés d'une manière mystérieuse à la plus parfaite unité. Dans l'absolu, un est plusieurs, plusieurs sont un, et par conséquent les contraires coïncident. Les Idées les plus opposées s'impliquent mutuellement. Aussi, comme Platon le dira dans le *Ménon*, une seule Idée bien analysée suffit pour retrouver toutes les autres.

IV. Maintenant que nous avons approfondi la participation des Idées entre elles, nous devons revenir à la participation des choses aux Idées. D'après Platon, la solution du problème supérieur donne celle du problème inférieur.

Cette matière seconde que Platon, dans le *Timée*, représente comme agitée d'un mouvement sans règle avant d'avoir reçu l'empreinte des Idées, n'est qu'un moment dialectique dans le *Parménide*, où elle est l'objet de la quatrième hypothèse entre l'*âme* et la *matière* pure. Nous le savons d'ailleurs, le caractère symbolique et exotérique du dualisme pythagoricien est indiqué dans le *Timée* lui-même par cette phrase significative : « Préoccupés de ces objets (la matière et la génération) et d'autres semblables, quand nous *transportons tout éveillés ces rêveries* à cet *être véritablement existant* et qu'on ne voit pas *à travers un songe*, nous ne pouvons en parler *avec vérité*. » On ne peut faire comprendre plus clairement le caractère tout relatif des hypothèses pythagoriciennes.

Le sensible a donc son explication dans le rapport de la matière aux Idées, et non dans un *être* coéternel aux Idées. Platon répète sans cesse que les Idées seules *existent*; il cherche partout l'unité, et il nous la montre dans le *Parménide*. Ce dernier dialogue ne fait aucune mention d'une *réalité* autre que les Idées; il ne pose en présence du monde intelligible que la matière indéterminée, et ne fait de la génération qu'un rapport dialectique entre les deux.

Le dualisme des Idées et de la matière est-il un dualisme véritable et absolu, affirmant la coexistence de deux *êtres* éternels? Non, puisque la matière n'est pas un être, mais le non-être. L'un des deux termes est seul réel, l'autre est abstrait. Le premier est absolu, le second est relatif. Celui-là existe par lui-même et en lui-même; celui-ci n'existe que par rapport au premier. Dans l'ensemble des Idées considérez une Idée spéciale ; sa différence par rapport aux autres constituera le non-être, simple relation qu'on ne saurait trop distinguer du néant absolu. Quant à la possibilité de cette différence, elle vient de ce que l'absolu n'est pas une unité vide sans pluralité, mais *un* et *plusieurs* tout à la fois.

Le *Sophiste* et le *Parménide* nous l'ont assez fait voir : La matière, considérée en elle-même et abstraction faite de tout rapport aux Idées, n'est pas, et on ne peut même pas lui donner le nom de matière. Donc, en définitive, toute existence, toute réalité, dérive de l'intelligible. Seul l'intelligible, premier terme de la dualité, existe réellement ; le second se résout dans le premier, bien qu'il en demeure idéalement distinct.

La matière n'est donc qu'une relation entre les Idées, et le rapport des Idées à la matière recouvre un simple rapport de l'Idée de l'être à l'Idée du non-être, par conséquent un simple rapport des Idées entre elles. « C'est par leur commerce mutuel que les Idées se multiplient en apparence et nous semblent une multitude. »

Encore une fois, tout a sa raison dans les Idées, et cette proposition est le point de départ du platonisme. Donc la diversité elle-même doit avoir sa raison dans les Idées, et d'Idées en Idées, dans une raison unique : c'est la conclusion logique du principe précédent. Toute véritable explication aboutit donc nécessairement à l'unité, mais à une unité qui n'est point suppressive de la diversité. Le *multiple* a *une* raison ; cette raison unique n'est point le multiple même ; mais elle n'en est pas non plus la négation ni l'absolu contraire, car alors elle ne pourrait plus être la *raison* du multiple. C'est ainsi que la pensée arrive toujours, quoi qu'elle fasse, à reconnaître qu'un est plusieurs, que plusieurs sont un.

La doctrine qui résout le sensible dans l'intelligible semble la négation du sensible même ; mais Platon, à tort où à raison (ce n'est point le moment de le juger), eût repoussé une pareille accusation. Sa théorie est un effort pour réconcilier tous les systèmes. L'unité indéterminée et la multiplicité indéterminée sont un néant. L'être, c'est l'unité absolument déterminée en elle-même et progressivement déterminable pour nous. Or, dans la détermination complète qui constitue la perfection doit se trouver la raison, l'essence, la loi de toutes choses. Rien n'est sans elle, rien n'est en dehors d'elle ; tout est par elle et en elle. Est-ce à dire qu'elle soit toute chose ? — Non, parce que l'universel ne se confond pas avec le particulier qu'il embrasse ; oui, parce que le particulier n'est rien sans l'universel où il se retrouve. « L'un diffère de tout et ne diffère de rien, » ou plutôt il domine et produit, sans les subir, ces relations d'identité et de différence. L'unité domine et produit la diversité. Par cela même qu'elle comprend toutes les déterminations, elle réunit même les contraires, parce qu'un contraire n'est pas la négation absolue, mais plutôt le complément de son contraire. Elle n'exclut que les contradictoires, qui résultent d'un rapport de négation absolue établi entre les Idées. Il y a donc, d'après Platon, distinction universelle sans séparation. Séparer, c'est rendre inexplicable ; confondre, c'est encore rendre inexplicable ; distinguer et réunir, c'est faire rentrer le particulier dans l'universel, la différence dans le genre, la multiplicité dans l'unité ; et c'est en cela que consiste la science. C'est ainsi que Platon, par le mouvement nécessaire de sa dialectique, est amené à tout résoudre dans les Idées et dans leurs rapports mutuels au sein de l'Unité.

Nous essaierons plus tard de juger la valeur de cette doctrine; contentons-nous de dire que ce serait fort mal la comprendre, que de lui donner des noms modernes, tels que ceux de panthéisme ou de dualisme. Ces dénominations tranchées exprimeraient imparfaitement le caractère compréhensif de la théorie platonicienne. Si Platon les eût connues, il les eût dédaignées; le subtil et profond dialecticien qui a écrit le *Parménide* n'eût pas eu de peine à démontrer ce que ces mots ont d'arbitraire, et comment les systèmes les plus contraires se tiennent par certains points, de même que les contraires participent l'un de l'autre dans l'Unité absolue (1).

(1) Nous reviendrons plus d'une fois sur le *Parménide*, dont le vrai sens sera de mieux en mieux déterminé par les diverses applications de détail que nous aurons à en faire.

Prévenons seulement ici une objection. Platon dit d'ordinaire qu'une chose élevée à l'absolu devient pure et sans mélange, devient *elle-même* sans mélange d'*autre* chose. Dans le *Parménide*, il semble s'attacher à prouver qu'une chose élevée à l'absolu, en devenant *elle-même*, implique toutes les autres choses. — Cette contradiction apparente contient une vérité profonde : Une chose ne peut être élevée à la perfection qu'à la condition de devenir aussi la perfection de toutes les autres choses. Par exemple, le raisonnement pur et parfait se confond avec la perfection de la raison intuitive, qui elle-même se confond avec la perfection de l'amour, etc. Donc le raisonnement ne devient *lui-même* qu'à la condition de devenir tout le reste ; il n'est *en soi* qu'à la condition que toutes les autres *choses en soi* soient en lui ; il n'est l'Idée du raisonnement qu'à la condition de s'identifier avec l'Idée de la raison, de l'amour, etc. En un mot, la perfection est *une*, et cependant elle contient une *infinité* de perfections. L'esprit humain aura beau faire, il en reviendra toujours là. — Il y a donc trois points de vue dans le Platonisme : 1° Multiplicité réelle des choses imparfaites ; 2° Multiplicité idéale des perfections, ou distinction des Idées ; 3° Unité de la perfection ; unité de tous les contraires dans le Bien, et suppression des contradictoires. Elever une chose à la perfection, c'est d'abord en éliminer tout le négatif et tous les contradictoires et la rendre absolument *elle-même* ; puis, c'est reconnaître qu'en cet état elle se confond avec toutes les autres choses positives qui paraissaient différentes et contraires dans la sphère inférieure de l'imperfection. *A la limite*, toutes les différences coïncident, comme les rayons dans le centre. (Voir notre *Conclusion critique*.)

LIVRE SIXIÈME

RAPPORT DES IDÉES A L'INTELLIGENCE. — LA DIALECTIQUE ET LA RÉMINISCENCE.

CHAPITRE I.

DE LA DIALECTIQUE.

I. Partie préparatoire de la dialectique. La *purification*. — II. Les opérations logiques de la dialectique. L'Idée, principe de la définition. — 1° La division. 2° L'induction. 3° La définition.

La dialectique nous apparaît d'abord comme l'art du dialogue, de l'interrogation et de la réfutation. Mais la méthode interrogative enveloppe nécessairement une méthode logique, et la logique, à son tour, enveloppe l'ontologie. La gloire de Platon est d'avoir compris cette vérité, et d'avoir résolu le formel dans le réel, les lois de la pensée dans les lois de l'être. Ainsi envisagée dans son essence intime, la dialectique est la recherche qui a pour objet la pensée et l'être, en tant que ces deux choses sont susceptibles de déterminations éternelles.

I. — *Partie préparatoire de la dialectique. La purification.*

Il y a deux sortes d'obstacles au développement de l'âme : l'obstacle intellectuel, l'obstacle moral.

La purification doit d'abord délivrer l'esprit de ses erreurs et réfuter toutes les opinions sophistiques, « en montrant qu'elles se contredisent entre elles *sur le même sujet, dans les mêmes rapports et sous les mêmes points de vue* (1). » La contradiction ouverte, la contradiction absolue est le signe même de l'erreur. Le vrai philosophe peut et doit concilier les contraires, mais non les contradictoires.

Le résultat de la purification intellectuelle est le doute, commencement de la science.

La purification morale a plus d'importance encore. Un lien délicat unit le cœur à la pensée, et pour connaître, il faut aimer d'abord la vérité. L'homme ne s'élève vers le premier principe que par l'âme tout entière ; le prisonnier de la caverne, qui contemple des ombres, ne peut tourner ses regards vers la réalité qu'en retournant tout son corps à la fois, et l'œil de l'intelligence ne peut voir l'intelligible que si toutes les parties de l'âme s'associent à son mouvement : ξὺν ὅλῃ τῇ ψυχῇ περιακτέον (2). Il y a un obstacle à la science souvent plus invincible que l'erreur même : le vice. — Doctrine profonde et originale, qui prouve que le disciple de Socrate était loin de regarder la science philosophique comme une construction abstraite de la pure intelligence. Le véritable objet de la philosophie est le Bien ; l'âme ne peut s'unir à son objet que si elle le possède déjà imparfaitement en elle-même.

L'obstacle vaincu, l'âme est affranchie : elle peut commencer sa marche dialectique. Les liens du prisonnier sont tombés, il peut se tourner vers les objets qu'éclaire le feu de la caverne et s'élever ensuite vers un monde supérieur.

(1) *Soph.*, 230, b.
(2) *Rep.* vii.

II. — *Les opérations logiques de la dialectique. L'Idée, principe de la définition.*

Platon montre lui-même avec beaucoup de clarté, dans ces pages du *Philèbe* que nous avons citées plus haut, l'accord qui existe entre sa méthode et la théorie des Idées. A ce rapport ontologique de l'un et du multiple, *qui jamais ne cessera d'être et jamais ne cessera d'exister*, correspond la vraie méthode, bien distincte des exercices frivoles où les jeunes gens se complaisent. « Il n'y a point et il ne peut y avoir de voie plus belle que celle que j'ai toujours aimée... Il n'est pas malaisé de la faire connaître, mais il est très-difficile de la suivre. Toutes les découvertes où l'art entre pour quelque chose, qui ont jamais été faites, ne l'ont été que par cette méthode... C'est selon moi un présent fait aux hommes par les Dieux, apporté d'en haut avec le feu par quelque Prométhée... [ce Prométhée pourrait bien être Pythagore]. Toutes les choses auxquelles on attribue une existence éternelle étant composées d'un et de plusieurs,... il faut *dans toute recherche s'attacher toujours à la découverte d'une seule Idée* » (c'est l'induction, dont le résultat s'exprime dans la définition) ; « on trouvera qu'il y en a une ; l'ayant découverte, il faut examiner si après celle-là il y en a deux, sinon trois, où quelque autre nombre (c'est la division) ; ensuite faire la même chose par rapport à chacune de ces Idées, jusqu'à ce qu'on voie, non-seulement que l'unité primitive est une et plusieurs et une infinité, mais encore *combien d'espèces elle contient en soi* [la méthode ne doit pas être une discussion vague, mais précise]. On ne doit point appliquer à la multitude l'Idée de l'infini [on ne doit pas déclarer du premier coup toute multitude comme infinie en soi] avant d'avoir saisi par la pensée tous les nombres déterminés qui sont en elle entre l'infini et l'unité. » Ces nombres *déterminés* sont les Idées, qui seules sont objet de science. Combiner vaguement l'unité et la pluralité, ce n'est rien apprendre. « Alors seulement [quand on a déterminé par la définition et la division le rapport d'une chose particulière à l'unité] on peut laisser chaque individu aller se perdre dans l'infini. » Le particulier n'est pas, pour Platon, un objet de science, du moins en tant que particulier, parce que cette particularité résulte de l'infini ; mais au-dessus du particulier il y a les genres et les Idées, rapports précis et déterminés entre les objets et l'unité primitive ; ces rapports une fois trouvés, on peut négliger l'individu et le *laisser se perdre dans l'infini*. « Ce sont les Dieux qui nous ont donné cet art d'examiner, d'apprendre et de nous instruire les uns les autres (διαλέγεσθαι). Mais les sages d'entre les hommes d'aujourd'hui *font un à l'aventure*, et plusieurs plus tôt ou plus tard qu'il ne faut. *Après l'unité*, ils *passent tout de suite à l'infini*, et les nombres intermédiaires leur échappent. Cependant, *ce sont ces intermédiaires qui distinguent la discussion conforme aux lois de la dialectique* de celle qui n'est que contentieuse (1). » Platon distingue parfaitement sa mé-

---

(1) *Phileb.*, 16, D. Οἱ μὲν παλαιοί, κρείττονες ἡμῶν καὶ ἐγγυτέρω θεῶν οἰκοῦντες, ταύτην φήμην παρέδοσαν, ὡς ἐξ ἑνὸς μὲν καὶ ἐκ πολλῶν ὄντων τῶν ἀεὶ λεγομένων εἶναι, πέρας δὲ καὶ ἀπειρίαν ἐν αὑτοῖς ξύμφυτον ἐχόντων. Δεῖν οὖν ἡμᾶς τούτων οὕτω διακεκοσμημένων ἀεὶ μίαν ἰδέαν περὶ παντὸς ἑκάστοτε θεμένους ζητεῖν· εὑρήσειν γὰρ ἐνοῦσαν· ἐὰν οὖν καταλάβωμεν, μετὰ μίαν δύο, εἴ πως εἰσί, σκοπεῖν, εἰ δὲ μή, τρεῖς ἤ τινα ἄλλον ἀριθμόν,... μέχρι περ' ἂν τὸ κατ' ἀρχὰς ἓν μὴ ὅτι ἓν καὶ πολλὰ καὶ ἄπειρά ἐστι μόνον ἴδῃ τις, ἀλλὰ καὶ ὁπόσα · τὴν δὲ τοῦ ἀπείρου ἰδέαν πρὸς τὸ πλῆθος μὴ προσφέρειν, πρὶν ἄν τις τὸν ἀριθμὸν αὐτοῦ πάντα κατίδῃ τὸν μεταξὺ τοῦ ἀπείρου τε καὶ τοῦ ἑνός · τότε δ' ἤδη τὸ ἓν ἕκαστον τῶν πάντων

thode dialectique de la méthode des Ioniens et de celle des Éléates. Il en fait voir l'originalité, qu'il fonde sur la conception des Idées. L'Idée est le moyen-terme vainement cherché, qui résout toutes les difficultés de la science. Pour connaître l'harmonie universelle des choses, il ne faut pas s'arrêter à leur multiplicité infinie et s'y perdre comme les Ioniens, ni s'arrêter à l'unité et s'y perdre de nouveau comme les Éléates. L'école d'Élée devrait rester comme abîmée dans son unité ineffable; cependant elle a aussi sa dialectique, et entreprend aussi de discuter sur la pluralité. Mais la dialectique de Zénon et de ses successeurs passe sans intermédiaire de l'unité pure à la multiplicité pure, parce que son but est de tout confondre à la fin et de tout ramener à l'unité absolue. C'est là une dialectique nécessairement éristique, qui ne triomphe qu'à la condition de rester dans le vague. La vraie méthode détermine les intermédiaires et se sert de l'Idée comme d'un moyen terme. « Part-on de l'unité, il ne faut pas jeter tout aussitôt les yeux sur l'infini, mais sur un certain nombre; de même, quand on est forcé de commencer par l'infini [par la considération du monde sensible], il ne faut point passer tout de suite à l'unité [qui est le principe suprême], mais porter les regards sur un certain nombre qui renferme une certaine quantité d'individus [genre ou espèce], et aboutir enfin à l'unité [comme le prisonnier de la caverne qui ne regarde le soleil qu'après avoir vu son image et ses reflets multiples dans les objets]. » Platon

εἰς τὸ ἄπειρον μεθέντα χαίρειν ἐᾶν... Οἱ δὲ νῦν τῶν ἀνθρώπων σοφοὶ ἓν μέν, ὅπως ἂν τύχωσι, καὶ πολλὰ θᾶττον καὶ βραδύτερον ποιοῦσι τοῦ δέοντος, μετὰ δὲ τὸ ἓν ἄπειρα εὐθύς· τὰ δὲ μέσα αὐτοὺς ἐκφεύγει οἷς διακεχώρισται τό τε διαλεκτικῶς πάλιν καὶ τὸ ἐριστικῶς ἡμᾶς ποιεῖσθαι πρὸς ἀλλήλους τοὺς λόγους.

donne pour exemple le musicien, auquel il ne suffit pas de savoir que la voix est infinie et en même temps qu'elle est une. Ce serait là une proposition vague et stérile, qui n'aurait rien d'instructif. Mais le musicien doit connaître les intervalles de la voix, leurs bornes, les accords qui en résultent, les rhythmes et les mesures, qui sont des rapports déterminés et scientifiques. Il en est de même pour le grammairien. « Quel rapport tout cela a-t-il à notre sujet? demande Philèbe. — Notre entretien, répond Socrate, a pour objet la sagesse et le plaisir... Ne disons-nous point que chacune de ces choses est une? — Assurément. — Eh bien, le discours que vous venez d'entendre vous demande comment chacune d'elles est une et plusieurs, et comment elles ne sont pas tout de suite infinies [bien qu'elles enveloppent, comme toute chose, l'infini]; mais comment elles contiennent l'une et l'autre un certain nombre déterminé, avant que chacune parvienne à l'infini. — Socrate, après nous avoir fait faire je ne sais combien de circuits... me paraît demander si le plaisir a des espèces ou non, combien et quelles elles sont (1). » Protarque n'aperçoit que la forme logique de la méthode; la portée métaphysique lui échappe. Mais Platon n'aurait pas fait *tous ces circuits* pour aboutir simplement à la généralisation et à la division formelles. Il a voulu faire voir que ces lois de la pensée résultaient des lois mêmes de l'existence. Au point de vue purement logique, les doctrines sur l'être résultent de la méthode employée par l'intelligence; mais, au point de vue ontologique ou dialectique, c'est au contraire la nature éternelle des choses qui explique et légitime

---

(1) *Phil.*, *ib.*, sqq.

la nature des opérations intellectuelles. — « Tu dis très-vrai, fils de Callias. En effet, si nous ne pouvons satisfaire à cette question sur tout ce qui est un, semblable à soi et toujours le même (l'unité primitive et les Idées), et sur son contraire (la matière indéfinie), aucun de nous, comme l'a montré le discours précédent, n'entendra jamais rien à quoi que ce soit (1). »

Faire de *plusieurs un*, c'est définir; faire d'*un plusieurs*, c'est diviser. La définition (qui implique la généralisation) et la division, sont en effet les deux principaux procédés logiques que le dialecticien emploie ; et ces lois de la pensée sont en même temps les lois des essences.

1. — La division et l'induction.

La *division* (διαίρεσις) comprend tous les procédés analytiques qui découvrent la pluralité dans l'unité. Or, on peut descendre de l'unité d'un genre à la pluralité des espèces, ce qui est la division proprement dite ; ou de l'unité d'un principe à la pluralité des conséquences, ce qui est la déduction. Le *Sophiste* et le *Politique* contiennent les exemples les plus remarquables de l'analyse par genres et par espèces. L'analyse déductive, que Platon met en œuvre dans son *Parménide* avec une vigueur et une subtilité incomparables, fait pour les jugements ce que la division par espèces fait pour les notions. Comme la division par espèces, la déduction nous fait connaître les rapports de participation mutuelle des Idées.

La méthode de division a encore un autre avantage. C'est un moyen de vérifier la valeur de nos concep-

---

(1) *Phil.*, *ib.* Cf. *Phædo*, 266, a, b.

tions indépendamment de leurs objets mêmes. En effet, nos conceptions sont nécessairement fausses si les conséquences que l'analyse en déduit se contredisent ouvertement entre elles (1). Cette contradiction intime des notions suffit pour réfuter un système sans même qu'on ait besoin de consulter la réalité. Si au contraire nos conceptions s'accordent entre elles, il s'ensuit qu'elles expriment, sinon le *réel*, du moins le *possible*, qui a toujours son fondement dans l'existence de quelque Idée. En géométrie, par exemple, la contradiction indique un désaccord de la pensée, non-seulement avec la vérité, mais par là même avec la réalité. Au contraire, toute déduction exacte indique un accord, sinon avec la réalité actuelle des choses particulières, du moins avec la vérité éternelle, qui est elle-même la réalité suprême.

La méthode analytique a donc une valeur absolue comme moyen de réfutation, et une valeur relative comme moyen d'établir une doctrine; car elle en montre seulement la possibilité, relativement à une hypothèse préalable (2). De là la nécessité d'une méthode qui n'atteigne pas seulement les notions, mais les êtres eux-mêmes. La division et la déduction, absolues quand elles *nient*, ne peuvent fournir aucune *affirmation* absolue tant qu'on ne les a pas fécondées par un procédé supérieur. Mais une fois que ce procédé les aura mises en possession d'un objet existant,

---

(1) *Soph.*, 230, b.
(2) « Si on venait à attaquer le principe que tu as posé, ne laisserais-tu pas cette attaque sans réponse jusqu'à ce que tu eusses examiné toutes les conséquences qui dérivent de ce principe, et reconnu toi-même si elles s'accordent ou ne s'accordent pas entre elles? » *Phædo*, loc. cit. Cette première vérification, à elle seule, serait insuffisante. Platon, dans la *République*, appelle lui-même *hypothèses* les principes non prouvés de la déduction.

tout ce qui était vrai de nos notions s'appliquera aux choses mêmes avec une égale certitude, et nous verrons la réalité se soumettre aux lois de notre pensée. Ce procédé supérieur, qui fournit à l'analyse ses principes, est l'induction, qui emprunte elle-même toute sa valeur aux Idées universelles (1).

II. — La définition.

La méthode logique aboutit à la définition, où se fixent ses résultats. L'analyse a développé la pluralité, la synthèse a découvert l'unité ; c'est dans la définition que se formule le rapport des deux termes, le *nombre* qui enveloppe l'*un* et le *multiple* dans une relation déterminée (2).

La définition contient donc deux éléments : le premier fait voir en quoi l'objet *diffère* des autres ; le second fait voir en quoi il leur *ressemble ;* l'un est la *différence*, l'autre est le *genre*.

Platon n'a jamais nié la nécessité de la différence spécifique dans la définition. Il l'affirme, au contraire, en beaucoup d'endroits (3).

Cependant, l'élément particulier que contient la

(1) V. Livre Ier, la *Théorie de l'Induction*.
(2) Aristote, s'inspirant de Platon, appelle aussi la définition *une sorte de nombre*. (*De part. anim.*, VIII, 169, 1. 30.)
(3) Nous avons déjà cité le passage du *Théétète* où il définit le soleil *le plus brillant de tous les corps célestes qui tournent autour de la terre*; il oppose cette définition *par la différence* aux définitions imparfaites où l'on se contente d'énumérer toutes les qualités de l'objet sans en déterminer les qualités spécifiques. Dans le *Gorgias*, Socrate reproche à son adversaire d'avoir défini la rhétorique l'art de persuader, sans ajouter en quoi elle diffère des autres arts qui produisent également la persuasion. Dans le *Philèbe*, enfin, nous avons vu qu'il reproche à l'école Eristique de se tenir dans les généralités vagues, lorsque la vraie science exige quelque chose de déterminé et de distinct.

définition lui semble bien inférieur en importance à l'élément général. Le particulier, en effet, n'a pour la science qu'une valeur relative : c'est un degré qu'elle franchit pour aller plus loin. La science ne recherche-t-elle pas les raisons ou principes des choses, τὰ αἰτία, τὰς ἀρχάς? — Or, à tous les points de vue, c'est le général qui est la raison du particulier; l'individuel a sa loi, sa fin, sa cause et son essence dans l'universel. Sa *loi;* — car la loi est une vérité générale qui domine et contient en elle les faits particuliers, comme le principe contient les conséquences. Sa *fin;* — car pourquoi les objets particuliers sont-ils dans un perpétuel changement? C'est qu'ils n'ont pas en eux-mêmes leur bien et leur perfection; s'ils l'avaient, à quoi bon changer? Le multiple fait effort pour rentrer dans l'unité; le variable, pour se conformer à l'immuable; l'individu, pour réaliser le type universel de son espèce. De plus, entre le général et le particulier on peut établir le rapport de la *cause* à l'effet. Toute cause contient en elle-même, sous la forme de l'unité, la multiplicité de ses effets possibles. Elle les conçoit dans leur généralité avant de les réaliser dans leurs détails. Toute vraie cause est intelligente et ne pourrait produire les espèces si elle n'avait pas l'idée du genre. Enfin, puisque le particulier ne serait rien sans le général, on peut dire qu'il lui emprunte et sa possibilité éternelle et sa réalité actuelle, c'est-à-dire qu'il lui emprunte son *essence*. L'individu n'existe donc que dans l'universel, par l'universel et en vue de l'universel.

La définition a pour but d'exprimer l'essence d'un objet, c'est-à-dire l'unité à laquelle il participe sous un rapport déterminé : car celui qui ne connaîtrait qu'une unité vague et une généralité vide ne pourrait prétendre à la science : c'est par une progression régulière qu'il faut s'élever à l'unité en prenant le multiple pour point de départ.

En résumé, la définition est l'expression d'un rapport harmonique entre le particulier et le général, et par conséquent d'une Idée. Les éléments de l'Idée, l'identité et la différence, le même et l'autre, l'être et le non-être, l'un et le multiple, se retrouvent dans la définition. Ils sont tous les deux nécessaires, quoique de valeur diverse : le premier est absolu, le second est relatif. La définition est une forme logique dont l'Idée est le principe métaphysique.

J'ai dit le *principe* et non le *résultat*. Il ne faudrait pas croire, en effet, que la définition donne l'essence, dont elle suppose au contraire la connaissance préalable. Aucune des opérations auxquelles la définition se ramène (analyse et induction) ne peut créer en nous la conception des Idées. La définition ne peut donc s'expliquer que par une intuition directe de l'intelligible, dans laquelle se résolvent en dernière analyse toutes les opérations logiques.

CHAPITRE II.

MÉTAPHYSIQUE DE LA DIALECTIQUE PLATONICIENNE.

I. LA RÉMINISCENCE. Distinction de la réminiscence et de l'innéité. La réminiscence est-elle pour Platon un symbole, un dogme, une opération intellectuelle? Réfutation de la proposition sophistique : on ne peut chercher ce qu'on ne connait pas. Distinction de la science virtuelle et de la science actuelle. Nécessité d'une union primitive entre l'intelligence et l'intelligible; symboles par lesquels Platon la représente. — II. L'INTUITION. Allégories platoniciennes sur la vie antérieure. — Comment le problème de la participation reparait à propos de la connaissance intuitive. Rapports de l'intelligence avec l'intelligible. Retour au *Sophiste*. La passivité et l'activité dans la connaissance. Comparaison de la doctrine platonicienne avec celle des mégariques. — Retour au *Parménide*. L'Idée de la science nécessaire à la science des Idées. Unité suprême de la pensée et de l'être dans l'intuition rationnelle.

Il y a une faculté qui nous met en rapport direct avec l'intelligible sans les intermédiaires de la logique discursive : — l'intuition rationnelle ou νόησις.

C'est pour expliquer le mode d'action de cette faculté dans la vie présente que Platon emprunte à Socrate l'hypothèse de la réminiscence.

I. La *réminiscence* est le souvenir d'un objet, produit par la vue d'un autre objet ayant un rapport avec le premier (1). Ce rapport est de deux sortes : c'est une ressemblance ou une dissemblance, car les deux grandes Idées du *même* et de l'*autre*, de l'*identité* et de la *différence*, dominent toutes choses.

Quand c'est la ressemblance qui produit le souvenir,

(1) *Phæd.*, 73.

nous jugeons immédiatement si l'image représente exactement l'original, ou si elle est imparfaite (1). — Or, c'est la ressemblance du sensible à l'intelligible qui nous fait penser aux Idées. C'est en voyant des arbres égaux ou des pierres égales que nous concevons l'égalité en soi.

Cette Idée de l'égalité est nécessairement *antérieure* à la connaissance des objets égaux, car pour appliquer une mesure il faut la posséder à l'avance. « Avant que nous ayons commencé à voir et à entendre, et à faire usage de nos autres sens, il faut que nous ayons eu connaissance de l'égalité intelligible, pour lui rapporter, comme nous le faisons, les choses égales sensibles, et voir qu'elles aspirent toutes à cette égalité sans pouvoir l'atteindre. Mais n'est-il pas vrai qu'immédiatement après notre naissance, nous avons fait usage de la vue, de l'ouïe et des autres sens? — Oui. — Il faut donc qu'avant ce temps-là nous ayons eu connaissance de l'égalité. — Oui. — Et par conséquent, il faut que nous l'ayons eue avant notre naissance (2). »

Nous l'avons eue d'une certaine manière avant de naître : cela est nécessaire ; mais nous l'avons perdue d'une certaine manière en naissant : cela n'est pas moins nécessaire, puisqu'il faut l'occasion des objets sensibles pour en réveiller le souvenir. Notre raison actuelle n'est donc que la mémoire d'un passé qui remonte au delà de notre naissance (3).

(1) *Phœd.*, 74, a.
(2) *Ib.*
(3) Il ne faut pas confondre (comme M. de Gérando, par exemple) la *réminiscence* de Platon avec l'*innéité* des modernes, bien que les deux théories aboutissent à des conclusions analogues. A vrai dire, la *réminiscence* exclut l'*innéité*. Nous ne recevons pas en naissant les Idées; nous les perdons au contraire. Platon s'explique formellement sur ce su-

La réminiscence est-elle pour Platon un symbole, un dogme, ou une opération intellectuelle? Nous sommes portés par nos idées modernes à n'y voir qu'un mythe philosophique, et les allégories du *Phèdre* sur le voyage des âmes semblent confirmer cette pensée. Mais il y a ici une confusion grave à éviter. Distinguons avec soin la doctrine de la préexistence des âmes, intimement liée à celle de la réminiscence, des symboles poétiques sous lesquels Platon représente la vie antérieure. Autre chose est d'affirmer cette vie, autre chose de la décrire. De même, Platon distingue soigneusement le fait certain de la vie future des hypothèses incertaines au moyen desquelles on essaie de s'en faire une idée. La même distinction s'applique à la préexistence, qui est pour lui inséparable de l'idée d'immortalité, comme nous le verrons en étudiant ses doctrines sur la destinée de l'âme. La préexistence est pour lui tout à la fois un dogme vénérable, transmis par l'antiquité, et une vérité philosophique. Quant à la réminiscence, c'est une doctrine sérieuse qui se rattache à l'ensemble du platonisme et qui ne mérite nullement le dédain des modernes.

jet : — « *Naissons-nous avec des connaissances*, ou nous ressouvenons-nous ensuite de ce que nous connaissions déjà?... Celui qui sait peut-il rendre raison de ce qu'il sait, ou ne le peut-il pas? — Il le peut sans doute. — Et tous les hommes paraissent-ils pouvoir se rendre raison des choses dont nous venons de parler? — Je le voudrais bien, mais je crains fort que demain il n'y ait plus un seul homme capable de le faire... — Par conséquent, nos âmes existaient déjà avant qu'elles parussent sous cette forme humaine; elles existaient sans enveloppe corporelle; dans cet état, elles savaient. — A moins que nous ne disions, Socrate, *que nous avons acquis toutes ces connaissances en naissant*; et voilà le seul temps qui nous reste [c'est proprement l'innéité]. — Bien! mon cher; mais en quel temps les avons-nous perdues? car nous ne les avons plus aujourd'hui, comme nous venons d'en convenir. Les avons-nous perdues dans le même temps que nous les avons apprises? ou peux-tu marquer un autre temps? — Non, Socrate, et je ne m'apercevais pas que *ce que je disais ne signifie rien*. (*Phœdo*, 76.)

La théorie de la réminiscence, en effet, se relie par plusieurs points à la théorie des Idées. Elle est d'abord en harmonie parfaite avec la conception du *sensible* comme image imparfaite de l'*intelligible*. La sensation ne nous fait pas connaître l'essence des choses; cependant elle est un moyen d'arriver à cette connaissance. Elle doit donc être une simple *occasion* qui éveille en nous une connaissance implicite analogue au souvenir.

La doctrine de la réminiscence se rattache en outre à la réfutation de cette proposition des sophistes, que l'on ne peut rechercher ce que l'on ne sait pas. L'objection est certainement sérieuse : « Il n'est pas possible à l'homme, disaient les sophistes, de chercher ni ce qu'il sait ni ce qu'il ne sait pas; car il ne cherchera point ce qu'il sait, puisqu'il le sait et que cela n'a point besoin de recherche; ni ce qu'il ne sait point, par la raison qu'il ne sait pas ce qu'il doit chercher (1). » Dans la supposition même où l'on trouverait enfin ce qu'on ignorait d'abord, comment pourrait-on savoir qu'on a trouvé précisément ce que l'on recherchait, puisqu'on n'en avait auparavant aucune connaissance. Encore une fois, cette objection est très-sérieuse. La science ne peut avoir son origine dans l'ignorance absolue. Elle doit être le développement ultérieur d'une science primitive, confuse et générale. Platon se prémunit contre l'objection des sophistes en disant que savoir, c'est simplement se ressouvenir de ce qu'on avait oublié.

Il distingue par là deux espèces de science (2) : la science dont on a la possession (κτῆσις), et celle dont on a l'usage (ἕξις). « Si, ayant pris à la chasse des oiseaux sauvages, des ramiers ou quelque autre espèce sem-

---

(1) *Meno.*, p. 80, e; 86, b.
(2) *Théét.*, 131, c.

blable, on les élevait dans un colombier, nous dirions à certains égards qu'on a toujours ces ramiers parce qu'on en est possesseur. N'est-ce pas? — Oui. — Et à d'autres égards qu'on n'en a aucun ; mais que, comme on les tient enfermés dans une enceinte dont on est le maître, on a le pouvoir de prendre et d'avoir celui qu'on voudra, toutes les fois qu'on le jugera à propos, et ensuite de le lâcher (1). » Nos idées ressemblent à ces ramiers. Elles habitent notre âme ; mais tantôt nous les possédons sans en faire usage, tantôt nous en usons, et les saisissant pour ainsi dire, nous les fixons sous nos regards. Comment ne pas reconnaître dans cette distinction ce qu'Aristote appellera plus tard la science en puissance et la science en acte (2)? Ce que l'une enveloppe dans son obscurité, l'autre le développe et le met en lumière. Mais pour que ce passage intérieur de la simple possession à l'usage actuel se produise en nous, il faut une occasion extérieure, qui est la sensation.

Platon a distingué profondément la cause simplement occasionnelle de la cause véritable. Autre chose, dit-il dans le *Phédon*, est la cause productrice, et autre chose la condition sans laquelle elle ne pourrait agir. Il a fait l'application la plus remarquable de ce principe à la théorie de la connaissance.

Pour que la raison, en effet, affirme l'existence de l'être intelligible, en dehors et au delà des phénomènes sensibles, il ne suffit pas (comme l'ont cru bien des philosophes) que la vue de ces phénomènes lui en fournisse l'*occasion*. Il faut qu'elle ait en outre, de l'objet de sa croyance, une connaissance implicite. Elle ne le

---

(1) *Ib.* 197, b, 191, c.
(2) Voir aussi sur le double souvenir, l'un avec la conscience de la connaissance passée, l'autre sans cette conscience, *Phileb.*, 34 b, sqq.

cherche que parce qu'elle le possède déjà imparfaitement; elle ne l'aime, elle ne le désire, que parce qu'elle le sent déjà en elle-même; elle ne veut s'unir complétement à lui que parce que l'union est déjà commencée (1). Le suprême intelligible, qui est en même temps le suprême désirable, est donc déjà présent à notre âme; de même qu'il se communique à l'univers et l'anime de sa vie, de même il se donne à notre intelligence et la rend capable de connaître. Il y a, dit Platon, une partie supérieure de l'âme par laquelle elle touche au divin et s'y tient suspendue; par là elle est moins un fruit de la terre qu'un fruit du ciel, φυτὸν οὐκ ἐγγεῖον, ἀλλ' οὐράνιον (2). Cette partie haute, qu'un dieu habite, c'est la Raison (3).

Union de l'âme avec l'intelligible, — voilà l'origine et aussi la fin de notre vie intellectuelle. Sans cesse Platon représente la connaissance pure comme un hymen divin de la raison avec la vérité. « Celui qui a l'amour de la science aspire naturellement à l'être, et loin de s'arrêter à cette multitude de choses dont la réalité n'est qu'apparente, son amour ne connaît ni repos ni relâche jusqu'à ce qu'il soit parvenu à *s'unir à l'essence de chaque chose* par la partie de son âme qui seule peut s'y unir à cause des rapports intimes qu'elle a avec elle; de telle sorte que cette union, cet *accouplement divin* ayant produit l'intelligence et la vérité, il atteigne à la *connaissance de l'être* et *vive dans son sein d'une véritable vie*, libre enfin *des douleurs de l'enfantement* (4). »

Dans le *Phèdre*, la vie antérieure est représentée

---

(1) *Banquet*, 208. L'amour est fils de la richesse et de la pauvreté.
(2) *Timée*, 90, a.
(3) Αὐτὸ δαίμονα θεός ἑκάστῳ δέδωκε. *Tim.*, 90, a.
(4) *Républ.*, vi.

comme une vue directe des essences. L'âme, vivant d'une vie supra-sensible, a contemplé sans voiles le bien en soi, le beau en soi, la science véritable et la vraie intelligence (1). — Ce sont là des symboles, sans doute, et Platon nous en avertit lui-même dans le *Phèdre* (2). Mais on peut dégager de ces formes poétiques des principes certains de philosophie, qui se réduisent aux suivants :

Il y a une connaissance synthétique de la vérité universelle qui rend toutes les autres connaissances possibles, loin d'en être elle-même le résultat.

Cette connaissance primitive a son origine dans quelque condition antérieure à la vie terrestre.

Cette condition est une union de l'âme avec la vérité et l'être, et cette union est proprement l'intuition rationnelle.

II. Maintenant, cette union va-t-elle jusqu'à l'unité ? en quoi consiste-t-elle métaphysiquement ? comment a-t-elle pu s'établir, puis cesser, pour s'établir de nouveau ? Sur des questions aussi difficiles, ne nous étonnons point de trouver Platon hésitant et plus porté à répondre par des allégories que par des théories.

C'est ordinairement le dogme oriental et pythagoricien de la chute des âmes qui fournit à Platon ses mythes sur la contemplation des essences dans la vie antérieure. L'âme, dans le *Phèdre* (3), voyage à la suite des dieux, c'est-à-dire des astres immortels conduits

---

(1) *Phædr.*, 126, a.
(2) *Ibid.*, 125.
(3) *Ibid.*

par une âme supérieure à la nôtre. Dans le *Timée*, Dieu donne à chacun des astres une âme générale à laquelle les âmes des animaux sont empruntées, et qui, voyageant dans chaque astre, contemple les essences et l'ordre du monde. « Faisant monter ces âmes comme dans un char, il leur fit connaître la nature de l'univers (τὴν τοῦ παντὸς φύσιν ἔδειξε). » Les âmes ont donc connu l'universalité des choses, et aussi les essences éternelles, avant leur vie présente. Les âmes individuelles participaient dès lors à l'âme des astres, qui elle-même participe à l'âme universelle; celle-ci, à son tour, participe à la raison divine. Il y avait donc en nous, avant notre naissance, une participation réelle, quoique médiate, à la raison éternelle. Ensuite une loi fatale (ἀνάγκη) (1) a uni les âmes au corps. Cette relation avec la matière désordonnée a produit dans l'âme un trouble général; les cercles divins dont elle se compose ont été dérangés dans leurs révolutions. De là cette émotion de l'âme qu'on nomme sensation; de là aussi la perte de l'intelligence et du souvenir des Idées (2).

Ces symboles du *Timée* et du *Phèdre* sont loin d'être l'expression définitive de la pensée de Platon, et plusieurs passages du *Sophiste* ou du *Parménide* prouvent combien ce dualisme primitif de l'âme et de

---

(1) *Tim.*, 41, e.
(2) « D'après toutes les contrariétés qu'elle éprouve, maintenant comme autrefois, l'âme est d'abord *sans intelligence*, quand elle vient d'être enchaînée à un corps mortel ; mais lorsque le courant des substances nutritives nécessaires pour la croissance du corps y entre avec plus ou moins de force, et que les révolutions de l'âme, retrouvant le calme, suivent leur direction propre et s'y affermissent de plus en plus avec le temps, alors les cercles tournent chacun de la manière qui convient à sa nature ; leurs circonvolutions prennent une forme régulière, et distinguant avec justesse la nature du *même* et la nature de l'*autre*, elles achèvent de rendre sensé celui qui les possède en lui-

la raison divine, analogue au dualisme du corporel et de l'Idée, satisfait peu Platon.

Le problème de la participation, déjà si embarrassant quand il s'agit du monde sensible, reparaît dans les rapports de l'intelligence humaine avec l'intelligible.

On se rappelle le passage du *Sophiste* où Platon critique l'école de Mégare. « Vous dites qu'il faut distinguer la génération et l'être? — Oui. — Que c'est au moyen de la sensation que nous communiquons par le corps avec la génération, et que c'est *au moyen de la raison* que nous communiquons par l'âme avec la *véritable essence*, que vous prétendez toujours semblable à elle-même, tandis que la génération est toujours variable? — C'est encore ce que nous disons. — Mais, chers amis, qu'est-ce donc, dans ces deux cas, que la communication dont vous parlez? N'est-ce pas ce que nous venons de dire? — Eh quoi? — Une *passion* ou une *action*, résultat de la puissance de deux objets mis en relation (1)? » — Ce passage est du plus haut intérêt, à cause de son rapport avec la théorie d'Aristote sur la puissance et l'acte. La connaissance, dit l'étranger éléate dans une objection qui a d'ailleurs un caractère tout provisoire (2), résulte d'une

---

même. » (*Timée*, p. 44 b.) La science et la réminiscence redeviennent possibles, et les souvenirs que le contact de la matière avait obscurcis retrouvent peu à peu leur netteté. — « Les mouvements qui ont lieu dans notre tête ayant été altérés dès la naissance, chacun de nous doit les redresser en étudiant les harmonies de l'univers, et c'est ainsi qu'en rendant ce qui contemple semblable à ce qui est contemplé, comme cela devait être dans l'état primitif, nous devons atteindre à la perfection de cette vie excellente, proposée aux hommes par les dieux pour le présent et pour l'avenir. »

(1) *Soph.*, p. 158.

(2) Voir, sur ce caractère provisoire et relatif des objections, l'analyse du *Sophiste*, livre II.

passion et d'une action, puisque la pensée *connaît* et que l'objet est *connu*. Or cela suppose dans le sujet la puissance de connaître, dans l'objet, la puissance d'être connu : la première est active, la seconde passive. Quand ces deux puissances se réalisent, quand elles passent, pour employer les expressions du *Théétète*, de la simple possession ou κτῆσις à l'usage ou ἕξις, la connaissance a lieu. Aristote adoptera plus tard une théorie analogue pour la connaissance sensible, et il appellera la perception l'*acte commun du sensible et du sentant*. Mais il n'admettra pas que l'être connu soit nécessairement dans l'état de passion, tandis que l'être connaissant est actif. Platon ne l'admet pas davantage. L'objection, en effet, a un caractère tout matérialiste; c'est aux Ioniens que l'étranger éléate l'emprunte, car sa méthode consiste à opposer l'un à l'autre les systèmes contradictoires pour en faire sentir l'insuffisance. La théorie du sujet actif et de l'objet passif est une comparaison grossière empruntée au monde sensible. Celui qui frappe un objet ou qui le met en mouvement est actif, et l'objet est passif. Un moteur suppose nécessairement un objet mû. Mais la connaissance est-elle un mouvement? Voir un objet, est-ce produire un changement en lui? Même dans la connaissance sensible, l'action ne correspond pas nécessairement à la passion. L'œil qui voit le soleil ne modifie en rien le soleil lui-même. C'est ce que l'école de Mégare opposait aux objections des Ioniens, et jusqu'à présent Platon est certainement d'accord avec les Mégariques ; il n'admet pas que la puissance active dans le sujet corresponde nécessairement à la puissance passive dans l'objet, ce qui serait le renversement de la théorie des

Idées et l'adoption du système de Protagoras (1).

L'action du sujet connaissant est réelle; mais la passivité de l'objet connu est tout abstraite; elle n'existe que dans la forme de la proposition : *on connaît* ce qui *est connu*.

Et pourtant, Platon n'est pas d'accord de tout point avec les Mégariques. Ceux-ci retiraient à l'objet connu, non-seulement la puissance passive, mais même la puissance active. « Que disent-ils donc ? — Ils contestent ce que nous venons d'établir sur l'être, *avec les enfants de la terre*. — Quoi ? — Nous avons cru bien définir les êtres par la puissance d'exercer ou de souffrir une action quelconque, si petite qu'elle soit. — Oui. — A cela ils disent que, *quelle que soit cette double puissance*, elle *appartient à la génération*, mais que *ni la puissance passive ni la puissance active ne conviennent à l'être*. — N'est-ce pas bien dit ? — Nous leur dirons à notre tour que nous voudrions bien les voir déclarer plus nettement encore s'ils avouent que l'âme connaît et que l'être est connu. — Sans doute, ils l'avoueront. — Eh bien donc, connaître et être connu, est-ce à votre avis être actif, ou est-ce être passif, ou est-ce être passif et actif tout ensemble ? ou bien encore l'un est-il action, l'autre passion ? ou enfin ni l'un ni l'autre ne sont-ils ni action ni passion ? Évidemment ils diront que ce ne sont là ni des actions ni des passions ; autrement ils diraient le contraire de ce qu'ils ont avancé tout à l'heure. — J'entends. — C'est-

---

(1) V. dans le *Théétète*, l'exposition de la maxime πάντων μέτρον et de la relativité ou passivité mutuelle du sujet et de l'objet. M. Grote (*Plato*, t. II, *Théét.*) a bien vu l'identité de cette doctrine protagoréenne avec celle que nous trouvons dans le *Sophiste* sur l'agent et le patient; mais il a tort de prendre cette doctrine du *Sophiste* pour la vraie doctrine de Platon.

à-dire que, si connaître était une action, l'objet connu serait nécessairement dans un état de passion ; d'où il suivrait que l'être connu par la connaissance serait mû, en tant que connu, puisqu'il serait passif; or, c'est ce qui a été reconnu impossible de l'être essentiellement en repos. — Fort bien (1). » Jusqu'ici l'étranger éléate a joué successivement le rôle des Ioniens et celui des Mégariques. Quand il expose l'objection, c'est sous la forme ionienne et protagoréenne qui fait de la connaissance un mouvement à deux termes, l'un actif et l'autre passif (2) ; et quand il répond à l'objection, c'est dans le sens des Mégariques qui nient toute puissance, même active, dans l'objet connu. Maintenant, l'étranger éléate va parler en son propre nom et exposer l'embarras où le met, non-seulement l'objection ionienne, mais encore la réponse mégarique. On se rappelle ses paroles : — « Quoi? dit-il, par Jupiter! nous persuadera-t-on si facilement que, dans la réalité, le mouvement, la vie, l'âme, l'intelligence, ne conviennent pas à l'être absolu? que cet être ne vit ni ne pense, et qu'il demeure immobile, immuable, sans avoir part à l'auguste et sainte intelligence? » Telle serait, en effet, la conclusion du système Mégarique. Dans la génération, action et passion; dans l'être, ni action, ni passion. Or la connaissance est une action ou une passion; là-dessus tout le monde est d'accord. Donc l'être absolu, étant sans *puissance* aucune, ne connaît pas. Cela ne l'empêche point d'être connu, parce qu'il n'est pas nécessaire pour cela d'avoir aucune puissance active et passive; il suffit que ces puissances existent dans le

---

(1) *Soph.*, 158, sqq.
(2) Voir le *Théétète*, 157, τὸ ποιοῦν εἶναί τι καὶ τὸ πάσχον.

sujet intelligent. Tel est le système mégarique, qui demeure fidèle à la conception éléate de l'Unité abstraite et sans vie.

Maintenant, quelle est l'opinion de Platon lui-même? Une comparaison attentive de ces pages très-obscures du *Sophiste* avec l'esprit général de la théorie des Idées, nous semble aboutir au résultat suivant.

Les Ioniens et les Mégariques ont également tort sur un point et raison sur l'autre.

Les Ioniens ont tort de croire que la connaissance rende passif l'objet connu, et les Mégariques ont raison de dire que l'être peut se révéler à l'intelligence sans subir pour cela de modification réelle.

D'autre part, les Mégariques ont tort de retirer à l'être, non-seulement la passivité, mais même l'activité; et leurs adversaires ont raison d'en conclure que, dans ce cas, si nous connaissons Dieu, Dieu ne nous connaît pas.

Il faut poser la question autrement. La génération a la puissance active et surtout passive; l'être n'a que la puissance active. Qui empêche que la connaissance résulte, non pas de l'action du connaissant sur le connu, mais au contraire de l'action de l'être divin sur la pensée humaine? Dans ce cas le terme connu est actif, et le terme connaissant est passif, quoiqu'il participe sous un autre rapport à l'activité. Une telle hypothèse est interdite aux Éléates, qui excluent toute puissance de l'être connu; et elle est aussi interdite aux Ioniens, qui mettent l'activité de l'esprit en face d'une matière passive. Mais pour Platon elle est la vérité même, et on pourrait la formuler dans cette proposition évidemment platonicienne : la science résulte de l'action d'une intelligence sur une intelligence.

Par rapport à l'intelligence divine qui l'éclaire, l'intelligence humaine est passive; mais c'est une passion qui n'exclut point l'action, qui l'excite au contraire. C'est cette passivité primitive sous l'action divine qui éveille dans l'âme, comme par une réaction et un retour admirable, l'activité et la vie. Que dis-je? plus nous réfléchissons à ce grand problème, plus la part de la passivité primitive devient faible à nos yeux; elle s'évanouit dans l'infiniment petit d'un premier instant, et il ne reste plus en présence que l'activité de l'âme, répondant par la pensée et par l'amour à l'activité de Dieu.

Les Mégariques demanderont peut-être à Platon comment l'activité peut exister en Dieu, sans un changement dans le temps qui le rabaisse au niveau de la génération. Mais la suite du *Sophiste*, le *Parménide*, et plusieurs passages du *Timée*, nous font assez prévoir ce que Platon aurait répondu sans doute. Si vous entendez par puissance active le pouvoir d'agir après s'être reposé et de changer ainsi dans le temps, alors il est vrai de le dire : l'être parfait (τὸ παντελῶς ὄν) n'a point de puissance active; mais il a mieux que cela, il a l'activité éternelle. Toujours le même dans son fonds et sa substance, — à tel point qu'il ne faut pas dire: *il a été, il est, il sera, mais seulement il est*, — il produit, du sein de *l'éternité où il repose*, le mouvement régulier du monde et le mouvement régulier de la pensée humaine, et il ne sort pas pour cela de son repos (1). Il est donc immobile et mobile tout ensemble, si vous voulez absolument donner le nom de mobilité à l'intelligence et à l'activité éternelles. Le *Parmenide* nous fait assez voir que ces contradictions sont relatives

(1) Καὶ ὁ μὲν δὴ ἅπαντα ταῦτα διατάξας, ἔμενεν ἐν τῇ ἑαυτοῦ κατὰ τρόπον ἤθει. *Tim*., 42, d.

à la pensée de l'homme et au point de vue étroit sous lequel nous embrassons les choses universelles. Mais renvoyons à la théodicée l'étude plus approfondie de l'intelligence divine.

La théorie qui précède rappelle celle d'Aristote ; mais elle en diffère par un point essentiel ; et cette différence, c'est le platonisme tout entier.

Comme Platon, Aristote admettra que la connaissance n'implique point la passivité de l'objet connu.

Comme lui, il admettra que l'objet connu peut être actif, et l'intelligence passive ; ou plutôt que la pensée et son objet sont actifs tous les deux, même dans la connaissance sensible.

Comme Platon, Aristote admettra que, dans la connaissance rationnelle, la raison humaine contient un reste de passivité mêlé à l'activité, tandis que la raison divine est une activité invariable, ou plutôt un acte pur.

Mais, dans Platon, Dieu connaît l'homme, tandis qu'Aristote retombera dans l'erreur des Mégariques. Il exclura de la pensée divine la connaissance du monde et de l'homme, et par là même, plus conséquent que les Mégariques, il rejettera la théorie des Idées tout entière.

Le *Parménide* vient confirmer l'explication du *Sophiste* que nous avons proposée pour rendre compte d'un passage qui a tourmenté au plus haut point les interprètes.

La discussion préalable du *Parménide* aboutit logiquement à cette conclusion que la connaissance doit être l'action d'une intelligence sur une intelligence, ou plutôt leur pénétration mutuelle au sein de l'unité.

« Toi et tous ceux qui attribuent à chaque chose

particulière une certaine essence existant en soi, vous conviendrez d'abord, si je ne me trompe, qu'aucune de ces essences n'est en nous. — En effet, reprit Socrate ; comment alors pourrait-elle exister en soi ? » Cette réponse va compromettre toute la théorie des Idées. L'Idée est tout à la fois en elle-même et en nous. Si on sépare complétement les Idées de l'âme humaine, il en résulte, comme le démontre Parménide, qu'il n'y a plus de communication possible. « Ce qui est en nous ne se rapporte pas aux Idées, ni les Idées à nous ; mais les Idées se rapportent les unes aux autres, et les choses sensibles les unes aux autres... Tu conviens que nous ne possédons pas les Idées elles-mêmes, et qu'elles ne peuvent être parmi nous. — Oui. — Or n'est-ce pas seulement *par l'idée de la science qu'on connaît les Idées en elles-mêmes ?* — Oui. — Et cette Idée de la science nous ne la possédons pas ? — Non. — Donc nous ne connaissons aucune Idée, *puisque nous n'avons pas part à la science en soi* (1). » — Et d'un autre côté, Dieu, qui possède la science en soi, connaît les Idées, mais ne connaît pas le monde sensible ni l'humanité. Ainsi, pour Platon, la science divine et la science humaine sont tellement liées qu'elles subsistent ensemble ou disparaissent ensemble. Si Dieu ne nous connaît pas, nous ne pouvons le connaître, et nous ne le connaissons que par la connaissance même qu'il a de nous et de lui. C'est un des principes les plus profonds du platonisme, et ce qui le distingue surtout du péripatétisme.

Parménide démontre donc à Socrate la nécessité d'une union intime entre la raison de Dieu et la raison de l'homme, entre la vérité et l'intelligence. C'est par

---

(1) *Parm.*, 134, d, e.

l'Idée de la science en soi qu'on peut connaître le bien en soi, le beau en soi, et les autres essences éternelles. Il y a donc parmi les Idées une Idée intermédiaire entre les autres Idées et l'intelligence : c'est l'Idée de la science en soi. Si nous n'en participions pas directement, toute connaissance serait impossible. Disons donc que l'Idée de la science en soi, outre qu'elle subsiste en elle-même, est présente à nos âmes sans se confondre avec elles. Elle constitue la partie supérieure de l'âme, son essence, l'âme en soi; et en tant qu'elle est présente à l'homme, elle s'appelle la Raison. « Que l'âme *elle-même* examine les choses *en elles-mêmes...* » — « Qu'y a-t-il de plus rigoureux que de penser avec la *pensée toute seule*, dégagée de tout élément étranger et sensible, d'appliquer immédiatement *la pure essence de la pensée en elle-même* à la *pure essence de chaque chose en soi*, sans le ministère des yeux et des oreilles, sans aucune intervention du corps qui ne fait que troubler l'âme et l'empêcher de trouver la sagesse et la vérité, pour peu qu'elle ait avec lui le moindre commerce (1). » Paroles significatives qui mettent à découvert la vraie pensée de Platon ! la raison est pour lui la *pure essence de la pensée* appliquée à *la pure essence de chaque chose en soi ;* elle est donc une essence, elle est une Idée; c'est l'Idée de la science en soi, c'est la science en soi elle-même, présente dans l'homme et se communiquant à lui. Dès lors, la raison perd son caractère personnel par rapport à nous; elle est en nous, elle est même d'après Platon notre essence; mais par là, Platon n'entend pas notre individualité, puisque l'essence est universelle et que l'individu est plutôt pour lui un phénomène. La raison

---

(1) *Phædo*, p. 66.

a donc un caractère d'universalité, et comme on le dira plus tard, d'impersonnalité. Mais, par rapport à elle-même, la raison est personnelle en ce sens qu'elle se connaît et connaît tout le reste, et qu'elle a la suprême réalité. La raison, par rapport à elle-même, c'est la science en soi.

Dès lors on s'explique que Platon, songeant à la partie haute de l'âme, à son essence pure, ait été sur le point d'appeler l'âme une *Idée* (1), mais non dans sa partie impure et mortelle. L'âme, dit-il, va à ce qui est immuable et éternel, comme étant de même nature, ὡς συγγενὴς οὖσα. Dès lors aussi, la connaissance des Idées par la raison s'explique. La raison elle-même est une Idée, et nous savons qu'il y a entre les Idées pénétration réciproque et participation mutuelle. Quoi d'étonnant à ce que la raison atteigne la vérité et l'être; au fond elle est elle-même la vérité, elle est l'être. Le vulgaire aperçoit un abîme entre l'être et la pensée, et il les sépare tellement qu'il ne peut plus ensuite expliquer leur union dans la connaissance. Platon supprime cette séparation sans supprimer la distinction. Dans le point de vue supérieur de l'unité que nous laisse entrevoir le *Parménide*, la pensée est l'être, l'être est la pensée. Voilà pourquoi la dialectique idéalise le réel et réalise l'idéal.

En résumé, l'intuition rationnelle ou νόησις est l'union de la pensée et de l'existence, c'est la possession naturelle et éternelle de la vérité, c'est l'intimité de l'âme et de l'être. En même temps, c'est le fonds commun sur lequel apparaissent les personnalités individuelles. Mais Platon, préoccupé de l'universel, néglige de nous expliquer l'individu; ou, quand il veut

---

(1) V. le *Théétète*, 184, et plus haut, p. 128.

l'expliquer, le secret se dérobe à lui comme à tous les autres philosophes: il est tenté d'apercevoir partout les Idées, seulement les Idées, avec leurs rapports infinis, d'où naît l'infinité des apparences sensibles et des sensations qui leur correspondent. L'opinion et la sensation se rapprochent peu à peu de la raison, dont elles avaient été d'abord si profondément distinguées, et la sensation ne semble plus être autre chose qu'une pensée confuse, de même que le sensible se résout dans un mélange confus des Idées. Les phénomènes corporels et les opinions individuelles ne sont plus que des relations multiples au sein de l'unité; l'imperfection, toujours distincte de la perfection, n'en est cependant plus séparée. Tel est l'idéalisme vers lequel est entraîné Platon toutes les fois qu'il essaie de creuser le problème. Mais, si le problème de la connaissance rationnelle l'attire, la solution l'inquiète, et il préfère le plus souvent se mettre à l'abri derrière les symboles ou les dogmes.

CHAPITRE III.

DE LA CERTITUDE ET DE L'ERREUR.

I. De la CERTITUDE. — L'Idée de la science, principe de toute certitude. Qu'il n'y a ni affirmation, ni négation, ni doute possible sans l'Idée de la vérité absolue. — II. De l'ERREUR. — Théories du *Théétète*, du *Ménon*, du *Sophiste* et du *Cratyle*. Comment la dernière explication de l'erreur se trouve dans la participation mutuelle des Idées et dans l'Idée du non-être.

I. La croyance de Platon à la pénétration réciproque de la pensée et de l'être, de l'âme et de la vérité, explique l'autorité objective qu'il accorde, parfois avec excès, aux conceptions de l'intelligence. Tout ce qui est dans la raison est pour lui dans les choses ; car la pensée pure et l'être pur sont identiques à leur origine, et s'il fallait établir des degrés de dignité entre la pensée et l'être, ce n'est pas à l'être, mais à la pensée, que Platon donnerait le premier rang. Dans le *Timée*, nous verrons Dieu produire et ordonner toutes choses sur son Idée et en vue de son Idée. Le premier principe, le Bien, enveloppe l'être, mais ne donne de réalité à cet être qu'en se le rendant intelligible par son Idée. L'Idée ou l'intelligibilité est donc le fonds substantiel de l'être, avec lequel d'ailleurs elle se confond au sein du Bien.

De là la certitude absolue de la raison. Cette certitude, se communiquant à la pensée tout entière quand la pensée se conforme aux lois de la raison, met l'âme humaine en possession de la vérité éternelle.

La certitude de la raison est impliquée dans tout acte de la pensée, et aucune opération logique, d'après

Platon, ne serait possible si elle ne contenait pas l'affirmation de la raison par elle-même. N'y a-t-il pas, en effet, une Idée nécessaire et absolue que suppose toute opération de la pensée, à savoir l'Idée même de la pensée en soi ou de la science en soi? « C'est seulement par l'Idée de la science, dit Platon dans le *Parménide*, que nous pouvons connaître. » Et en effet, toutes les fois que je pense, je conçois nécessairement, sous une forme implicite, l'idéal même de la pensée et de la vérité, de la science et de la certitude. Un jugement peut-il avoir lieu dans mon esprit sans une notion plus élevée qui me fasse concevoir en général, comme essence nécessaire de toute pensée, la connaissance d'un objet réel par un sujet pensant, ou, en d'autres termes, de l'intelligible par une intelligence? Dans ce rapport de la vérité et de la pensée consiste la science et la certitude, dont l'idéal est ainsi présent à mon âme comme une fin à laquelle elle doit atteindre. Quand nous disons : *je suis certain*, et même quand nous disons : *je doute*, — nous comparons notre science ou notre incertitude à ce type suprême de la science en soi identique à la vérité en soi, et nous jugeons si l'un des termes est conforme à l'autre, si l'image est conforme à l'original.

Mais par cela même que cette Idée de la science véritable est toujours présente à notre esprit, nous y participons naturellement, et l'idéal est déjà en partie réalisé dans l'âme : il est réalisé dans la raison, dans la νόησις. Il y a donc une certitude dont l'âme est en possession par sa nature même et qu'elle ne peut jamais perdre, même dans le scepticisme le plus absolu : dire que rien n'est absolument vrai, c'est encore concevoir la vérité d'une manière absolue. Ainsi la *science en soi* n'est point séparée de nous par un intervalle infranchissable, comme le croyait d'abord Socrate en entendant les objections de Parménide. La science pure existe et en elle-même et en nous ; et elle constitue un fonds de certitude sur lequel peuvent s'appuyer les constructions logiques.

Nous comprenons maintenant pourquoi la science ne peut se définir, et pourquoi l'entretien de Socrate et de Théétète n'aboutit point à une définition véritable. Socrate montre fort bien que ceux qui veulent définir la science la définissent avec elle-même. Tout ce qu'on peut dire, c'est que la science a pour objet les Idées et la vérité, et qu'elle provient de la raison ou νοῦς ; mais la science ne se définit pas et ne se décompose pas. Il n'y a pas d'autre terme de comparaison pour la science que la science elle-même ; et il est impossible de parler de la science sans employer des mots « tels que connaître, savoir, concevoir, ignorer » qui déjà renferment l'idée de la science (1). La science ne peut que prendre conscience d'elle-même dans la simplicité de sa pure essence. Cette conscience est le type de la certitude ; elle est le point de départ de la logique, et en même temps elle en est le but ; car l'Idée de la science en général est pour Platon la dernière mesure, le dernier terme de comparaison dans toutes les recherches particulières. Au-dessus ou au delà, il n'y a rien. Le rationnel, dans sa pureté, est le terme de notre activité intellectuelle, c'est-à-dire de la dialectique.

II. Telles sont les doctrines de Platon sur la science et la certitude. Mais il est une chose plus difficile à expliquer que la science : c'est l'erreur. La difficulté

(1) *Théét.*, 196, e.

est plus grande encore pour Platon que pour tout autre; le *Théétète*, le *Ménon* et le *Sophiste*, montrent assez combien cette question le préoccupait. C'est qu'il retrouvait là l'éternel problème dont il cherchait en vain la solution.

Les Idées et la perfection existent; mais comment l'imparfait peut-il exister? L'intelligible est réel; mais qu'est-ce alors que la réalité sensible? La vérité existe et la raison la connaît; mais qu'est-ce alors que l'erreur? En toutes choses, ce qui est simple et clair pour Platon, c'est l'existence de l'unité et du bien; ce qui est difficile et obscur, c'est la multiplicité et le mal. Les yeux fixés sur les Idées, il ne voudrait voir qu'elles; ce monde de l'imperfection et de l'erreur lui semble alors comme un rêve pénible dont l'âme est obsédée et dont elle voudrait se réveiller pour ne plus apercevoir que la réalité intelligible (1). Sous les formes les plus diverses Platon savait reconnaître un même mystère. Aussi sa théorie de l'erreur est-elle intimement liée à sa théorie du sensible et de la matière conçue comme un non-être relatif. La *matière* explique l'imperfection; elle explique le mal; elle explique le sensible et la sensation : elle explique l'erreur.

On a voulu rendre compte de l'erreur en considérant le faux jugement comme une *méprise* par laquelle nous confondons les deux termes d'une comparaison. Nous avons déjà vu que Platon, dans le *Théétète*, expose cette théorie (2). Il y a, dit-il, quatre hypothèses qu'on peut faire, dans le cas où tout faux jugement serait une erreur de comparaison. Si les deux termes vous sont également et parfaitement connus, pas de

---

(1) *Timée*, 52, b.
(2) Voir plus haut, p. 28.

comparaison possible, ni de méprise; si l'un est connu et l'autre complétement inconnu, même difficulté : car peut-on comparer ce qu'on sait à ce qu'on ne sait pas? Enfin, si les deux termes sont connus, vous ne pouvez plus les confondre, à moins de dire que vous connaissez et ne connaissez pas en même temps le même objet. Et il faut bien, en effet, qu'on aboutisse à cette proposition, et qu'il existe un état de l'âme qui ne soit ni la science ni l'ignorance absolue : l'opinion; et un état des choses qui ne soit ni l'être ni le non-être : la génération.

On ne peut pas errer sur ce qu'on sait, disaient les sophistes; et on ne peut pas errer sur ce qu'on ne sait pas, puisqu'on n'en a pas même l'idée. Ce dilemme repose sur le sens absolu qu'on donne au mot de savoir. Sans doute il n'y a pas d'erreur dans le savoir proprement dit; mais toute pensée est-elle science parfaite ou complète ignorance? tout être est-il *être absolu* ou *non-être* absolu?

On trouve dans le *Ménon* une première réponse. De même que la science est une simple réminiscence, de même l'ignorance n'est point absolue : c'est seulement un oubli. « Celui qui ignore a donc en lui-même des opinions vraies sur ce qu'il ignore? — Apparemment. — Ces opinions viennent de se réveiller comme un songe chez ton esclave. Et si on l'interroge souvent et en diverses façons sur les mêmes objets, à la fin il en aura une connaissance aussi exacte que qui que ce soit (1). » L'objection des sophistes repose donc sur un faux rapport de contradiction absolue, établi entre la science et l'ignorance. Celle-ci n'est point la négation complète de celle-là; l'ignorance, au fond, est encore

(1) *Ménon*, p. 82, sqq.

la science, mais une science implicite qui existe sous un certain rapport et sous l'autre n'existe pas. Au fond de toutes les objections sophistiques on retrouve la même fausse doctrine sur le rapport des contraires.

Platon se trouvait ainsi amené naturellement à chercher la dernière explication de l'erreur dans la théorie métaphysique du vrai et du faux, de l'être et de son contraire. La question se posait ainsi : l'erreur est-elle l'absolue négation de la vérité? Si on se décide pour l'affirmative, l'erreur devient entièrement inexplicable, et le sophiste triomphe. Quand on accusera un sophiste de pratiquer l'art du mensonge et de tromper les hommes en leur faisant prendre l'apparence pour la réalité, il répondra que la notion même d'*apparence* est contradictoire, que la *réalité* seule existe et qu'elle est seule concevable. « Véritablement nous en sommes à une question fort épineuse : car *paraître* et sembler sans *être*, dire sans rien dire de vrai, tout cela présente un abîme de difficultés, et dans tous les temps, autrefois comme aujourd'hui (1). » C'est, en effet, la question du *phénomène* et de l'*être*, dans laquelle est engagée la philosophie tout entière. « Comment prétendre qu'il y a réellement des paroles et des pensées fausses, et en s'exprimant ainsi, ne pas tomber en contradiction avec soi-même? C'est ce qu'il n'est pas aisé de comprendre, Théétète. — Et pourquoi? — C'est supposer hardiment que le *non-être* est; autrement le faux ne saurait être. Or voici, mon cher enfant, ce que le grand Parménide nous enseignait jadis quand nous étions à ton âge, et au commencement et à la fin de ses leçons, en prose et en vers : — Jamais,

---

(1) *Soph.*, tr. Cousin, 222, — 230, b.

disait-il, tu ne comprendras que ce qui n'est pas est : éloigne ta pensée de cette recherche. » — C'est ainsi que Platon élève sans cesse la logique à la hauteur de la métaphysique.

« Ce qui n'est *en aucune manière*, continue l'étranger éléate, osons-nous l'exprimer ?. » Le non-être n'est aucune chose ; celui qui en parle ne dit donc aucune chose : il parle en ne disant rien ; ou plutôt, « *il faut dire qu'il ne parle pas du tout.* » « Tu comprends donc qu'il est impossible et d'énoncer proprement le non-être, et d'en dire quelque chose, et de le concevoir en lui-même ; qu'il est insaisissable à la pensée et au langage, à la parole et au raisonnement. » On reconnaît la formule qui termine la première thèse du *Parménide* sur *l'un absolument un*, également inconcevable et ineffable, excluant tous les contraires. Il en est de même ici du non-être absolument non-être.

Voici maintenant l'antithèse, qui offre aussi la plus remarquable analogie avec celle du *Parménide*.

Le non-être, disions-nous, est inconcevable et ineffable. Mais, « en établissant que le non-être n'admet ni la pluralité ni l'unité (c'est-à-dire qu'il exclut tous les contraires), je lui ai attribué l'unité, car j'ai déjà dit *le non-être*... En affirmant qu'on ne pouvait ni en raisonner ni en parler, ni l'exprimer, j'en raisonnais comme de quelque chose d'un. » De même, « en disant les non-existences, ne leur attribuons-nous pas la pluralité du nombre ? » En conséquence, ce même non-être qui excluait tous les contraires les admet tous maintenant. Même conclusion pour *l'unité* dans le *Parménide*.

Le sophiste va triompher de cet embarras. « Tu dis qu'une fausse opinion admet ce qui n'est pas ? —C'est tout simple. — Est-ce en admettant que ce qui n'est pas n'est pas, ou bien en admettant que ce qui n'est d'aucune manière existe de quelque manière? — C'est en attribuant quelque existence à ce qui n'est pas. » Mais « *nous avons précédemment reconnu que ce qui n'est pas est insaisissable* au langage et à la pensée. Nous sommes donc en contradiction avec nos principes, puisque nous définissons l'erreur la conception de ce qui n'est pas et l'attribution de l'être au non-être.

Donc, ou il n'y a pas d'erreur, ou le non-être existe de quelque manière.

C'est à cette dernière conclusion, on le sait, qu'aboutit le *Sophiste*. L'être, sous certains rapports, n'est pas ; le non-être, sous certains rapports, est. Le non-être, par rapport à une chose, c'est simplement ce qui n'*est pas* cette chose et *est* autre chose. Le non-être, c'est la partie de l'être que l'on ne considère pas actuellement. De même l'ignorance est la partie de la vérité que l'on ne possède pas actuellement sous la forme explicite de la réminiscence. La science répond à l'absolu de l'être ; l'ignorance est tout entière dans le non-être relatif.

« Il nous reste à considérer si le non-être se mêle à l'opinion et au discours. S'il ne s'y mêle point, il s'ensuit que tout sera vrai. S'il s'y mêle, l'opinion et le discours seront faux ; car penser ou dire le non-être (c'est-à-dire *autre chose* que ce dont il s'agit, et non pas *aucune* chose), c'est proprement ce qui fait le faux dans l'esprit et dans le discours (1). »

Les noms expriment les *genres*, et les verbes l'*union des genres*. « Les mots ne représentent ni action ni

---

(1) *Soph.*, p. 252, 254, 257, sqq.

inaction, ni existence d'un être non plus que d'un non-être, tant qu'on ne mêle pas les verbes aux noms (1). » La vérité et l'erreur ne sont donc pas dans les genres, mais dans la manière dont l'esprit les unit. Aristote, fidèle encore sur ce point à la théorie de Platon, dira plus tard : « Le vrai et le faux sont dans la synthèse de l'esprit. »

Comparons ces deux propositions : « Théétète est assis, » et « Théétète, avec qui je parle, vole. » Le premier jugement est vrai « il dit ce qui est, comme étant, sur ton compte. — Précisément. — Le faux dit *autre chose* que ce qui est. — Oui. — Il dit comme étant ce qui n'est pas. — A peu près. — C'est-à-dire ce qui est *autre que ce qui est sur ton compte*. Car nous avons dit qu'il y a pour chaque chose beaucoup d'être et beaucoup de non-être. » — Ainsi ce faux jugement qui attribue le vol à Théétète, « *parle de quelque chose* (2). » « S'il ne parlait de rien, ce ne serait pas un discours ; car nous avons établi comme impossible que ce qui est un discours ne soit dit de rien. — Cela est parfaitement juste. — Mais *ce qui est autre par rapport à toi*, affirmé de toi *comme étant le même* ; ce qui *n'est pas*, affirmé de toi *comme étant ;* un pareil assemblage de noms et de verbes a tout l'air d'être réellement et véritablement un discours faux. »

Si l'erreur existe dans le discours, elle pourra exister aussi dans ce *discours intérieur* qui est l'opinion, et par lequel l'âme *affirme et nie* en silence. L'erreur pourra exister aussi dans l'imagination, qui est une *combinaison de sensation et d'opinion* (5).

(1) Soph., 304, tr. Cousin. — 252, sqq.
(2) Ib., 306.
(3) Ib., 308.
(4) Ib., 310.
(5) Ib., 311.

Dans tous les cas, l'erreur est un mélange de genres qui ne peuvent s'unir. Le sujet du faux jugement existe; l'attribut existe aussi, mais il n'existe pas relativement au sujet. L'erreur est donc dans l'affirmation, dans le verbe qui exprime l'union ou la séparation des idées, c'est-à-dire leur rapport.

C'est dans la *participation* que se trouve, en définitive, l'explication de l'erreur. Le *Cratyle* le montre. Dans ce dialogue, Platon distingue les *objets réels* et les *images*, et fait voir que toute image est nécessairement incomplète et mêlée d'éléments étrangers; sinon elle serait indiscernable de l'objet qu'elle reproduirait de tout point (1). Donc une image *est* et n'*est* pas l'objet. Les choses visibles sont l'image des Idées intelligibles auxquelles elles participent; elles sont et ne sont pas conformes aux Idées; elles contiennent un mélange d'Idées; et conséquemment l'être et le non-être y sont corrélatifs. De là la possibilité de confondre une image avec une autre, de rapporter à une Idée la représentation qui ne lui convient pas, comme quelqu'un qui rapporterait à un homme l'image d'une femme, et à une femme l'image d'un homme (2). Chaque chose étant *ceci* et en même temps *autre* chose, on peut confondre ce par quoi elle est *la même* que l'Idée et ce par quoi elle est *autre*. Dans les Idées pures, chacune étant elle-même sans mélange d'autres Idées, l'erreur est impossible; elle est aussi impossible dans la sphère de l'unité absolue ou du bien; mais il n'en est plus de même dans la sphère du *mixte* ou du sensible.

Cette théorie est parfaitement d'accord avec toute la doctrine des Idées. Le faux étant une relation entre deux choses vraies, l'apparence sera un rapport entre des

---

(1) V. plus loin notre analyse du *Cratyle*: ch. v.
(2) *Ibid.*

réalités; le phénomène, un rapport entre un être et un non-être; le sensible, un rapport de confusion entre les choses intelligibles; et la *matière* sera le relatif conçu en lui-même et d'une manière générale, par opposition à l'absolu des Idées.

Ainsi Platon arrive toujours, par les voies les plus différentes, à cette conclusion que les Idées seules existent; et tout le reste se résout plus ou moins directement dans une relation des Idées, qui produit le multiple au sein même de l'unité. Cette relation, c'est la matière, origine du sensible, origine de l'imperfection et du mal, origine de l'erreur.

« Eh bien! puisque nous reconnaissons que les genres sont susceptibles de mélange, n'est-il pas nécessaire de posséder une certaine science pour conduire son raisonnement; quand on veut démontrer quels sont ceux de ces genres qui s'accordent entre eux et ceux qui ne s'accordent pas?.. Diviser par genres, ne pas prendre pour différents ceux qui sont identiques, ni pour identiques ceux qui sont différents, ne dirons-nous pas que c'est là l'œuvre de la science dialectique?... C'est donc en quelque endroit semblable que nous trouverons le philosophe, quoique celui-là ne soit pas non plus facile à bien voir. Pourtant la difficulté est ici d'une tout autre sorte que pour le sophiste. — Comment? — L'un *s'enfuit dans les ténèbres du non-être*, et s'y établit comme dans une retraite qui lui est familière; c'est l'obscurité du lieu qui le rend difficile à reconnaître. Mais pour le philosophe, dont la pensée est en commerce perpétuel avec l'Idée de l'être, c'est à cause de l'éclat de cette région qu'il n'est nullement aisé de l'apercevoir (1). »

(1) *Id.*, 252, sqq.

CHAPITRE IV.

RÉSULTATS DE LA DIALECTIQUE. LA PHILOSOPHIE ET LES DIVERSES SCIENCES.

I. LA PHILOSOPHIE. Qu'elle a son objet et sa fin dans l'Idée de la science en soi. Son caractère d'universalité. — II. LES DIVERSES SCIENCES. Leurs rapports avec la philosophie. Arithmétique, géométrie, stéréométrie, astronomie, musique, physique, psychologie.

I. La Philosophie.

« Si jamais un être peut posséder la science en soi, ne penseras-tu pas que c'est à Dieu seul et à nul autre que peut appartenir la science parfaite? — Nécessairement (1). » Quant à l'homme qui participe à cette science, « le nom de *sage* est trop grand pour lui, et ne convient qu'à Dieu seul; mais celui de philosophe est mieux en harmonie avec la condition humaine (2). » Notre science, en effet, est toujours à venir, et elle varie toujours parce qu'elle n'est jamais complète (3). « Non-seulement nos connaissances naissent et meurent en nous, et nous ne sommes jamais les mêmes par rapport à elles, mais chacune d'elles en particulier éprouve les mêmes vicissitudes. Ce qu'on appelle réfléchir se rapporte à une connaissance qui s'efface; car l'oubli est l'extinction d'une connaissance.

---

(1) *Parm.*, 134, c.
(2) *Phædr.*, 278. d. *Ib.*, 246, a. *Phædr.*, 65, a.
(3) *Conv.* 407.

Or, la réflexion, formant en nous un nouveau souvenir à la place de celui qui s'en va, conserve en nous la science, si bien qu'elle semble la même. Ainsi se conservent tous les êtres mortels; ils ne restent pas absolument et toujours les mêmes comme ce qui est divin (1). »

L'Idée de la science en soi est un idéal auquel doit tendre toute âme raisonnable. Cet idéal est déjà réalisé imparfaitement en nous, par cela même que nous le concevons avec une certitude absolue; nous pouvons nous en rapprocher sans cesse; nous pouvons presque l'atteindre (2). La philosophie tient le milieu entre la science parfaite et l'ignorance absolue. Elle occupe, entre la sphère supérieure et la sphère inférieure, la région intermédiaire de l'*amour* (3).

La philosophie est proprement l'amour de la Vérité, non de telle ou telle vérité particulière, mais de la Vérité universelle ou des Idées. « Le vrai philosophe n'est présent que de corps dans la cité qu'il habite. Son âme, regardant tous les objets sensibles comme indignes d'elle, se promène de tous côtés, mesurant, selon l'expression de Pindare, et les profondeurs de la terre et l'immensité de sa surface; s'élevant jusqu'aux cieux pour y contempler la course des astres; portant un œil curieux sur la nature intime de toutes les grandes classes d'êtres dont se compose cet univers, et ne s'abaissant à aucun des objets qui sont tout près d'elle. Non-seulement un philosophe ne sait pas ce que fait son voisin; il ignore presque si c'est un homme ou un autre animal.

---

(1) *Conv.*, 407, e.
(2) *Conv.*, 211, b. Σχεδὸν ἄν τι ἅπτοιτο τοῦ τέλους. *De Leg.*, VII, 804, c. *De Rep.*, VI, 505, a.
(3) *Conv.*, ibid.

Mais ce que c'est que l'*homme*, et quel caractère le distingue des autres êtres pour l'action ou la passion; voilà ce qu'il cherche et ce qu'il se tourmente à découvrir (1). » De ces questions : « *Quelle injustice te fais-je?* ou : Quelle injustice me fais-tu ? » le philosophe passe « à la considération *de la justice et de l'injustice en elles-mêmes*, du caractère qui les distingue l'une de l'autre et de tout le reste (2). »

« Reconnaissons qu'il est dans la nature des philosophes de s'attacher à la poursuite de la science qui peut leur dévoiler l'essence immuable, inaccessible aux vicissitudes de la génération et de la corruption ; qu'ils *aiment cette science tout entière*, sans renoncer volontairement à aucune de ses parties, grande ou petite, plus ou moins importante (3). »

« Quand on dit de quelqu'un qu'il aime une chose, veut-on dire qu'il n'en aime que telle ou telle partie, ou qu'il l'aime dans sa totalité?... — Dans sa totalité. — Nous ne disons pas de quelqu'un qui fait le difficile en fait de sciences, surtout s'il est jeune et n'est pas en état de se rendre raison de ce qui est utile et ne l'est pas, qu'il aime les sciences et qu'il est philosophe ;... mais celui qui montre du goût pour toutes sortes de sciences, qui s'y livre avec ardeur et qui est insatiable d'apprendre, ne mérite-t-il pas ce nom? »
— « Les philosophes sont ceux qui sont amateurs du spectacle de la vérité... Les autres hommes, dont la curiosité est toute dans les yeux et dans les oreilles, aiment les belles voix, les belles couleurs, les belles figures et tous les ouvrages où il entre quelque chose de semblable; mais leur intelligence est incapable

---

(1) *Théét.*, C., 128.
(2) *Ib.*, 131.
(3) *Rép.*, VII, 4.

d'apercevoir et d'aimer le *beau lui-même*... Or, qu'est-ce que la vie d'un homme qui connaît de belles choses, dans une ignorance absolue du *beau lui-même*, et qui n'est pas capable de suivre ceux qui voudraient le lui faire connaître? Est-ce un rêve ou une réalité? Prends garde : qu'est-ce que rêver? N'est-ce pas, qu'on dorme ou qu'on veille, prendre la ressemblance d'une chose pour la chose même ? » Ainsi font ces amateurs de spectacles sensibles, qui préfèrent l'ombre à la réalité. Ce sont des amis de l'opinion (φιλόδοξοι) et non des amis de la sagesse (φιλόσοφοι). « Il faudra donc appeler philosophes ceux-là seuls qui s'attachent à la contemplation *du principe essentiel des choses* (1)? »

Ainsi se précise et se formule dans Platon l'Idée antique de la science première. Pour les anciens, le caractère philosophique consistait dans la généralité des idées, sans égard à la diversité accidentelle des objets. Ils définissaient la philosophie la science de l'universel, la science des sciences ; et comme le point de vue de la généralité leur paraissait correspondre à ce qu'il y a de plus essentiel dans l'existence, ils définissaient encore la philosophie la science des premiers principes et des premières causes, ou la science de l'être en tant qu'être (2). Voir la multiplicité dans l'unité, le relatif dans l'absolu, le passager dans l'éternel, le mobile dans l'immuable, c'est le but suprême de la pensée, et la philosophie est cette vision de toutes choses en Dieu.

La philosophie est donc la science maîtresse, régulatrice, synoptique : ὁ μὲν γὰρ συνοπτικὸς (τῶν μα-

---

(1) *Rép.*, V, *ibid.* et *passim*.
(2) *Soph.*, 254, a.

θημάτων) ὁ διαλεκτικός (1). Les autres sciences ont leur objet et leur fin ailleurs qu'en elles-mêmes; « *elles sont sciences d'autre chose* et *non d'elles-mêmes;* tandis que la sagesse est tout à la fois la science des autres sciences et la science d'elle-même (2). » Aussi la philosophie, essentiellement désintéressée, est-elle le partage des hommes libres (3), parce qu'elle est libre elle-même et indépendante par rapport aux intérêts de la vie vulgaire et aux autres connaissances.

II. LES DIVERSES SCIENCES. — *Leurs rapports avec la philosophie.*

La science, une en soi, se multiplie pour nous et se divise. Elle nous semble « partagée en plusieurs sciences, et quelques sciences paraissent dissemblables entre elles (4). » Mais, « *comme tout est lié dans la nature*, et que l'âme autrefois a tout appris » (c'est-à-dire qu'elle enveloppe obscurément la science universelle), « rien n'empêche qu'*en se rappelant une seule chose,* — ce que les hommes appellent apprendre, — *on ne trouve de soi-même tout le reste*, pourvu qu'on ait du courage et qu'on ne se lasse point de chercher (5). » Cette recherche est l'œuvre de la philosophie. Les autres études ne deviennent des sciences véritables que quand la philosophie, s'emparant de leurs résultats pour les coordonner en vue du bien (6),

---

(1) *Rép.*, VII, 537 c. *Id.*, 534, e. Ἀρ' οὖν δοκεῖ σοι ὥσπερ τρίγκος τοῖς μαθήμασιν ἡ διαλεκτικὴ ἡμῖν ἐπάνω κεῖσθαι.
(2) Αἱ μὲν ἄλλαι πᾶσαι ἄλλου εἰσιν ἐπιστῆμαι, ἑαυτῶν δ'οὔ· ἡ δὲ μονὴ τῶν τε ἄλλων ἐπιστημῶν ἐστι καὶ αὐτὴ ἑαυτῆς. (*Charm.*, 166, c.)
(3) *Théét.*, C., 130 et suiv.
(4) *Phileb.*, C., 297. — 55, sqq.
(5) *Ménon*, p. 95.
(6) *Euthyd.*, 290, c.

embrasse dans son unité la multiplicité de leurs objets et les élève à la hauteur de la science universelle.

Platon passe en revue, dans le VII⁰ livre de la *République*, les études qui peuvent servir d'auxiliaires ou de préparation à la philosophie. Il donne le premier rang à la science des nombres, à la condition toutefois qu'on la considère, non comme une fin, mais comme un moyen de parvenir à un degré supérieur. « Cette science pourrait bien être une de celles que nous cherchons, et qui élèvent l'âme à la pure intelligence et l'amènent à la contemplation de l'être; mais personne ne sait s'en servir comme il faut... Cette science donne à l'âme un puissant élan vers la région supérieure, et l'oblige à raisonner *sur les nombres tels qu'ils sont en eux-mêmes* sans jamais souffrir que ses calculs roulent sur des nombres visibles et palpables.... — Admirables calculateurs (pourrait-on dire aux arithméticiens), de quels nombres parlez-vous? Où sont ces unités telles que vous les supposez, parfaitement égales entre elles, sans qu'il y ait la moindre différence, et qui ne sont point composées de parties? — Ils répondront, je crois, qu'ils parlent de ces nombres qui ne tombent point sous les sens, et qu'on ne peut saisir autrement que par la pensée. — Ainsi tu vois que nous ne pouvons absolument nous passer de cette science, puisqu'il est évident qu'elle oblige l'âme à se servir de la pure intelligence pour connaître la vérité (1). » Platon ne pouvait manquer d'accorder cette place d'honneur à l'arithmétique générale, puisqu'il y a une analogie frappante entre les nombres et les Idées, qui semblent même parfois se confondre.

(1) *Rép.*, VII.

La géométrie est voisine de l'arithmétique, bien qu'elle lui soit inférieure comme moins générale, car les lois des nombres dominent celles des figures. « Si la géométrie porte l'âme à contempler l'essence des choses, elle nous convient ; si elle s'arrête à leurs accidents, elle ne nous convient pas. Or, la moindre teinture de géométrie ne nous permet pas de contester que cette science n'a absolument aucun rapport avec le langage qu'emploient ceux qui en font leur occupation. — Comment ? — Leur langage est vraiment plaisant, quoique nécessaire. Ils parlent de quarrer, de prolonger, d'ajouter, et emploient d'autres expressions semblables, comme s'ils opéraient réellement, et que toutes leurs démonstrations tendissent à la pratique. Mais cette science n'a, tout entière, d'autre objet que la connaissance (1). » Il y a, dit Platon dans le *Politique*, une double science de la mesure. *L'une considère la grandeur et la petitesse dans leurs rapports, l'autre absolument et en elle-même.* « Il ne faut pas nous borner à prendre le grand et le petit dans leur rapport l'un avec l'autre ; il faut plutôt reconnaître deux sortes de mesures du grand et du petit, selon qu'on les compare entre eux ou au milieu (2). » Par ce milieu, Platon entend une conciliation des contraires dans un terme parfait et *réel*, qui est le *convenable*, le *légitime*, le *nécessaire*, *également éloigné des deux extrêmes*, en un mot l'Idée.

A la géométrie se rattache la science des solides ou stéréométrie, que Platon regrette de ne pas voir mieux constituée.

Quant à la science des solides en mouvement, elle occupe la quatrième place. Ce n'est pas, comme on

(1) *Rép.*, *ibid.*
(2) *Polit.*, 284, e.

pourrait le croire, parce qu'elle oblige les yeux à regarder en haut : c'est de l'âme et non des yeux qu'il s'agit. « Pour moi, je ne puis reconnaître d'autre science qui fasse regarder l'âme en haut, que celle qui a pour objet ce qui est et ce qu'on ne voit pas, que l'on acquière cette science en regardant en haut, la bouche béante, ou en baissant la tête et clignant les yeux. Tandis que si quelqu'un regarde en haut, la bouche béante, pour apprendre quelque chose de sensible, je nie même qu'il apprenne quelque chose parce que *rien de sensible n'est objet de science*, et je soutiens que de cette manière son âme ne regarde point en haut, mais en bas, fût-il couché à la renverse sur la terre ou sur la mer... Certes, les ornements dont la voûte des cieux est décorée doivent être considérés comme ce qu'il y a de plus beau et de plus accompli dans leur ordre ; néanmoins, comme toute cette magnificence appartient à l'ordre des choses visibles, j'entends qu'il la faut considérer comme très-inférieure à cette magnificence véritable *que produisent la vraie vitesse et la vraie lenteur, dans leurs mouvements respectifs, et dans ceux des grands corps auxquels elles sont attachées*, selon le *vrai* nombre et toutes les *vraies* figures (1). »

Les *mouvements* respectifs des Idées désignent ici, non des mouvements sensibles, mais des rapports et des lois intelligibles. Le mouvement, comme tout le reste, a son Idée, dont la relation avec les Idées du même ordre produit une astronomie supérieure. La beauté dont notre ciel est décoré est le symbole des beautés du ciel intelligible et des lois de la pensée (2). « Les mouvements et les révolutions du ciel et de tous

(1) *Rép.*, VII, 92, C.
(2) *Rép.*, VII, 98, C.

les corps célestes ressemblent essentiellement aux mouvements de l'intelligence, à ses procédés et à ses raisonnements : c'est la même marche de part et d'autre. »

La musique est sœur de l'astronomie, disent les Pythagoriciens. « Comme les yeux ont été faits pour l'astronomie, les oreilles l'ont été pour les mouvements harmoniques. » Mais tous ces musiciens, « qui ne laissent aucun repos aux cordes et les fatiguent par leurs expériences... cherchent des nombres dans les accords qui frappent l'oreille. Ils ne vont pas jusqu'à y voir *de simples données* pour découvrir quels sont les *nombres harmoniques* et ceux qui ne le sont pas, ni d'où vient entre eux cette différence. »

Arithmétique, géométrie, astronomie, musique, toutes ces sciences s'exercent *sur les images des êtres véritables*, et habituent l'organe de l'intelligence à contempler des reflets lumineux avant de contempler le foyer même de la lumière. Seule, la dialectique passe *des images du bien au bien lui-même*; c'est la seule méthode qui *tente de parvenir régulièrement à l'essence de chaque chose*. « La géométrie et les sciences qui l'accompagnent ont quelque relation avec l'être; mais la connaissance qu'elles en ont ressemble à un songe, et il leur sera impossible de le voir de cette vue nette et sûre qui distingue la veille, tant *qu'ils resteront dans le cercle des données matérielles* sur lesquelles ils travaillent, faute de pouvoir *en rendre raison*. En effet, quand les principes sont pris on ne sait d'où, et quand les conclusions et les propositions intermédiaires ne portent que sur de pareils principes, le moyen qu'un tel tissu d'hypothèses fasse jamais une science? — Cela est impossible. — Il n'y a donc que la méthode dialectique qui, *écartant les hypothèses*, va droit au principe pour établir solidement... Nous avons appelé plusieurs fois les autres études du nom de sciences pour nous conformer à l'usage ; mais il faudrait leur donner un autre nom qui tienne le milieu entre l'obscurité de l'opinion et l'évidence de la science : nous nous sommes servis quelque part plus haut du nom de connaissance discursive. »

Platon ne passe en revue, dans le VIIe livre de la *République*, que les connaissances de ce genre qui rentrent dans la διάνοια. Elles ont pour caractère l'abstraction et la généralité, et sont principalement logiques. C'est pour cette raison que Platon les préfère aux autres ; car on se souvient du rapport intime qui unit la logique à la dialectique. Les lois les plus générales formulées par la pensée n'ont besoin que d'être rattachées à la dialectique pour devenir les lois des choses. La plus haute abstraction est moins éloignée qu'on ne pourrait le croire de la plus haute réalité.

Au-dessous des sciences de raisonnement, Platon rejetait les connaissances purement expérimentales, qu'elles aient pour objet la nature ou l'homme. L'étude de la nature, considérée en elle-même, n'est point pour Platon une science, mais un ensemble d'*opinions*. Le sensible varie ; il en conclut que l'étude de la nature doit être également variable. Le sensible est indéfini ; la connaissance du sensible devra être incertaine : on s'y contente de la vraisemblance(1). « Lorsque quelqu'un veut étudier la nature, il s'occupe toute sa vie autour de cet univers, pour savoir comment il a été produit, et quels sont les effets et les causes de ce qui s'y passe. Or, n'est-il pas vrai que l'objet du travail entrepris par cet homme n'est point ce qui existe

---

(1) *Timée*, 27, d. 29, d. 37, b. *Phil.*, 59, a.

toujours, mais *ce qui se fait, ce qui se fera, ce qui s'est fait?* Mais peut-on dire qu'il y ait quelque chose d'*évident, selon la plus exacte vérité*, dans des choses dont aucune partie n'a jamais existé, ni n'existera, ni n'existe dans le même état? Comment aurions-nous des connaissances fixes sur ce qui n'a aucune fixité? Ce n'est point de ces choses passagères que s'occupe la science, laquelle s'attache à la vérité en elle-même (1). »

Est-ce à dire que la physique doive être négligée? Ce serait mal comprendre la pensée de Platon. A vrai dire, Platon ne veut supprimer aucune étude, mais il veut transformer toutes les connaissances en leur donnant une portée dialectique. Ce qui, pris en soi, n'est rien à ses yeux, peut être beaucoup comme moyen d'atteindre plus haut. Il aperçoit, jusque dans les sensations et les opinions sensibles, quelque chose d'accessible à la connaissance rationnelle, et qui conséquemment doit faire partie de la philosophie. C'est ainsi qu'il recherche l'essence et l'*Idée* du chaud et du froid (2), du mouvement et du repos (3), du feu et des autres éléments (4). Nous avons vu dans le *Parménide* cette pensée vraiment philosophique, que les choses les plus petites et les plus basses en apparence ne doivent point être dédaignées : car partout il y a quelque image confuse de l'idéal pour celui qui sait le reconnaître; partout, il y a un élément rationnel dont la dialectique doit s'emparer. La philosophie n'exclut donc rien de son domaine; loin de là, elle embrasse toutes choses.

Si l'étude de la nature matérielle est utile au philo-

---

(1) *Phil.*, 59, a, b, c.
(2) *Phæd.*, p. 103, d.
(3) *Parm.*, 129, d.
(4) *Tim.*, 51, b.

sophe, à plus forte raison l'étude de la nature spirituelle aura pour lui une grande importance. Platon n'a pas oublié le précepte de Socrate : — Connais-toi toi-même ; — mais il a rendu à la philosophie sa portée métaphysique et son universalité. C'est moins tel ou tel homme en particulier, c'est moins lui-même qu'il veut connaître, que l'homme en soi et l'Idée dont nous sommes la réalisation. Ce qu'il y a de plus grand dans l'homme, c'est l'âme; or, l'âme elle-même, d'après Platon, ne peut être bien connue si l'on ne connaît pas toute la Nature (1). En toutes choses il poursuit donc l'universel, et dans *l'humain* il ne recherche guère que le *divin*. C'est ce qui ressort du passage même où Platon semble exposer avec le plus de clarté ce que les modernes ont appelé la méthode psychologique.

« Si l'inscription du temple de Delphes parlait à l'œil, comme elle parle à l'homme, et qu'elle lui dit : *Regarde-toi toi-même*; que croirions-nous qu'elle lui dirait? ne croirions-nous pas qu'elle lui dirait de se regarder dans une chose dans laquelle l'œil pût se voir?... N'y a-t-il point dans l'œil quelque petit endroit qui fait le même effet qu'un miroir, et qu'on appelle la pupille?... Un œil donc, pour se voir lui-même, doit regarder dans un autre œil, et dans cette partie de l'œil qui est la plus belle et qui a seule la faculté de voir... Mon cher Alcibiade, n'en est-il pas de même de l'âme? Pour se voir, ne doit-elle pas se regarder dans l'âme, et dans cette partie de l'âme où réside toute sa vertu, qui est la sagesse, ou dans quelque autre chose à laquelle cette partie de l'âme ressemble? — Il me paraît, Socrate. — Mais pouvons-nous trou-

---

(1) *Phæd.*, 270, C.

ver quelque partie de l'âme plus intellectuelle que celle à laquelle se rapportent la science et la sagesse? —Non, certainement. — Cette partie de l'âme est donc sa *partie divine;* et c'est en y regardant, en y contemplant l'*essence de ce qui est divin, Dieu et la sagesse*, qu'on pourra se connaître soi-même parfaitement (1). »

Platon décrit ici admirablement la méthode psychologique; et il l'a lui-même pratiquée plus d'une fois, comme le prouvent sa théorie des degrés de la connaissance et sa doctrine des Idées tout entière. Mais ce qu'il cherche dans l'âme, c'est la raison; et dans la raison, c'est Dieu. La *conscience*, pour lui, n'est guère que la raison s'apercevant elle-même; et comme la raison est d'une nature semblable à celle des Idées, ce sont encore les Idées qui sont le véritable objet de la conscience. Partout, en tout, dans la nature, dans l'âme, Platon retrouve les Idées. Sa méthode est beaucoup moins psychologique, au sens moderne du mot, que métaphysique et logique; elle est d'ailleurs assez compréhensive pour n'exclure aucun procédé intellectuel, ni même aucune ressource morale. La dialectique, méthode à la fois formelle et réelle, c'est l'âme tout entière s'élevant d'idée en idée et de sentiment en sentiment jusqu'au principe suprême du bien, et se servant de toutes les sciences, de toutes les connaissances, de toutes les opinions, comme de degrés intermédiaires et des moyens relatifs (2).

(1) *Alcib.*, 52.
(2) Voir principalement, sur ce sujet, l'*Euthydême* (288-290). Le but du dialogue est de distinguer la méthode dialectique des autres méthodes et la science philosophique des autres sciences. Platon compare les mathématiques, l'astronomie et les autres connaissances secondaires aux chasseurs qui prennent ce qu'ils trouvent, mais sans savoir en tirer parti ni l'apprêter eux-mêmes, aux ouvriers qui fabriquent des instru-

ments (par exemple des lyres) sans savoir s'en servir eux-mêmes. Seule la dialectique fait connaître l'usage des autres sciences ; seule elle est à la fois science des moyens et de la fin, des conséquences et du principe, des choses et de leur Idée. « La philosophie est la recherche de la vraie science,... de celle qui peut nous être utile par elle-même,... et dans laquelle coïncident ces deux opérations : savoir faire et savoir se servir de la chose faite. » (288, d.) Par là même la spéculation et la pratique coïncident pour le dialecticien : métaphysique et morale ne font qu'un. Un autre dialogue, le *second Hippias*, n'a d'autre but que de mettre en lumière cette conception socratique de la Philosophie comme science du principe et de la fin des choses, et comme unité de la spéculation et de la pratique. C'est ce que nous montrerons dans un travail particulier sur le *Second Hippias*.

CHAPITRE V.

RAPPORTS DES IDÉES AU LANGAGE.

I. Le *discours* et la disposition des mots; syntaxe de la proposition. Théorie du *Sophiste*. Les lois de la syntaxe ne sont point arbitraires et reflètent les Idées.— II. Les *éléments du discours*, ou les mots. Explication du *Cratyle*. Portée métaphysique du dialogue. Les mots sont-ils entièrement naturels ou entièrement conventionnels? — 1° *Nature essentielle* de l'action de nommer; l'Idée du nom.— 2° *Origine du langage*. — 3° *Formation du langage*; lois philosophiques et philologiques de cette formation. L'imitation matérielle et l'imitation idéale. — D'après quelles règles le langage doit être réformé: les mots composés et leur étymologie. Les mots élémentaires et les racines. — Appréciation du système étymologique de Platon. Comparaison avec les doctrines des philologues modernes. — Conclusion du dialogue: nécessité d'étudier les choses, non dans leurs noms, mais dans leurs Idées.

La dialectique, qui est à son origine l'art de converser, ne peut manquer d'être unie par d'étroits rapports à la science du langage.

Le langage est-il entièrement conventionnel, ou a-t-il ses lois résultant comme tout le reste et de la nature des Idées et de leur mutuelle participation? — Telle est la question que Platon avait à résoudre.

Il faut distinguer dans le langage: 1° la disposition des mots dans le discours ou syntaxe de la proposition; 2° les mots eux-mêmes ou éléments du discours. La première partie est traitée dans le *Sophiste*, la seconde dans le *Cratyle*.

I. C'est dans la syntaxe que l'arbitraire a le moins de place, et qu'on observe les rapports les plus intimes entre les signes et les pensées. Dans le *Sophiste*, après avoir exposé la théorie de la communication mutuelle des différents genres, Platon en cherche la vérification dans le langage. « Qu'est-ce que nous devons considérer dans les noms? — S'ils peuvent tous être associés les uns aux autres, ou si au contraire il n'y en a pas qui puissent être mêlés, ou si enfin les uns le peuvent et les autres ne le peuvent pas (1). » Suit une analyse des conditions essentielles et universelles du langage. « Nous avons deux espèces de signes pour représenter ce qui est au moyen de la voix... Nous appelons *verbe* le signe représentatif des actions, et *nom* le signe vocal qu'on applique à ceux qui font ces actions... Les noms seuls, prononcés de suite, ne forment pas un discours, et il en est de même d'une suite de verbes sans mélange de noms... ils ne représentent ni action ni inaction, ni existence d'un être pas plus que d'un non-être. Mais dès qu'on les mêle, ils s'accordent, et il en résulte aussitôt un discours (2). » Tout discours est *vrai* ou *faux ;* vrai quand le verbe unit dans la proposition des choses unies dans la réalité; faux, quand le mélange des mots ne représente pas la véritable communication des genres (3). Nous retrouvons donc déjà dans les premières lois de la parole les lois des Idées elles-mêmes, et la théorie de la participation se vérifie dans la syntaxe de la proposition sans que le hasard et la convention y aient la moindre part.

L'harmonie du langage et de la pensée est telle que quelques philosophes vont jusqu'à identifier le jugement et la proposition. Certains critiques ont prétendu que Platon lui-même aboutissait à ce résultat, ou du moins qu'il faisait dépendre la pensée du lan-

(1) *Soph.*, tr. Cousin, 302. — 259, e, sqq.
(2) *Ibid.*.
(3) Voir plus haut, sur la vérité et l'erreur, livre IV, chapitre III.

gage (1). M. de Bonald a voulu chercher un appui à ses doctrines dans le passage suivant du *Sophiste*. — « Je dis que pensée et discours, *c'est la même chose*, avec cette seule différence que le *dialogue intérieur* de l'âme avec elle même, et sans la voix, s'appelle pensée, tandis que ce qui vient de la pensée par la bouche avec des sons articulés s'appelle discours. — Fort bien. — De plus, il y a quelque chose que nous savons être contenu dans le discours. — Quoi? — L'affirmation et la négation. — Oui. — Et quand cela se fait en silence dans l'âme par la pensée, n'est-ce pas opinion qu'il faut l'appeler? — Assurément (2). » — On a prétendu, d'après ces phrases, que Platon considérait le langage comme la condition essentielle de la pensée et qu'on pouvait ainsi traduire sa théorie : — « Nous pensons notre parole et nous parlons notre pensée. » — Mais d'abord, il ne s'agit ici que de *l'opinion*, non du *raisonnement* ou de la *raison*. En outre, Platon fait dépendre l'union des mots de la participation des genres et des Idées; loin de vouloir tout sacrifier aux signes, il veut montrer que les signes sont soumis aux lois de la réalité. Enfin, la comparaison ingénieuse de l'opinion avec le langage ne peut être prise comme une définition scientifique. Si Platon parle du discours avant de parler de l'opinion et de l'imagination, c'est qu'il est plus facile de comprendre les lois de l'esprit quand on les étudie sous les formes précises du langage où elles se reflètent. La parole est à la pensée ce qu'un miroir est à l'objet. Loin de vouloir identifier ces deux choses, Platon va les distinguer avec le plus grand soin dans le *Cratyle*, où il réfute ceux

---

(1) Voir, outre de Bonald, G. Bauer, *Einleit. Schrift des A. T.*, p. 16; Zobel, *Ursprunge der Sprache*, Magdebourg, 1773, p. 8.
(2) *Id.*, 310.

qui veulent absorber la science dans les mots, au lieu de subordonner les mots aux Idées.

II. — « Le *Cratyle*, dit Proclus dans son commentaire, nous enseigne la valeur propre des mots, et c'est par cette étude que doit commencer quiconque veut devenir dialecticien (1). » — Et en effet, le procédé logique le plus important pour le dialecticien est la définition. Mais combien la définition des mots n'est-elle pas voisine de la définition des choses! C'est en vertu de ce rapport intime qui unit le mot à la notion, que Proclus appelle le *Cratyle* « un dialogue dialectique. » Ce n'est pas, ajoute-t-il, « la dialectique péripatéticienne, qui est tout abstraite (2), mais celle du grand Platon, qui place la dialectique après les mathématiques et après l'éthique, comme l'introduction à la haute philosophie, à la connaissance de la cause unique de toutes choses, le Bien. » « Comme dans le *Parménide* Platon fait connaître la dialectique, non la vaine, mais celle qui entre dans le fond des choses; de même ici il traite de la grammaire dans son rapport avec la science des êtres... Evidemment, il veut enseigner les principes des êtres et de la dialectique, puisqu'il parle en même temps et des noms et de ce qu'ils désignent (3). »

Le *Cratyle* est en effet un dialogue très-métaphysique et d'une importance sérieuse, outre l'intérêt qu'il offre au point de vue de la philologie (4).

---

(1) Notes sur le *Cratyle* dans la traduction de M. Cousin, p. 501.
(2) C'est-à-dire qu'elle est une logique formelle, où l'on n'étudie que des abstractions indépendamment de la réalité.
(3) *Id.*
(4) L'interprétation du *Cratyle* a d'ailleurs donné lieu à de nombreuses controverses. Voir principalement Schleiermacher, II, 3-22; Stallbaum *Argum.* 14; Grote, *Plato*, II, 501; Ast , *Societ. Philol.*, Leip-

Deux systèmes principaux sont aux prises dans le *Cratyle*. Hermogène pense que « la propriété des noms réside dans la convention et le consentement des hommes. Le vrai nom d'un objet est celui qu'on lui impose : si, à ce nom, on en substitue un autre, il n'est pas moins propre que le précédent, de même que, si nous venons à changer le nom de nos esclaves, les nouveaux qu'il nous plaît de leur donner ne valent pas moins que les anciens (1). »

Cette opinion, suivant Proclus, était celle de Démocrite. — « Démocrite, qui attribuait les noms à une institution humaine, cherchait à établir sa doctrine par quatre arguments. Il tirait le premier de l'homonymie : on donne le même nom à des choses différentes ; les noms ne sont donc pas conformes à la nature. Il prenait le second de la synonymie : si des noms différents pouvaient convenir à une seule et même chose, la réciproque serait vraie, ce qui est impossible. Il alléguait pour troisième preuve le changement des noms (par exemple, celui d'*Aristoclès* en celui de *Platon*). Enfin il arguait du défaut d'analogie. Pourquoi n'y a-t-il pas un verbe qui vienne de δικαιοσύνη, comme φρονεῖν de φρόνησις. Il concluait que les noms viennent du hasard et non de la nature (2). »

D'après l'école d'Héraclite, au contraire, la connaissance des noms, qui n'ont rien d'arbitraire, donne la

---

zig, III, 19 ; *Leb. und Schr. Plat.*, 351 ; Socher, p. 163 ; Classen. *de primordiis grammaticæ Græcæ*, p. 36 ; Renan, *Origines du langage*, p. 146. Lenormant, *Cratyle*.

(1) *Crat.*, 384, 385. — M. Grote (Plato, II, 201) croit trouver là une contradiction : Si les noms sont conventionnels, dit-il, un individu ne pourra pas les changer. — Mais il pourra les changer, pourvu qu'il s'entende avec les autres.

(2) Notes sur le *Crat.*, p. 504. Aristote adopta l'opinion de Démocrite. (*De interpret.*, I, 3.)

connaissance des choses (1). Cratyle est fidèle à l'opinion de son maître. « Selon lui, ce n'est pas un *nom* que la désignation d'un objet par tel ou tel son d'après une convention arbitraire; il veut qu'il y ait dans les noms une certaine propriété naturelle qui se retrouve la même et chez les Grecs et chez les Barbares (2). » Un nom qui ne nommerait pas et ne serait point naturel, disait-il, ne serait pas un nom; de même que celui qui dit faux ne dit rien.

Socrate, appelé par Hermogène à décider entre Démocrite et Héraclite, réfute successivement ce qu'il y a d'exagéré et d'exclusif dans leurs opinions. Il commence par la doctrine du langage conventionnel (θέσει, οὐ φύσει), et pour en montrer l'inexactitude, il s'appuie sur la nature essentielle de l'*action de nommer*, sur l'origine du langage, et enfin sur les lois philosophiques et philologiques de sa formation.

1. Socrate fait d'abord comprendre à Hermogène que l'action de *nommer* doit avoir son essence, sa loi naturelle, son Idée. Toutes nos actions sont déterminées, non pas seulement par notre manière de sentir, comme le croyait Protagoras, mais aussi par la nature des choses auxquelles elles s'appliquent (3). « Car les choses ont en elles-mêmes une réalité constante; elles ne sont ni relatives à nous ni dépendantes de nous, et elles ne varient pas au gré de notre manière de

---

(1) V. Proclus, *Comm. in Parm.*, IV, p. 12. Καὶ ἄλλο τοῦ Ἡρακλιτείου, τὴν διὰ τῶν ὀναμάτων ἐπὶ τὴν τῶν ὄντων γνῶσιν ὁδόν. — L'opinion d'Héraclite fut aussi celle des Stoïciens. Voir Origène, Contr. Cels., I, ch. 34, et Aulu-Gell., X, 4.

(2) *Cratyle*, trad. Cousin, 8. — 384, a, b, c, sqq.

(3) Ce passage où Platon considère la parole comme une action exercée sur un objet a pour correspondant, dans le *Sophiste* (p. 448), le passage où la connaissance est représentée comme une action ayant également son objet.

voir; mais elles subsistent en elles-mêmes selon leur essence et leur constitution naturelle (1). » « Si l'on veut couper, c'est à condition d'employer ce qu'il faut pour couper. Si l'on veut démêler le tissu, on devra se servir de ce qu'il faut pour cela... Or, le nom est un instrument d'enseignement qui sert à démêler les choses comme le battant à démêler des fils (2). » En d'autres termes, le nom est un instrument d'analyse par lequel on distingue les choses ; ce qui ne l'empêche pas d'être en même temps l'expression d'une synthèse par laquelle on réunit sous un même signe les choses qui ont des caractères communs. Mais toute opération dialectique, toute action de la pensée a sa loi et son type. Le nom, comme le battant lui-même, doit donc avoir son Idée; et, à ce premier titre, il n'a rien de conventionnel (3). »

2. En second lieu, le battant est l'œuvre du menuisier, mais de quel artisan le nom est-il l'ouvrage? — C'est la question de l'origine des langues (4). La réponse de Socrate paraît d'abord assez étonnante. « Ne penses-tu pas que c'est la *loi* qui nous donne les noms? — Il y a apparence... — Ainsi, Hermogène, il n'appartient pas à tout homme d'imposer des noms aux choses, mais à un véritable artisan de noms. Ce faiseur de noms, c'est, à ce qu'il paraît, le *législateur*, de tous les arti-

---

(1) *Crat.*, tr. Cousin, 11. — 387, c.
(2) *Crat.*, tr. Cousin, 17. — 387, e.
(3) Deuschle (Die Platonische Sprach-philosophie, p. 59, Marpurg 1853) traite la comparaison du nom avec le battant comme une plaisanterie. Schleiemacher, dans sa note, la croit sérieuse, avec raison selon nous. Sur l'Idée du battant, voir plus haut, livre II, chap. II. Aristote rejette cette expression d'«instruments didascaliques, » et prétend que le mot désigne les choses par pure convention : Λόγος σημαντικὸς οὐχ ὡς ὄργανον ἀλλὰ θέσει. (*De interpr.*, 1, 3.)
(4) Cette question préoccupa beaucoup l'antiquité, comme on le voit d'après les commentaires d'Ammonius Hermias et de Boëce.

sans le plus rare parmi les hommes. » On sait que, dans l'antiquité, le terme de νόμος désignait d'abord l'*usage*, puis la *loi*. Les premières lois, en effet, ne furent que les premiers usages. Et d'où vinrent d'abord les usages, si ce n'est des peuples eux-mêmes? Le premier législateur serait donc le peuple avec ses chefs ; et c'est lui qui aurait peu à peu créé la langue, non pas en promulguant des *lois* formelles (opinion trop absurde pour être adoptée par Socrate), mais en établissant des *coutumes*. Le nom résulterait ainsi de deux choses : 1° la pensée des peuples et ses progrès avec le temps ; 2° la nature même et l'Idée des objets, sur lesquels la pensée dut nécessairement se régler avec plus ou moins de succès. C'est de cette manière demi-sérieuse, demi-symbolique, que nous croyons devoir interpréter la pensée de Platon. C'est là aussi, très-probablement, ce que voulait dire Pythagore, qui professait la même opinion que Platon. On lui demandait : Quel est de tous les êtres le plus sage ? — C'est le nombre, répondit-il. — Et après le nombre ? — C'est, dit-il, *celui qui a donné le nom aux choses* (1). » Platon se souvenait peut-être de cette parole en écrivant le *Cratyle*. Proclus, qui la cite, y voit avec raison un symbole. Mais il l'interprète d'un façon bien détournée. « Le nombre, dit-il, c'est le monde intelligible ; et par celui qui a donné les noms, Pythagore voulait désigner *l'âme, qui doit l'être à l'intelligence.*» Il serait plus simple d'entendre l'intelligence elle-même. Le nombre, qui *est le plus sage de tous les êtres*, exprime la réalité même considérée dans ses rapports intelligibles et immuables. *Celui qui a donné des noms aux choses*, c'est l'esprit humain. « Qui fait

---

(1) *Proclus, ib.*, v. *Pratyle*, tr. Cousin, 95.

selon toi, dit Platon lui-même, que les choses s'appellent ainsi qu'elles s'appellent? N'est-ce pas celui qui a inventé les noms? — Eh bien? — Or, il faut que ce soit l'intelligence ou des dieux ou des hommes, ou des uns et des autres. Donc, ce qui a appelé les choses par leur nom, τὸ καλέσαν, et le *beau*, τὸ καλόν, sont la même chose, à savoir l'intelligence (1). » L'origine du langage est donc bien, pour Platon, le travail de l'intelligence, conformément aux lois des choses.

Dans son travail, en effet, l'intelligence se règle avec une sagesse instinctive ou réfléchie sur la nature même des objets et sur leurs essences intelligibles. « Considère, dit Platon, sur quoi se règle le législateur [l'intelligence], en établissant les noms. Reporte-toi à ce que nous disions tout à l'heure. Sur quoi se règle le menuisier qui fait le battant? N'est-ce pas sur la nature même de l'opération du tissage? — Assurément. — Et si, au milieu de ce travail, ce battant vient à se briser, est-ce à l'imitation de celui-ci qu'il en fabriquera un autre; ou ne se reportera-t-il pas plutôt à l'*Idée même qui lui avait servi de modèle pour faire le premier?*... Et cette Idée, ne serait-il pas juste de l'appeler le *battant par excellence?*... Le législateur doit aussi former avec les sons et les syllabes les noms qui conviennent aux choses; il faut qu'il les fasse et qu'il les institue en tenant ses regards attachés sur l'*Idée du nom*, s'il veut être un bon instituteur de noms... Pourvu qu'il approprie convenablement à chaque chose l'*Idée du nom*; de quelques syllabes qu'il se serve, le nom n'en vaudra ni plus ni moins, pour appartenir à notre pays ou à tout autre... Et qui, enfin, devra diriger et juger ensuite

---

(1) *Crat.*, Cousin, 95. — 389, a, b ; 390.

l'ouvrage du législateur, soit chez nous, soit chez les barbares? N'est-ce pas celui même qui devra s'en servir? — Oui. — *Et celui qui sait interroger et répondre, ne l'appelles-tu pas dialecticien?*... Ainsi le nom, ouvrage du législateur, devra, pour être bon, être fait sous la direction d'un dialecticien (1)... » Les lois de la dialectique, en effet, sont les lois de la pensée et des choses, par conséquent aussi les lois de la parole. Ainsi reparaît, à propos du langage, la théorie des Idées.

« Cratyle, continue Socrate, a donc raison de dire qu'il y a des noms naturels aux choses... Les noms véritablement propres se trouveront surtout, selon toute apparence, parmi ceux qui se rapportent aux choses éternelles et à la nature. Ceux-ci, en effet, ont dû être établis avec un soin tout particulier. Peut-être même plusieurs viennent-ils d'une puissance plus haute et plus divine que celle des hommes (2). » On a voulu retrouver dans cette phrase l'origine surnaturelle du langage. C'est aller un peu vite; car il ne s'agit ici que d'une partie des noms, et d'autre part, il faut se garder de prendre à la lettre tous les passages où Socrate rend hommage aux croyances religieuses de ses contemporains. D'ailleurs, si ceux qui invoquent ce passage du *Cratyle* s'étaient donné la peine de lire le dialogue jusqu'au bout, ils auraient vu que Platon réfute lui-même cette opinion d'une origine surnaturelle. « La meilleure réponse à faire, lui dit Cratyle, ce serait, je pense, de dire que c'est quelque puissance supérieure à l'humanité qui a établi les premiers noms; d'où il suivrait nécessairement que ces noms sont tout à fait propres aux choses. »

(1) *Soph.*, tr. Cousin, 24.
(2) *Crat., ib.*, sqq.

— « Mais, objecte Socrate, penses-tu que celui qui les institua, soit démon, soit dieu, ait pu se contredire lui-même? » Et il montre qu'il y a entre les croyances qui ont présidé à la formation des noms une contradiction des plus flagrantes qu'on ne peut attribuer à un dieu. Mais voici un passage plus décisif, où Platon tourne en ridicule l'intervention de la Divinité dans ce problème : « Nous n'avons rien de mieux à dire sur la vérité des mots primitifs, à moins de faire comme les auteurs de tragédies, qui ont recours dans l'embarras aux machines de théâtre et font apparaître les dieux, et de nous tirer d'affaire en alléguant que ce sont les dieux eux-mêmes qui ont institué les premiers noms, et que, par conséquent, ces noms sont convenables. Sera-ce donc là notre meilleur et dernier argument (1)? »

La part du divin, dans l'origine du langage, se réduit donc, pour Platon, à la part de l'inspiration et de l'instinct. Il ne croit pas que la formation des mots ait été une œuvre de *science* ($\dot{\epsilon}\pi\iota\sigma\tau\dot{\eta}\mu\eta$), car elle porte la trace de bien des imperfections. C'est une œuvre de simple *opinion* ($\delta\acute{o}\xi\alpha$), et on se rappelle que l'opinion et l'inspiration (poétique, artistique ou autre) sont choses voisines aux yeux de Platon. Le législateur qui a institué les noms n'avait qu'une vue confuse des *Idées*, et ce législateur n'est autre que l'humanité elle-même, dont l'œuvre a besoin d'être réformée par le dialecticien.

Telle est l'origine du langage, à savoir: une connaissance confuse des Idées chez ceux qui ont établi les *coutumes* et les *lois* de la parole, une *opinion* qui a engendré des *contradictions*.

(1) *Crat.*, C., p. 117.

3. Maintenant, recherchons comment s'est opérée la formation du langage, comment les mots ont pris naissance et d'après quelles règles ils doivent être réformés.

Cette partie du *Cratyle*, où apparaît la philologie à son berceau, auprès de la plus profonde philosophie, a considérablement embarrassé les interprètes. Toute l'antiquité n'y a rien vu que de très-sérieux, et Proclus rapporte avec respect ou discute avec gravité les étymologies de Platon les plus inadmissibles. Mais nos modernes Allemands, philologues exercés en même temps que subtils critiques, sont demeurés stupéfaits devant la philologie platonicienne. Stallbaum ne voit dans le *Cratyle* qu'une perpétuelle ironie, dirigée comme toujours contre les sophistes : car Stallbaum voit les sophistes un peu partout et les fait intervenir comme le *Deus ex machinâ* dont parle Platon (1). Même opinion dans Schleiermacher (2), Steinhart (3), Dittrich (4) et Lassalle (5). M. Grote, au contraire, soutient avec raison qu'il faut prendre au sérieux ce que l'antiquité tout entière a admis sérieu-

---

(1) Stallb., *Prol. Cratyl*, p. 11. « Quibus verbis *haud dubiè* notantur sophistæ, qui .... verborum originationem temerè et ad suum arbitrium tractabant..... p. 4 : Protagoreorum *joculari imitatione.* »

(2, Introd. ad Cratyl., 8-16. — Schleiermacher, qui fait souvent intervenir Antisthène, prétend que Platon se plaisait à répandre sur son ennemi une pleine mesure de ridicule (p. 17-21). Lassalle montre que ni Antisthène ni Protagoras ne sont en cause. (*Heracleitos*, II, 376-384.)

(3) *Einleitung zum Cratyl.*, 551-552.

(4) *De Cratyl. Plat.*, 1841 (Leipsig) « *acerbissima irrisio* » (p. 18).

(5) *Heracleitos*, II, 379-384. — Sydenham, dans sa traduction du *Philèbe* (p. 33), se rapproche davantage de la vérité : « Le *Cratyle* est un dialogue où l'on enseigne la nature des choses, soit permanentes, soit passagères, par des étymologies supposées de noms ou de mots. » Il y a en effet une grande part au symbolisme métaphysique dans le *Cratyle* ; mais nous croyons que la philologie y tient aussi une grande place.

sement (1); que, d'ailleurs, les étymologies de Platon dans ses autres dialogues, ou celles d'Aristote, des stoïciens et des alexandrins, sont tout à fait comparables pour l'étrangeté à celles du *Cratyle*. Mais M. Grote rejette toute la métaphysique qui accompagne cette philologie (2), et il la trouve même en contradiction avec certaines théories du *Sophiste* et du *Théétète*. Il nous semble que les idées métaphysiques de Platon sont au contraire fort profondes sur ce point et qu'il a devancé les plus illustres des modernes, tels que Grimm et Max Müller.

Platon commence par poser en principe que la formation des mots consiste dans une certaine imitation des objets, et qu'il faut déterminer l'exacte nature de cette imitation.

« Si nous étions privés de langue et de voix et que nous voulussions nous désigner mutuellement les choses..., c'est au moyen du corps que l'on représenterait les objets, en lui faisant imiter ce qu'on voudrait représenter. — Oui. — Or, puisque c'est de la voix, des lèvres et de la langue que nous voulons nous servir pour cet usage, nous ne pouvons y parvenir autrement qu'en leur faisant imiter les choses *à quelques égards*. Le nom est donc une imitation par la voix; et imiter ainsi les choses, c'est les nommer (3). »

Mais rendons-nous bien compte de ce que peut être et de ce que doit être une imitation. Peut-elle et doit-elle reproduire *tout* ce qui est dans l'objet? Non, car alors l'objet et son signe seraient indiscernables. C'est ce que Cratyle ne comprend pas d'abord. « Si nous venons, dit-il, à ajouter, retrancher ou seule-

---

(1) C'est aussi l'avis de M. Lenormant, dans son édition du *Cratyle* (*Comm.*, p. 8).

(2) Grote: *Plato and the other companions of Sokr.*, II, 501-552.

(3) *Crat.*, 423.

ment déplacer quelqu'un de ces éléments, on ne pourra plus dire que nous écrivons ce mot, et que seulement nous ne l'écrivons pas comme il faut; je dis que nous ne l'écrivons plus du tout et qu'il devient tout autre du moment qu'on lui a fait subir quelqu'une de ces modifications. » Ces paroles de Cratyle sont une conséquence et une application du principe qu'il a posé précédemment : « Socrate, quand je dis ce que je dis, puis-je dire ce qui n'est pas? Dire le faux, ne serait-ce pas dire ce qui n'est pas?... Je n'admets pas qu'on puisse *parler* faux (1). » On reconnaît l'application au langage de la doctrine sophistique sur l'erreur : de même qu'on ne peut juger faux, on ne peut parler faux; car on prononce ou on ne prononce pas un mot; il n'y a point de milieu, d'après Cratyle, comme il n'y a point de milieu entre l'être et le néant, d'après Parménide. Si donc on altère ce mot, ce n'est plus lui qu'on prononce, mais un autre. A ce sophisme Socrate répond par sa théorie de l'*imitation*. Cratyle serait irréfutable si toute imitation devait reproduire *de tout point* l'objet; car, dans ce cas, la moindre modification dans le signe l'empêcherait de correspondre au même objet; le signe ne *signifierait* plus la même chose; il ne serait pas seulement un signe *inexact*, mais un signe *nul* de cette chose. De là l'impossibilité de parler faussement d'une chose quelconque : « J'ai bien peur, Cratyle, répond Socrate, que cette manière de voir ne soit pas juste. — Comment cela? — Il se peut bien qu'il en soit comme tu le dis, pour tout ce dont l'existence ou la non-existence dépend d'un nombre déterminé (2). Par exemple, si à dix ou à tout autre nombre tu ajoutes

---

(1) *Ibid.* et sqq.
(2) *Cratyl.*, 432, a. Ὅσα ἔκ τινος ἀριθμοῦ ἀναγκαῖον εἶναι ἢ μὴ εἶναι.

ou tu retranches quelque chose, tu as aussitôt un nombre différent. Mais la justesse d'une chose qui consiste, comme l'image, dans une certaine qualité, n'est pas soumise aux mêmes conditions. Au contraire, pour être image, il ne faut pas que l'image représente complétement la chose imitée (1). » Par exemple, si l'image de Cratyle était de tout point indiscernable de Cratyle, elle serait identique à Cratyle lui-même. « Tu vois donc, mon ami, que nous devons modifier l'idée que nous nous étions faite de la propriété d'une image ; et ne pas vouloir, à toute force, que ce ne soit plus une image dès qu'il y manque quelque chose ou qu'il s'y trouve quelque chose de trop. Ne sens-tu pas de combien il s'en faut que les images renferment exactement tout ce qui se rencontre dans leurs modèles? Véritablement, Cratyle, ce serait une plaisante aventure si les choses et leurs noms devenaient semblables de tout point. Tout se trouverait double, et il n'y aurait plus moyen de distinguer où serait le nom et où serait la chose... Accorde-nous donc que dans un mot peut être introduite telle lettre qui ne soit pas convenable ; et si une lettre dans un mot, un mot dans la phrase ; si un mot dans la phrase, une phrase dans le discours, sans qu'il faille contester pour cela que les mots et le discours expriment la chose du moment que l'on y trouve le caractère distinctif de cette chose (2). » Ainsi reparaît la possibilité de parler faux, c'est-à-dire de représenter une chose de manière à la faire distinguer des autres sans cependant la représenter absolument telle qu'elle est (3).

---

(1) Ποιοῦ τινος. C'est la distinction de l'*essence* absolue et de la *qualité* relative.
(2) P. 135.
(3) Aristote (*De interpret.*, I, 2) dit que les noms ou les mots ne

Il faut être bien inattentif, comme l'ont été trop de commentateurs, pour ne pas voir que, dans ces pages importantes, Platon vise bien au delà de la grammaire et ouvre une échappée dans les profondeurs de la métaphysique. Ne reconnaît-on pas le rapport de l'image à la réalité qui constitue la participation, la μίμησις et la μέθεξις? Toute la théorie des Idées roule sur un rapport de signe à chose signifiée, d'image à original. Le *sensible* est une imitation de l'*Idée*, et cette imitation peut être plus ou moins complète. Les objets du monde sensible peuvent varier, se perfectionner ou décroître, sans cesser d'être l'image de la même Idée dominante qui constitue leur caractère distinctif et leur définition. Les Idées, au contraire, comme les nombres, sont ou ne sont pas. A deux ajoutez un ; ce n'est pas seulement une modification de deux : ce n'est absolument plus *deux*, c'est *trois*. Ainsi sont toutes les Idées, parce qu'elles sont absolument et parfaitement (παντελῶς ὄν) : il n'y a pas deux beautés parfaites ; il n'y en a qu'une, qui est ou

---

peuvent être ni *vrais* ni *faux*, que les propositions seules sont vraies ou fausses. M. Grote (*Plato*, II, 502) approuve cette objection d'Aristote à Platon. Mais Platon ne nie pas que la vérité d'un jugement suppose deux termes ; il l'a fait voir lui-même dans le *Sophiste*. Seulement il ajoute que les mots peuvent avoir aussi leur genre de vérité, lorsqu'ils sont la représentation exacte des choses. On sait dans quel sens élevé Platon prend ce mot de vérité : il entend par là, non pas seulement la conformité de nos notions aux choses, mais la conformité des choses mêmes à leurs Idées. Le nom *vrai* est celui qui est fait d'après le *type* du nom. C'est ainsi que tel nom emprunté à la nomenclature chimique des modernes sera exact et vrai s'il est conforme aux règles. M. Grote rapproche de ce qu'il appelle l'erreur de Platon, un passage analogue du *Philèbe* où Platon distingue les plaisirs *vrais* et les plaisirs *faux*. Mais il s'agit toujours ici de cette vérité supérieure, objective et non pas seulement subjective, réelle et non pas seulement formelle, qui consiste dans la conformité des choses aux Idées. Hégel prend le mot de vérité dans le même sens, et dans le langage ordinaire on dit aussi la vraie justice, l'État véritable, le vrai bonheur, etc.

n'est pas. Mais il y a un nombre indéfini de beautés imparfaites, qui sont telle qualité, tel degré de beauté (ποιοῦ τινος); là est le domaine de l'indéfini (ἄπειρον), parce que ce sont de simples images des Idées. Or, en tant qu'*images*, elles ressemblent nécessairement à leur original; mais, nous venons de le voir, elles ne peuvent pousser la ressemblance jusqu'à l'identité. C'est ce qui rend possible l'imperfection, le mal et l'erreur. Dans l'erreur, vous avez une représentation inexacte des choses : ce n'est pas la chose même; ce n'est pas non plus un néant; c'est un mélange d'être et de non-être, par lequel vous confondez le *même* et l'*autre* qui se trouvent répandus partout. Chaque objet étant une multiplicité, vous pouvez l'altérer plus ou moins par l'erreur sans le détruire; au contraire, l'Idée, étant une et absolue, ne peut être altérée sans périr tout entière : elle est posée ou elle est supprimée, point de milieu; mais il y a un milieu dans le monde sensible, et un milieu indéfiniment variable.

Le *Cratyle* n'est que l'application au langage de cette théorie du *Sophiste*. Le *mot* est un *microcosme*, et Platon voit s'y réfléchir en petit toute sa théorie des Idées. Le mot est un monde sensible fait à l'image d'un monde intelligible; et de même, le monde sensible tout entier n'est qu'un mot éternellement prononcé qui exprime le suprême idéal : c'est la parole de Dieu éternellement proférée.

Chaque mot de la langue humaine est donc soumis aux mêmes lois que le grand univers; car il est une imitation, une participation plus ou moins parfaite de quelque réalité essentielle. « Une chose sera donc nommée si son caractère essentiel se retrouve dans le nom, lors même que tous les traits convenables n'y seraient pas rassemblés; le nom sera bon si ces traits y sont tous, mauvais s'il n'y en a que fort peu (1). » D'où il résulte que le nom n'est ni assez conventionnel pour être sans rapport avec la chose, ni assez naturel pour pouvoir remplacer la chose même, comme le soutenait Cratyle.

Tels sont les principes métaphysiques posés par Platon; telle est l'application au langage de la doctrine du *sensible* conçu comme *imitation* des Idées.

Maintenant, de quelle manière cette imitation des choses au moyen des mots a-t-elle été accomplie par les premiers inventeurs du langage, et de quelle manière doit-elle être réformée par les dialecticiens?

Ici se retrouvent en présence, sur le terrain de la philologie, les deux doctrines qui se partagent la philosophie : le sensualisme et le rationalisme.

D'après l'école sensualiste, le mot est l'imitation de la chose dans ce qu'elle a de sensible et de matériel; l'onomatopée est le type du mot. D'après l'école idéaliste, le mot est l'imitation de la chose dans ce qu'elle a d'intelligible et de rationnel; ce n'est point de l'onomatopée, mais de la généralisation que le langage procède. Ces deux écoles se disputent encore de nos jours la philologie, et nous les trouvons déjà aux prises dans le *Cratyle*.

« Se borner à dire que le nom est une imitation par la voix, et qu'imiter ainsi les choses, c'est les nommer, ne me paraît pas encore satisfaisant, mon cher ami. — Comment? — Nous serions forcés de reconnaître que ceux qui imitent le bêlement des brebis et le chant du coq, *nomment* par cela même les animaux qu'ils imitent. Faudra-t-il donc admettre cette conséquence? — Non pas; quelle est donc,

(1) *Ib.*, 390.

Socrate, l'imitation qui constitue le nom? — D'abord, à ce qu'il me semble, ce n'est pas celle, quoique produite aussi avec la voix, qui imite comme imite la musique; en second lieu, ce n'est pas l'imitation des objets mêmes de l'imitation musicale; ce n'est pas là en quoi consiste le nom. Je m'explique: tous les objets n'ont-ils pas une forme et un son? la plupart n'ont-ils pas aussi une couleur? — Sans doute. — Il ne me semble pas que l'art de nommer consiste dans l'imitation de ces qualités. C'est plutôt l'art du musicien ou celui du peintre, n'est-il pas vrai? — Oui. — Mais quoi? Ne penses-tu pas que chaque objet a son essence aussi bien que sa couleur et que les autres qualités dont nous venons de parler. Et d'abord, la couleur et le son n'ont-ils pas eux-mêmes leur essence, ainsi que toutes les autres choses qui méritent le nom d'être (τῆς προσρήσεως τοῦ εἶναι) (1)? — Je le crois. — Eh bien, si au moyen de lettres et de syllabes, quelqu'un parvenait à imiter de chaque chose son essence, cette imitation ne ferait-elle pas connaître ce qu'est la chose imitée? — Assurément. — Et si tu appelais peintre, musicien, les autres imitateurs, quel nom donnerais-tu à celui-ci? Ce serait, je pense, le nom de l'art qui nous occupe depuis si longtemps, celui de l'institution des noms. »

Platon, on le voit, rejette le sensualisme philologique comme il a rejeté le sensualisme philosophique. Il n'admet pas que le procédé constitutif du langage soit l'onomatopée. La doctrine de Platon était fort en discrédit au xviiie siècle. Herder lui-même a d'abord soutenu la théorie de l'imitation matérielle dans un mémoire couronné par l'académie de Ber-

---

(1) *Crat.*, 424, a, b, c.

lin (1). De nos jours, l'onomatopée a encore conservé des partisans (2).

Mais les plus récentes découvertes de la philologie sont venues confirmer la doctrine platonicienne. Il ne faut plus demander la vraie nature du langage et les vraies lois de sa formation à aucune des écoles sensualistes, ni à l'école de l'Onomatopée ni à celle de l'Interjection (3). « Nous ne pouvons nier, dit M. Max Müller, qu'*une* langue puisse avoir été formée d'après le principe d'une semblable imitation; mais nous disons que, jusqu'ici, on n'a découvert aucun langage ainsi formé. » (4) « Je doute que ce procédé

---

(1) V. Steinthal, *Der Ursprung des Sprache* (Berlin, 1758).

(2) Voir: Hensleigh Wedgwood (*Etymology of the english language*); Farrar (*Chapters on language*); Renan (*Origines du langage*). « L'imitation ou l'onomatopée, dit M. Renan, paraît avoir été le procédé ordinaire d'après lequel les premiers hommes formèrent leurs appellations... Le système que Platon a si subtilement développé dans le *Cratyle*, — cette thèse qu'il y a des dénominations naturelles, et que la propriété des mots se reconnaît à l'imitation plus ou moins exacte de l'objet, — *pourrait tout au plus s'appliquer aux noms formés par onomatopée :* et pour ceux-ci mêmes, la loi dont nous parlons n'établit qu'une convenance. Ces appellations n'ont pas uniquement leur cause dans l'objet appelé — (sans quoi elles seraient les mêmes dans toutes les langues), — *mais dans l'objet appelé, vu à travers les dispositions personnelles du sujet appelant* (p. 136, 147). »

M. Renan ne semble pas avoir compris la vraie pensée de Platon. Il croit que ce dernier entend par propriété des mots l'imitation matérielle des choses, tandis que Platon entend l'imitation de l'essence intelligible. De plus, Platon ne nie pas la part du *sujet* pensant dans la production des mots ; il accorde à Protagoras et à Cratyle que les premiers auteurs de noms se sont fait eux-mêmes pour une bonne part *la mesure des choses*, à tel point qu'ils ont cru voir partout un *écoulement* universel et ont nommé les choses conformément à cette pensée. Mais, d'après Platon, le dialecticien doit ramener peu à peu les noms à la mesure des *Idées*.

(3) Max. Müller (*Science of lang.*, t. I) appelle plaisamment la première la doctrine Bow-wow (imitation de l'aboiement du chien), et la seconde, la doctrine Pooh-Pooh! (interjection qui sert à appeler un chien).

(4) *Lectures on the Science of language* (Longman), first series, 374.

mérite le nom de langage » (1). « Les onomatopées sont les *jeux* (playthings) et non les lois du langage » (2). Les onomatopées n'ont qu'une part très-minime dans les langues ; elles sont rares même dans les noms d'animaux où elles devraient être le plus fréquentes. (Chien, chat, cheval, taureau, etc.) D'ailleurs l'onomatopée est fort incommode à cause de son caractère individuel.

On peut faire les mêmes objections au système de Condillac et de son école qui dérive le langage de l'Interjection. « A vrai dire, le langage proprement dit commence quand l'Interjection cesse. »

Enfin, si les éléments constitutifs du langage étaient des cris ou l'imitation des sons de la nature, il serait difficile de comprendre pourquoi certains animaux, comme le perroquet et l'oiseau-moqueur, seraient sans langage. L'imitation grossière des objets n'est tout au plus que la matière brute de la parole, à laquelle il faut que la raison ajoute sa forme propre. La parole commence où commence l'Idée.

Si donc c'est le propre de l'homme, comme Platon l'a montré, que de concevoir le général et l'universel, c'est dans les lois de la raison qu'il faut chercher les vraies lois du langage: λόγος ne signifie-t-il pas tout ensemble raison et parole? L'homme a nommé les objets le jour où il a pu les définir.

C'est une vieille controverse parmi les philosophes que de savoir si le premier objet d'appellation, comme de connaissance, *primum cognitum, primum appellatum*, fut particulier ou général; en d'autres termes, si les premiers noms furent des noms

---

(1) *Ib.*
(2) *Ib.*, 374.
(3) *Ib.*, 383.

propres ou des noms génériques. La philologie moderne résout cette question conformément à la dialectique platonicienne, qui veut que le point de départ de la pensée et du langage ne soit ni la pure sensation, ni l'Idée pure, mais un mélange des deux. Sans doute, comme l'ont soutenu Locke, Condillac, Adam Smith, Brown, Dugald-Stewart, l'intelligence a d'abord appliqué les noms à des objets particuliers pour les étendre ensuite aux objets du même genre. Par exemple, la première caverne qui fut appelée de ce nom donna sans doute son nom à toutes les autres cavernes. Le premier palais construit sur le Palatin donna son nom à ceux mêmes qui n'étaient point construits sur cette colline. « Supposons, dit Adam Smith, un homme assez ignorant pour ne pas connaître le mot général de rivière, mais familier avec le mot de Tamise : si on le transporte auprès d'une autre rivière, il l'appellera certainement *une Tamise*. » Déjà cette induction, si elle avait lieu (1), supposerait, d'après les principes platoniciens, un élément rationnel sans lequel l'appellation particulière serait stérile et à jamais bornée. Mais ce n'est là qu'une extension ultérieure du mot déjà formé. Ce qui est capital, c'est de rechercher avec Platon comment a été formé le mot lui-même, indépendamment de sa généralisation ultérieure, et à quelle faculté il

---

(1) Nous croyons, pour notre part, qu'elle n'aurait pas lieu. Notre ignorant, transporté devant une rivière autre que la Tamise, ne l'appellerait pas Tamise, mais bien *de l'eau*, terme général. C'est ce que font les enfants. Qu'on leur montre un étang, puis une rivière, puis une autre, ils diront toujours : *eau*. On aura même de la peine à leur faire adopter des noms différents pour les diverses *espèces* d'un même genre : étang, rivière, ruisseau, Seine, Garonne. Ils sont beaucoup plus portés à généraliser et à simplifier qu'à particulariser et à se perdre dans la complication des différences. Ils vont plus volontiers vers l'*Idée* et l'unité que vers la *matière indéfinie*.

a dû sa première apparition. Or, c'est là que la pensée de Platon est profonde : le mot n'est pour lui que le signe et le résumé d'une définition de choses; il est un produit de dialectique. Remontez à la racine des noms : ils exprimaient tous originairement un attribut caractéristique et plus ou moins essentiel, pris dans la multiplicité des attributs de l'objet et posé à part dans son unité. Que cet attribut fût une qualité ou une action, il était toujours une idée générale, et c'est cette idée générale qui fut l'antécédent et la condition du langage. L'onomatopée même est une définition incomplète et grossière, qui n'en suppose pas moins une généralisation. Imiter le chant d'un oiseau pour le désigner, c'est le définir par son chant. Il est possible que les onomatopées aient été fort nombreuses à l'origine des langues; cela est même probable (1). Mais ce qui distingue l'onomatopée humaine du caquetage des perroquets, c'est que la première est une définition et un nom, tandis que le second ne correspond pas à une Idée et n'est qu'un jeu (2).

Pour emprunter des exemples à la philologie moderne, le mot *antre* (*antrum*) signifie *intérieur* (*internum*). *Antar* en sanskrit a le sens d'*entre, inter*. Cette appellation n'aurait donc pu être donnée à un antre particulier, si l'idée générale d'*intérieur* n'avait pas été présente à la pensée des aryens. Pour nommer l'*antre*, on l'a défini dialectiquement, et le nom a été, comme disait Platon, « une imitation de

---

(1) C'est ce que M. Max. Müller ne semble pas assez reconnaître : sa théorie est trop exclusive.

(2) Et encore l'on pourra supposer, si on veut, que l'humble perroquet a déjà une notion vague des objets et une vague intention, sinon de les désigner aux autres, du moins de se les désigner à lui-même.

l'essence. » Le mot *entrailles* (intérieur du corps) a la même racine (ἔντερα en grec, *antra* en sanskrit). *Caverne* signifie cavité ; la racine *cav* vient du sanskrit *Ku*, qui se retrouve dans Κοῖλος, *cœlum*, ciel. Le *serpent* (en sanskrit *sarpa*) signifie le *rampant*. *Anguis* et ἔχις, ἔχιδνα, signifie l'*étouffeur* (angere, angor, en sanskrit anh.) Le mot même de *nom*, *nomen*, *nâman* en sanskrit, ou *gnaman* (co-gnomen), a pour racine *gnâ* qui signifie l'acte de connaître (co-gnoscere). Le mot anglais *moon*, la lune, signifie le *mesureur* : mâ, man, en sanskrit, voulut dire d'abord mesurer, puis penser. Le mot *man* en anglais, *mann* en allemand (homme), signifie le *penseur*. C'est donc en définissant l'homme par sa plus noble faculté qu'on l'a nommé (1). Ainsi l'*onomatopée* n'a servi que pour définir et nommer les objets dont la caractéristique est le son qu'ils produisent, et même pour ceux-là on a le plus souvent préféré les appellations rationnelles. Comment donc méconnaître tout ce qu'il y a de vérité dans la pensée de Platon ? Soutenir que le langage a été une simple extension inductive des noms particuliers au genre, c'est ne voir les choses que sous le rapport exotérique de la quantité et de l'extension. Platon, lui, pénètre dans la compréhension de l'objet à nommer, dans le domaine ésotérique de la qualité et de l'essence, et il prend sur le fait l'acte de la raison qui, après avoir dégagé d'une multiplicité d'attributs (τὸ ἄπειρον) la détermination essentielle (τὸ πέρας), exprime l'Idée ou le *nombre* ainsi conçu par un nom

---

(1) C'est l'appellation sanskrite et germanique. L'appellation latine et néo-latine (*homo, homme*) vient d'une définition moins élevée et signifie le terrestre (humus, humilis).

qui en participe comme l'image du modèle (1).

Ce fait, que chaque mot est originairement un prédicat, et que les noms, quoique signes de conceptions individuelles, « sont tous, sans exception, dérivés d'idées générales (2), » est une des plus importantes découvertes de la linguistique. Elle ramène la pensée

---

(1) Leibnitz est fidèle à la pensée platonicienne et beaucoup plus profond que Locke et Adam Smith dans les passages suivants :

« Les termes généraux ne servent pas seulement à la perfection des langues, mais même ils sont nécessaires pour leur constitution essentielle. Car, si par les *choses particulières* on entend les individuelles, il serait impossible de parler s'il n'y avait que des noms *propres* et point d'*appellatifs*, c'est-à-dire, s'il n'y avait des mots que pour les individus; puisqu'à tout moment il en revient de nouveaux lorsqu'il s'agit des individus, des accidents et particulièrement des actions, qui sont ce qu'on désigne le plus ; mais, si par les choses particulières on entend les plus basses espèces (*species infimas*), outre qu'il est difficile bien souvent de les déterminer, il est manifeste que ce sont déjà des universaux fondés sur la similitude. Donc, comme il ne s'agit que de similitude plus ou moins étendue, selon que l'on parle des genres ou des espèces, il est naturel de marquer toute sorte de similitudes ou convenances, et par conséquent d'employer des termes généraux de tous degrés ; et même les plus généraux, étant moins chargés par rapport aux Idées ou essences qu'ils renferment, quoiqu'ils soient plus compréhensifs par rapport aux individus à qui ils conviennent, étaient bien souvent les plus aisés à former et sont les plus utiles. Aussi voyez-vous que les enfants et ceux qui ne savent que peu la langue qu'ils veulent parler ou la matière dont ils parlent, se servent de termes généraux, comme chose, plante, animaux, au lieu d'employer les termes propres qui leur manquent. Et il est sûr que tous les *noms propres* ou individuels ont été originairement *appellatifs* ou généraux..... J'oserais dire que presque tous les noms sont originairement des termes généraux, parce qu'il arrivera fort rarement qu'on inventera un nom exprès sans raison pour marquer un tel individu. On peut donc dire que les noms des individus étaient des noms d'espèce qu'on donnait par excellence ou autrement à quelque individu, comme le nom de *grosse tête* à celui de toute la ville qui l'avait la plus grande ou qui était le plus considéré des grosses têtes qu'on connaissait. C'est ainsi même qu'on donne les noms des genres aux espèces, c'est-à-dire qu'on se contentera d'un terme plus général ou plus vague pour désigner des espèces plus particulières, lorsqu'on ne se soucie point des différences : comme, par exemple, on se contente du nom général d'absinthe, quoiqu'il y en ait tant d'espèces qu'un des Bauhin en a rempli un livre exprès. » *Essais sur l'entend.*, III, 1, 3.

(2) Max. Muller, I, 401.

et la parole, λόγος, à un même fait tout ensemble intérieur et extérieur, comme le disait Platon : « Pensée et discours c'est la même chose, avec cette différence que le dialogue intérieur de l'âme avec elle-même et sans la voix s'appelle pensée, tandis que ce qui vient de la pensée par la bouche avec des sons articulés s'appelle discours (1). »

Après avoir posé le principe général de la méthode étymologique, Platon en a donné des applications assez nombreuses. Ces applications ne pouvaient avoir évidemment la même valeur que la méthode elle-même, à cause des connaissances positives, soit historiques, soit philologiques, qui manquaient aux anciens. Néanmoins on a beaucoup exagéré le caractère arbitraire de ces applications qui ont paru à quelques-uns des jeux de l'ironie.

Les exemples donnés par Platon sont de deux sortes : les uns relatifs aux mots dérivés, les autres aux mots primitifs. Parmi les mots dérivés, Platon donne la première place aux noms des dieux et des héros. « Ne serait-il pas juste, dit-il, de commencer par les dieux (2)? » Il est clair, en effet, que les noms des dieux doivent être le résumé des doctrines religieuses et métaphysiques auxquelles s'élevèrent les premiers peuples. C'est dans ces noms que la trace de l'Idée doit être le plus visible, et la philologie moderne s'accorde avec Platon pour chercher dans les noms sacrés la pensée religieuse et philosophique des peuples. Platon a même fait preuve d'une grande profondeur en disant que les premiers hommes semblent avoir été préoccupés, comme Héraclite, de l'idée du mouvement universel. C'est là, en effet, ce qui dut

(1) *Soph.*, 310.
(2) *Ib.*, 21.

frapper tout d'abord les esprits : c'est le premier degré de la dialectique humaine. Les philologues modernes, eux aussi, retrouvent dans les noms sacrés de la Grèce et de l'Inde l'idée dominante des révolutions de la nature : succession des jours et des nuits, de la lumière et des ténèbres, de la chaleur et du froid, de l'hiver et de l'été, de la végétation et de la stérilité, de la veille et du sommeil. « Quelle peut être la raison de ce nom de dieux, θεός ? « se demande Platon. » Voici ce que je soupçonne. Je crois que les anciens habitants de la Grèce ne reconnaissaient d'autres dieux (comme aujourd'hui une grande partie des Barbares) que le soleil, la lune, la terre, les astres et le ciel ; et en observant leur mouvement et leur course perpétuelle, ils les auront appelés Dieux, θεοί, d'après cette propriété de courir, θεῖν ; et que ce nom s'étendit par la suite aux nouvelles divinités qu'ils reconnurent (1). » Remarquons que les deux moments dialectiques de l'*appellation* sont ici parfaitement indiqués : 1° acte par lequel on saisit dans la *compréhension* de l'objet l'essence générale ou attribut caractéristique ; 2° acte par lequel on accroît l'*extension* du mot formé en l'appliquant par induction aux choses du même genre.

Quant à la véritable étymologie de θεός (2), Platon ne pouvait la connaître ; mais il est dans le vrai en cherchant dans les phénomènes célestes la première origine du nom des divinités. Il est dans le vrai aussi quand il croit à l'intérêt et à l'importance de ces recherches étymologiques, persuadé que chaque mot renferme toute une histoire, toute une religion, toute une philosophie. Que de choses, par exemple, ne nous

---

(1) *Cratyle*, 797, c.
(2) Voir Max. Muller, t. II, p. 453.

révèle pas ce nom de Dieu, dont Platon s'efforçait de trouver la première origine! Si ce nom pouvait s'ouvrir en quelque sorte devant nos yeux et nous montrer toutes les significations par lesquelles l'a fait passer une dialectique intérieure, n'y retrouverions-nous pas tous les degrés de la grande dialectique humaine? Le mot sanscrit *div* ou *deva* désigna d'abord, sinon la course des astres, comme le croyait Platon, du moins leur pure lumière, principalement cette clarté du jour qui rend toutes choses perceptibles et sans laquelle il n'y a ni chaleur, ni vie, ni activité. Puis, au-dessus de cette lumière visible la pensée humaine entrevit et adora la lumière intelligible, et soupçonna avant Platon que le soleil qui éclaire le monde matériel est l'image et le symbole de celui qui resplendit dans un monde supérieur. Mais la race aryenne ne comprit pas tout d'abord que ce foyer du monde intellectuel est unique : elle appela divins, elle appela dieux les objets multiples où se disperse et se réfléchit sa lumière, forces de la nature, idées de l'intelligence, vertus de l'âme. Les mots *deva*, θεός, *deus*, furent des noms communs et l'expression d'un genre plutôt que d'une individualité. Pourtant Platon, à l'exemple de Socrate et des autres sages, prononce déjà le nom de θεός pour désigner la personnalité suprême, simple et unique. Mais c'est seulement depuis le christianisme que le nom de Dieu est devenu exclusivement propre à l'individualité de l'être absolu : perdant peu à peu toute signification matérielle, toute empreinte sensible et même tout caractère de pluralité, ce mot n'éveille plus aujourd'hui dans la pensée humaine ni l'image de la lumière visible, ni le sentiment vague du divin, ni les notions multiples des puissances célestes, mais l'Idée pure et unique de l'être parfait : Dieu! —

C'est ainsi que notre race, après avoir fait d'un dieu plusieurs, a fait de plusieurs dieux un seul.

Platon applique aux autres noms des divinités une méthode analogue, qu'il faut moins juger dans le détail que dans l'esprit qui anime l'ensemble. Jupiter (Ζεὐς), signifie pour Platon la Vie (ζῆν); Vesta, qu'on invoquait la première dans les sacrifices, est l'Essence des choses (ἑστία); *Rhéa*, qui vient ensuite, est la *génération* ou *écoulement* universel (ροή); *Chronos* est le temps ou le courant perpétuel (κροῦνος); *Déméter* est la terre *qui donne comme une mère; Héra* est l'air; *Persephoné* est la sagesse qui atteint les choses malgré le mouvement qui les emporte; Athênê est la pensée de Dieu (ἁ θεοῦ νοά); Héphaistos est le dieu *lumineux*; Arès, le dieu *mâle* et fort; Hermès, l'*interprète* qui a inventé la parole (l'intelligence); Pan, aux deux natures, exprime *toutes choses*, emportées par le courant éternel. Les noms du feu et de l'air (πῦρ et ἀήρ) désignent le flux perpétuel de ces éléments (par exemple ἀήρ ἀεὶ ῥέων). — Assurément, il y a du vrai dans ce symbolisme philologique; les détails sont inexacts, mais la pensée générale est ingénieuse et profonde. « Il me semble, conclut avec raison Socrate, que je n'ai pas mal deviné en imaginant, comme je le faisais tout à l'heure, que les hommes de l'antiquité la plus reculée, qui ont institué les noms, ont dû éprouver le même accident que celui qui arrive aujourd'hui à la plupart de nos philosophes :.... la tête leur a tourné, et ils croient que ce sont les choses mêmes qui roulent de la sorte, et qui de leur nature n'ont rien de stable ni de fixe; ce n'est, à les en croire, que flux et révolutions, mouvement et génération perpétuelle (1). »

(1) *Ib.*, p. 80.

Mais les mots dérivés supposent des mots primitifs, et le langage se ramène en dernière analyse à des racines élémentaires. C'est ce que Platon a compris. « Tant qu'on ignore, en quelque manière que ce soit, en quoi consiste la justesse des mots primitifs, il est impossible de rien connaître aux mots dérivés, qui ne peuvent s'expliquer que par les primitifs (1). » Cette question est celle qui embarrasse le plus Platon ; c'est à ce sujet qu'il se moque de ceux qui font intervenir la divinité. D'autre part, il rejette la convention arbitraire, et le dernier parti auquel il s'arrête lui semble une idée conciliatrice. Il veut bien qu'on attribue au divin la formation du langage, pourvu qu'on entende par là le *naturel* : « Je poserai en principe que ce qu'on appelle naturel fut l'œuvre d'un art divin : Θήσω τὰ μὲν φύσει λεγόμενα ποιεῖσθαι θείᾳ τέχνῃ. » C'est une certaine harmonie *naturelle* et *divine* entre les sons et les choses qui paraît à Platon la meilleure solution du problème ; et l'intelligence des hommes primitifs a naturellement saisi ce rapport établi par Dieu même. « Pour moi, les idées que je me fais sur les mots primitifs me paraissent à moi-même téméraires et bizarres. Je te les dirai si tu veux. Si, de ton côté, tu as quelque chose de mieux à me proposer, tu voudras bien m'en faire part. D'abord, il me semble voir dans la lettre ρ l'instrument propre à l'expression de toute espèce de mouvement... C'est la lettre qui oblige la langue à se mouvoir et à vibrer le plus rapidement (2). » Les sifflantes φ, ψ, σ, ξ, rendent « tout ce qui présente l'idée de souffle. » — La pression que les lettres δ et τ font éprouver à la langue, est quelque chose de très-convenable à l'imitation de ce

(1) *Ib.*, p. 117.
(2) *Crat.*, 118.

qui lie ou arrête (δεσμός, στάσις). Le λ exprime le coulant, le gluant, etc.

Ici encore, peut-on nier ce qu'il y a de vrai dans la doctrine platonicienne? La philologie moderne admet, elle aussi, l'existence d'un certain nombre de *types phonétiques* qui ont servi d'éléments au langage (1). Elle admet en outre que ces types ont une certaine propriété naturelle et une harmonie avec les choses. Elle admet enfin que les hommes ont saisi par instinct cette harmonie, et qu'ils ont employé par instinct les articulations convenables pour désigner les objets de leurs impressions. Cet instinct naturel à l'homme a pu s'oblitérer, s'atrophier et disparaître à la longue, comme tout instinct et toute fonction qui demeure sans exercice. L'enfant civilisé trouve la besogne toute faite, grâce à la langue qu'on lui apprend; il a d'ailleurs en partie perdu cette espèce de sens musical et de faculté expressive qu'avaient les hommes primitifs. Les physiciens ont remarqué que chaque objet, dans la nature, rend un son qui lui est propre. Les divers métaux se distinguent par la nature des vibrations qu'ils produisent et du son qu'ils rendent. « L'homme, lui aussi, vibre et rend des sons (2), » surtout l'homme primitif. Pensée ingénieuse et platonicienne d'esprit. Les nombres régissent tout : ils soumettent à leurs lois le mouvement universel et l'universelle vibration des choses. Il y a des harmonies entre les divers mouvements, entre les diverses vibrations; il y a aussi des harmonies entre l'exté-

---

(1) Max. Muller, t. II. Leibnitz (*Essais*, III, ii) et Grimm (*Ursprung der Sprache*, Berlin, 1858), ont des vues analogues sur le pouvoir expressif et symbolique des racines et des lettres. (Rein Buchstabe « ursprunglich steht bedeutungslos oder ueberflüsig, » p. 40.) Mêmes réflexions sur le *rhô*, le *lambda* et les autres lettres. Cf. Renan, *ibid.*, 137.

(2) Max. Muller, *ib.*

rieur et l'intérieur, entre le son des choses et cet écho qu'elles trouvent dans le langage humain. En s'appliquant à ces phénomènes, la raison, la faculté dialectique, a produit les langues : elle a imprimé aux sons et aux mots l'empreinte de l'Idée. Les mots surgirent dans les siècles primitifs, comme les produits multiples d'un art instinctif et d'une instinctive dialectique. Puis, selon la remarque de Max Müller, la loi de *sélection* et d'*élimination* s'appliqua aux mots comme à tout le reste. Les plus expressifs et aussi les plus rationnels survécurent dans cette sorte de *combat pour l'existence* (struggle for life). Ceux qui imitaient le mieux l'Idée et en offraient la meilleure réalisation, participèrent à son éternité immuable et lui empruntèrent un élément d'immortalité. Les langues ont leur printemps et leur automne; au printemps, que de feuilles nouvelles! les plus fortes et les plus vigoureuses restent seules sur l'arbre. Telle est la loi des choses que Platon avait déjà formulée : ce qui imite l'Idée subsiste, ce qui n'en est qu'une confuse et lointaine image disparaît. L'avenir appartient à l'Idée; qu'il s'agisse des espèces ou des mots, la loi est la même.

Telle est donc, en définitive, la formation des noms. Tout le formel du langage a son principe dans une combinaison rationnelle et dans une imitation de l'Idée ; tout le matériel des langues a son principe dans l'instinct naturel que Dieu a donné à l'homme. Quant à la propriété des noms, « elle consiste à représenter la chose telle qu'elle est. » « Les mots, conclut Socrate, sont donc faits pour enseigner. »

IV. Est-ce à dire que Cratyle ait complétement raison, et faut-il soutenir avec lui que, tout nom étant propre et parfait, l'étude des noms doit remplacer l'étude des Idées? La première partie du dialogue était destinée à confirmer ce qu'il y a de vrai dans l'opinion de l'école d'Héraclite; la seconde est destinée à en réfuter les exagérations.

Le nom est l'image de l'objet, sans doute; mais cette image n'est pas toujours fidèle. Nous l'avons vu, les premiers auteurs de noms les ont souvent faits sur la mesure de leurs impressions variables, au lieu de les faire sur la mesure des choses; aussi le dialecticien, loin de se faire esclave du langage, a pour mission de le réformer et de le rendre de plus en plus scientifique, de plus en plus semblable à l'essence des choses. L'idéal serait que chaque mot fût une exacte définition de l'objet. Platon eût applaudi à l'idée d'une langue rationnelle et d'une caractéristique universelle. Il montre même un penchant à réglementer le langage, comme tout le reste, sous la discipline de la philosophie. Il confierait volontiers à un législateur philosophe le soin de donner des lois au langage, comme au culte, comme aux beaux-arts. Sous ce rapport, le *Cratyle* ressemble au *Politique* et à la *République*. Cratyle avait donc tort de vouloir mettre à la place des Idées leur image souvent infidèle. « Supposons un homme qui, dans la recherche de la nature des choses, ne prendrait d'autres guides que les noms; ne penses-tu pas qu'il courrait grand risque de se tromper? — Comment cela? — Il est bien clair que celui qui a composé les noms les a formés d'après la manière dont il concevait les objets eux-mêmes. N'est-il pas vrai? — Oui. — Et si celui-là ne les connaissait pas bien, et qu'il leur ait donné des noms conformes à sa manière de les concevoir, que pouvons-nous faire en le suivant que de nous tromper? (1) » D'ailleurs, comment

(1) *Ib.*, 145. — 434, sqq.

saisir dans les mots toute la pensée de ceux qui ont fait le langage? « Nous disions que les noms nous représentent le monde comme livré à un mouvement et à un flux universel? N'est-ce pas là le sens que tu leur attribues? — Assurément, et ce sens est tout à fait juste. » Mais il y a aussi une foule d'autres noms qui paraissent exprimer le repos. « Allons-nous donc, pour nous assurer de la propriété des mots, les compter comme des cailloux de scrutin, et tenir pour vrai le sens indiqué par le plus grand nombre? »

De plus, en supposant même que les mots fussent tous des images fidèles, ils seront toujours de simples images ; or, nous l'avons vu, l'image ne peut jamais être identique à l'objet. Le mot n'aura donc jamais le privilége de remplacer les choses.

Enfin, le système d'Héraclite et de Cratyle contient un cercle vicieux. « Les premiers instituteurs des premiers noms, l'ont-ils fait avec la connaissance des choses qu'ils nommaient? » Comment avaient-ils cette connaissance si l'on ne connaît les choses que par les noms? Se tirera-t-on de ce dilemme en faisant intervenir la divinité? L'embarras sera toujours le même. Car, encore une fois, il y a deux espèces contraires de noms : « ceux qui se rapportent à l'Idée du repos, et ceux qui se rapportent à l'Idée du mouvement... Voilà donc une guerre civile entre les noms, et chaque parti prétendra être seul légitime. Auquel donnerons-nous raison, et d'après quel principe? Ce ne pourra pas être en vertu d'autres noms, puisqu'il n'y en a point (1). » Nous sommes donc toujours forcés de prendre pour juges les choses elles-mêmes, et de comparer les images aux objets, « *de demander à la*

---

(1) *Ib.*, 151. — 436, sqq.

vérité ce qu'elle est en elle-même et de s'assurer ensuite si l'image y répond. »

En conséquence, « *ce n'est pas dans les noms, mais dans les choses mêmes, qu'il faut étudier les choses* (1). » Et cette étude, loin de donner raison aux instituteurs du langage, qui ne voient partout que mobilité, nous fait comprendre au contraire que le langage même serait impossible s'il n'y avait rien de stable. « Devons-nous dire que *le beau et le bon* existent en eux-mêmes?... Je ne demande pas si un beau visage, ou tout autre objet beau (car tout cela est dans un flux perpétuel), mais si le beau lui-même ne subsiste pas toujours tel qu'il est. — Il le faut bien. — S'il passait incessamment, serait-il possible de dire qu'il existe et qu'il est? Tandis que nous parlons, ne serait-il pas déjà autre, et n'aurait-il pas perdu sa première forme (2)? » Le langage serait donc impossible, comme la connaissance, s'il n'y avait rien de fixe et de déterminé. Toute affirmation implique l'être, dans ce qu'il a d'immuable et d'éternel; et la moindre parole que la bouche prononce est pour Platon une preuve de l'existence des Idées.

En résumé, le but du *Cratyle* est de faire voir que les éléments du langage ne sont ni aussi rationnels et aussi propres que le prétend l'école d'Héraclite, ni aussi arbitraires et aussi impropres que le prétend l'école de Démocrite. Œuvre de raison et de sensibilité tout ensemble, mais surtout de raison, les mots sont une imitation incomplète de l'essence. Ils ont leur origine dans une confuse vision de l'Idée; ils ont leur loi et leur fin dans la connaissance claire et réfléchie de l'Idée. La tendance des langues est de s'identifier pro-

---

(1) *Ib.*, 153, 450, sqq.
(2) *Ib.*, 460, sqq.

gressivement avec les Idées mêmes, mais sans jamais pouvoir entièrement les remplacer. Le dialecticien est le maître et non l'esclave de la parole ; il s'en sert comme le démiurge se sert de la matière, s'efforçant de la rendre le plus semblable qu'il est possible à sa propre pensée : παραπλήσια ἑαυτῷ (1).

(1) C'est après une longue analyse du *Cratyle* que M. Grote arrive à cette conclusion : « Aucun commun objet didactique ne se montre à travers les Dialogues ; chacun est une composition distincte sur un argument particulier. (No common didactic purpose pervading the Dialogues ; each is a distinct composition, working out its own peculiar argument. *Plato, and the other*: II, 550). » M. Grote motive cette opinion par les contradictions qu'il aperçoit entre le *Cratyle* et les autres dialogues, surtout le *Théétète* et le *Sophiste*. A l'en croire, la théorie de l'erreur est traitée trois fois différemment et contradictoirement dans ces trois dialogues. Pour nous, nous sommes étonnés de ce paradoxe. N'avons-nous pas montré que, dans le *Sophiste*, l'erreur de *jugement* vient d'une confusion entre les images sensibles des Idées ? et cette confusion vient de ce qu'elles sont naturellement imparfaites, le non-être s'y mêlant à l'être. Or, dans le *Cratyle*, l'erreur de *proposition* s'explique par une confusion d'images vocales ; et ce qui rend cette confusion possible, c'est que l'image par sa nature même est imparfaite (ou contient du non-être, c'est-à-dire un mélange d'éléments étrangers). « Lorsqu'on applique à une chose une image qui lui ressemble, que l'image soit un nom ou la représentation d'un être animé, je dis que cette application est faite avec propriété ; et si c'est de noms qu'il s'agit, je dis de plus qu'elle est vraie. » (*Cratyle*, p. 129, tr. Cousin.) Si ce n'est pas là la théorie même du *Sophiste* et une allusion au monde sensible, qui, lui aussi, est une image d'Idées, nous avouons ne rien comprendre à Platon. De plus, nous demandons si on peut méconnaître la perpétuelle application dans le *Cratyle* de la théorie des Idées et de leur participation mutuelle ? A en croire M. Grote, le *Cratyle* est un dialogue négatif, sans conclusion dogmatique. N'est-il pas évident au contraire que le *Cratyle* conclut à la théorie des Idées, et Platon ne le dit-il pas formellement dans les dernières pages ?

« Si nous devons trouver, dit M. Grote, une intention commune qui traverse et relie tous les Dialogues, ce n'est pas une intention didactique dans le sens propre du mot. La valeur des Dialogues consiste, non dans le résultat de la discussion, mais dans la discussion même ; non dans la conclusion, mais dans les prémisses pour ou contre cette conclusion. » (*Ib.*, p. 551.) Qu'il y ait des dialogues de ce genre, nous ne le nions pas ; mais ceux mêmes qui ne concluent pas ouvertement ont encore une conclusion sous-entendue ; et c'est toujours la théorie des Idées. M. Grote est vraiment malheureux dans son choix quand il prend le *Cratyle* pour exemple et pour preuve de sa manière d'entendre Platon. Lui qui a si admirablement compris la logique platonicienne, demeure trop étranger à la métaphysique. Pour ne voir aucun lien entre le *Cratyle* et les autres Dialogues, il faut fermer les yeux. Nous espérons avoir montré que le *Cratyle* est au contraire tout rempli de métaphysique, et en particulier qu'il est étroitement uni au *Sophiste*. La liberté extrême de la forme, dans Platon, n'empêche pas l'unité *systématique* de la pensée. Platon pourrait appliquer au savant critique anglais et à ceux qui croient sa pensée toujours flottante ce qu'il dit d'Héraclite et de son école dans le *Cratyle* : « A force de tourner en tous sens dans leur recherche, la tête leur aura tourné à eux-mêmes, et ce vertige leur aura fait voir toutes choses dans un mouvement perpétuel. Mais ils ne s'avisent guère d'aller chercher dans leur disposition intérieure l'explication de leur manière de voir; ils croient que ce sont les choses mêmes qui roulent de la sorte et qui, de leur nature, n'ont rien de stable ni de fixe : ce n'est, à les en croire, que flux et révolutions, mouvement et génération perpétuelle. » (P. 80, C.) Platon, qui a rejeté le flux universel, n'a sans doute pas voulu le mettre dans ses propres pensées. Il est donc fort à craindre que M. Grote, quand il voit partout des contradictions et des différences, ne se constitue lui-même la *mesure* des pensées de Platon, malgré son intention d'être un miroir fidèle et passif. Comment, d'ailleurs, la critique positiviste aurait-elle pu bien comprendre l'idéalisme platonicien?

LIVRE SEPTIÈME

RAPPORT DES IDÉES A LA SENSIBILITÉ. — L'AMOUR. — LE BEAU. — L'ART.

CHAPITRE I.

THÉORIE DE L'AMOUR.

I. L'Amour dans la nature. Discours d'Eryximaque. Théories d'Héraclite et d'Empédocle. — II. L'Amour dans les ames. Les deux Vénus. Discours d'Aristophane et d'Agathon. Discours de Socrate. Mythe de la naissance de l'Amour. Comment il est fils de l'Idée du Bien et de la matière. — III. L'Amour dans son principe. Principe et fin de l'Amour en Dieu. Désir de l'immortalité. Production du bien dans le bien par le bien. Discours de Diotime. L'Idée de la beauté éternelle, objet suprême de l'Amour. Le *Premier Aimable*.

« Je ne sais qu'une petite science, disait Socrate : l'amour. » Ce que Socrate appelait, avec son ironie habituelle, une petite science, est aux yeux de Platon la science tout entière : l'amour, c'est encore la dialectique.

L'amour séparé de l'intelligence risquerait de s'égarer, et quand même il ne s'égarerait pas, il ressemblerait « à l'aveugle marchant dans le droit chemin (1); » mais l'intelligence, à son tour, sans l'amour qui lui imprime son essor, resterait impuissante et immobile : elle aurait beau entrevoir l'intelligible, elle ne s'élancerait point à sa poursuite. Nous l'avons

---

(1) *Ménon, loc. cit.*

vu déjà : « semblable à des yeux qui ne pourraient se tourner des ténèbres vers la lumière qu'avec le corps tout entier, l'organe de l'intelligence doit se tourner, avec l'âme tout entière, de la contemplation de ce qui *naît* vers la contemplation de ce qui *est*. » Platon a compris admirablement que l'analyse philosophique, dans le développement de l'intelligence, aperçoit les effets visibles d'une puissance cachée, l'amour. Sans ce mobile intérieur, la marche dialectique ne pourrait commencer. Sans le *désir de la sagesse*, il n'y aurait point de *philosophie* (1).

Suivons donc Socrate au banquet d'Agathon et étudions l'amour dans la nature extérieure, dans l'homme et en Dieu.

I. — *L'amour dans la Nature.*

De même qu'Anaxagore, avant Socrate et Platon, avait proclamé déjà la souveraineté de l'Intelligence, de même Empédocle avait compris la puissance de l'amour (2). Mais ces deux sages n'ont guère aperçu l'intelligence et l'amour que dans la Nature, soumise à leur empire; ils ne les ont point étudiés dans l'homme. C'est le disciple de Socrate qui devait créer la dialectique de l'esprit et celle du cœur.

Le médecin Eryximaque, dans le *Banquet*, représente le point de vue naturaliste de la philosophie qui précéda Socrate, et nous montre les effets de l'amour dans le monde extérieur. « L'amour ne réside pas seulement dans l'âme des hommes; il se rencontre aussi dans la nature corporelle, dans les animaux,

---

(1) Voir plus haut, p. 277.
(2) Sur la théorie d'Empédocle, voir plus loin : les origines du Platonisme, IIe partie. — Sur Anaxagore, voir *ibid.*

dans les productions de la terre, en un mot, dans tous les êtres (1). » Pour les corps, par exemple, il y a différents organes, et ces organes sont composés de quatre éléments : de l'eau, de la terre, de l'air, du feu. Lorsque ces éléments sont unis dans de justes proportions, l'ordre et la santé règnent dans les corps ; mais lorsque l'un de ces éléments prédomine de manière à contrarier l'action des autres, à l'affaiblir ou à la détruire, il y a trouble, désordre et maladie. Alors intervient la médecine, qui rétablit la concorde entre les éléments les plus ennemis et leur inspire un amour mutuel. La médecine est donc la science de l'amour dans les corps (2).

Il y a aussi une science de l'amour en fait de rhythme et d'harmonie : c'est la musique. « L'unité, dit Héraclite (3), en s'opposant à elle-même, produit l'accord ; par exemple, l'harmonie d'un arc ou d'une lyre. » Mais il aurait dû ajouter qu'elle produit cette harmonie en retournant à elle-même ; car l'opposition seule ne suffit pas pour engendrer l'harmonie : il faut encore le retour à l'unité. « L'accord ne peut pas se former de choses opposées, tant qu'elles demeurent opposées ; l'opposition, tant qu'elle ne s'est pas résolue en accord, ne peut donc produire l'harmonie. » C'est là le grand principe qui domine le monde physique, moral et intellectuel. Partout l'unité se développe dans la multiplicité : de là l'opposition et la différence ; partout aussi la multiplicité retourne à l'unité, et c'est ce retour, cette dialectique intérieure, qui fait l'harmonie universelle et l'universel amour. Les sages, voisins des dieux, dont Empédocle est le

---

(1) *Banquet*, tr. Cousin, 265. — 180, a, b.
(2) *Ib.*, 266.
(3) *Ibid.* Cf. Plut., *Isis et Osiris*. Stephan., 129, 155.

dernier représentant, avaient bien raison de dire : « Un est plusieurs, et, grâce à l'amour, plusieurs sont un. »

Comme la médecine, comme la musique, l'agriculture a pour objet l'amour. Lorsque les éléments qui composent les corps contractent les uns pour les autres un amour réglé et composent une harmonie sage et bien tempérée, l'année devient fertile et salutaire aux hommes, aux plantes, à tous les animaux.

La connaissance de l'amour dans les mouvements des cieux et les révolutions de l'année s'appelle astronomie.

Enfin, la religion est l'ouvrière de l'amour entre les dieux et les hommes, par la science qu'elle a de ce qu'il y a de juste et d'impie dans les inclinations des hommes, et par l'harmonie qu'elle s'efforce d'y établir.

Telle est la puissance universelle de l'amour : tout ce qui se fait de bien dans l'univers est son ouvrage. Il introduit partout l'ordre, le nombre et l'harmonie ; et comme l'ordre est l'objet de la science, on peut dire indifféremment, ou que toute science a pour objet les Idées, ou qu'elle a pour objet l'Amour.

Mais, si nous reconnaissons dans la Nature entière les effets de l'amour, c'est que nous avons nous-mêmes ressenti sa merveilleuse influence. C'est dans notre âme que nous en puisons l'idée, pour appliquer ensuite cette idée au monde sensible ; c'est donc surtout dans notre âme qu'il faut étudier l'amour.

II. — *L'amour dans les âmes.*

Il y a deux degrés dans la connaissance : l'opinion qui s'attache au sensible, et la science qui s'attache à l'intelligible ; de même il y a deux degrés dans l'amour : l'un, correspondant au monde matériel, et l'autre au monde intellectuel (1).

L'amour de la Vénus populaire est populaire aussi et n'inspire que des actions basses. Il est épris du corps et non de l'âme : il règne sur les hommes grossiers et esclaves de la matière. Mais l'amour de la Vénus céleste s'adresse à l'âme et non au corps. Ce n'est point son propre plaisir qu'il recherche, mais le bonheur de l'objet aimé. Son but est de perfectionner celui qu'il aime dans la science et la vertu. Au lieu d'une union matérielle et passagère, il recherche l'harmonie des âmes.

Quelle est l'origine de ces deux amours, et d'abord de l'amour populaire? Empédocle avait supposé que les amants formaient autrefois une seule et même nature : Dieu les sépara, et depuis ce temps, saisis d'une inquiétude perpétuelle, ils vont partout cherchant cette moitié d'eux-mêmes qu'ils ont perdue. Aristophane, dans le *Banquet*, recouvre de tous les ornements de son imagination bouffonne cette tradition pythagoricienne et orphique, venue peut-être de l'Orient (2). Mais sous l'ironie de la forme se cache sans doute une pensée profonde. L'amour n'est-il pas l'union de deux êtres qui se complètent, comme s'ils retrouvaient l'un dans l'autre ce qu'ils auraient perdu autrefois? Chaque sexe n'a-t-il pas les qualités mêmes qui manquent au sexe opposé, sinon entièrement, du moins en partie? Dieu n'a pas voulu qu'aucun de nous pût se suffire à lui-même; et comment l'homme se suffirait-il, puisqu'il est fini? Au lieu de l'égoïsme personnel, qui se concentre en soi comme s'il était un Dieu, il faut à l'homme la force expansive de l'amour

(1) *Banq.*, 254.
(2) *Orphic.*, IX, Herm. 266. Cf. Timée de Locres.

qui l'excite à se développer en se répandant dans les autres âmes. Enfin, peut-être faut-il voir dans le discours symbolique d'Aristophane l'application à l'humanité de ce que le médecin Eryximaque avait découvert dans la Nature. A l'origine de toutes choses est l'unité, qui se divise ensuite et devient multiple, mais pour revenir un jour à elle-même. La nature humaine, mâle et femelle tout ensemble, est l'unité primitive à laquelle a succédé la séparation ; et l'amour est le retour à l'unité, qui est la loi intime de tous les êtres.

Mais le discours d'Aristophane n'est encore qu'une réponse provisoire à la grande question des origines de l'amour. Pour bien comprendre même la Vénus populaire, il faut connaître la Vénus Uranie. Elle seule peut nous initier à tous les mystères de l'amour.

Phèdre et Agathon, dans le *Banquet*, célèbrent à l'envi les qualités de l'amour céleste et ses effets bienfaisants sur l'âme. C'est lui qui inspire à l'homme ce qu'il faut pour se bien conduire, la honte du mal et l'émulation du bien. Le courage, le dévouement, l'héroïsme, sont les effets de cet amour. Il animait Alceste quand elle descendit au tombeau à la place de son époux; il animait Achille quand il recherchait la mort pour venger Patrocle; et si Orphée perdit Eurydice pour la seconde fois, c'est que, lâche comme un musicien qu'il était, il aima mieux descendre vivant aux enfers que de mourir avec courage pour retrouver celle qu'il avait perdue. S'il faut juger de la cause par les effets, l'amour doit posséder toutes les perfections. Il est éternellement jeune, puisqu'il s'attache à la jeunesse; il est beau et délicat, puisqu'il recherche la beauté et ne saurait rien produire dans le désordre et la laideur. Son essence subtile est quelque chose de divin qui pénètre dans toutes les âmes. Il est juste, il est fort, il est intelligent ; il réunit les hommes en familles, les familles en sociétés ; et ses liens puissants embrassent, non-seulement les objets sensibles et les âmes humaines, mais encore les dieux : car, avant le règne de l'amour, les dieux luttaient les uns avec les autres. C'était alors l'empire de la Nécessité, et sous sa loi toutes choses s'agitaient en désordre ; mais l'Amour parut, et il engendra l'universelle harmonie (1).

Ainsi parle Agathon, et il parle en poëte plutôt qu'en philosophe, bien qu'il nous fasse entrevoir, lui aussi, une partie de la vérité. Mais ces éloges de l'amour ne sont point des explications scientifiques. Seul, Socrate va nous faire pénétrer, par sa méthode analytique, l'essence même de l'amour, son principe, son développement et sa fin.

Pour bien comprendre la nature d'un sentiment, il ne faut pas le considérer seulement dans l'âme, mais encore, mais surtout dans son objet. Qui dit amour suppose nécessairement deux termes : ce qui aime et ce qui est aimé. « L'amour est-il l'amour de quelque chose ou de rien? — De quelque chose, certainement. — Retiens bien ce que tu avances là, et souviens-toi de quoi l'amour est amour, selon toi (2). » Ainsi se pose nettement la nécessité d'un objet pour l'amour, de même que Platon nous a montré la nécessité d'un objet pour la pensée. Commençons par considérer l'amour en lui-même. « Avant d'aller plus loin, dis-moi si l'amour désire la chose dont il est l'amour. — Il la désire. » Dans l'âme humaine, en effet, l'amour est inséparable du besoin, bien que l'amour,

---

(1) *Ib.*, 187, Cf. le passage du *Timée* sur les deux causes : la Nécessité et la Pensée identique à l'Amour.
(2) *Conv.*, 189, sqq.

considéré dans sa nature absolue, diffère essentiellement du désir. « Mais, reprend Socrate, l'amour est-il possesseur de la chose qu'il désire et qu'il aime? — Vraisemblablement il ne la possède pas... — Si l'on objectait qu'un homme riche et sain peut dire : Je souhaite les richesses et la santé, et, par conséquent, je désire ce que je possède, nous lui répondrions : Mon cher, ton désir ne peut tomber que sur l'avenir ; car, présentement, il est certain que tu possèdes ces biens... Ainsi désirer, dans ce cas comme toujours, cela n'est-il pas aimer et désirer ce dont on n'est pas sûr, ce qui n'est pas encore présent, ce qu'on ne *possède* pas, ce qu'on *n'est* pas, ce dont on manque (1)? Or, l'amour est l'amour de la beauté, et non de la laideur. Donc, s'il aime la beauté, c'est que la beauté lui manque, et on ne peut dire véritablement que l'amour soit beau. Et comme le beau est *inséparable du bon*, l'amour manque aussi de bonté.

Quoi donc? l'amour serait-il laid et mauvais? — « Parle mieux, crois-tu que tout ce qui n'est pas beau soit nécessairement laid? — Je le crois. — Et crois-tu qu'on ne puisse manquer de science sans être absolument ignorant? ou ne penses-tu pas qu'il y a un milieu entre la science et l'ignorance? Pour avoir reconnu que l'amour n'est ni beau ni bon, tu n'es pas dans la nécessité de le croire laid et mauvais (2). »

L'amour, ne possédant ni la beauté ni la bonté, ne peut jouir de la béatitude. Par conséquent, il ne faut pas l'appeler un dieu. C'est quelque chose d'intermédiaire entre le mortel et l'immortel; c'est un génie

---

(1) *Conv.*, p. 202, sqq.
(2) Application de la théorie du *Sophiste* sur la différence entre le non-être relatif et le non-être absolu, entre la *privation* d'une chose et le *contraire* de cette chose.

bienfaisant, un grand démon qui tient le milieu entre les dieux et les hommes. « Quelle est la fonction d'un démon? — D'être l'interprète et l'entremetteur entre les dieux et les hommes : les démons entretiennent l'harmonie des deux sphères; ils sont le lien qui unit le grand tout (1). »

Platon, dans le *Timée*, appelle la raison cette partie de l'âme qu'un *démon* habite; l'âme elle-même, dans ce qu'elle a de supérieur et d'immortel, est à ses yeux un *démon*. La raison et l'amour sont pour lui une seule et même faculté, à la fois divine et humaine, intermédiaire entre le sensible et l'intelligible, lien de la terre et du ciel. La raison et l'amour sont choses humaines parce qu'elles possèdent, non pas la science ou la perfection réelle, mais seulement la virtualité de la science et de la perfection. On se rappelle la distinction de la possession virtuelle ou κτῆσις et de la possession actuelle ou ἕξις, que contient le *Théétète*. Toute la théorie de l'amour, comme celle de la réminiscence, est dans cette distinction. C'est ce que prouve le mythe charmant et profond sous lequel Socrate nous raconte la naissance de l'Amour.

A la naissance de Vénus, le dieu de l'Abondance, enivré de nectar, s'unit à la déesse de la Pauvreté : de leur union naquit l'Amour. Il tient à la fois de son père et de sa mère. D'un côté, il est toujours pauvre, et non pas délicat et beau, comme le prétendait Agathon : en digne fils de sa mère, il est perpétuellement misérable. D'un autre côté, suivant le naturel de son père, il est toujours à la piste de ce qui est beau et bon : il est mâle, entreprenant, robuste, passant toute sa vie à philosopher, enchanteur et magicien.

(1) *Conv.*, ib., sqq.

« Sa nature n'est ni d'un immortel ni d'un mortel ; mais tour à tour, dans la même journée, il est florissant, plein de vie, tant que tout abonde chez lui ; puis il s'en va mourant, puis il revit encore, grâce à ce qu'il tient de son père. Tout ce qu'il acquiert lui échappe sans cesse : de sorte que l'Amour n'est jamais ni absolument opulent ni absolument misérable ; de même qu'entre la sagesse et l'ignorance il reste sur la limite (1). » — Les dieux n'ont point le désir de la sagesse, car ils la possèdent ; ils ne sont donc point *philosophes*. De même, celui qui est dans l'absolue ignorance, n'ayant pas l'idée de la science, ne peut philosopher. La même doctrine se retrouve dans le *Lysis*. « Ceux qui possèdent la sagesse ne l'aiment plus ; et ceux-là ne l'aiment pas non plus qui poussent l'ignorance jusqu'à n'avoir pas le sentiment du bien (2). » L'amour, qui tient le milieu entre sage et ignorant, peut seul être amoureux de la sagesse : il est donc essentiellement *philosophe*. « Tout cela par le fait de sa naissance : car il vient d'un père sage et qui est dans l'abondance, et d'une mère qui n'est ni l'un ni l'autre. Telle est la nature de ce démon. ».

L'allégorie est transparente, et il est facile d'en saisir le sens métaphysique. La région du désir et de l'amour est celle des êtres imparfaits. Le *devenir*, la *génération*, l'*amour*, tiennent le milieu entre le non-être et l'être, entre la matière et les Idées, entre le mal et le bien. De là ce mouvement perpétuel qui leur fait poursuivre un but toujours inaccessible ; et tout mouvement, tout développement, est une étonnante union des contraires, comme le *Parménide* nous l'a montré.

(1) *Conv.*, p. 202. — 204, a, b, c.
(2) *Lysis*, tr. Cousin, 67.

Tout ce qu'un être changeant acquiert lui échappe sans cesse : il n'est pas absolument misérable, il n'est pas non plus absolument riche ; il est riche et misérable tout ensemble. Qu'est-ce que la philosophie, sinon le mouvement de l'âme imparfaite vers la perfection? Qu'est-ce que l'amour, sinon la philosophie même? Aimer la sagesse, c'est être bon sous un certain rapport, comme Platon le montre dans le *Lysis*. Car on n'aime qu'à condition d'avoir quelque idée de ce qu'on aime ; on n'a quelque idée d'une chose qu'à condition d'en participer plus ou moins ; et un être qui ne serait bon d'aucune manière ne pourrait aimer le bien. Le désir suppose donc un certain degré de perfection, une union primitive avec le bien, union incomplète qui aspire à se compléter. Sous ce rapport, l'amour est supérieur à l'intelligence même ; car l'intelligence se borne à la contemplation de son objet ; dans l'amour, il y a plus qu'un rapprochement, il y a une union intime. A proprement parler, l'amour est le fond du désir. L'amour naît de la possession déjà actuelle du bien ; le désir naît de la virtualité qui vient borner cette possession. Né d'une union imparfaite, le désir tend vers l'union parfaite, et si cette union pouvait être consommée, le désir s'évanouirait sans doute, mais il resterait le véritable amour. De même, l'amour est le fond de l'intelligence, car on ne connaît que ce qui vous est déjà uni en quelque manière ; l'analyse discursive de l'intelligence suppose une synthèse antérieure dans laquelle le sujet participe de l'objet.

Nous pouvons donc traduire ainsi le mythe de Platon, en le rattachant à sa doctrine métaphysique. La Pauvreté, mère de l'Amour, est la matière, virtualité indéfinie qui peut tout devenir et qui n'est rien (1). Le dieu de l'Abondance, père de l'Amour, c'est le Bien, « éternellement enivré de nectar, » éternellement heureux par la possession des Idées et de l'intelligible. A la naissance de Vénus ou de la beauté visible, c'est-à-dire du Cosmos ou de l'ordre universel, Dieu s'unit à la matière informe et la féconda en lui communiquant une partie du bien qu'il possède. L'amour est la participation déjà actuelle, mais imparfaite, de la matière aux Idées ; le désir est le mouvement qui pousse l'être incomplet à développer ses puissances ; et la béatitude, Diotime va nous le montrer, est l'union entière de l'âme avec Dieu : c'est encore l'amour, mais dans sa perfection absolue, dégagé de tous les tourments et de toutes les inquiétudes du désir.

III. — *L'amour dans son principe et dans sa fin.*

« Tu te figurais, Socrate, si j'ai bien saisi le sens de tes paroles, que l'amour est l'objet aimé, non le sujet aimant ; et c'est, je pense, pour cela que l'amour t'a semblé si beau ; car tout objet aimable est par cela même beau, charmant, accompli, céleste ; mais ce qui aime doit être conçu autrement, et je l'ai peint sous ses vraies couleurs. — Eh bien, soit, étrangère, tu raisonnes à merveille ; mais l'amour étant tel que tu viens de le dire, de quelle utilité est-il aux hommes ? — C'est, à présent, Socrate, ce que je vais tâcher de t'apprendre. Nous savons ce que c'est que l'amour, d'où il vient, et que la beauté est son objet. »

---

(1) La mère de l'Amour, dit Platon, n'est ni *sage* ni *riche*. La matière est effectivement inintelligente et vide. Cf. *Timée*, 51, a.

Mais celui qui aime le beau, ou le bon, ne veut-il pas se l'approprier? Et s'il se l'approprie, que lui adviendra-t-il? Il deviendra heureux. « C'est par la possession des bonnes choses que les heureux sont heureux. Et il n'est plus besoin de demander, en outre, pour quelle raison celui qui veut être heureux veut l'être : tout est fini, je pense, par cette réponse. — Il est vrai, Diotime. — Mais cette volonté, cet amour, dis-moi, penses-tu qu'ils soient communs à tous les hommes, et que tous veuillent toujours avoir ce qui est bon? Qu'en penses-tu? — Oui, Diotime, cela me paraît commun à tous les hommes. »

Ainsi l'amour a une fin, qui est le bien identique à la béatitude. Au delà, l'âme ne peut plus rien désirer ; la pensée et l'amour se reposent dans la béatitude qui naît de la possession du bien. Il y a des biens relatifs, objets d'un amour relatif comme eux, et un bien absolu, objet d'un amour absolu. On aime la médecine en vue de la santé, la santé en vue de la vie, la vie en vue de quelque autre bien. « Il faut donc arriver, dit Platon dans le *Lysis*, à un principe qui, sans nous renvoyer sans cesse du relatif au relatif, nous conduise enfin à ce qui est absolument aimable, à ce qui est la chose aimée pour elle-même... Il faut prendre garde que toutes les autres choses que nous aimons en vue de la chose aimée par excellence n'en prennent l'apparence à nos yeux et ne nous séduisent à les aimer pour elles-mêmes. » — « Nous répétons souvent que nous aimons l'or et l'argent; rien n'est plus faux : ce que nous aimons, c'est l'objet pour lequel nous recherchons l'or, l'argent et tous les autres biens, moins un seul qui est aimé pour lui-même (1). »

---

(1) *Lysis*, p. 219 d : πρῶτον φίλον, le *premier désirable*.

Ce dernier seul mérite le nom de bien ; et Platon nous apprend, dans le *Banquet*, qu'il est par rapport à nous la béatitude.

Tendre à ce bien, ajoute-t-il, c'est l'essence de toute volonté. Est-il un seul homme qui ne recherche le bonheur, et ne le recherche par la loi même de sa nature? Ainsi c'est l'amour qui fait le fond de toute volonté, de toute activité : il est le principe du mouvement dans les êtres, que ce mouvement soit libre et accompagné de conscience, comme chez l'homme; ou fatal et inconscient, comme dans la nature.

Le bien auquel tend toute volonté, ce n'est pas tel ou tel bien, mais *le bien*, dans toute la simplicité de ce mot. Nous aimons donc le bien et le bonheur, non pas quelque temps et dans certaines limites, mais pour tous les temps et d'une manière indéfinie. Le désir du bien se confond par là même avec le désir de l'immortalité.

« On a dit que chercher la moitié de soi même, c'est aimer; pour moi, je dirais plutôt qu'aimer ce n'est chercher ni la moitié ni le tout de soi-même, quand ni cette moitié ni ce tout ne sont bons, témoins tous ceux qui se font couper le bras ou la jambe à cause du mal qu'ils y trouvent, bien que ces membres leur appartiennent. En effet, ce n'est pas ce qui est nôtre que nous aimons, je pense ; à moins que l'on appelle sien et personnel tout ce qui est bon, et étranger tout ce qui est mauvais ; car ce qu'aiment les hommes, c'est uniquement le bon. — Oui. — Comment! ne faut-il pas ajouter qu'ils aiment que le bon soit à eux? — Oui. — Et plus encore, qu'il soit toujours à eux? — Soit. — Ainsi, en résumé, l'amour consiste à *vouloir posséder toujours le bon?* — Rien de plus juste. — Tel est l'amour en général. »

« Mais quelle est la recherche et la poursuite particulière du bon à laquelle s'applique proprement le nom d'amour? que peut-ce être?... Je vais te le dire : c'est la *production dans la beauté, selon le corps et selon l'esprit.* » La production selon le corps est la Vénus populaire ; l'autre est la Vénus Uranie.

« Tous les hommes sont féconds selon le corps et selon l'esprit ; et à peine arrivés à un certain âge, notre nature demande à produire. Or, elle ne peut produire dans la laideur, mais dans la beauté. L'union de l'homme avec la femme est production ; et cette production est œuvre divine ; fécondation, génération, voilà ce qui fait l'immortalité de l'animal mortel... Or, d'après ce que nous avons reconnu précédemment, il est nécessaire que le désir de l'immortalité s'attache à ce qui est bon, puisque l'amour consiste à vouloir posséder toujours le bon. D'où il résulte évidemment que l'immortalité est aussi l'objet de l'amour. »

« N'as-tu pas observé, Socrate, dans quelle crise étrange se trouvent tous les animaux volatiles et terrestres, quand arrive le désir d'engendrer? comme ils sont malades et en peine d'amour, d'abord quand ils ont à s'accoupler entre eux ; ensuite quand il s'agit de nourrir leur progéniture ; toujours prêts pour sa défense, même les plus faibles, à combattre contre les plus forts et à mourir pour elle, s'imposant la faim et mille autres sacrifices pour la faire vivre? A l'égard des hommes, on pourrait dire que c'est par raison qu'ils agissent ainsi : mais les animaux, pourrais-tu me dire d'où viennent ces dispositions si amoureuses?... C'est encore ici comme précédemment le même principe, d'après lequel la nature mortelle tend à se perpétuer autant que possible et à se rendre immortelle. Les êtres périssables ne restent pas constamment et absolument les mêmes comme ce qui est divin, mais ceux qui s'en vont et vieillissent laissent après eux de nouveaux individus semblables à ce qu'ils ont été eux-mêmes. » C'est ainsi que l'amour, enchaînant les êtres les uns aux autres, imite dans le domaine du temps l'immobilité de l'Idée éternelle. « Ne t'étonne donc plus, Socrate, que naturellement tous les êtres attachent tant de prix à leurs rejetons; car l'ardeur et l'amour dont chacun est tourmenté sans cesse a pour but l'immortalité (1). »

Voilà l'explication de la Vénus terrestre; mais toute terrestre qu'on l'appelle, elle aussi est divine. Il semble au premier abord qu'elle ait pour objet une jouissance grossière et une fin toute matérielle; mais voici que, sous le regard du philosophe, elle se transforme et s'élève au-dessus de la matière, poursuivant l'éternel et l'infini. Un désir immense de l'immortalité travaille la Nature, et c'est ce désir qui fait sa vie. Il n'est pas un seul être qui échappe à cette puissance de l'amour, pas même les plus vils animaux. Aussitôt qu'ils aiment, ne voyez-vous pas quelle force divine les arrache à leur égoïsme individuel et les pousse à se dévouer pour l'objet de leur amour ! En les voyant, l'homme se reconnaît lui-même, comme dans une image imparfaite, mais encore touchante, de sa propre personnalité; ou plutôt il reconnaît, en eux comme en lui, quelque chose de supérieur à lui-même, quelque chose qui vient d'en haut. Ce désir qui tourmente la Nature, est-ce donc encore la Vé-

(1) *Conv.*, p. 207, 208, sqq.

nus terrestre, n'est-ce pas déjà la Vénus du ciel ?

Cependant, il y a une fécondité plus belle que la fécondité selon le corps : c'est celle de l'âme. L'âme aussi engendre pour acquérir l'immortalité ; mais cette immortalité est celle de la gloire, et les productions qu'engendre l'âme, ce sont ses vertus. Voilà le véritable désir qui enflammait Admète, et Achille, et Codrus. Les grandes âmes recherchent des âmes qui leur ressemblent, pour s'unir à elles par des liens invisibles et impérissables. Leur lien est plus intime que celui de la famille, et leur affection bien plus forte, puisque leurs enfants sont plus beaux et plus immortels. Considérez, en effet, quels enfants Lycurgue a laissés à Sparte, sa patrie, Solon à Athènes, Homère et Hésiode à l'humanité ! De tels enfants leur ont valu des temples ; mais les enfants des hommes, issus d'une femme, n'en ont jamais fait élever à personne.

Pénétrons maintenant avec Diotime dans les derniers mystères de l'amour. Elle va découvrir à nos yeux cette échelle dialectique dont le premier degré touche à la terre, et le dernier au royaume des Dieux. Pour s'élever de l'un à l'autre, l'amour doit suivre une marche régulière et sûre comme celle de l'intelligence ; celle-ci avait besoin de points d'appui et s'élevait d'hypothèse en hypothèse jusqu'à la vérité suprême ; l'amour, lui aussi, s'élevera de beauté en beauté jusqu'au principe absolu d'où toute beauté découle.

Ce qui attire d'abord l'admiration de l'âme, ce sont les belles formes, les belles couleurs, les beaux sons, en un mot la beauté physique, surtout celle du corps humain. En l'apercevant, une émotion soudaine s'empare de nous, sans que nous puissions en dire la cause, sans que nous puissions comprendre la transformation inattendue qui s'accomplit dans notre être. A la vue de l'objet aimé, nous demeurons frappés d'étonnement et de joie, comme si nous le reconnaissions. Il semble que nous retrouvions un bien trop longtemps perdu et presque oublié, mais dont l'absence nous causait une incessante inquiétude. Et ce n'est pas là une apparence trompeuse : la beauté est vraiment notre bien, et nous l'avons jadis possédée. Mêlées au chœur des bienheureux, nos âmes à la suite de Jupiter avaient contemplé dans la vie antérieure le plus magnifique des spectacles, celui des essences éternelles, parmi lesquelles brille la Beauté. « Tombés en ce monde, nous l'avons reconnue plus distinctement que toutes les autres, par l'intermédiaire du plus lumineux de nos sens. La vue, en effet, est le plus subtil des organes du corps, et cependant elle n'aperçoit pas la sagesse ! » De quel ineffable amour la sagesse emplirait nos âmes si son image se présentait à nos yeux aussi distinctement que celle de la beauté ! « Mais, seule, la beauté a reçu en partage d'être à la fois la chose la plus manifeste comme la plus aimable (1). » A la vue d'un visage qu'elle éclaire d'un de ses rayons, l'amant frémit, ses souvenirs s'éveillent, quelque chose de ses anciennes émotions lui revient ; puis il contemple cet objet aimable et le révère à l'égal d'un dieu ; et s'il ne craignait de voir traiter son enthousiasme de folie, il sacrifierait à l'objet bien-aimé comme à l'image d'un dieu, comme à un dieu même (2).

Mais ce serait confondre l'image avec la réalité, le reflet avec la lumière, l'objet qu'on aime pour ce qu'il tient d'un autre avec celui qu'on aime pour lui-

---

(1) *Phèdre*, tr. Cousin, 58. — 250, a, b, c.
(2) *Ib.*, 250, e.

même. La beauté qui réside dans un corps n'est-elle pas sœur de la beauté qui réside dans les autres? ne faut-il pas ramener toutes ces beautés éparses à un seul et même type qui les contient dans son unité : la beauté sensible? Une fois pénétré de cette pensée, l'amant dépouille sa passion de ce qu'elle a d'exclusif, et admire la beauté des formes partout où elle brille à ses regards. Alors il s'aperçoit que ce qui donne aux formes leur grâce, c'est qu'elles expriment au sein de la matière les qualités de l'âme. N'est-ce pas la vie, le mouvement, la riche variété et en même temps l'ordre et l'unité, que nous admirons dans le corps? Et d'où viennent la vie et l'unité, sinon de l'âme, principe du mouvement et de l'harmonie? Élevez-vous donc de l'effet à la cause, et que votre amour s'attache, non plus à la beauté du corps, mais à celle de l'âme. Puis reconnaissez de nouveau que toutes les belles âmes sont belles par la même beauté, et concevez un type universel de la beauté morale. Ce n'est pas tout; l'âme apparaît d'abord comme principe d'activité, et ce sont les belles actions qui excitent nos premières amours. Mais, sous l'action, n'apercevons-nous pas quelque chose de plus intime dont elle n'est que la manifestation extérieure? Une action noble et généreuse ne fait que traduire au dehors la noblesse et la générosité des sentiments. Passons donc de la sphère de l'activité dans celle du sentiment, qui lui est supérieure. Sommes-nous arrivés au terme de notre marche? Pas encore; car un sentiment n'est beau que par la pensée qui l'engendre. Le cœur ne s'émeut que de ce qui est aperçu par l'intelligence avec plus ou moins d'obscurité. Montons donc plus haut, et des beaux sentiments passons dans la sphère des belles connaissances. Là est le domaine propre de toutes les sciences et de la philosophie, dont la vue seule peut satisfaire l'intelligence. Et pourtant, ce n'est pas encore le dernier degré de l'initiation dialectique. Si la science du beau et du bien satisfait la raison, il faut au cœur autre chose encore : le cœur veut la possession même du beau et du bien ; entraîné par la force de l'amour, il ne peut se reposer dans la sphère de la science et de la philosophie, car il serait encore séparé de ce qu'il recherche ; plus haut, plus haut encore ! il faut qu'un dernier élan unisse l'âme amoureuse à l'objet même de son amour, qui est la beauté universelle et immuable, fin suprême de la pensée et du désir. « O mon cher Socrate, ce qui peut donner du prix à cette vie, c'est le spectacle de la beauté éternelle… Je le demande, quelle ne serait pas la destinée d'un mortel à qui il serait donné de contempler le beau sans mélange, dans sa pureté et sa simplicité, non plus revêtu de chair et de couleurs humaines, et de tous les vains agréments condamnés à périr ; à qui il serait donné de voir face à face, sous sa forme unique, la beauté divine ! (1) »

Cette union avec Dieu n'est point l'anéantissement de l'âme ni celui de l'amour. Loin de là, c'est la vie véritable, et c'est l'amour dans son essence immortelle. L'union n'est pas l'unité, ou du moins c'est une unité qui n'exclut point la distinction. L'amant et l'aimé sont deux, ils ne perdent point la conscience d'eux-mêmes ; ils sont deux, et cependant ils ne sont plus qu'un. Ce mystère de la coexistence de l'un et du multiple, dont l'intelligence poursuit en vain l'explication, il est réalisé dans l'amour.

(1) *Conv.*, p. 215-223.

CHAPITRE II.

L'IDÉE DU BEAU.

I. Définition et caractère du Beau en soi. Le *Premier Hippias*. L'Idée du Beau n'est point le plaisir, ni l'utilité, ni la convenance. Identité du Bien et du Beau. — II. Les beautés particulières dans la nature et dans l'humanité. Comment elles reproduisent les caractères du Beau en soi.

Platon nomme toujours le beau, fin de l'amour, à côté du bien et du juste; partout il place au premier rang des Idées cette « beauté première qui, par sa présence, rend belles les choses que nous appelons belles, de quelque manière que cette communication se fasse (1). »

Cette beauté absolue et immuable ne peut guère se définir, bien qu'elle soit un principe de définition pour les beautés particulières. Examinons cependant si on peut y faire rentrer quelque Idée déjà connue de nous, et si le beau n'enveloppe point dans son unité essentielle une pluralité d'attributs déterminables.

Demandez à un esprit vulgaire de définir le beau en soi, il ne manquera pas de le confondre avec les objets particuliers dans lesquels la beauté réside (2). Aussi,

---

(1) Hippias, 286, d. Cf. *Rep.*, V.
(2) *Rép.*, V.

quand Socrate adresse cette question à Hippias, le sophiste répond grossièrement que la beauté, c'est une belle femme. Une telle réponse excite l'ironie de Socrate : Quoi donc? une belle cavale n'est-elle pas belle, une belle lyre n'est-elle pas belle, et peut-on dire que la beauté qui appartient à un objet particulier soit le principe de la beauté qui existe dans les autres? Tant qu'on ne sortira point du particulier, on ne trouvera pas la raison du beau. D'ailleurs, la beauté dont parle Hippias n'a rien de fixe : une belle cavale est laide par comparaison avec une belle femme, et une belle femme est laide en comparaison d'une déesse. Est-ce donc là la beauté absolue, la beauté sans mélange?

Hippias cherche alors, au lieu d'un exemple particulier, quelque chose de plus général, et prétend que c'est l'or qui donne aux objets la beauté. On sait que ce métal était d'un grand usage dans les procédés de l'art antique. Mais Socrate répond que l'ivoire n'est pas inférieur à l'or. Le sophiste comprend enfin qu'il faut quitter le domaine des objets physiques, et il place la beauté dans la considération, dans la richesse, dans une longue vie. Mais une telle définition est trop étroite encore : elle ne convient pas aux objets de l'art ni de la nature.

Socrate propose alors ses définitions, qui contrastent par leur généralité avec celles d'Hippias. « Le beau est le convenable ; le beau est l'utile. » Ce sont les mêmes définitions qu'on retrouve dans les *Mémorables* de Xénophon et dans plusieurs passages de Platon lui-même, principalement dans le *Gorgias* et dans le premier *Alcibiade* (1). Pourtant

---

(1) « Pour commencer par les beaux corps, quand tu dis qu'ils sont beaux, n'est-ce point, ou par rapport à l'*usage* qu'on en peut tirer, ou

Platon les rejette ici, ce qui a paru contradictoire aux commentateurs. Mais il faut bien considérer quel est le véritable objet de la recherche entreprise dans le premier Hippias : il s'agit de déterminer « *le beau en soi qui orne et embellit toutes les autres choses, du moment qu'elles en participent, non pas ce qui est beau, mais ce que c'est que* LE *beau.* » « Toutes les belles choses ne sont-elles point belles par le beau? Ce beau n'est-il pas quelque chose de réel? » C'est donc l'*Idée du beau* dont le *Premier Hippias* cherche la détermination. Dès lors, le point de vue socratique, qui considère les Idées, non dans leur séparation (τὸ χωριστόν), mais dans leur *immanence*, se trouve subordonné au point de vue platonicien de la *transcendance*. Les définitions de Socrate, fort acceptables au premier de ces points de vue, deviennent insuffisantes, relatives et provisoires, quand il s'agit du *beau en soi*, simple, un, absolu. La convenance et l'utilité, quoique pouvant, aux yeux de Platon comme de Socrate, être mises en équation avec les *choses* belles, dont elles sont inséparables dans la mesure où ces choses sont belles, ne peuvent cependant être identifiées avec *le* beau *en soi*, dont elles ne sont que des dérivés et des manifestations particulières (1). Parce que les *choses* belles sont les choses *convenables, utiles, agréables*, il ne s'ensuit pas que *le* beau *lui-même* soit la *convenance*, l'*utilité*, le *plaisir*. Ainsi, la convenance

---

en vue d'un certain *plaisir*, parce que leur aspect fait naître un sentiment de joie dans l'âme de ceux qui les regardent?... N'appelles-tu pas belles de même toutes les autres choses, soit figures soit couleurs, pour le *plaisir* ou l'*utilité* qui en revient, ou pour l'un et l'autre à la fois? » Gorg., V, 474, b. c. d. — Κατὰ ταὐτόν γέ ἐστι καλὸν καὶ ἀγαθόν, 1er *Alcib.*, 115, a. b. c.

(1) « Le philosophe ne prend jamais les choses belles pour le Beau lui-même. » *Rép.* V, loc. cit.

est un rapport entre plusieurs objets, et par conséquent entre les parties d'un tout. Mais, dit Platon, de deux choses l'une : Si les parties sont belles en elles-mêmes, leur beauté ne vient pas de leur arrangement ; si elles ne sont pas belles, l'arrangement ne peut produire que l'*apparence* ou le phénomène de la beauté, et comme son *imitation* (1). Or, la beauté en tant qu'*apparaissant* dans les phénomènes qui l'imitent, n'est pas l'objet du *Premier Hippias*. Ce dialogue, Platon nous en avertit formellement, roule sur la beauté dans son *être* absolu, sur le réel de la beauté. L'ordre et la convenance font *paraître* le beau dans les choses ; soit ; mais le beau lui-même est autre chose que cet ordre et cette convenance, comme le modèle est autre chose que son image. — De même, le beau en soi n'est point *les choses utiles*, simples moyens relatifs à leur but. Seule, la bonté du but mesure l'utilité du moyen et par conséquent sa beauté. — Le beau serait donc seulement ce qui est utile à une bonne fin, ce qui a la *puissance* de produire le bien (2). Mais cette dernière définition est encore inexacte au point de vue métaphysique. Si le beau est ce qui produit le bien, le beau est la cause, et le bien est rabaissé au rang d'*effet*. Le bien n'est donc plus ni indépendant, ni primitif, ni absolu ; au lieu d'être un principe et une fin, il n'est plus qu'une conséquence et un moyen : l'ordre rationnel des Idées est entièrement renversé. On le voit, l'utilité et la convenance ne sont que le phénomène de la beauté et sa forme sensible. Il en est de même du plaisir. Si le beau était l'agréable, les plaisirs les plus grossiers et les plus honteux seraient

---

(1) *Hippias*, p. 287, sqq. Ce passage ne nous semble pas avoir été compris par la plupart des interprètes.
(2) *Hipp.*, p. 293, 295, 297, sqq.

beaux, ce qui est impossible. Dira-t-on que le beau consiste seulement dans les plaisirs de la vue et de l'ouïe, qui sont les plus purs, les moins nuisibles? On retombe alors dans la théorie de l'utile, déjà appréciée (1).

Ainsi, ni le plaisir, ni l'utilité, ni la convenance, caractères de la beauté particulière, phénoménale et immanente, ne peuvent expliquer le beau en soi, réel et transcendant. L'*Hippias*, dialogue purement négatif, ne donne pas d'autres définitions (2). Cependant, la doctrine de Platon sur le beau n'est pas aussi insaisissable qu'on pourrait le croire.

D'abord, si le principe du beau est quelque part, ce ne sera certainement pas dans le monde matériel, mais dans l'âme; on peut même dire que la beauté est un caractère de l'âme, capable de s'exprimer sous des formes visibles : « Comment n'est-il point absurde que, n'y ayant rien de beau et de bon dans le corps,

---

(1) *Hippias*, p. 298, sqq.
(2) Ce n'est pas une raison pour prétendre, avec beaucoup de critiques, y compris M. Grote, que Platon prend plaisir à détruire de ses propres mains toutes les théories de ses autres dialogues. Nous venons de voir que la contradiction prétendue tient à une différence de questions marquée par Platon même. En vain ce dernier prévient le lecteur qu'il cherche, non *ce qui est beau* (comme l'utile, le convenable, l'agréable), mais le *beau en soi, qui orne et embellit toutes choses;* ce sont des paroles perdues pour les critiques qui ne veulent voir dans les dialogues que des exercices de gymnastique intellectuelle. Platon, loin d'être indifférent aux systèmes, est tellement systématique qu'il établit une distinction profonde entre le point de vue transcendant du beau absolu identique au bien, et le point de vue immanent et socratique des choses belles (convenables, utiles, agréables, etc.). C'est donc encore aux *Idées* que tend le 1er *Hippias*, comme presque tous les dialogues de Platon, quoi qu'en dise M. Grote. Notons en outre que, parmi les définitions du Beau, il en est une qui n'est pas attaquée dans l'*Hippias*, mais que Platon au contraire laisse entrevoir. N'a-t-il pas montré que le *bien* devait être principe et fin du beau, et non *effet*? Encore une fois, la plupart des contradictions et des incohérences qu'on croit voir dans Platon tiennent à l'inattention des critiques.

ni dans toute autre chose, *si ce n'est dans l'âme seule,* le plaisir fût le seul bien de cette âme? (Μηδὲν ἀγαθὸν εἶναι μηδὲ καλὸν, μήτε ἐν σώμασι, μήτε ἐν πολλοῖς ἄλλοις πλὴν ἐν ψυχῇ... (1). » L'âme est le principe de l'activité et de la vie ; la beauté est donc quelque chose de vivant et de fécond. C'est son premier caractère.

Mais toute âme n'est pas belle, et la vie à elle seule, dans le développement de ses puissances multiples, ne constitue pas la beauté. Il faut ajouter un élément nouveau, l'unité et l'ordre. Dans le *Timée*, Platon nous dit que Dieu fit *un seul* monde, afin que le monde fût beau et parfait (2). Il considère donc l'unité comme essentielle au beau, parce que l'unité, en s'ajoutant au multiple, produit l'harmonie et l'ordre. « *Rien n'est beau sans harmonie* (3), » dit Platon dans le *Timée*. « *En toutes choses, la mesure et la proportion* constituent la beauté comme la vertu (μετριότης καὶ συμμετρία) (4). » Mais c'est encore là un point de vue immanent, quoique supérieur à ceux qui précèdent.

C'est de l'intelligence que viennent l'ordre et l'unité dans les choses. S'il en est ainsi, ne faudrait-il point dire que le beau est l'objet même de l'intelligence : la vérité? — Telle est l'opinion prêtée à Platon par ceux qui lui attribuent la définition célèbre : *Le beau est la splendeur du vrai.*

Cette définition, outre qu'elle n'est justifiée par aucun texte, n'est point l'expression exacte de la doctrine platonicienne. Sans doute, la vérité et la science sont au nombre des choses les plus belles ; elles sont

---

(1) *Phil.*, 55, b, tr. Cousin, 452.
(2) *Tim.*, tr. Cousin, 120. — 53 b.
(3) *Ib.*, 234.
(4) *Phil.*, 64, d.

même voisines de la beauté absolue et paraissent d'abord se confondre avec elle. Mais Platon dit formellement dans la *République* qu'il y a une chose plus belle encore que la vérité et la science, l'Idée du bien. « Considère cette Idée comme le principe de la science et de la vérité ; tu ne te tromperas pas en pensant que l'Idée du bien en est *distincte* et les *surpasse en beauté*..... La science et la vérité ont de l'analogie avec le bien, qui est *d'un prix tout autrement relevé*... Sa *beauté* doit être au-dessus de toute expression, puisqu'il produit la science et la vérité, et qu'il est encore *plus beau qu'elles* : αὐτὸ δ' ὑπὲρ ταῦτα κάλλει ἐστίν (1). »

Si donc la beauté se trouve dans un principe supérieur à la vérité et à la science, il est inexact de l'appeler la splendeur du vrai, et il faut l'appeler plutôt la splendeur du bien.

Cette dernière définition rend parfaitement l'esprit, sinon la lettre, de la doctrine platonicienne. La vraie pensée de Platon, en effet, c'est que la beauté est identique avec la perfection ou avec le bien. Et il n'entend pas seulement par là, comme l'ont cru quelques interprètes, le bien moral (2). Il s'agit du bien en soi, principe suprême des Idées. Le bien absolu et la beauté absolue sont pour Platon entièrement synonymes. Ce qui est accompli de tout point, achevé et parfait, est beau. Les modernes eux-mêmes n'emploient-ils pas à chaque instant l'une pour l'autre les expressions suivantes : perfection, idéal, beauté ?

On ne peut nier que Platon étende l'identité du bon et du beau au bien moral. Mais ce n'est là qu'une application particulière, plus ou moins contestable,

---

(1) *Rép.*, 508 ; tr. Cousin, 57.
(2) Par exemple, M. Ch. Lévêque, dans sa *Science du beau* (t. II, *Les doctrines*).

d'une théorie toute métaphysique à son origine. Si on oublie que le bien est identique à la perfection, on ne peut plus rien comprendre à l'esthétique platonicienne.

L'identité du bien et du beau est affirmée par Platon dans une multitude d'endroits : « Tout ce qui est bon est beau, » dit-il dans le *Timée* (1). Et dans le *Banquet*, lorsqu'il décrit en termes si magnifiques la beauté éternelle, non engendrée et non périssable, il la représente comme le dernier terme de l'échelle dialectique, et par conséquent comme identique au bien.

Ainsi, au point de vue absolu, il n'y a aucune différence entre la beauté suprême et la suprême bonté. Cependant, si on considère la perfection dans ses rapports avec nous, le beau pourra paraître un simple aspect du bien. Tel est le sens de cette phrase du *Philèbe* : « Si nous ne pouvons saisir le bien sous une seule idée, saisissons-le sous trois idées : celles de la *beauté*, de la *proportion* et de la *vérité* (2). » A ce nouveau point de vue, la beauté devient sœur de la vérité et de la proportion, et toutes les trois sont filles du bien. En d'autres termes, le bien est la substance ; la beauté, l'ordre et la vérité sont les attributs. L'ordre et la vérité sont le bien en tant que suprême Intelligible ; la beauté est le bien en tant que suprême Aimable (πρῶτον φίλον).

De cette manière, la véritable hiérarchie des Idées est rétablie, et on comprend pourquoi Socrate repoussait avec tant d'énergie la définition d'Hippias qui faisait du beau le père du bien, confondant ainsi l'*attribut*, l'effet, avec la *substance*, avec la cause.

En conséquence, le bien et le beau s'identifient et

---

(1) *Tim.*, p. 54.
(2) *Phil.*, p. 63.

se distinguent suivant le point de vue. Le bien, l'ordre, le beau, le vrai, sont intimement unis dans le principe suprême des choses, quoique différents au point de vue logique. Ne nous étonnons point que Platon les rapproche et même les confonde souvent. Outre qu'il aime à garder toute la liberté de son imagination et de son style, on dirait qu'il sent que l'excès de rigueur dans les expressions nuit parfois à la rigueur même des idées. En général, il n'aime pas à définir tout ce qui tient à l'absolu, ni le bien, ni le beau, ni le vrai, parce que toute définition est trop étroite et qu'un principe ne peut se définir. Essayez plutôt d'enfermer la beauté dans une définition, et vous verrez si l'Idée ne brisera pas bientôt sous vos yeux la frêle enveloppe dans laquelle vous aurez voulu l'enfermer.

Platon eût préféré des identités, telles que : Le beau est le bien. Sa doctrine se résume dans les propositions suivantes :

1° Le beau particulier est le bien particulier, convenance, utilité, agrément, proportion. (Question de l'*immanence* à laquelle se bornait Socrate.)

2° Le beau en soi est le bien en soi, dont aucune chose particulière ne peut fournir la définition adéquate. (Point de vue de la transcendance et des Idées, propre à Platon.) (1)

(1) M. Ch. Lévêque, dans son savant livre sur la *Science du beau*, rejette l'identité du beau et du parfait (tome I, p. 167). Il suppose un être qui se repose après avoir atteint sa fin, et dit que cet être ne sera pas beau sans mouvement et sans vie. Mais la fin d'un être borné ne peut être atteinte, d'où suit pour cet être la nécessité du mouvement et de la vie, qui font eux-mêmes partie intégrante de cet être. Donc, au point de vue de l'immanence, les êtres sont d'autant plus beaux qu'ils sont plus parfaits. D'autre part, au point de vue transcendant, dira-t-on que Dieu n'est pas beau parce que sa perfection suprême exclut le mouvement? Non, car elle enveloppe une activité supérieure. Ici encore perfection = beauté.

II. Tous les caractères du beau en soi se retrouvent dans les beautés particulières que nous offre le spectacle de la Nature ou de l'Humanité.

Le monde, *ouvrage d'un art divin* (1), est beau, parce que la suprême bonté l'a fait *semblable* à *elle-même* (παραπλήσια ἑαυτῷ). Sa beauté vient de ce qu'il contient une *âme*, et dans cette âme une *intelligence* (2). C'est un « animal *visible* et *un*. » Dieu l'a créé *seul* et *unique*; et *du désordre il a fait sortir l'ordre* (3). Il a placé dans le monde toutes les espèces d'animaux possibles, *afin qu'il y en eût autant que dans l'animal réellement existant*; de là la variété de l'univers.

Variété, unité, ordre, vie, âme, intelligence, bonté, tels sont les caractères de l'œuvre divine ; ce sont les caractères du beau lui-même.

L'homme est aussi l'image d'une Idée divine, et par conséquent de Dieu même ; car les dieux inférieurs qui l'ont créé ont pris leur père pour modèle. L'homme, ce petit *monde*, a comme le monde lui-même un corps et une *âme*. Il faut d'abord qu'entre ces deux parties il y ait harmonie et proportion. « Quand un corps faible et chétif traîne une âme grande et puissante, ou lorsque le contraire arrive, l'animal tout entier est dépourvu de beauté, car il lui manque l'harmonie la plus importante; tandis que l'état contraire donne le spectacle le plus beau et le plus agréable qu'on puisse voir (4). » La même harmonie doit régner dans les parties du corps et surtout dans les parties de l'âme. « Il faut établir en soi l'ordre

---

(1) *Soph.*, C., 313, 318.
(2) *Tim.*, C., 119.
(3) *Ib.*, 120.
(4) *Tim.*, C., 234.

et la concorde, et mettre entre les trois parties de son âme un accord parfait, comme entre les trois tons extrêmes de l'harmonie (1). » La vertu est donc la *beauté* de l'âme, « tandis que, au contraire, le vice en est la maladie, la *laideur*, la faiblesse (2). »

Ici se manifeste l'identité du *bien moral* et du beau moral, application particulière du grand principe de Platon. Dans le *Gorgias*, le beau et le juste sont identifiés. Dans le *Philèbe*, après une analyse de l'Idée du bien, Platon conclut en disant : « L'essence du bien nous est donc échappée, et *s'est allée jeter dans celle du beau;* car, en toute chose, la mesure et la proportion constituent la beauté comme la vertu (3). »

Rien n'est plus simple à comprendre que cette identification du bien et du beau chez un Grec. Rappelons-nous, en effet, le culte des Grecs pour la beauté en général, et en particulier pour la beauté des formes. Dans leur admiration enthousiaste d'artistes, ils jugeaient souvent le caractère et les qualités des hommes d'après leur figure et leur corps. Pour eux, un orateur bien fait, aux gestes élégants et aisés, était déjà à demi éloquent ; un adolescent aux traits doux et délicats passait facilement pour honnête et vertueux. Au contraire, ils ne pouvaient se représenter le vice que sous des dehors repoussants. Le type du lâche dans Homère, Thersite, est le plus laid des Grecs. De là une synonymie perpétuelle de la vertu et de la beauté, du vice et de la laideur. Platon est plein de cette doctrine, et sa conception de la beauté absolue dans l'être infiniment bon en est comme la consécration philosophique. Aussi trans-

(1) *Rép.*, IV, 244, C.
(2) *Ib.*, 246.
(3) *Phil.*, C., 461.

porte-t-il les mêmes idées dans l'ordre moral, qu'il s'agisse des actes, des sentiments ou des connaissances.

La beauté peut se trouver dans les actions de l'homme, soit spontanées, soit réfléchies. Le courage naturel est beau, puisqu'il est une perfection, une vertu naturelle (ἀρετή) (1). Le courage libre et réfléchi est plus beau encore.

Les sentiments sont beaux quand ils ont quelque noble objet, comme la *mère-patrie*, la vertu, la science (2).

Les connaissances sont belles quand elles s'attachent à la vérité. « Celui qui répond bien est bon et beau. » « Le jugement vrai, la science, tous les effets qui en résultent sont beaux et bons. » « Il est beau de juger vrai, et honteux de juger faux (3). » C'est donc la possession des Idées, en qui toute vérité réside, qui fait la beauté de l'intelligence, parce qu'elle en fait la perfection. Aussi *une des belles connaissances* (4) est celle qui a pour objet les dieux. Il est juste de déclarer étranger aux belles choses celui qui n'aurait ni zèle ni intelligence pour celle-là (5). La plus belle des sciences est donc la dialectique et la contemplation des Idées (νόησις). Les autres connaissances, par exemple celles de la διάνοια, sont d'autant plus belles qu'elles en sont plus voisines. Les mathématiques sont celles auxquelles Platon accorde le plus de beauté. La perfection des formes géométriques le charme par l'ordre qu'elles expriment et les *nombres* qu'elles reflètent. Aussi, dans le *Timée*, célèbre-t-il

(1) *Lois*, XII, 379, C.
(2) *Rép.*, IX, 193.
(3) *Phil.*, C., 188, 208.
(4) *Lois*, XII, 395.
(5) *Ib.*, 396.

avec enthousiasme les formes régulières et mathématiques des quatre éléments. « Voyons, dit-il, comment ces quatre corps sont devenus parfaitement beaux... Nous n'accorderons à personne qu'on puisse voir quelque part des corps plus beaux que ceux-là (1). »
On peut même reprocher à Platon d'avoir insisté trop exclusivement sur la proportion et l'ordre, comme éléments du beau, et d'avoir parfois sacrifié les autres caractères à ceux-là. C'est ainsi que son esprit géométrique lui fera méconnaître, dans l'idéal qu'il trace de la société parfaite, la beauté des sentiments naturels et de notre vivante liberté.

(1) *Tim.*, C., 162.

CHAPITRE III.

THÉORIE DE L'ART.

I. L'ART DIVIN, idéal de l'art humain. — II. L'ART HUMAIN. Deux sortes d'imitation : imitation de la réalité et imitation des Idées. La seconde est le véritable objet de l'art. — III. FIN DE L'ART : le Bien. Conséquences en esthétique et en politique. — IV. LES DIFFÉRENTS ARTS : Comment ils produisent la discipline du plaisir et de la douleur au moyen du Beau. Musique, danse, peinture, poésie, éloquence.

Comme Socrate, si Platon fut philosophe, il fut aussi artiste. Dracon fut son maître de musique dans sa jeunesse ; il apprit la peinture ; enfin, avant d'écrire ses dialogues, il avait composé beaucoup de vers. Quand nous ignorerions tous ces détails, les œuvres de Platon sont là pour nous témoigner combien il fut sensible à la beauté, et peut-être même, suivant par avance la marche qu'il enseigne dans la dialectique, il admira d'abord les belles formes, les beaux visages, les belles poésies, les beaux chants, avant de goûter le charme austère des beautés philosophiques.

Mais une fois adonné tout entier à la philosophie, il semble avoir eu quelque dédain pour les arts qui l'avaient charmé autrefois : s'il les accepte, ce n'est qu'à condition de les transformer et de les élever à la hauteur de la philosophie même. C'est ce qui ressortira de ses opinions sur la nature, l'objet, l'origine et le but de l'art.

I. « L'art de créer ou de faire (ποιητική) a deux parties. — Lesquelles? — L'une divine, l'autre humaine. Nous avons appelé puissance capable de faire, toute puissance qui est cause que ce qui n'était pas arrive à l'être. Tous les êtres vivants mortels, les végétaux qui croissent, soit d'une racine, soit d'une semence, à la surface de la terre ; les corps inanimés fusibles et non fusibles contenus dans son sein, est-ce à quelque autre cause qu'à une puissance divine que nous attribuerons de les avoir fait passer du non-être à l'être?... Les choses que l'on dit produites par la nature sont l'œuvre d'un art divin ; celles que les hommes *composent avec celles-là* sont l'œuvre d'un art humain, et par conséquent il y a deux manières de faire, l'une humaine, l'autre divine... » Dans chacun de ces arts, Platon établit une subdivision : l'art de produire les choses mêmes, et l'art de produire des ressemblances ou d'imiter. — « Ne disons-nous pas que l'art humain fait une véritable maison au moyen de l'architecture ; et que, par la peinture, il en fait une autre, qui est une espèce de songe composé par nous à l'usage des gens éveillés? Toutes nos œuvres peuvent être rapportées ainsi à nos deux manières de faire : la chose même, à notre art de faire les choses ; le simulacre, à notre art de faire des simulacres (1). »

L'art humain est donc analogue à l'art divin, et on ne peut comprendre le premier sans l'intelligence du second. Si le devoir de l'homme est d'imiter Dieu en toutes choses (2), l'artiste véritable sera celui qui ressemblera le mieux à l'éternel artiste. Le *Timée* ne nous montre-t-il pas les dieux inférieurs se réglant dans la formation de l'homme et des animaux sur l'exemple donné par le Père des dieux (3)? — « Dieux issus d'un

---

(1) *Soph.*, p. 356.
(2) V. le *Théét.*, 22.
(3) Les dieux inférieurs semblent désigner les grandes âmes *plastiques* des astres.

Dieu, appliquez-vous, suivant votre nature, à former ces animaux, en imitant la puissance que j'ai déployée moi-même dans votre formation. » L'homme, à son tour, quand il crée, doit imiter dans la mesure de sa faiblesse les créations divines.

Or, comment Dieu a-t-il procédé dans la formation du monde? Tout art, nous l'avons vu, consiste à produire soit des réalités soit des images. Cette double puissance dont parle le *Sophiste*, Platon l'attribue à Dieu et en donne des exemples dans le X° livre de la *République* et dans le *Timée*.

Dieu, d'après Platon, est l'auteur des *essences*, qui sont les choses vraiment réelles. Les objets même les plus vulgaires, — le lit par exemple, — ont cependant une raison d'être éternelle que Dieu conçoit; raison qui constitue elle-même une réalité supérieure. « Dieu fait de soi et l'essence du lit et celle de toutes les autres choses (1). » L'ensemble des Idées forme un modèle vivant de perfection, un idéal suprême qui est en même temps la suprême réalité. Dieu est donc artiste à ce premier titre qu'il produit et réalise éternellement l'idéal en lui-même. Il possède la première partie de l'art: celle qui consiste à créer des réalités.

Il possède également la seconde: celle qui consiste à produire des images; car le monde, son œuvre, est l'image des Idées. Il ne faut pas croire pour cela que le monde soit entièrement dépourvu de réalité, car l'image n'est pas le contraire absolu de la réalité (2); le non-être n'est pas le contraire absolu de l'être. Quoi qu'il en soit, Dieu est l'auteur des apparences sensibles comme des essences intelligibles. Il produit en lui-même le modèle de toutes les choses possibles,

---

(1) *Rép.*, C., 240.
(2) *Cratyle*. Voir notre analyse dans le livre précédent.

et fixant ses regards sur cet exemplaire éternel, il crée cette grande œuvre d'art qui est le monde.

II. L'artiste humain, pour ressembler à Dieu, devra aussi concevoir un idéal de beauté et l'imiter au moyen des éléments fournis par la nature. En effet, « l'artiste qui, l'œil toujours fixé sur l'être immuable et se servant d'un pareil modèle, en reproduit l'Idée et la vertu, ne peut manquer d'enfanter un tout d'une beauté achevée, tandis que celui qui a l'œil fixé sur ce qui passe, avec ce modèle périssable, ne fera rien de bien (1). »

Platon distingue donc deux sortes d'imitation : celle des Idées éternelles et celle des objets périssables. Il y a également deux sortes d'artistes ou *poëtes* (ποιηταί) : ceux qui prennent pour objet le divin, et ceux qui imitent servilement, soit les choses matérielles, soit les sentiments, les passions, les vices, les ridicules de l'humanité. C'est à ces derniers qu'il donne par excellence, dans le X° livre de la *République*, le nom des poëtes imitateurs. Il y a deux Muses, dit-il encore dans le VII° livre des *Lois*, et bien qu'elles puissent plaire l'une et l'autre, elles sont pourtant d'un caractère bien différent. *La Muse amie de la sagesse et de l'ordre* a cet avantage de rendre ses élèves meilleurs ; la Muse vulgaire et *flatteuse* a pour effet ordinaire de les corrompre (2).

Platon parle avec le plus grand mépris des arts qui se bornent à l'imitation de la réalité sans se proposer un idéal de beauté morale. A quoi bon, en effet, imiter ce qui existe déjà, si on n'y ajoute rien? Rien de plus méprisable qu'un pareil métier, à quelque point de vue qu'on l'examine. Demandez au métaphysicien

(1) *Timée*, p. 46.
(2) *Lois*, C., VII, 37.

quel est le rang pour ainsi dire dialectique des arts qui imitent les objets matériels. L'Idée seule est réelle, nous le savons. Déjà l'objet sensible qui en participe est une imitation, qui tient du non-être autant que de l'être. Que sera-ce, s'il s'agit de l'imitation d'un objet sensible? Ce sera l'image d'une image, l'ombre d'une ombre. Un peintre habile à imiter est à première vue un artiste merveilleux. Il ressemble, sous certains rapports, à ce grand artiste qui fait toutes choses, « la terre, le ciel, les dieux, tout ce qui existe au ciel et sous la terre et dans les enfers (1). » Car le peintre, lui aussi, peut faire toutes choses, mais à la manière d'un miroir qui reproduit tous les objets. Il imite les objets sensibles, qui eux-mêmes sont l'imitation des Idées ; il est donc « *éloigné de trois degrés de la réalité véritable.* » « Ce qui fait qu'il exécute tant de choses, c'est qu'il ne prend qu'une petite partie de chacune; encore ce qu'il en prend n'est-il qu'un fantôme. Il ne fait illusion qu'aux enfants et aux ignorants (2). »

Si encore le peu de réalité de l'œuvre était compensé par la portée morale! Mais il n'en est rien, d'après Platon. Ces peintres qui reproduisent toutes choses, ces poëtes qui, comme Homère, introduisent dans leurs vers toutes les passions, tous les vices, tous les caractères, mauvais ou bons, s'adressent aux sens et à l'opinion, jamais à la raison. « Si donc, d'une part, la peinture, et en général tout art qui consiste dans l'imitation, accomplit son œuvre bien loin de la vérité, de l'autre, cet art a commerce et amitié avec une partie de nous-mêmes bien éloignée de la sagesse, et d'où il ne provient rien de vrai et de solide. Ainsi l'imitation, mauvaise en soi, et en mauvaise compagnie, ne produit que des fruits mauvais. »

(1) *Soph.*, p. 254.

Beaucoup d'interprètes ont vu là une condamnation de tous les arts, sans exception. C'est qu'ils n'ont pas saisi la distinction établie par Platon lui-même entre les deux espèces d'imitation, l'une matérielle, l'autre idéale; entre les deux muses, l'une qui parle aux sens, l'autre qui s'adresse à l'âme. Platon ne veut condamner que l'imitation de la réalité sans portée morale, et il a le tort de placer Homère parmi ces vulgaires imitateurs.

D'autres critiques ont cru que Platon plaçait l'objet de l'art dans la reproduction de la réalité. Emeric David se flatte de trouver dans Platon un appui en faveur de sa doctrine. On voit pourtant quel est le mépris du disciple de Socrate pour les arts d'imitation. Un interprète plus illustre, Ritter, tombe dans la même erreur et prête à Platon la doctrine mesquine de l'imitation matérielle, dont nous verrons tout à l'heure une nouvelle réfutation.

La vérité est que Platon, loin de pencher vers ce qu'on nomme aujourd'hui le réalisme artistique, aboutit au contraire à un idéalisme exagéré et moins artistique que moral. C'est ce dont on se convaincra en lisant le II⁰ livre des *Lois*. Platon y démontre en termes fort clairs que le but et l'objet des arts n'est ni le plaisir ni la simple imitation de la nature, mais l'expression d'un idéal de beauté qu'il confond entièrement avec l'idéal de la vertu.

III. Il semble au premier abord que les arts aient pour fin l'agrément qu'ils procurent. « Le plaisir est le but des fêtes : il est dans l'ordre que la victoire et tous les honneurs soient pour celui qui aura le plus contribué au plaisir de l'assemblée (1). » Mais un peu

(1) *Lois*, II, 54.

de réflexion dissipe cette erreur. Si on déclarait, dit Platon, que *le prix appartiendra à celui qui aura le mieux diverti les spectateurs* par n'importe quels moyens, voyez ce qui en résulterait. Des concurrents arriveraient de tous côtés. « Les uns viendraient réciter quelque poëme héroïque, comme eût pu faire Homère; d'autres y chanteraient des vers sur le luth; celui-ci jouerait une tragédie, celui-là une comédie. Je ne serais pas même surpris qu'il y vînt quelque charlatan avec des marionnettes, et qu'il se flattât plus qu'aucun autre de l'espérance de la victoire. Et en effet, si les petits enfants sont pris pour juges, n'est-il pas vrai qu'ils se déclareront en faveur du charlatan? Le suffrage des enfants un peu plus grands sera pour le poëte comique; celui des femmes d'un esprit cultivé et de la plupart des spectateurs pour le poëte tragique. » Quant aux vieillards, ils préféreront l'épopée. Comment donc tirer un jugement sûr et une règle véritable de ce conflit de sentiments variés? « La plus belle muse est celle qui plaît à ceux qui valent davantage, ou même à un seul, s'il vaut mieux que tous les autres (1). »

Le plaisir, pour les arts, n'est qu'un moyen. Leur fin est ailleurs.

Est-elle dans l'imitation exacte de la nature? — Certes, on ne peut nier que l'exactitude dans la reproduction ne soit un mérite nécessaire. « Nos vieillards, qui recherchent la plus parfaite musique, ne s'attacheront point à celle qui est agréable, mais à celle qui est *juste*; et la justesse de l'imitation consiste, comme nous l'avons dit, dans la juste représentation de la chose imitée. » De même, un peintre doit res-

---

(1) *Lois*, II, 86.

pecter la vérité dans ses imitations : il faut que le premier venu puisse reconnaître les objets représentés. Mais cela suffit-il ? « Lorsqu'on sait que la chose qu'un artiste a voulu représenter sur la toile ou sur le marbre est un homme, et qu'il en a exprimé fidèlement toutes les parties, avec la couleur et la figure convenables, s'ensuit-il nécessairement qu'on soit en état de juger d'un coup d'œil de la *beauté* d'un ouvrage ou de ses défauts ? — *En ce cas, nous nous connaîtrions tous en peinture.* — Tu as raison. En général, à l'égard de cette imitation, soit en peinture, soit en musique, soit en tout autre genre, ne faut-il pas pour en être un juge éclairé connaître *ces trois choses :* en premier lieu, l'objet imité; en second lieu, si l'imitation est exacte; enfin *si elle est belle*, que cette imitation soit faite par la parole, ou par la mélodie, ou par la mesure? » Ce passage décisif montre que, d'après Platon, l'*imitation des objets* est un moyen ; l'*expression du beau*, la fin véritable; et le *plaisir*, un simple résultat qui n'a de valeur que par les sentiments dont il est l'effet. Le seul but de l'art c'est la beauté idéale.

Dans la danse, par exemple, « la beauté provient d'une *juste* imitation des *beaux* corps et des *belles* âmes, tandis qu'*ordinairement l'imitation ne tombe que sur le corps*; voilà la *beauté* en ce genre, et le contraire ne peut être appelé beau. » Ce passage est en harmonie parfaite avec la théorie qui précède : l'imitation doit être *juste*, et en outre elle doit prendre pour objet le *beau*.

Seulement, il faut bien comprendre ce que Platon entend par cette beauté.

L'objet que les arts représentent le plus souvent, c'est l'âme humaine, avec toutes ses passions. Or, l'âme n'est *belle* que dans la mesure même où elle est *bonne*.

Pour Platon, le beau est identique au bien, et en particulier la beauté de l'âme est identique à sa perfection morale. Platon ne s'aperçoit pas qu'il peut y avoir dans l'âme et dans ses facultés naturelles des éléments de beauté autre que la beauté morale, produit de la raison et de la volonté. Grâce à cette observation incomplète, il aboutit à transformer l'idéal de l'artiste en celui du moraliste. La science du beau est absorbée dans la science de la vertu, sous prétexte que l'Idée du beau en soi est identique à l'Idée du bien en soi.

De là découlent deux grandes conséquences, l'une relative à l'esthétique, l'autre à la politique.

L'idéal de l'artiste est le bien moral, le devoir, loi suprême de la volonté. Un tel idéal se confond avec la conception de l'ordre; il est sublime, mais abstrait. La vie, avec le développement varié de ses puissances, la sensibilité, avec toutes ses passions, sont bannies entièrement de l'art. Les poëmes, par exemple, deviennent des recueils de maximes philosophiques. C'est un idéalisme tellement austère qu'il est incompatible avec les vraies conditions de l'art (1). Comment s'étonner de retrouver dans l'esthétique de Platon les mêmes tendances que dans sa métaphysique? La théorie des Idées aboutit à concentrer toute réalité dans ce qui est un, éternel, immobile. L'universel est tout, l'individu n'est rien. Il en devait être de même dans la théorie de l'art. Point de passions ni de mouvement; pas de caractères vivants et individuels; mais la majesté de l'universel et la perfection uniforme d'une vertu surhumaine. Entre l'art matériel qui se

---

(1) Nous ne pouvons admettre les raisons par lesquelles M. Lévêque prétend justifier Platon du reproche d'idéalisme abstrait dans l'art. M. Lévêque lui-même avoue que Platon a sacrifié l'élément de la puissance à celui de l'ordre. (*Ibid.*, t. II.)

confine dans l'imitation du réel, et l'art abstrait qui se perd dans la philosophie morale, Platon n'a point vu d'intermédiaire.

Les conséquences politiques sont plus graves encore que les conséquences esthétiques. C'est l'asservissement le plus complet de l'art à la volonté du législateur. A la place de ce que Platon appelait la théatrocratie, il nous propose une sorte de théocratie, ou plutôt, s'il est permis de suivre son exemple en fabriquant un mot nouveau, une sophocratie.

Suivons-le dans l'appréciation des différents arts, et nous y verrons se produire cette double conséquence de sa théorie.

IV. Les arts ont pour but « la discipline du plaisir et de la douleur » au moyen du beau. « Les Dieux, touchés de compassion pour le genre humain condamné par sa nature au travail, nous ont ménagé des intervalles de repos dans la succession des fêtes instituées en leur honneur; ils ont voulu que les Muses, Apollon leur chef, et Bacchus, les célébrassent de concert avec nous (1). »

Tous les plaisirs qui proviennent de la vue et de l'ouïe et qui ont pour objet les formes, les mouvements et les sons, peuvent donner naissance à différents arts. Il n'en est pas ainsi des autres plaisirs; par exemple ceux du goût et de l'odorat; ne contenant aucun élément intelligible facile à saisir, ils demeurent étrangers au beau. L'éducation doit faire prédominer les premiers sur les seconds, en se servant des arts comme auxiliaires.

Or, passons en revue les principaux plaisirs natu-

---

(1) *Lois*, II, 73, tr. Cousin. — 700, sqq.

rels d'où naissent les arts. « Il n'est presque aucun animal qui, lorsqu'il est jeune, puisse tenir son corps ou sa langue dans un état tranquille, et ne fasse sans cesse des efforts pour se mouvoir et pour crier. Aussi voit-on les uns sauter et bondir, comme si je ne sais quelle impression de plaisir les portait à danser et à folâtrer, tandis que les autres font retentir l'air de mille cris différents. Mais aucun animal n'a le sentiment de l'*ordre* ou du *désordre* dans les mouvements, et de ce que nous appelons *mesure et harmonie*, tandis que ces mêmes divinités qui président à nos fêtes nous ont donné le sentiment de la mesure avec celui du plaisir. Ce sentiment règle nos mouvements sous la direction des Dieux, et nous apprend à former entre nous une espèce de chaîne par le chant et la danse. » Ainsi le plaisir d'un côté, et de l'autre, l'idée d'ordre, sont l'origine tout à la fois psychologique et métaphysique des arts. Réduisez l'homme au plaisir, rabaissez-le au rang des animaux, et vous rendrez tout art impossible. Mais faites intervenir la raison qui conçoit l'Idée et l'amour qui la poursuit : aussitôt le plaisir, chose mobile et indéfinie, prend la forme immuable de la beauté ; et cette soumission des caprices de la sensibilité aux lois de la raison, cette discipline du plaisir par l'harmonie et la mesure, engendre la diversité des arts avec l'unité du but, qui est le perfectionnement de l'âme.

Platon montre une prédilection marquée pour l'art des chœurs, qui embrasse les chants et la danse. C'est que nulle part la mesure, l'harmonie, le *nombre*, ne jouent un plus grand rôle. Platon est naturellement amoureux des formes et des lois mathématiques, parce qu'elles éveillent l'idée de l'ordre, qui elle-même est un des trois aspects principaux du bien (1). Or le mouvement et le son, plus que tout le reste, sont soumis aux règles mathématiques. D'autre part, le moraliste s'unit toujours dans Platon au mathématicien, d'autant plus que l'idée d'ordre et de règle domine en morale. A ce nouveau point de vue, le chant et la danse obtiennent encore les sympathies de Platon, car c'est dans la voix et les mouvements que se reflète avec le plus de netteté la beauté ou la laideur de l'âme.

« En quoi donc ferons-nous consister la beauté d'une figure ou d'une mélodie? Dis-moi, les gestes et le ton de voix d'un homme de cœur dans une situation pénible et violente ressemblent-ils à ceux d'un homme lâche en pareille circonstance?... Toute figure, toute mélodie qui exprime les bonnes qualités de l'âme ou du corps, soit elles-mêmes, soit leur image, est belle : c'est tout le contraire si elle en exprime les mauvaises qualités (2). »

« C'est à cause de l'harmonie que l'ouïe a reçu la faculté de saisir les sons musicaux. Quand on cultive avec intelligence le commerce des muses, l'harmonie, dont les mouvements sont semblables à ceux de notre âme, ne paraît pas destinée à servir, comme elle le fait maintenant, à de frivoles plaisirs; les muses nous l'ont donnée pour nous aider à régler sur elle et à soumettre à ses lois les mouvements désordonnés de notre âme, comme elles nous ont donné le rhythme pour réformer les manières dépourvues de mesure et de grâce de la plupart des hommes (3). » La voix humaine est donc l'instrument musical par excellence. Aussi Platon rejette l'emploi des instruments sans

(1) Voyez plus haut, *Phil.* 63 d.
(2) *Lois*, II, 77, 78, C.
(3) *Lois*, ib.

voix humaines, qu'il appelle un charlatanisme et une barbarie. « Jamais les Muses ne mêleraient ensemble des cris d'animaux, des voix humaines et des sons d'instruments. » C'est avilir l'art que de prétendre à l'imitation grossière des sons de la nature ou des cris des animaux. La voix, organe de l'âme, peut seule parler à l'âme.

Cette analyse aboutit à une admirable définition de la musique : *C'est l'art qui, réglant la voix, passe jusqu'à l'âme* et lui inspire le goût de la vertu.

La vertu, tel est le but de la musique, comme de tous les arts. « Jamais personne n'osera dire que les danses et les chants du vice soient plus beaux que ceux de la vertu, ni qu'il prend plaisir aux figures qui expriment le vice, tandis que chacun se plaît à la Muse opposée. Il est vrai pourtant que la plupart mettent l'essence et la perfection de la musique dans le pouvoir qu'elle a d'affecter agréablement l'âme. Mais ce langage n'est point supportable. » Voici la source de nos erreurs sur ce point. Comme la danse et le chant ne sont qu'une *imitation des mœurs*, ceux qui sont témoins de danses *analogues au caractère qu'ils ont reçu de la nature et de l'éducation* y prennent plaisir et disent qu'elles sont belles. Les âmes saines se plaisent au spectacle de la véritable beauté; mais c'est le contraire pour les âmes corrompues.

La musique efféminée et la danse impudique ne sont donc propres qu'à augmenter la corruption des méchants et à corrompre les bons eux-mêmes, car *on devient semblable à l'objet de sa contemplation, de même qu'on ressemble à ceux avec qui l'on aime à vivre.*

En face d'un tel danger, l'État, gardien suprême de la morale dans le système politique de Platon, ne peut demeurer indifférent. Il faut qu'il intervienne pour soumettre à des règles la musique et la danse et pour les ramener à leur véritable but. La fin de l'art, nous le savons, n'est pas le plaisir, mais l'Idée. Plus il est voisin du plaisir, plus il se corrompt; plus il se rapproche de l'Idée, plus il s'épure. Or, le plaisir est chose mobile, amie du changement et de la nouveauté, tandis que l'Idée est immuable. Toute innovation dans les arts est donc un hommage rendu, non à l'Idée, mais au plaisir. La Muse qui cherche son succès dans la variété des jouissances est une Muse *flatteuse*, et par là même corruptrice; car, une fois qu'on a laissé le plaisir prendre le dessus, son insatiabilité ne fait que s'accroître, et il n'est satisfait que quand le second élément de l'art, — l'Idée du beau, — lui a été complétement sacrifié.

Telle est la transition par laquelle Platon aboutit à proscrire sévèrement toute innovation artistique. Il prend l'Égypte pour modèle, l'Égypte où *depuis dix mille ans* les ouvrages de peinture et de sculpture n'ont pas changé, l'Égypte où les mélodies sacrées se sont conservées intactes depuis le jour où Isis les enseigna aux prêtres de son culte. Ainsi par une réaction exagérée, quoique naturelle, contre les excès et la licence des artistes grecs, le sentiment hellénique de la liberté, de la personnalité et du progrès, fait place chez Platon à l'esprit absolu et immuable de l'Orient.

Platon traite moins favorablement la poésie que la musique et la danse. Il fait dans le *Phèdre* et dans l'*Ion* l'éloge du délire, mais l'ironie est bien près de l'éloge.

Il y a, dit-il, quatre espèces de délire : celui de l'amour véritable, qui, loin d'être un mal, est la source des plus grands biens; celui des initiés, lorsqu'ils célèbrent les mystères et participent à la connaissance des vérités qu'ils renferment ; celui des prophètes et des prêtresses inspirées ; et enfin le délire des grands poëtes, envoyé par les Muses. « L'inspiration, remplissant une âme délicate et pure, l'anime, la transporte et lui fait chanter des hymnes ou d'autres poëmes à la louange des anciens héros ; par là, elle sert à instruire les races futures. Mais celui qui approche du sanctuaire poétique des Muses sans être possédé par le délire, et qui se persuade que l'art suffit pour faire un poëte, n'atteindra jamais la perfection : sa froide poésie sera toujours éclipsée par celle du poëte inspiré (1). » Platon, encore jeune quand il écrivit le *Phèdre* où la poésie se mêle à la philosophie, n'avait pas encore pour l'art des Muses le dédain qu'il eut plus tard. Déjà, dans l'*Ion*, l'ironie se mêle à l'éloge. L'enthousiasme poétique ressemble à la vertu de l'aimant qui se communique d'anneau en anneau. La Muse elle-même inspire le poëte, et, celui-ci communiquant à d'autres l'inspiration divine, il se forme une chaîne d'hommes inspirés. Le poëte lyrique est comme la bacchante qui, après avoir perdu la raison, est transportée dans un monde supérieur et puise à des fleuves de lait ou de miel. « Le poëte est un être léger, ailé et sacré ; il est incapable de composer à moins que l'enthousiasme ne le saisisse, ne le jette hors de lui-même et ne lui fasse perdre la raison (2). »

Ce délire, que Platon appelait dans le *Phèdre* un délire divin, est représenté dans la *République* et dans les *Lois* comme une dangereuse folie. Alors même que le poëte sent le beau, il le sent en aveugle et ne le connaît pas. Or, celui qui a tout à la fois

---

(1) *Phèdre*, 245, a, b, c.
(2) *Ion*, p. 533, c, d.

la science et le sentiment du beau est bien supérieur à celui qui n'a que la science seule, ou le sentiment sans la science (1). Ce dernier cas est celui des poëtes. D'après Platon, ils ne s'inquiètent que *d'imiter*, et « il n'est nullement nécessaire pour cela qu'ils connaissent si leur imitation est belle ou non (2). »

« Pénétrons jusqu'à cette partie de l'âme avec laquelle la poésie imitative a un commerce intime, et voyons si cette partie est bonne ou mauvaise... Quand nous entendons réciter les endroits d'Homère ou de quelque autre poëte tragique, où l'on représente un héros dans l'affliction, déplorant son sort dans un long discours, poussant des cris et se frappant la poitrine; tu sais que nous ressentons alors un plaisir secret auquel nous nous laissons aller insensiblement, et qu'à la compassion pour le héros qui nous intéresse se joint l'admiration pour le talent du poëte qui nous met en quelque sorte dans le même état que le héros... La poésie imitative produit en nous le même effet pour l'amour, la colère et toutes les passions de l'âme, agréables ou pénibles, dont nous avons reconnu que nous sommes sans cesse obsédés. Elle nourrit et arrose en nous ces passions, elle les rend maîtresses de notre âme, quand il faudrait au contraire les laisser périr faute d'aliments et nous en rendre maîtres nous-mêmes, si nous voulons devenir heureux et vertueux, et non pas méchants et misérables (3). » Les stoïciens ne proscriront pas avec plus d'énergie les passions même généreuses, comme la pitié. La conséquence de cette doctrine est la suppression de l'épopée et de la tragédie, genres *pathétiques*, ainsi que de la comédie,

(1) *Lois*, II, 668, a; *Rép.*, X, 598.
(2) *Lois*, II, 669.
(3) *Rép.*, X, 603. Cf. *Leg.*, VII, 810, b. *Rép.*, III, 398, a.

dont les bouffonneries sont indignes d'un homme de bien (1).

Cependant, dans les *Lois*, la comédie trouve grâce devant Platon. « On ne peut bien connaître le sérieux, dit-il, si on ne connaît le ridicule, ni en général les contraires, si on ne connaît leurs contraires, et cette comparaison sert à former le jugement (2). » Platon ne s'aperçoit pas que ce principe, s'il est valable pour la comédie, l'est également pour la tragédie; il proscrit toute représentation des passions et surtout des vices, et veut que tout héros choisi par un poëte offre l'image de la perfection. Avec des conditions semblables, il n'y a plus de drame ni d'épopée, et la conclusion est « qu'il ne faut admettre dans la république d'autres ouvrages de poésie que les hymnes en l'honneur des dieux et les éloges des grands hommes (3). »

Quant à l'éloquence, on sait que Platon lui a consacré deux dialogues, le *Phèdre* et le *Gorgias*.

La Rhétorique, sorte d'attraction des âmes (ψυχαγωγία), est l'art de conduire les esprits par la parole, dans les tribunaux et dans les assemblées politiques, ou même dans les conversations particulières (4). En d'autres termes, c'est l'art de la persuasion.

Mais il y a deux sortes de persuasion : celle qui produit la simple croyance et celle qui produit la science (5). La rhétorique vulgaire et *flatteuse* se contente de la première; la vraie rhétorique prétend à la seconde et procure aux hommes le plus grand de tous les biens : la vérité.

---

(1) *Rép.*, X, 60.
(2) *Lois*, VII, 810. — C., 169.
(3) *Rép.*, X, 603. — C., 263.
(4) *Phèdre*, 83.
(5) *Gorg.*, 206.

Toutes les qualités d'un bon orateur sont résumées admirablement dans cette phrase : « Avant de connaître la vraie nature de chaque chose dont on parle et dont on écrit, de savoir en donner une définition générale, et puis la diviser en ses parties indivisibles ; avant d'avoir approfondi la nature de l'âme et d'avoir trouvé l'espèce de discours qui convient à chaque espèce d'âme ; avant de savoir disposer et ordonner son discours ;... avant tout cela il est impossible de manier parfaitement l'art de la parole (1). »

L'orateur est donc d'abord philosophe par l'universalité et la profondeur de ses connaissances. Savoir la *vraie nature* de chaque chose, c'est la juger, non d'après l'apparence, mais d'après l'essence ; c'est la ramener à l'Idée.

L'orateur est également philosophe par la méthode qu'il emploie, et qui n'est autre chose que l'art de définir et de diviser : la dialectique.

Il est philosophe surtout par la connaissance des âmes qui lui est indispensable. « Puisque la vertu du discours est d'entraîner les âmes, celui qui veut devenir orateur doit savoir combien il y a d'espèces d'âmes et les qualités par lesquelles elles diffèrent les unes des autres (2). » L'orateur doit approprier ses paroles au caractère de l'auditeur, et pour cela il faut qu'il ait une connaissance profonde du cœur humain.

Le parfait orateur est donc surtout et avant tout un savant, un philosophe, un dialecticien, un psychologue.

Mais il doit aussi être artiste : il faut même qu'il ait reçu de la nature un certain talent de la parole φύσει ῥητορικῷ εἶναι. Ce talent, Platon ne l'analyse point : c'est

---

(1) *Phèdre*, C., 129.
(2) *Phèdre*, 115.

pour lui l'analogue de l'inspiration poétique. Or, on sait qu'il explique les diverses sortes d'inspiration par la puissance de l'amour. C'est l'amour du beau qui fait les grands poëtes; c'est l'amour du vrai qui fait les philosophes; c'est l'amour du vrai et du beau qui fera les grands orateurs. L'art et la philosophie se réconcilient dans l'éloquence.

La rhétorique soutient donc le *vrai* au moyen du *beau;* et ajoutons pour être complet : en vue du *bien*. L'orateur digne de ce nom ne recherche pas la puissance, les richesses, les honneurs, l'impunité, pour lui ou pour les autres; il n'aspire qu'à rendre les hommes justes, et par là même heureux (1).

Les grandes Idées du bien, du beau et du vrai, dominent donc la rhétorique comme elles dominent tous les autres arts. L'esthétique de Platon découle de sa métaphysique; elle en a la grandeur, elle en a aussi les imperfections. Dans l'art comme dans la science Platon amoindrit le plus qu'il peut les réalités particulières, le mouvement, la vie individuelle, et il augmente de plus en plus la part de l'universel, de l'unité immuable, de l'Idée.

(1) Sur la rhétorique de Socrate et de Platon, voir les notes de notre édition classique du *Gorgias* (Eug. Belin, in-12).

LIVRE HUITIÈME.

RAPPORT DES IDÉES A L'ACTIVITÉ. — MORALE ET POLITIQUE DE PLATON.

La science morale repose tout entière sur deux notions dont elle entreprend de déterminer le rapport : la notion d'*activité* et la notion du *bien*. La première correspond au mouvement et à la pluralité; la seconde à l'essence simple et immobile. Ainsi se montrent de nouveau dans leur opposition, dès le début de la morale, les deux grandes idées qui préoccupèrent l'esprit de Platon et dont toute philosophie cherche le rapport. Cette conciliation de l'individuel et de l'universel, que la théorie se propose, devient dans la pratique le problème moral.

Si la morale touche à la métaphysique par son objet, c'est-à-dire l'Idée du bien, dont elle fait la loi de l'âme, elle touche aussi à la psychologie par la notion de l'âme elle-même, de la personne active et raisonnable, sujet de la moralité. Ce second point de vue n'a pas échappé à Platon. Dans le *Premier Alcibiade*, il démontre que la connaissance de notre nature est essentielle à la connaissance de notre destinée : l'âme, pour concevoir ce qu'elle doit être, doit savoir auparavant ce qu'elle est. C'est dans le particulier que la dialectique prend son point de départ avant de s'élever aux lois universelles. Nous devons donc déterminer ce qu'est pour Platon la personne morale, avant d'approfondir avec lui la nature du bien.

CHAPITRE I.

LA LIBERTÉ MORALE DANS PLATON. — THÉORIE DE LA VOLONTÉ.

I. La volonté considérée dans sa *tendance à sa fin*. L'Idée du Bien, essence de la volonté. — II. La volonté considérée dans le *choix des moyens*. Le libre arbitre est-il dans Platon? Critérium fourni par Aristote pour distinguer la doctrine propre à Platon de la doctrine purement socratique. La *science* du Bien et l'*opinion* du Bien. Celui qui a la science du Bien choisit toujours le Bien; celui qui n'en a que l'opinion le choisit-il toujours? — Textes d'Aristote. — III. Textes de Platon; leur sens véritable. Comment Platon finit par mitiger la doctrine socratique; comment sa doctrine propre se dessine de plus en plus depuis le *Gorgias* jusqu'au dixième livre des *Lois*. — IV. Les *Lois*. Explication de passages mal compris. Ce que Platon entend par dommage volontaire et involontaire. Comment sa théorie de la pénalité se concilie avec sa théorie de la liberté. — Conclusion : toute-puissance de l'Idée du Bien, quand elle est connue scientifiquement.

On reconnaît dans le θυμός de Platon un principe analogue à la volonté dans le sens le plus général de ce mot (1).

(1) Platon entend par θυμός toute l'énergie de l'âme, toutes ses tendances à l'action et à la réalisation du bien que l'intelligence conçoit. L'énergie ne peut se confondre avec l'appétit. Elle lui livre combat comme à un ennemi toujours redoutable. C'est là son rôle. Dès qu'il s'élève quelque sédition dans l'âme, l'énergie prend les armes en faveur de la raison (*Rép.*, 440, e). Mais, parce que l'énergie se range ordinairement du côté de l'intelligence, faut-il conclure qu'elle ne s'en distingue pas? — Nullement. Les enfants, dès leur bas-âge, sont pleins d'ardeur et d'énergie; ils sont dépourvus de raison. Les animaux ne raisonnent jamais, ce qui ne les empêche pas de se porter sans cesse à l'action. Quand Homère nous dit, en parlant d'un de ses héros : *Frappant sa poitrine, il gourmanda ainsi son cœur*, n'est-il pas évident qu'il représente comme deux choses distinctes la raison qui délibère sur le bien et le mal, et l'énergie qui s'emporte aveuglément?

L'énergie, en effet, est aveugle de sa nature et a besoin d'être sans cesse guidée par la raison. Elle devient alors le principe de toutes les

La volonté, d'après Platon, est la tendance naturelle de l'âme vers le bien conçu par la raison. Toute activité, tout mouvement a nécessairement une fin (1). Mais il faut distinguer la fin relative de la fin absolue (2). Les fins relatives sont des moyens et non des fins véritables.

On peut donc étudier la volonté par rapport à la fin qu'elle poursuit et par rapport aux moyens qu'elle préfère.

I. *Vouloir*, dans le sens propre du mot, n'est pas la même chose que *faire ce qu'on juge à propos*.

« Penses-tu que les hommes veulent les actions mêmes qu'ils font habituellement, ou la chose en vue de laquelle ils font ces actions ? Par exemple, ceux qui prennent une potion de la main des médecins veulent-ils, à ton avis, *ce qu'ils font*, c'est-à-dire avaler une potion et ressentir de la douleur ? ou bien veulent-ils la santé, en vue de laquelle ils prennent la médecine ? — Il est évident qu'ils *veulent* la santé... — *Quiconque fait une chose en vue d'une autre ne veut point la chose même qu'il fait, mais celle en vue de laquelle il la fait* (3). » Toute chose est bonne, mauvaise, ou indifférente. Marcher, courir, s'asseoir, naviguer : voilà des choses indifférentes en elles-mêmes ; si nous les faisons, c'est en vue de quelque bien. « *C'est donc toujours le bien que nous poursuivons* ; lorsque nous marchons, c'est dans la pensée que cela

actions et de toutes les émotions généreuses. C'est une sorte d'amour actif qui a le plus souvent le bien pour objet. L'énergie ressemble beaucoup, par sa position moyenne entre l'appétit et la raison, à ces génies intermédiaires qui établissent la communication entre Dieu et les hommes, et dont l'Amour est le principal.

(1) V. le *Philèbe*, loc. cit.
(2) *Lysis*, loc. cit. 219, d.
(3) *Gorgias*, tr. Cousin, 339. — 502 b.

nous sera meilleur ; et c'est encore en vue du bien que nous nous arrêtons lorsque nous nous arrêtons... Et soit qu'on mette quelqu'un à mort, qu'on le bannisse, qu'on lui ravisse ses biens, ne se porte-t-on point à ces actions dans la persuasion que c'est ce qu'il y a de mieux à faire ? » Donc, en définitive, « *on veut les choses qui sont bonnes*, et celles qui ne sont ni bonnes ni mauvaises, ou tout à fait mauvaises, on ne les veut pas (1). »

La volonté n'est donc nullement libre par rapport à la fin dernière qu'elle poursuit.

Il y a nécessité absolue dans la *raison* qui conçoit l'Idée du bien ; il y a nécessité absolue dans le mouvement de l'amour qui se porte vers le bien, attiré par sa beauté. Cette connaissance et ce désir forment le fond même de l'âme ; c'est là sa nature essentielle, et elle agirait toujours conformément à cette nature, si l'appétit, ce coursier rebelle, ne résistait aux ordres de la Raison et aux efforts généreux de la Volonté. C'est ainsi que Platon découvre dans toute activité personnelle un élément général, nécessaire et immuable, sans lequel aucun acte particulier ne serait possible ; et cet élément, c'est toujours l'Idée. L'Idée communique sa généralité à la Raison, qui lui est analogue ; la Raison, à son tour, communique à la Volonté une tendance générale ; on peut donc dire que l'*essence* de la Raison et de la Volonté, c'est l'Idée du bien. Supprimez cette essence universelle, et vous rendrez impossible toute action particulière.

Reste à savoir si l'action particulière est reliée à l'Idée par un lien dialectique et intellectuel, sans l'intervention d'un pouvoir nouveau et autre que l'intel-

---

(1) *Ib.*, 244.

ligence. Le choix des moyens a-t-il sa raison dans la connaissance plus ou moins confuse ou claire que nous avons de leur rapport avec la fin suprême, ou a-t-il sa raison dans une puissance capable de résister à la raison même? En un mot, est-il déterminé par les lois intellectuelles, ou est-il libre?

II. Pour bien comprendre la théorie de la liberté dans Platon, il faut distinguer les dialogues où Platon se borne à exposer la pure doctrine socratique, et ceux où il expose sa propre doctrine. Aucun interprète n'ayant fait cette distinction, on a cru à une complète identité entre les doctrines du disciple et celles du maître. Que Platon se soit borné, dans la première période de sa carrière philosophique, à reproduire la théorie de Socrate, cela est possible et même probable; mais il n'a pas tardé à modifier cette théorie. C'est ce qui ressort de passages d'Aristote jusqu'ici négligés ou peu compris malgré leur importance capitale.

Nous étudierons longuement tous ces passages dans un travail particulier sur Socrate (1), et nous montrerons que ce dernier avait adopté, au sujet du libre arbitre, une opinion des plus radicales, très-réfléchie et parfaitement consciente d'elle-même. D'après Xénophon et Aristote, Socrate niait énergiquement (2) la possibilité de choisir entre ce qu'on *sait* ou même ce qu'on *croit* le bien et ce qu'on sait ou croit être le mal. Chose étonnante au premier abord, mais naturelle en elle-même! Platon va se montrer ici moins systématique, moins radical, moins exclusivement rationaliste que son maître. Bornons-nous à citer,

---

(1) V. notre *Philosophie de Socrate.*
(2) Ὅλως ἐμάχετο, comme dit Aristote, *Eth. nic.*, I, III.

parmi les témoignages d'Aristote, les plus importants et les plus propres à fournir un critérium pour distinguer le système platonicien du système socratique.

« Socrate faisait des vertus des sciences, chose im-
» possible. Toutes les sciences sont jointes à la raison
» (πᾶσαι μετὰ λόγου); or la raison se trouve dans la
» partie intellectuelle de l'âme; toutes les vertus se
» trouvent donc, d'après lui, dans la partie ration-
» nelle de l'âme (ἐν τῷ λογιστικῷ τῆς ψυχῆς μορίῳ). Il ar-
» rive donc que, faisant des vertus des sciences, il
» supprime la partie irraisonnable de l'âme; et par
» là il supprime et la *passion* et le *moral* (καὶ πάθος καὶ
» ἦθος): il a donc sur ce point mal traité des ver-
» tus (1). » Aristote entend par la partie irraison-
nable la sensibilité, origine des *passions* (πάθος), et la volonté, origine des habitudes morales (ἦθος). D'après lui, Socrate réduit l'âme à l'intelligence. Les passions ne sont plus qu'une influence physique, due à l'union de l'intelligence et du corps; quant à la volonté, au caractère moral (ἦθος), ils sont supprimés. *Ame* est donc synonyme d'*intelligence* ou de *raison*. L'âme est réduite au pur esprit, au νοῦς; elle offre la plus parfaite unité, sans distinction réelle de facultés, sans partie rationnelle d'un côté, sans partie morale et active de l'autre. Rationnel et moral ne font qu'un. Voilà certes une psychologie de métaphysicien, s'il en fut. « Platon, venant ensuite, divisa l'âme en partie ra-
» tionnelle et partie irrationnelle, et cela à bon droit;
» et il rendit à chacune les vertus qui lui conviennent.
» Jusqu'à présent, tout est bien, mais il n'en est plus
» de même ensuite. En effet, il a mêlé la vertu à la
» recherche du bien en soi, et cela à tort, car ce

---

(1) *Magn. Mor.* I, i. — Nous traduisons nous-même tous ces textes d'Aristote.

» n'est pas le lieu convenable. Parlant des êtres et
» de la vérité, il ne devait pas parler de la vertu, car
» il n'y a rien de commun entre les deux choses. »
Aristote fait allusion à la *République*, qui traite et de
la vertu et du bien en soi (au VI⁰ livre). Le moraliste,
d'après Aristote, cherche le bien pour l'homme et
non le bien en soi (οὐ τοῦ ἁπλῶς, ἀλλὰ τοῦ ἡμῖν); la
théorie des Idées n'a donc rien à faire en morale. —
Accusation injuste, que nous devons négliger. Ce qui
nous importe actuellement, c'est la comparaison de
Socrate et de Platon. Ce passage nous montre, 1° que
la recherche de l'*Idée* du bien et de la nature des
êtres en soi est propre à Platon : Socrate n'a point
mêlé cette recherche à sa morale; il n'a point connu
la théorie des Idées ni du bien *en soi*, τὸ ἀγαθὸν αὐτὸ
καθ' αὐτό. 2° La division de l'âme en deux ou trois parties distinctes, produisant des vertus distinctes, est
également platonicienne. Si Socrate a parlé de la *raison*, de l'*appétit* et du *cœur*, il n'a vu là que des termes
divers désignant au fond une même chose: la raison
dans ses divers modes d'exercice. La psychologie morale de Socrate est donc un pur rationalisme, mais
distinct du rationalisme platonicien en ce que ce
dernier atteint les choses en soi, l'objectif, tandis
que Socrate s'en tient au point de vue immanent et
psychologique. Dans Socrate, rationalisme subjectif,
qui ne réalise pas ses conceptions dans un monde à
part, le monde des Idées. Dans Platon, rationalisme
objectif, qui se pose comme absolu et en possession
de l'être même par l'Idée. Tous les deux s'accordent à
proclamer la puissance irrésistible de la science ou
de la raison ; Socrate est même plus affirmatif sur ce
point que Platon, qui admet la partie irrationnelle de
l'âme. Aussi voit-on que les *Mémorables* ont plus de

force et d'énergie sur ce point que les Dialogues mêmes de Platon (1).

Aristote exprime en beaux termes cette foi enthousiaste de Socrate et de Platon dans la science : « On » peut se demander comment celui qui a des idées » droites peut ne pas se dominer (ἀκρατεύεται). Il en » est qui nient (τινες) qu'un homme qui a la science » soit capable d'intempérance. Car il serait étrange, » comme le pensait Socrate, que la science fût dans » l'âme et qu'il y eût cependant quelque chose de » plus fort qui entraînât l'homme comme un es- » clave (2). » Aristote fait ici allusion à un passage du *Protagoras* que nous citerons plus loin. « *Il est des gens qui nient,* » désigne Platon. Aristote rapporte d'ailleurs à Socrate la paternité de cette théorie, qu'il considère comme l'expression fidèle de ce que pensait le vieux philosophe. La suite le prouve bien. « Socrate *combattait fortement* (ὅλως ἐμάχετο) » cette proposition [qu'un homme fût sciemment in- » continent], comme si l'incontinence n'existait nul- » lement (ὡς οὐκ οὔσης ἀκρασίας) : car personne n'agit » contrairement au mieux avec conscience, mais par » ignorance. Οὐδένα γὰρ ὑπολαμβάνοντα πράττειν παρὰ τὸ » βέλτιστον, ἀλλὰ δι' ἀγνοίαν. » — Fortes expressions qui ne sont que la traduction fidèle du κακὸς ἑκὼν οὐδείς. Au mot ἑκών est substitué ὑπολαμβάνων : celui qui prend le mauvais parti ne le soupçonne même pas. Et il s'agit bien ici du vrai Socrate ; car Aristote nous dit qu'il *combattait fortement, de tout point,* l'opinion reçue. C'est donc d'un personnage réel qu'il s'agit.

---

(1) Voir notre *Philosophie de Socrate*, t. I, et notre édition classique des *Mémorables* (Delagrave, in-12).
(2) *Eth. Nic.*, I, III.

Ce qui revient à Platon est désigné par τινες, ce qui revient à Socrate, par Σωκράτης.

Plus loin, Aristote va distinguer profondément l'opinion de Platon et celle de Socrate. Ce passage est des plus remarquables, et nous ne pouvons assez nous étonner de la négligence des critiques, qui n'y ont apporté aucune attention. « Ce discours, dit
» Aristote en parlant de la thèse socratique, met en
» doute ce qui est évident; et en outre il eût fallu
» chercher, au sujet de la passion, en la supposant
» produite par l'ignorance, quel est ce mode d'igno-
» rance. » Mais, si Socrate n'a pas su distinguer les diverses sortes d'ignorance, Platon l'a fait, comme on va le voir. « Il y a des gens (τινες), continue Aristote,
» qui accordent une partie de ce qui précède, et rejet-
» tent l'autre. Qu'il n'y ait rien de plus puissant que
» la science, ils l'accordent; mais qu'on ne fasse rien
» contre ce qui a *paru* meilleur (παρὰ τὸ δόξαν βέλτιον),
» ils ne l'accordent pas; en conséquence, ils disent
» que l'incontinent qui se laisse dominer par les plai-
» sirs n'a point la *science*, mais l'*opinion*. » — Nous démontrerons plus loin, de la manière la plus décisive, que la doctrine dont parle Aristote est celle de Platon, telle qu'il l'a exposée dans le 9ᵉ livre des *Lois*, et nous y trouverons la solution de toutes les difficultés qui ont embarrassé les interprètes. « Mais, ajoute
» Aristote, s'il y a chez l'incontinent simple opinion
» et non science, s'il n'a point une conception sûre
» et capable de résister [aux passions], mais une con-
» ception faible, comme celle des gens qui doutent,
» on doit pardonner à l'homme qui ne reste point
» ferme dans ses conceptions, en face de passions
» fortes. Et pourtant, il n'y a point de pardon pour la
» méchanceté. »

On trouve dans la *Grande Morale* un passage analogue et non moins explicite (1).

Dans son *Éthique à Nicomaque* (2), Aristote répète que Socrate identifiait purement et simplement la vertu avec la science, et il ajoute en faisant allusion à Platon : « Tous ceux qui aujourd'hui définissent la vertu, ajoutent qu'elle est un état habituel, conforme à la droite raison (κατὰ τὸν ὀρθὸν λόγον ἕξιν). » Platon introduit donc de nouveau dans la vertu l'élément sensible et moral (πάθος καὶ ἦθος), négligé par Socrate. Et en effet, on sait que la vertu unique, pour Socrate, était la science ; pour Platon, la science n'est que la vertu de l'intelligence ; la vertu de l'âme en général est la *justice* ou accord des diverses parties de l'âme. Dans So-

---

(1) « Est-ce que l'incontinent possède une certaine *science* (ἐπιστήμην τινά), par laquelle il connaît théoriquement et recherche les choses mauvaises (θεωρεῖ καὶ ἐξετάζει) ? — Mais de nouveau il paraîtra étrange que ce qu'il y a de plus puissant et de plus solide en nous soit vaincu par quelque chose ; car, de tout ce qui est en nous, la science est la chose la plus stable et la plus capable de nous forcer (μονιμώτατον καὶ δεσποτικώτατον) ; de sorte que de nouveau ce discours s'oppose à ce qu'il y ait *science* (τῷ μὴ εἶναι ἐπιστήμην, lege τῷ εἶναι). N'y a-t-il donc point *science*, mais seulement *opinion* ? » (C'est la solution platonicienne, qui est un adoucissement à la solution socratique.) « Mais s'il n'y a qu'*opinion* dans l'incontinent, il ne sera plus *blâmable*. Car, s'il fait le mal sans pleine connaissance et avec une simple opinion, on lui pardonnera de s'adonner à la volupté et de faire le mal, puisqu'il ne sait pas pleinement que la chose est mauvaise, et qu'il n'a qu'une simple opinion. Et ceux à qui nous pardonnons, nous ne les blâmons pas. Ainsi l'incontinent, s'il n'a qu'une opinion, ne sera pas blâmable. Et pourtant il est blâmable. Voilà les discours qui nous jettent dans des difficultés : en effet, les uns [Platon] niaient qu'il y eût science, montrant qu'il surviendrait dans ce cas une absurdité [à savoir que la science pût être vaincue] ; les autres [Socrate] niaient qu'il y eût même une simple opinion, et ils nous montraient aussi l'absurdité qui en surviendrait » [à savoir qu'on choisirait le mal en le *croyant* mal]. — (*Magn. Mor.*, I, VIII.) On ne soutiendra pas qu'Aristote, dans ce chapitre, prête à Socrate une doctrine hésitante et peu radicale ; il distingue au contraire avec force la théorie extrême de Socrate et la théorie mitigée de Platon.

(2) *Eth. Nic.*, VI, XIII, 1144.

crate, pure unité rationnelle; dans Platon, unité et multiplicité constituant l'ordre, ou justice.

Tel est en effet le résultat auquel devait aboutir la théorie des Idées. Engagée dans l'âme, l'Idée ne peut demeurer unité pure : elle est *unité dans le multiple*, proportion, harmonie des diverses facultés; elle est le rationnel se soumettant l'irrationnel. Platon était donc amené, comme le dit Aristote, à rendre à la partie irrationnelle de l'âme sa part légitime dans la vertu. Dès lors, celle-ci n'est plus seulement la raison, mais un *état habituel* (de la partie irrationnelle) *conforme à la raison*. L'Energie ou θυμός reprend son rôle intermédiaire entre le pur sensible de l'Appétit et le pur intelligible de la Raison : le moyen terme, que Platon cherche en toutes choses, est rétabli. L'Idée pure de la sagesse identique au bien, transportée par Socrate dans l'homme, demeure pour Platon transcendante. Dès lors aussi, la volonté reprend une certaine part dans l'harmonie des parties de l'âme qui produit la vertu. Mais ce n'est pas encore le libre arbitre proprement dit : Platon admet seulement qu'on peut ne pas faire ce qu'on *croit* le meilleur sans en être certain, et il accorde à Socrate qu'on fait toujours ce qu'on *sait* le meilleur. Ainsi le θυμός, intermédiaire dans l'ordre de l'activité entre l'appétit et la raison, répond à l'opinion, intermédiaire dans l'ordre intellectuel entre l'ignorance et la science. De même que l'opinion ne suit pas une ligne toujours droite et unique, mais peut errer entre la matière et les Idées, de même l'énergie humaine peut être dirigée en divers sens ou errer entre le bien et le mal, simplement entrevus, mais non connus de science certaine. L'action mauvaise n'est donc accompagnée ni de science absolue ni d'ignorance absolue, mais d'opinion et de doute. Tel est le moyen terme, suggéré à Platon par la théorie des Idées, entre l'opinion vulgaire qui admet la possibilité de faire ce qu'on *sait* mauvais, et le rationalisme radical de Socrate pour qui le vice est *pure ignorance*.

IV. Néanmoins l'esprit socratique était trop dominant dans Platon pour qu'il parvînt à une conception exacte de la liberté autonome. Nous trouverons le plus souvent dans ses dialogues la simple exposition, éloquemment fidèle, de la théorie socratique; mais nous le verrons y mêler peu à peu son idée de la δόξα, et enfin la soutenir pour son propre compte dans les dialogues dont le héros n'est pas Socrate lui-même, comme les *Lois*.

On se rappelle que Platon a parfaitement distingué, dans le *Gorgias*, la tendance générale de la volonté et les déterminations particulières, la fin voulue et les moyens choisis. « L'homme ne veut point la chose qu'il fait, mais celle en vue de laquelle il la fait. » Aussi « faire ce qui *semble* le meilleur, n'est pas faire ce qu'on *veut*. » Déjà se montre ici la δόξα, qui nous fait *paraître* souvent meilleur ce qui *est* moins bon.

Dans le *Ménon*, on trouve fidèlement reproduite la doctrine de Socrate. On y remarquera que les mots ἐπιθυμεῖν et βούλεσθαι sont sans cesse pris l'un pour l'autre (1). Et ces mots sont si bien identiques pour

---

(1) Voici le passage du *Ménon*, qui est tout socratique :
« Il me paraît, Socrate, que la vertu consiste, comme dit le poëte, à se
» plaire aux belles choses et à pouvoir se les procurer (χαίρειν τε καλοῖσι
» καὶ δύνασθαι). Ainsi, j'appelle vertueux celui qui désire les belles choses
» (ἐπιθυμοῦντα τῶν καλῶν) et peut se les procurer. — Entends-tu que dé-
» sirer les belles choses, ce soit désirer les bonnes ? — Précisément.
» — Est-ce qu'il y aurait des hommes qui désirent les mauvaises choses,
» tandis que les autres désirent les bonnes ? Ne te semble-t-il pas, mon
» cher, que tous désirent ce qui est bon ? — Nullement. — Mais à ton

Socrate, d'après Platon, que, dans un autre dialogue, Socrate se moque de la distinction établie par Prodicus entre désirer et vouloir (1).

» avis, quelques-uns désirent ce qui est mauvais? — Oui. — Veux-tu
» dire alors qu'ils regardent le mauvais comme bon (οἰόμενοι; — οἴεσθαι
» est synonyme de δοξάζειν)? ou que, le connaissant comme mauvais
» (γιγνώσκοντες), ils ne laissent pas de le désirer? — L'un et l'autre, ce me
» semble. — Quoi! Ménon, juges-tu qu'un homme connaissant le mal
» pour ce qu'il est (γιγνώσκων) peut le désirer? — Très-fort. — Qu'ap-
» pelles-tu désirer? Est-ce désirer que la chose lui arrive (γίνεσθαι
» αὐτῷ)? — Qu'elle lui arrive, sans doute. — Mais cet homme s'imagine-
» t-il que le mal est avantageux (ὠφελεῖν) pour celui qui l'éprouve,
» ou bien sait-il qu'il est nuisible à celui en qui il se rencontre? — Il y
» en a qui s'imaginent que le mal est avantageux, et il y en a d'autres
» qui savent qu'il est nuisible. — Mais crois-tu que ceux qui s'imaginent
» que le mal est avantageux le connaissent comme mal? — Pour cela,
» je ne le crois pas. — Il est évident par conséquent que ceux-là ne dé-
» sirent pas le mal, ne le connaissant pas comme mal, mais qu'ils dé-
» sirent ce qu'ils prennent pour un bien et qui est réellement un mal ;
» de sorte que ceux qui ignorent (ἀγνοοῦντες) qu'une chose est mauvaise,
» et qui la croient bonne (οἰόμενοι) désirent manifestement le bien. — Il y
» a toute apparence. — Mais quoi! les autres qui désirent le mal, à ce que
» tu dis, et qui sont persuadés que le mal nuit à celui dans lequel il se
» trouve, *connaissent* sans doute qu'il leur sera nuisible? — Nécessaire-
» ment. — Ne pensent-ils pas que ceux à qui l'on nuit sont à plaindre
» en ce qu'on leur nuit? — Nécessairement encore. — Et qu'en tant
» qu'on est à plaindre, on est malheureux? — Je le crois. — Or, est-il
» quelqu'un qui *veuille* [βούλεται prend ici la place d'ἐπιθυμεῖν] être mal-
» heureux? — Je ne le crois pas, Socrate. — Si donc personne ne *veut*
» être tel, personne aussi ne *veut* le mal (οὐκ ἄρα βούλεται τὰ κακὰ οὐδείς).
» En effet, être à plaindre, qu'est-ce autre chose que *désirer* le mal
» (ἐπιθυμεῖν) et se le procurer? — Il paraît que tu as raison, Socrate;
» personne ne *veut* le mal. — Ne disais-tu pas tout à l'heure que la
» vertu consiste à *vouloir* le bien et à pouvoir se le procurer? — Oui, je
» l'ai dit. — N'est-il pas vrai que dans cette définition, le VOULOIR
» *est commun à tous, et qu'à cet égard nul n'est meilleur qu'un autre?*
» (τὸ μὲν βούλεται πᾶσιν ὑπάρχει, καὶ ταύτῃ γε οὐδὲν ὁ ἕτερός του βελτίων.) — J'en
» conviens. — Il est clair, par conséquent, que, si les uns sont meilleurs
» que les autres, ce ne peut être que sous le rapport du pouvoir. »
Mén., 77, 78.

(1) On sait que Prodicus s'était rendu célèbre par son art des distinctions et sa recherche des mots *propres*. « Je t'appelle à moi, Prodicus, dans la crainte que Protagoras ne porte le ravage chez notre ami Simonide. Nous avons besoin pour la défense de ce poëte de cette belle science par laquelle tu distingues le vouloir et le désir comme n'étant pas la même chose (τό τε βούλεσθαι καὶ ἐπιθυμεῖν διαιρεῖς ὡς οὐ ταὐτὸν ὄν), et qui

Le *Protagoras* est un des dialogues les plus explicites sur le point qui nous occupe, et Aristote l'avait évidemment en vue dans sa *Morale à Nicomaque*, quand il réfutait, en les comparant l'un à l'autre, Socrate et Platon.

Le premier passage significatif qui s'offre à nous est un long discours de Protagoras, dans lequel le sophiste expose, non sans un remarquable bon sens, les preuves ordinaires du libre arbitre par le mérite et le démérite, la louange et le blâme, les peines et les récompenses. Aristote n'a eu qu'à lui emprunter ses propres arguments. Cette page prouve que Platon, et très-probablement Socrate, n'ignoraient pas ce qu'on pouvait objecter à leur système. Comment supposer d'ailleurs que des dialecticiens qui passaient leur vie à converser n'auraient rencontré aucun contradicteur sur un point aussi délicat, et seraient passés tout près des plus graves questions sans en avoir conscience (1) ?

te fournit tant d'autres distinctions admirables, telles que celles que tu nous exposais il n'y a qu'un moment..... Juges-tu que *devenir* et *être* soient la même chose? » (*Protag.*,! 340, b.) L'exemple de βούλεσθαι et ἐπιθυμεῖν n'a donc aucun rapport avec la question qui s'agite en cet endroit dans le *Protagoras*. On a le droit d'en conclure que c'était une des distinctions familières à Prodicus, et dont Socrate se moque sans l'admettre. On ne peut s'empêcher de remarquer que c'est ici Prodicus qui a raison sur Socrate.

(1) *Prot.*, 323 et sqq. « Je vais maintenant, dit Protagoras, essayer de
» démontrer que les hommes ne regardent cette vertu, ni comme un don
» de la nature, ni comme une qualité qui naît d'elle-même (οὐ φύσει εἶναι
» οὐδ' ἀπὸ τοῦ αὐτομάτου), mais comme une chose qui peut s'enseigner
» et qui est le fruit de l'exercice (ἐπιμελείας). Car pour les défauts que les
» hommes attribuent à la nature ou au hasard, on ne se fâche point con-
» tre ceux qui les ont. Nul ne les réprimande, ne leur fait des leçons, ne
» les châtie (κολάζει), afin qu'ils cessent d'être tels ; mais on en a pitié
» (ἐλεοῦσιν). Par exemple, qui serait assez insensé pour s'aviser de cor-
» riger les personnes contrefaites, de petite taille, ou de complexion
» faible? C'est que personne n'ignore, je pense, que les bonnes qualités
» de ce genre, ainsi que les mauvaises, viennent aux hommes de la na-

C'est pourtant dans le même dialogue où les objections sont le mieux posées que sera soutenu avec le plus d'énergie le κακὸς ἕκων οὐδείς. — « Simonide n'était pas
» assez peu instruit (ἀπαίδευτός) pour dire qu'il louait
» ceux qui ne font aucun mal volontairement, comme
» s'il y avait des hommes qui commissent volontaire-
» ment le mal (οἵ ἕκοντες κακὰ ποιοῦσιν). Pour moi, je suis
» à peu près persuadé qu'*aucun sage* (οὐδεὶς τῶν σοφῶν
» ἀνδρῶν) ne croit que qui que ce soit pèche de plein
» gré, et fasse volontairement (ἕκοντα) des actions
» honteuses et mauvaises; mais les sages savent très-
» bien que tous ceux qui commettent des actions de
» cette nature les commettent involontairement
» (ἄκοντες ποιοῦσι) (1). »

» ture, non de la fortune. Mais pour les biens (ἀγαθά) qu'on croit que
» l'homme peut acquérir par l'application (ἐπιμελείας), l'exercice (ἀσκήσεως)
» et l'instruction (διδαχῆς), lorsque quelqu'un ne les a point et qu'il a
» les vices contraires, c'est alors que la colère, les châtiments et les ré-
» primandes ont lieu. *Du nombre de ces vices sont l'injustice, l'impiété,*
» et, en un mot, tout ce qui est opposé à la vertu politique. Si l'on se
» fâche en ces rencontres, si l'on use de réprimandes, c'est évidemment
» parce qu'on peut acquérir cette vertu par l'exercice et par l'étude. En
» effet, Socrate, *si tu veux faire réflexion sur ce qu'on appelle punir*
» *les méchants et sur ce que peut cette punition,* tu y reconnaîtras l'o-
» pinion où sont les hommes qu'il dépend de nous d'acquérir la vertu
» (παρασκευαστὸν εἶναι ἀρετήν). Personne ne châtie ceux qui se sont rendus
» coupables d'injustice par la seule raison qu'ils ont commis une injus-
» tice, à moins qu'on ne punisse d'une manière brutale et déraisonnable.
» Mais lorsqu'on fait usage de sa raison dans les peines qu'on inflige,
» on ne châtie pas à cause de la faute passée, car on ne saurait empê-
» cher que ce qui est fait ne soit fait; mais à cause de la faute à venir,
» afin que le coupable n'y retombe plus et que son châtiment retienne
» ceux qui en seront les témoins. Et quiconque punit par un tel motif
» est persuadé que la vertu s'acquiert par l'éducation (παιδευτήν) : aussi
» se propose-t-il pour but, en punissant, de détourner du vice. Tous ceux
» donc qui infligent des peines, soit en particulier soit en public, sont
» dans cette persuasion. Or, tous les hommes punissent et châtient ceux
» qu'ils jugent coupables d'injustice, et les Athéniens, tes concitoyens,
» autant que personne. Donc, suivant ce raisonnement, les Athéniens ne
» pensent pas moins que les autres que la vertu peut être acquise et en-
» seignée (παρασκευαστὸν καὶ διδακτόν). »

(1) *Prot.*, 345, d.

Plus loin se trouve le beau passage sur la science, auquel Aristote fait allusion :

« Allons, Protagoras, découvre-moi tes sentiments
» sur la science. Penses-tu sur ce point comme la
» plupart des hommes, ou autrement? Or, voici
» l'idée que la plupart se forment de la science. Ils
» croient que la force lui manque, et que sa destinée
» n'est pas de gouverner et de commander (οὐδ' ἰσχυρὸν,
» οὐδ' ἡγεμονικὸν, οὐδ' ἀρχικὸν εἶναι) ; ils s'imaginent au
» contraire que souvent elle a beau se trouver dans un
» homme, ce n'est point elle qui commande, mais
» quelque autre chose, tantôt la colère, tantôt le plai-
» sir, tantôt la douleur; quelquefois l'amour, souvent
» la crainte; se représentant réellement la science
» comme une esclave que toutes les autres choses traî-
» nent à leur suite, comme il leur plaît. » (Ὥσπερ
ἀνδραπόδου περιελκομένης, expressions qui se retrouvent textuellement dans Aristote.) « En as-tu la même idée,
» ou juges-tu que la science est une belle chose, faite
» pour commander à l'homme; que quiconque aura
» la connaissance du bien et du mal (γιγνώσκῃ τις
» τἀγαθὰ καὶ κακὰ), ne pourra jamais être vaincu par
» quoi que ce soit (μὴ ἂν κρατηθῆναι ὑπὸ μηδενὸς), et *ne*
» *fera autre chose que ce que la science lui ordonne*
» (ὥστ' ἀλλ' ἄττα πράττειν ἢ ἃ ἂν ἡ ἐπιστήμη κελεύῃ); qu'enfin
» l'intelligence (φρόνησιν) est suffisante pour défendre
» l'homme contre toute attaque ? — Socrate, me
» répondit-il, la chose me paraît telle que tu le dis,
» et il serait honteux pour moi plus que pour tout
» autre de ne pas reconnaître que la science et la
» sagesse (σοφίαν καὶ ἐπιστήμην) sont ce qu'il y a de plus
» fort parmi les choses humaines. — On ne peut,
» lui dis-je, *répondre mieux ni avec plus de vérité*
» (καλῶς καὶ ἀληθῶς). Mais sais-tu que le plus grand nom-

» bre n'est pas en cela de ton avis ni du mien, et
» qu'ils disent que *beaucoup de gens, connaissant le*
» *meilleur,* ne le *veulent* pas faire, *quoique cela soit en*
» *leur pouvoir, et font tout autre chose* (πολλοὺς γιγ-
» νώσκοντας τὰ βέλτιστα, οὐκ ἐθέλειν πράττειν ἐξὸν αὐτοῖς,
» ἀλλ' ἄλλα πράττειν). »

Arrêtons-nous sur cette phrase significative, où la *détermination volontaire* (ἐθέλειν) est nettement exprimée ; tous les éléments du libre arbitre s'y trouvent : *connaissance* du bien, γιγνώσκοντας; *possibilité* de faire ou de ne pas faire, ἐξὸν αὐτοῖς ; *acte* de volonté, ἐθέλειν (qui est plus fort que βούλεσθαι et ne peut se confondre avec *désirer*); et enfin, *accomplissement* du contraire de ce que la raison jugeait le meilleur, πράττειν ἄλλα. La question est donc clairement posée; voyons la réponse.

« Tous ceux à qui j'ai demandé quelle était la cause
» d'une pareille conduite, m'ont répondu que ce qui
» fait qu'on agit de la sorte, c'est qu'on se laisse
» vaincre par le plaisir, par la douleur ou par quel-
» qu'une des autres passions dont je parlais tout à
» l'heure (ἡττουμένους, κρατουμένους). » Socrate ne semble même pas se douter, pas plus que Protagoras, qu'il puisse exister un pouvoir de résolution indépendante, capable de se formuler ainsi : — Je veux parce que je veux. — Socrate ne comprend la résolution que par le motif rationnel ou le mobile passionné ; et tel motif, telle résolution. « Vraiment,
» Socrate, continue Protagoras, il y a bien d'autres
» choses sur lesquelles les hommes n'ont pas des
» idées justes. — Essaie donc avec moi, Protagoras,
» de les détromper et de leur apprendre en quoi con-
» siste ce phénomène qui se passe en eux, et qu'ils
» appellent être vaincu par le plaisir, et en consé-

» quence *ne pas faire ce qui est le meilleur, quoi-*
» *qu'on le connaisse.* [Il s'agit toujours de *faire*, et
» non pas seulement de *vouloir.*] Peut-être que, si
» nous leur disions : O. hommes ! vous ne parlez pas
» selon la vérité, et vous êtes dans l'erreur, ils nous
» demanderaient : Protagoras et Socrate, si nous
» définissons mal ce qui se passe dans l'âme, en disant
» que c'est être vaincu par le plaisir, qu'est-ce donc?
» Et apprenez-nous ce que vous pensez à cet égard?
» — Quoi donc, Socrate, convient-il que nous nous
» arrêtions à examiner les opinions du vulgaire, qui
» dit sans réflexion tout ce qui lui vient à l'esprit?
» — Je pense que cela nous servira à découvrir le
» rapport du courage avec les autres parties de la
» vertu... Je leur répondrais : Écoutez, nous allons
» tâcher de vous l'apprendre, Protagoras et moi.
» N'est-il pas vrai que c'est dans les occasions sui-
» vantes que la chose vous arrive? Par exemple, vous
» vous laissez vaincre par le manger, le boire, les
» plaisirs de l'amour, toutes choses agréables, et
» vous faites des actions mauvaises, quoique vous les
» connaissiez pour telles. Ils en conviendraient. »
Socrate se rabaisse ensuite au niveau du vulgaire, qui place le bien dans le plaisir et le mal dans la douleur, afin de le réfuter par ses propres principes. Car, si le plaisir est un bien, on fait donc le mal vaincu par le bien. Ainsi, Socrate n'a pas besoin d'autres principes que ceux mêmes de la foule pour être déjà capable de réfuter la prétendue *défaite de la science.* Dans ce cas, dit-il, employant une comparaison qui devait être souvent reproduite, « nous ressemblons tous à un
» homme qui, sachant bien peser, met d'un côté les
» choses agréables, de l'autre les choses désagréa-
» bles, et celles qui sont proches et celles qui sont

» éloignées, les pèse dans sa balance et décide de quel
» côté est l'avantage... Puisque cela est ainsi, répondez
» encore. Les mêmes objets ne nous paraissent-ils pas
» plus grands, étant vus de près, et plus petits, étant
» vus de loin ? N'en est-il pas de même pour la gros-
» seur et pour le nombre ? Et les sons égaux, entendus
» de près, ne sont-ils pas plus forts, et plus fai-
» bles si on les entend de loin ? » — C'est donc par
une illusion d'optique qu'on préfère le plaisir pro-
chain au plaisir futur, même quand celui-ci serait
plus grand. On ne possède pas l'art de mesurer, la
science de la mesure. De sorte qu'en dernière analyse,
c'est un défaut de science et une erreur de l'esprit
qui est la cause de cette prétendue impuissance de
la science. La science n'est donc vaincue que par le
manque de science (1) ; telle est la conclusion à laquelle on arrive nécessairement, alors même qu'on
se contente de cette définition vulgaire du bien : la plus
grande somme possible de plaisir. Et on y arriverait
encore mieux s'il s'agissait du bien véritable. « Lors-
» que nous sommes tombés d'accord, Protagoras et
» moi, que rien n'était plus fort que la science, et
» que partout où elle se trouvait, elle triomphait du
» plaisir et de toutes les autres passions, vous, au
» contraire, vous prétendiez que le plaisir est sou-
» vent vainqueur de l'homme même qui a la science
» en partage, et nous n'avons pas voulu vous ac-
» corder ce point ; vous nous avez demandé après
» cela : Protagoras et Socrate, si se laisser vaincre
» par le plaisir n'est pas ce que nous disons,
» qu'est-ce que c'est ? et apprenez-nous en quoi
» vous le faites consister. *Si vous vous avions alors*

---

(1) *Protag.*, ibid., 348.

» *répondu tout aussitôt que c'est dans l'ignorance*
» (ὅτι ἀμαθία), *vous vous seriez moqués de nous ; à*
» *présent vous ne pouvez le faire sans vous moquer*
» *de vous-mêmes.* » (Phrase qui prouve que la doctrine du bien identique au *plaisir* était une simple concession provisoire, pour réfuter le vulgaire par lui-même.) « Car vous avez reconnu que ceux qui
» pèchent dans le choix des plaisirs et des peines,
» c'est-à-dire des biens et des maux, pèchent par dé-
» faut de science, et non de science simplement, mais
» de cette espèce particulière de science qui apprend
» à mesurer les choses. Or, vous savez que toute ac-
» tion où l'on pèche par défaut de science a l'igno-
» rance pour principe. Ainsi, se laisser vaincre par
» le plaisir est la plus grande de toutes les ignoran-
» ces. »,

« Il n'est personne, conclut Socrate, qui, *sachant*
» ou *opinant* (οὔτε εἰδὼς οὔτε οἰόμενος) qu'il y a quelque
» chose de mieux à faire que ce qu'il fait, et que cela
» est en son pouvoir (βελτίω, καὶ δυνατά), fasse ce-
» pendant ce qui est moins bon, quand le meilleur
» dépend de lui (ποιεῖ ταῦτα, ἐξὸν τὰ βελτίω); et être
» inférieur à soi-même n'est autre chose qu'igno-
» rance, comme c'est sagesse d'y être supérieur (οὐδὲ
» τὸ ἥττω εἶναι αὐτὸν, ἄλλο τι ἢ ἀμαθία, οὐδὲ κρείττω ἑαυτοῦ
» ἄλλο τι ἢ σοφία). » Dans cette phrase est pour Platon la solution du problème, qu'il cache à dessein dans un dialogue tout réfutatif. Socrate conclut que celui qui a la *science* ou même l'*opinion* du bien, fera le bien ; οὔτε εἰδὼς, οὔτε οἰόμενος. C'est bien là en effet la doctrine de Socrate, que Platon reproduit ici exactement; mais dans cette distinction qu'il fait en passant est renfermé à ses yeux le mot de l'énigme.

« Mais quoi? ajoute Socrate, qu'est-ce qu'être igno-

» rant, selon vous? N'est-ce point avoir une *opinion*
» fausse (ψευδῆ δόξαν), et se tromper sur les objets de
» grande importance? — Sans doute. — N'est-il pas
» vrai que personne ne se *porte volontairement* au
» mal (ἕκων ἔρχεται) ni à ce qu'il *croit* être mal (οὐδὲ
» ἐπὶ ἃ οἴεται κακὰ εἶναι); qu'il ne paraît pas être dans
» la nature de l'homme de se *résoudre* à aller vers
» ce qu'il *croit* mauvais (ἐπὶ ἃ οἴεται κακὰ εἶναι ἐθέλειν
» ἰέναι) de préférence aux choses bonnes; et que,
» quand on est forcé entre deux maux d'en *prendre*
» *un* (αἱρεῖσθαι), personne ne prendra le plus grand,
» lorsqu'on peut prendre le moindre (ἐξὸν τὸ ἔλατ-
» τον) (1)?... Jamais personne ne se portera vers ce
» qu'il regarde comme un mal, ni ne le choisira vo-
» lontairement (λαμβάνειν ἕκοντα)... Lorsque les lâches
» refusent d'aller à ce qui est le plus beau, meilleur
» et plus agréable, le connaissent-ils pour tel?... Lors-
» qu'ils sont hardis en des choses honteuses et mau-
» vaises, est-ce par un autre principe que par le dé-
» faut de connaissance et l'ignorance?—Non...—La
» lâcheté est donc l'ignorance des objets qui sont à
» craindre et de ceux qui ne le sont pas (2). » Nous retrouvons là non pas seulement, comme on l'a prétendu, la tendance générale au bien, mais le choix déterminé au meilleur avec certitude, sinon avec nécessité, et l'omnipotence de la science victorieuse de tout le reste.

Dans le *Sophiste*, où Socrate est simple spectateur,

---

(1) M. Lévêque, qui s'efforce de trouver la doctrine du libre arbitre dans Platon, cite seulement cette phrase dont il nous semble trop diminuer l'importance. Rapprochée de tout ce qui précède, elle n'exprime plus seulement la tendance générale au bien, mais la *certitude* du *choix du meilleur*, ce qui est bien différent. (*Mém. de l'Ac.*, t. 76e, p. 6.)

(2) *Prot.*, ib.

la confusion de la méchanceté et de l'ignorance n'est plus aussi complète. Tout en les rapprochant, l'éléate les distingue, quoiqu'il les rapporte évidemment à des causes analogues et involontaires. Cet étranger d'Élée représente Platon lui-même.

« Il y a dans l'âme deux sortes de vices. L'un est
» pour l'âme ce qu'est pour le corps la maladie, l'autre
» ce qu'est la laideur. Maladie et désordre du corps,
» (στάσιν), n'est-ce pas la même chose pour toi? Le
» désordre est-il autre chose que la désunion (διαφόραν),
» provenue par suite de quelque altération (διαφθορᾶς),
» entre des choses que la nature a faites alliées et de
» la même famille? — Nullement. — Et la laideur est-
» elle autre chose que le défaut d'harmonie (ἀμετρίαν)
» qui est désagréable partout où il se trouve? — Pas
» autre chose. — Eh bien, dis-moi, ne remarquons-
» nous pas dans l'âme des méchants une désunion
» entre les *opinions* et les *désirs* (δόξαι, ἐπιθυμίαι), entre
» le courage et les plaisirs (θυμὸς, ἡδοναί), entre la rai-
» son et les chagrins (λόγον λυπαῖς), un conflit véritable
» entre tout cela? » — On remarquera l'opposition établie entre les opinions et les désirs; Platon ne dit pas la science et les désirs, car il n'admettrait pas qu'on pût avoir la *science* d'un bien, sans en avoir le *désir* ou le *vouloir;* mais il admet que les désirs peuvent contredire les *opinions.* Je conjecture, j'opine qu'une chose est bonne, et cependant je ne la désire ni ne la veux : c'est ce désordre qui constitue la méchanceté. L'opposition du courage et des plaisirs, de la raison et des peines (peut-être vaudrait-il mieux lire avec Heindorf: de la raison et des plaisirs, du courage et des peines) n'est que la conséquence de l'opposition première entre l'opinion et le désir. Quant au terme λόγος, il ne désigne pas la science (ἐπιστήμη), mais seulement

la raison, la faculté logique. Le désir étant dirigé par une fausse *opinion*, il en résulte qu'on se réjouit ou qu'on souffre contre la raison. Ce qui est incontestable, c'est que Platon admet ici la possibilité d'un désaccord entre l'inclination et l'opinion, tandis que Socrate eût rejeté cette possibilité : οὔτε εἰδὼς, οὔτε οἰόμενος, dit-il dans le *Protagoras*.

« Et cependant ces choses-là sont nécessairement
» faites pour être alliées. — Assurément. — En appe-
» lant donc la méchanceté discorde et maladie de
» l'âme (στάσιν καὶ νόσον), nous parlerons avec justesse?
» — Oui. » — Pour Socrate, il n'y a jamais discorde réelle; on désire et on agit toujours conformément à ce qu'on croit. Il y a donc simplement ignorance ou science. Au contraire, Platon va distinguer la lutte intérieure des facultés de l'échec éprouvé par l'intelligence dans la poursuite du vrai.

« Maintenant, si une chose susceptible de mouve-
» ment et dirigée vers un but quelconque, et cher-
» chant à l'atteindre, passe à côté et le manque à
» chaque fois, est-ce par harmonie, ou n'est-ce pas
» plutôt par défaut d'harmonie et de proportion (ἀμε-
» τρίας) entre cette chose et le but, qu'il faudra dire
» que cela est arrivé? — Par défaut d'harmonie. — Or,
» nous savons que pour toute âme l'*ignorance est in-*
» *volontaire* (ψυχὴν ἄκουσαν πᾶσαν πᾶν ἀγνοοῦσαν). — Très-
» certainement. — Et l'ignorance, pour l'âme qui
» aspire à la vérité (ἐπ' ἀλήθειαν ὁρμωμένης), n'est pas
» autre chose qu'une aberration, qui fait que l'intel-
» ligence passe à côté de son but. — Nul doute. —
» Une âme déraisonnable (ἀνόητον) est donc une âme
» laide et mal proportionnée (αἰσχρὰν καὶ ἄμετρον). —
» Selon toute apparence. »

Dans la *méchanceté*, il y avait contradiction entre

les facultés diverses ; dans l'*ignorance*, il y a simplement disproportion entre les puissances de l'âme et leur but. L'âme *aspire* à la vérité ; le désir n'est donc pas ici opposé à l'intelligence. L'opposition ne se produit qu'entre l'ensemble des moyens d'une part, et leur fin de l'autre. C'est disproportion, impuissance, laideur ; chose imputable à la nature, nullement à la volonté (ἄκουσαν).

« Il est donc démontré qu'il y a dans l'âme *deux*
» sortes de maux : l'un, qui est *appelé par la foule*
» *méchanceté* (πονηρία), est évidemment la *maladie* de
» l'âme. — Oui. — L'autre est ce qu'on appelle igno-
» rance ; mais on ne veut pas convenir que, quand
» ce mal se trouve dans l'âme, à lui seul il est déjà un
» vice (κακία). — Il faut pourtant bien accorder, ce
» dont je doutais quand tu l'as dit tout à l'heure,
» qu'il existe dans l'âme deux sortes de vices, et qu'on
» doit considérer comme *maladie* en nous toute lâ-
» cheté, tout excès, toute injustice ; et comme *laideur*,
» l'ignorance à laquelle notre âme est sujette de tant
» de manières. »

Certes, l'injustice est encore conçue dans ce passage d'une façon contraire à l'opinion générale : elle est réduite à une *maladie*, à une discorde survenue par suite de quelque altération (ἐκ διαφθορᾶς, διαφοράν), et comme personne ne *veut* être malade, l'injustice est *involontaire*. Malgré cela, l'injustice admet une certaine opposition du *choix* et de l'*intelligence*, tandis que l'ignorance ne l'admet pas. La confusion n'est plus aussi absolue que dans Socrate lui-même. Aussi l'art de guérir l'injustice n'est plus entièrement confondu avec l'art de guérir l'ignorance.

« N'existe-t-il pas pour le corps deux arts qui s'ap-
» pliquent à ces deux sortes de maux ? — Lesquels ? —

» Pour la laideur la gymnastique, et pour les mala-
» dies la médecine. — Il est vrai. — Eh bien ! pour
» l'intempérance, l'injustice et la lâcheté, la *justice*
» *qui punit* (ἡ κολαστική) est, de tous les arts, le plus
» convenable. — A ce qu'il semble du moins, sauf
» erreur humaine. — Et est-il un art plus propre à
» la guérison de toute sorte d'ignorance, que l'art de
» l'enseignement (διδασκαλική)? — Non, aucun (1). »

Déjà se montre ici, au sein même de l'*involontaire*, une distinction possible entre ce qui est imputable dans un certain sens à l'individu, et ce qui ne lui est sous aucun rapport imputable. Distinction sur laquelle reposera, dans les *Lois,* cette théorie de la pénalité qui a tant tourmenté les interprètes. *Injustice* et *ignorance* sont, dans le fond, involontaires. Mais dans l'ignorance, le mal est extérieur pour ainsi dire à l'individu, puisqu'il est simplement l'impuissance des moyens tendant à leur fin sans l'atteindre. La fin est hors de l'âme, et le rapport des facultés à cette fin est extrinsèque. On ne peut donc pas ici porter une correction violente dans le sein même de l'individu ; ce qui ne servirait absolument à rien et n'augmenterait pas la puissance naturelle de l'âme. On guérit un boiteux et un difforme par la gymnastique, non par des corrections. L'injustice, au contraire, est un trouble accidentel, tout intérieur, qui résulte d'un renversement d'ordre dans les rapports mutuels des facultés et dans leur hiérarchie. Cette maladie morale est toujours involontaire, mais la cause n'en est pas moins intrinsèque. Comment donc la guérir ? en agissant par la correction et la douleur sur ces facultés mêmes qui entrent en lutte. Le *désir* contrarie l'*opinion,* parce que le plaisir

---

(1) *Soph.,* p. 228.

le séduit; le correcteur vous fait éprouver de la peine pour rétablir l'équilibre ; dès lors, la crainte de la peine compense l'amour du plaisir, et l'ordre reparaît. Votre *courage* se laissait vaincre par la *volupté*; on le relève en plaçant la douleur du côté où il se laissait entraîner et abattre. C'est comme une révulsion médicale. On vous traite par le fer et le feu, et on ne recule pas devant les moyens violents pour remédier à la violence intime de la maladie. Le mal artificiel guérit le mal qui s'était produit spontanément. C'est la théorie que Socrate lui-même expose dans le *Gorgias*, et qu'on retrouve dans la *République* et les *Lois*. Cette différence d'imputabilité entre l'ignorance et l'injustice ne les empêche pas, encore une fois, d'être toutes les deux involontaires; seulement les causes sont tantôt intérieures, tantôt extérieures.

Aussi la maladie de l'âme est-elle formellement déclarée *involontaire* dans le *Timée*. Quoique distincte de l'ignorance, elle n'en a pas moins l'ignorance pour *cause prochaine et externe*. De là la part de la société, de la famille, et enfin du *corps* dans les fautes de l'âme. « Les maladies de l'âme naissent de l'état
» du corps ainsi qu'il suit (διὰ σώματος ἕξιν). Il faut
» convenir que le mal de l'âme » (νόσον est pris ici
» en un sens plus large que dans le *Sophiste*), « c'est
» le manque d'intelligence, et qu'il y a deux espèces
» de manque d'intelligence, savoir la folie et l'igno-
» rance (μανίαν, καὶ ἀμαθίαν). » — La folie est un désordre accidentel, correspondant à la maladie proprement dite du *Sophiste;* l'ignorance est une laideur naturelle. « Par conséquent, toute affection qui
» contient l'un ou l'autre de ces maux doit être ap-
» pelée maladie » (toujours au sens large du terme).

« Ainsi il faut dire que les peines et les plaisirs exces-
» sifs sont les plus grandes maladies de l'âme. En
» effet, l'homme qui est trop joyeux ou qui est au
» contraire accablé de peines, s'empressant de
» prendre intempestivement tel objet (σπεύδων ἑλεῖν)
» ou de fuir tel autre, ne peut ni voir ni entendre ce
» qui est *droit* (ὀρθόν); mais c'est un furieux qui
» alors n'est guère en état de participer à la raison
» (λογισμοῦ μετείχειν). » Remarquons ce σπεύδων ἑλεῖν;
on choisit avant d'avoir sérieusement réfléchi et, d'après
une opinion vague, *choix* qui n'a rien de libre aux
yeux de Platon. « Celui dans la moelle duquel s'en-
» gendre un sperme abondant et impétueux... est
» comme un furieux pendant la plus grande partie
» de sa vie, à cause de ces peines et de ces plaisirs ex-
» cessifs, et ayant une âme malade et insensée par la
» faute du corps (νοσοῦσαν καὶ ἄφρονα ὑπὸ τοῦ σώματος), il
» est considéré mal à propos (κακῶς) comme un homme
» volontairement mauvais (κακὸς ἑκών). En réalité, le
» déréglement dans ces plaisirs est une maladie
» de l'âme, produite en grande partie par un cer-
» tain genre de fluide qui, à cause de la porosité
» des os, se répand abondamment dans le corps et
» l'humecte. De même *à peu près* (σχεδόν) tout ce
» qu'on nomme intempérance dans les plaisirs, et
» qu'on reproche comme des maux volontaires (ὡς
» ἑκόντων τῶν κακῶν), n'est pas un objet de justes repro-
» ches (οὐκ ὀρθῶς ὀνειδίζεται). En effet, personne n'est
» mauvais volontairement (κακὸς μὲν γὰρ ἑκὼν οὐδείς);
» mais c'est par quelque vice dans la constitution du
» corps, par une mauvaise éducation, que l'homme
» mauvais est devenu ce qu'il est. Or c'est là un mal-
» heur qui peut arriver à tout homme, malgré qu'on
» en ait (καὶ ἄκοντι). Les douleurs aussi peuvent pro-

» duire dans l'âme, par l'intermédiaire du corps, une
» grande méchanceté... Les humeurs... produisent
» dans l'âme toutes sortes de maladies,... une variété
» infinie de tristesses sombres et de chagrins, comme
» aussi d'audace et de lâcheté, de manque de mémoire
» et de difficulté à apprendre. Lorsque, en outre, les
» hommes d'un tempérament vicieux forment de
» mauvaises institutions politiques, que de mauvais
» propos sont tenus dans les villes en particulier, et
» qu'enfin on n'enseigne point dès l'enfance une doc-
» trine capable de remédier à tout cela, c'est ainsi que
» tous les hommes deviennent ce qu'ils sont par deux
» causes bien indépendantes de leur volonté (διὰ δύο
» ἀκουσιώτατα). Il faut toujours s'en prendre plus aux
» parents qu'aux enfants, plus aux instituteurs qu'aux
» élèves. Mais cependant chacun doit tendre ardem-
» ment (προθυμητέον), *autant qu'il le peut* (ὅπῃ τις δύ-
» ναται), au moyen de l'éducation, des mœurs et des
» études, à fuir la méchanceté et à choisir le contraire
» (ἑλεῖν); mais ceci appartient à un autre sujet (1). »
— On voit que Platon admet la possibilité d'une réaction au moyen de l'étude et de l'exercice, réaction qui sera proportionnée encore au degré de développement intellectuel. La puissance et la liberté croîtront avec l'intelligence, comme elles diminuent avec elle.

La théorie de la pénalité, dans les *Lois*, a semblé en contradiction avec toutes ces doctrines socratiques. Aussi répète-t-on chaque jour : — Platon a dû admettre le libre arbitre, tel que nous l'entendons, puisqu'il punit le crime avec sévérité. — Ce raisonnement, qui devrait être valable même pour les fatalistes les plus déclarés, comme Spinoza, est sans la moindre va-

(1) *Tim.*, p. 86.

leur ; et Platon n'eût pas admis que la négation même du libre arbitre supprime toute pénalité. Dans cette hypothèse, les actes de méchanceté, considérés en eux-mêmes et absolument, changent sans doute d'aspect ; mais leurs rapports extrinsèques, moraux ou sociaux, ne changent nullement. Supposez deux hommes qui voient les mêmes objets, dans le même ordre relatif ; seulement l'un voit tout d'une certaine couleur, l'autre d'une couleur différente ; tous les rapports demeurant les mêmes, ces deux hommes s'entendront parfaitement dans la pratique. Platon et Aristote châtient également l'injustice ; seulement, Platon éprouve de la pitié et une sorte d'horreur esthétique, comme à la vue d'un monstre ou d'un fou ; Aristote éprouve de l'indignation contre l'individu, et une horreur à proprement parler *morale ;* malgré cela, ils agissent de même et sont aussi logiques l'un que l'autre, quoi qu'on en dise. En effet, les animaux ne sont pas libres, et cependant l'homme les châtie. Si même ils sont dangereux et incorrigibles, nous les condamnons à mourir. L'homme vicieux est celui dans lequel les penchants de l'animal l'ont emporté sur la raison. Pour le ramener au bien, il faut d'abord, suivant Platon, essayer de l'éclairer. Si ses yeux sont fermés à la lumière, il faut le châtier ; car la douleur est propre soit à réveiller la raison endormie, soit à la remplacer par une crainte salutaire. En châtiant la *bête*, on rend à l'âme sa liberté. Enfin, si la persuasion et la peur sont également impuissantes sur l'âme corrompue, il faut renoncer à la guérir : dans ce cas, on se délivre de l'homme vicieux comme d'une bête sauvage ; on le frappe avec un sentiment d'horreur mêlé de regret et de pitié. Loin de rendre les lois inutiles, la négation du libre arbitre, fût-elle absolue, les rend plus nécessaires et plus infaillibles que jamais ; car, dans l'hypothèse même de Platon, si vous éclairez l'intelligence ou faites impression sur le cœur, vous agirez sur la conduite; or, la loi est propre à éclairer l'intelligence et à émouvoir le cœur : c'est une lumière et une force, qu'une bonne éducation rendra irrésistibles.

Mais il n'y a plus ni bien ni mal, dit-on. — Si fait, répondrait Platon, il y a encore le bien en soi et le mal en soi, l'ordre et le désordre dans les choses; de plus, il y a le bien en nous et le mal en nous, l'ordre ou le désordre dans nos facultés; enfin, cet ordre ou ce désordre peut être naturel, comme l'ignorance, ou accidentel, comme la maladie de l'injustice. C'est toujours un mal intime, spontané même, si vous voulez, mais non volontaire. — Alors je ne suis pas responsable. — Entendons-nous; c'est toujours à vous qu'on s'en prendra, puisque le mal est en vous et dans l'intimité de votre âme. Quand vous êtes malade, n'est-ce pas à vous qu'on administre des remèdes souvent très-douloureux? Et si votre maladie est dangereuse pour les autres, le législateur va-t-il la laisser suivre son cours, surtout quand il y a des remèdes? Vous voyez bien qu'il y a toujours en ce sens imputabilité à l'individu. En vous punissant, d'ailleurs, mon but n'est pas de vous punir, mais de vous guérir, ou du moins de vous mettre dans l'impossibilité de nuire aux autres. Je rétablis l'ordre dans votre intelligence, dans toutes vos facultés, en vous faisant comprendre votre erreur et la laideur de vos vices; qu'avez-vous à dire? Que vous méritez l'indulgence et la pitié? Je vous l'accorde; mais, malgré cette pitié et à cause d'elle, je m'efforce de vous guérir par la souffrance; sans compter que ma pitié à l'égard de vos semblables m'entraîne également à vous châtier, si aucun autre moyen ne réussit sur vous.

De cette doctrine résulte le caractère de pitié et de sévérité tout ensemble que présente la pénalité de Platon. Celui-ci ne punit du reste pas pour punir : il eût volontiers accordé à Protagoras que *ce qui est fait est fait* et qu'on châtie pour prévenir un désordre semblable à l'avenir dans l'individu ou dans la société. Dans les *Lois* mêmes, son dernier ouvrage, il commence par poser en principe, à plusieurs reprises, que l'*injustice est involontaire;* et il entend par là que, si on connaissait d'une science certaine (ἐπιστήμη), le mal qu'on accomplit, on ne *voudrait* pas l'accomplir et on ne l'accomplirait pas. En ce sens, tout mal est involontaire; mais Platon n'attache plus ici, comme dans les dialogues socratiques, une force irrésistible à la simple *opinion* du bien, et sa dernière conclusion est précisément la théorie que lui attribue Aristote.

Cette théorie se montre dès le IIIe livre, dans un passage dont les apparentes contradictions ont jeté les interprètes dans l'étonnement. Sans le secours d'Aristote, en effet, la chose serait inexplicable.

« Ce qu'il faut demander, ce n'est pas que toutes
» choses arrivent conformément à notre volonté
» (βουλήσει), sans que notre volonté soit elle-même con-
» forme à notre prudence (φρονήσει)... L'objet de nos
» vœux et de nos efforts doit être la sagesse (ὅπως νοῦν
» ἕξει)... La première vertu, directrice (ἡγεμόνα) de la
» vertu tout entière, c'est la prudence, et l'intelligence,
» et l'opinion accompagnée d'un amour et d'un désir
» conforme (φρόνησις, καὶ νοῦς, καὶ δόξα μετ' ἔρωτός τε καὶ
» ἐπιθυμίας ἑπομένης)... Il est dangereux de faire des vœux
» quand on ne possède pas l'intelligence (νοῦν), car il
» arrive alors le contraire de nos volontés (βουλήσεσιν)...

» Le législateur doit s'efforcer d'inspirer, autant qu'il
» est possible, aux cités la prudence (φρόνησιν), et de
» faire disparaître le plus possible l'absence d'intelli-
» gence (ἄνοια)... Or voici l'IGNORANCE *qu'on pourrait
» appeler justement la plus grande : c'est lorsque, tout
» en ayant l'*OPINION *qu'une chose est bonne et belle, au
» lieu de l'aimer, on l'a en aversion; et qu'au contraire
» on aime et on embrasse ce qui est mauvais et injuste
» dans notre opinion* (δόξαν καλὸν ἢ ἀγαθὸν εἶναι μὴ φιλῇ
» τοῦτο, ἀλλὰ μίσῃ, τὸ δὲ πονηρὸν καὶ ἄδικον δοκοῦν εἶναι
» φίλῃ τε καὶ ἀσπάζηται) (1). » On a vu là une double
contradiction. D'abord une contradiction avec tous
les autres dialogues, où Socrate répète qu'on fait toujours ce qu'on juge le meilleur; puis, une contradiction dans les termes mêmes de ce passage : c'est,
d'après Platon, de l'ignorance, et la plus grande de
toutes, que de juger qu'une chose est bonne et de ne
pas la faire! « Est-ce donc ignorance, demande-t-on,
que de connaître qu'une chose est mauvaise et la choisir; qu'une chose est bonne et s'en détourner (2) ? »
Ces deux contradictions disparaissent quand on admet avec Aristote que la théorie de Socrate, exposée
par Platon dans les dialogues socratiques, n'est pas
absolument celle de Platon lui-même, et que ce dernier reconnaît une opposition possible entre la volonté et l'*opinion*. Cette opposition constitue encore
pour lui un état d'*ignorance* (ἀμαθία) : car, dans ce cas,
la *science* du bien, et surtout du bien complet qui
embrasse le nôtre, est toujours absente; l'illusion
profonde qui sépare notre bien du bien en soi subsiste au contraire et mérite d'être appelée la *pire*

---

(1) *Leg.*, III, 689, a, sqq.
(2) Ch. Lévêque: *La cause et la liberté chez les phil. grecs*; *Mém. de l'Acad. des Sciences morales*, *ibid.*

des ignorances. La suite du passage confirme notre interprétation : « Ce désaccord (διαφωνία) de la dou-
» leur et du plaisir avec *l'opinion conforme à la rai-*
» *son*, je dis que c'est la dernière ignorance et la
» plus grande (διαφωνίαν λύπης τε καὶ ἡδονῆς πρὸς τὴν κατὰ
» λόγον δόξαν, ἀμαθίαν φημὶ εἶναι ἐσχάτην καὶ μεγίστην). »
— On sait que pour Platon il y a une distinction profonde entre *l'opinion droite* et la science. Il y a même une distinction entre *la* science et *les* sciences. On peut posséder une science particulière, comme celle des nombres, et ne pas posséder *la* science, dans toute la simplicité de ce terme. *La* science, c'est la connaissance du *bien* en toutes choses ; seule, la science du bien peut être appelée simplement *la science* (1). Or, tant qu'on ne la possède pas, fût-on d'ailleurs en possession de plusieurs autres sciences, le désaccord pourra subsister dans l'âme. Par exemple, le mathématicien pourra mentir au sujet des nombres, parce qu'il n'aura pas la science du bien (2). C'est ce qui explique la phrase suivante, où la théorie de Platon est résumée tout entière. « Lors donc que l'âme s'oppose
» *aux sciences* ou aux *opinions* ou à la *raison*, qui de
» leur nature sont faites pour commander, j'appelle cet
» état absence d'intelligence, folie (ὅταν οὖν ἐπιστήμαις, ἢ
» δόξαις, ἢ λόγῳ ἐναντιοῦται, τοῖς φύσει ἀρχικοῖς, ἡ ψυχή,
» τοῦτο ἄνοιαν προσαγορεύω)... Lorsque les belles notions,
» se trouvant dans l'âme, ne produisent rien de plus,
» mais produisent tout le contraire d'elles-mêmes, je
» regarde toutes ces ignorances comme les plus dis-
» cordantes... (καλοὶ ἐν ψυχῇ λόγοι ἐνόντες μηδὲν ποιοῦσι
» πλέον, ἀλλὰ δὴ τούτοις πᾶν τοὐναντίον) (3). » On voit com-

---

(1) *Euthyd.*, 388, d., 290 b ; Rep. VI, 505 a ; *Parm.*, 134, c.
(2) Voir notre travail sur l'*Hippias Minor*.
(3) *Leg.*, III, *ibid.*

bien Platon se rapproche, à la fin, de l'opinion commune, abandonnant à Socrate le principe exclusif du *Protagoras* et du *Ménon*.

Mais, tout en se rapprochant des idées communes, Platon n'abandonne pas dans les *Lois* la thèse de Socrate sur le caractère *involontaire* de l'injustice. Cette opposition du désir avec l'*opinion* ou même avec les *sciences*, qui est pour lui l'injustice même, est toujours une ignorance du *bien* et une ignorance *involontaire*. C'est-à-dire que la volonté ne cesse pas de vouloir essentiellement le bien, tout en choisissant ce qu'elle *opine* être mauvais, ou même ce qu'elle *sait* faux, laid, mauvais, au point de vue restreint d'une science particulière. « Il faut, dit Platon en parlant
» de la pénalité, que tout homme soit et *énergique*
» et *doux*, autant qu'il est possible. Car les injustices
» d'autrui, quand elles sont graves, difficiles à guérir
» ou même impossibles, il n'y a d'autre moyen d'y
» échapper que de combattre, de se défendre par la
» victoire et de ne rien laisser sans châtiment (κολά-
» ζοντα); et c'est chose qu'aucune âme ne peut faire sans
» une énergie généreuse (θυμοῦ γενναίου). Quant à ceux
» qui commettent des injustices, mais remédiables (ἰατὰ
» δὲ), il faut savoir d'abord que tout homme injuste
» est injuste sans le vouloir (πᾶς ὁ ἄδικος οὐχ ἑκὼν ἄδικός).
» Car jamais personne ne pourrait volontairement se
» procurer les plus grands des maux, et encore bien
» moins les contracter dans ce qu'il a en lui-même de
» plus précieux; or l'âme, nous l'avons dit, est véritablement ce qu'il y a de plus précieux; donc, dans
» cette précieuse partie de nous-mêmes, personne volontairement ne recevrait le plus grand mal et ne
» passerait sa vie en le conservant (τὸ μέγιστον κακὸν
» οὐδεὶς ἑκὼν μή ποτε λάβῃ καὶ ζῇ διὰ βίου κεκτημένος αὐτό).

» Mais il est tout à fait digne de pitié (ἐλεεινὸς πάντως),
» l'homme injuste et en possession des maux ; il con-
» vient donc d'avoir pitié de celui qui contracte un
» mal guérissable et d'adoucir son cœur. Mais contre
» l'homme invinciblement et obstinément méchant,
» il faut laisser se déchaîner la colère... A vrai dire,
» la cause de toutes les fautes pour tous les hommes
» est l'amour immodéré de soi-même : car celui
» qui aime s'aveugle sur l'objet de son amour, de
» manière à mal discerner le juste, le beau et le bon,
» croyant toujours qu'il faut respecter son propre
» bien (τιμᾶν τὸ αὑτοῦ) au lieu du bien véritable (1). »
C'est-à-dire que, si on savait de science certaine tout
ce qu'il y a de mauvais et de pernicieux dans l'injustice, on ne serait pas injuste.

Voici maintenant le célèbre passage du IXe livre
où, après avoir déclaré toute injustice involontaire,
Platon se trouve en présence d'une distinction admise
par tous les législateurs, qui reconnaissent des injustices involontaires et des injustices volontaires : on
va voir la doctrine de Socrate aux prises avec la jurisprudence, se maintenant dans ses principes absolus, mais se palliant elle-même par la distinction de
la *science* et de l'*opinion*.

« Tous les méchants sans exception sont tels invo-
» lontairement dans tout le mal qu'ils font : Οἱ κακοὶ
» πάντες εἰς πάντα εἰσὶν ἄκοντες κακοί. » Jamais Platon n'a été
plus énergique. « Ce principe posé, voici la consé-
» quence qui en résulte nécessairement. — Quelle
» conséquence? — L'homme injuste est méchant, et
» le méchant est tel involontairement ; or, l'involon-
» taire et le volontaire répugnent ; donc, après avoir

(1) *Lois*, V, 731.

» posé que l'injustice est involontaire, il faut bien re-
» connaître que celui qui viole la justice la viole invo-
» lontairement; quoique quelques-uns, par esprit de
» dispute ou pour se distinguer, prétendent qu'à la vé-
» rité les hommes sont involontairement injustes, mais
» qu'ils violent volontairement la justice (ἄκοντας μὲν
» ἀδίκους εἶναι, ἀδικεῖν δὲ ἑκόντας πολλούς). Telle est leur
» pensée; mais ce n'est pas la mienne (1). » Cette phrase
ne nous semble pas avoir été comprise par M. Cousin.
Platon admet parfaitement, comme on le verra, que
si je tue un homme après délibération, je le tue volontairement; mais je ne le tue pas pour être injuste, ni
avec la parfaite conscience d'être injuste; donc je suis
involontairement injuste: οὐχ ἑκὼν ἄδικός εἰμι. Certains
esprits subtils accordaient ce principe, mais ils prétendaient qu'on peut dire dans ce cas : ἑκὼν ἀδικέω,
le verbe indiquant l'action qui est volontaire et en
même temps injuste. Non, répond Platon, ce n'est
pas en tant qu'injuste que je commets volontairement l'acte; je le commets volontairement en tant
que meurtre, mais non en tant qu'injuste; πράττω
ἑκών, οὐχ ἑκὼν ἀδικέω, οὐδ' ἑκὼν ἄδικός εἰμι. « Comment
» donc, continue Platon, m'accorder avec moi-même,
» si toi, Clinias, et toi, Mégille, vous venez m'interro-
» ger ainsi : Etranger, si les choses sont ainsi, que nous
» conseilles-tu de faire par rapport à la république des
» Magnètes? Lui donnerons-nous des lois ou non? —
» Sans doute, répondrai-je. —Mais, répondrez-vous,
» distingueras-tu les injustices en volontaires et invo-
» lontaires (ἀκουσία καὶ ἑκούσια), et établirons-nous de
» plus grandes peines pour les fautes et les injustices
» volontaires, et de moindres pour les autres? ou éta-

(1) *Lois*, IX, 861.

» blirons-nous pour toutes des punitions égales, en sup-
» posant qu'il n'y a point absolument de fautes volon-
» taires?.. Rappelons-nous avec combien de vérité nous
» disions tout à l'heure que nos idées touchant la jus-
» tice sont pleines de confusion et de contradiction; et,
» cela posé, demandons-nous de nouveau si, sans avoir
» cherché aucune solution à ces difficultés, sans avoir
» expliqué en quoi consiste la différence entre les fau-
» tes, différence que tout ce qu'il y a jamais eu de légis-
» lateurs dans les divers États ont fait consister en ce
» qu'elles sont de deux espèces, les unes volontaires,
» les autres involontaires, et qu'ils ont suivie dans leurs
» lois; le discours que nous venons de tenir passera sans
» autre explication, comme s'il était sorti de la bouche
» d'un dieu; et si, sans avoir prouvé par aucune raison
» la vérité de nos paroles, nous porterons des lois con-
» traires en quelque sorte à celles des autres législa-
» teurs? Cela ne se peut pas, et, avant de passer aux
» lois, il est nécessaire d'expliquer comment les délits
» sont de deux espèces, et quelles sont leurs autres dif-
» férences. En effet, de deux choses l'une : ou il ne faut
» pas dire que toute injustice est involontaire, ou il
» nous faut commencer par prouver que nous avons
» raison de le dire. De ces deux partis, je ne puis en au-
» cune manière prendre le premier, c'est-à-dire me ré-
» soudre à ne pas dire ce que je crois vrai; silence qui
» ne serait ni légitime ni permis. Il me faut donc essayer
» d'expliquer comment les fautes sont de deux sortes;
» et, si ce n'est point sur ce que les unes sont volontai-
» res et les autres involontaires, sur quel autre fonde-
» ment alors repose leur distinction (1)...C'est ce que je
» vais faire. Les citoyens, dans leur commerce et leurs

(1) Nous corrigeons la traduction de M. Cousin, qui contient un contre-sens.

» rapports mutuels, se causent sans doute souvent des
» dommages les uns aux autres (βλαβαὶ γίγνονται); et
» dans ces rencontres, le volontaire et l'involontaire se
» présentent à chaque instant. » — En effet, que je vous
tue sans le vouloir, le dommage est involontaire ; si
je vous tue volontairement, c'est un dommage volontaire. La volonté porte sur l'action elle-même, et
non sur le caractère injuste ou juste de l'action. —
« Mais qu'on n'aille pas dire que toute espèce de dom-
» mage est une injustice, ni s'imaginer en consé-
» quence que, dans ces dommages, il y a deux sortes
» d'injustices, les unes volontaires, les autres involon-
» taires... Je suis bien éloigné de dire que, si quel-
» qu'un cause un dommage à autrui sans le vouloir
» et contre son gré, il viole la justice (ἀδικεῖν μὲν), mais
» la viole involontairement (ἀκόντα δὲ); et de ranger
» dans mes lois ce dommage parmi les *injustices* in-
» volontaires ; je dirai, au contraire, que ce dommage,
» grand ou petit, n'est nullement une injustice. »
C'est, en effet, le dommage causé volontairement qui
suppose un désordre de l'âme et une funeste erreur
morale. Dans le dommage involontaire, le désordre
est tout extrinsèque; dans le dommage volontaire, le
désordre est intérieur et suppose une maladie de
l'âme : l'injustice.

Mais cette injustice, pour Platon, demeure toujours
involontaire, en tant qu'injustice ou mal de l'âme.
Quand je tue un homme volontairement, ma volonté
consent au meurtre, mais non à l'injustice et au mal.
Je veux l'acte que j'accomplis, mais je ne veux pas
être injuste ; je commets donc un dommage volontaire
et un meurtre volontaire, mais non pas une injustice
volontaire. Car, encore une fois, ce n'est pas être injuste que je veux ; je veux seulement vous tuer, et cela

en vertu d'un désordre d'âme involontaire, d'une erreur, d'une maladie involontaire, d'une involontaire injustice. « Si mon opinion l'emporte, nous dirons » que souvent l'auteur d'un service rendu par de mau- » vaises voies est injuste. En effet, mes chers amis, si » quelqu'un donne ou prend quelque chose à un autre, » il ne faut pas appeler cet homme juste ou injuste » tout simplement (ἁπλῶς), mais il faut voir s'il rend » service ou s'il cause du dommage avec un état moral » et des moyens justes (ἤθει καὶ δικαίῳ τρόπῳ). » On traduit ordinairement ἤθει par : intention ; c'est un contresens qui semble indiquer l'*intention* d'être injuste, ce que Platon n'admet pas. Il faut d'après lui considérer, non pas l'acte extérieur, mais le *moral*, l'état de l'âme. Or, cet état moral mauvais qu'on nomme injustice n'est pas l'intention consciente du mal ; c'est une maladie involontaire, dans laquelle la volonté porte sur l'acte seul et non sur une fin qui serait le mal et l'injustice même. « Le législateur, continue » Platon, regardant ces injustices comme des mala- » dies de l'âme, appliquera des remèdes à celles qui » sont susceptibles de guérison ; et voici la fin qu'il » doit se proposer dans la guérison de la maladie de » l'injustice. — Quelle fin ? — Celle d'instruire par la » loi l'auteur de l'acte injuste [dont l'injustice est » toujours involontaire], et de le contraindre à ne » plus oser faire volontairement un tel acte. » C'est seulement l'acte en soi qui est volontaire, et non son caractère d'injustice (1). — « Mais le législateur n'a

---

(1) Ὅπως ὅτι τις ἀδικήσῃ μέγα ἢ σμικρόν, ὁ νόμος αὐτὸν διδάξει καὶ ἀναγκάσει τὸ παράπαν εἰσαῦθις τὸ τοιοῦτον ἢ μηδέποτε ἑκόντα τολμῆσαι ποιεῖν... Platon ne dit pas ἀδικῆσαι ἑκόντα. — M. Lévêque traduit, d'après M. Cousin : « dans la nécessité de ne pas commettre volontairement l'*injustice*. » Ne serait-ce pas prêter à Platon une contradiction grossière au moment même où il déclare l'injustice involontaire ? (*Séances de l'Ac.*, t. 77e, p. 23.)

» qu'une loi, qu'une peine à porter contre celui dont
» il voit le mal incurable. Comme il sait que ce n'est
» pas un bien pour de tels hommes de prolonger leur
» vie, et qu'en la perdant ils sont doublement utiles
» aux autres, devenant pour eux un exemple qui les
» détourne de mal faire et délivrant en même temps
» l'État de mauvais citoyens, il se trouve, par ces con-
» sidérations, dans la nécessité de châtier le *manque-*
» *ment* (ἀμαρτημά) par la mort. » Dans tout cela, l'*in-*
tention d'être injuste est absente; il n'y a qu'un trouble d'âme mauvais en soi, mauvais pour les autres,
mauvais même pour le malade, mais non mauvais *in-*
tentionnellement (au sens moderne). Platon continue
en expliquant ce qu'il entend par l'état de l'âme appelé injustice. Celle-ci résulte, suivant lui, de trois
causes : la colère, qui, « par une violence dépourvue
de raison, fait souvent de grands ravages; » le sentiment du plaisir, qui « séduit; » et enfin l'*ignorance.*
Ces trois causes correspondent aux trois facultés.
« Quant au *plaisir* et à la *colère*, nous disons tous, en
» parlant des hommes, que les uns les dominent et
» que les autres en sont dominés [cette domination
» vient de la présence de la raison et de la science];
» mais nous n'avons jamais entendu dire que les uns
» dominent l'*ignorance* et que les autres y succom-
» bent. » L'ignorance détruit donc la possibilité de
résister, la possession de soi-même. « Mais nous di-
» sons que ces choses, nous entraînant chacune vers
» l'objet de leur volonté (βούλησιν αὐτῶν), nous poussent
» souvent vers des choses contraires. — Très-souvent.
» — Je suis maintenant en état de t'expliquer claire-
» ment et sans embarras ce que j'entends par justice
» et injustice. J'appelle injustice la tyrannie qu'exer-
» cent dans l'âme la colère, la crainte, le plaisir, la

» douleur, l'envie et les autres passions (ἐπιθυμιῶν), soit
» qu'elles nuisent aux autres par leurs effets, ou non;
» mais *l'opinion du meilleur* (τὴν δὲ τοῦ ἀρίστου δόξαν),
» lorsque, dominant dans l'âme, elle *ordonne* l'homme
» tout entier (διακόσμη),... est la justice. » — Puis Platon énumère de nouveau les causes de l'injustice : 1° la colère, 2° le plaisir et les passions, 3° *la tendance contraire des espérances et de l'opinion vraie touchant le meilleur*, ἐλπίδων καὶ δόξης τῆς ἀληθοῦς περὶ τὸ ἄριστον ἔφεσις ἕτερον. C'est ce désaccord que Platon appelait plus haut la dernière ignorance, et qu'il considère toujours comme une maladie involontaire parce que, si nous connaissions de science certaine le bien que nous voulons, nous le ferions. C'est donc au moment où Platon touche le plus près au libre arbitre, qu'il nie l'intention volontairement injuste, le consentement à l'injustice comme fin de l'acte. Dans toutes les lois qui suivent, il parle de meurtres volontaires, de vols volontaires, de dommages volontaires, mais jamais d'*injustices volontaires*. Délibération, préméditation, conscience de ses actes, il admet tout cela, mais en le faisant porter sur les actes, non sur le but injuste. Le passage souvent invoqué sur les meurtres qui tiennent le milieu entre le volontaire et l'involontaire, n'a aucun rapport avec le caractère involontaire de l'injustice. Il demeure toujours entendu que l'injustice, en tant qu'injustice, est involontaire; il s'agit seulement de savoir si telle action, par exemple un meurtre, est ou n'est pas volontaire. Les lois punissent donc les dommages volontaires comme indiquant cet état involontaire et nuisible de l'âme qu'on nomme injustice. C'est là une mesure de sûreté qui rétablit l'ordre dans la société et dans l'âme même de l'individu, en le forçant à conformer ses

actes à l'*opinion du bien*. La *loi* supplée à l'absence de *science* et vient au secours de l'*opinion vraie*.

« Il est nécessaire aux hommes d'avoir des lois et
» de s'y assujettir; sans quoi, ils ne différeraient en
» rien des bêtes les plus farouches. La raison en est
» qu'aucun homme ne sort des mains de la nature
» capable de reconnaître ce qui est avantageux à ses
» semblables pour vivre en société, ou, ayant reconnu
» le meilleur (νοῦσα δὲ τὸ βέλτιστον), capable de pouvoir
» toujours ou de vouloir le faire (ἀεὶ δύνασθαί τε καὶ ἐθέλειν
» πράττειν). » Le mot γνοῦσα n'indique pas encore, malgré sa force, la vraie *science*, ἐπιστήμη, comme la suite va le prouver. « La nature mortelle portera toujours
» l'homme à avoir plus que les autres et à chercher
» son intérêt, parce qu'elle fuit la douleur et poursuit
» le plaisir sans raison ni règle. » Remarquons que Platon attribue ici les fautes à la distinction du bien personnel et du bien universel. « Cependant, si jamais
» un homme, par une destinée merveilleuse, naissait
» capable de remplir ces deux conditions, il n'aurait
» pas besoin de lois pour se conduire, parce *qu'au-*
» *cune loi, aucun arrangement, n'est plus fort que la*
» *science* (ἐπιστήμη οὔτε νόμος, μήτε τάξις οὐδεμία κρείττων);
» et il n'est point possible que l'intelligence (νοῦν) soit
» sujette et esclave de quoi que ce soit; mais elle com-
» mande à tout, pourvu qu'elle soit *vraie* et réelle-
» ment *libre*, comme le comporte sa nature : οὐδὲ θέμις
» ἐστὶ νοῦν οὐδένος ὑπήκοον οὐδὲ δοῦλον, ἀλλὰ πάντων ἄρχοντα
» εἶναι, ἐάνπερ ἀληθινὸς ἐλεύθερός τε ὄντως ᾖ κατὰ φύσιν (1).
» Mais maintenant elle n'est telle nulle part, sinon à
» un faible degré. A son défaut, il faut recourir à l'or-
» dre et à la loi, qui voit et distingue bien des choses,

---

(1) Nous corrigeons toujours la traduction très-inexacte de M. Cousin.

» mais qui ne saurait étendre sa vue sur toutes. » — Telle est, à nos yeux, l'expression suprême de la pensée de Platon.

Résumons les conclusions de cette étude.

1° Aristote a eu évidemment en vue les *Lois*, et surtout le passage précédent, dans la *Morale à Nicomaque* (ce qui prouve l'authenticité parfaite des *Lois*).

2° Les dialogues socratiques de Platon expriment souvent la vraie pensée de Socrate, mais non celle de Platon même.

3° Dans la question de la liberté, Platon considère la domination de la science sur l'âme comme un idéal, qui supposerait la science idéale du bien dans sa plénitude. La partie mortelle de l'âme (τὸ θνῆτον καὶ ἄλογον) empêche la réalisation de cet idéal en nous, et change la science en opinion.

4° Or, si la science du bien est invincible, l'opinion du bien ne l'est pas. On ne fait donc pas toujours, comme le croyait Socrate, ce qui est le meilleur dans notre *opinion*.

5° Mais on veut toujours le meilleur par l'inclination essentielle de la volonté.

6° L'acte injuste est volontaire en tant qu'*acte*, involontaire en tant qu'*injuste*. Nous consentons à l'acte, sans consentir à l'injustice. C'est une sorte de *direction d'intention*.

7° L'opposition de l'acte et de l'opinion a sa cause dans la lutte du *désir* ou de l'*énergie* contre la raison (λόγος), qui conserve un reste d'ignorance.

8° Nulle part, Platon ne parle d'un pouvoir indépendant tout à la fois de la raison, de la passion et de la colère, et qui se déterminerait par lui-même.

9° Cependant, l'énergie ou θυμός semble une idée vague et obscure de ce pouvoir.

10° La liberté est toujours pour Platon dans l'intelligence, le νοῦς, qui seul est *vrai* et *libre* de sa nature, ἀληθινὸς καὶ ἐλεύθερος κατὰ φύσιν, libre parce qu'il est vrai, vrai parce qu'il est libre.

11° La pénalité, dans Platon, ne repose pas sur la notion du libre arbitre, mais sur celle de l'ordre ou du désordre intrinsèque et extrinsèque, considéré indépendamment de la liberté. Platon punit le mal *en soi*, quand il est intérieur à l'âme; il ne le conçoit pas comme un mal libre, et sa punition est un simple *remède* ou une *intimidation* qui supplée à la *science* absente.

12° Pour Platon, il y a des *actes* volontaires et des actes involontaires. Un acte est volontaire quand il est accompagné de *conscience* et de *consentement*. Quand je tue, j'ai conscience de tuer, et je consens à tuer; mais je n'ai pas la vraie conscience du mal, ni le consentement au mal. *Consentement* est d'ailleurs presque synonyme de *désir* ou *inclination* : il s'exprime par les mots βούλησις, ἐπιθυμία.

13° *Volontaire* n'a donc pas pour Platon le même sens que *libre* dans les langues modernes. Son système demeure un *intellectualisme* compliqué d'un certain *fatalisme de passion;* c'est-à-dire qu'il admet la liberté dans l'intelligence, la fatalité dans la passion. Il entend par liberté la tendance momentanée et sans obstacles de l'intelligence au bien, son objet. L'âme agit tantôt sous l'influence des causes extérieures et de la matière, et alors elle est esclave; tantôt en vertu d'un principe interne qui est la tendance essentielle de la raison et de la volonté vers les *Idées*, et alors elle est libre. Raison, science, amour, tendance au bien, vertu, liberté, sont des termes synonymes (1).

(1) Dans notre hypothèse, — si on peut appeler hypothèse une chose affirmée par Aristote et confirmée par tant de textes de Platon, — tous les passages de la *République* et des *Lois* qui semblent impliquer le libre arbitre des modernes deviennent explicables. « Ames passagères,... vous ne devez point échoir en partage à un génie (c'est-à-dire : vous ne serez point dépendantes d'une puissance extérieure, vous aurez en vous-mêmes le principe de votre bonheur ou de votre malheur) ; vous choisirez vous-mêmes chacune le vôtre (c'est-à-dire le bon ou le mauvais génie, le bonheur ou le malheur : κακοδαίμων signifie malheureux). Celle que le sort appellera choisira la première la vie (heureuse ou malheureuse) à laquelle elle sera liée nécessairement (βίον, ᾧ συνέσται ἐξ ἀνάγκης). La vertu n'a point de maître (ἀρετὴ δὲ ἀδέσποτον); selon que chacun l'estime ou la dédaigne, il en possédera une part plus ou moins grande : la cause en est dans celui qui choisit, et Dieu est hors de cause (αἰτία ἑλομένου, θεὸς ἀναίτιος). » *Rép.*, 617. c, d, e. Ainsi nous avons bien, d'après Platon, la cause interne et spontanée de notre bonheur ou de notre malheur ; et par la vertu, nous sommes libres et heureux ; la vertu est volontaire en ce sens qu'elle est *selon* la volonté. Mais le vice est involontaire, contre la volonté ; car il résulte d'une erreur. C'est dans le même sens que Platon dit, au troisième livre de la *République* : « Quand l'âme se trompe, c'est malgré elle ; quand elle renonce à ses erreurs, c'est volontairement. » La vertu n'a donc pas de *maître*; elle ne résulte pas d'une violence extérieure, mais d'un développement sans obstacle ; au contraire, le vice a un maître, ou plutôt une foule de maîtres. La vertu produit le bonheur, elle est le bon génie ; le vice produit le malheur, κακοδαιμονία : il est le mauvais génie. L'âme choisit l'une ou l'autre selon l'état actuel de son intelligence. C'est ce que Platon dit lui-même plus loin : le choix des âmes, dit-il, dépendait des opinions et des habitudes de la vie antérieure. Il était donc lui-même le résultat inévitable de l'état de l'âme au moment de son choix. C'est par erreur que les âmes choisissent le vice au lieu de la vertu. « Voilà pourquoi chacun de nous doit laisser de côté toute autre étude, pour rechercher et cultiver celle-là seule qui nous fera découvrir et reconnaître l'homme dont les leçons nous mettront à même de pouvoir et de *savoir* discerner les bonnes et les mauvaises conditions, et choisir toujours la meilleure en toute circonstance. » Le caractère volontaire de la vertu a donc toujours pour corrélatif dans Platon le caractère involontaire de l'injustice. — Plus loin : « Celui qui choisira la dernière peut se promettre une vie pleine de contentement et très-bonne, ayant choisi avec discernement, et vivant d'une manière conséquente à son choix : σὺν νῷ ἑλομένῳ, συντόνῳ ζῶντι. » On a encore vu là la liberté ; mais cet accord de la vie avec le choix vient de nous être présenté comme nécessaire : βίον, ᾧ συνέσται ἐξ ἀνάγκης. — Συντόνῳ signifie donc que la vie sera nécessairement d'accord avec le choix. Si du reste ce choix résulte d'une simple *opinion* du bien, Platon admet volontiers

que la vie n'y est pas nécessairement conforme et que la tyrannie de la passion peut parfois reprendre le dessus.

Même doctrine au dixième livre des *Lois*, qui fait le pendant du dixième livre de la *République* et en traduit les symboles dans le langage commun. La Providence met chaque âme dans la place qui lui convient « d'après ses qualités distinctives ». « Mais elle a laissé à nos *volontés* les causes qui engendrent les facultés de chacun de nous : τῆς δὲ γενέσεως τοῦ ποιοῦ τινὸς ἀφῆκε ταῖς βουλήσεσιν ἑκάστων ἡμῶν τὰς αἰτίας; car, selon ce que chacun *désire* (ὅπῃ ἂν ἐπιθυμῇ) et selon l'état de son âme (ὁποιός τις ὢν τὴν ψυχήν), chacun de nous devient toujours tel ou tel. Ainsi, tous *les êtres animés* sont sujets à divers changements dont le principe est en eux-mêmes; et en conséquence de ces changements, chacun se trouve dans l'ordre et la place marquée par le destin. »

Platon est ici très-voisin de la liberté; mais il s'arrête à la *spontanéité*, que possèdent *tous* les animaux, et qui n'est autre chose à ses yeux que l'intelligence plus ou moins enchaînée par la matière. Cette spontanéité ne va pas jusqu'à rendre le vice volontaire; elle rend seulement tous nos actes, en tant qu'actes, volontaires. Notre vertu seule est selon la volonté; mais l'injustice demeure contre la volonté : c'est une erreur, une ignorance, une maladie, qui a pour résultat nécessaire le malheur, sans qu'on puisse accuser Dieu, à en croire Platon. Certes, toute cette théorie est peu satisfaisante, et on ne voit guère que Dieu soit innocent de nos erreurs et de nos maladies; mais il ne faut pas demander une théorie satisfaisante de tout point à un philosophe qui n'a fait qu'entrevoir le libre arbitre. C'est déjà beaucoup que de pouvoir mettre dans ses idées l'enchaînement que nous y avons mis avec l'aide d'Aristote. Nous croyons l'ensemble du système assez clair maintenant pour que quelques inconséquences de détail (fussent-elles réelles) ne puissent changer la physionomie de l'idéalisme platonicien. En définitive, Platon admet une spontanéité, et presque une liberté, qui peut établir un désaccord entre les actes et l'*opinion du bien*; mais, fidèle au principe socratique, il continue de soutenir que le vice est involontaire, parce que le désaccord de l'opinion et de l'activité est un reste d'erreur, ou même une profonde et dangereuse ignorance de la plus importante des vérités : à savoir l'absolue identité du bien de chacun et du bien en soi. S'il eût présenté cette erreur comme simple *condition* du vice, et non pas comme la *cause* qui le produit, et si d'autre part il eût davantage approfondi la nature de la cause qui se meut elle-même, il eût touché de bien près à la vérité sur le libre arbitre.

CHAPITRE II.

LA LOI MORALE DANS PLATON. — L'IDÉE DU BIEN ET DU JUSTE.

I. Existence de l'Idée du Bien moral. — II. Détermination de l'Idée du Bien moral. Le Bien est-il le *plaisir*? — III. Le Bien est-il l'*intelligence*? — IV. Caractère mixte du Bien moral. — V. Les *vertus*. — La vertu privée. Rapports de la science, du courage et de la tempérance. — La vertu peut-elle être enseignée? — De la justice privée. — VI. Rapports du Bien et du Beau, du Bien et de l'Utile.

L'existence de la volonté suppose nécessairement celle du bien, comme l'effet implique la cause. La volonté n'est-elle pas une tendance à quelque chose qui est sa fin? De fin relative en fin relative, de moyen en moyen, ne faut-il pas remonter à une fin absolue, pour être fidèle aux lois mêmes de la Dialectique (1)? Cette fin dernière de la volonté, c'est l'Idée du Juste ou du Bien. La doctrine déterministe de Platon sur l'activité humaine le conduit plus nécessairement encore que toute autre à l'affirmation du Bien. La nécessité d'un *objet* pour la volonté est aussi logique que celle d'un objet pour l'intelligence.

I. Toute multiplicité suppose au-dessus d'elle l'unité. Or, nous savons qu'il y a multiplicité dans les puissances de l'âme, et même dans sa nature. Il doit donc exister une parfaite unité dont la pluralité de la nature humaine est l'image imparfaite. Cette unité est le Bien moral ou le Juste.

(1) *Lysis,* loc. cit.

Les parties de la nature humaine sont en lutte et en désaccord. La Dialectique nous force à concevoir, au-dessus de toute opposition et de tout désordre, l'Idée de l'ordre et de l'harmonie. Cette Idée est le Bien.

Enfin, il y a dans l'âme mouvement et activité. Or, tout mouvement a un but, qui est lui-même immobile. Toute activité a une fin, qui est le terme de son développement. Il n'est pas nécessaire pour cela que cette activité soit libre. Si elle ne l'est pas, l'existence d'une fin qui la sollicite n'en est que plus évidente. Cette fin de nos actes, nous le savons, c'est encore le Bien (1).

Le Bien moral est donc l'unité, l'ordre, la fin absolue. Mais sont-ce là des définitions véritables? ou plutôt, ne sont-ce pas les noms différents d'un même principe? Tous ces noms expriment les relations du Bien avec l'âme, ses caractères rationnels, sa forme extérieure. Dire que le Bien est un et universel, qu'il est harmonieux, qu'il est la cause finale de nos actes, ce n'est pas encore dire ce qu'il est dans son fond et sa nature intime ; ce n'est pas le définir.

II. D'après les sophistes, d'après Aristippe et la plus grande partie du vulgaire, le bien est le *plaisir*. Examinons donc le plaisir en lui-même, séparé avec soin de tout élément étranger; c'est-à-dire le plaisir sans aucun mélange de raison. Nous serons ainsi fidèle à la dialectique, qui recherche l'Idée et l'essence de chaque chose considérée en soi.

(1) « Est-ce une nécessité que la condition du bien soit parfaite, ou qu'elle ne le soit point? — La plus parfaite possible, Socrate. — Mais quoi? le bien se suffit-il à lui-même? — Sans contredit; et c'est en cela que consiste sa différence d'avec tout le reste. — Ce qu'il me paraît le plus indispensable d'affirmer du bien, c'est que tout ce qui le connaît le recherche, le désire, s'efforce d'y atteindre et de le posséder, se mettant peu en peine de toutes les autres choses, hormis celles dont la possession peut s'accorder avec la sienne. » *Phileb.*, p. 20, d.

Sans la raison, pas de mémoire ni de prévoyance ; et par conséquent pas de plaisir dans le passé, pas de plaisir dans l'avenir. Voilà donc le plaisir enfermé dans l'étroit espace du présent (1). Enlevons-lui ce dernier refuge. Sans la conscience de soi-même, peut-il y avoir plaisir actuel? pour jouir, ne faut-il pas savoir qu'on jouit? Séparée de toute intelligence, la sensation n'est rien. Est-ce là cette essence absolue et parfaite que nous appelons le Bien? Au moment où la dialectique veut fixer ses regards sur le plaisir et l'envisager en lui-même, cette essence mobile lui échappe et s'enfuit vers les ténèbres du non-être (2).

Le caractère métaphysique du plaisir, c'est d'être un phénomène susceptible de plus et de moins, toujours en mouvement comme la sensation à laquelle il est attaché. Il faut donc le ranger dans le domaine de l'indéterminé et de l'indéfini. C'est une multiplicité sans bornes, qu'on ne peut faire rentrer ni dans les principes de la détermination, qui sont les unités intelligibles, ni dans le mélange de l'infini et du fini, et encore bien moins dans le genre suprême de la cause (3).

Loin d'être une cause, le plaisir est essentiellement un effet. « Quand l'harmonie vient à se dissoudre dans les animaux, en ce moment la nature se dissout aussi, et la douleur naît... Lorsque l'harmonie se rétablit et rentre dans son état naturel, le plaisir prend alors naissance. » Le plaisir, chose indéfinie en soi, dépend donc du mélange plus ou moins harmonieux des éléments de l'organisme en proportions définies. Quand ce mélange est en mouvement pour se dissoudre, il y a douleur; quand il est en mouvement pour se rétablir,

(1) *Phil.*, 210. C.
(2) *Ibid.*, sqq.
(3) *Ibid.*, sqq.

il y a plaisir ; quand il est stable, il n'y a ni plaisir ni douleur, mais un genre d'existence plus voisin de la vie divine, supérieure aux impressions variables de la sensibilité. Le plaisir et la douleur sont les effets de notre imperfection.

Le plaisir est si loin de la véritable existence, que plusieurs philosophes y ont vu, avec Antisthènes, une simple négation de la douleur. Dans ce cas le plaisir ne serait rien de positif, et ses plus doux attraits ne seraient que de vains prestiges.

Ce qui semble confirmer ce caractère négatif, c'est que les plaisirs les plus vifs sont causés par les désirs les plus violents, et que tout désir, tout besoin violent est une douleur. C'est donc une mauvaise disposition de l'âme ou du corps qui produit les plaisirs extrêmes, et les hommes qui les recherchent avidement ne font que chercher une espèce de maladie. Ils n'obtiennent point une volupté pure, mais un mélange de plaisir et de douleur, dans lequel la douleur même finit souvent par l'emporter. « La colère, la crainte, la tristesse, l'amour, la jalousie, l'envie, sont des douleurs de l'âme mêlées de plaisirs inexprimables. La colère entraîne quelquefois le sage même à se courroucer (1). » Dans ce cas il cède à un besoin maladif qui sera bientôt suivi du regret. Car le plaisir, né de la douleur, aboutit souvent à la douleur. Il est si peu le Bien, qu'il est d'autant plus nuisible qu'il a plus de force. Ne sont-ce pas les voluptés les plus ardentes qui énervent le corps et jettent l'homme dans un état de stupeur et de fureur très-voisin de la folie (2) ?

Ces plaisirs qui ne sont que des remèdes à la douleur (ἡδοναὶ ἰατρεῖαι), offrent en eux un mélange de con-

---
(1) *Phil.*, 211.
(2) *Phil.*, 211.

traires qu'on ne peut attribuer à l'Idée une du bien. Le vrai bien et le vrai mal ont un caractère absolu : ils sont ou ne sont pas, et ne peuvent coexister. Or, le plaisir peut coexister avec la douleur; on éprouve du plaisir, dit Socrate dans le *Gorgias*, en acquérant quelque chose qu'on n'avait pas et qui vous manquait. Donc le plaisir et la douleur ne sont pas des contraires absolus; donc le plaisir, chose mélangée et multiple, n'est pas le bien *un* et sans mélange, l'*Idée* du bien qui exclut d'elle-même sa contradiction, le mal. « Quand tu dis : *boire ayant soif*, c'est comme si tu disais : goûter des plaisirs en ressentant de la douleur... Cependant, il est impossible d'être malheureux quand on est heureux [parce que bonheur = bien absolu et parfait]; donc, goûter du plaisir n'est point être heureux, ni sentir de la douleur être malheureux, et par conséquent l'*agréable* est autre que le *bon* (1). »

Après avoir considéré les choses et les phénomènes, considérons maintenant avec Platon les individus où ces phénomènes se produisent. Dire que le plaisir est le bien, c'est dire qu'un homme est *bon* en tant qu'il éprouve du plaisir. Or, un homme peut éprouver du plaisir à faire une chose mauvaise, par exemple à fuir lâchement l'ennemi. Donc il sera, par rapport à la même action, bon et méchant; bon en tant qu'il éprouve du plaisir, et méchant par ce plaisir même. Il faut donc, ou admettre une contradiction ouverte, ou conclure que le plaisir n'est pas le contraire absolu du mal, n'est pas l'Idée du bien, « ce bien qui, par sa présence, nous fait appeler bons ceux qui sont bons, comme nous appelons beaux ceux en qui se trouve la beauté (2). »

---

(1) *Gorg.*, ch. LI. Cf. *Phédon*, sur l'union du plaisir et de la douleur.
(2) *Gorgias*, ch. LII. Allusion évidente aux Idées. — Ces pages du *Gor-*

Au-dessus de ces plaisirs mélangés, où la peine et la volupté se rapprochent dans une union étrange, il y a des plaisirs purs. Ce qui fait le vrai plaisir, ce n'est pas son intensité, c'est sa qualité. La blancheur la plus vraie et la plus belle, nous le savons, n'est pas celle qui renferme le plus de blanc mélangé, mais c'est la blancheur la plus pure, la plus exempte de tout mélange. Il en est ainsi du plaisir. Or, les plaisirs simples ne peuvent naître que des objets essentiellement simples : les belles couleurs, les belles figures, les belles lignes, les beaux sons. Ces plaisirs ne sont pas nés de la douleur, leur privation n'est pas pénible ; ils ne sont point comme un remède au besoin ; enfin, ils ne sont pas nécessairement mélangés de peine. Il en est de même des plaisirs de la science et de ceux de la vertu. Ces plaisirs sont du genre *fini*, parce qu'ils sont tempérés ; et par cela même ils approchent davantage de la vérité et de l'Idée, qui emporte toujours avec elle la mesure.

Mais le plaisir, même dans son état de pureté, conserve un caractère qui l'exclut nécessairement du rang de souverain bien et de fin absolue. Rappelons-nous qu'il y a deux sortes de choses : les unes qui existent pour elles-mêmes, les autres qui existent pour les premières ; celles-là appartiennent à la catégorie de l'être, celles-ci à la catégorie du phénomène et de la génération. Or le phénomène a lieu en vue de l'existence, le sensible en vue de l'intelligible. Si donc l'existence est le bien, le plaisir qui *devient* sans cesse et n'*est* ja-

---

gias sont toutes remplies de la métaphysique des Idées, bien que le mot d'Idée n'y soit pas prononcé. Pourtant ce dialogue est tout socratique de fond. M. Grote dira-t-il encore que Platon ne vise pas aux Idées dans presque tous ses Dialogues, comme l'ont cru les anciens et les modernes ?

mais, ne peut s'appeler le bien. Sa nature variable, son origine inférieure, son caractère relatif et dépendant, tout l'empêche d'être confondu avec le véritable but de la vie humaine.

III. Si le plaisir, à lui seul, n'est pas le bien, peut-être est-ce l'intelligence seule qui mérite ce nom. Faisons donc pour l'intelligence ce que nous avons fait pour le plaisir. Supposons une vie toute de raison, dont soit exclu tout élément étranger. « Quelqu'un de nous voudrait-il vivre, ayant en partage toute la sagesse, toute l'intelligence, la science, la mémoire qu'on peut avoir, à condition qu'il ne ressentirait aucun plaisir, ni petit ni grand, ni pareillement aucune douleur, et qu'il n'éprouverait absolument aucun sentiment de cette nature (1)? » Cette vie d'insensibilité et d'apathie ne peut satisfaire le cœur; quoique supérieure à la vie de plaisir, elle est incomplète encore et ne peut se suffire à elle-même.

IV. Ce n'est donc pas dans un principe unique, mais dans le genre *mixte* (ἐν τῷ μικτῷ) qu'on peut trouver le souverain bien pour l'homme. Le bien en soi est sans doute infiniment simple, mais il est aussi infiniment riche en déterminations; ce qui l'exprime le mieux, ce n'est donc pas une chose exclusive, comme le plaisir seul ou l'intelligence seule, mais un mélange harmonieux de l'intelligence et du plaisir. La dualité de ce mélange exprimera les attributs variés du bien; et l'harmonie qui présidera au mélange correspondra à l'unité du bien. Ce mélange en proportions définies sera donc l'imitation la plus fidèle de l'Idée.

(1) *Phil.*, p. 153.

Unissons les connaissances les plus élevées aux plaisirs les plus purs ; que la sagesse préside à cette union, qu'elle en écarte tout ce qui est excessif et intempérant, et ce mélange idéal sera comme « une espèce de *monde incorporel* propre à bien gouverner un corps animé (1). » On le voit, le souverain bien n'est autre chose que le monde intelligible lui-même dans toute sa variété et dans toute son unité.

Remarquons en terminant que Platon, dans l'examen des différentes sources du bien, telles que le plaisir et l'intelligence, ne fait aucune mention de l'activité et de la volonté libre. Il ne se demande point si le bien ne serait pas l'*action*, la *liberté*, ou au moins si l'activité n'est pas un élément du bien. A cette question il eût répondu sans doute que l'activité, loin d'être le bien, est la tendance de l'âme au bien. Un être qui posséderait le bien n'aurait plus besoin de vouloir ni d'agir, puisque sa fin ne serait point hors de lui-même. L'idée d'activité, qui jouera un si grand rôle dans la morale d'Aristote, est complétement omise par Platon dans le tableau qu'il nous donne des différents biens. « Le premier bien, dit-il, est la mesure, le juste milieu, l'à-propos et toutes les autres qualités semblables qu'on doit regarder comme ayant en partage une nature immuable. » Il s'agit, selon nous, dans ce passage si controversé, des unités intelligibles, principes de la mesure et du nombre. Elles sont, sinon le bien même, du moins *le premier des biens*. « Le second bien est la proportion, le beau, le parfait, ce qui suffit à soi-même, et tout ce qui est de ce genre, » c'est-à-dire tout ce qui résulte de l'application de l'unité à la variété. « Le troisième bien est l'intelli-

---

(1) *Phil.*, *ibid.*, sqq.

gence et la sagesse. » L'intelligence, en effet, suppose l'intelligible comme son objet, et en dépend. Le quatrième rang appartient aux sciences non philosophiques, aux *connaissances vraies*, aux arts. Au cinquième rang sont les *plaisirs purs*, et au sixième rang les plaisirs mélangés (1). Quant à l'activité, on voit qu'elle est entièrement absente, comme n'ayant pas de valeur par elle-même, mais par sa fin.

V. La conformité de l'âme humaine aux Idées, c'est la beauté morale, c'est la vertu. « Nous devons tâcher de fuir au plus vite de ce séjour à l'autre. Or, cette fuite, c'est la *ressemblance avec Dieu*, autant qu'il dépend de nous ; et on ressemble à Dieu par la justice, la sainteté et la sagesse. Il y a dans la nature des choses deux modèles : l'un divin et bienheureux, l'autre sans Dieu et misérable. Les hommes injustes ne s'en doutent pas, et l'excès de leur folie les empêche de sentir que leur conduite pleine d'injustice les rapproche du second et les éloigne du premier (2). » Toute la morale de Platon est dans ce précepte déjà formulé par Pythagore : ὁμοιοῦσθαι τῷ θεῷ. L'œil fixé sur l'Idée suprême, l'homme de bien s'efforce de l'imiter. La vertu est une œuvre d'art, et la sagesse ressemble à Phidias : la matière qu'elle façonne, c'est l'âme humaine, et le modèle qu'elle imite, c'est Dieu. Pour lui ressembler, l'homme doit perfectionner sa nature ; de là, cette définition de la vertu : Ἡ ἀρετὴ τελειότης ἐστὶ τῆς ἑκάστου φύσεως (3).

Mais, nous l'avons vu, l'Idée du Bien est l'unité par-

---

(1) *Phil.*, 66, a, tr. Cousin, 466. V. sur ce passage célèbre, *Schleiermacher*, Introd. au *Philèbe*; *Ast*, Vie et écrits de Platon, 296, s.; *Stallbaum*, Proleg. in *Phil.*; *Ritter*, II, 345.
(2) *Théét.*, tr. Cousin, 133. — 34, b.
(3) *Phæd.*, 91.

faite et réelle, enveloppant une variété idéale. Ces traits du divin modèle ne devront-ils pas se retrouver dans la grande œuvre d'art, dans l'âme vertueuse? Platon nous l'affirme en effet : l'âme doit être à la fois variée et une, en mouvement et réglée. Seulement, de ces deux choses, le mouvement et l'harmonie, c'est la seconde qui domine dans la morale platonicienne, au point d'absorber en elle la première; car ce n'est pas, à proprement parler, l'activité qui produit librement le bien ; c'est, au contraire, le bien qui produit l'activité par son attraction irrésistible, et qui développe harmonieusement toutes les puissances de l'âme, suivant leur degré d'importance (1).

Aux trois parties de l'âme correspond une des faces de la vertu ; mais la vertu est une en elle-même (2).

La fonction de la raison est la *sagesse*, ou la connaissance du *bien* et du rapport de chaque chose au bien. La science, la vraie science, n'est pas quelque chose d'impuissant qui parle vainement à l'homme sans pouvoir se faire obéir. C'est, au contraire, la vertu de gouvernement, maîtresse et mère de toutes les autres (3). « La science est capable de commander à l'homme; celui qui la possède ne sera jamais vaincu par quoi que ce soit et ne fera autre chose que ce que la science lui ordonne (4). » L'enseignement philosophique du bien est donc de la plus grande importance pour la vie morale. Enseigner la science, c'est enseigner la vertu même.

---

(1) *Rép.*, VII ; Cf. *Rép.*, IX : Le sage est un musicien. — Cf. *Tim.* 120.
(2) *Prot.*, 329, c, sqq.; *Laches*, 198, d, sqq.; *De leg.*, XII, 963, c.; *Polit.*, 306, a, s.
(3) *Rép.*, IV, 208.
(4) *Prot.*, 229, 230. Il ne s'agit ici que de *la* science et non *de* sciences. *La* science en soi a pour objet le bien en soi et l'unité de tous les biens dans le Bien. Voir l'*Euthydème* et notre travail sur le *Second Hippias*. Voir aussi le chapitre précédent sur la liberté.

Mais quoi? la vertu peut donc être enseignée? — C'est une question que Platon a discutée dans le *Ménon* et le *Protagoras* (1), et la conclusion à laquelle il arrive semble d'abord en contradiction avec ce qui précède. C'est qu'il y a deux espèces de vertus, comme il y a deux espèces de connaissances. La vertu qui naît de la simple opinion, lorsque celle-ci est vraie, ne se rend pas compte d'elle-même et ne peut s'enseigner (2). La vraie vertu, celle qui procède de la science, peut s'enseigner parce qu'elle se connaît elle-même. Mais ici encore il y a une distinction à faire. La vertu née de la science ne s'enseigne que dans la mesure où la science même peut être enseignée. Or, nous savons qu'à la rigueur la science ne se transmet pas d'une âme à l'autre, puisqu'elle est une réminiscence, un passage de la virtualité à l'actualité. Mais, sous un autre rapport, elle peut être enseignée par le moyen des interrogations qui la font passer de l'état implicite à l'état explicite. Il en est de même de la vertu. Elle réside originellement dans l'âme en tant

---

(1) Cf. *Euthyd.*, 281, e, sqq.

(2) Elle va vers la vérité et le bien, sans savoir comment ni par quelle voie. C'est l'aveugle marchant dans le droit chemin : s'il n'erre pas, c'est que sa bonne fortune ou quelque dieu bienveillant le protège. Rien de plus instable d'ailleurs qu'une telle vertu, qui n'est que *l'ombre* de la vertu véritable (*Ménon*, 100, a). Elle ressemble à ces statues de Dédale qui sont fort belles, mais ne peuvent tenir en place. En outre, comme cette vertu n'est point réfléchie et n'a pas la science d'elle-même, il s'ensuit qu'elle ne peut s'enseigner aux autres. Elle ressemble à la poésie ou à l'inspiration artistique, faveur de la nature ou des dieux, qui ne peut s'acquérir par l'éducation (θείᾳ μοίρᾳ παραγιγνομένη, *Ménon*, 97, a). Aussi les plus grands citoyens d'Athènes, les Périclès, les Thémistocle, les Cimon, n'ont point rendu plus vertueux par leurs exemples et leurs conseils le peuple qu'ils gouvernaient. Ils n'ont pas même réussi à rendre meilleurs et plus sages leurs propres enfants. C'est la confusion de cette *vertu de l'opinion* avec la *vertu de la science* qui explique la conclusion du *Protagoras*, dont Socrate nous indique lui-même le caractère relatif. (Voyez les phrases ironiques qui terminent le dialogue. Voir aussi notre travail sur le *Second Hippias*.)

que faculté; elle est naturelle comme l'idée et le désir du bien; il suffit donc, pour devenir réellement vertueux, de cette bonne direction de l'esprit qui nous fait apercevoir le bien. Aussi le dialogue consacré à la réminiscence est-il celui-là même où la vertu est représentée comme un don de Dieu qu'il s'agit de mettre en œuvre (1).

Cette interprétation est confirmée de la manière la plus remarquable par ce passage de la *République* : « Il ne s'agit pas de donner à l'âme la faculté de voir : elle l'a déjà; mais son organe n'est pas dans une bonne direction, il ne regarde point où il faudrait : c'est ce qu'il s'agit de corriger. — En effet. — Les vertus de l'âme autres que la science sont à peu près comme celles du corps. L'âme ne les recevant pas de la nature, on les y introduit plus tard par l'éducation et l'exercice (2). Mais *la science semble appartenir à quelque chose de plus divin, qui ne perd jamais de sa force et qui, selon la direction qu'on lui donne, devient utile ou inutile, avantageux ou nuisible.* N'as-tu point encore remarqué jusqu'où va la sagacité de ces hommes à qui on a donné le nom d'habiles malhonnêtes gens? Avec quelle pénétration leur misérable petite âme démêle tout ce qui les intéresse! Leur âme n'a pas une mauvaise vue; mais, comme elle est forcée de servir d'instrument à leur malice, ils sont d'autant plus malfaisants qu'ils sont plus subtils et plus clairvoyants... Si dès l'enfance on coupait ces penchants

---

(1) La conclusion du *Ménon* est d'ailleurs tout aussi provisoire que celle du *Protagoras*. « Nous ne saurons le vrai à ce sujet, dit Socrate, que lorsqu'avant d'examiner comment la vertu se trouve dans les hommes, nous entreprendrons de chercher ce qu'elle est en elle-même. » Tr. Cous., 231.

(2) Platon les appelle dans le *Phédon* « *vertus politiques*, nées de la pratique et de l'habitude.* » 54.

nés avec l'être mortel, qui, comme autant de poids de plomb, entraînent l'âme vers les plaisirs sensuels et grossiers et abaissent ses regards vers les choses inférieures ; si le principe meilleur dont je viens de parler, dégagé et affranchi, était dirigé vers la vérité, ces hommes l'apercevraient avec la même sagacité que les choses sur lesquelles se porte maintenant leur attention (1). »

Concluons que la vertu, comme la science, peut être enseignée non par voie de transmission, mais par voie de direction.

La connaissance scientifique du bien, une fois qu'on la possède, se convertit d'elle-même en faits et en actions extérieures, par le mouvement qu'elle imprime à l'énergie humaine. La vertu de la raison devient la vertu du cœur, ou *courage*. D'où viennent, en effet, la crainte et la lâcheté? De ce que nous croyons apercevoir un mal véritable dans des choses qui ne sont point mauvaises en elles-mêmes, par exemple la douleur, la maladie, la mort. Dissipez cette illusion de l'esprit, l'idée et l'amour des vrais biens l'emporteront sur la crainte des maux imaginaires.

Ce n'est pas tout. La connaissance des vrais biens nous prémunira contre les séductions de ce bien faux et trompeur qu'on nomme la volupté. La science, qui engendrait le courage par son rapport aux maux apparents, engendrera la tempérance par son rapport aux faux biens. « Ces vains fantômes n'exciteront plus dans les âmes des transports violents et des rivalités insensées, comme le fantôme d'Hélène pour lequel les Troyens se battirent, faute de connaître l'Hélène véritable (2). »

(1) *Rép.*, VII, tr. Cousin, 73.
(2) *Rép.*, IV, 454.

C'est ainsi que la science, par une fécondité merveilleuse, engendre les autres vertus. Sans la sagesse, le courage et la tempérance ne seraient plus que des vices. Le vulgaire appelle *tempérants* ceux qui savent ménager leurs jouissances, et qui renoncent à un plaisir dans la crainte d'être privés d'un plaisir plus grand. Il appelle également *courageux* ceux qui subissent un mal dans la crainte d'un mal plus terrible. Étrange tempérance que celle qui procède de l'intempérance! Étrange courage que celui qui a son principe dans la peur! « Ce n'est pas un bon échange pour la vertu que de changer des voluptés pour des voluptés, des tristesses pour des tristesses, des craintes pour des craintes, et de mettre pour ainsi dire ses passions en petite monnaie. La seule bonne monnaie, contre laquelle il faut échanger tout le reste, c'est la sagesse. Avec celle-là on achète tout, on a tout : force, tempérance, justice; en un mot, la vraie vertu est avec la sagesse (1). »

Si, d'une part, il n'y a point de tempérance ni de courage en dehors de la science, d'autre part les vertus du cœur et de l'appétit ne sont pas sans influence sur la vertu de la raison. La sagesse de l'homme n'est jamais une sagesse parfaite et immuable; elle peut augmenter, elle peut diminuer, elle peut même se perdre. La cause en est dans le mélange sensible de notre nature, dans les appétits corporels qui peuvent nous faire illusion en nous faisant poursuivre les faux biens au lieu des biens véritables. Il est donc nécessaire, pour le développement de la sagesse, que la *force du cœur* dompte *les appétits*. Le courage et la tempérance, produits par un commencement de sagesse,

(1) *Phædo*, p. 50.

contribuent à leur tour au progrès de la sagesse même.

Cette solidarité des vertus ne doit pourtant pas nous faire méconnaître leurs différences. Le courage et la tempérance sont des vertus d'exercice et d'habitude (1), qui impliquent l'effort et la victoire de l'âme immortelle sur l'âme mortelle. La sagesse, au contraire, a un développement spontané, une fois qu'on a enlevé tous les obstacles. Par une conséquence légitime de la théorie des Idées, tout ce qui dépend de la nature corporelle ne se soumet à la raison que par la discipline et le frein (de là la nécessité du θυμός pour dompter l'appétit) (2) ; au contraire, ce qui tient de la raison pure et de l'Idée s'ordonne de soi-même, et participe naturellement au bien et au beau dès qu'il peut librement s'abandonner à sa propre direction.

Quand Platon considère dans leur ensemble les différentes vertus, il leur donne souvent le nom de *justice*. Platon exprime par ce mot une idée beaucoup plus élevée que celle qu'on lui attache ordinairement. La justice consiste à rendre, non pas seulement à chaque homme, mais à chaque chose, ce qui lui est dû. Il y a une justice intérieure qui ne sort pas de l'individu, et qui n'est autre chose que l'harmonie des facultés accomplissant chacune leur fonction propre, sans empiéter l'une sur l'autre. La justice ne peut être conçue sans les autres vertus qui en forment pour ainsi dire la matière ; mais celles-ci, à leur tour, ne peuvent subsister sans la justice ; car autrement il n'y aurait point entre elles cet accord qui est la condition de la durée : elles manqueraient de la forme qui lie les parties en un tout (3).

(1) *Rép.*, X, 619, c.
(2) Platon corrige ici la théorie de Socrate. De même, dans le *Lachès*, il distingue le courage de la science proprement dite. — Voir le chapitre précédent.
(3) « La justice (et Platon entend par le *juste* le *bien moral*) règle

En résumé, les vertus sont multiples, et cependant elles ne font qu'un. Chaque vertu embrasse en elle-même toutes les autres; maxime que devaient exagérer plus tard les stoïciens. Platon, fidèle à sa méthode, cherche tour à tour la variété dans l'unité, l'unité dans la variété, afin d'avoir une image fidèle de l'Idée. Mais, s'il est un point de vue sur lequel il insiste de préférence et qui lui semble toujours supérieur à l'autre, c'est celui de l'unité.

VI. Nous avons vu l'union de la vertu et de la science. Il nous serait facile de montrer l'union de la vertu et de l'amour. L'homme vertueux ne veut pas seulement contempler le bien par l'intelligence, il veut s'unir à lui par l'amour; il veut, pour ainsi dire, être lui-même le bien. Idéal inaccessible sans doute, mais dont on peut se rapprocher sans cesse. Un amour *ailé* nous fait poursuivre tout ce qui est beau et bon; rejeter tout le reste pour le suivre, coopérer pour ainsi dire à l'attraction divine, s'élever par un progrès constant jusqu'à la beauté suprême identique à la bonté, ce n'est pas là seulement la dialectique de l'amour, c'est aussi celle de la vertu.

VII. Outre l'identité du bien et du beau, il est encore une doctrine qui nous montre Platon cherchant l'unité en toutes choses : c'est la théorie des rapports de l'honnête et du bonheur. Qu'est-ce que le bonheur, sinon le sentiment de la perfection? L'individu ne peut parvenir à la félicité qu'en se soumettant aux vé-

---

l'intérieur de l'homme, ne permettant à aucune des parties de l'âme de faire quelque chose qui lui soit étranger, ni d'intervertir leurs fonctions... Elle établit dans l'âme l'ordre et la concorde, et met entre les parties un accord parfait, comme entre les trois tons extrêmes de l'harmonie:.... Elle lie ensemble tous les éléments qui la composent, et fait que, malgré leur diversité, l'âme est une, mesurée, pleine d'harmonie.» *Rép.*, IV, 433, b.

ritables lois de sa nature, ou, en d'autres termes, en rendant son âme conforme à l'Idée. Quand Polus demande à Socrate si le grand roi est heureux : « Je n'en sais rien, répond le philosophe ; car je ne connais ni sa science ni sa vertu... Celui qui est bon est heureux; celui qui est méchant, fût-il le grand roi, est malheureux. » « Tu souffres d'une injustice, dit-il encore ; console-toi, le vrai malheur est d'en faire. » — Qu'on ne lui parle donc ni des tourments, ni des supplices, ni de la mort. Quand il a fait le portrait du juste, de celui qui est à ses yeux le meilleur et le plus heureux des hommes, quand il veut le peindre par un dernier trait et le placer dans un lieu digne de lui, ce n'est pas sur un trône qu'il nous le montre, c'est sur une croix.

C'est le rapport nécessaire conçu par la raison entre le bien et le bonheur, entre le mal et le malheur, qui engendre les idées de mérite et de démérite. Le mérite, pour Platon, c'est le droit à la récompense ; le démérite, c'est le *droit* à la punition. Le mal, c'est l'opposition aux Idées et à l'être, c'est le retour de l'âme vers la matière et le non-être. L'homme injuste peut-il donc espérer qu'il triomphera de l'Idée et de la Raison, sans que celles-ci puissent jamais prendre leur revanche? Est-ce dans le mal et le non-être qu'il trouvera un bonheur durable? Tôt ou tard les lois de la raison seront victorieuses, et celui qui ne se sera pas soumis à ces lois subira les conséquences fatales de son injustice impunie. Le Bien, principe de la morale, n'est pas une abstraction sans force qu'on puisse mépriser sans crainte. C'est un principe réel et vivant, dont la justice est active et la providence infaillible. La morale platonicienne, comme son esthétique, comme sa théorie de la science, est suspendue tout entière à l'idée de Dieu.

CHAPITRE III.

POLITIQUE DE PLATON. L'IDÉE DU JUSTE DANS LA SOCIÉTÉ.

I. Unité de la vertu privée et de la vertu publique. Comment la justice produit l'amour et la bienfaisance. Doit-on faire du mal à ses ennemis ? Comment la justice produit la puissance et la félicité publiques. — II. L'Idée de l'État. La *République*. La propriété et la famille.— III. L'État réel et mixte. Les *Lois*. Rapports de la politique et de la théorie des Idées.

I. La justice, vertu individuelle à son origine, se transforme en vertu sociale par un simple changement de point de vue. En effet, l'homme juste peut seul vivre en parfaite harmonie avec lui-même et avec ses semblables ; l'accord intime des facultés dans chaque âme rend seule possible l'accord des âmes entre elles. L'injustice, au contraire, fait que nos facultés et nos tendances, non-seulement se combattent en nous-mêmes, mais se trouvent en opposition avec celles des autres hommes. Le vice est en lutte et avec la vertu et avec le vice ; mais la vertu elle-même n'est jamais l'ennemie de la vertu. Ma science peut-elle nuire à la vôtre ? non, car elle conçoit la même vérité et le même bien. Ma force d'âme est-elle un obstacle à votre force d'âme ? non, car elles sont au service du même bien. Ma tempérance, enfin, en modérant mes passions, peut-elle provoquer les vôtres ? non, car la même loi du bien règle et apaise nos passions. Ainsi, par la justice, l'ordre règne dans l'individu et dans l'État.

Il en est de même de l'amour. L'harmonie intérieure que Platon appelle la justice n'établit-elle pas entre nos facultés un lien commun, qui les attache toutes au bien et par là même les attache l'une à l'autre? Donnez à tous les hommes avec la même justice le même amour du bien, et ils s'aimeront entre eux. La même lumière éclairera leurs esprits et échauffera leurs âmes. Une des conséquences les plus admirables du platonisme, c'est que l'être le meilleur en soi est aussi le meilleur pour les autres. La bonté intrinsèque de l'homme consiste à aimer le bien dans toute son universalité ; mais, si l'homme possède cet amour, ne s'ensuit-il pas qu'il aimera le bien de ses semblables, qu'il aimera ses semblables eux-mêmes, qu'il sera bon pour eux, bienveillant et bienfaisant? La justice enveloppe donc la bienfaisance et ne forme qu'un tout avec elle. Aussi ne faut-il pas dire que la justice consiste à faire du bien à ses amis, du mal à ses ennemis. N'est-il pas contradictoire que celui qui en toute chose a pour but le bien, — et non tel ou tel bien, mais le bien universel —, puisse faire du mal à un autre homme (1)? Il ne lui convient même pas de rendre à ses semblables le mal pour le mal, quelque injustice qu'il en ait reçue (2). Οὐδὲ ἀδικούμενον ἄρα ἀνταδικεῖν... ἐπειδή γε οὐδαμῶς δεῖ ἀδικεῖν,.. οὔτε κακῶς ποιεῖν οὐδένα ἀνθρώπων οὐδ' ἂν ὁτιοῦν πάσχῃ ὑπ' αὐτῶν. » Tout art, toute puissance, toute fonction, toute vertu, a pour objet le bien de la chose ou de l'être dont elle s'occupe. Le bien intérieur se répand donc nécessairement au dehors ; il faut qu'il s'étende indéfiniment, pour imiter davantage au sein du particulier le bien universel.

La justice, qui produit l'amour, produit aussi la vraie

---

(1) *Rép.*, I, 25.
(2) *Criton*, 150, 157.

puissance, en ramenant à une direction commune toutes les forces de l'âme. L'homme juste est un avec lui-même ; l'homme injuste, au contraire, loin d'être un, est plutôt une multiplicité de partis (1). De même, dans l'État, la puissance se mesure à la justice. Là où règne l'opposition, les forces se limitent et se contrarient ; là où règne l'ordre de l'Idée, toutes les forces réunies tendent au même but avec une énergie irrésistible.

La justice enfin, qui est le bonheur de l'individu, est aussi celui de l'État. De la concorde universelle naît l'universelle félicité.

Si donc la dialectique a déjà réduit à l'unité les diverses vertus individuelles, considérées dans leur idéal, elle peut maintenant aller plus loin et affirmer que la vertu privée est identique à la vertu sociale. C'est un hommage de plus rendu à cette grande conception de l'*unité* dans le *multiple*, qui est le caractère principal de l'Idée. Par leur rapport à l'Idée universelle, tous les esprits, tous les cœurs, toutes les volontés se rapprochent et s'unissent sans se confondre. La participation à un même Idéal de vérité, de beauté, de justice, fait de tous les hommes une même famille.

Mais l'influence de notre activité et de notre vertu ne s'étend que difficilement à l'humanité tout entière ; le plus souvent, elle ne franchit pas les bornes de l'État. C'est de l'État qu'il faut surtout nous occuper.

II. La morale est la science qui fait l'unité dans l'âme ; la politique est la science qui fait l'unité dans l'État.

La morale trouve à son début la variété des facultés

---

(1) *Gorg.*, 507, e ; *Rép.*, I, 351, a, s.

humaines, naturellement opposées jusqu'à ce que la raison les réconcilie. La politique trouve à son début la multiplicité des individus, cause d'imperfection et de discorde; et son idéal est de substituer à cette multiplicité une unité vivante, une personne collective dont les individus soient les membres et les organes. « Tout devrait être commun à tous, même les yeux, les oreilles et les mains (1). » L'État est tout pour Platon : ce qui ne lui est pas soumis, ce qui ne lui sert pas, est essentiellement maladif et doit être retranché par le fer et par le feu. Si quelque chose pouvait s'en séparer avec raison, ce serait le philosophe ; mais seulement parce que l'État n'est point encore formé sur un modèle parfait. Dans la réalité, le philosophe est homme et en relation avec des hommes : il ne doit donc pas s'isoler d'un État bien constitué : la société ne sera heureuse que quand elle sera gouvernée par les philosophes (2).

La politique, pour Platon, n'est qu'une morale agrandie, qui a sa base dans une sorte de psychologie de l'État. Aux trois parties de l'âme correspondent les trois castes principales de la République. Les magistrats sont la *tête* et la *raison* de l'État; les guerriers en sont le *cœur* et la *force ;* les artisans et les laboureurs veillent, comme l'*appétit*, à la satisfaction de ses besoins physiques.

Mais cette diversité des fonctions ne doit pas nuire à l'identité du but. Artisan, magistrat ou guerrier, tout citoyen se doit à l'État. Or, il y a deux causes d'opposition entre l'État et l'individu : la propriété et la famille. La propriété, c'est le *tien*, le *mien*, et par conséquent le particulier, l'individuel. Elle doit donc

(1) *Lois*, V, 739, c.
(2) *Rép.*, VI.

s'effacer devant l'unité idéale de l'État. La famille, c'est encore le particulier, source d'égoïsme et de division. Il faut donc supprimer, au moins chez les guerriers défenseurs de l'État, la propriété et la famille. Les femmes seront communes, non dans l'intérêt de la passion, mais dans un intérêt moral et patriotique. Il en sera de même des enfants, dont l'État fera l'éducation. Par la gymnastique et la danse, on fortifiera leurs corps; par la musique, on adoucira et réglera leurs âmes. Dans ce but, on soumettra à la censure la plus sévère toutes les œuvres des poëtes et des autres artistes. La politique et l'éducation ne sont qu'un seul et même art.

Le gouvernement le plus parfait est celui des *meilleurs*, parce que la raison y domine : c'est l'aristocratie, ou plutôt la sophocratie. Par malheur cette forme de l'État ne peut durer toujours. Bientôt la timocratie lui succède, et dans cette seconde forme le courage domine. Les autres espèces de gouvernement correspondent aux appétits : l'oligarchie repose sur les désirs nécessaires, sur l'économie, sur l'amour du gain; la démocratie, sur le goût de la liberté, et par conséquent du changement, et par conséquent encore du plaisir (1); la tyrannie enfin, résultat inévitable de la licence démocratique, est l'intempérance effrénée avec son cortége de passions méprisables : le tyran est le dernier des hommes. Telles mœurs publiques, tel gouvernement : sans la vertu, l'État ne peut subsister; de là l'absolue identité de la morale et de la politique.

III. Nous avons décrit l'État parfait, la *cité céleste*,

(1) Voir plus haut, dans l'Esthétique, l'identité du goût des changements et du goût des plaisirs.

l'Idée de l'État : ἐν οὐρανῷ ἴσως παράδειγμα ἀνάκειται τῷ βουλομένῳ ὁρᾶν. Le livre des *Lois* contient un idéal plus réalisable, qui est comme l'unité-multiple entre l'unité pure et la multiplicité pure; mais on y retrouve le même contraste entre la beauté des principes géné- et la dureté des institutions particulières.

La loi écrite est l'expression de cette loi non écrite, qui n'est autre que l'Idée même du juste. Or, l'Idée s'adresse à la raison, et c'est aussi à la raison que doit s'adresser la loi écrite. Un exposé de motifs doit toujours la précéder ; car ce n'est pas une force aveugle et brutale, mais une force intellectuelle qui éclaire en même temps qu'elle commande.

Il est une espèce de lois qui mérite plus particulièrement l'attention du philosophe : ce sont les lois pénales. Leur but est de sauver l'homme, non de le perdre ; de corriger le coupable en vue de la justice, et non de le faire souffrir par cruauté ou par intérêt. L'utilité séparée de la justice ne peut fonder la loi pénale. Platon en conclut que le principe de la pénalité est identique au principe de l'expiation. L'État est donc chargé de faire respecter le bien et de punir le mal, ce qui met le gouvernement humain à la place de la Providence divine. La conclusion inévitable, c'est l'omnipotence de l'État et son intervention en toutes choses, même dans les choses de la vie privée.

Comme un tel gouvernement, pour être parfait, devrait être infaillible, et que Platon connaît la faiblesse de l'esprit humain, il sent la nécessité de modérer le pouvoir par une constitution à la fois démocratique et monarchique (1). Cette théorie du gouverne-

---

(1) Cette idée n'appartient pas à Polybe et à Cicéron, comme on l'a cru. Voir les notes de notre édition classique du *De Republicâ* de Cicéron. (Delagrave, in-18.)

ment mixte est parfaitement d'accord avec les doctrines métaphysiques du *Philèbe* sur les trois genres de l'indéfini, du fini et du mixte. L'Idéal du gouvernement exposé dans la *République* serait l'unité absolue, achevée ou *finie*, et immuable. Les gouvernements vulgaires se perdent dans l'indéfini du despotisme ou de l'anarchie populaire, principe de mobilité et de troubles perpétuels. Enfin, le gouvernement modéré dont les *Lois* nous offrent le plan, appartient au genre intermédiaire, dans lequel l'unité et la multiplicité sont réconciliées pour produire l'ordre, la mesure et l'harmonie. Ces vues métaphysiques dominent la politique de Platon, comme elles dominent sa morale, son esthétique, sa philosophie tout entière.

LIVRE NEUVIÈME

RAPPORT DES IDÉES A DIEU. — THÉODICÉE PLATONICIENNE.

CHAPITRE I.

HIÉRARCHIE DES IDÉES.

I. Les Idées forment-elles une hiérarchie aboutissant à l'unité ? — II. Principaux degrés de la hiérarchie platonicienne. Classification des Idées. Catégories platoniciennes. — III. L'Unité, sommet de la hiérarchie. Son identité avec le Bien.

I. Les Idées forment-elles une hiérarchie dominée par une Idée suprême qui embrasse toutes les autres (1), ou subsistent-elles chacune en elle-même, comme autant d'êtres distincts (2) ?

Le but de la dialectique est d'apercevoir en toutes choses l'unité. Ce sont les contradictions du monde sensible qui, éveillant notre étonnement, nous font concevoir le monde intelligible. Mais s'il y a dans le second la même multiplicité que dans le premier, en quoi l'un diffère-t-il de l'autre ? comment l'intelligible peut-il expliquer le sensible ? Quoi ! Platon a

---

(1) Tiedemann, *De deo Plat.*, 46 et suiv.; Stallbaum, *Arguments*. — V. Cousin, *passim*; Paul Janet, *Dial. de Platon*; Jules Simon, *Hist. de l'École d'Alex.*; Vacherot, *Hist. de l'Éc. d'Alex.*

(2) Th.-H. Martin, *Études sur le Timée*. Cf. Rémusat : *L'œuvre de Platon* (*Rev. des Deux-Mondes*, janv. 1868). — Nous avons déjà étudié les rapports des Idées entre elles (liv. V), et il est facile de prévoir la conclusion à laquelle nous devons aboutir. Nous n'aurons souvent qu'à résumer ici ce que nous avons déjà longuement examiné.

poursuivi l'unité de toutes les forces de sa pensée ; sa dialectique, son esthétique, sa morale, sa politique, ne sont autre chose que la recherche de l'unité, et on pourra croire que, par la plus inexplicable contradiction, Platon s'arrête à la multiplicité et se borne à doubler le monde sensible, au lieu de ramener toutes choses à un même principe ! N'a-t-on pas reproché mille fois à Platon son amour exagéré de l'unité, et non sans quelque apparence de raison ? Ne l'a-t-on pas bien souvent comparé aux Éléates ? Que signifie ce reproche, si on prétend d'autre part que les Idées sont des êtres divers, principes multiples et insuffisants de la pluralité sensible ? C'est être inconséquent soi-même et prêter à Platon sa propre inconséquence. On ne comprendra jamais que l'auteur du *Parménide* ait abouti à une sorte de polythéisme métaphysique. Toutes les tendances de sa philosophie s'y opposent.

Nous pouvons invoquer mieux que des tendances : il y a dans Platon des doctrines formelles qui excluent toute interprétation de ce genre.

Le grand principe de la dialectique platonicienne, c'est que la *science* est une, et comme la nature de la science est identique à celle de son objet, il est certain à ses yeux que la *vérité* est une. Dans l'esprit de l'homme et dans la nature, tout se tient ; il y a parenté et unité dans toutes choses : τῆς φύσεως ἁπάσης συγγένους οὔσης (1). En partant d'une seule Idée, on peut tout découvrir. Cette Idée, en effet, dans son état d'isolement, ne satisfait point l'esprit ; individuelle et bornée, elle suppose autre chose qui l'embrasse et l'explique. Aussi éveille-t-elle dans l'âme le souvenir d'autres Idées avec lesquelles elle a un rapport immé-

---

(1) *Ménon*, 81, c.

diat, et celles-ci à leur tour éveillent d'autres réminiscences. L'âme, qui a jadis contemplé et comme possédé l'universel, ne peut être satisfaite de tout ce qui offre encore un caractère de particularité. Cette science confuse de l'universel qu'elle renferme et qu'elle enveloppe, une seule Idée suffit pour la développer : Οὐδὲν κωλύει ἓν μόνον ἀναμνησθέντα, ὃ δὴ μάθησιν καλοῦσιν ἄνθρωποι, τἆλλα πάντα αὐτὸν ἀνευρεῖν, ἐάν τις ἀνδρεῖος ᾖ καὶ μὴ ἀνακάμνῃ ζητεῖν (1). L'âme même, qui connaît, ne peut être connue à son tour sans que la nature du tout le soit également : Ψυχῆς οὖν φύσιν ἀξίως λόγου κατανοῆσαι οἴει δυνατὸν εἶναι, ἄνευ τῆς τοῦ ὅλου φύσεως (2). En un mot, Platon cherche partout à faire voir l'unité des Idées (3).

C'est ce qui fait que Platon considère les Idées particulières comme de simples suppositions (ὑποθέσεις), qui ont besoin d'être justifiées. L'esprit ne se repose que dans le principe *exempt d'hypothèse, qui se suffit à lui-même* (τὸ ἀνυπόθετον, τὸ ἱκανόν) (4). Platon nous montre le dialecticien montant et descendant tour à tour l'échelle des Idées (5), faisant d'une Idée plusieurs et de plusieurs une seule, enfin, trouvant un lien entre les choses qui semblaient d'abord les plus opposées.

En étudiant la communication des Idées, ne sommes-nous pas arrivés à cette conclusion : — Il est faux de nier tout rapport entre les Idées ; il est également faux d'établir au hasard des rapports immédiats entre tou-

---

(1) Meno., 81, ibid.
(2) *Phædr.*, 270, b.
(3) Rappelons aussi l'objection du *troisième homme*, connue de Platon, et qui force l'esprit à trouver une unité dernière au-dessus de toute multiplicité même idéale. (Voir livre IV.)
(4) *Phædo*, 100, a, s.; *Rép.*, VI, 511, b.
(5) *Philèbe*, 20, d.

tes les Idées, ce qui produit une confusion contraire à la science : la vraie science consiste à déterminer quelles Idées rentrent immédiatement les unes dans les autres, et quelles Idées ont besoin d'intermédiaires pour être unies. En dernière analyse, on peut toujours trouver un lien et un rapport entre deux Idées quelconques; seulement ce rapport peut être immédiat ou médiat ; et dans ce dernier cas, il faut remonter d'Idée en Idée pour trouver l'unité qui réconcilie enfin les différences. — Quel est le sens du *Parménide*, sinon que toutes les Idées participent l'une de l'autre, mais d'une manière déterminée et dans un ordre régulier? Ne pas observer cet ordre, c'est faire de la sophistique ; trouver par une méthode lente et progressive tous les moyens termes qui unissent les Idées sans les confondre, c'est faire de la dialectique.

De là résulte, entre les Idées, une hiérarchie qui n'a rien d'arbitraire, mais qui reproduit au contraire les rapports éternels des choses. Pour déterminer complétement tous les degrés de cette hiérarchie, il faudrait la science universelle ; essayons cependant, avec Platon, de faire connaître les plus importants.

II. Rappelons-nous d'abord qu'une Idée est supérieure à une autre non-seulement parce qu'elle est plus générale, mais parce qu'elle en est la raison, le principe d'existence et de perfection. Les Idées doivent donc se classer, non d'après la quantité seule, mais d'après la qualité.

S'il en est ainsi, nous placerons au plus bas degré de cette classification les Idées des genres ou espèces sensibles, premier produit de l'induction dialectique. Les choses les plus viles et les plus méprisables auront elles-mêmes leurs Idées, puisque ces choses sont possibles et définissables.

Les phénomènes de l'âme et les âmes elles-mêmes, étant supérieurs aux choses corporelles, supposent des Idées plus élevées en dignité.

Ces deux premières classes d'Idées se résument dans l'Idée de corps et dans l'Idée d'âme. La première est relative à la seconde, puisque c'est l'âme qui donne aux corps leurs mouvements et leurs formes.

Les deux Idées du *corporel* et du *spirituel* sont dominées elles-mêmes par les Idées de mouvement et de repos.

Qu'il y ait du mouvement dans le corporel, c'est ce que les Ioniens ont assez répété; mais il y a aussi du repos, puisque les corps tombent sous la connaissance, à laquelle échapperait la pure mobilité (1). Dans la connaissance elle-même, comme dans l'objet connu, il y a mouvement et repos. Si l'immobilité était absolue, la pensée humaine ne pourrait se mouvoir ni se développer. D'autre part, si tout était mobile dans la pensée, nos notions seraient incessamment changeantes, et la connaissance s'évanouirait en même temps que l'existence (2). Il y a donc dans l'âme, comme dans les corps, un mélange de mouvement et de repos.

Mouvement et repos supposent *nombre*, *espace* et *temps* (3).

En outre, ce qui se meut devient *autre* qu'il n'était; ce qui est immobile demeure *le même*. Le même et l'autre ne peuvent se confondre ni avec le repos ni avec le mouvement. Car le repos est le même que

(1) *Soph.*, loc. cit.
(2) *Théét.* et *Soph.*, loc. cit. Voir plus haut, page 254.
(3) *Tim.*, loc. cit. *Parm.*, ibid.

soi-même et autre que le mouvement, et on en peut dire autant de ce dernier. « Ce qu'on attribue en commun au repos et au mouvement ne peut donc être ni le repos ni le mouvement (1). »

Il y a une cinquième grande Idée qui se mêle aux précédentes : celle de l'être. Elle est beaucoup plus générale que le *repos*, le *mouvement*, le *même* et l'*autre*; et on ne peut la confondre avec ces Idées sans tomber dans des conséquences absurdes. Par exemple, si le *même* et l'*être* étaient identiques, dire que le repos et le mouvement *sont*, serait dire qu'ils sont *les mêmes*.

A l'Idée de l'être se joint celle du non-être, qui lui est relative; et ces deux Idées se trouvent dans tous les genres (2).

« L'être est *un*; le non-être est multiple à l'*infini*. » L'infini est la matière, l'unité est la forme; aucune des Idées qui précèdent n'est donc absolument pure de matière, c'est-à-dire de multiplicité. Comment pourrait-il en être autrement? Tant qu'on n'est pas parvenu au dernier degré de la dialectique, tant que plusieurs Idées restent en présence, chacune est ceci et n'est point cela; elle est « *elle-même une*, et elle n'est pas *tout le reste en nombre infini*; » elle a certaines qualités positives, et il en est une infinité qu'elle n'a point. Le principe de la forme n'est donc pas encore complétement victorieux de la matière; les formes intelligibles, déterminées jusqu'à un certain degré, laissent en dehors d'elles comme un abîme de déterminations qui leur manquent. Ce n'est point la vraie

---

(1) *Soph.*, ibid. Aux Idées du même et de l'autre se rattachent celles de similitude ou de dissimilitude (qualité) et d'égalité, ou d'inégalité (quantité). — Voir la première thèse du *Parménide*.

(2) *Soph.*, ibid.

universalité qui embrasse tout, du moins tout ce qui est positif, et même, dans un sens idéal, tout le négatif (1).

Examinons donc de nouveau les genres qui précèdent, et cherchons s'il n'y a rien au-dessus d'eux.

Le plus général est l'être. Or, l'*être*, en tant qu'il est objet de connaissance, s'appelle encore *vérité*. Tout ce qui *est*, est *vrai*. A la *vérité* de l'objet correspond dans le sujet *la science*. Vérité, science; être, expriment donc diverses relations de la même Idée avec d'autres Idées inférieures.

Toutes les choses dont nous avons parlé jusqu'à présent n'existent qu'à la condition de réunir en elles une forme et une matière, l'unité et la multiplicité, dans un certain rapport. Les rapports les plus voisins de l'unité, ceux qui en participent le plus et l'expriment le mieux par leur simplicité même, constituent la proportion et l'harmonie, ou *ordre*. C'est ainsi que les trois sons musicaux qui forment l'accord parfait sont ceux qui offrent les rapports les plus simples et les plus voisins de l'unité.

L'être, la vérité, l'ordre, conçus non plus seulement comme objet de l'intelligence, mais comme objet de l'amour, prennent le nom de *beauté*.

Dans tout ce qui est, il y a de la vérité, de la proportion et de la beauté, mais à des degrés divers. Plus on se rapproche de l'unité, plus le vrai, le beau et l'harmonie augmentent.

Dans leur rapport à la volonté et aux actions des hommes, la proportion et la beauté constituent le juste; et la justice, elle aussi, s'accroît à mesure que l'harmonie des facultés dans l'âme et l'harmonie des

(1) Voir l'analyse du *Parménide*.

individus dans la société se rapprochent de l'unité idéale.

Au-dessus de tous les genres, nous trouvons donc toujours l'unité ; ne sera-ce point là le genre suprême, l'Idée primitive qui enveloppe les autres (1) ?

III. Considérez dans leur ensemble toutes les Idées, et cette Idée nouvelle, en dehors de laquelle il n'y a plus rien d'intelligible, aura un caractère évident d'universalité. Toutes les déterminations qui, considérées en particulier, constituaient telle ou telle Idée spéciale, maintenant rapprochées dans leur ordre véritable, se complètent l'une l'autre et forment un ensemble dont la réalité est achevée.

Mais ce mot d'*ensemble*, qui paraît indiquer une collection, une totalité, ne doit pas faire illusion. L'Idée des Idées n'est point un tout divisible en un certain nombre de parties : les différences et les divisions qu'on introduit au sein de son unité n'ont rien d'analogue aux divisions matérielles. Qui dit Idée, dit un certain ordre d'objets considérés dans leur pureté et leur simplicité absolue. Or, les qualités et les formes ne s'opposent les unes aux autres que dans l'état de mélange et d'imperfection : élevez-les à leur degré suprême, et au lieu de l'opposition vous apercevrez l'harmonie et l'unité. Car la perfection d'une chose est au fond la même que la perfection de toutes les autres choses (2).

L'Unité de Platon n'est point celle qui naît du vide absolu, mais de la plénitude absolue. Ce n'est pas le

---

(1) Aristote : « Les Idées sont causes de l'être pour les autres choses ; et l'Un est cause de l'être pour les Idées. Τὰ γὰρ εἴδη τοῦ ἔστιν αἰτία τοῖς ἄλλοις, τοῖς δ' εἴδεσι τὸ ἕν. » *Mét.*, I, 6.

(2) Voir plus haut, p. 234, note.

dernier degré de l'abstraction et de l'indétermination, mais la détermination suprême.

Lorsque nous considérons toutes choses à ce point de vue de la perfection, qui est à la fois universelle et indivisible, l'Unité nous apparaît comme entièrement identique au Bien.

Platon nous le répète à chaque instant : en toutes choses, c'est l'unité qui est le bien. Sa morale, sa politique, son esthétique, sa dialectique, n'ont pas d'autres conclusions. La pensée ne se repose, dit-il, que quand elle est parvenue à un principe universel (ἡ τοῦ παντὸς ἀρχή), inconditionnel et se suffisant à lui-même (ἱκανόν). « Mais quoi? dit-il dans le *Philèbe*, ce qui se suffit à soi-même n'est-il pas le bien? — Comment en serait-il autrement? c'est là le caractère distinctif du bien par rapport à toutes les autres choses. Τί δὲ; ἱκανὸν τἀγαθόν; Πῶς γὰρ οὔ; καὶ πάντων γε εἰς τοῦτο διαφέρει τῶν ὄντων (1). » Et dans le VI° livre de la *République*, Platon nous dit formellement que le principe exempt d'hypothèse, qui seul se justifie par lui-même parce qu'il a en lui-même sa raison : c'est l'Idée du Bien (2).

(1) *Phil.*, 20, d; Cf. 100, a, s.
(2) *Rép.*, VI, 511, b.

CHAPITRE II.

L'IDÉE DU BIEN SUPÉRIEURE A L'ESSENCE.

I. Dans quel sens les Idées *sont*. Sens vague et sens précis du mot *être*. Que les Idées sont essences. — II. Comment l'Idée du Bien est supérieure à l'essence. Qu'elle n'est pas une unité vide d'être.

L'*être*, la *pensée*, le *Bien*, sont les termes les plus élevés de la hiérarchie des Idées. Toute la métaphysique est dans la détermination du rapport qui les relie, et c'est dans cette grande question que se montre le mieux l'originalité de la philosophie platonicienne.

Etudions d'abord la relation du Bien et de l'être.

I. Le mot *être*, malgré sa simplicité apparente, peut donner lieu à plus d'une équivoque, dans la langue grecque comme dans la langue française. Platon a parfaitement compris ce que ce mot offre de vague et tout l'embarras qu'il cause au philosophe. Il s'est attaché surtout à faire comprendre que ce terme n'est point *univoque* par rapport à l'intelligible et au sensible. S'il est vrai de dire que les Idées *sont*, alors on ne peut plus dire avec propriété et exactitude que les objets sensibles sont également (1). Et cependant, peut-on dire qu'ils *ne sont point?* Pas davantage. Ils sont par rapport au non-être absolu; ils ne sont pas par rapport aux Idées : leur existence est un milieu entre le manque absolu et la plénitude absolue de l'exis-

(1) *Tim.*, 52, a.

tence. C'est pour exprimer cette position intermédiaire que Platon emploie le terme de *phénomène* ou *génération*. Le mot γένεσθαι, souvent employé par les Grecs comme synonyme de εἶναι, convient véritablement au monde sensible, et il faut réserver le second terme pour le monde intelligible.

Cependant l'être, τὸ εἶναι, n'est pas encore le terme le plus exact pour exprimer la réalité des Idées. Ce mot est encore beaucoup trop vague : les nécessités de la langue nous obligent à l'employer dans un sens qui dépasse indéfiniment la réalité des Idées et s'étend même jusqu'au non-être. Partout où il y a affirmation et négation, quels que soient les objets, nous sommes forcés d'employer le mot *être*. Cette nécessité du langage a d'ailleurs un sens profondément philosophique, et répond à une nécessité des choses mêmes : tout, en effet, participe plus ou moins des Idées et ne peut ni exister, ni être conçu, ni être exprimé ou défini sans cette participation plus ou moins lointaine à la véritable existence. Le mot *être*, εἶναι, dans son sens le plus ordinaire, indique une participation quelconque aux Idées, et il est dès lors d'une application tellement étendue qu'on le retrouve jusque dans le non-être : le non-être *est* non-être, et en ce sens il est (1).

Quelle est donc l'expression qui désigne le mieux la réalité des Idées, parce qu'elle la désigne de la manière la plus distincte ? — Ce sera celle qui exprimera, non pas l'existence en général, mais l'existence déterminée et douée de qualités positives, différentielles et *essentielles* : ce sera l'*essence*, ἡ οὐσία. Tout ce qui a *existence* a *essence*, par sa participation aux Idées, qui sont les essences mêmes.

(1) V. notre analyse du *Sophiste*.

Le terme d'essence ne désignera donc pas pour nous l'existence abstraite, mais la réalité de l'Idée.

II. Or, si toute détermination essentielle est une, elle n'est cependant pas encore l'Unité absolue. L'Idée du beau, par exemple, est sans doute une détermination parfaite, dont l'universalité contraste avec la multiplicité des individus qui en participent à divers degrés; mais enfin c'est *une certaine détermination*, conçue comme distincte de toute autre, comme s'opposant aux autres. Par conséquent, si elle est une en elle-même, elle n'est pas unique; elle n'est pas la pure et simple Unité, la détermination complète *sous tous les rapports possibles*, la plénitude de la perfection : elle est *un bien*, elle n'est pas *le Bien*.

Les modernes diraient, dans un autre langage, mais non avec plus de profondeur : la beauté parfaite est déjà infinie, mais infinie seulement sous le rapport de la beauté ; la perfection absolue, au contraire, est infiniment infinie.

Concluons que chaque *essence*, impliquant la distinction à côté de l'universalité, la différence à côté de l'identité, conserve par là même quelque chose de particulier et de multiple. Donc il y a au-dessus de l'essence un terme supérieur, qui ne doit pas prendre le même nom; car le genre a un autre nom que ses espèces. Les essences sont les espèces du bien, par conséquent elles ne sont pas *le Bien ;* et d'autre part le Bien, à parler rigoureusement, n'est point une essence. — « Les êtres intelligibles ne tiennent pas seulement du Bien ce qui les rend intelligibles, mais encore leur être et leur essence, quoique le Bien lui-même ne soit point essence, mais *quelque chose fort au-dessus de l'essence* en dignité et en puissance (1). »

Ainsi, les Idées particulières *sont* et sont *telles* par la communication du Bien ; elles en reçoivent l'être et les déterminations de l'être, τό εἶναί τε καὶ τὴν οὐσίαν. Mais le Bien lui-même n'est point tel ou tel ; il n'est point une essence, une détermination particulière ; il est l'unité de toutes les déterminations dans la réalité suprême, dont on ne peut dire avec vérité qu'une seule chose : elle *est*. Aussi devons-nous exclure du Bien toutes ces déterminations de quantité, de nombre, de temps et même de qualité, « que, dans notre igno-
» rance, nous transportons mal à propos à la substance
» éternelle (2). Nous avons l'habitude de dire : elle
» fut, elle est et sera ; *elle est,* voilà ce qu'il faut dire
» en vérité. Le passé et le futur ne conviennent qu'à la
» génération qui se succède dans le temps ; car ce sont
» là des mouvements. Mais la substance éternelle, tou-
» jours la même et immuable, ne peut devenir ni plus
» vieille ni plus jeune, de même qu'elle n'est, ni ne
» fut, ni ne sera jamais dans le temps. Elle n'est su-
» jette à aucun des accidents que la génération impose
» aux choses sensibles, à ces formes du temps qui
» imite l'éternité et se meut dans un cercle mesuré par
» le nombre. De même, quand nous appliquons *le mot*
» ÊTRE *au passé, au présent, à l'avenir, et même au*
» *non-être, nous ne parlons pas exactement.* Mais ce
» n'est point ici le lieu de s'expliquer de ces choses
» plus en détail (3). »

---

(1) *Rép.*, VI, 506, e.
(2) *Timée,* 37, e ; 52, a, s. Voir la première thèse du *Parménide.*
(3) Il y a peut-être ici une allusion au *Parménide,* de même que plus loin, page 155 C.-M. Cousin dit « qu'il est contraire à l'art antique de renvoyer d'un dialogue à l'autre. » Nous avons vu cependant des allu-

Il est impossible de mieux opposer le sens vague du mot être à son sens exact.

L'être général et abstrait est précisément le contraire de l'Être universel et concret. Comme nous l'avons dit, l'un est le vide de l'être, l'autre en est la plénitude. Quant à l'*essence*, c'est quelque chose d'intermédiaire entre l'être indéterminé et l'être absolument déterminé. Ce dernier est bien supérieur à l'essence, mais non à l'existence, car il *est* au contraire dans l'acception la plus absolue de ce terme.

Aussi, dans le passage de la *République* cité plus haut, Platon ne dit pas que le Bien soit supérieur à l'être. Dans la phrase précédente, en parlant des Idées, il avait rapproché les deux mots d'être et d'essence; mais, en parlant de l'Idée suprême, il ne retire que le second terme, comme impliquant encore quelque imperfection. Le premier seul lui reste dans toute sa simplicité, et aussi dans sa compréhension infinie.

On voit combien est grossière l'erreur de ceux qui attribuent à Platon la confusion du Bien avec l'Unité vide qu'on prête à Parménide, l'Unité exclusive de toute existence. Une telle opinion est la négation même du platonisme. La suite du VIe livre et le VIIe suffiraient déjà pour réfuter une critique aussi étrange. « L'organe de l'intelligence, dit Platon, doit se tourner, avec l'âme tout entière, de la vue de ce qui naît vers la contemplation de *ce qui est*, et de ce qu'il y a de plus lumineux dans l'*être* : et cela nous l'avons appelé le Bien (1)... Il s'agit d'imprimer à l'âme un mouvement qui, du jour ténébreux qui l'environne, l'élève

---

sions de ce genre assez nombreuses; exemples : l'*Euthyphron*, le *Théétète*, le *Sophiste*, le *Politique*, le *Criton*, etc.

(1) *Rép.*, VI, 520. — *Cous.*, 72.

jusqu'à la vraie lumière de l'*être* (1). » Et plus loin : « Il faut voir si la géométrie et le calcul tendent à notre grand but, je veux dire à rendre plus facile la contemplation du *Bien*. Car c'est là, disons-nous, que vont aboutir toutes les sciences qui obligent l'âme à se tourner vers le lieu où est cet *être, le plus heureux de tous les êtres*, que l'âme doit contempler de toutes manières (2). » Plus loin encore : « L'étude des sciences élève la partie la plus noble de l'âme jusqu'à la contemplation *du plus excellent de tous les êtres* (3). » Est-ce donc une abstraction vide, un non-être, que Platon appellerait *le plus heureux de tous les êtres* ? ou plutôt n'est-il pas de la dernière évidence que le Bien est pour lui la plénitude de l'existence, et que l'expression même d'essence lui semble trop étroite pour désigner l'infinie perfection ? Il le dit lui-même : s'il retire au Bien l'essence, ce n'est pas parce que le Bien est au-dessous d'elle, mais qu'au contraire il la surpasse infiniment en beauté et en dignité (4). Si vous appelez êtres les objets sensibles, si même vous appelez êtres les formes intelligibles, alors ce nom n'est plus suffisant pour le Bien, et Platon lui-même n'eût pas craint de dire alors que le Bien est au-dessus de l'être. Pris dans ce sens, en effet, l'être ne s'explique pas et ne se soutient pas lui-même : il a une raison, et cette raison, c'est le Bien. Pourquoi telle chose existe-t-elle ? demandons-nous. Et la seule véritable réponse est celle-ci : Parce que cela est bien, parce que cela est mieux ainsi qu'autrement (5). Sui-

---

(1) *Id.*, 522. — C., 79.
(2) *Id.*, 93.
(3) *Rép.*, VII, 601. — *Cous.*, p. 104.
(4) *Rép.*, VI, 506, e.
(5) *Phædo*, 100, sqq.

vez ce mouvement de dialectique, et le dernier terme de la pensée, la dernière réponse à la dernière des questions, ce ne sera plus telle qualité bonne, tel être bon, mais le Bien lui-même.

Platon attache la plus grande importance à la distinction qui existe entre *être bon* et *être le Bien* (1). Le Bien qui ne viendrait que comme l'attribut d'un être (cet être fût-il le premier de tous), ne serait pas lui-même le *Bien principe*, le Bien en soi. Ce ne serait plus qu'un bien accidentellement existant, qui aurait un caractère de dépendance par rapport à un principe autre que le Bien. Or, c'est précisément ce caractère de dépendance et de simple attribut pour le Bien que Platon repousse avec le plus grand soin. On se rappelle avec quelle force, dans le *Premier Hippias*, il rejette la subordination du bien au beau : ce serait, dit-il, mettre l'attribut au-dessus du principe, l'effet au-dessus de la cause, le fils au-dessus du père. Le véritable père des Idées, c'est le Bien : les autres Idées ne sont que des aspects plus ou moins incomplets de cette Idée suprême.

Il y a dans toute la philosophie de Platon un souffle religieux et moral qui le fait s'indigner à la pensée d'attribuer au Bien un rang inférieur. Quoi ! le Bien aurait quelque chose au-dessus de lui ! le Parfait, l'Absolu, ne serait pas le premier principe; il aurait sa raison en dehors de lui-même, comme si la perfection n'était pas la raison d'être, comme si elle n'enveloppait pas nécessairement la réalité ! Pourquoi l'imparfait serait-il, et le parfait ne serait-il pas? et quelle raison d'existence peut-on trouver à l'être parfait, si ce n'est sa perfection même?

(1) Voir, en particulier, *Rép.*, VI, 506, sqq.

Ne disons donc plus que le principe des choses et des Idées est un être bon, mais qu'il est le Bien, principe de l'essence et identique lui-même à l'être absolu. Nous ne dirons même pas : l'*Unité bonne*, mais : le Bien un. Car le Bien est véritablement la substance, et l'unité n'en est que l'attribut inséparable.

CHAPITRE III.

LE BIEN, SUPÉRIEUR A L'INTELLIGENCE.

I. Le Bien n'est pas l'intelligence. Comment le Bien, par son unité absolue (universalité et indivisibilité), est supérieur à la pensée, à la définition. Indétermination du Bien relativement à nous. — II. Comment le Bien, par l'infinité des déterminations de son être, est pour nous indéfiniment déterminable. Retour à la thèse et à l'antithèse du *Parménide*.

I. L'essence et la vérité ne font qu'un; il n'y a point de vérité en dehors de l'essence: Οἷόν τε οὖν ἀληθείας τυχεῖν ᾧ μηδ' οὐσίας (1); l'essence est la détermination considérée en elle-même; la vérité est la détermination considérée comme intelligible.

Or, la vérité n'est pas intelligible par accident, mais par essence : elle est donc éternellement entendue par l'intelligence, et c'est ce rapport qui constitue la Science en soi.

Le Bien est-il l'intelligence? — Platon a déjà répondu à cette question dans le *Philèbe*; il la pose de nouveau et la résout de la même manière dans la *République*. « Tu n'ignores pas que la plupart des hommes font consister le bien dans le plaisir, et d'autres plus raffinés dans l'intelligence. Tu sais aussi que ceux qui partagent ce dernier sentiment ne peuvent expliquer ce que c'est que l'intelligence, et qu'à la fin ils sont réduits à dire qu'elle se rapporte au bien (2). » Tel est, en effet, le cercle vicieux de ceux qui placent

---

(1) *Théét.*, 140, loc. cit. — Aristote dit également : Ὥσθ' ἕκαστον ὡς ἔχει τοῦ εἶναι, οὕτω καὶ τῆς ἀληθείας. (*Mét.* II.)
(2) *Rép.*, VI.

le bien dans la science ; car la science ne se comprend pas par elle-même et suppose nécessairement un objet. C'est donc l'objet de la science, plutôt que la science, qui mérite d'être appelé le bien. Aussi demandez à ceux qui appellent bien la connaissance, de quelle connaissance ils veulent parler ; et ils répondent : la connaissance du bien. « Oui, et cela est fort plaisant. — Et comment ne serait-il pas plaisant, de leur part, de nous reprocher d'abord notre ignorance à l'égard du bien, et de nous en parler ensuite comme si nous le connaissions. Ils disent que c'est l'intelligence du bien, comme si nous devions les entendre dès qu'ils auront prononcé le mot de bien. — Mais ceux qui définissent l'Idée du bien par celle du plaisir sont-ils dans une moindre erreur que les autres? Ne sont-ils pas contraints d'avouer qu'il y a des plaisirs mauvais, et par conséquent d'avouer que les mêmes choses sont bonnes et mauvaises (1)? » Il ne s'agit pas seulement là du bien moral, du juste; mais du Bien en soi, qui est le principe de la justice comme de toutes les autres Idées. Ni le plaisir ni l'intelligence n'en épuisent la notion et n'en peuvent fournir la définition.

La vérité est que le Bien est indéfinissable. L'appeler le plaisir, ou même le bonheur, c'est le confondre avec son effet sur la sensibilité. L'appeler l'intelligence ou la science, c'est intervertir l'ordre des Idées et mettre l'intelligence avant l'intelligible. De même, le Bien n'est pas le beau, car le beau est seulement la splendeur du Bien. Le Bien n'est pas le juste; car le bien moral dérive du Bien en soi, auquel il est inférieur en étendue. Le Bien n'est pas l'être, car si vous

---

(1) *Ib.*

prenez ce mot dans son sens vague, il peut désigner des choses qui ne sont pas le Bien, et même des choses mauvaises; et si vous le prenez dans son sens strict, il signifie alors que le Bien est l'Être complet, l'Être parfait, l'Être bon; ce qui revient à dire que le Bien est le Bien. On ne peut pas non plus définir le Bien par l'*ordre;* car l'idée d'ordre ne se comprend pas sans l'idée d'une fin en vue de laquelle les choses sont ordonnées, et d'un type d'unité qu'elles s'efforcent de reproduire au sein du multiple. Appeler le Bien la fin universelle, c'est le qualifier dans son rapport au mouvement du monde sensible; ce n'est pas encore le définir, car il reste à savoir quelle est cette fin à laquelle tend le monde. Enfin, dire que le Bien est l'unité, c'est exprimer le caractère dialectique auquel on peut le reconnaître, mais ce n'est pas le définir; c'est plutôt le déclarer indéfinissable.

Et on peut démontrer scientifiquement cette impossibilité de définir le Bien. Elle résulte premièrement de ce que le Bien est universel. Il n'y a donc au-dessus de lui aucun genre supérieur dans lequel on puisse le faire rentrer, comme une espèce caractérisée par des différences. Dira-t-on que l'Idée de l'être est plus universelle encore que l'Idée du Bien, et que la dialectique devrait aboutir, pour éviter toute inconséquence, à l'Idée de l'être abstrait et indéfini? C'est là une illusion de logique dans laquelle Platon n'est point tombé. Il avait distingué trop profondément, comme nous l'avons vu, le sens vague et le sens précis du mot être. Le Bien n'est pas l'être, au sens large et vide de ce mot, mais il est l'Être dans sa plénitude. Or, il ne faut pas dire que l'être en général, désignant l'imparfait comme le parfait, est supérieur par l'universalité à l'Être parfait; d'où il résulterait qu'au-dessus de l'Être en soi et de l'être dérivé s'éleverait une troisième Idée, celle de l'*être*. C'est là une objection analogue à celle du *troisième homme* exposée dans le *Parménide*, et Platon la dédaigne avec raison. L'imparfait n'a qu'un être dérivé, emprunté à la perfection. Tout l'être qu'il possède se trouve éminemment dans le Bien. Le Bien a donc une véritable universalité : lui ajouter l'être des choses imparfaites, ce ne serait pas augmenter son être ; car, ce qu'on prétendrait lui ajouter, il le possède déjà. La seule chose qu'il ne contienne pas, c'est la limitation et l'imperfection ; il a tout le positif, sans le négatif. Or, on ne peut concevoir au-dessus de ces deux termes un terme supérieur, puisque le second n'existe que par l'autre et ne peut être considéré comme une essence. Donc, en dehors de la perfection, il n'y a rien de positif, rien qui *soit* à parler exactement ; et on ne fait que jouer sur les mots en élevant au-dessus de l'Être absolument déterminé, un prétendu être abstrait et indéterminé qui n'est autre chose que le non-être lui-même. On confond ainsi les deux extrémités opposées de la dialectique : le Bien un, et la matière indéfinie.

Concluons avec Platon que le Bien est l'universalité absolue, dernier terme de la dialectique, et qu'il est absolument indéfinissable, puisqu'il est à lui-même sa propre essence.

Le Bien est encore indéfinissable à un autre titre. Nous savons qu'il est un et simple, et qu'en même temps il est la réalité suprême ; par conséquent, il est l'absolue individualité. Or, l'individu ne se définit pas ; toute définition est une analyse, un *nombre* (1) ; elle occupe la région intermédiaire qui s'étend entre l'u-

---

(1) V. plus haut, p. 243.

nité absolue et la multiplicité absolue. Mais les deux extrêmes lui échappent : l'un est au-dessous, l'autre est au-dessus de la définition, comme de l'essence.

S'il en est ainsi, le Bien ne peut plus être un objet de connaissance discursive, de connaissance humaine, au sens propre de ce mot, bien qu'il soit le principe de toute connaissance. Tout est éclairé de sa lumière, rien n'est visible que par lui, rien n'est visible qu'en lui; mais ce soleil intelligible a trop d'éclat pour nos faibles regards. « Tiens pour certain que ce qui répand sur les objets de la connaissance, la lumière de la vérité, ce qui donne à l'âme qui connaît la faculté de connaître, c'est l'Idée du Bien. Considère cette Idée comme le principe de la *science* et de la *vérité* en tant qu'elle tombe sous la connaissance; et quelque belles que soient la science et la vérité, tu ne te tromperas point en pensant que l'Idée du Bien *en est distincte* et les *surpasse en beauté*. En effet, comme dans le monde visible on a raison de penser que la lumière et la vue ont de l'analogie avec le soleil : de même, dans l'autre sphère, on peut regarder la science et la vérité comme ayant *de l'analogie avec le Bien ;* mais on aurait tort de prendre l'une ou l'autre pour le Bien lui-même qui est d'un prix tout autrement relevé (1).... *Aux dernières limites* du monde intelligible est l'*Idée du Bien* qu'on aperçoit avec peine; mais qu'on ne peut apercevoir sans conclure qu'elle est la cause de tout ce qu'il y a de *beau* et de *bon* (2); que, dans le monde visible, elle produit la lumière et l'astre de qui elle vient directement; que, dans le monde invisible,

---

(1) *Rép.*, VI, 511, b.
(2) Remarquez la distinction du *bon* et du *Bien ;* l'un participe au Bien, l'autre est le Bien même.

c'est elle qui produit directement la *vérité* et l'*intelligence*. »

Ne nous étonnons plus que le Bien en soi échappe à notre connaissance, puisque, pour l'embrasser complétement, il faudrait être le Bien lui-même. Chose étrange au premier abord, mais nécessaire et certaine, comme nous l'a montré le *Parménide;* c'est parce que le Bien est la suprême détermination qu'il est pour nous indéterminé. Le défini et l'indéfinissable semblent coïncider dans le premier principe; mais cela tient à la différence des points de vue. Le Bien est parfaitement défini en lui-même et pour lui-même; il ne l'est point pour nous. Gardons-nous, pour cela, de le confondre avec son contraire, avec ce qui est indéfini non pas seulement pour nous, mais en soi. Au premier abord, il semble que le Bien et la matière, l'Être et le non-être soient identiques, parce qu'ils produisent dans notre pensée la même obscurité. Mais Platon a pris soin de nous prémunir contre cette illusion. « La vue peut être troublée de deux manières et par deux causes opposées, par le passage de la lumière à l'obscurité, ou par celui de l'obscurité à la lumière (1). » L'obscurité complète, c'est le non-être, c'est la matière indéfinie, que saisit une sorte de raisonnement bâtard : « Elle est à peine admissible ; nous ne faisons » que l'entrevoir comme dans un songe (2). » A l'autre extrémité est l'Idée du Bien, également invisible parce qu'elle est la pleine lumière de l'Être. Imaginez une sphère immense remplie d'une lumière partout égale à elle-même, partout éblouissante, sans mélange d'ombres ni de couleurs : l'œil de l'homme, au milieu de cette lumière, sera aussi aveugle que s'il était dans

(1) *Rép.*, *ib.*, sqq.
(2) *Timée*, p. 56, b.

l'obscurité. C'est qu'il faut à notre regard, pour que la vision soit possible, des différences, des distinctions, de la multiplicité, un mélange de lumière et d'ombre; et de même il faut à notre esprit, pour qu'il puisse connaître et définir, un mélange d'être et de non-être, un reste de pluralité au sein de l'unité. Aussi le philosophe et le sophiste paraissent-ils se ressembler aux yeux de la multitude; le second est inintelligible parce qu'il s'enfuit dans les ténèbres du non-être, le premier est incompréhensible pour le vulgaire parce qu'il est en commerce perpétuel avec la lumière de l'Être (1).

Le pur non-être, nous a dit encore Platon dans le *Sophiste, ne peut être énoncé proprement, ni conçu en lui-même : il est insaisissable à la pensée et au langage, à la parole et au raisonnement.* Il est donc au-dessous de la connaissance. — Nous avons retrouvé la même formule dans le *Parménide* à propos de la pure Unité; mais c'était dans un sens bien différent. L'Un en soi est incompréhensible et ineffable parce qu'il est au-dessus de la connaissance.

Mais si l'Un est un, il est aussi l'Être, et par là il va redevenir un objet de pensée. Parménide s'en tenait à la première conclusion; mais, dans ce cas, ce qui était tout à l'heure l'expression d'une vérité sublime, — à savoir que le Bien est ineffable et inconcevable, — devient la réfutation même de Parménide. Car, en fait, nous connaissons et nous nommons le Bien. Donc, inaccessible en lui-même, il est cependant accessible par quelque côté, et c'est ce qu'il s'agit de faire comprendre.

---

(1) *Soph.*, 277, tr. Cousin.

II. Remarquons d'abord qu'une chose indéfinissable peut quelquefois se décrire et se déterminer, quoique incomplétement. C'est ainsi qu'on décrit Socrate ou Simmias, sans pouvoir ni les définir ni épuiser complètement la série de leurs caractères. Le Bien universel et individuel tout ensemble pourra aussi se décrire et se déterminer progressivement par les effets qu'il produit et par les Idées qu'il enferme dans sa compréhension. Seulement, cette compréhension étant infinie, jamais l'intelligence ne la saisira tout entière.

Qu'on y songe bien. La perfection, comprenant en elle toutes les qualités positives, renferme par là même virtuellement une infinité de déterminations distinctes, de formes et d'Idées. Elle est une absolument, et elle est relativement *infinie en nombre*, pour parler comme Platon. Celui-ci ne répète-t-il pas à chaque instant que l'Idée, une en soi, paraît multiple par l'effet des relations établies dans son sein même, ou par son rapport aux autres Idées? A ce point de vue, la plénitude du Bien contient éminemment toutes choses ; rien ne peut exister qui n'ait en lui son type et son essence. Tout à l'heure, on ne pouvait rien affirmer du Bien ; et maintenant, on en peut tout affirmer ; tout, dis-je, excepté le négatif ; car alors ce ne serait plus une affirmation, mais une négation ; on ne parlerait plus de l'Être, mais du non-être ; du Bien, mais de la matière. Et encore, le principe même de la privation doit se trouver dans quelque qualité positive du Bien.

Le *Parménide* nous a fait comprendre que cette contradiction apparente est la loi nécessaire des choses et l'expression de la vérité. Si l'un est, disait Parménide, il soutient un rapport nécessaire avec l'espace, le temps, et toutes les déterminations de la pensée humaine; il enveloppe la multiplicité, le temps, le changement, le devenir. — Oui, sans doute, il enveloppe toutes ces déterminations, mais d'une manière éminente et idéale, parce qu'il est la raison et l'essence de toutes choses, même du mouvement, même du temps, même de l'espace, même de la pluralité. Sans lui, rien n'est possible; sans lui, rien n'est réel. Le monde sensible lui-même existe donc en Dieu sous la forme supérieure de l'Idée; ramené à son principe, il devient le *vivant intelligible*, αὐτόζωον, qui contient en soi toutes les espèces d'êtres.

« Si nous ne pouvons saisir le Bien sous une seule Idée, dit Platon dans le *Philèbe*, saisissons-le sous trois Idées : celles de la beauté, de l'ordre et de la vérité (1). » Il rend ainsi au Bien tous les noms qu'il lui avait enlevés d'abord, parce qu'on voulait les considérer, non plus comme de simples qualifications incomplètes du Bien, mais comme une définition complète. Disons donc, sans contradiction réelle, que le Bien est le beau, et qu'il n'est pas le beau; qu'il est et n'est pas l'ordre, qu'il est et n'est pas la vérité, l'intelligence, la science; ou plutôt il est tout cela, et il est quelque chose de plus encore.

(1) *Philèbe*, loc. cit.

CHAPITRE IV.

LE BIEN, PRINCIPE DES IDÉES, EST DIEU. — PREUVE DIALECTIQUE DE L'EXISTENCE DE DIEU.

I. Rapport des Idées a Dieu. Elles ne sont pas primitivement et essentiellement des pensées divines, mais des déterminations de l'être divin. Critique de l'opinion qui attribue aux Idées une existence séparée de l'existence divine. — II. Discussion des textes. Le *Timée*, la *République*, le *Philèbe*, le *Phèdre*, etc.

I. Il est un nom que nous n'avons pas encore donné au Bien, et qui est cependant son nom le plus auguste; c'est celui sous lequel l'humanité l'adore, et que le plus humble des hommes, comme le plus profond des philosophes, répètent également sans en comprendre également la profondeur : le nom de Dieu.

Le Bien, pour Platon, est-il Dieu? — Non, répondent quelques interprètes du platonisme, qui, à force d'étudier la lettre, ont fini par laisser échapper l'esprit de la doctrine.

Mais si le Bien n'est pas Dieu, il est donc plus que Dieu ! car, pour Platon, il n'y a rien au-dessus du Bien, et le Bien lui semble supérieur à tout le reste, même à la vérité, même à la beauté, même à l'essence et à l'intelligence. Qu'on cherche donc un nom plus auguste encore que celui de Dieu pour le donner au Bien.

Une telle interprétation de Platon n'est-elle pas la négation du platonisme lui-même? Cependant, elle a été soutenue par un de nos plus savants critiques, M. Th.-H. Martin. D'une part, M. Martin ne veut pas admettre que les Idées soient le Bien, et que le Bien soit Dieu. D'autre part, il n'admet pas davantage qu'il y ait pour Platon des degrés dans la nature divine, et comme des hypostases. Mais alors, qu'est-ce que le Bien, si le Bien n'est pas Dieu ; et que sont les Idées, et que peut être Dieu lui-même ?

Si Platon avait professé cette mythologie inintelligible, n'hésitons pas à le dire, il n'y aurait point dans toute l'histoire de la philosophie un second exemple d'une pareille contradiction.

Mais oublions un instant l'esprit qui anime Platon, sa tendance excessive à l'unité, son admiration pour Parménide dont la doctrine lui semblait *comme un flot toujours prêt à l'engloutir* (1) ; et étudions le sens des textes mêmes.

M. Th.-H. Martin ne cite qu'un seul texte positif à l'appui de son interprétation. « Platon, dit-il, déclare nettement dans le *Timée*, que les Idées existent *en elles-mêmes*, et qu'elles ne peuvent *exister dans aucun autre* ÊTRE. Cet endroit du *Timée* confirme ce qu'Aristote a dit de l'existence complétement *séparée* et indépendante, attribuée aux Idées par Platon. » Remarquons d'abord cette interprétation inexacte du τὸ χωριστόν, dont le sens est pourtant de la plus grande clarté. Platon entend par là une existence séparée *du monde sensible*, et non du Bien. C'est aussi ce qu'entend Aristote : « Socrate, dit-il, ne séparait pas les universaux des objets sensibles ; Platon les sépara (διέχωρισε) (2). » Et ailleurs : — « Platon admettait trois sortes de nombres, parmi lesquels les nombres idéaux, *séparés* des objets sensibles (χωρισταὶ ἰδέαι). » C'est ce qu'entendait toute l'antiquité. Χωριστὰ τὰ γένη, ἢ ἐν τοῖς

---

(1) *Études sur le Timée*, t. II, p. 175 ; *Id.*, note 22, § 2.
(2) *Mét.*, I, v, vi, 985 ; *Ib.*, VI (VII), ii, 1028.

αἰσθητοῖς, disait Porphyre, en posant la question des universaux.

Voici maintenant l'expression du *Timée* sur laquelle s'appuie M. Martin : τὸ κατὰ ταὐτὰ εἶδος ἔχον, ἀγέννητον καὶ ἀνώλεθρον, οὐδὲ εἰς ἑαυτὸ ἐνδεχόμενον ἄλλο ἄλλοθεν, οὔτε αὐτὸ εἰς ἄλλο ποι ἰόν... (1) « L'Idée toujours la même, dit M. Cousin, qui n'a pas commencé et ne finira pas, ne recevant en elle rien d'étranger et ne sortant pas d'elle-même. » M. Martin entend par là (2) que les Idées *ne peuvent exister dans aucun autre* ÊTRE. — Traduction infidèle ; les mots *exister* et *être* sont ajoutés ici pour le besoin de la cause. Platon dit simplement que l'Idée ne *reçoit pas en elle-même autre chose d'ailleurs*, et qu'elle-même ne *va* pas dans *autre chose*. C'est-à-dire que les Idées ne reçoivent pas en elles d'éléments étrangers, comme il arrive pour les objets sensibles. Dans le monde des sens, la beauté reçoit en elle la laideur ; l'égalité reçoit l'inégalité, ou devient inégalité, sortant ainsi d'elle-même par l'effet du changement. Mais, dans le monde intelligible, les Idées ne reçoivent point leurs contraires ; leur essence est *pure* (3). Comment conclure de là que les Idées n'ont pas leur principe en Dieu ?

M. Martin ajoute que, dans le *Timée*, Dieu *contemple* les Idées d'après lesquelles il fait le monde. Mais cette image est toute naturelle pour exprimer l'acte de la Pensée divine qui *contemple* le modèle éternel. Reste à savoir si ce n'est pas *en elle-même* qu'elle le contemple. — Platon ne le dit pas positivement, objecte M. Martin.— Soit. Accordons-le provisoirement ;

---

(1) *Tim.*, 52, a.
(2) V. *ibid.*, la note.
(3) V. le *Phédon* et le *Philèbe*.

toujours est-il que Platon ne dit pas le contraire, et le texte cité plus haut est le seul sur lequel M. Martin s'appuie.

Platon aurait dû le dire, et l'aurait dit, ajoute M. Martin ; car c'est une doctrine des plus graves que celle qui fait de l'Idée une pensée divine.

D'abord, Platon est loin d'avoir toujours formulé sa doctrine définitive ; et nous trouvons dans ses œuvres des propositions très-*graves* qui ne sont qu'indiquées sans être analysées.

De plus, si Platon n'a pas appelé les Idées des *pensées divines*, c'est qu'en effet ce n'est pas là pour lui le caractère primitif et essentiel des Idées. Nous accorderons volontiers à M. H. Martin que Stallbaum et d'autres historiens de la philosophie se sont trop hâtés de définir les Idées des pensées de Dieu. C'est là, sans doute, une conséquence très-légitime de la doctrine platonicienne ; mais ce n'en est pas le principe, et il n'y aurait rien d'étonnant à ce que Platon n'eût point formulé en termes positifs une simple conséquence de sa théorie, quelque belle qu'elle fût. Combien d'autres conséquences qu'il n'a pas exprimées, se contentant d'y amener le lecteur par le courant même de la réflexion ! Nous verrons tout à l'heure s'il n'a pas employé sa méthode habituelle dans la question du rapport des Idées à l'intelligence divine.

En attendant, accordons à M. Martin que Platon ne pose pas à l'origine les Idées comme étant des pensées divines. Accordons-lui aussi, ce qui fait le fond de son dernier argument, que le mot ἰδέα, εἶδος, n'a point en grec le sens psychologique de *conception* ou *idée de l'esprit*. Ce dernier sens lui a été attribué pour la première fois par les stoïciens, qui ont voulu réduire les Idées à de simples notions de l'esprit humain. Cependant le rapport possible de l'Idée à la notion, soit divine soit humaine, se trouve exprimé clairement dans le *Parménide*, où Socrate se demande si les *Idées* ne seraient point de simples conceptions de l'intelligence (ἔννοιαι). Remarquons aussi la relation intime du mot εἴδη et du mot νοήματα. Néanmoins, on peut accorder que le sens de *pensée* n'est pas du tout celui du mot Idée.

Qu'est-ce donc que l'Idée? — Nous le savons : c'est essentiellement une *forme* et une *puissance du bien*, une *perfection déterminée* prise dans l'ensemble inépuisable de perfections qui constitue le Parfait, l'Être le plus réel, le Bien, τὸ τέλειον, τὸ παντελῶς ὄν, τὸ ἀγαθόν. Les Idées ne sont donc pas des conceptions divines, mais des perfections divines. Sous le point de vue dialectique et logique, elles *sont* avant d'être *pensées*. Aussi Platon les appelle des *réalités* : ὄντως ὄντα. Ce ne sont pas de simples *possibles* conçus par Dieu; car elles sont éternellement réalisées dans la substance absolue. Que le Bien, qui est l'Être parfait d'après les termes formels de Platon, ait conscience de lui-même et des déterminations qu'enveloppe son être, cela est certain; mais c'est une conséquence et non un principe. Quand même cette conséquence ne se trouverait pas énoncée dans Platon, M. Martin ne peut en conclure que le principe n'y est pas, et que les Idées, le Bien, Dieu, sont entièrement séparés.

On voit la faiblesse des preuves sur lesquelles s'appuie l'opinion que nous réfutons (1). C'est une simple hypothèse, en contradiction avec toute la théorie des Idées.

Maintenant, est-ce une autre hypothèse que nous

(1) Nous n'en avons trouvé absolument aucune autre dans les deux savants volumes de M. Martin.

opposerons à celle qui précède? — Non, mais des textes formels, pris dans le *Timée*, dans la *République* et dans les autres dialogues de Platon.

II. Au début de son discours, Timée pose l'existence de *deux* genres d'êtres : l'un, *toujours le même*, objet de la raison (νοήσει μετὰ λόγου περιληπτόν); l'autre, *qui naît et périt sans exister jamais réellement,* objet de l'opinion. Platon ajoute que tout ce qui naît a une cause, et que la meilleure cause est celle qui se sert du meilleur modèle. Il y a là trois éléments du problème logiquement distincts et que Platon a raison de distinguer, surtout dans un dialogue où l'imagination a sa part à côté de la raison. Mais, de la distinction logique de l'ouvrier et du modèle, faut-il conclure leur réelle séparation? C'est Platon lui-même qui va nous l'apprendre.

Précisons d'abord la nature du *modèle.* Platon répète à chaque instant que ce modèle est *ce qu'il y a de plus parfait* (1), qu'il est *un*, mais qu'il renferme dans son universalité toutes les espèces particulières; enfin, c'est quelque chose de réel et de vivant, c'est un animal intelligible. « Le monde est semblable à un
» Être dont les autres êtres pris individuellement et
» par genres sont des parties, et qui comprendrait
» lui-même tous les êtres intelligibles, comme ce
» monde comprend et nous-mêmes et tous les êtres
» visibles (2). » — Ne reconnaît-on pas là la sphère des Idées en tant que participables par la génération, le Bien en tant que communicable au monde? Le *modèle* est l'Unité dont la compréhension infinie embrasse toutes les formes, toutes les déterminations,

---

(1) 30, d, — *Cous.* 120.
(2) 30, d, *Cous.*, 120.

tous les genres; il est le Bien, et, chose digne de remarque, il n'est pas un bien abstrait, mais un bien réel et vivant : l'être qui contient en lui les Idées est animé : ἐνούσας ἰδέας τῷ ὅ ἐστι ζῷον. Quelle différence pourrait-il donc y avoir entre cet être et Dieu? Faut-il absolument admettre deux dieux qui n'ont d'autre différence que d'être, l'un le modèle, et l'autre l'ouvrier? Platon, en parlant de l'éternel artiste, pouvait-il oublier que tout artiste véritable contemple en lui-même son modèle, et non ailleurs? Une dualité aussi arbitraire aurait-elle satisfait son esprit amoureux de l'unité? Non certes, et le texte même du *Timée* identifie les deux dieux en un seul. « Exempt d'envie, Dieu
» voulut que toutes choses fussent, autant que pos-
» sible, semblables *à lui-même* (1). » Tout à l'heure, Platon disait : — Semblables aux *Idées*, au *Vivant intelligible*; — donc Dieu est lui-même ce Vivant qui embrasse en lui les Idées : il est le Bien.

On objectera peut-être que Platon n'appelle pas Dieu le Bien : « Il était bon, dit-il, et celui qui est bon
» n'a aucune espèce d'envie. » Mais quoi de plus naturel que d'appeler bon celui qui est le Bien même, surtout quand on le considère comme une cause active, bonne parce qu'elle agit conformément à sa nature, qui est le bien (2)? Osera-t-on soutenir que Dieu est bon par sa participation à quelque chose de supérieur? Mais, encore une fois, qu'y a-t-il au-dessus de Dieu? On conçoit, à la rigueur, une distinction d'hypostases, qui ne serait qu'une différence de points de vue au sein du Bien; mais ce qui est insoutenable, c'est de multiplier les êtres afin de séparer l'ouvrier du modèle.

(1) *Tim.*, 29, e; tr. Cousin, 118.
(2) Dieu, en tant que substance, est le Bien ; en tant qu'activité créatrice, il est *bon*. Simple différence de point de vue.

Les passages suivants sont décisifs : « Ce qui com-
» prend en soi tous les êtres intelligibles *n'admet point*
» *à côté de soi un* AUTRE ÊTRE ; autrement, il faudrait
» qu'il y en eût encore un autre où les deux premiers
» fussent renfermés comme parties ; et alors le monde
» serait la copie, non pas de ces deux-là, mais de celui
» qui les renferme. Ainsi, pour que ce monde fût sem-
» blable en unité à l'Être parfait, le divin ouvrier
» n'en a fait ni deux ni une quantité infinie ; il n'a
» fait que celui-là seul et unique, et il n'y en aura pas
» d'autre (1). » Ne semble-t-il pas que Platon ait
voulu réfuter à l'avance ceux qui multiplient les êtres
sans nécessité, oubliant que l'unité est le terme de la
dialectique? Deux dieux qui ne différeraient que par
leur rôle de modèle ou d'ouvrier supposeraient au-
dessus d'eux un dieu unique, qui les embrasserait l'un
et l'autre dans sa compréhension. Ce ne seraient donc
pas des dieux, mais seulement les diverses puissances
ou perfections d'un dieu unique : l'intelligence qui
contemple, la perfection intelligible qui est contemplée, et le Bien suprême qui unit l'intelligence et l'intelligible dans sa substance éternelle.

Autre passage décisif. Après avoir posé le modèle,
l'ouvrier et l'œuvre, Platon ajoute qu'il faut admettre
non pas une *quatrième*, mais une *troisième espèce
d'être*. « Ces *deux* espèces nous ont suffi dans tout ce
» qui précède : l'une intelligible et toujours la même :
» c'est le modèle ; l'autre visible et ayant un commen-
» cement : la copie de la première. Nous n'avons pas
» cherché une *troisième espèce*, ces *deux-là* parais-
» sant nous suffire (2). »

Ainsi, deux espèces seulement, l'Idée et le monde.

---

(1) 31, b; *Cous.*, 121.
(2) *Tim.*, p. 48, d.

Platon ne parle pas de Dieu, qui est pour lui l'unité des Idées. Il déclare formellement qu'il n'a parlé que de deux choses, et cependant, d'après M. Martin, il y en aurait trois.

Plus loin, quand il a introduit, non sans regret, le troisième genre, qui est la matière, il se résume ainsi : — « Maintenant, il faut reconnaître *trois* genres diffé-
» rents : ce qui est produit (le monde), ce en quoi il
» est produit (la matière), ce d'où et à *la ressemblance*
» *de quoi* il est produit (τὸ δ᾽ ὅθεν ἀφοιούμενον φύεται τὸ φυό-
» μενον). » — Le mot ὅθεν indique la cause efficiente d'où sort le monde ; le mot ἀφοιούμενον, la cause exemplaire ; et les deux ne font qu'un. La suite le prouve mieux encore : « Nous pouvons comparer à la mère ce qui
» reçoit, au père *ce qui fait* (τὸ ὅθεν), et au fils la na-
» ture intermédiaire. » Le père et le modèle sont donc absolument identiques. Le *Banquet* nous a appris que l'amour a pour père le Bien, riche d'Idées, et pour mère la matière, pauvre d'Idées. On sait d'ailleurs avec quelle hésitation et quel embarras Platon pose, dans le *Timée*, l'existence du *troisième genre*, la matière ; est-il raisonnable de supposer que la réduction de la cause exemplaire et de la cause active à un même être, réduction du plus simple bon sens, aurait échappé à son génie ?

Est-ce assez de preuves ? faut-il citer d'autres passages encore ? Rien de plus facile : « Voici, conclut Platon, quelle est ma pensée : il existe et il existait avant la formation de l'univers trois choses distinctes : l'*Être*, le *lieu*, la génération. » On ne peut rien exiger de plus précis. « Dieu employait toutes ces causes pour auxiliaires, mais il mit lui-même le bien dans toutes les choses engendrées. C'est pour cela qu'il faut distinguer *deux sortes de causes*, l'une nécessaire et l'autre divine, et nous devons chercher en toutes choses la *cause divine* (1). » Platon ne distingue pas deux causes divines, l'une efficiente, l'autre exemplaire ou finale ; il n'en pose qu'une, l'Idée. « C'est ainsi que *le Dieu*, qui existe de tout temps, avait conçu le *dieu qui devait naître*... De cette manière il produisit un dieu bienheureux (2). » Il y a donc un seul Dieu intelligible, père et modèle du dieu sensible. Écoutons la conclusion même du dialogue : « Ainsi a été formé cet univers qui comprend tous les animaux mortels et immortels et en est rempli, animal visible, renfermant tous les animaux visibles, *dieu sensible*, image du *Dieu intelligible*, très-grand et très-bon, d'une beauté et d'une perfection accomplies, monde unique et d'une seule nature. » Accusera-t-on encore d'un polythéisme extravagant celui qui a écrit ces paroles sublimes? se plaindra-t-on qu'il n'ait pas nettement exprimé sa pensée, et qu'il ait laissé les Idées dans un monde séparé de Dieu, comme des fantômes dans le vide?

Nous pourrions terminer ici cette discussion et n'emprunter aucune lumière nouvelle aux autres dialogues, tant il y a déjà de clarté dans la prétendue obscurité du *Timée*. Mais le problème est de la plus haute importance : il s'agit de savoir si Platon mérite le reproche d'avoir réalisé des abstractions dans un monde imaginaire, ou s'il a, au contraire, le mérite d'avoir connu le vrai Dieu, modèle et cause du monde, dont les Idées sont les perfections éternelles, et, par une conséquence inévitable, les pensées éternelles. Nous ne saurions donc rien apporter de trop décisif à la solution d'un problème si fondamental.

(1) 52, d.
(2) *Ibid*. et sqq.

Au VIᵉ livre de la *République*, dans la comparaison du Bien avec le soleil, Platon appelle le Bien le Père, et le soleil une production, un fils du Bien, qu'il a *engendré analogue à lui-même* : τὸν τοῦ ἀγαθοῦ ἔκγονον, ὅν τἀγαθὸν ἐγέννησεν ἀνάλογον ἑαυτῷ (1). A ces traits, comment ne pas reconnaître la cause efficiente, le Père dont parle le *Timée?* Plus loin, Platon dit que le soleil ne rend pas seulement visibles les choses visibles, mais qu'il leur donne la *vie*, l'*accroissement* et la *nourriture*. De même, le Bien n'est pas seulement une cause exemplaire et idéale qui éclaire la pensée, mais une cause productive capable de donner l'être. Les *Idées*, et à plus forte raison les objets sensibles, « tiennent de lui leur être et leur essence (2). » Le Bien est *cause* (αἰτία) de tout ce qu'il y a de beau et de bon dans les objets; dans le monde visible il *engendre* (τεκοῦσα) la lumière, et dans le monde intelligible, il *fournit* (παρεχομένη) la vérité et la science. Platon ne dit pas que le Bien *engendre* la vérité, parce que la vérité est éternelle; mais il n'en est pas moins certain qu'elle dérive du Bien. Quant aux objets sensibles, comme le soleil et la lumière, ils sont réellement *engendrés, produits* par le Bien. Ainsi donc, dans le passage même où Platon semble avoir dit son dernier mot sur le Bien, il nous le représente tout à la fois comme principe substantiel des Idées et comme cause efficiente des objets sensibles.

La même doctrine reparaît dans le Xᵉ livre de la *République*, sous une forme plus populaire et sous des images d'une familiarité excessive. Mais c'est le même Socrate qui parle et la même théorie qu'il expose. Il nous montre en Dieu l'*auteur* des essences, et établit

---

(1) 508, b.
(2) 509, c.

même des rapports allégoriques de production entre Dieu et les Idées, dont ses auditeurs ne pouvaient méconnaître le vrai sens après les révélations sublimes du VI° livre. Socrate, on se le rappelle, prend un exemple populaire qui n'enlève rien au sérieux de sa doctrine : l'Idée du lit. L'exemple a d'ailleurs peu d'importance; c'est le principe général qu'il faut considérer. Relisons ce passage : « Dieu, dit Platon, fait de soi et par sa nature même (φύσει) et l'essence du lit et toutes les autres (1). » — « Qu'il l'ait ainsi voulu, ou que ç'ait été une nécessité pour lui de ne faire essentiellement qu'un seul lit, il n'en a fait qu'un seul, qui est le lit proprement dit... S'il en faisait seulement deux, il s'en manifesterait un troisième, dont l'Idée serait commune aux deux autres; et celui-là serait le lit proprement dit, et non pas les deux autres... Ainsi Dieu l'a compris sans doute, et voulant être réellement l'auteur du vrai lit, et non de tel lit particulier, ce qui aurait fait de Dieu un fabricant de lits, il a produit le lit qui est un de sa nature (2). » Quelque familier que soit l'exemple, le sens n'en est pas moins profond, et on retrouve dans ce passage toute la théorie des Idées ; — les objets sensibles et particuliers ne se suffisent pas à eux-mêmes; l'Idée est *une*, et si elle était multiple, elle serait dominée par une autre Idée; enfin, c'est Dieu qui est le principe de toutes les Idées : il fournit à toute chose, même aux plus humbles objets de l'art, leur possibilité, parce qu'il contient toute réalité en lui sous une forme éminente.

« Le faiseur de tragédies, dit plus loin Platon, est éloigné de trois degrés du *Roi* et de la vérité (ἀπὸ βασίλεως καὶ ἀληθείας). » Cette expression de *Roi* pour dési-

---
(1) *Rép.*, X, 597, c.
(2) *Id.*, c.

gner Dieu, s'applique aussi au Bien. Nous la retrouverons dans les lettres attribuées à Platon, et qui, si elles ne sont pas de lui, ne lui sont certainement pas très-postérieures. Nous la retrouverons aussi dans Aristote, également appliquée au Bien et à Dieu.

A ces textes si importants on peut ajouter celui du *Phèdre* : « Les essences qui font de Dieu un véritable Dieu, en tant qu'il est avec elles (1). »

Dans le *Banquet*, c'est la beauté *divine*, la beauté de Dieu que décrit Diotime ; aussi, dit-elle, celui qui s'élève vers l'espèce une, éternelle, immuable du Bien même, devient l'ami de *Dieu* (2). Dans le *Théétète*, la vertu, qui est l'imitation du bien, est définie la ressemblance avec Dieu.

Dans le IVe livre des *Lois*, Dieu est appelé le principe, la fin et le milieu de toutes choses (3). Donc il est le Bien, puisque le Bien est lui-même le principe premier et la fin dernière : Ἐν τῷ γνωστῷ τελευταία ἡ τοῦ ἀγαθοῦ ἰδέα.

« Ton intelligence n'est pas le Bien, dit Philèbe à Socrate. — Oui, la mienne peut-être, Philèbe ; mais, pour l'intelligence véritable, l'*intelligence divine*, je ne pense pas qu'il en soit ainsi (4). » Socrate donne ici à entendre que l'intelligence divine est le Bien même ; « cependant, ajoute-t-il, je ne dispute point contre la VIE *mixte* la victoire en faveur de l'intelligence. » C'est qu'il s'agit de la *vie* humaine et de son idéal, dans lequel entre nécessairement autre chose que la simple intelligence. Le Bien, au point de vue des créatures imparfaites, se *fractionne*, et ne pouvant se commu-

---

(1) *Phædr.*, p. 240.
(2) *Banq.*, 211, 212.
(3) IV, 715, e.
(4) *Phil.*, 22, c.

niquer dans son unité, il devient un mélange de biens divers, une chose *mixte*, image de l'Un (1).

L'âme, dans son voyage à la suite de Dieu, contemple la Science en soi, non cette science sujette au changement.., mais celle qui se trouve dans l'*Être véritable* (2). » L'Idée de la science est donc comprise en Dieu. Et d'autre part, le *Parménide* nous apprend que la science en soi a pour objet les Idées qu'elle renferme. Les Idées deviennent ainsi des pensées divines.

C'est donc Dieu, et non l'homme, qui est *la mesure de toutes choses* (3). Par cette forte expression, Platon nous fait comprendre l'originalité et la profondeur de sa théorie. C'est la sensation, disait Protagoras, c'est l'homme, c'est la science humaine qui fonde la vérité et en est la mesure. Mais fonder ainsi la vérité, c'est la détruire. Voulez-vous savoir où est son fondement unique, où est son principe et sa mesure infaillible; c'est dans celui qui est le père de la vérité même, et dont l'intelligence est le *lieu des Idées* (4) : c'est en Dieu.

(1) Plus loin, se trouve un passage ambigu qui mérite cependant l'attention. Après avoir posé l'indéterminé, la détermination ou les Idées, et le genre mixte, Platon dit qu'il faut poser la cause de *toutes ces choses*, πάντα ταῦτα. Dieu serait donc la cause des *Idées* et même de la matière. Il est vrai que, plus loin, Platon l'appelle seulement la cause du *mélange*.

(2) *Phèdre*, p. 65, a.

(3) *De Leg.*, IV, 716, c.

(4) Expression d'Aristote évidemment platonicienne : οἱ λέγοντες... (*De an.*, IV, 6). Cf. le passage du *Phèdre* où l'âme contemple les Idées ; — l'intelligence divine est la prairie céleste où l'âme trouve l'aliment qui fait croître ses ailes.

CHAPITRE V.

PREUVES SOCRATIQUES DE L'EXISTENCE DE DIEU.

I. Preuve par la cause efficiente. *Premier Principe :* Tout changement a une cause. — *Second Principe :* Ce qui est dans l'effet se trouve dans la cause en Idée et éminemment. — *Troisième Principe :* Toute véritable cause est intelligente. — Preuve par la cause motrice. — II. Preuve par la cause finale. Dépendance de la cause motrice par rapport à la cause finale. Identité de la cause finale et de la cause exemplaire. Preuve de l'existence de Dieu : 1° par le rapport des moyens aux fins dans la nature; 2° par la tendance des facultés et des désirs au Bien dans l'humanité.

La pensée de Dieu est la pensée fondamentale de toute raison ; elle représente tout à la fois et l'objet de la science et la science même dans sa perfection : c'est l'unité qui sert de mesure à toutes nos autres idées (1). Aussi lorsqu'il s'agit de prouver l'existence de Dieu, Platon ne s'y résigne que difficilement et comme à contre-cœur, pensant que de pareilles preuves seraient tout à fait inutiles sans les préjugés répandus parmi les hommes (2).

Comme le Bien ou Dieu est au-dessus de la définition, de même il est au-dessus de la démonstration logique.

Démontrer Dieu, ce ne peut donc être autre chose que tourner vers lui l'organe de l'intelligence, de même qu'on prouverait l'existence du soleil en tournant vers lui l'organe de la vue (3). En d'autres

---

(1) *Lois*, IV, 716.
(2) *Lois*, X.
(3) *Rép.*, VII.

termes, c'est rendre claire et distincte l'intuition confuse et obscure qui est au fond de toutes les âmes. Or, c'est là le propre de la dialectique. On peut donc considérer la dialectique tout entière comme une preuve *ascendante* de l'existence de Dieu. C'est la véritable preuve platonicienne.

Cependant Platon a reproduit et approfondi les preuves de Socrate, qui sont au nombre de deux. Il les considère comme des démonstrations populaires, fort inférieures à la preuve dialectique, mais utiles pour le commun des hommes.

I. — *Preuve par la cause efficiente.*

Les dialogues de Platon contiennent, sous la forme la plus explicite, tous les principes philosophiques de la preuve par la cause efficiente, et en particulier par la cause motrice.

Iᵉʳ PRINCIPE. — *Tout changement a une cause.* « Tout ce qui naît procède nécessairement d'une
» cause; car rien de ce qui est né ne peut être né sans
» cause (1)... Vois s'il te paraît nécessaire que tout ce
» qui est produit le soit en vertu de quelque cause...
» On peut dire avec raison que la *cause et ce qui*
» *produit* sont une même chose. Ce qui produit ne
» *précède-t-il* point toujours *par sa nature* (ἡγεῖται
» μὲν τὸ ποιοῦν ἀεὶ κατὰ φύσιν); et ce qui est produit
» ne marche-t-il point après en tant qu'effet (τὸ δὲ
» ποιούμενον ἐπακολουθεῖ γιγνόμενον ἐκείνῳ (2)? » On voit qu'il s'agit ici, non d'une antériorité dans le temps,

---

(1) *Tim.*, 27 d. — 116, tr. Cousin.
(2) *Phil.*, 27, b.

mais d'une antériorité métaphysique. La cause est *première* en dignité : ἡγεῖται ; l'effet est relatif et *dépendant* (ἐπακολουθεῖ). « Ce sont, par conséquent, deux choses, et non pas la même, que la cause et ce que la puissance de la cause fait passer à l'existence (1). »

« Nous avons appelé *puissance capable de faire*, toute puissance qui est cause que *ce qui n'était pas arrive à l'être* (2). » Cette dernière définition a toute la précision désirable : les deux extrêmes de la *génération* (γίγνεσθαι) sont le non-être et l'être ; la cause est la *puissance* qui fait, ποιητικὴ δύναμις.

2ᵉ PRINCIPE. — *Ce qui est dans l'effet se trouve en Idée dans la cause.*

Dans le *Philèbe*, après avoir établi la nécessité d'une cause productrice, Platon se demande si cette cause « est dépourvue de raison, téméraire, et agissant au » hasard, » ou si elle est intelligente. Pour résoudre cette question, il examine la nature des effets : « Par
» rapport à la nature des corps de tous les animaux,
» nous voyons les éléments qui entrent dans leur com-
» position, le feu, l'eau, l'air et la terre, battus de la
» tempête comme disent les matelots... Nous n'avons
» de chacun d'eux qu'une partie *petite* et méprisable ;
» elle n'est *pure* en aucune manière et dans aucun de
» nous, et la force qu'elle montre ne répond nullement
» *à son essence*... Par exemple, il y a du feu en nous ;
» il y en a aussi dans l'univers. Ce feu que nous avons
» n'est-il pas en petite quantité, faible et méprisable ?
» et celui qui est dans l'univers n'est-il pas admirable
» pour la quantité, la beauté, et toute la force natu-

---

(1) *Id.*
(2) Δύναμιν, ἥτις ἂν αἰτία γίγνηται τοῦ μὴ πρότερον οὖσιν ὕστερον γίγνεσθαι. *Soph.*, 265, b.)

» relle du feu? — Ce que tu dis est très-vrai. — Mais
» quoi? le feu de l'univers est-il formé, nourri, gou-
» verné par le feu qui est en nous; ou tout au con-
» traire, mon feu, le tien, et celui de tous les ani-
» maux, ne tient-il pas tout ce qu'il est du feu de
» l'univers? » Ainsi, en général, la chose à laquelle
une autre chose participe contient, sous une forme
supérieure, ce dont on lui emprunte une partie. Le feu
qui est dans l'homme participe au feu universel, qui
participe lui-même au *feu en soi* dont parle le *Timée*.

« Tu diras, je pense, la même chose de cette terre
» d'ici-bas, dont tous les animaux sont composés, et
» de celle qui est dans l'univers, ainsi que de toutes les
» autres choses sur lesquelles je t'interrogeais il n'y a
» qu'un moment... N'est-ce pas à l'assemblage de tous
» les éléments dont je viens de parler que nous avons
» donné le nom de corps? — Bien. — Figure-toi donc
» qu'il en est ainsi de ce que nous appelons l'univers;
» car, étant composé des mêmes éléments, il est aussi
» un corps par la même raison. — Très-bien. — Je te
» demande si notre corps est nourri par celui de l'uni-
» vers, ou si celui-ci tire du nôtre sa nourriture, et
» s'il en a reçu et en reçoit ce qui entre, comme nous
» avons dit, dans la composition du corps. — Cette
» question, Socrate, n'a pas besoin de réponse. — Ne
» dirons-nous pas que notre corps a une âme? — Oui.
» — D'où l'aurait-il prise, mon cher Protarque, si le
» corps de l'univers n'est pas lui-même animé, et s'il
» n'a pas les mêmes choses que le nôtre, et de plus
» belles encore (1)? »

Le petit monde est donc l'imitation du grand ; il ne
peut rien contenir que ne contienne mieux encore le

(1) *Phil.*, p. 30.

grand monde auquel il emprunte sa vie ; et tout ce qui est dans l'homme doit avoir sa réalité éminente dans une cause supérieure.

« Nous ne concevrons pas que cet élément de la
» *cause*, qui se trouve en tout, qui nous donne, à nous
» en particulier, une âme, une force vitale, conser-
» vatrice et réparatrice de la santé, et qui produit en
» mille autre choses d'autres compositions ou répara-
» tions, en reçoive pour cela le nom de sagesse uni-
» verselle et variée ; et que, dans l'immensité de ce
» monde, qui renferme aussi ces quatre genres, mais
» plus en grand et dans une beauté et une pureté sans
» égales, on ne trouve pas le genre le plus beau et le
» plus excellent de tous (1). »

Il y a donc dans le monde, comme dans le corps humain, une pensée toujours présente, qui mérite à très-juste titre le nom de sagesse et d'intelligence.

« Mais il ne peut y avoir de sagesse et d'intelligence
» là où il n'y a point d'âme. Ainsi tu diras qu'il y a
» dans Jupiter, *en qualité de cause*, une *âme* royale,
» une *intelligence* royale, et dans les autres natures,
» d'autres belles qualités (dérivées de celle-ci), quel
» que soit le nom sous lequel il plaise à chacun de les
» désigner (2). »

En résumé, la présence en nous d'une âme suppose dans la cause première une âme à laquelle la nôtre participe. Notre âme emprunte sa vie à celle de l'univers ; et l'univers à son tour peut être considéré comme un grand Vivant, qui emprunte lui-même sa vie à l'âme et à l'intelligence divines. Sous ce rapport, Dieu est *l'Ame du monde*, éclairée par la *Pensée* éter-

---

(1) *Phil.*, 30, c.
(2) *Ibid.* sqq.

nelle, fille du *Bien*. Et dans tous les êtres se trouvent à quelque degré la vie, la pensée et le bien.

3ᵉ PRINCIPE. — *Toute véritable cause est intelligente.*

« Ne va pas croire, Protarque, que nous ayons fait
» ce discours en vain. D'abord il vient à l'appui de ceux
» qui ont avancé autrefois que l'intelligence préside
» toujours à cet univers [en particulier, Anaxagore].
» Ensuite il fournit la réponse à ma question ; savoir,
» que *l'intelligence est de la même famille que la
» cause...* Souvenons-nous donc que l'intelligence a
» de l'affinité avec la cause, et qu'elle est du même
» genre à peu près (1). » Il s'agit ici de l'intelligence en général, y compris l'intelligence humaine. Quant à l'intelligence divine, elle est ce qu'il y a de plus voisin de la cause, la cause étant le Bien même. Plus loin, Socrate fait voir que l'intelligence est la chose la plus voisine des trois idées sous lesquelles nous saisissons le bien. D'abord, elle est, « ou la *même chose que la vérité*, ou ce qui lui ressemble davantage, et ce qu'il y a de plus vrai. (Νοῦς ἤτοι ταὐτὸν καὶ ἀλήθεια ἐστιν ἢ πάντων ὁμοιότατον τε καὶ ἀληθέστατον). Ensuite elle est amie de la *mesure* et de la *proportion*. Enfin, elle participe à la *beauté* plus que tout le reste. Elle est donc *ce qui a le plus d'affinité avec le souverain bien* (2), de même qu'avec la *cause :* Τοῦ αἰτίου συγγενέστερον. »

Les causes inintelligentes « sont du nombre des causes
» secondaires ou auxiliaires (συναίτια) dont Dieu se sert
» pour représenter l'Idée du Bien aussi parfaitement
qu'il est possible. Il ne peut y avoir en elles ni raison
» ni intelligence. Car, de tous les êtres, *le seul qui
» puisse posséder l'intelligence est l'âme ;* or l'âme est

(1) *Ib.*
(2) *Ph.*, 65. d.

» invisible, tandis que le feu, l'eau, la terre et l'air
» sont tous des corps visibles. Mais celui qui aime l'in-
» telligence et la science doit rechercher comme les
» vraies causes premières les *causes intelligentes*, et
» mettre au rang des causes secondaires celles qui sont
» mues et qui meuvent nécessairement [c'est-à-dire,
les causes *fatales*, qui ne se meuvent pas elles-
mêmes; mais dont chacune est *mue* et *meut* à son
tour, transmettant ainsi un mouvement qui ne lui
est pas propre]. Il faut suivre et exposer ces deux
» genres de causes, en traitant séparément de celles
» qui produisent *avec intelligence* ce qui est *beau* et
» *bien*, et de celles qui, dépourvues de raison, agissent
» au hasard et sans ordre (1). »

4° *Preuve par la cause motrice.*

Cette preuve n'est qu'une application particulière
des principes généraux qui précèdent. Parmi les effets
qui peuvent servir à démontrer l'existence de Dieu,
Platon a choisi le plus frappant et le plus répandu : le
mouvement. Il en tire une preuve populaire à l'usage
du législateur, qui doit l'inscrire dans le préambule de
ses lois sur le sacrilège.

« Il est difficile de trouver l'auteur et le père de
» l'univers, et impossible, après l'avoir trouvé, de le
» faire connaître à tout le monde. » Aussi dans le
X° livre des *Lois*, Platon rabaisse d'un degré, en la
divulguant, l'idée si haute qu'il se faisait de la divinité (2). Il représente Dieu surtout comme âme du
monde, tout en faisant entrevoir le rapport de cette

---

(1) *Tim.*, tr. Cousin, 147. Cf. le *Phédon*. Sur Anaxagore, voir plus loin, t. II.
(2) V. Paul Janet, *Dial.*, 195.

puissance divine avec les puissances supérieures que contient le Bien.

Platon reconnaît, comme Aristote, trois sortes de mouvements, suivant le lieu, la qualité et la quantité :

1º Les mouvements de translation que le *Timée* énumère et qui sont au nombre de sept (1).

2º Les mouvements d'altération (2).

3º Les mouvements d'accroissement et de diminution, d'agrégation et de séparation (3).

Il y a des substances « qui peuvent communiquer
» leur mouvement à d'autres, mais qui n'ont jamais la
» force de se mouvoir d'elles-mêmes ; d'autres, qui se
» meuvent toujours d'elles-mêmes et ont la vertu de
» mettre en mouvement d'autres substances, par la
» composition ou la division, l'augmentation ou la
» diminution, la génération ou la corruption. » Le mouvement de la substance qui se meut elle-même
« s'accommode également de *l'état actif et de l'état*
» *passif;* et on peut véritablement l'appeler le prin-
» cipe de tous les changements et de tous les mouve-
» ments qu'il y a dans cet univers (4). »

En effet, « lorsqu'une chose produit du changement
» dans une autre, celle-ci dans une troisième, et ainsi
» de suite, peut-on dire qu'il y a pour ces choses un
» premier moteur ? Comment ce qui est mû par un
» autre serait-il le principe du changement ? » — Le vrai moteur, c'est celui qui se meut lui-même, c'est-à-dire l'âme. L'âme se définit : « une substance qui a la
» faculté de se mouvoir elle-même. » L'âme est donc antérieure au corps ; elle est le *plus ancien de tous*

---

(1) 26, sqq. — *Cous.*, 124, 135, 141.
(2) *Théét.*, 181 ; *Parménide*, 157, sqq. — tr. Cousin. 29 ; *Lois*, X, 893.
(3) *Lois*, X, 897.
(4) *Lois*, X, 242, *ibid.*

les êtres (1); et de même, « tout ce qui appartient à
» l'âme est antérieur à ce qui appartient au corps.
» Par conséquent les volontés, les raisonnements,
» les opinions vraies, la prévoyance et la mémoire,
» ont existé avant la longueur, la largeur, la profon-
» deur et la force des corps, puisque l'âme elle-même
» a existé avant le corps... L'âme, qui est une divi-
» nité [c'est-à-dire une puissance divine], appelant
» toujours à son aide le secours d'une autre *divinité*,
» *l'intelligence*, gouverne toutes choses avec sagesse,
» et les conduit au vrai bonheur; mais le contraire
» arrive lorsqu'elle prend conseil de l'extravagance. »
— Le caractère symbolique de la démonstration est ici évident. Platon veut seulement prouver au vulgaire qu'il y a *des dieux*, des êtres supérieurs à la matière et à l'homme : l'*âme* universelle et l'intelligence divine.

« Mais quelle âme pensons-nous qui gouverne le
» ciel, la terre et tout cet univers? est-ce l'âme qui a
» la sagesse et la bonté, ou celle qui n'a ni l'une ni
» l'autre?... S'il est vrai que les mouvements et les
» révolutions du ciel et de tous les corps célestes res-
» semblent essentiellement au mouvement de l'intel-
» ligence, à ses procédés et à ses raisonnements; si
» c'est la même marche de part et d'autre, on en doit
» conclure évidemment que l'âme pleine de bonté gou-
» verne cet univers, et que c'est elle qui le conduit
» comme elle le fait. » — Le mouvement des sphères célestes est le même que celui de l'intelligence; il est circulaire, et réunit par là la variété à l'unité;
« s'exécutant selon les mêmes règles, de la même
» manière, dans le même lieu, gardant toujours les

(1) *Ibid.*, 898. — tr. Cousin, 242.

» mêmes rapports tant à l'égard du centre que des
» parties environnantes, selon la même proportion
» et le même ordre. »

« Si l'âme meut tout le ciel, n'est-elle pas le prin-
» cipe des révolutions du soleil, de la lune et de chaque
» astre en particulier?... Tout homme voit le corps
» du soleil, mais personne n'en voit l'âme, non plus
» que celle d'aucun animal vivant ou mort... Ou bien
» cette âme est au dedans de ce corps rond que nous
» voyons, et elle le transporte partout, comme notre
» âme transporte notre propre corps; ou bien, se don-
» nant à elle-même un corps étranger, soit de feu,
» soit de quelque substance aérienne, ainsi que quel-
» ques-uns le prétendent, elle se sert de ce corps pour
» pousser de force celui du soleil; ou enfin, *dégagée*
» *elle-même de tout corps*, elle dirige le soleil *par d'au-*
» *tres pouvoirs tout à fait admirables* (1). » — Cette
dernière hypothèse exprime évidemment la pensée de
Platon. L'âme qui dirige les astres est donc dégagée
de tout corps; elle agit par des *pouvoirs admirables*
dont notre imagination ne peut se faire une idée.
Cette âme universelle est l'âme divine elle-même, pé-
nétrant toutes choses, animant tout de sa propre vie,
se communiquant d'une manière mystérieuse aux astres du ciel et aux animaux de la terre. « Tout est
» plein de dieux (2), » dit Platon; et il entend par là,
non une multiplicité de dieux véritables, mais un
seul et même dieu aux puissances variées, en qui
toute chose se meut, vit et existe, sans qu'il se confonde lui-même avec aucun des êtres qu'il anime.

(1) 900, sqq. — 249, tr. Cousin.
(2) *Ibid.*

II. — *Preuve par la cause finale.*

Que Platon ait connu et décrit la cause efficiente, la cause motrice, c'est ce qui ne peut plus faire l'objet d'aucun doute, en dépit de toutes les assertions d'Aristote. Mais ne s'est-il point élevé plus haut? n'a-t-il point connu la cause finale, qui agit sans se mouvoir et par là est supérieure aux causes mobiles?

Le dieu dont parle le X° livre des *Lois* se meut lui-même, mais enfin il se meut; cette puissance divine de l'âme, si elle était seule, semblerait trop inférieure à l'Idéal conçu par la raison.

Platon s'arrêtera-t-il donc à une cause mobile et conséquemment multiple, lui que nous savons épris de l'Un et de l'Immuable! Contradiction impossible, dont on l'a cependant accusé, comme nous l'avons vu, sauf à lui reprocher ensuite son amour pour les Idées immobiles (1).

Mais ces Idées inaltérables que s'efforcent de reproduire tous les êtres sujets au changement, que sont-elles donc, sinon des causes finales? Nous l'avons montré, il y a identité entre la cause finale et la cause exemplaire : toutes deux représentent un but à atteindre, un idéal à réaliser. Si l'Idée, considérée en elle-même et d'un point de vue abstrait, n'est pas la cause effective et motrice, elle est du moins la raison qui explique l'action même de cette cause. Elle est donc un principe supérieur à la puissance active; elle est le Bien même, ou du moins une forme du Bien; elle est la *fin immobile* (2).

Cette interprétation n'est pas une simple hypo-

---

(1) V. Ravaisson, *Mét. d'Arist.*, t. I.
(2) *Phil.*, 27, a. *Tim.*, 46, c. V. plus haut, p. 75.

thèse, par laquelle nous attribuerions à Platon la pensée d'Aristote. La vérité est que, sur ce point comme sur beaucoup d'autres, Aristote est entré profondément, sans s'en apercevoir peut-être, dans les doctrines de son maître. Nous verrons plus tard le point unique qui les divise. (1).

Si la cause efficiente se révèle par le mouvement, la cause finale se révèle par l'ordre de ce mouvement et par les lois intelligibles auxquelles il est soumis. C'est un phénomène matériel qui trahit la présence d'une cause motrice; c'est une forme de la pensée qui trahit la cause finale. Le mouvement prouve l'âme; l'ordre du mouvement prouve l'intelligence; et l'intelligence, à son tour, prouve le bien : car le bien est l'*objet* de l'intelligence, comme il est la *fin* de l'âme. « Si donc » quelqu'un veut trouver la cause de chaque chose (non plus la cause efficiente, mais la *raison* dernière, la raison suprême), comment elle naît, périt » ou existe, il n'a qu'à chercher la meilleure ma-» nière dont elle peut être (2). » C'est ce que Socrate appelle le *principe du mieux*. « Je croyais avoir » trouvé dans Anaxagore un maître qui m'explique-» rait, selon mes désirs, la raison de toutes choses, et » qui, après m'avoir dit d'abord si la terre est plate » ou ronde, m'apprendrait *la nécessité et la cause* de » la forme qu'elle peut avoir, s'appuyant sur le prin-» cipe du *mieux*, et prouvant que c'est *pour le mieux* » qu'elle doit avoir telle ou telle forme. » C'est cette méthode que Platon a employée, et même avec excès, dans le *Timée*. Aussi lui a-t-on reproché d'avoir abusé des causes finales, tandis que d'autres lui repro-

---

(1) V. tome II. Aristote.
(2) *Phædo*, 100, sqq. — tr. Cousin, 277.

chaient de les avoir méconnues. La vérité est qu'il les considère comme une des plus grandes preuves de l'existence des Idées et de Dieu.

Nous avons vu comment, dans le *Timée*, Platon concluait de la bonté de l'auteur à la bonté du monde; dans les *Lois*, dans le *Sophiste*, dans le *Philèbe* et dans le *Phédon*, il conclut, avec non moins de raison, de la bonté de l'œuvre à la bonté de la cause première, qui est en même temps la fin dernière du mouvement de la nature (1).

On peut aussi considérer le Bien, « auquel toute âme aspire » (2), comme la fin des désirs de l'Humanité, et ce nouveau point de vue fournit encore une preuve de l'existence de Dieu. L'inquiétude de notre âme, semblable au mouvement dont la Nature est agitée, révèle une fin réelle, déjà présente en nous de quelque manière, et cependant séparée de nous par l'immensité. Cet objet de l'amour, c'est le Bien :
« Οὐδέν γε ἄλλο ἐστὶν, οὗ ἔρωσιν ἄνθρωποι, ἢ τοῦ ἀγαθοῦ (3). »

---

(1) Aristote dit aussi que d'après Platon, les nombres désirent l'unité comme étant le Bien et leur fin.
(2) *Rép.*, VI.
(3) *Rép.*, IX, 586, e.

CHAPITRE VI.

LES ATTRIBUTS MÉTAPHYSIQUES DE DIEU. — L'INDIVIDUALITÉ DIVINE.

I. Unité de Dieu. — II. Simplicité. — III. Immutabilité. — IV. Éternité et immensité. — V. Indépendance absolue, supérieure à toute relation. — *Individualité* divine.

Les attributs métaphysiques ont été déjà déterminés par déduction, avec une rigueur admirable, dans la première thèse du *Parménide*. Platon, dans ses autres dialogues, y ajoute des preuves nouvelles, le plus souvent inductives.

Le Dieu de Platon est *unique;* car il est, non pas tel ou tel bien, mais le Bien. S'il y avait plusieurs dieux contenant des perfections déterminées, la loi de la dialectique nous forcerait aussitôt à concevoir un dieu supérieur qui embrasserait tous les autres dans son unité. A côté du modèle de la perfection, dit Platon dans le *Timée* (1), il n'y a pas place pour un second modèle. En dehors de l'universel, rien ne peut exister.

Quand Platon parle des dieux, il ne désigne plus que des êtres divins ou des personnes divines, et il prodigue alors ce titre. Les Idées sont des dieux éternels (2); l'intelligence est une divinité, l'âme est une autre divinité (3); le monde lui-même est un dieu

---

(1) Voir plus haut, chapitre IV. — *Tim.*, 31 b.
(2) *Timée*, p. 52.
(3) *Lois*, X.

sensible, image du Dieu intelligible; les astres, dont les mouvements sont analogues à ceux de la pensée, sont des dieux immortels; l'âme humaine, avant de tomber dans un corps, méritait aussi d'être appelée un dieu; et dans l'âme, la raison est comme un dieu qui dirige tous ses actes. En un mot, le divin est partout : πάντα πλήρη θεῶν (1).

(1) C'est ce mot de Dieu, ainsi prodigué, qui a fait croire au polythéisme de Platon. Mais alors l'âme elle-même serait un dieu. On sait que, dans l'antiquité, ce nom de Dieu était un nom commun désignant les choses divines; les êtres divins. Dans Platon, ce nom est tantôt commun, tantôt propre et pris par excellence : ὁ θεός, ou θεός. De même, il y a les choses belles et le beau, les choses bonnes et le bien, les choses divines ou les dieux, et le dieu ou Dieu. Dans son savant article sur l'œuvre de Platon (*Revue des Deux-Mondes*, 1er janvier 1868), M. de Rémusat, tout en reconnaissant le monothéisme platonicien, ajoute « qu'il ne faudrait pas s'étonner si Platon avait par moments admis l'existence distincte et substantielle des Idées éternelles. » (p. 66.) M. de Rémusat prouve fort bien que les philosophes de l'antiquité, qui « marchaient et respiraient dans un peuple de dieux, » ne pouvaient répugner autant que nous à un « olympe d'abstractions réalisées. » Platon aurait pu admettre un pareil olympe, soit; mais l'a-t-il admis en réalité? Non; et les passages les plus formels et les plus nombreux le prouvent. Nous avons réuni les plus remarquables dans le chapitre IV de ce même livre. La philosophie de Platon est tout entière la démonstration de l'unité de l'Être parfait. Si Platon parle de plusieurs dieux, c'est que le mot *dieu* n'impliquait pas nécessairement la perfection absolue, mais simplement une puissance surhumaine ou supra-naturelle. Platon s'est précisément attaché à élever le *Dieu en soi*, le Dieu parfait, *Dieu*, au-dessus des causes et des puissances particulières. Nous verrons, en parlant de Parménide et de Xénophane, avec quelle rigueur ils ont démontré l'unité divine. Trouve-t-on chez les théologiens modernes une démonstration plus forte que la première thèse du *Parménide?* M. de Rémusat dit avec beaucoup de raison qu'il faut nous défaire de nos habitudes chrétiennes en étudiant les anciens; mais il faut aussi nous défaire de nos préjugés; et c'est, ce semble, un préjugé chrétien que d'attribuer aux théologiens la démonstration de l'unité divine, déjà si profonde dans Xénophane (voir notre deuxième partie), dans Parménide, dans Platon, et dans la *Métaphysique* d'Aristote. Le polythéisme, pour Platon, n'existe que dans le dieu engendré, dans le monde; et encore n'est-ce là qu'un point de vue provisoire et un moment dialectique : le monde est un, comme Dieu est un. (Voir le *Timée*, loc. cit.) La lettre où Platon dit qu'il parle *des dieux* pour le vulgaire et de Dieu pour ses amis, n'a rien d'invraisemblable. En définitive, Platon n'était guère moins monothéiste que les chrétiens qui admettent un

Le Dieu de Platon est *simple*, non parce qu'il possède une seule qualité, mais parce qu'il les possède toutes. Ce n'est point la simplicité de l'être abstrait, mais celle de l'être infiniment concret. Aussi la simplicité de Dieu n'exclut pas la variété de ses perfections : autant d'Idées, autant de formes divines, très-distinctes pour la science, mais nécessairement liées l'une à l'autre dans la substance éternelle. C'est en ce sens que Dieu est tout à la fois un et multiple (1).

Le Dieu de Platon est *immuable*. Outre la preuve déductive du *Parménide*, Platon l'a démontré encore par *induction*. En effet, plus il y a de perfection dans un être, moins il est sujet au changement. Les corps les plus robustes sont les moins affectés par le travail. L'âme est d'autant moins troublée et altérée par les accidents extérieurs qu'elle est plus courageuse et plus sage. « Un être est donc, en général, d'autant moins
» exposé au changement qu'il est plus parfait... Mais
» Dieu est parfait avec tout ce qui tient à sa nature.
» Ainsi il est l'être le moins susceptible de *recevoir*
» plusieurs formes. — Certainement. — Serait-ce donc
» *de lui-même* qu'il changerait de forme ? — Oui, s'il
» est vrai qu'il change. — Et ce changement de forme
» serait-il en mieux ou en pis ? — Nécessairement, si
» Dieu change, ce ne peut être qu'en mal ; car nous
» n'avons garde de dire qu'il manque à Dieu quelque
» perfection. — Très-bien. Cela posé, crois-tu qu'un
» être, quel qu'il soit, homme ou dieu, prenne volon-

---

seul Dieu, mais trois personnes ou puissances distinctes en Dieu, l'union de l'humanité et de la divinité dans le Messie, une mère de Dieu, des anges ou puissances supérieures que la Bible appelle des dieux, et des saints qui sont comme des héros ou demi-dieux. Tout cela ne nous empêche pas de concevoir l'être parfait comme unique, et la même conception *raisonnée* se trouve chez Platon.

(1) V. notre analyse du *Parménide*.

» tiers de lui-même une forme inférieure à la sienne?
» — Impossible. — Il est donc impossible que Dieu
» veuille se donner à lui-même une autre forme (1). »

Le Dieu de Platon est *éternel* et *immuable*. Il y a une grande différence entre le *temps*, fût-il sans commencement ni fin, et l'*éternité*. Le temps est un passage perpétuel du non-être à l'être ; l'éternité est le repos de l'être (2). Elle consiste pour Platon, non pas dans l'absence d'une fin ni même d'un commencement, mais dans la possession immuable et simultanée de tout ce qui se développe successivement dans le temps.

De même, Dieu n'est pas dans l'espace. Platon nous a démontré, dans le *Parménide*, que l'Unité n'est ni *en* elle-même ni *hors* d'elle-même. L'idée même du lieu et de l'espace, appliquée à l'être véritable, est un rêve que nous transportons dans la réalité (3), une conception confuse de la raison bâtarde, confondue avec les pures conceptions de la raison intuitive.

En un mot, Dieu est absolu et supérieur à toute relation, même d'identité et de différence, d'égalité ou

---

(1) Cette démonstration, déjà si rigoureuse, est exposée d'une manière plus scientifique encore par Aristote, dans un passage de son Traité sur la *Philosophie*, conservé par Simplicius et cité plus haut. Ce passage est tout platonique : « La relation du moins bon au meilleur suppose le Bien absolu. Donc, puisque dans les êtres l'un est meilleur que l'autre, il y a un bien parfait, qui est le divin. Or, ce qui change, ou reçoit le changement, ou le produit lui-même ; s'il le reçoit, c'est d'un être meilleur ou pire que lui ; s'il le produit, c'est par le désir d'une chose mauvaise ou d'une chose bonne. Mais le divin ne peut être changé par un être meilleur que lui, etc. »

(2) « Le passé et le futur ne sont que des formes passagères que, dans notre ignorance, nous transportons mal à propos à la substance éternelle ; nous avons l'habitude de dire : elle fut, elle est, elle sera. Elle *est* ; voilà ce qu'il faut dire en vérité... La substance éternelle, toujours la même et immuable... n'est, ni ne fut, ni ne sera jamais dans le temps. » *Tim.*, 37, e.

(3) *Tim.*, 52, c.

d'inégalité, de similitude ou de dissimilitude (1).

Tels sont les attributs métaphysiques de Dieu, qui résultent du principal caractère de l'Idée, l'unité, et qui constituent l'Individualité divine.

(1) V. l'analyse du *Parménide*.

CHAPITRE VII.

LES ATTRIBUTS MORAUX DE DIEU. — PERSONNALITÉ DIVINE.

I. L'ACTIVITÉ ET LA VIE EN DIEU. Que Dieu contient éminemment le mouvement. Que Dieu contient éminemment le repos. Conciliation en Dieu de l'activité vivante et de l'immutabilité. De la joie et du bonheur en Dieu. — II. L'INTELLIGENCE EN DIEU. L'Idée de la science. Caractère particulier de cette Idée, d'après le *Parménide*. Comment elle est identique à la science de l'Idée. Unité du sujet et de l'objet, de l'intelligence et de l'intelligible en Dieu. Rapport de l'intelligence et de l'intelligible. — III. LE BIEN EST LA BONTÉ EN DIEU. Nécessité de s'élever au-dessus de l'intelligence et de l'essence jusqu'au Bien. Unité suprême de la perfection dans le Bien. — IV. LA PERSONNALITÉ EN DIEU. Largeur de la conception platonicienne. Comment le Dieu de Platon est tout à la fois universel et individuel, impersonnel et personnel. — V. PLATON A-T-IL ADMIS LA TRINITÉ? Trilogies résultant de la théorie des Idées. Principaux rapports ternaires qu'on trouve dans Platon.

I. — L'ACTIVITÉ ET LA VIE EN DIEU.

1. « Il y a dans Jupiter une âme royale (ψυχὴ βασιλική), en raison de sa puissance de cause (διὰ τὴν τῆς αἰτίας δύναμιν) (1). » « Nous persuadera-t-on que, dans la réalité, le *mouvement*, la *vie*, l'*âme*, l'intelligence, ne conviennent pas à l'être absolu? que cet être ne *vit* ni ne pense, et qu'il demeure immobile, immuable (ἀκίνητον ἑστός), sans avoir part à l'auguste et sainte intelligence? Ou bien lui accorderons-nous l'intelligence en lui refusant la vie? ou dirons-nous qu'il y a en lui l'intelligence et la *vie*, mais que ce n'est pas dans une âme qu'il les possède? ou enfin que, doué d'intelligence, d'âme et de vie, tout animé

(1) *Phil.*, loc. cit.

qu'il est, il demeure dans une complète immobilité? — Tout cela me paraît déraisonnable. — Il faut donc accorder *que le mouvement et ce qui est mû* EXISTENT (1). » Pour comprendre ce passage, il faut en regarder surtout la conclusion. Platon veut démontrer que le mouvement *existe*, et que d'autre part le repos *existe* aussi; d'où il suit que ni le mouvement ni le repos ne sont l'Être, bien qu'ils coexistent dans l'absolu de l'Être (τῷ παντελῶς ὄντι). Le mouvement est le *non-repos*, c'est-à-dire quelque chose d'*autre* que le repos; le repos, à son tour, est *non-mouvement*, *autre* que le mouvement; or, deux déterminations *autres* ou *différentes* peuvent parfaitement, d'après Platon, coexister dans l'unité du Bien, c'est-à-dire dans l'être parfaitement déterminé sous tous les rapports. N'est-ce pas un fait qu'il y a du mouvement dans l'univers? n'est-ce pas aussi un fait qu'il y a du repos, et que l'un et l'autre ont leur raison dans le principe même de l'univers, dans Dieu? Il faut donc qu'il y ait en Dieu une forme de perfection, une *Idée*, qui corresponde au mouvement; et il faut aussi qu'il y ait en Dieu une forme de perfection, une Idée, qui corresponde au repos. On peut donc dire que l'Être absolu est mobile, — pourvu qu'on ajoute qu'il est immobile, et que ces mots expriment une contradiction relative, non absolue. Dans l'absolu, Dieu n'est ni mobile ni immobile, et cependant il enveloppe la possibilité du mouvement et du repos (2).

Encore une fois, on peut dire de Dieu qu'il est mobile (parce qu'il contient éminemment et en Idée le mouvement et l'évolution de l'universel); qu'il est immobile (parce qu'il contient éminemment le repos);

---

(1) *Soph.*, 249, a.
(2) V. notre analyse de la troisième thèse du *Parménide*.

qu'il est mobile et immobile (parce qu'il contient éminemment ces deux déterminations différentes); et qu'il n'est ni mobile ni immobile (parce que ce qui contient éminemment deux choses diverses ne peut être confondu ni avec l'une ni avec l'autre, ainsi que le *Sophiste* l'a démontré).

Une fois qu'on a saisi cette pensée intime du platonisme, on n'est plus choqué de ce que Platon attribue à Dieu l'immutabilité (dans le IIe livre de la *République*), et la mobilité spontanée (dans les *Lois* et dans les allégories du *Timée*). L'évolution dialectique de la vie divine doit être conçue sous l'idée de l'éternité (1). En outre, Platon n'accorderait point à Aristote, pas plus qu'aux Mégariques, que Dieu est un acte immobile à tous les points de vue, et sans puissance active : le but de la théorie des Idées est précisément de placer dans le Bien toutes les puissances.

Mais Platon établit comme une hiérarchie entre les divers points de vue. Celui de la mobilité lui semble évidemment inférieur à celui de l'immobilité, parce qu'il est plus relatif au monde et moins voisin du Bien absolu. Souvent même, forcé d'exprimer le Bien ineffable, et d'attribuer une essence déterminée à celui qui comprend toutes les déterminations, Platon dira que Dieu est absolument immobile, parce que, de tous les mots de la langue humaine, c'est encore celui qui convient le plus à la majesté divine. Mais encore une fois, dans le fond de sa pensée, Platon regarde Dieu comme étant supérieur tout à la fois à ce que nous appelons mouvement et repos. N'a-t-il pas dit que le Bien est au-dessus de l'intelligence, et par conséquent de l'âme? Le νοῦς a pour caractère principal

---

(1) Sub specie æterni. (*Spinoza.*)

l'immobilité de l'intuition ; la ψυχή a pour caractère principal la mobilité de la vie; le τἀγαθόν n'est ni l'un ni l'autre, non parce qu'il est inférieur, mais parce qu'il est meilleur (βελτίων), ou plutôt parfait (ἄριστον) (1).

II. Si Dieu est âme et renferme en soi toutes les formes éminentes du mouvement et de la vie, on comprendra que Platon lui attribue dans certains passages ce mouvement de la sensibilité qui est la *joie*. Mais c'est encore là un point de vue inférieur et comme humain, ou plutôt c'est pour Platon une simple métaphore. — « L'auteur et le père du monde, voyant cette image des dieux éternels en mouvement et vivante, admira et se réjouit (ἠγάσθη τε, καὶ εὐφρανθείς) (2)... » Dans le *Philèbe*, Platon prend soin de rectifier ces expressions. « Peut-être ne serait-il point étrange que, de tous les genres de vie, celui qui est exempt de plaisir et de douleur fût le plus divin. Il n'y a donc pas apparence que les dieux soient sujets à la joie et à l'affection contraire. — Non, certes, il n'y a pas apparence. Du moins y a-t-il quelque chose d'indécent dans l'une et l'autre affection (3). » Plus loin, Platon montre que la pure intelligence, sans aucun sentiment de plaisir, n'est point le bien véritable. Il conçoit donc le Bien, ici encore, comme n'étant ni le plaisir ni l'absence de plaisir, mais quelque chose de supérieur, qui contient la forme éminente et positive, l'*Idée* du plaisir, sans les bornes et les négations, et qu'on peut appeler la félicité. Aussi

---

(1) V. la note de la page 69.
(2) *Tim.*, 37, c. La Bible contient des métaphores du même genre.
(3) *Phil.*, 333, b ; *Cous.*, 355.

appelle-t-il le Bien, dans le VIe livre de la *République*, le *plus heureux de tous les êtres*. De même, dans le *Théétète*, le modèle du Bien, c'est-à-dire l'ensemble des Idées, est *divin* et *bienheureux*.

Concluons que toutes les qualités de nos âmes, — activité, vie, puissance spontanée, faculté de se mouvoir et de se déterminer soi-même sans obéir à une impulsion fatale, enfin, sentiment de joie et de félicité — se trouvent dans le Dieu de Platon en tant qu'il est *âme*, mais sous une forme de perfection et d'éternité qui les rend conciliables avec la majesté du Bien absolu. C'est ainsi que la méthode dialectique, en transportant les qualités positives des objets imparfaits dans l'Idée parfaite, devient une méthode sûre et rigoureuse pour déterminer les attributs de Dieu. Loin d'abandonner dans cette détermination sa théorie des Idées, comme le lui ont reproché quelques critiques, Platon n'y est jamais plus fidèle que quand il attribue à la réalité suprême toutes les réalités éparses dans le monde et l'humanité.

II. — L'Intelligence.

La même méthode dialectique, remontant de l'imparfait à la perfection, fait que Platon transporte en Dieu l'Intelligence, nouvel attribut de la personnalité.

La science *en soi*, qui est une espèce du Bien (1), est la science conçue comme *une* et *pure*, c'est-à-dire comme *universelle* et *parfaite*. C'est la forme éminente de la science.

Mais est-ce une forme abstraite, générale, impersonnelle, une sorte de modèle sans vie, qui serait le type de la pensée, mais ne *penserait* pas?

---

(1) *Rép.*, VIe liv.; *Phileb.*, loc. cit.

Aucune Idée n'est abstraite pour Platon; l'Idée de la science doit donc être une forme *réelle* de science, et pour ainsi dire une *science* qui *sait*, en d'autres termes une intelligence. C'est ce qu'il nous dit lui-même: « Si jamais un être peut posséder la *science en soi*, ne penseras-tu pas que c'est à Dieu seul, et à nul autre, que peut appartenir la science parfaite (1)? » On voit qu'il ne s'agit pas d'un idéal impersonnel de science *possible*, mais d'un idéal de science *réelle*. C'est ce que confirme le *Phèdre*, où nous trouvons identité absolue entre l'*Idée* de la science et la *Science réelle*. Dans son trajet, l'âme contemple l'Idée de la science, c'est-à-dire « la *vraie science*, la science *sans mélange, telle qu'elle existe dans ce qui est l'Etre par excellence* (2). »

L'Idée de la science a donc un caractère particulier que n'ont pas par elles-mêmes les autres Idées. Celles-ci sont simplement des formes intelligibles de la réalité parfaite; l'Idée de la science, outre qu'elle est une forme de l'être, est aussi une forme de la pensée : elle est la pensée même. En elle coïncident les deux sens du mot Idée, l'un objectif, comme diraient les modernes, et l'autre subjectif. L'Idée de la science est un *intelligible* et une *intelligence*. C'est ce qui ressort clairement du *Parménide* et du *Phèdre*; et c'est ce qui devait résulter du mouvement même de la dialectique. Toute Idée étant réelle, ὄντως ὄν, l'Idée de la pensée est une pensée réelle, et conséquemment une pensée qui pense. — Reste à savoir ce qu'elle pense.

Platon nous le dit : l'objet de la pensée, c'est l'être intelligible. « Autour de l'*essence* est la place de la vraie *science*. » L'essence est donc l'objet, la science

---

(1) *Parm.*, 133, d, e; — tr. Cousin, 21.
(2) *Phædr.*, 247, c, d.

le sujet. « La pensée des dieux se nourrit d'intelligence et de science sans mélange... Elle aime à voir l'essence... Elle se livre avec délices à la contemplation de la vérité... Elle contemple la sagesse; elle contemple la justice..., toutes les essences (1). » « La science en soi est la science de la vérité en soi...; chaque science en soi serait la science d'un être en soi... N'est-ce pas seulement par l'*Idée de la science* qu'on connaît les *Idées en elles-mêmes* (2) ? »

Ainsi, pour Platon, l'Idée de la science est la science des Idées.

Mais nous savons que la pluralité des Idées n'est qu'apparente, tellement que celui qui en possède une les possède toutes (3), et qu'on ne peut en posséder réellement une seule sans les posséder toutes (4). Ne disons donc pas que, parmi les Idées, il y en a une qui connaît toutes les autres; ce qui laisserait croire que les autres *sont connues* sans *connaître* elles-mêmes. Disons que l'éternelle Idée des Idées se connaît éternellement, que l'Intelligible est éternellement saisi par l'Intelligence.

Aussi Platon rapproche toujours la vérité et la science, l'objet et le sujet, principalement dans le VIe et le VIIe livre de la *République*, où il ne les sépare pas une seule fois (5). C'est que, pour lui, ce sont choses identiques. « La science, dit-il, est, ou la *vérité même*, ou ce qui est le plus voisin de la vérité et *le plus vrai*. » Ce n'est donc pas seulement Aristote, c'est encore Platon qui a conçu la pensée comme identique

---

(1) *Phèdre*, 247, d; — tr. Cousin, 51.
(2) *Parm.*, 133, d, e; — tr. Cousin, 20, 21.
(3) *Ménon*, 81.
(4) *Philèbe*, 16.
(5) V. plus haut, ch. III.

à l'être dans la perfection divine (1). Cette conclusion, appuyée sur des textes formels, est conforme à l'esprit le plus intime de la théorie des Idées. Car, encore une fois, l'Idée n'est-elle pas l'intelligible? et non l'intelligible *par accident*, qui tantôt est connu, tantôt ne l'est pas ; mais l'intelligible *par essence*, qui est nécessairement connu? Si donc l'Idée est l'intelligible réel et actuel, cet intelligible doit être réellement et actuellement compris par une intelligence. Donc, l'intelligible se réalise lui-même dans une intelligence qui lui est conforme ; la pensée en soi se pense éternellement; l'Idée de la science est identique à la science de l'Idée (2). C'est là, dira-t-on, un principe d'Aristote. Oui, sans doute; mais c'est avant tout le principe de la théorie des Idées.

Ici se présente un nouveau problème que Platon a parfaitement aperçu et qu'il a résolu.

Est-ce l'intelligence qui est la raison première de l'Idée, ou l'Idée qui est la raison de l'intelligence? ou encore, l'Idée et l'intelligence ont-elles l'une et l'autre leur raison première dans un principe distinct de toutes les deux, supérieur à toutes les deux?

D'abord, dans l'ordre logique, l'intelligible ou l'Idée semble être avant l'intelligence : pour que la pensée existe, il faut que la vérité existe. C'est la réalité de l'*essence* qui rend possible la science. Voilà pourquoi il est inexact de définir tout d'abord l'Idée une pensée divine; car l'Idée est logiquement *en soi* avant d'être *pour soi* : elle est une détermination du Bien avant d'être une pensée du Bien.

Mais c'est là une distinction purement logique, et

---

(1) Aristote attribue lui-même à Platon l'expression de l'*intelligence, lieu des Idées* : οἱ λέγοντες... (*De an.*, IV, 6.)

(2) *Parm.*, ibid. ; — tr. Cousin, 20.

on peut dire indifféremment, au point de vue métaphysique, que l'essence est parce qu'elle se pense, ou qu'elle se pense parce qu'elle est. N'oublions pas que Platon, après avoir *fait la pluralité*, *fait toujours l'unité*; et c'est seulement dans l'unité du sujet et de l'objet que peut se trouver la vraie certitude, la *science en soi*.

Ainsi l'intelligence personnelle de Dieu consiste dans l'éternelle unité de la pensée et de l'essence. Mais cette unité vient d'un principe supérieur d'où découlent tout à la fois et l'essence et la pensée; et la dernière solution à laquelle Platon arrive, c'est que l'Intelligence et l'Idée ont leur raison première dans un principe distinct, qui est le Bien.

III. Le Bien.

Nous l'avons vu, « on peut regarder la science et
» la vérité comme ayant de l'analogie avec le Bien;
» mais on aurait tort de prendre l'une et l'autre pour
» le Bien lui-même, qui est d'un prix tout autrement
» relevé. Sa beauté doit être au-dessus de toute ex-
» pression, puisqu'il produit la science et la vérité,
» et qu'il est encore plus beau qu'elles... Il est quel-
» que chose *fort au-dessus* de l'*essence*, en *dignité* et
» en *puissance* (1). »

1° Il y a en effet un *bien* plus *simple*, plus *un* que l'intelligence et que l'essence. Car, si l'unité est la loi de l'intelligence, la pluralité est aussi sa loi (2). L'intelligence est nécessairement analogue à son objet chez l'homme, et identique à son objet chez Dieu. Or cet objet, qui est l'Idée, est *un et plusieurs*, comme

---

(1) *Rép.*, VI, 57.
(2) *Philèbe*, 16, b, c, d.

toutes les essences éternelles. L'Idée est un *nombre* (1); donc l'Intelligence est aussi un nombre: elle est l'Idée de la science en soi, et par cela même elle enveloppe, comme les autres Idées, la pluralité. En outre, les essences sont distinctes les unes des autres, puisqu'elles sont des principes différentiels. A cette distinction dans l'objet doit répondre une distinction dans le sujet. D'où il suit qu'il reste une certaine pluralité dans l'intelligence comme dans le monde intelligible. L'intelligence humaine est une multiplicité qui s'unifie, et c'est en cela que consiste la dialectique. L'intelligence divine est une unité qui se multiplie; c'est une dialectique opposée à la nôtre, et qui n'a pas besoin de mouvement pour se développer, mais qui enveloppe éminemment la pluralité. Donc le monde des Idées et l'intelligence qui le contemple sont l'unité-multiple, que Platon nous a représentée comme la condition essentielle de toute science (2). Il ne pouvait donc s'arrêter sans inconséquence à ce degré de l'échelle dialectique. La *République* et le *Parménide* prouvent qu'il l'a compris.

2° L'intelligence n'est pas le Bien *universel*. Nous avons vu que, dans le plaisir même, malgré son infériorité, il y a encore l'image d'un bien qui n'est pas celui de l'intelligence, et qui doit y être ajouté avec d'autres biens encore (3). De même, aucune essence particulière ne peut être considérée comme la véritable *universalité*.

3° L'intelligence n'est pas absolue et *suffisante* (αὐταρκές ἱκανόν). Car tous les êtres désirent le Bien, et tous ne désirent pas l'intelligence. De même, aucune

---

(1) *Ibid.*
(2) V. le *Sophiste* et le *Parménide*.
(3) *Philèbe*, 16.

essence particulière n'est la fin absolue, fût-elle la justice, fût-elle l'honnêteté. Platon en donne la preuve. « N'est-il pas évident qu'à l'égard du juste et de l'hon-
» nête, bien des gens se contenteront de faire et de
» posséder, et de paraître faire ou posséder des choses
» qui, sans être justes ni honnêtes, en ont l'appa-
» rence ; mais que, lorsqu'*il s'agit du bien*, les *appa-
» rences* ne satisfont personne, et qu'on s'attache à
» trouver quelque chose de *réel* sans le souci de l'*ap-
» parence* (1). » Donc, encore une fois, aucune essence particulière n'est la vraie fin, le vrai bien que toute âme poursuit. On peut aller jusqu'à dire que les essences elles-mêmes, ainsi considérées dans leur particularité et comme nombres intelligibles, *aspirent* à l'unité comme à leur bien, et conséquemment ne sont pas le Bien. On peut le dire, et Platon l'a dit au témoignage d'Aristote : « L'Un est le bien même, parce
» que les nombres le *désirent*. Τὸ ἕν αὐτὸ ἀγαθόν, ὅτι οἱ
» ἀριθμοὶ ἐφίενται (2). » Cette phrase montre assez combien Platon tenait à son principe de la supériorité du Bien-un, indéfinissable pour nous et ineffable. C'est le terme de l'intelligence humaine que d'arriver à comprendre la nécessité de l'incompréhensible (3).

IV. — PERSONNALITÉ DIVINE.

On voit combien est vaste et complète la notion platonicienne de Dieu. Elle résume et concilie dans une unité supérieure toutes les conceptions théologiques des devanciers de Platon. On se demande sou-

---

(1) *Rép.*, VI, loc. cit. ; — 49, tr. Cousin.
(2) *Eth. Eud.*, I, 8.
(3) Mais si nous ne pouvons comprendre ce que le Bien est *en soi*, l'étude des rapports de Dieu au monde nous fera bientôt comprendre ce qu'est le Bien *pour autrui*, ou la Bonté. V. livre suivant : *Production du monde.*

vent : le Dieu de Platon est-il un idéal ou une réalité, un principe indéterminé ou un être déterminé, quelque chose d'universel ou une substance individuelle, en un mot, un dieu impersonnel ou un dieu personnel? Est-il l'unité incompréhensible de Parménide, ou l'intelligence consciente d'Anaxagore et la bonté vivante de Socrate? — Poser à Platon cette espèce de dilemme, c'est oublier qu'il avait précisément pour but de maintenir à la fois et de concilier les diverses formes sous lesquelles Dieu apparaît à notre pensée, et que les philosophes grecs avaient aperçues successivement. Nous ne saurions trop le redire, parce qu'on est trop porté à l'oublier: l'auteur du *Sophiste* ou du *Parménide* n'admet pas ces choix entre de prétendus contraires, surtout quand il s'agit de ce principe suprême de la dialectique où les différences sont ramenées à l'identité. Vous offrez à Platon *plusieurs* choses; il s'efforce immédiatement d'en faire *une*. Dans son éloignement pour les systèmes exclusifs, il n'admet l'alternative du oui ou du non que quand il y a contradiction formelle « sur le même objet, dans le même sens et sous le même rapport. » Toutes les conceptions de Dieu que nous venons d'énumérer, nous les avons également retrouvées dans Platon. Une critique superficielle, impuissante à réunir sous un même regard cette diversité de points de vue, crie sans cesse à la contradiction; mais la contradiction n'existe que dans la pensée des interprètes. Sans doute on peut reprocher à Platon de s'être borné souvent à juxtaposer les diverses notions de Dieu sans en montrer suffisamment l'intime connexion; mais c'est un reproche qu'on pourra toujours faire, non-seulement à Platon, mais à l'esprit humain lui-même, qui voit beaucoup plus les choses dans leur multiplicité que dans leur unité. Platon n'est-il pas le premier qui ait eu le mérite, dans le *Sophiste* et dans le *Parménide*, de montrer la mutuelle implication des Idées, la réduction dialectique de toutes les essences et de tous les attributs à l'unité dans la perfection divine? Si on veut exprimer et résumer sous une forme claire et systématique les divers aspects de l'Idée de Dieu, qui ne se montrent parfois qu'obscurément et isolément dans les Dialogues, et cela à dessein (1), il faut emprunter à Platon sa propre méthode, telle qu'il l'a employée dans le *Parménide*. Résumons donc de nouveau avec lui la thèse, l'antithèse et la synthèse (négative et affirmative).

Thèse. — Dieu est relativement à toutes choses l'*idéal* : il n'est point ce qu'elles sont, mais ce qu'elles devraient être. Leur être et l'être de Dieu ne sont donc point univoques; mais, si l'on dit qu'elles *sont*, Dieu n'est pas (de la même manière qu'elles).

Cet idéal de toutes choses est *universel*, puisqu'il réunit en lui-même tous les genres possibles et tous les types de l'être. Ce n'est pas un individu borné par d'autres individus, mais un principe qui embrasse tout.

Relativement aux personnes finies et imparfaites, chez lesquelles le *moi* exclut le *non-moi*, et qui ne se posent qu'en s'opposant tout le reste comme une borne de leur être, Dieu est *impersonnel*. Dieu pénètre tout et rien ne s'oppose à lui; tout existe, tout vit, tout se meut en lui et par lui.

Les Idées et Dieu, Idée suprême, ont donc un mode d'existence tout à fait différent des existences que

---

(1) On sait que Platon ménageait jusqu'à un certain point les croyances religieuses de son temps, et enveloppait ses conceptions métaphysiques de formes mystiques et mythologiques.

nous connaissons, et qui échappe à toutes les conditions de l'être, telles que les conçoit notre pensée finie. La raison de tout ce qui est ne peut être rien de tout ce qui est, et ne peut se confondre avec aucune des existences dont elle est le principe.

On reconnaît la thèse soutenue par Platon dans le *Parménide* et dans le VIe livre de la *République*.

Antithèse. Dieu, étant la raison de toutes choses, le principe et l'Idée de toutes les existences, doit être éminemment tout ce qu'elles sont. Il est donc la suprême réalité.

Comme il contient dans une absolue unité tout ce que lui emprunte par participation la multiplicité des êtres, il est la suprême *Individualité*, distincte de tout et s'opposant à tout sans que rien s'oppose à elle.

C'est de lui que nous recevons par participation l'âme, l'intelligence et le bien, la vie, la pensée et l'amour, tous les attributs de la personnalité. Pourrait-il nous communiquer ces attributs s'il n'était la *Personnalité* suprême?

C'est le Dieu vivant, accessible à la pensée et à l'amour, dont Platon parle dans la seconde thèse du *Parménide*, dans le *Timée*, dans la *République*, dans le *Philèbe*, dans le *Sophiste*, dans les *Lois*.

Synthèse (négative et affirmative). — Dieu n'est, à vrai dire, ni l'idéal ni la réalité, parce qu'il est indivisiblement l'Idée-réelle (τὸ εἶδος ὄντως ὄν); il n'est ni la seule universalité ni la seule individualité, parce qu'il est l'Individu-universel : universel et impersonnel par rapport à nous, individuel et personnel en lui-même. En un mot, Dieu est l'unité de toutes choses dans la Perfection (τὸ ἓν ἀγαθόν).

V. — Platon a-t-il admis la trinité?

D'après les Alexandrins, Platon a admis trois hypostases semblables à leur trinité. D'après saint Justin le martyr (1), Eusèbe (2), Théodoret (3), saint Cyrille (4), saint Augustin, Bernard de Chartres (5), Abélard (6), etc., Platon a soupçonné la trinité chrétienne.

Il est évident qu'on retrouve dans Platon tous les éléments de la trinité de Plotin : le bien, l'intelligence et l'âme. Ce sont les trois attributs qui ont frappé le plus la pensée de Platon, parce qu'ils résument tous les autres. Mais il ne suffit pas d'admettre en Dieu trois puissances et comme trois manifestations principales, pour constituer une trinité. Il faut encore considérer ces trois attributs comme des hypostases distinctes, déterminer la nature de chacune et son rapport avec les autres, et enfin attacher au nombre trois un caractère sacré.

1° Le Bien, pour Platon comme pour Plotin, est l'unité. Mais, pour Platon, cette unité est absolument identique à l'être, et n'est supérieure qu'à l'essence. Pour Plotin, l'Un est supérieur même à l'être (7).

(1) *Apol.*, II, 5.
(2) *Prép. év.*, XI, 20.
(3) *Thérap.*, l. 2.
(4) *Contre Julien*, t. VIII, 275.
(5) Cousin, *Ph. schol.*, 337, de la 2e édit.
(6) *Int. ad theol.*, I, 1215.
(7) D'après M. Th.-H. Martin (t. II, 59, dans la note), le Bien n'est « ni *une hypostase*, ni *Dieu même*, mais seulement un de ces *êtres abstraits* à chacun desquels Platon prête une *réalité individuelle* et qu'il nomme dans le *Timée* : des Dieux éternels. » Ainsi Platon, qui ne peut pas même se résoudre à admettre l'individualité et une réelle multiplicité d'êtres dans le monde sensible, aurait admis dans le monde intelligible je ne sais combien d'individualités distinctes suspendues dans le vide ! Nous avons suffisamment démontré combien cette atomisme théologique est contraire à tous les textes, sans parler de l'esprit platonicien. V. ch. IV, même livre.

2° Platon a déterminé assez nettement le rapport de l'intelligence au Bien ; mais la filiation entre l'intelligence et l'âme n'a point la même netteté. Cependant on voit que l'intelligence est pour lui supérieure à l'âme : « Dieu mit l'intelligence dans l'âme, l'âme » dans le corps. » Il y a là, comme dans beaucoup d'autres passages précédemment cités, une hiérarchie évidente, qui résulte des conditions mêmes de la dialectique.

3° L'âme divine est peu distincte de l'âme du monde ; et tantôt Platon semble admettre deux âmes, tantôt une seule.

4° Platon n'a pas eu l'idée nette de trois hypostases ou personnes, et encore moins de trois dieux. Il n'est même pas absolument certain qu'il ait séparé les trois degrés suprêmes de la dialectique des degrés inférieurs.

Cependant, outre que Pythagore attachait un caractère sacré au nombre trois, la dialectique aboutissait naturellement à une espèce de triplicité. On sait que, pour Platon, le problème capital est la conciliation du mouvement et du repos. Pour opérer cette conciliation, il faut nécessairement un *troisième* terme ; et ainsi de toutes les oppositions dialectiques. Aussi, dans le *Sophiste*, Platon pose *l'être* comme supérieur au *mouvement* et au *repos* (1). Dans le *Parménide*,

---

M. Jules Simon ne considère pas la théorie de l'Unité et du Bien comme fondamentale dans Platon. « La polémique d'Aristote prouve avec évidence, dit-il, que le τὸ ἓν ἐπέκεινα τῆς οὐσίας ne tenait pas plus de place dans l'enseignement de Platon que dans ses écrits. » Il nous semble au contraire que Platon considère cette doctrine comme la plus élevée de toutes, et qu'Aristote, qui l'adopte en partie, dirige toutes ses objections contre l'Un prétendu abstrait, et contre la multiplicité des Idées dans l'intelligence divine. — Même erreur dans M. Grote, *loc. cit.*

(1) En général, étant donnée une Idée quelconque, elle est la *même* qu'elle-même et *autre* que les autres ; elle réunit donc le *même* et l'au-

on s'en souvient, la première hypothèse est celle de l'*être-un* qui est le bien ; la deuxième celle de l'un idéalement multiple, où les Alexandrins ont vu l'intelligence ; la troisième celle de l'unité réellement multiple par l'effet du mouvement dont elle enveloppe la possibilité, ce qui s'applique à l'âme. Ces trois premières hypothèses sont nettement séparées de toutes les autres.

Enfin, dans la deuxième et la septième lettre, qui, si elles ne sont pas de Platon, ont été composées dans son école peu de temps après lui, on commence à parler énigmatiquement de trois principes, de trois *rois*. « Le roi de tout préside à toutes choses ; il est la *fin* » de toutes choses, et le principe de toute beauté. [C'est évidemment le *Bien* de Platon, raison première et fin dernière.] Le second principe préside aux choses » de second ordre, et le troisième à celles de troi- » sième ordre (1). » Dans la neuvième lettre, au-dessus du dieu qui mène toutes choses, présentes ou futures, et qui est proprement la *cause*, on place son père et son seigneur, que la véritable philosophie fait connaître (2). Tout cela rappelle le passage du *Philèbe* qui nous montre que la nature de Dieu, roi de l'univers, renferme et une intelligence royale et une âme royale.

On ne peut nier que les *ternaires* alexandrins se trouvent en germe dans Platon, nourri lui-même des idées de Pythagore et toujours préoccupé des nom-

---

tre, l'identité et la différence. De là la nécessité d'un terme supérieur et synthétique qui ramène l'opposition à l'unité : ce terme est le Bien.

(1) Περὶ τὸν πάντων βασιλέα πάντ' ἐστι, καὶ ἐκείνου ἕνεκα πάντα καὶ ἐκεῖνο αἴτιον ἁπάντων τῶν καλῶν, δεύτερον δὲ περὶ τὰ δεύτερα, καὶ τρίτον περὶ τὰ τρίτα. *Ep.*, 2, 312, d.

(2) Τὸν τῶν πάντων θεὸν ἡγεμόνα τῶν τε ὄντων καὶ τῶν μελλόντων, τοῦ τε ἡγεμόνος καὶ αἰτίου πατέρα κύριον ἐπομνύντας. 323, d.

bres. Nous avons rencontré dans sa philosophie les rapports ternaires suivants :

1° Système de la multiplicité (Ioniens) ; — système de l'unité (Éléates) ; — nécessité d'un système qui les relie par l'*Idée* (le Platonisme).

2° D'où il suit que l'Idée des Idées, ou le premier principe des choses, contient éminemment : — l'unité, — la multiplicité, — et un rapport intime qui les relie dans les profondeurs de sa substance.

Dieu est : — le Bien, — l'Intelligence, — l'Ame.

Dans l'intelligence, qui est identique à l'intelligible, chaque Idée particulière, prise parmi les perfections du Bien, contient comme l'Idée suprême : — une multiplicité qui est la matière, — une unité qui est la forme, — et un rapport qui est l'Idée même.

Les nombres eux-mêmes contiennent : — l'unité, — l'infini, — et leur rapport.

La dialectique : — fait de plusieurs un par l'induction, — d'un plusieurs par la division, — et exprime le rapport par la définition.

L'intelligence tout entière est : — une en elle-même, — multiple par la multiplicité des Idées ; — et le retour de la multiplicité à l'unité constitue la pensée.

L'âme divine, productrice du mouvement, est d'après le *Parménide* : — une, — multiple, — une et multiple.

L'âme intelligente du monde reproduit : — l'unité, par l'essence du même ou la *raison* ; — la multiplicité, par la *sensation* ; — le rapport de l'un au multiple, par l'*essence intermédiaire* ou le raisonnement discursif. (V. le *Timée*.)

Ces trois facultés ont pour objet : — les Idées, — les phénomènes, — et les genres intermédiaires ou mathématiques, c'est-à-dire les nombres abstraits.

La raison, dit Platon dans la *République*, est à l'appétit comme l'hypate est à la nète; le θυμός est la *mèse;* son rapport à la raison est un rapport de quarte; son rapport à l'appétit est une quinte.

L'accord parfait comprend : — l'hypate, — la nète, — et la mèse, qui est l'intermédiaire.

Entre les dieux et les hommes sont les génies intermédiaires, comme l'*amour.*

L'âme humaine comprend : — une *âme divine,* — une *âme mortelle,* — et une *âme ou partie d'âme qui les relie.*

Les facultés sont : — la *raison,* — l'*appétit,* — le θυμός, sorte de génie intermédiaire.

Les vertus dont l'ensemble forme l'accord parfait ou la justice sont : — la sagesse, — la tempérance, — le courage.

Ces divisions se retrouvent dans la politique. L'État comprend : — des magistrats, — des guerriers, — des artisans et des laboureurs.

L'homme tout entier est composé : — d'une âme intelligente (νοῦς), — d'un corps (σῶμα), — et d'une âme vitale et motrice (ψυχή).

Le corps comprend trois parties principales : — la tête, — le ventre, — et le cœur, qui sert d'intermédiaire.

Les quatre éléments qui forment le corps du monde sont ainsi disposés : — la terre, — le feu, — et entre les deux, l'air et l'eau.

L'*air*, dit Platon (1), — est à l'*eau* — ce que le *feu* est à l'*air.*

L'*eau* — est à la *terre* — ce que l'*air* est à l'*eau.*

Platon explique cette double proportion en disant

(1) *Timée*, 122, tr. Cousin.

que les corps solides ne se joignent jamais par un seul milieu, mais par deux. « C'est de ces quatre éléments » réunis de manière à former une proportion, qu'est » sortie l'harmonie du monde, l'amitié qui l'unit si » intimement que rien ne peut le dissoudre, si ce » n'est celui qui a formé ses liens. »

En un mot, Dieu a tout fait avec harmonie, proportion et nombre, conformément à l'Idée ; et comme l'Idée est un rapport de l'un au multiple, toute chose contient une triplicité naturelle.

Concluons que les éléments trinitaires se trouvent dans Platon, mais sans former une véritable trinité alexandrine, parce que l'idée d'hypostase y est très-vague ; et encore moins une trinité chrétienne, parce que l'âme, l'intelligence et le bien sont présentés comme des attributs inégaux en dignité, et non comme des personnes égales en un seul dieu.

LIVRE DIXIÈME.

RAPPORTS DE DIEU AU MONDE.

CHAPITRE I.

DIEU PRODUCTEUR DU MONDE.

I. Possibilité métaphysique du monde. *Premier Principe* : Le possible a sa raison d'être dans le réel, le devenir dans l'être. *Deuxième Principe* : Le devenir n'est pas la négation absolue de l'être. *Troisième Principe* : L'être un enveloppe la pluralité des êtres particuliers. — II. Conception du monde. Comment Dieu peut-il concevoir le monde? Difficulté soulevée dans le *Parménide*. Comment Platon la résout. Rôle de l'Idée. La dyade contenue dans l'Un-Être. — III. Production du monde. Théorie de la génération dans le *Banquet*. Rapports de la perfection, de l'amour et de la fécondité. Comment le Bien en soi devient le Bien pour autrui. Le monde, production du Bien dans le Bien par le Bien même.

I. — *Possibilité du monde.*

Le parfait existe, et il n'a pas d'autre raison d'existence que sa perfection même; le bien est, parce qu'il est le bien. Tel est le dernier résultat de la dialectique platonicienne, lorsqu'elle remonte d'Idée en Idée jusqu'au principe des Idées. Mais, après s'être élevée du monde à Dieu, elle doit redescendre de Dieu au monde; c'est alors que la pensée se trouble, s'étonne, et est presque tentée de s'absorber dans l'unité absolue. Mais Platon ne pouvait le faire sans être inconséquent avec lui-même; n'est-ce pas le multiple qui lui a servi de point de départ et comme de point d'appui (1),

---

(1) Οἷον ἐπιβάσεις τε καὶ ὁρμάς. *Rép.*, VI.

pour s'élancer vers l'unité? Nier le multiple ce serait nier la dialectique elle-même.

Comment donc le monde, multiple et imparfait, est-il possible, si Dieu est un et parfait?

Pour résoudre ce problème, que nous avons déjà vu se poser à propos de la participation des choses aux Idées, mais qu'on ne saurait trop envisager sous tous ses aspects, il faut rappeler d'abord plusieurs principes qui ont pour Platon la plus grande importance, parce qu'ils résument toute sa théorie des Idées.

1° *Principe du VIe livre de la* RÉPUBLIQUE : — *Le possible a sa raison dans le réel.* En d'autres termes, ce qui n'*est pas*, puis *est*, ou le devenir, a sa raison dans ce qui *est*.

Un système métaphysique se caractérise par le rapport qu'il établit entre ces deux termes : la possibilité et la réalité.

Or, logiquement, il semble que le possible soit avant le réel : pour qu'une chose existe, il faut d'abord qu'elle puisse être, qu'elle ait une raison d'être. Rien de plus vrai en ce qui concerne les objets sensibles, et rien de plus conforme à la doctrine de Platon. La première démarche de la dialectique n'est-elle pas de montrer que le sensible, n'ayant point sa raison en lui-même, doit être possible avant d'être réel, et que sa possibilité est dans l'intelligible, dans l'Idée?

Mais ici se pose le grand problème métaphysique : L'intelligible, qui enveloppe la raison et la possibilité du sensible, est-il lui-même une simple possibilité, ou une réalité?

On sait avec quelle profondeur Platon a résolu la question. Pour lui l'intelligible, que nous appelons l'idéal, est la réalité même, la seule réalité. Si l'intelligible était abstrait, il n'expliquerait rien, il serait mort et stérile, et il faudrait dire que le sensible se suffit à lui-même, qu'il n'a pas besoin de l'intelligible pour exister. Loin de nous une pareille pensée! Le suprême intelligible, le suprême désirable, le Bien que poursuivent l'intelligence et l'amour, n'est point une pure possibilité abstraite, comme le non-être ou la matière : il est le fondement réel de toute possibilité.

Ainsi se trouve renversée par la métaphysique la loi logique de nos conceptions. Ce n'est pas le possible qui est plus général, plus vaste que le réel, de manière à l'envelopper dans son universalité abstraite et indéterminée ; c'est au contraire la réalité suprême qui est plus étendue, plus compréhensive que le possible, et qui l'enveloppe dans son universalité concrète et déterminée. Il y a un être absolu qui fournit de son sein le possible et qui l'embrasse en lui-même, comme le principe embrasse la conséquence. Cet être absolu est le Bien, père des Idées; et l'Idée, qui est en soi une forme de la réalité, devient par rapport au monde un principe de possibilité. Aristote s'obstinera à ne voir en elle que ce second caractère, tout relatif à nous et tout logique, et il ne voudra pas admettre la réalité métaphysique des Idées. Mais ce qui est certain, c'est que Platon l'a admise : le point de vue essentiellement propre à sa doctrine est précisément cette absorption du *possible logique*, de l'idée générale et abstraite, dans la réalité métaphysique de l'Idée. Ce sont les formes éminentes de la perfection qui rendent possibles les formes inférieures du monde imparfait ; c'est la plénitude de l'être qui rend possible le moindre être ; c'est la détermination absolue qui rend possible la détermination relative : c'est le Bien qui produit l'essence (1). Si donc le monde existe,

(1) Voir plus haut, p. 67, 460.

c'est dans l'Idée du Bien que se trouve la raison de son existence.

2° *Principe du* Sophiste : — *Le devenir n'est pas la négation absolue de l'être.*

Pour que le sensible et la génération soient possibles, il faut qu'ils ne soient pas la négation absolue de l'intelligible et de l'être. Sinon, on se trouve enfermé dans le Dieu des Eléates, sans pouvoir en sortir autrement que par une véritable contradiction.

Or, le sensible *n'est pas* l'intelligible; mais, parce qu'il est autre, il n'en faut pas conclure qu'il en soit la négation absolue.

Qu'est-ce donc que le sensible? un moindre être. Et l'intelligible? l'Être. — Voilà pourquoi l'affirmation du sensible et l'affirmation de l'intelligible ne sont point contradictoires, comme Parménide et Zénon l'avaient prétendu. N'est-il pas évident que le plus renferme le moins? Loin que le premier rende le second impossible, il l'explique et le contient en lui-même (1).

3° *Principe du* Parménide : — *L'être un enveloppe la pluralité des êtres particuliers.*

Dans l'absolu, il y a la plus parfaite identité entre l'un et l'être. Mais il n'en est pas moins vrai qu'il y a là une dualité intelligible : l'*un*, d'une part, et l'*être*, de l'autre, apparaissent comme formant un tout, qui est la détermination ou perfection universelle; et ce tout enveloppe nécessairement une infinité de parties, qui sont toutes les déterminations particulières, toutes les formes de l'être, toutes les Idées (2).

---

(1) Voir plus haut, p. 160, 230, sqq.
(2) « Cet un qui est, est un tout dont l'un et l'être sont les parties..., et quelque partie que l'on prenne, elle contient toujours, par la même raison, les deux parties : l'un contient toujours l'être, et l'être toujours l'un, en sorte que chacun est toujours deux et jamais un. — Assurément.

La conclusion de ces trois grands principes, si intimement liés l'un à l'autre, c'est que l'unité du Bien contient éminemment le multiple sous la forme de l'Idée de la Dyade. Or, si les Idées, qui sont des essences particulières, sont éternellement réelles en Dieu, parce que Dieu est l'*Un* qui *est*, il en résulte que le monde est possible, du moins sous ce rapport qu'il existe éternellement un modèle dont il peut être l'image : Κόσμος νοητός.

II. — *Conception du monde.*

S'il est difficile de comprendre comment le monde est possible en soi, il n'est pas moins difficile de comprendre comment Dieu peut le concevoir. Aussi est-ce là une des grandes difficultés que le *Parménide* soulève. Aristote apercevra, lui aussi, cette difficulté, et il déclarera impossible la connaissance du monde par Dieu, ce qui entraîne la suppression des Idées. Platon, au contraire, attribue à Dieu la connaissance du monde, et en laisse vaguement entrevoir dans le *Parménide* l'explication relative, sans se dissimuler que ce qui a rapport à l'Un est pour nous inexplicable.

La science en soi, dit Parménide, est identique à la science des Idées, et ne peut avoir d'autres objets que les Idées. Si donc le monde sensible est le contraire des Idées, la science en soi ne peut le connaître, et Dieu ignore le monde, de même que le monde ignore Dieu.

— De cette manière l'un qui est serait une multitude infinie. » (*Parm.*, 142, b, c, d. — V. plus haut, page 199.) Oui, sans doute, il est la multitude infinie des déterminations au sein de la détermination universelle ; il est l'ensemble de toutes les Idées. (V. Aristote, *Mét.*, I, 6. — *Phys.*, III, 4. Πλάτων δὲ... τὸ μέντοι ἄπειρον καὶ ἐν τοῖς αἰσθητοῖς καὶ ἐν ἐκείνοις (sc. ταῖς ἰδέαις) εἶναι.

Il y a un vice dans cet argument, puisqu'il aboutit à la négation d'un *fait*. N'est-ce pas un fait que nous connaissons Dieu, ce qui suppose que Dieu connaît le monde (1)?

Le vice de ce raisonnement est celui qu'on retrouve dans toute l'argumentation de Parménide, et contre lequel le *Sophiste* nous a prémunis. Le sensible n'est que la négation partielle et non la négation absolue de l'intelligible. Or, celui qui conçoit le *plus* peut concevoir le *moins*. Si donc Dieu conçoit les Idées, il peut concevoir le modèle du monde et le monde lui-même.

La difficulté est reculée du monde sensible dans le monde intelligible; mais elle n'est pas encore résolue. Car on peut demander comment Dieu, qui est un, peut concevoir le monde des Idées, qui est multiple. Ce problème n'est pas autre chose que celui de la production par le Bien de l'intelligence et de l'essence, ou de la dualité par l'unité.

Nous venons de voir comment Platon l'a résolu, et il en eût sans doute fait l'application à l'intelligence divine. Dans l'unité réelle du Bien, il y a une dualité intelligible, celle de l'un et celle de l'être. C'est cette dualité qui rend possibles et l'essence et la pensée, et l'union de l'essence avec la pensée dans l'Idée. L'*Un* se divise donc par une contradiction qui n'est qu'apparente, puisque la dualité n'est pas la véritable négation de l'unité, qu'elle implique. En se divisant, le Bien-un produit à la fois la vérité et l'intelligence, comme le soleil, par les rayons qu'il répand de son foyer immobile, produit la lumière et la vision de la lumière

---

(1) Platon ne sépare pas ces deux choses, comme Aristote. Voir plus haut, p. 169.

L'unité enferme donc la dyade, et la dyade produit l'essence et la science : elle produit l'Idée (1). C'est ainsi que le Bien devient intelligence sans cesser d'être le Bien, ou plutôt parce qu'il est le Bien universel et qu'à ce titre il enveloppe l'intelligence elle-même.

Une fois cette première division produite dans l'unité du Bien, il en résulte la multiplicité intelligible des Idées. Nous l'avons vu, dans chaque partie de l'un et de l'être, dans chaque Idée, on retrouve encore l'un et l'être, et par conséquent des parties nouvelles, de nouvelles Idées. Cette dialectique de l'Intelligence divine fractionne à l'infini l'être et la pensée, et en même temps elle les ramène à leur unité primitive. Le Bien est un foyer dont partent tous les rayons et auquel ils reviennent tous. La sagesse de Dieu, dans son intuition immobile (νόησις), enveloppe tous les mouvements de la pensée discursive (διάνοια); elle fait éternellement *d'un plusieurs*, de *plusieurs un ;* mais, encore une fois, c'est une dialectique qui ne se déploie pas dans le temps comme la nôtre, et qui possède simultanément tout ce que découvre, dans ses efforts successifs, notre pensée finie et imparfaite.

Ainsi, Dieu engendre les Idées par la conscience qu'il a de l'infinité de ses perfections. Dans ce monde des Idées, tout est un et tout est infini. Chaque Idée est elle-même un monde : elle ressemble à un point indivisible où viendrait cependant se peindre l'univers idéal. Nous-mêmes, quand nous sommes en possession d'une Idée, nous pouvons retrouver en elle toutes les autres, par l'effort de notre dialectique discursive (2); à plus forte raison l'intuition divine aperçoit

---

(1) Arist., *loc. cit.*
(2) *Ménon*, 81, c.

dans chaque Idée toutes les autres, par une vision immédiate et éternelle. Le centre est partout, la circonférence nulle part.

La pluralité et l'unité coïncident ainsi dans l'intelligence divine comme dans toute pensée. Il en résulte que la pluralité, loin d'être le contraire de l'Idée, est elle-même une Idée; et comme elle est identique à l'*autre* ou au *non-être*, le non-être lui-même est une Idée. Tel est l'important résultat dialectique auquel Platon nous a conduits dans le *Sophiste*. L'Être qui aperçoit toutes les Idées, aperçoit en lui l'Idée du non-être, principe de la différence et de la multiplicité : c'est là la matière des Idées et des essences; c'est aussi la matière idéale du monde lui-même, c'est l'Idée divine qui explique la possibilité métaphysique du monde.

Mais, pour que cette possibilité métaphysique soit réalisable, il faut que Dieu aperçoive en lui la puissance de la cause : Τὴν τῆς αἰτίας δύναμιν. Or, parmi les déterminations et les attributs du Bien se trouvent l'activité, la vie, l'âme. C'est là un fait qu'il faut admettre, puisqu'il y a en nous de l'activité, du mouvement, de la vie, et que tout existe éminemment en Dieu. Dieu s'aperçoit donc lui-même comme une cause capable d'action, ou plutôt essentiellement active. Par là il se conçoit comme pouvant lui-même réaliser éternellement le monde éternellement possible. En d'autres termes, il conçoit ses propres perfections comme communicables et participables, comme pouvant se manifester à l'infini dans le temps et dans l'espace. La puissance de se communiquer est une perfection réelle; Platon devait être amené naturellement à la placer en Dieu.

Est-ce à dire que nous comprenions en quoi consiste ce pouvoir de se communiquer et de se répandre au dehors? Non sans doute, car la vraie *cause* est le Bien-un, qui dépasse notre intelligence (1). Néanmoins, plusieurs passages des œuvres de Platon vont nous prouver qu'il s'était formé l'idée la plus profonde et la plus originale de la fécondité divine.

III. — *Production du monde.*

Nous sommes arrivés à ce résultat qu'il y a une Idée divine fondant la possibilité du monde, et une puissance capable de le réaliser. Mais Dieu se suffit à lui-même. Pourquoi donc a-t-il produit le monde, qu'il concevait comme simplement possible et non comme nécessaire?

« Il était *bon*, et celui qui est bon n'est avare d'au-
» cun bien; il a donc créé le monde aussi bon que
» possible, et pour cela il l'a fait semblable à lui-
» même (2). »

Il était bon. — Platon a compris que, pour entrevoir la solution du plus difficile des problèmes métaphysiques, il faut s'élever plus haut que la puissance motrice de l'âme, à laquelle s'étaient arrêtés les premiers philosophes; plus haut même que l'intelligence, à laquelle s'était arrêté Anaxagore. Il faut s'élever jusqu'à l'Idée qui brille au sommet de la doctrine platonicienne: l'Idée du Bien.

C'est une conception toute platonicienne que de se représenter la fécondité comme étant en raison di-

---

(1) Voir le VIe liv. de la *République*.
(2) *Tim.*, 29, e. Ἀγαθὸς ἦν, ἀγαθῷ δὲ οὐδεὶς περὶ οὐδενὸς οὐδέποτε ἐγγίγνεται φθόνος· τούτου δ' ἐκτὸς ὢν πάντα ὅτι μάλιστα γενέσθαι ἐβουλήθη παραπλήσια ἑαυτῷ.

recte de la perfection ou du bien. Qu'on se rappelle la théorie de l'*amour*, et cette définition admirable: l'Amour est la production dans la beauté selon le corps et selon l'esprit. « Tous les hommes, dit Socrate,
» sont féconds selon le corps et selon l'esprit; et à
» peine arrivés à un certain âge, notre nature demande
» à produire (1). » Cet âge, c'est celui où notre nature a déjà une perfection relative, où notre vie est complète dans toutes ses fonctions, où l'Idée de l'humanité et de la virilité est réalisée en nous. Ainsi, quand nous possédons cette perfection de l'espèce qu'on peut appeler la bonté intrinsèque, et dont la splendeur extérieure est la beauté, nous possédons en même temps la fécondité et éprouvons le besoin de produire. « Or, notre na-
» ture ne peut produire dans la laideur, mais dans la
» beauté. » Il faut, en effet, pour qu'il y ait fécondité, que les deux termes de l'amour soient beaux et bons et possèdent le plus possible la perfection de leur espèce. « La production est œuvre *divine*: fécondation,
» génération, voilà ce qui fait l'immortalité de l'ani-
» mal mortel. Mais ces effets ne sauraient s'accom-
» plir dans ce qui est discordant; or, il y a désaccord
» de tout ce qui est *divin* avec le laid; il y a accord
» au contraire avec le beau. » — Qu'on remarque bien ce caractère *divin* de la génération. Pas de fécondité si celui qui engendre n'est pas *bon* et ne réalise pas l'Idée divine de son espèce; pas de fécondité si l'être fécondé n'est pas bon; pas de fécondité enfin, si l'être produit n'est pas également bon par la possession virtuelle de la perfection propre à l'espèce.

Il est incontestable que, pour Platon, la fécondité et le bien sont choses inséparables, et Plotin ne fera

---

(1) *Conviv.*, 207, 208, sqq. — Voir plus haut, p. 330, sqq.

que traduire sa pensée en disant : Tout être arrivé à la perfection de son espèce engendre (1).

Dans le même discours de Diotime, Platon pose ce principe, que tout être tend par sa nature même à être tout ce qu'il peut être, et à posséder le bien autant qu'il le peut. C'est ce qui produit dans les êtres périssables le désir de l'immortalité et de la génération. « Il est nécessaire que le désir de l'immortalité s'attache » à ce qui est bon, puisque l'amour consiste à vouloir » toujours posséder le bon. D'où il résulte évidemment » que l'immortalité est aussi l'objet de l'amour (2). » Or, si l'être tend naturellement à être tout ce qu'il peut être, on doit en conclure qu'aussitôt qu'un être n'est plus empêché par rien d'étranger, il se développe dans toute la liberté de sa nature, et, devenant fécond, se répand et se communique de tout son pouvoir (3).

A ce point de vue, la bonté intrinsèque qui résulte de la perfection devient pour ainsi dire expansive ; le mot de bonté prend un autre sens et désigne, non plus seulement l'être bon en soi, mais l'être bon pour autrui. Ce second sens, à peine connu de l'antiquité païenne, et qui est devenu avec le christianisme le sens principal du mot *bonté*, on le voit poindre déjà dans le *Timée*: « Il était *bon,* et celui qui est bon n'a » *aucune espèce d'envie.* » L'absence d'envie et d'avarice, la tendance à partager le bien qu'on possède, n'est-ce pas déjà la *bienfaisance*, la bonté affec-

---

(1) *Enn.*, V, 1, 6. Πάντα ἤδη τέλεια, γεννᾷ.
(2) *Conv.*, 209, sqq. — Cf. *Phileb.* 53, d.
(3) Les êtres imparfaits tendent par l'amour à devenir tout ce qu'ils peuvent être ; le parfait *est* éternellement tout ce qu'il peut être, et fait éternellement *devenir* les autres êtres. (*Phileb.* 53, d.) M. Ravaisson, dans sa *Métaphysique d'Aristote* (t. II, p. 433), fait surtout honneur aux chrétiens de ce principe, qui nous semble réellement tout platonicien. V-: Banquet, loc. cit., et notre chapitre sur l'amour.

tueuse dans laquelle s'unissent la perfection et la fécondité ?

Appliquons donc à la production du monde par Dieu ce que Platon nous a enseigné sur la génération, puisqu'il nous dit lui-même que toute génération est une œuvre divine, et que le Monde est né le jour où naquit l'Amour (1).

Dieu est le Bien, c'est-à-dire la perfection et la suprême richesse; ivre de béatitude, il a en lui l'universalité de l'être, et il conçoit cet être et cette béatitude comme participables. Demeurera-t-il inactif et infécond ? — Celui qui est le Bien même ne peut agir que conformément à sa nature ; il est nécessairement bon, dans tous les sens de ce mot : bon parce qu'il possède le bien, bon parce qu'il répand le bien. Pourquoi donc Dieu ne produirait-il pas ? Y a-t-il au dehors de lui quelque obstacle qui s'oppose au libre développement de sa nature, comme il y a au dehors de nous des obstacles qui nous rendent impuissants et stériles avant que nous ayons atteint un certain degré de perfection ? Dieu est la perfection même et sa nature est à jamais accomplie. Pourquoi donc, encore une fois, ne produirait-il pas ? Est-il jaloux du bien qu'il possède et veut-il le renfermer en lui-même, sans accorder jamais à la Pauvreté et à l'imperfection un regard de pitié et d'amour ? Pensée impie qui prête à Dieu l'égoïsme et la stérilité de l'homme méchant ! Non, Dieu qui est le Bien et qui est bon en lui-même, est bon pour les autres êtres qu'il conçoit éternellement comme possibles et comme pouvant être bons à son image. Alors s'accomplit en Dieu ce mystère de

---

(1) Voir, plus haut, le mythe du *Banquet* sur la production du Cosmos, p. 335, sqq.

l'amour dont nous voyons en nous-mêmes l'imitation imparfaite. L'être souverainement bon et beau conçoit un modèle de bonté et de beauté qui est le *vivant intelligible*, τὸ αὐτόζωον, identique à lui-même ; et il produit dans la beauté une œuvre belle et bonne, image mobile de son immobile perfection : Πάντα ἐγέννησε παραπλήσια ἑαυτῷ. Ainsi, dans le *Père* qui engendre le monde, comme dans l'homme, l'amour conserve son essence : il est la production du bien dans le bien par le Bien même.

N. B. On a remarqué dans le *Banquet* que le Bien suprême est représenté d'abord comme fécondant la Pauvreté, vide de tout bien. Mais Platon montre ensuite qu'on ne peut produire que dans le bien et dans la beauté; aussi la Pauvreté, qui est non-être en elle-même, se ramène-t-elle à une Idée ou forme intelligible du Bien : l'Idée du Monde ou Vivant intelligible. Or, ce Vivant est Dieu lui-même. C'est donc, en dernière analyse, dans le sein même de Dieu que s'accomplit le mystère de l'Amour, et c'est de Dieu seul que tout sort. La création des chrétiens n'est pas de beaucoup supérieure à cette grande conception platonicienne.

L'amour de Dieu pour le monde et pour l'homme a son image dans l'amour du monde et de l'homme pour Dieu. Le Monde, travaillé par un désir insatiable, rend à Dieu amour pour amour et tend vers lui de toutes ses puissances; le Monde lui-même est Amour. (*Conv.*, 204. *Phileb.*, 27, a.) L'Humanité tend aussi vers Dieu par la raison et par le cœur, et s'en rapproche par la vertu. « C'est en contemplant la beauté éternelle avec le seul organe par lequel elle soit visible, que l'homme pourra y enfanter et y produire, non des images de vertu, parce que ce n'est pas à des images qu'il s'attache, mais des vertus réelles et vraies parce que c'est la vérité seule qu'il aime? Or, c'est à celui qui enfante la véritable vertu et qui la nourrit qu'il appartient d'être chéri de Dieu : c'est à lui, plus qu'à tout autre homme, qu'il appartient d'être immortel. » (*Banq.*, 318, e.)

CHAPITRE II.

LE MONDE. COSMOLOGIE PLATONICIENNE.

I. Le mouvement. Le temps. Rapport du monde au temps. Le mouvement, le temps et le monde sont-ils sans commencement ? Discussion des textes du *Timée*. Que le monde est engendré sans commencement et sans fin. — II. Rapport de la matière a l'espace. — Le monde, image des idées.

I. *Le mouvement. Le temps. Rapport du monde au temps.*

Le monde existe éternellement dans l'intelligence divine, avec sa multiplicité et sa divisibilité intelligibles. Mais il est immobile comme l'intelligence même, comme l'Idée. Pour qu'il devienne le monde sensible, il faut que sa mobilité idéale devienne un mouvement réel, une génération dans le temps et dans l'espace. C'est par le temps et l'espace que se réalise le mouvement, la génération; car toutes les parties du temps et de l'espace étant l'une hors de l'autre, la multiplicité et la division y sont réelles.

Le mouvement est inséparable du temps. L'âme universelle engendre donc ces deux choses à la fois, et le *Parménide* explique cette génération par une évolution d'Idées. On se rappelle les conclusions opposées des deux premières hypothèses du *Parménide* (1), et comment Platon les concilie dans le mouvement, effet propre de l'âme. « Il y a nécessairement un temps où
» l'un prend part à l'être et un autre où il l'aban-
» donne; car comment serait-il possible que tantôt

---

(1) L'un, en tant qu'*un*, n'est ni un ni multiple. — En tant qu'*être* il est un et multiple.

» on eût, tantôt on n'eût pas une même chose (à savoir
» l'être), si on ne la prenait et ne la laissait tour à
» tour?... L'un, prenant et laissant l'être, naît et pé-
» rit. » Il éprouve les trois espèces de changements : génération et corruption, altération, et translation. Nous avons déjà vu en partie ce qu'il y a de merveilleux dans cette chose étrange : l'*instant*. « L'instant
» semble désigner le point où on change en passant
» d'un état à un autre. Ce n'est pas pendant le repos
» que se fait le changement du repos au mouvement,
» ni pendant le mouvement que se fait le changement
» du mouvement au repos; mais cette chose étrange
» qu'on appelle l'instant, se trouve au milieu entre le
» mouvement et le repos, sans être dans aucun temps,
» et c'est de là que part et là que se termine le chan-
» gement, soit du mouvement au repos, soit du repos
» au mouvement... De même, lorsque l'un change de
» l'être au non-être, ou du non-être à la naissance,
» n'est-il pas vrai de dire alors qu'il tient le milieu
» entre le mouvement et le repos; qu'il se trouve ni
» être ni ne pas être, qu'il ne naît ni ne périt? » Ainsi l'*instant*, où coïncident les contraires, est une limite commune, expression de l'âme où coïncident également l'un et le multiple.

Le mouvement n'a point eu de commencement, puisque l'âme qui se meut sans cesse n'en a point eu (1). « Qu'il y ait une chose sans moteur, ou *un*
» *moteur* (l'âme) *sans une chose mue* (la génération),

---

(1) « L'être qui se meut de lui-même est un principe de mouvement, et il ne peut ni naître ni périr; autrement tout le ciel et l'ensemble des choses visibles tomberaient à la fois dans une funeste immobilité, et rien ne pourrait plus désormais leur rendre le mouvement et la vie. Il est prouvé que tout ce qui se meut soi-même est immortel..... Et s'il est vrai que tout ce qui se meut est âme, l'âme ne peut avoir ni commencement ni fin. » *Phèdre*, 47, C.

» cela est fort difficile, ou pour mieux dire impos-
» sible (1). »

Le temps, qui est inséparable du mouvement, doit être également illimité dans le passé comme il l'est dans l'avenir. Le temps est, comme la génération, quelque chose d'infini. Platon le déclare dans les *Lois* : χρόνου μήκους τε καὶ ἀπειρίας (2).

On objecte que, dans le *Timée*, le temps n'est point représenté comme sans commencement, mais, au contraire, comme formé avec le ciel, qui lui-même semble n'avoir pas toujours existé (3).

---

(1) *Timée*, tr. Cousin, 171.
(2) *Lois*, VI, 782.
(3) Le *Timée* donne lieu à tant de difficultés analogues, qu'il n'est pas inutile d'exposer les règles qui nous ont déjà guidé et doivent nous guider encore dans l'interprétation de ce dialogue. Il y a dans le *Timée* un mélange évident d'allégorie et de science, de symboles pythagoriciens et de doctrines platoniques. Toutes les fois que le *Timée* confirme les autres dialogues, il devient une autorité incontestable. Mais quand il semble contredire la doctrine habituelle de Platon, nous ne devons pas être dupes de la lettre : il faut dégager la véritable doctrine de Platon des symboles qui la recouvrent. Si d'ailleurs on aboutissait à une contradiction insoluble (ce qui est très-rare), il faut donner la préférence aux autres dialogues sur le *Timée*.

Il y a dans le *Timée* :

1º Un assez grand nombre de *principes* : le démiurge, les Idées, la matière, la génération ;

2º Une succession de périodes assez nombreuses dans la formation du monde.

L'auteur divise donc toutes choses, et semble principalement occupé à faire d'*un plusieurs*.

Mais on sait combien Platon recommandait de revenir ensuite à l'unité, et combien ses divisions sont provisoires. Ainsi, après avoir paru séparer le modèle et l'ouvrier, il en parle ensuite comme s'ils ne faisaient qu'un. Une réduction de ce genre, opérée dans le *Timée* même, doit être considérée comme absolue : aussi en avons-nous fait un argument sans réplique contre M. Th.-H. Martin.

Mais les divisions sont loin d'avoir le même caractère absolu. La multiplicité des principes formateurs et des périodes de formation, si commode pour l'enseignement, n'exprime pas la vraie pensée de Platon. Ce qui le prouve, c'est que cette multiplicité constituerait une véritable contradiction de Platon avec lui-même si on la prenait au sérieux, tan-

Mais Platon déclare lui-même que la génération a toujours existé (1); or, n'est-il pas absurde qu'il ait pu considérer la génération comme existant sans que le temps existât? Ne nous représente-t-il pas la génération qui s'agitait en désordre, mêlant et séparant tout, avant la naissance du Kosmos, c'est-à-dire du monde ordonné? Ne dit-il pas que la génération existait avant le ciel, πρὶν οὐρανόν ? M. Th. Martin entend par là que la génération existait *avant* le *temps*; — absurdité si grande qu'on ne peut l'attribuer à Platon, d'autant plus qu'elle est en contradiction avec tout le reste de sa doctrine.

Ce qui naît avec le ciel, ce n'est pas le temps proprement dit, mais la *mesure* du temps, le temps ordonné et réglé par le mouvement des astres. Voilà l'explication de toutes les difficultés du *Timée*. « L'auteur et le Père du *monde*, voyant l'image » des dieux éternels en *mouvement* et vivante, se » réjouit, et dans sa joie il pensa à la rendre encore » plus semblable à son modèle. » Ainsi le monde existait déjà au moment où Dieu va faire le temps. Plus loin Platon dira que le temps est né avec le monde. Cette contradiction suffirait pour prouver que la succession du monde et du temps est toute symbolique et qu'elle est là pour la clarté sensible de l'exposition. « Le modèle étant un animal » éternel, Dieu s'efforça de rendre tel le monde lui- » même, autant qu'il est possible. » —Est-ce un bon

---

dis qu'en la regardant comme provisoire, exotérique et pythagorique, on rentre dans la doctrine générale des Dialogues.

L'enseignement rend toujours inévitable la confusion apparente de l'ordre logique des choses avec leur ordre réel, et cet inconvénient est plus sensible encore dans Platon, où l'allégorie est si fréquente.

(1) *Tim.*, p. 57, d. Aristote dit également que, d'après Platon, le mouvement n'a pas commencé. *Mét.*, XI, p. 1070.

moyen que de laisser s'écouler une durée infinie avant de produire l'ordre du temps et le monde? « Or, cette » nature éternelle de l'animal intelligible, il n'était » pas possible de la donner complétement à ce qui » est *engendré* (τῷ γεννητῷ). » — L'éternité, en effet, est immuable et absolue; l'être engendré, fût-il sans commencement dans la durée, est mobile et dépendant. Il a un commencement *logique* sinon *chronologique*. C'est ce que Platon a parfaitement compris. « Dieu résolut donc de faire une image mobile de » l'éternité, et, en même temps qu'il met l'ordre dans » le ciel, il forme sur le modèle de l'éternité qui repose » dans l'unité (μένοντος ἐν ἑνί), une image ÉTERNELLE » (αἰώνιον εἰκόνα) qui se développe suivant le nombre » (κατ' ἀριθμὸν ἰοῦσαν); et c'est ce que nous avons appelé » le temps. » Est-ce l'auteur de cette théorie aussi sublime que rigoureuse, qu'on pourra soupçonner de contradictions grossières? Ne voyons-nous pas reparaître ici la doctrine du *Parménide?* L'éternité est l'*unité*, le temps est le nombre, c'est-à-dire une chose tout à la fois une et multiple, indivisible et divisible, immobile et mobile. Le temps n'est pas éternel selon l'unité, ἀΐδιον; mais il est éternel selon le nombre, αἰώνιον. Cette expression serait contradictoire si le commencement du temps n'était pas logique et symbolique. « Les jours, les nuits, les mois, les années, n'étaient pas avant que le ciel fût né, et ce fut en organisant le ciel que Dieu organisa leur génération (τὴν γένεσιν αὐτῶν μηχανᾶται). » — Plus loin : « Les astres sont nés pour marquer et maintenir les nombres qui mesurent le temps; ce sont les organes du temps. » C'est donc *l'organisation* du temps, la succession des jours et des nuits, des mois et des années, le temps régulier et mesuré, qui accompagne la gé-

nération du ciel. « Le passé, le futur, continue Pla-
» ton, ne sont que des formes phénoménales du
» temps (εἴδη γεγονότα), que, dans notre ignorance,
» nous transportons mal à propos à la substance
» éternelle (τὴν ἀΐδιον οὐσίαν)... Celle-ci n'est sujette
» à aucun des accidents que la génération impose
» à la mobilité sensible, à ces formes du temps qui
» imite l'éternité et se meut dans un cercle mesuré
» par le nombre... Le temps a donc été fait *avec* le
» ciel, afin que, nés ensemble, ils périssent ensemble,
» *si jamais leur destruction doit arriver ;* et il a été
» fait sur le modèle de la nature éternelle, afin qu'il
» lui ressemblât le plus possible. Le modèle est exis-
» tant pendant toute l'éternité ; et le ciel *a été, est* et
» *sera* pendant toute la durée du temps (1). » Ce passage est formel, et si on prétend encore que le temps,
le ciel et le monde n'ont pas toujours existé, il faut dire
alors que le chaos qui les a précédés *n'a pas existé
dans le temps.* Qu'est-ce alors, sinon une chose idéale,
sans aucune réalité concrète et chronologique, imagi-
née pour les commodités d'une exposition à demi allégorique (2) ?

Veut-on un nouvel exemple du caractère artificiel
de ces divisions ? Après avoir terminé sa théorie de
la durée, Platon ajoute : « Toutes les autres choses,

---

(1) *Tim.*, 38, a, b.

(2) Platon, suivant son habitude, se sert des formes mythologiques pour exposer sa théorie. Χρόνος μετ' οὐρανοῦ γέγονεν. (38, b.) Chronus est né avec Uranus. On sait que, d'après la mythologie, le Ciel engendre le Temps, qui engendre Jupiter ou l'âme intelligente du monde, destinée à détrôner la Nécessité, à vaincre le temps. Platon corrige ces symboles en faisant naître ensemble Uranus et Chronus, de manière à maintenir cependant une sorte de génération idéale du temps par le ciel. En outre, il place au-dessus d'Uranus le modèle éternel du Bien et des Idées, inconnu à la mythologie. Jupiter n'est plus que l'âme du Monde qui s'agitait d'abord en désordre, puis s'ordonna selon les lois de l'intelligence.

» *jusqu'à* la naissance du temps (μεχρὶ χρόνου γενέ-
» σεως), avaient été exécutées fidèlement d'après le
» modèle, hormis que le monde ne contenait pas en-
» core toutes les espèces d'animaux : c'était la seule
» dissemblance qui restât encore (1). » Qu'est-ce à
dire? que Dieu a d'abord fait les corps, puis l'âme, le
temps et le ciel, puis les animaux. Ce désordre peut-il
exprimer la succession réelle des choses? Évidemment, Platon ne fait que résumer sa propre exposition, toute symbolique. Il a dit lui-même auparavant, à propos de cette exposition : « Dieu ne fit pas
» l'âme la dernière, selon l'ordre que nous avons
» suivi dans notre exposition... Mais nous qui par-
» ticipons beaucoup du hasard, nous parlons ainsi à
» peu près au hasard (2). » Le lecteur ne peut se
plaindre de n'avoir pas été averti.

Profitons donc nous-même de cet avertissement,
dans le difficile problème de l'antériorité du chaos
par rapport au Kosmos, ou de l'éternité du monde.

Platon distingue au début du *Timée* (3) deux genres :
l'Être qui est toujours, et la génération qui devient
toujours. La génération est sans commencement dans
le temps. Quant au monde ordonné, ou ciel, comme
on voudra l'appeler, il est *né*, γέγονεν, ayant eu une certaine origine (ἀπ' ἀρχῆς τινὸς ἀρξάμενος). Ce commencement est-il chronologique ou logique ? Faut-il attribuer au philosophe qui a écrit le *Parménide* la doctrine du chaos primitif, si illogique en elle-même, et
de plus, en contradiction formelle avec la théorie des
Idées ?

La génération, avant l'action du Démiurge, était

---

(1) 39, e.
(2) *Tim.*, 34, b.
(3) 28, b.

désordonnée ; soit, mais enfin elle avait une forme quelconque, elle n'était pas la matière pure et sans forme (ἀνείδεος); elle avait même une âme motrice; elle constituait déjà un monde réel et sensible; comment donc n'avait-elle pas encore reçu l'empreinte des Idées ? Il y a donc du sensible, des formes réelles, des éléments corporels ayant une nature propre indépendamment des Idées ? Le sensible, alors, n'a plus sa raison dans l'intelligible : il y a de la réalité en dehors des Idées, et Platon abandonne sa doctrine la plus chère en faveur de la conception la plus grossière, le chaos ! Le voilà revenu aux premiers temps de l'école ionienne, comme s'il n'avait connu ni les pythagoriciens, ni Parménide, ni les objections de l'école éléate contre le chaos ! C'est l'auteur du *Parménide* qui aurait pris au sérieux toutes les images du *Timée ! — A priori*, c'est impossible. Il peut y avoir des contradictions de détail dans Platon, mais il n'y en a aucune de ce genre.

L'exposition du *Timée*, tout exotérique et allégorique, de l'aveu même de Platon, réalise et sépare dans le temps, pour être plus populaire, les diverses parties d'un problème abstrait : — 1° La matière indéterminée, ou possibilité idéale du monde; 2° la matière déterminée, mais désordonnée, qui résulterait d'une force simplement motrice et non intelligente; 3° la matière ordonnée, qui résulte de l'action de l'intelligence. — La cosmogonie de Platon, comme toutes les autres, place dans le temps ce qui n'existe que dans la pensée (1). Mais la vraie doctrine platonicienne est qu'il y a toujours eu de la matière indéterminée, parce que la possibilité du monde a

(1) La Bible fait de même.

toujours existé au sein de l'Unité parfaite; qu'il y a toujours eu du mouvement, parce que l'âme a toujours agi pour réaliser le monde; et enfin qu'il y a toujours eu une certaine forme, un certain ordre dans le mouvement, parce que l'intelligence a toujours agi en même temps que l'âme. Mais l'ordre parfait ne se produit pas du premier coup dans le monde. De là une succession progressive de périodes de plus en plus ordonnées conformément aux Idées. Le monde, au sens moderne du mot, est donc pour Platon éternellement possible (par l'Idée de la matière), toujours en voie de réalisation (par l'âme motrice), toujours en progrès vers l'ordre (par l'action de l'intelligence et des Idées). Le monde est engendré (γεννητός), il n'est pas éternel (ἀΐδιος); mais il est sans commencement dans le temps, puisque d'ailleurs le temps et le monde sont liés, σύζυγοι; et par là il est l'image mobile de l'immobile éternité.

Aristote, pour réfuter son maître, fait semblant de prendre au sérieux toutes ses allégories, et même toutes ses ironies; témoin le *second Hippias*, dont il réfute avec soin les absurdités comme si Platon eût toujours parlé sérieusement (1). Mais, dans la question de l'origine du monde, il nous fournit lui-même l'explication du *Timée*.

« Parmi ceux, dit-il, qui prétendent ainsi que le
» monde est engendré et que pourtant il ne périra
» pas [c'est la doctrine de Platon], quelques-uns appel-
» lent à leur secours une excuse qui manque de vé-
» rité. De même, disent-ils, que l'on trace certaines
» figures de géométrie sans prétendre qu'elles se
» soient jamais produites dans la nature, mais pour

(1) Voir notre *Platonis Hippias Minor*.

» aider l'intelligence de ceux qui les voient construire,
» nous en usons de même dans nos discours sur la
» génération, non pas que nous prétendions que le
» monde soit jamais né (γενόμενον ποτέ), mais pour
» faciliter l'enseignement (διδασκαλίας χάριν), et pour
» rendre sensible comme une figure la naissance des
» choses (ὥσπερ τὸ διάγραμμα γιγνόμενον θεασαμένους (1). »
On sait si Platon faisait usage des *diagrammes*. Le
Timée contient précisément le diagramme harmonique du mouvement des astres. « Mais ce n'est pas la
» même chose, continue Aristote » (que de représenter les choses comme divisées dans le temps, et de
les diviser dans l'espace au moyen d'un diagramme).
« Car, dans le diagramme, comme on pose que tout
» existe à la fois, le résultat ne change pas; mais,
» dans leur démonstration, le résultat change. Et
» elles aboutissent à l'impossibilité suivante. » Aristote s'obstine à raisonner comme si les démonstrations
platoniciennes n'étaient pas symboliques. « Les choses,
» dit-il, entre lesquelles on établit un rapport d'an-
» tériorité et de postériorité, sont *subcontraires*. De
» désordonnées, dit-on, ces choses sont devenues
» ordonnées. Mais la même chose ne peut être à la
» fois ordonnée et désordonnée » (ce qui a lieu si on
réduit ensuite à la simultanéité les périodes successives); « il faut qu'il y ait entre les deux *subcontraires*
» génération et temps. Dans les diagrammes, au con-
» traire, rien n'est séparé. Il est donc impossible que
» la même chose soit éternelle et née (2). » — Plutarque dit en parlant des disciples immédiats de Platon, et principalement de Xénocrate dont il avait les

---

(1) *Du Ciel*, I, 10, p. 279.
(2) *Ibid.*

ouvrages sous les yeux : « Tous ces philosophes s'ac-
» cordent à penser que l'âme n'est point née dans le
» temps et n'est point engendrée ; mais, suivant eux,
» elle a plusieurs facultés dans lesquelles *Platon* di-
» vise son essence *pour aider la théorie*, θεωρίας χάριν ;
» et c'est ainsi, disent-ils, qu'en paroles seulement,
» et non en réalité, il la suppose née et résultant d'un
» mélange ; et de même, d'après eux, Platon savait
» fort bien que le corps du monde est éternel et n'a
» jamais été engendré ; mais sachant combien il se-
» rait difficile d'embrasser par la pensée l'économie
» du monde et l'ordre qui y règne, si l'on ne suppo-
» sait d'abord sa génération et le concours primitif
» des éléments générateurs, il comprit qu'il fallait
» suivre cette voie (1). » Déjà Parménide avait donné
l'exemple d'une physique conforme à l'*opinion*, jointe
à une métaphysique toute rationnelle.

En définitive, Aristote a voulu désigner, soit Platon
lui-même, soit Xénocrate ; et d'autre part il est certain que le mode d'exposition symbolique attribué par
Xénocrate à Platon est parfaitement conforme aux
habitudes de ce philosophe.

Le *Timée* ne suffit donc pas pour nous faire admettre que Platon croyait au chaos. En tout cas, Platon le place *avant* le temps, ce qui en fait, ou une
chose contradictoire, ou bien plutôt une chose
idéale (2).

Le X° livre des *Lois* contient un dualisme tout à fait
analogue à celui du *Timée* : Platon y semble supposer
deux âmes, l'une bonne et intelligente, l'autre mauvaise et fatale. Mais nous avons déjà vu que le X° livre

---

(1) *De la naissance de l'âme*, ch. III.
(2) Cf. t. II, notre chapitre sur Anaxagore.

des *Lois* est tout exotérique et populaire. Le législateur parle *des* dieux, pour se conformer à l'opinion reçue ; quoi d'étonnant qu'il fasse allusion au *chaos*, à la *nécessité*, qui se retrouvent dans toutes les religions antiques? Platon, d'ailleurs, voyait là un symbole profond, pourvu qu'on l'interprète.

Enfin, dans le *Théétète*, Socrate dit : « Il n'est pas
» possible que le mal soit détruit, parce qu'il faut tou-
» jours qu'il y ait quelque chose de contraire au bien...
» Il y a dans la nature des choses deux modèles, l'un
» divin et bienheureux, l'autre sans dieu et misé-
» rable (1). » Il ne s'agit pas ici du chaos ni d'une matière seconde incréée, mais de la matière première, au sens métaphysique de ce mot.

Platon n'a donc admis en réalité que deux principes coéternels, comme Aristote lui-même nous l'apprend : la matière nue et le Bien, types de tous les contraires. La matière est un principe entièrement négatif et relatif (2) ; le Bien est le principe positif, le seul vrai principe. Seulement tout contraire suppose idéalement son contraire ; toute affirmation implique la possibilité de la négation. Voilà pourquoi Platon dit : Il faut qu'il y ait quelque chose d'opposé au Bien. Le Bien est l'Être absolument déterminé ; la matière est le non-être absolument indéterminé. L'un est la réalité suprême, l'autre est le pur possible. Cette possibilité elle-même a son fondement dans quelque Idée divine, et Platon arrive à faire de la matière même, soit une Idée (celle de l'*autre* et du *non-être*), soit un rapport d'Idées. La matière ainsi réduite au

---
(1) *Théét.*, p. 176, a.
(2) L'un existe absolument d'après Platon, dit Aristote, et l'infini n'existe que relativement à l'Idée. *Métaph.*, xiv, 1.

possible, Platon la conçoit comme fécondée par la *Réalité* suprême. Comment ? il ne l'a pas dit. Est-ce une création ? est-ce une émanation ? est-ce une simple distinction dans l'Unité ?... Platon eût peut-être trouvé qu'au fond ces solutions revenaient au même, étant également inexplicables. En fait, le monde sensible existe de quelque manière ; rationnellement, il est purement possible en lui-même, il est pure matière ; rationnellement aussi, il y a une réalité à laquelle il participe d'une manière mystérieuse ; donc, ce qui n'est rien par soi-même devient quelque chose grâce à la fécondité du premier principe. Voilà la doctrine de Platon : il a exprimé tout ce que nous pouvons savoir sur ce problème insoluble. Maintenant, est-il nécessaire de donner un nom et comme une étiquette à son système ? Dualisme, création, idéalisme, panthéisme ! ces mots sont sonores, mais ne sont-ils pas souvent bien vides ? Ce qui est certain, c'est que, dans le cas présent, ils seraient ou trop précis ou trop vagues pour désigner la doctrine platonicienne.

II. — *Rapport de la matière à l'espace.*

Dans le *Timée*, Platon appelle l'espace le réceptacle de toutes les formes, et semble le confondre avec la matière. « Cependant, dit Aristote, il a défini autre-
» ment la matière dans ses doctrines non écrites (1). »
Il y a en effet un rapport frappant entre l'idée de la matière conçue comme la possibilité de recevoir toutes les formes, et l'idée de l'espace qui les reçoit aussi d'une certaine manière. L'espace est une multiplicité infinie et en même temps réelle, qui rend possible la sépara-

(1) *Phys.*, II, 2.

tion et la division des objets sensibles. En même temps c'est la condition du mouvement. Les deux caractères principaux de la génération, je veux dire la divisibilité et la mobilité, ne sont donc réalisables que dans l'espace. Platon a vu qu'il y avait un rapport intime entre l'idée de la possibilité du monde, qui est proprement la matière, et l'idée de l'espace. Le monde est éternellement possible, et l'espace peut éternellement le recevoir. Les deux idées sont si voisines qu'il n'est pas étonnant que Platon, dans le *Timée*, ne les ait point distinguées (1). On peut donc dire que, pour lui, l'espace est ou la matière même (c'est l'opinion écrite) ou quelque chose d'inséparable de la matière (c'est la doctrine orale). La seconde hypothèse est la plus admissible, et s'accorde mieux avec l'ensemble de la théorie des Idées.

III. — *Le monde, image des Idées.*

L'hypothèse du chaos exprime ce que serait le mouvement si l'âme motrice agissait indépendamment de l'intelligence. C'est une confusion idéale qui échappe à toute détermination positive, et dans laquelle il n'y a même pas de place pour la notion du temps ; aussi serait-il inexact de dire que le chaos ait jamais existé. En réalité, l'action de l'âme motrice, fatale et nécessaire en elle-même, ne produirait jamais rien de déterminé sans le concours de la pensée, qui dirige le mouvement sans en changer d'ailleurs la nature. Mouvement et pensée, nécessité et intelligence, telles sont donc les deux causes du

---

(1) Rappelons que Descartes a confondu l'espace avec la matière *réelle*, ce qui est plus étrange encore que de le confondre avec la matière *indéterminée*.

monde, au-dessus desquelles s'élève le principe suprême : le Bien. Dieu, qui est le Bien réel, produit au sein du possible, qui est la matière, une image de lui-même, en soumettant les lois motrices de l'âme aux lois ordonnatrices de l'intelligence.

L'image offre les mêmes caractères que le modèle. De même que le Bien universel comprend en lui-même toutes les essences intelligibles, de même le monde comprend tous les êtres visibles, « comme étant de la » même nature que lui (1). »

L'universalité implique l'unité. Comme il n'y a qu'un seul Dieu, il n'y a aussi qu'un seul monde. S'il y avait deux modèles intelligibles, « il faudrait qu'il y » en eût encore un troisième où les premiers fussent » renfermés comme des parties, et alors le monde » serait l'image, non pas de ces deux-là, mais de celui » qui les renferme (2). »

Dieu est simple et toujours semblable à lui-même. Le monde est composé, mais il imite par la simplicité et l'identité de ses formes la beauté de son modèle. Il a reçu de Dieu la forme sphérique, qui renferme en elle-même toutes les autres, et qui, ayant partout les extrémités également distantes du centre, est la forme la plus parfaite et la plus semblable à elle-même (3).

Dieu est immuable, et le monde ne pouvait l'être. Mais dans le mouvement même du ciel on retrouve l'immutabilité. Tournant sans cesse autour du même centre, il entraîne dans sa révolution tous les mondes qu'il contient ; chacune des sphères célestes reproduit ce mouvement uniforme comme le mouvement de l'intelligence : c'est une pensée visible (4).

(1) *Timée*, 31, a. — 120, tr. Cousin.
(2) *Ib.*
(3) *Ib.*, 33, c.
(4) *Ib.*, 34, a. *De leg*, X, 897, c, sqq.

Dieu est indépendant, absolu, et se suffit à lui-même ; le monde dépend de Dieu, mais de Dieu seul : « unique, solitaire, se suffisant par sa propre vertu, » n'ayant besoin de rien autre que soi, se connaissant » et s'aimant lui-même (1). » Ce Dieu engendré, mais infini dans son avenir comme dans son passé, est l'image parfaite et *bienheureuse* du Dieu très-grand et très-bon qui repose dans son éternité (2).

Pour que le monde eût cette indépendance qui fait de lui comme un second dieu, il fallait qu'il reçût de son auteur une intelligence et une âme en même temps qu'un corps. « Il n'y a aucun ouvrage plus beau qu'un » être intelligent, et dans aucun être il ne peut y avoir » d'intelligence sans âme. En conséquence, Dieu mit » l'intelligence dans l'âme, l'âme dans le corps, et il » organisa l'univers de manière à ce qu'il fût, par sa » constitution même, l'ouvrage le plus beau et le plus » parfait. Ainsi on doit admettre comme vraisem- » blable que ce monde est un animal véritable doué » d'une âme et d'une intelligence par la Providence » divine (3). »

(1) *Tim.*, 32, a.
(2) *Ib.*, 35, c ; 38, b ; 41, a.
(3) *Ib.*, 30, b.

CHAPITRE III.

PSYCHOLOGIE PLATONICIENNE DANS SON RAPPORT AVEC LA THÉORIE DES IDÉES. — IDÉES GÉNÉRATRICES DE L'AME.

I. L'AME INTELLIGENTE DU MONDE. Éléments idéaux de l'âme. Le même, le divers et le mixte : raison, opinion et entendement discursif. Comment l'âme doit tout envelopper virtuellement pour pouvoir tout connaître. En quel sens l'âme est un *nombre*. L'âme est-elle divisible ou indivisible. — II. LES AMES PARTICULIÈRES. Leur rapport avec l'âme universelle et avec les âmes générales. Dialectique des âmes. Leur éternité. Leur incorporation. Rapport de cette psychologie avec la théorie des Idées.

I. — *L'âme intelligente du monde.*

Toute chose étant la réalisation d'une Idée, l'âme, prise en général, doit avoir aussi son Idée à laquelle elle participe (1). Nécessairement l'Idée de l'âme, à son tour, n'étant point l'Idée première, se ramène à d'autres Idées qui en sont comme les éléments intelligibles.

Ce sont ces Idées, essences intégrantes de l'âme ou raisons de son intelligibilité, que Platon détermine dans le *Timée*.

« Dieu fit l'âme supérieure au corps, tant en âge
» qu'en vertu, pour qu'elle sût lui commander et
» devenir sa maîtresse (2). Voici de quoi et comment
» il la fit. De l'essence indivisible et toujours la

---

(1) V. plus haut, p. 128.
(2) Il s'agit de l'âme *intelligente*, comme la suite va le prouver. L'âme simplement motrice, mère de la génération, est symboliquement représentée comme antérieure à l'ordre du monde. Mais l'âme intelligente et l'ordre du monde sont nés ensemble ; ils sont liés comme la cause et l'effet. C'est ce que n'a pas voulu comprendre Aristote, qui reproche à Platon d'avoir fait l'âme postérieure au mouvement et contemporaine

» même, et de l'essence qui devient divisible à l'égard
» des corps, il forma par leur mélange une troisième
» essence intermédiaire, participant de la nature du
» *même* qui appartient à la première, et de la nature
» de l'*autre* qui appartient à la seconde. Il plaça l'es-
» sence mixte entre les deux autres, qui n'auraient
» pu être bien unies sans ce moyen terme ; puis il fon-
» dit ensemble les trois essences de manière à réunir
» le tout en une seule forme ou *idée*. Τριὰ λαβών, συγκε-
» ράσατο εἰς μίαν πάντα ἰδέαν. Ainsi donc il combina vio-
» lemment la nature intraitable de ce qui est divers
» avec ce qui est le même ; et, ayant mêlé les deux
» avec l'essence (intermédiaire), de ces trois choses il
» forma un tout unique. Il divisa alors le tout en au-
» tant de parties qu'il était convenable, et chacune
» se trouva contenir du *même*, du *divers*, et de l'es-
» sence (intermédiaire) (1). »

Tels sont les éléments de l'âme, qu'on peut appeler avec Aristote στοιχεῖα, à condition que l'on comprenne qu'il s'agit, non d'éléments matériels et réellement séparés, mais d'éléments intelligibles, d'Idées distinctes auxquelles l'âme participe.

Ces Idées sont au nombre de trois : celle du même, c'est-à-dire l'unité ; celle du divers, c'est-à-dire la pluralité ou la dyade ; et l'essence intermédiaire, que Platon finit par appeler simplement *l'essence*, οὐσία, parce que toute essence est une communication du multiple avec l'un et un moyen terme entre ces

---

du monde. L'âme intelligente, oui ; l'âme motrice et fatale, non. *Métaph.*, XII (XI), 6.

(1) Nous ne pouvons comprendre que M. H. Martin ait rejeté l'explication si simple et si claire de M. Cousin pour y substituer la théorie la plus compliquée et la plus obscure. Il suffit, pour traduire ce passage, de regarder le mot οὐσία comme désignant la substance intermédiaire. M. Chaignet adopte une opinion analogue à celle de M. Cousin.

deux contraires. A l'Idée de l'unité correspond dans l'âme la partie indivisible, qui est comme l'élément monadique de l'âme : c'est la *forme déterminante* dont parle le *Philèbe*. A l'Idée du multiple et du divers correspond la partie divisible et comme matérielle de l'âme, l'élément dyadique : c'est la matière indéterminée (τὸ ἄπειρον). Enfin, on retrouve dans l'âme l'essence à la fois une et multiple, le genre *mixte* du *Philèbe*, qui est à proprement parler l'*essence*. Quant à la *cause* du mélange, c'est Dieu.

Aristote a donc raison de dire que les éléments de toutes choses sont réunis par Platon dans l'âme. Et il nous dit la raison de ce mélange. Pour que l'âme puisse connaître tous les genres, il faut qu'elle participe à tous : tel était le principe de Platon. La connaissance, en effet, suppose entre le sujet et l'objet une analogie et même une identité qui n'exclut pas la différence. On sait que l'identité n'est pas pour Platon l'absolue unité. Il n'y a de science véritable que quand la pensée, provoquée par le monde extérieur, trouve en elle-même l'objet de sa propre science, αὐτὴ ἐξ ἑαυτῆς τὴν ἐπιστήμην ἀναλαμβάνει. Savoir, s'est ramener toutes choses à la pensée et à l'âme. Il faut donc bien que l'âme renferme les éléments *intelligibles* de toutes choses, seuls objets de la connaissance.

La troisième hypothèse du *Parménide*, qui semble se rapporter à l'âme, considère aussi trois genres ou éléments réunis en un seul : l'*un*, le *multiple*, et ce qui est *un et multiple*. Parménide fait voir que ce qui en résulte, c'est le mouvement dans le temps et l'espace, ainsi que les autres espèces de changements. Et en effet, l'âme se définit : ce qui se meut soi-même et meut tout le reste. La pensée même, la pensée finie, est un mouvement.

Il y a dans l'âme deux espèces principales de changement, qui correspondent à sa partie indivisible et à sa partie divisible. Platon les appelle le mouvement du même et le mouvement de l'autre, et attribue à chacun un des cercles de l'âme. Il peut aussi s'y produire un mouvement intermédiaire, qui correspond à l'essence mixte.

Ces mouvements ne sont autre chose que les différentes opérations de l'intelligence, comme le prouve la suite du *Timée*. « Quand la raison a pour objet ce » qui est rationnel, et que le cercle de ce qui est le » même, révolu à propos, le découvre à l'âme, l'in- » telligence et la connaissance s'accomplissent né- » cessairement (1). » Ce *cercle du même* n'est donc autre chose que la Raison, la νόησις. Le mouvement de la Raison, qui se replie sur elle-même pour contempler au dedans de soi les Idées, n'est-il pas comme un *mouvement immuable* par son uniformité et sa régularité? La pensée intuitive devient analogue à son objet : en concevant l'unité, elle se fait semblable à elle, et la forme que prend l'âme dans cet acte intellectuel est ce que Platon nomme *l'essence indivisible et toujours la même*, la raison, ὁ λόγος. Cette raison pure est muette ; ce verbe intérieur est sans voix, ἄνευ φθόγγου καὶ ἠχῆς ; c'est par un regard silencieux que l'intelligence aperçoit en elle-même un rayon de la vérité éternelle.

Le second cercle de l'âme est celui de l'*opinion* ; il a le *mouvement de la diversité*. Dans son rapport avec les objets composés, dont l'essence est d'être divisible, l'esprit est obligé de se diviser pour ainsi dire comme eux. Car, encore une fois, tout acte de connaissance

---

(1) *Tim.*, 37, b.

est une espèce d'assimilation entre le sujet et l'objet. Comment ce qui est absolument un et indivisible pourrait-il penser le multiple, le divisible et le changeant? C'est par le semblable que l'on connaît le semblable (1). Pour que Dieu même puisse connaître la pluralité, il faut qu'il la contienne éminemment dans sa perfection. Aussi avons-nous vu que tout système exclusif qui s'en tient à la mobilité pure ou à la pure immobilité, détruit par là même la connaissance dans l'homme et en Dieu (2). Puisque nous connaissons la multiplicité sensible, c'est que notre âme, elle aussi, la renferme éminemment dans son unité. Indivisible en elle-même, son essence devient divisible par son rapport avec la matière, περί τὰ σώματα γιγνομένης μεριστής. Quand le cercle de l'opinion, s'appliquant aux objets sensibles et les parcourant dans tous les sens, est réglé par le cercle de la raison, alors se forment les opinions et les croyances vraies et solides, δόξαι καὶ πίστεις γίγνονται βέβαιαι καὶ ἀληθεῖς.

Il y a une troisième forme de la connaissance: la *pensée discursive*, διάνοια. Cette faculté intermédiaire n'a pour objet ni le pur sensible ni le pur intelligible, mais les nombres intermédiaires, τὰ μεταξύ, les conceptions générales et abstraites, les notions mathématiques ou logiques. Cette forme de la connaissance résulte du concours des deux autres. Il faut que les deux grands cercles de l'âme se meuvent à la fois pour que l'âme aperçoive les rapports contraires qui existent entre la réalité sensible et la réalité intelligible. Mais il n'est pas besoin pour cela d'un cercle particulier; aussi Platon n'en attribue pas à la pensée discursive, qui ne parcourt pas des

---

(1) Aristote, *De animá*, loc. cit. IV, vi.
(2) V. plus haut, p. 91.

objets réels. « Lorsque l'âme rencontre à la fois l'es-
» sence indivisible (par le cercle de raison) et l'essence
» divisible (par celui de l'opinion), elle éprouve alors
» un mouvement dans toute son étendue, διὰ πάσης
» ἑαυτῆς (parce que toutes ses facultés se meuvent
» à la fois); elle prononce sur l'identité, la différence,
» la relation, le lieu, le temps et la manière dont son
» objet se trouve être ou souffrir, soit dans son rapport
» avec les choses particulières et sujettes à la généra-
» tion, soit dans son rapport avec celles qui sont tou-
» jours les mêmes (1). » Par le moyen de ces notions
générales (qu'Aristote appellera plus tard les catégories) la διάνοια relie le particulier à l'universel, et introduit dans nos connaissances l'unité logique, qui
n'est ni la multiplicité réelle de la sensation ni l'unité
réelle de l'Idée (2).

Or, si l'âme intelligente devient nécessairement
semblable, autant que sa nature le permet, à l'objet
qu'elle conçoit, — divisible en concevant le divisible,
Idée en concevant l'Idée, — de même l'essence mixte
des genres logiques fait en quelque sorte partie de
l'âme, et l'on peut dire qu'il y a en elle une nature
mixte où la divisibilité de la sensation se combine
avec la simplicité de l'Idée pure. Ramener le sensible à l'intelligible, la multiplicité à l'unité, l'individuel à l'universel ; définir, diviser, généraliser, raisonner : tel est le résultat des genres intermédiaires,
telle est la fonction de l'essence mixte de l'âme.

Triple dans ses puissances intellectuelles parce
qu'elle est la réalisation de trois Idées, — l'un, le
multiple, le rapport de l'un au multiple, — l'âme

---

(1) *Tim.*, *ibid.*
(2) Voir sur l'expression numérique des trois facultés le passage d'Aristote que nous avons commenté, p. 147.

peut être appelée sous ce rapport une espèce de *nombre ;* mais ce n'est pas un nombre abstrait comme ceux des mathématiques; c'est un nombre réel et vivant, qui se meut lui-même (1).

L'âme est-elle donc multiple et divisible? Oui et non. La division dans l'espace ne peut convenir qu'à une substance étendue, et l'âme ne peut être divisée physiquement en plusieurs parties de même nature que le tout, susceptibles d'une existence à part. L'âme est donc indivisible sous ce rapport. Mais l'âme est divisible logiquement et même mathématiquement, suivant les nombres, dont elle subit la loi comme tout ce qui n'est pas l'Unité absolue. Elle contient en elle une multiplicité d'attributs distincts, quoique inséparables ; et bien qu'identique dans son fond, comme le démontre Platon lui-même (2), elle n'en est pas moins sujette au changement par la mobilité de ses pensées, de ses sentiments et de ses actes.

C'est ce double caractère d'unité et de multiplicité qui fait de l'âme la médiatrice entre la matière et les Idées. Elle a toujours dans la doctrine de Platon le rôle de moyen terme. La pure intelligence, qui se confond avec les Idées elles-mêmes ou du moins avec l'*Idée de la science en soi*, ne pourrait descendre sans intermédiaire dans le corps. Car la pure intelligence, par rapport à la multiplicité corporelle, est une unité trop parfaite, trop voisine de l'Unité absolue. L'âme, qui est multiple par rapport à l'intelligence, mais une par rapport à la matière, est le moyen harmonique dont Dieu devait se servir pour faire descendre l'intelligence dans le corps.

(1) V. plus haut, p. 128, sqq.
(2) *Phæd.*, 80, b, 78, sqq.; — tr. Cousin, 239.

II. — *Les âmes particulières.*

« Dans le même vase (l'espace) où il avait composé
» l'âme du monde, Dieu mit les restes de ce premier
» mélange et les mêla à peu près de la même manière.
» L'essence de vie, au lieu d'être aussi pure qu'aupa-
» ravant, l'était deux et trois fois moins. Ayant achevé
» le tout, Dieu le partagea en autant d'âmes qu'il y a
» d'astres, en donna une à chacun d'eux, et faisant
» monter ces âmes comme dans un char, il leur fit
» voir la nature de l'univers, et leur expliqua ses dé-
» crets irrévocables. La première naissance sera la
» même pour tous, afin que nul ne puisse se plaindre
» de Dieu; chaque âme, placée dans celui des organes
» du temps qui convient le mieux à sa nature, devien-
» dra nécessairement un animal religieux; la nature
» humaine étant double, le sexe qu'on appellera viril
» en sera la plus noble partie. Quand, par une loi fa-
» tale, les âmes seront unies à des corps, et que ces
» corps recevront sans cesse de nouvelles parties et
» en perdront d'autres, ces impressions violentes pro-
» duiront d'abord la sensation... La justice consistera
» à dompter ses passions, l'injustice à leur obéir.
» Celui qui passera honnêtement le temps qui lui a
» été donné à vivre, retournera après sa mort vers
» l'astre qui lui est échu et partagera sa félicité...
» Quand Dieu eut donné ces lois aux âmes,... il ré-
» pandit les unes sur la terre, les autres dans la lune,
» et le reste dans les autres organes du temps (1). »
Les dieux secondaires, c'est-à-dire les astres, furent
chargés d'ajouter au principe immortel une partie
périssable et de façonner les corps mortels.

(1) *Tim.*, p. 34, 35, sqq.

D'après ce passage, notre âme a vécu d'abord en communication intime avec celle de l'astre qui nous est échu. L'âme humaine, par exemple, est une émanation d'une grande âme collective, qui a été confiée à la terre. D'après la lettre du *Timée*, cette âme collective dont les parties sont les différentes âmes humaines, ne doit pas être confondue avec l'âme de la terre elle-même. Mais il est permis de croire que cette distinction apparente vient de la personnification mythique des astres, auxquels Dieu adresse la parole comme s'ils étaient déjà doués d'une âme à eux. Il est probable que, conformément à la doctrine pythagoricienne, Platon fait de nos âmes comme des émanations de l'âme sidérale. Celle-ci, à son tour, doit être considérée comme une partie de l'âme ou de la vie du monde, si bien qu'en définitive les âmes individuelles ont leur origine dans l'âme universelle. Le *Timée* les représente comme *des restes du premier mélange* et semble les séparer de l'âme universelle ; mais tout ce récit est trop symbolique pour qu'on puisse attacher de l'importance aux détails. La doctrine de Platon, dans ses autres dialogues, c'est que les âmes individuelles sont des emprunts à l'âme universelle. « L'homme a une âme, dit Socrate dans le *Phi-* » *lèbe* (1) ; d'où l'aurait-il prise si l'univers n'avait eu » aussi une âme possédant les mêmes attributs et » plus parfaits encore ? » Le *Phèdre* et le *Phédon* confirment cette doctrine.

D'autre part, l'âme universelle est, soit une émanation immédiate de l'âme divine, soit l'âme divine elle-même (comme le Xe livre des *Lois* semble l'indiquer). C'est donc en dernier lieu dans l'âme divine

---

(1) *Phil.*, 30. *Phœdr.*, 245, c. *Phœd.*, 72, 107, sqq.

qu'il faut placer l'origine des âmes individuelles, médiatement ou immédiatement. L'âme divine, par sa fécondité, produit des âmes qui renferment en elles-mêmes d'autres âmes et les engendrent à leur tour. Le Vivant universel comprend en lui-même toutes les espèces d'animaux, comme l'Intelligence divine comprend toutes les Idées. La génération des âmes est un développement progressif, et comme une chute des âmes depuis Dieu jusqu'aux corps, où les nôtres se sont fixées. De même qu'une Idée se développe par l'analyse en une multitude d'Idées, de même l'âme divine engendre l'âme du monde, qui se divise pour laisser apparaître les âmes des astres; et celles-ci, se divisant encore, forment les âmes des animaux. Toutes ces âmes préexistaient les unes dans les autres, les plus particulières dans les plus générales; ce n'est pas une création qui les fait apparaître au moment convenable; c'est plutôt une sorte d'épanouissement de l'âme universelle, d'évolution de la vie, de spécification progressive, laissant voir peu à peu toutes les âmes que Dieu avait réunies dans son sein.

Aussi l'âme en général est représentée dans le *Phèdre* comme sans commencement et sans fin, parce que le mouvement lui-même, effet de l'âme, n'a pas eu de commencement. Toutes les âmes individuelles ayant préexisté dans l'âme universelle, on peut dire qu'elles aussi partagent le privilège accordé au principe du mouvement.

Mais les âmes ont-elles préexisté avec leur individualité et leur personnalité? Il est difficile de le dire. On peut seulement affirmer qu'elles ont vécu déjà une multitude de vies, peut-être une infinité. Peut-être aussi ont-elles existé d'abord virtuellement dans l'âme commune, et à ce moment elles n'avaient pas encore la personnalité; ensuite elles se sont individualisées en entrant en rapport avec la matière dans des conditions favorables.

La pensée de Platon devait être indécise et flottante sur toutes ces questions, comme le prouvent les symboles qu'il accumule pour se dispenser d'une explication scientifique.

Un des points les plus obscurs de sa doctrine, c'est celui de l'incorporation des âmes. Pourquoi l'âme individuelle se sépare-t-elle de l'âme universelle, avec laquelle elle était primitivement confondue? On trouve dans Platon, comme le remarque Plotin (1), deux doctrines différentes. D'après le *Phèdre*, l'incorporation est une chute ou une conséquence d'une chute des âmes, ce qui est peu clair. D'après le *Timée*, Dieu lance les âmes dans le monde réel, et leur inspire le désir d'entrer dans les corps pour y déposer les formes et y allumer la flamme de la vie. Cette doctrine est plus profonde et plus conforme au génie de Platon. « C'est une loi fatale, dit-il, qui fait descendre les âmes dans le corps. » C'est donc une nécessité de leur nature, et non un accident. Toute âme individuelle existait primitivement et en essence dans l'âme universelle, mais sans se confondre avec elle; elle y conservait son caractère propre, sinon personnel. Or, par cela même qu'elle s'en distinguait, elle devait tendre et a tendu en effet à s'en séparer, pour se développer d'une manière indépendante. C'est dans ce mouvement d'expansion libre qu'elle s'est éloignée indéfiniment de l'âme du monde, qu'elle a rencontré le principe opposé à l'âme, la matière, et qu'elle s'y est établie après l'avoir informée. Cette rencontre est un effet

(1) *Enn.*, IV, VIII, 1, 2, 3.

naturel de la puissance de développement inhérente à ce qui se meut perpétuellement soi-même (1). L'âme individuelle, étant comme l'âme universelle un principe fécond, tend à se développer extérieurement et à produire; mais, comme elle est distincte de l'âme du monde, cette distinction, déjà réelle au principe, se marque davantage et devient une vraie séparation dans le développement. En cela les âmes ne font que suivre la loi commune, qui veut que l'unité se développe en multiplicité et que la multiplicité revienne à l'unité.

Une fois descendues dans la matière, les âmes se revêtent de différents corps suivant leur perfection plus ou moins grande. Elles les animent et leur impriment leur forme, jusqu'à ce que le composé matériel, momentanément soumis à leur action, se dissolve enfin par la mort. L'âme, ainsi séparée de son corps, suivant qu'elle s'est plus ou moins souillée au contact de la matière, rentre dans l'âme des astres ou anime des corps nouveaux. C'est la métempsychose, qui est plus qu'un symbole chez Platon; comme le prouve sa doctrine de la réminiscence. Le nombre des âmes, dit-il dans la *République* (2), ne peut ni diminuer ni augmenter; car, si le nombre des êtres immortels devenait plus grand, ces nouveaux êtres ne pourraient venir que de ce qui était auparavant mortel, et toutes choses deviendraient ainsi immortelles avec le temps. Donc le nombre des âmes ne peut changer; et de là la nécessité de la métempsychose pour expliquer le changement des formes et le mouvement de la vie. L'âme passe d'un corps à l'autre et éprouve toutes

---

(1) Voir Vacherot, *École d'Alex.*, t. I. *Psychologie de Plotin.*
(2) X, 611.

sortes de changements (1) : c'est un hôte qui habite successivement plusieurs demeures sans se fixer dans aucune. Si la vie ne renaissait pas de la mort, tous les êtres tomberaient bientôt dans le néant, du moins tous les êtres qui appartiennent au monde du temps et du changement.

Demandons-nous, en résumant cette doctrine sur l'âme, quel est son rapport avec la théorie des Idées et la dialectique. Ne retrouvons-nous pas jusque dans l'histoire de l'âme et de son origine les idées métaphysiques chères à Platon ?

Les diverses âmes ont des caractères communs et une définition commune, qui est la puissance de se mouvoir soi-même, la puissance de la cause active ; donc il y a une Idée éternellement existante à laquelle toutes les âmes participent. Cette Idée est une des perfections de la nature divine, et est à jamais réalisée en Dieu. Conséquemment, il y a en Dieu l'Idée de l'âme, l'Ame en soi, qui n'est pas seulement une pensée divine et un pur possible, mais une perfection réelle et actuelle, et par conséquent une âme réelle. L'Idée d'activité, c'est l'activité même de Dieu.

Ainsi, de même que l'Idée de la science est la science divine, l'Idée de l'âme est l'âme divine. Dans cette Idée, l'immobilité et la puissance motrice existent sous une forme éminente. L'âme divine, sans se mouvoir elle-même d'un mouvement réel, est capable de produire le mouvement au sein de la matière et de l'espace, et de réaliser ainsi la génération. Or, éternellement Dieu connaît la possibilité d'agir qui réside

---

(1) *Lois*, X, 903. *Phædr.*, 248, d. *Meno.*, 81. *Polit.*, 271, c. *Phæd.*, 84, a. *Tim.*, 42, 90, e.

en lui-même et qui est son âme. Eternellement il conçoit que cette action est bonne et que les lois motrices, combinées avec les lois de l'intelligence, peuvent produire une œuvre belle et digne de lui. Eternellement il réalise ce qu'il a conçu comme devant aboutir au bien, et il engendre au sein du possible une image de l'âme divine, qui est l'âme du monde, nourrice de la génération (τιθήνη).

Si l'âme du monde était simplement motrice, ce serait le règne de la Nécessité et du chaos; mais Dieu réalise dans cette âme une image de l'Intelligence, et alors, devenue une âme intelligente, l'âme se meut et meut toutes choses d'un mouvement régulier; le temps, les astres, l'ordre du monde, le cosmos, attestent l'action constante d'une âme raisonnable.

L'Idée de l'âme, l'âme en soi, renferme en elle-même une multiplicité intelligible d'autres âmes qui en sont comme les espèces, les parties, les déterminations diverses. De même l'âme du monde, pour être conforme à son modèle, doit renfermer virtuellement une multitude d'âmes particulières, distinctes entre elles sans être encore séparées. Or, il faut que le principe universel de vie développe tous les *vivants*, toutes les âmes qu'il contient, afin que l'*univers* soit *vraiment univers* et que tout le possible soit réalisé. De là cette loi fatale qui pousse les âmes particulières à se séparer de l'âme commune, et à s'individualiser de plus en plus au sein des corps.

Mais entre l'universel et l'individuel il y a le général, qui sert d'intermédiaire. De l'âme universelle ne peut pas sortir immédiatement telle ou telle âme humaine : ce serait contraire à l'ordre régulier et continu de la dialectique. Il faut donc interposer entre les deux extrêmes des termes moyens : ce seront les âmes générales attribuées à chaque astre ; puis, dans ces âmes, d'autres moins générales, par exemple l'âme de l'humanité, l'âme virile, type de toutes les âmes inférieures (1). L'âme virile contient en elle-même les formes de l'âme femelle et du reste des animaux, qui n'en sont que des images plus ou moins imparfaites. « Les animaux eurent tous la même naissance, dit Platon, et reçurent d'abord la même forme [celle de l'âme virile], pour qu'aucun d'eux ne pût accuser les Dieux d'une injuste répartition. » Dans l'âme générale de l'humanité se développèrent les âmes individuelles : d'abord celles des hommes, puis, par des chutes successives, celles des femmes et des autres animaux.

On voit que la chute des âmes est comme une dialectique descendante, qui va de l'universel au général et du général au particulier. Si nous remontons cette échelle dialectique, nous trouverons au premier degré les âmes individuelles, au second le type général de l'âme virile, puis les âmes générales des astres, puis l'âme universelle du monde, et enfin l'Idée de l'âme ou l'âme divine, à laquelle toutes les autres participent, d'où elles sont toutes sorties, à laquelle elles s'efforcent toutes de revenir par la loi providentielle de la Réminiscence et de l'Amour, si admirablement décrite dans le *Banquet*.

La dialectique descendante, c'est la chute des âmes, c'est l'unité se développant en multiplicité, c'est l'œuvre de la Création ; la dialectique ascendante, c'est le retour à l'unité, c'est le développement nouveau des ailes que l'âme avait perdues, c'est l'œuvre de la Providence.

(1) *Timée*, 41, a.

CHAPITRE IV.

LA PROVIDENCE.

I. La Providence. Le monde et l'âme ne peuvent subsister par eux-mêmes. Identité de l'acte producteur et de l'acte conservateur. La Providence est universelle. — II. La Religion. Différence de la vraie religion et de la superstition. Critique du paganisme. La vraie piété. La sainteté identique avec la justice. L'Idée du saint. Les lois morales ne sont point une institution arbitraire de Dieu.

I. « Dieux issus d'un Dieu, vous dont je suis l'auteur
» et le père, mes ouvrages sont indissolubles, parce
» que je le veux. Tout ce qui est composé peut se dis-
» soudre, mais il est d'un méchant de vouloir détruire
» ce qui est bien et forme une belle harmonie. Ainsi,
» puisque vous êtes nés, vous n'êtes point immortels
» ni absolument indissolubles; mais vous ne serez
» point dissous et vous ne connaîtrez point la mort,
» parce que ma volonté est pour vous un lien plus
» fort que ceux dont vous fûtes unis au moment de
» votre naissance (1). »

Ainsi le monde ne subsiste point par lui-même. Si Dieu l'a produit, c'est qu'il a trouvé que son œuvre serait bonne; la détruire, ce serait se condamner soi-même. L'acte créateur est donc en même temps conservateur, et il communique au monde, sinon l'éternité, du moins l'image de l'éternité dans la durée indéfinie des siècles.

Mais, sans la volonté de Dieu, rien ne subsisterait, pas même l'âme. En vain dira-t-on que l'âme est simple : sa simplicité n'est pas la véritable unité.

---

(1) *Timée*, 41, a, sqq.

Comme tout ce qui n'est pas Dieu même, l'âme est une chose multiple, non physiquement, mais métaphysiquement. Cela suffit pour lui donner un caractère de dépendance; et, pour qu'elle soit liée à l'être d'une manière indissoluble, il faut que l'Etre lui-même la retienne et la lie par la puissance de sa volonté.

Combien sont donc « ridicules » ceux qui reconnaissent l'existence de Dieu, mais s'imaginent « qu'il
» méprise les affaires humaines et ne daigne pas s'en
» occuper! (1) » « Les soins des Dieux ne s'étendent
» pas moins aux petites choses qu'aux plus grandes...
» Les Dieux ignorent-ils que leurs soins doivent s'é-
» tendre à tout, et leur négligence a-t-elle sa source
» dans leur ignorance; ou, connaissant que leurs
» soins sont nécessaires à tout, refusent-ils de les don-
» ner, semblables à ces hommes méprisables qui,
» sachant qu'il y a quelque chose de mieux à faire que
» ce qu'ils font, ne le font pas par amour du plaisir
» et par crainte de la douleur? — Comment cela pour-
» rait-il être?... — Tous les êtres mortels n'appar-
» tiennent pas moins aux Dieux que l'univers entier.
» Qu'on dise après cela tant qu'on voudra que nos
» affaires sont petites ou grandes aux yeux des Dieux;
» il serait contre toute vraisemblance, dans l'un et
» l'autre cas, que nos maîtres, étant très-attentifs et
» très-parfaits, ne prissent aucun soin de nous. »

Dans les petites choses, Dieu est grand. « Il est plus
» difficile de voir les petits objets, d'entendre les petits
» sons que les grands... D'ailleurs ceux qui sont char-
» gés d'une administration quelconque ne sauraient
» négliger les objets qui sont petits et en petit nombre
» sans faire tort aux plus importants; car, comme

---

(1) *Lois*, X, 899, sqq.

» disent les architectes, les grandes pierres ne s'ar-
» rangent jamais bien sans les petites. Ne faisons donc
» pas cette injure à Dieu, de le mettre au-dessous des
» ouvriers mortels; et tandis que ceux-ci, à propor-
» tion qu'ils excellent dans leur art, s'appliquent
» aussi davantage à finir et perfectionner, par les
» seuls moyens de cet art, toutes les parties de leurs
» ouvrages; ne disons pas que Dieu, qui est très-sage,
» qui veut et peut prendre soin de tout, néglige les
» petites choses auxquelles il lui est plus aisé de pour-
» voir, comme pourrait faire un ouvrier indolent et
» lâche, rebuté par le travail, et qui ne donne son at-
» tention qu'aux plus grandes. »

Concluons que la Providence veille sur toutes choses, d'autant plus qu'il y a une Idée de toutes choses, « même des plus viles et des plus misé-
» rables (1). » Il y a un rapport continuel entre Dieu et l'homme, et c'est grâce à la présence de Dieu que nous subsistons, que nous vivons, que nous agissons. S'il en est ainsi, nous sommes liés à Dieu par les bienfaits qu'il nous prodigue; et nous devons, en retour de ces bienfaits, nous relier à lui par la justice, la sainteté et l'amour. Ce lien entre la Providence et l'homme, c'est la religion.

II. De quelle nature est ce lien? Comment l'homme peut-il se concilier la bienveillance divine?

Il y a deux espèces de piété ou de sainteté. L'une consiste dans des pratiques tout extérieures, dans des hommages intéressés par lesquels le vulgaire espère séduire les Dieux. Elle repose sur une prétendue analogie entre les Dieux et les hommes : l'anthropomorphisme.

(1) *Parm.*, loc. cit.

Il est une piété bien différente, tout intérieure, toute désintéressée, qui recherche le saint parce qu'il est saint, et non parce qu'il est le bon plaisir des Dieux. C'est la religion philosophique.

« Certaines âmes qui habitent ici-bas, et qui ont reçu
» l'injustice en partage, flattent bassement, malgré
» leur férocité, les âmes des gardiens, soit chiens, soit
» bergers, soit même les premiers maîtres du monde,
» pour en obtenir par leurs adulations et par cer-
» taines prières d'un charme irrésistible (elles sont du
» moins telles dans l'esprit des méchants), le droit
» d'avoir plus que les autres hommes sans qu'il leur
» en arrive aucun mal. Ce vice que je viens d'appeler
» désir insatiable d'avoir plus que les autres, est ce
» qu'on appelle maladie dans les corps de chair, peste
» dans les saisons de l'année, et qui, changeant de
» nom, est connu sous celui d'injustice dans les so-
» ciétés et les gouvernements (1). » Les demandes égoïstes que nous adressons aux Dieux sont donc essentiellement injustes, puisque nous leur demandons de détruire l'ordre et l'harmonie du tout dans l'intérêt d'une de ses parties, et d'être ainsi injustes envers les autres. Faut-il donc comparer les maîtres du ciel et de la terre « à des pilotes qui se laisseraient
» gagner par des libations et la graisse des victimes,
» jusqu'à submerger le vaisseau et les nautonniers ? » Faut-il les comparer « à des chiens séduits par les
» caresses des loups, et qui leur abandonnent le trou-
» peau pour le ravager impunément (2) ? » Non, l'ordre de l'univers n'est pas à la merci de nos vœux indiscrets et de nos demandes égoïstes. La Providence impartiale ne se laisse point séduire, et elle donne à

(1) *Lois*, X, *ibid.*, sqq. ; — Cous., 270.
(2) 270, 271.

chacun suivant son mérite, non suivant ses instances.

La superstition repose sur une fausse idée de l'ordre universel, de la Providence qui y préside, du Dieu infiniment bon qui a formé le monde. Elle prête à Dieu les vices et les passions de l'humanité; elle prend au sérieux tous les récits des poëtes, tels qu'Homère et Hésiode, corrupteurs de la véritable religion.

Les poëtes n'ont point compris le caractère essentiel de la Divinité : pour eux, Dieu n'est pas le principe du bien, car ils en font aussi le principe du mal (1). D'après Homère, Dieu puise au hasard dans le *tonneau des biens et dans celui des maux*, et répand le tout parmi les hommes. Pour nous, qui savons que Dieu est le Bien en soi, gardons-nous d'en faire le principe du mal, car il ne serait plus alors l'Idée pure du Bien, du Bien sans mélange; il ne serait plus l'Idée suprême, où se trouve tout ce que les autres Idées ont de positif, sans les négations qu'elles renferment. « La pre-
» mière des lois et des règles sur les choses religieuses
» prescrira donc de reconnaître que Dieu n'est pas
» l'auteur de tout absolument, mais seulement du
» bien (2). »

De même, « personne ne devra représenter les
» Dieux comme des enchanteurs qui prennent diffé-
» rentes formes et nous trompent par des mensonges
» en parole ou en action. » Car, d'abord, Dieu est la Vérité même, puisqu'il est le principe des Idées, sans lesquelles rien n'est intelligible. De plus, il ne peut changer de forme, parce qu'il ne peut devenir ni plus ni moins parfait. Il est donc immuable dans le

---

(1) *Rép.*, II, 379, c. — 111, tr. Cous.
(2) *Id.*

Bien et dans la Vérité. Rien n'est plus impie que la piété vulgaire, qui attribue à Dieu la mobilité de notre nature.

Il ne faut donc pas dire que la sainteté consiste dans le bon plaisir des Dieux, et que c'est leur volonté indifférente ou capricieuse qui fait le juste ou l'injuste, le bien ou le mal. Pour le vulgaire, le saint n'est autre chose que ce qui plaît aux Dieux ; pour le philosophe, le saint ne plaît aux Dieux que parce qu'il est saint en lui-même et par essence.

Rien n'est plus contraire à la théorie des Idées que la doctrine qui fait résulter le bien et le mal de la liberté d'indifférence attribuée à Dieu. On peut même dire que cette doctrine est l'antithèse absolue du platonisme. L'Idée, en effet, est quelque chose d'essentiellement déterminé, puisqu'elle est le principe même de la détermination. L'Idée, c'est la nature des choses en tant que nécessaire, absolue et éternelle. Si donc il y a des actes justes, pieux et saints, c'est qu'il y a une justice et une sainteté absolue, dont l'essence à jamais déterminée est inaccessible au changement. La sainteté, la justice, c'est Dieu même, qui comprend en soi toutes les déterminations du bien, toutes les Idées, et qui ne pourrait les changer sans se détruire lui-même. Dieu n'est donc pas l'indifférence et l'indétermination absolue qui crée les essences par un acte arbitraire et sans raison, ou par une sorte d'expansion fatale. L'indifférence, c'est la matière, qui peut tout devenir et qui n'est rien. Attribuer le saint et le juste à une puissance indéterminée par elle-même et qui se détermine sans motif, c'est confondre les deux pôles opposés de la théorie des Idées : le Bien et la matière, l'Être et le non-être, l'Unité et l'indéfini.

Si donc on entend par liberté la puissance indifférente, Platon dira que Dieu n'est pas libre, et qu'une pareille indifférence, en la supposant possible, tiendrait à la matière, non au Bien. D'où vient notre libre arbitre à nous-mêmes ? de ce que l'ombre de la matière qui recouvre en partie notre âme l'empêche d'apercevoir dans tout son éclat la pure lumière du Bien. Si l'essence éternelle se révélait à nous, quel amour n'allumerait-elle pas dans nos cœurs! Toute indifférence disparaîtrait de notre nature, et notre âme serait déterminée dans tous ses actes à l'image de Dieu même. Serait-ce la perte de la vraie liberté? Non; ce serait plutôt son triomphe : est-on esclave quand on possède le bien, quand on est le bien même, et qu'on agit avec une indépendance absolue conformément à sa propre nature, non à une volonté étrangère? Telle est la liberté de Dieu, l'Idée même de la liberté, excluant toute indétermination du sein de la substance parfaite.

Le saint est donc saint par lui-même, puisqu'il n'est autre chose que Dieu. Et si Dieu aime le saint, c'est qu'il a pour lui-même un ineffable amour. L'objet aimant et l'objet aimé ne font qu'un dans le Premier Aimable (1); mais la pensée humaine a le droit de les distinguer et de maintenir leur ordre logique.

La conséquence de cette doctrine, c'est que la morale a son principe en Dieu et qu'elle est identique dans l'absolu avec la religion. Mais c'est là un point de vue tout métaphysique qui n'enlève pas à la morale son indépendance scientifique, qui la lui assure au contraire. C'est parce que le juste est juste en soi que la raison humaine, une fois en possession de cette

---

(1) Πρῶτον φίλον. *Lysis*, 219 d.

idée, peut en tirer toutes les conséquences qu'elle renferme et arriver à des règles absolues, indépendantes des formes diverses que peuvent prendre les religions. Platon l'a démontré dans l'*Euthyphron* : il y a une sainteté qui résulte de la nature essentielle des choses, une Idée de la sainteté supérieure aux religions et qui les juge, les condamne ou les absout, loin d'être jugée par elles. Mais le philosophe, qui remonte jusqu'au sommet l'échelle dialectique, ne laissera pas cette Idée du juste dans sa solitude ; il la rattachera à son premier principe, qui est Dieu même, et fera ainsi coïncider dans l'absolu ces trois choses relativement distinctes : la morale, la métaphysique et la religion.

En conséquence, la vraie piété est la justice même : toutes les vertus morales deviennent religieuses en se rattachant à leur premier principe, à l'Idée du Bien en soi.

La ressemblance à Dieu, c'est la vertu (1), et la vertu est fille de l'amour. Celui qui aime l'ordre, la vérité, la beauté éternelle, celui-là est *aimé des dieux*, dit Platon dans le *Banquet* (2). Le mystère de l'amour, que décrit Diotime, est donc le mystère de la religion et aussi celui de la Providence. L'amour n'est-il pas ce génie qui relie le ciel à la terre, descendant de Dieu à l'homme, remontant de l'homme à Dieu ? En s'aimant lui-même, Dieu aime le Bien, et il aime aussi tout ce qui offre l'image du Bien. « Ce qui est bon » n'est-il pas bienfaisant ? » Toute chose participe donc d'une manière mystérieuse à l'amour de Dieu,

---

(1) *Théét.*, 176, a.
(2) *Banquet*, 223.

en même temps qu'au Bien. De là la Providence. A cet amour répond nécessairement le nôtre, puisque notre essence est d'aimer ce qui est bon. Quand notre amour pour le Bien prend conscience de lui-même et se rattache volontairement à son principe, alors se produisent la vertu, la sainteté, la piété, et cette réponse intérieure de l'homme à la Providence qu'on nomme la Religion.

CHAPITRE V.

LE MAL ET L'OPTIMISME.

I. Qu'est-ce que le mal? Peut-il être défini ou connu? — Le mal métaphysique. Sa nature d'après Platon. Son rapport avec le possible et la matière. Sa nécessité conciliée avec l'optimisme. — II. Le mal physique. Pourquoi les corps sont corruptibles. — Le mal moral. Pourquoi l'âme est unie à un corps. L'erreur et le vice.

I. « O mon fils, tu crois que les dieux existent,
» parce qu'il y a peut-être entre leur nature et la
» tienne une parenté divine, qui te porte à les hono-
» rer et à les reconnaître. Mais tu te jettes dans l'im-
» piété à la vue de la prospérité qui couronne les en-
» treprises publiques et particulières des hommes
» injustes et méchants, prospérité qui dans le fond
» n'a rien de réel, mais que l'on s'exagère contre toute
» raison, et que les poëtes et mille autres ont célé-
» brée à l'envi dans leurs ouvrages. Peut-être encore
» qu'ayant vu des impies parvenir heureusement au
» terme de la vieillesse, laissant après eux les enfants
» de leurs enfants dans les postes les plus honorables,
» ce spectacle a jeté le trouble dans ton âme. Alors,
» je le vois bien, ne voulant pas, à cause de cette affi-
» nité qui t'unit aux dieux, les accuser d'être les au-
» teurs de ces désordres, mais poussé par des rai-
» sonnements insensés, comme tu ne pouvais exhaler
» ton indignation contre les dieux, tu en es venu à
» dire qu'à la vérité ils existent, mais qu'ils mépri-
» sent les affaires humaines et ne daignent pas s'en
» occuper (1). »

(1) *Lois*, X, 889 sqq. — *Cons.*, p. 206, sqq.

Nous avons vu combien il est déraisonnable d'accuser les dieux d'insouciance. Mais alors, d'où vient le mal?

Il est difficile de définir le mal, parce qu'on ne voit pas par quelle faculté l'âme pourrait le connaître directement. Pour Platon, la condition nécessaire de toute connaissance est ou l'identité ou l'analogie du sujet qui connaît et de l'objet connu. Or, il n'y a rien en nous qui ne participe au Bien en quelque manière, et l'acte même de la connaissance par lequel nous saisirions le mal serait déjà un bien, puisque toute connaissance est impossible sans une participation aux Idées. Le mal ressemble donc au faux, que l'âme n'aperçoit point d'une vue directe, mais par son rapport d'opposition au vrai (1). De même, si le mal peut être connu, c'est dans sa relation au bien dont il est le contraire.

Essayons en effet de concevoir le mal en lui-même et comme dans son essence. Pour cela, il faut le concevoir pur de tout mélange avec le bien. Mais il n'y a aucune détermination positive qui n'implique le bien auquel elle participe. Donc, aussitôt que nous voudrons déterminer le mal en soi, nous le détruirons en y mêlant le bien : ce sera tel ou tel mal ; ce ne sera pas le mal. Existence et détermination sont synonymes. Si le mal est complétement indéterminé, il n'existe pas. L'être n'est-il pas un bien?-le mal qui est, ne devient-il pas bon en quelque sorte par son existence même? ne cesse-t-il pas d'être le mal en soi, le mal sans mélange, le mal absolu? Chose étrange! au moment où vous voulez saisir l'essence du mal, cette

---

(1) Voir plus haut, p. 267, sqq. Cf. p. 141 : Y a-t-il une Idée du mal.

essence vous échappe et s'évanouit dans l'indétermination absolue. L'essence du mal, c'est de n'en point avoir.

Le mal absolu, le mal en soi, n'existe donc pas. On peut défier l'intelligence humaine de lui donner une forme, quelle qu'elle soit. Direz-vous que l'existence corporelle est le mal? Mais dans le corps le plus vil (1), le plus élémentaire, le plus pauvre d'attributs, il y a déjà cependant l'image confuse de quelque Idée, un certain ordre de parties, une certaine espèce de mouvement qui suppose la présence de quelque force motrice. La force, la forme, l'ordre, n'est-ce pas déjà le bien? Le seul fait que vous connaissez une chose, prouve qu'il y a en elle un élément intelligible, un élément de bonté, un reflet de l'intelligence même, et comme un rayon de lumière divine qui le rend visible à nos yeux. Nous concevons le mal absolu comme nous voyons les ténèbres, par l'absence de toute vision. Penser au mal, c'est nier toute pensée, c'est ne penser à rien (2).

Il ne faut donc pas dire que le mal est le *corps*, ou qu'il est l'*erreur*, ou qu'il est le *vice*. Ce sont là des maux, soit, mais non *le mal*. Dans l'erreur, il y a un acte positif de l'intelligence qui prend un objet pour un autre, et tout exercice de l'intelligence implique le bien (3). Dans le vice, il y a un mauvais usage des forces de l'âme, qui sont bonnes en elles-mêmes. Nous ne connaissons donc que tel ou tel mal, ainsi que telle matière. Le mal est la matière même, c'està-dire le non-être, que nous concevons par un raison-

---

(1) *Parm.*, 130. — Voir plus haut, p. 141.
(2) Cf. *Tim.*, 49, 50.
(3) *Soph.*, 306, sqq. — Voir plus haut, p. 272, sqq.

nement indirect et bâtard, λογισμὸς νόθος (1). Et encore la matière même n'est pas le mal absolu, car elle n'est pas le néant absolu, qui supprimerait Dieu même. La matière est le *possible*, le *contingent*. Elle n'est pas, mais elle peut être, et c'est déjà un bien. Ce bien, elle le tient de Dieu, car c'est Dieu qui fonde la possibilité du possible ; il y a donc en Dieu même quelque perfection, quelque Idée d'où résulte cette possibilité : c'est l'Idée du non-être relatif. « L'un, » disait Platon, existe absolument ; l'infini n'existe » que relativement à l'un (2). » C'est ainsi que la matière même se rattache à l'Unité par le lien d'une relation nécessaire. Quant au néant absolu, il n'est ni réel ni possible, ni nécessaire ni contingent, ni fini ni indéfini, ni Dieu ni matière. Il n'est rien, pas même une pensée, et moins une pensée que tout le reste. S'il était quelque chose, il serait le mal absolu, éternel, immuable ; et encore ne peut-on dire qu'il serait mauvais, car c'est attribuer indirectement une qualité à ce qui n'en a aucune. Nous ne pensons pas le néant, ou nous ne le pensons qu'en niant toute pensée. Laissons aux sophistes cette chimère de l'esprit qu'ils essaient vainement de saisir.

En définitive, le mal considéré généralement est le pur possible. Parlons plus exactement encore : le possible, qui en lui-même n'est encore ni bon ni mauvais, est seulement le principe du mal. Pour que le mal se réalise, il faut que le bien contingent se réalise aussi ; et dans ce cas, le mal n'est réel que comme limite, comme borne du bien ; il est toujours, non le

---

(1) *Tim.*, 49. — Cf. Arist., *Phys.*, I, vii, 191 ; Simplicius, *in Phys.*, f. 50, p. 342 ; *Timée de Locres*, 94 b.
(2) Arist., *Mét.*, XIV, i.

positif, mais le négatif; il est le possible débordant toute réalité imparfaite; il est le *moindre* bien. C'est, comme on le dira plus tard conformément aux principes de Platon, *causa deficiens, non efficiens* (1).

Or, par cela même que le Bien absolu existe nécessairement et éternellement, il en résulte que le possible lui-même est nécessairement et éternellement possible. S'il ne l'était pas, le Bien absolu n'aurait point en lui toutes les perfections que conçoit la pensée : il n'aurait pas la fécondité et la puissance; il n'aurait pas assez de réalité et de bien pour se communiquer sans s'appauvrir; il ne serait pas l'Être parfait. Ainsi, de l'existence nécessaire du Bien résulte l'existence nécessaire de la matière, non en soi, mais relativement au Bien. Il ne faut jamais oublier ce caractère relatif attribué à la matière par Platon, comme le prouvent le *Sophiste*, le *Parménide* et le *Timée*, et comme le répète souvent Aristote. C'est l'éternité de l'être nécessaire qui entraîne l'éternité du contingent, qu'il contient éminemment en lui-même. Le dualisme platonicien tend donc à l'absorption du terme relatif dans le terme absolu, de la multiplicité idéale dans la réelle unité, et aboutit à cette *identité* suprême du *Parménide* qui, loin d'exclure la possibilité de la *différence*, la fonde au contraire éternellement.

C'est ainsi que Platon nous semble avoir résolu la question du mal au point de vue métaphysique; il la transforme en celle-ci : Pourquoi, outre le Bien absolu, y a-t-il un moindre bien?

Mais, faire cette question, c'est demander pourquoi Dieu a produit le monde au lieu de rester en lui-même. Platon répondra de nouveau : Parce que Dieu

---

(1) Cf. *Soph.*, p. 258. — « Le non-être consiste dans une opposition d'un être avec un être. » — De même pour le non-bien ou le mal.

est le Bien, et qu'un être bon doit vouloir réaliser tout le bien possible. Le monde n'est pas bon comme Dieu, sans doute; mais enfin il est bon : s'il y avait une seule chose bonne que Dieu n'eût pas réalisée, une seule forme de perfection qu'il n'eût pas communiquée (1), on pourrait dire qu'il n'a fait qu'une œuvre imparfaitement semblable à son modèle, et qu'il est impuissant ou envieux (2). Au-dessus de ce Bien, bon seulement en lui-même et pour lui-même, s'élèverait l'Idée plus compréhensive d'une Bonté, bonne pour autrui, et au-dessus de ces deux biens l'Idée du Bien véritable. Telle est la loi de la dialectique ascendante (3), et la dialectique descendante qui produit le Monde suit nécessairement l'ordre inverse, de manière à faire sortir du Bien le bien pour soi et le bien pour autrui : « Il était bon, » et un être *bon* ne peut garder le bien pour lui-même : il le répand tout entier.

De cette doctrine du *Timée* résultent deux conséquences :

1° L'univers est le meilleur possible;

2° Il n'est pas le meilleur être *absolument*, il n'est pas le Bien même, et par conséquent le mal est nécessaire dans l'œuvre divine.

L'optimisme se concilie donc chez Platon avec la doctrine de la nécessité du mal en tant que contraire relatif du bien. C'est même cette première opposition du bien et du mal, de l'être et du non-être, qui devient le principe nécessaire et suprême de toutes les oppositions de qualités. « Le mal ne peut être détruit (4), » mais il peut diminuer de plus en plus; et

---

(1) *Tim.* Τὸ πᾶν ἅπαν, loc. cit.
(2) *Ibid.*, 23 e.
(3) *Parm.*, 132, a, b, c.
(4) *Théét.*, loc. cit.

si vous embrassez la durée infinie de l'univers, l'œuvre divine vous offre la plus parfaite image de Dieu même.

C'est ce que nous avons d'abord peine à croire devant toutes les formes du mal dont nous sommes témoins, jusqu'à ce que la philosophie nous fasse comprendre ce caractère passager et relatif du mal.

II. Le mal métaphysique se traduit dans le monde réel sous deux formes principales : le mal physique et le mal de l'âme.

Le mal des corps, d'après Platon, n'est autre chose que la corruptibilité. Or, pour que les corps périssent, il est nécessaire qu'ils soient corruptibles. Et s'ils périssent, c'est en vue d'un plus grand bien. Sans la corruption et la génération la nature ne pourrait se renouveler (1). Quant au mal des âmes, il provient de l'union de l'âme immortelle avec l'âme mortelle et avec le corps. Lorsque cette union s'accomplit, « les cercles
» de l'âme immortelle, comme plongés dans un fleuve,
» ne se laissèrent pas emporter par le courant, mais
» ne purent le régler, tantôt entraînés, tantôt entraî-
» nant à leur tour... Les sensations et les émotions les
» agitèrent violemment ; elles arrêtèrent entièrement
» par leur tendance contraire le mouvement du même
» (la raison), l'empêchèrent de poursuivre et de ter-
» miner sa course, et introduisirent le désordre dans
» le mouvement du divers (l'opinion)... Au milieu de
» ces désordres et d'autres semblables, quand les cer-
» cles viennent à rencontrer au dehors quelque objet
» de l'espèce du même (les Idées) ou de l'espèce du
» divers (les choses sensibles), ils donnent à ces objets

(1) *Phæd.*, 72 c, 70 d, 103 b. *Rép.*, X, 611 a.

» les noms de même et de divers, à l'encontre de la
» vérité ; ils deviennent menteurs et extravagants, et
» il n'y a en eux aucun cercle qui dirige et conduise
» les autres... L'âme commence donc par être sans
» raison quand elle vient d'être unie à un corps mor-
» tel. » Mais le calme et la régularité reparaissent peu
à peu dans les cercles de l'âme, « et ils rendent sage
» l'homme dans lequel ils se trouvent. Et si en outre
» on a reçu une bonne éducation, on devient un
» homme accompli et parfaitement sain, et on évite
» la plus grande des maladies (1). » L'erreur et le vice
résultent donc du contact de l'âme raisonnable et du
corps par l'intermédiaire de l'âme mortelle. L'erreur
est l'état de l'intelligence qui, en rapport avec le relatif et comme plongée dans la matière, confond une
relation avec une autre, et mêle les genres autrement qu'ils ne sont mêlés dans la réalité (2). L'erreur,
quand elle porte sur le juste et l'injuste, engendre le
vice, qui n'est qu'un changement de direction dans
les forces de l'âme. Au lieu d'aller vers un plus grand
bien, vers le Bien absolu, l'âme se retourne alors vers
un bien moindre, vers le corps (3); et le corps est un
mal par rapport à l'âme, quoiqu'il soit lui-même un
bien par rapport à la matière informe.

Mais pourquoi Dieu a-t-il permis ce contact de
l'âme immortelle avec l'âme mortelle et avec le corps?
— C'est, sans doute, parce qu'il est nécessaire que le
bien pénètre jusqu'à l'autre bout de la chaîne des
êtres, et l'âme jusqu'à la matière, pour que le Tout
soit parfait (4); qu'il n'y ait pas seulement d'un côté

---

(1) *Timée*, 44 b, sqq. ; — tr. Cous., 142.
(2) Voir plus haut, *Théorie de l'erreur*, p. 267.
(3) V. le *Phédon*.
(4) *Tim.*, loc. cit.

des âmes rationnelles et immortelles, de l'autre des âmes irrationnelles et mortelles, mais encore, entre ces deux sortes d'âmes, des âmes intermédiaires, rationnelles et mortelles à la fois. Dans la dialectique, on ne s'élance pas d'un genre à un autre genre éloigné du premier : il y a des espèces intermédiaires qui expriment des formes possibles de l'être, et qui sont comme une série continue. Le Démiurge réalise toutes ces formes dans l'œuvre dialectique de la production du monde. « Il faut que le Tout soit vraiment un Tout » (τὸ πᾶν ἅπαν) (1), » que l'*univers* soit vraiment *universel* comme la pensée divine.

Donc le mal des âmes, comme le mal des corps, a pour fin un plus grand bien, et ne fait qu'augmenter la perfection et la compréhension du Tout (2). Il n'apparaît d'ailleurs que quand on considère en elle-même une seule partie du Tout, une seule âme, un seul individu. Cette vue partielle, bornée et comme négative, produit l'illusion du mal. Quand on regarde chaque partie, non plus en elle-même, mais dans le Tout, le mal disparaît et l'univers est le meilleur possible : la *raison* corrige, du point de vue de l'universel et de l'*Idée*, l'erreur de l'*opinion*, qui ne connaît que le particulier et le relatif. « Celui qui prend soin
» de toutes choses les a disposées pour la conserva-
» tion et le bien de l'ensemble; chaque partie n'é-
» prouve ou ne fait que ce qu'il lui convient de faire
» ou d'éprouver; il a commis des êtres pour veiller

---

(1) *Tim.*, loc. cit.
(2) Dans la *République*, Platon montre aussi que, si le mal atteint les bons, c'est pour leur bien : « Tous les maux aboutiront pour eux à un bien, soit pendant leur vie, soit même après leur mort : Εἰς ἀγαθόν τι τελευτήσει ζῶντι ἢ καὶ ἀποθανόντι. » (X, 613, a.) Le mal qui arrive aux méchants a aussi pour but leur bien. (*Rép.*, II, 380 a. *Gorg.*, 479 c, sqq.).

» sans cesse sur chaque individu jusqu'à la moindre
» de ses actions, et porter la perfection jusque dans
» les derniers détails. Toi-même, chétif mortel, tout
» petit que tu es, tu entres pour quelque chose dans
» l'ordre général, et tu t'y rapportes sans cesse. Mais
» tu ne vois pas que toute génération se fait en vue du
» Tout, afin qu'il vive d'une vie heureuse; que l'uni-
» vers n'existe pas pour toi, mais que tu existes toi-
» même pour l'univers (1). Tout médecin, tout artiste
» habile, dirige ses opérations vers un tout et tend
» à la plus grande perfection du tout; il fait la partie
» à cause du tout, et non le tout à cause de la partie;
» et si tu murmures, c'est faute de savoir *comment
» ton bien propre* se rapporte à la fois *et à toi-même
» et au tout*, selon les lois de l'existence univer-
» selle (2).

» Comme la même âme est toujours assignée tan-
» tôt à un corps, tantôt à un autre, et qu'elle éprouve
» toutes sortes de changements, ou par elle-même ou
» par une autre âme; il ne reste plus au joueur de
» dés qu'à mettre ce qui est devenu meilleur dans
» une meilleure place, et dans une pire ce qui est em-
» piré, traitant chacun selon ses œuvres, afin que
» tous éprouvent le sort qu'ils méritent.

» Le roi du monde ayant remarqué que toutes nos
» opérations viennent de l'âme, et qu'elles sont mé-
» langées de vertu et de vice; que l'âme et le corps,
» quoiqu'ils ne soient point éternels comme les vrais
» dieux, ne doivent néanmoins jamais périr (car, si

---

(1) On reconnait l'esprit d'unité qui, dans la politique, a produit l'absorption de l'individu dans l'État.

(2) Remarquer le mouvement dialectique qui aboutit, ici encore, à la compréhension infinie du bien: le bien pour un être doit aussi être bon pour les autres êtres; et au-dessus de ces deux termes s'élève l'Idée finale du Bien en soi.

» le corps ou l'âme venait à périr, toute génération
» d'êtres animés cesserait); et qu'il est dans la nature
» du bien, en tant qu'il vient de l'âme, d'être tou-
» jours utile, tandis que le mal est toujours funeste ;
» le roi du monde, dis-je, ayant vu tout cela, a ima-
» giné dans la distribution de chaque partie le sys-
» tème qu'il a jugé le plus facile et le meilleur, afin
» que le *bien eût le dessus et le mal le dessous dans
» l'univers.* C'est par rapport à cette vue du tout qu'il
» a fait la combinaison générale des places et des
» lieux que chaque être doit prendre et occuper d'a-
» près ses *qualités distinctives.* Mais il a laissé à la
» disposition de nos volontés les causes d'où dépen-
» dent les qualités de chacun de nous, car chaque
» homme est ordinairement tel qu'il lui plaît d'être,
» suivant les *inclinations* auxquelles il s'abandonne
» et le *caractère de son âme.* Ainsi tous les êtres ani-
» més sont sujets à divers changements, dont le prin-
» cipe est au dedans d'eux-mêmes ; et en conséquence
» de ces changements, chacun se trouve dans l'ordre
» et la place marquée par le destin... Mon cher fils,
» qui te crois négligé des dieux, si l'on se pervertit,
» on est transporté au séjour des âmes criminelles ;
» si l'on change *de bien en mieux,* on va se joindre
» aux âmes saintes : en un mot, dans la vie et dans
» toutes les morts qu'on éprouve successivement, les
» semblables font à leurs semblables et en reçoivent
» tout ce qu'ils doivent naturellement en atten-
» dre (1). » Le bien produit le bien, le mal produit le
mal, jusqu'à ce que, par l'expiation, le mal revienne
au bien. « Ni toi, ni qui que ce soit, ne pourrez l'em-
» porter sur les dieux, en vous soustrayant à cet ordre

---

(1) *Lois*, X, *ibid.*

» qu'ils ont établi pour être observé plus inviolable-
» ment qu'aucun autre, et qu'il faut infiniment res-
» pecter. Tu ne lui échapperas jamais, quand tu
» serais assez petit pour pénétrer dans les profon-
» deurs de la terre, ni quand tu serais assez grand
» pour t'élever jusqu'au ciel; mais tu porteras la
» peine qu'ils ont arrêtée, soit sur cette terre, soit
» aux enfers (1). »

C'est ainsi que Platon, faisant sortir de la théorie des Idées l'optimisme qu'elle contient nécessairement, considère le mal ou comme relatif ou comme passager et réparable : aux objections tirées du mal de l'âme et de l'injuste répartition des biens et des maux, il répond par la doctrine de l'immortalité, intimement liée à celle de la Providence.

(1) *Lois*, X, *ibid.* sqq.

CHAPITRE VI.

L'IMMORTALITÉ.

I. Preuve par la nature de la *vertu*. — II. Preuve par la nature de la *science*. — III. Preuve par la génération des *contraires*. — IV. Preuve par la *réminiscence*. — V. Preuve par la simplicité de la *raison*. — VI. Preuve par l'*activité* de l'âme. — VII. Preuve par l'*essence* de l'âme. — VIII. Preuve par la perpétuité du *mouvement*. — IX. Preuve par l'influence du mal sur l'âme. — X. Preuve par la sanction morale. — État des âmes après la mort.

L'âme est-elle immortelle dans sa substance et dans sa personne, et cette immortalité est-elle une conséquence naturelle de la théorie des Idées?

Le *Phédon* expose les preuves de l'immortalité dans leur ordre dialectique, depuis les arguments les plus extérieurs jusqu'aux plus intimes, et chaque preuve ne doit pas être considérée dans son isolement, mais comme un des anneaux d'une chaîne continue (1).

Les premières preuves sont tirées des rapports extrinsèques de l'âme avec les Idées ; les autres de ses rapports les plus intrinsèques et de son essence même.

C'est seulement dans son essence, en effet, que l'âme est immortelle d'après le *Phédon*. Aussi on remarquera que ce dialogue ne fait aucune allusion à la tripartition de l'âme qu'on trouve dans la *République*

---

(1) C'est ce que remarque avec raison Stallbaum, *Arg. Phæd.*, 22. V. aussi sur le *Phédon* : Tiedemann, *Argum.*, p. 19 sqq.; Wyttenbach, *Præfat. ad Phæd.*, p. xxxiv; Wiggers, *Examen Arg. Plat. pro immort. an. hum.*; Kuhnardt, *Platons Phædon mit besonderer Rücksicht*; Grote, *Plato*, II ; Zeller, *Gesch. der Griech Ph.*, part. II, p. 267 et s.

et le *Timée*. C'est dans son unité essentielle, non dans ses fonctions accidentelles et organiques, que Platon cherche le principe de son immortalité. Beaucoup de critiques, y compris M. Grote, ont vu là une nouvelle contradiction de Platon avec lui-même, touchant la nature de l'âme. Mais est-ce donc se contredire que d'admettre à la fois dans l'âme l'unité essentielle et la multiplicité des fonctions, produites par la triple relation de l'âme 1° avec la matière, 2° avec les Idées dans leur opposition, 3° avec la suprême unité (1)? Platon a fort bien compris que le plus difficile est de démontrer l'immortalité de l'âme dans ses fonctions, et que cette immortalité est même douteuse pour certaines facultés. Il était donc logique de considérer exclusivement dans le *Phédon*, outre l'essence de l'âme, ses fonctions essentielles et seules immortelles.

On a remarqué avec justesse que Platon parle seulement, dans le *Phédon*, de l'âme raisonnable, de l'*esprit*, et non de l'âme irraisonnable avec ses facultés appétitives ou irascibles. Cependant, c'est une erreur de croire que Platon, dans ce dialogue, ait démontré seulement l'immortalité de la *raison* proprement dite (2). L'essence de l'âme enveloppe, d'après le *Phédon*, deux fonctions constitutives : la fonction intellectuelle et la fonction motrice ou vitale. Nous allons voir que l'âme est immortelle tout à la fois comme principe de pensée et comme principe de mouvement, sans compter son essence une et indivisible. En d'autres termes, ce qui subsiste en elle, c'est 1° l'unité fondamentale, participation de l'Unité di-

---

(1) 1° Sensibilité ; 2° entendement et θυμός ; 3° raison et spontanéité.
(2) C'est l'erreur de Hermann : *De partibus animæ immortalibus*, p. 9.

vine ; 2° la pensée, participation de l'Intelligence divine ; 3° la vie, participation de la vie absolue ou de l'Ame divine. Ce qui est mortel, c'est le côté par lequel l'âme regarde, non plus Dieu, mais le corps et la matière.

I. — *Preuve par la nature de la vertu.*

L'homme est fait pour la vertu, comme le prouve l'idée du devoir qu'il trouve au fond de sa conscience. Mais la vertu consiste à s'affranchir des passions, de l'égoïsme, enfin de la matière. Elle est donc une séparation anticipée de l'âme et du corps, et on en peut conclure que la destinée de l'âme est de reconquérir un jour sa liberté (1).

II. — *Preuve par la nature de la science.*

L'idée de la science, comme celle de la vertu, implique l'indépendance de l'âme et son immortalité. Le corps est un obstacle pour la pensée comme pour l'activité morale. Les Idées du juste, du bien, du beau, en un mot les essences de toutes choses, les avons-nous saisies par quelque organe corporel ? « Y a-t-il
» rien de plus rigoureux que de penser avec la pensée
» toute seule, dégagée de tout élément étranger
» et sensible ; d'appliquer immédiatement la *pure*
» *essence de la pensée en elle-même à la recherche de*
» *la pure essence de chaque chose en soi*, sans le ministère des yeux et des oreilles, sans aucune intervention du corps, qui ne fait que troubler l'âme ?...

(1) *Phædo*, p. 60, sqq.

» Si nous voulons savoir véritablement quelque chose, » il faut que nous nous séparions du corps, et que *l'âme* » *elle-même* examine les *choses en elles-mêmes* (1). » La pure essence de l'âme, nous l'avons vu, c'est la raison ; la pure essence des objets, ce sont les Idées ; la vraie connaissance, c'est l'identité de l'intelligence et de l'intelligible, c'est *la pensée en soi* pensant *les choses en soi*, et par là se pensant elle-même. Tel est l'idéal de la science ; mais nous ne pouvons le réaliser qu'imparfaitement, surtout dans cette vie mortelle. Tant que la raison de l'homme sera attachée à un corps, elle ne pourra jamais entrer en union intime avec la raison de Dieu. Aussi le vrai philosophe s'exerce-t-il à mourir, et la mort ne lui est nullement terrible, car elle est le commencement de la véritable vie.

III. — *Preuve par la génération des contraires.*

Le monde où nous vivons est le monde du mouvement. Le *Parménide* nous a montré que tout mouvement est la synthèse de deux contraires, le passage de la différence à la différence à travers un moyen terme indifférent, qui est l'instant actuel. Le *Phédon* reproduit la même doctrine. L'univers est soumis à deux actions contraires qui rentrent continuellement dans l'unité ; l'expansion et la contraction, la vie et la mort, se succèdent et se neutralisent sans cesse. Le plus fort naît du plus faible et le plus faible du plus fort ; le plus grand naît du plus petit et le plus petit du plus grand ; la lenteur de la vitesse, la vitesse de la lenteur. « Entre deux choses semblables, dit Platon dans le *Timée*, le mouvement ne peut avoir lieu. »

(1) *Phædo*, p. 66, c ; 99, e.

La génération, en effet, est l'image de l'Idée ; mais dans toute Idée se trouvent l'identité et la différence, réduites à l'unité : tout nombre intelligible se compose de fini, d'infini et d'un rapport entre les deux. De là ce mouvement entre les contraires par lequel la génération s'efforce de reproduire au sein du temps l'unité éternelle de l'Idée. Les choses vivantes naissent donc des choses mortes, et réciproquement : si la vie engendrait la mort et que la mort ne reproduisît pas la vie, la mort régnerait bientôt seule sur l'univers anéanti. La vie n'a donc rien à craindre de la mort, ni l'âme par conséquent, qui en est le principe. C'est le cercle éternel de la génération : κύκλῳ περιιόντα (1).

IV. — *Preuve par la réminiscence.*

Apprendre n'est que se souvenir. S'il en est ainsi, il faut que nous ayons su avant cette vie ; il faut que l'âme ait existé avant de revêtir cette forme humaine ; elle peut donc lui survivre.

Nous possédons de tout temps, avant d'avoir rien appris, une certaine science et une droite raison, ἐπιστήμη ἐνοῦσα καὶ ὀρθὸς λόγος (2). Qu'est-ce à dire, sinon que la vérité même habite en nous, la vérité immuable, l'éternelle vérité ? « Si donc la vérité est toujours dans » notre âme, notre âme est immortelle (3). »

V. — *Preuve par la simplicité de la raison.*

« Il n'est pas aisé de concevoir qu'une chose soit
» immortelle et composée de plusieurs, à moins que

---

(1) *Phæd.*, 70, 71. Cf. *Métaph.* d'Aristote, XIV, 4. « Le contraire détruit le contraire, et la destruction de l'un est la naissance de l'autre. »
(2) *Phæd.*, 73.
(3) *Meno.*, 86, b. Cf. saint Augustin, *Soliloq.*, II, 12, 24.

» sa composition ne soit admirable, comme celle de
» l'âme nous a paru l'être (1). » Il s'agit là d'une pluralité toute métaphysique, qui n'a rien d'analogue à la divisibilité des corps. Ceux-ci doivent nécessairement se dissoudre ; mais l'âme n'est-elle pas plus conforme aux choses intelligibles qu'aux choses matérielles?
« Quand elle examine les choses par elle-même, alors
» elle se porte à ce qui est pur, éternel, immortel,
» immuable; elle y reste attachée comme étant de
» même nature ; ses égarements cessent, et en rela-
» tion avec des choses qui sont toujours les mêmes,
» elle est toujours la même et participe en quelque
» sorte de la nature de son objet (2). » Ainsi, dans l'intuition rationnelle, la manière d'être de l'âme est identique à la manière d'être de l'Idée qu'elle contemple; or, comme c'est sa perfection, c'est aussi son essence. L'essence de l'âme est donc *d'être semblable à ce qui est divin, simple et indissoluble*; elle est indissoluble elle-même, ou *à peu près*, ἢ ἐγγύς τι τούτου (3). Sans cela elle ne pourrait connaître les Idées, n'ayant en elle-même rien d'analogue à l'objet de sa connaissance.

VI. — *Preuve par l'activité de l'âme.*

Mais, dit Simmias, l'âme n'est-elle point semblable à l'harmonie d'une lyre, qui s'évanouit quand la lyre est brisée? L'âme n'aurait alors que l'unité d'une collection, d'un rapport, d'un nombre.

D'abord, l'harmonie de la lyre n'existe qu'après

---

(1) *Rép.*, X.
(2) *Phæd.*, 37.
(3) *Phæd.*, 80, b.

la lyre, tandis que l'âme préexiste à sa forme corporelle (1).

L'harmonie réside dans les éléments qui la produisent; elle ne diffère pas des choses dont elle est le rapport, et n'a aucune essence propre; tandis que l'âme sait et sent qu'elle a une existence à soi (2).

L'harmonie est susceptible de degrés, suivant qu'il y a plus ou moins d'accord dans les éléments dont elle résulte, et par là elle est essentiellement variable. Une âme, au contraire, n'est pas plus ou moins âme qu'une autre.

Si l'âme est une harmonie, qu'est-ce que la vertu? L'harmonie d'une harmonie, chose absurde et impossible. Qu'est-ce que le vice? une harmonie privée d'harmonie, chose plus impossible encore (3).

L'harmonie ne fait qu'obéir aux éléments qui l'engendrent; elle est un résultat passif. L'âme commande au corps qui la sert, et même, par sa volonté, entre en guerre avec lui. Étrange harmonie, que celle qui lutte contre les éléments dont elle est le rapport, et agit comme ferait un être réel! Non, l'âme n'est point un résultat, une collection, un nombre abstrait; elle est une cause active et motrice, un nombre vivant qui se meut lui-même et qui meut le corps pour lui imprimer sa forme. L'âme n'est pas l'harmonie de la lyre: elle est l'invisible musicien qui la fait résonner, et qui peut même la briser s'il lui plaît (4).

VII. — *Preuve par l'essence de l'âme.*

Mais, que l'âme ait existé une ou plusieurs fois, et

(1) *Ib.*, 86, a.
(2) *Ib.*, 93.
(3) *Ib.*, p. 78, sqq.
(4) *Ib.*, sqq.

qu'elle soit autre chose qu'une harmonie, cela ne prouve pas qu'elle soit immortelle, et qu'elle ne doive pas s'éteindre un jour après avoir animé plusieurs organismes, comme une flamme qui a donné toute sa chaleur et toute sa lumière.

Pour résoudre cette question, il faut connaître plus à fond les lois universelles de la vie et de la mort, et l'essence même des choses. Il faut revenir aux Idées pour leur demander la certitude et la science.

C'est de leur participation aux Idées que les choses reçoivent leur essence ; et de même qu'une Idée ne peut recevoir en soi son contraire, de même tout ce dont elle est l'essence exclut la forme contraire à cette essence. Par exemple, comme l'unité en soi exclut la dualité en soi, de même tout ce dont l'unité est l'essence, par exemple l'*impair*, ne pourra recevoir la forme de la dualité et devenir pair.

Or, quelle est l'Idée à laquelle la vie participe et qui fait son essence ; en d'autres termes, quel est le principe de la vie ? N'est-ce pas l'âme ? « L'âme, dit Platon, » apporte la vie partout où elle entre. »

L'Idée d'âme exclut donc l'Idée de mort ; et comme toute âme particulière tient son essence même de sa participation à cette Idée, toute âme exclut la mort. Dire que l'âme est mortelle, est aussi contradictoire que de dire : le nombre trois est pair.

Ce raisonnement de Platon n'a pas toujours été bien compris. Ce qui peut induire en erreur, c'est que, d'après la doctrine habituelle de Platon, une chose peut participer à la fois de deux contraires. Cela est vrai des qualités de cette chose, mais non de son essence. L'âme peut être bonne ou mauvaise, belle ou laide, etc., parce que toutes ces choses ne constituent pas son essence même ; mais elle ne peut être *péris-*

sable, parce que son essence est la *vie*. S'il n'y a pas de contradiction à dire: l'âme est bonne ou mauvaise, belle ou laide; il y en a une à dire: l'âme, dont l'essence est la vie, est mortelle.

Platon conclut que, pour celui qui remonte à l'Idée, à l'essence des choses, la vie est essentielle à l'âme.

On se rappelle, en effet, comment il a défini l'âme, dans le *Phèdre* et dans les *Lois*, un principe qui se meut soi-même. De là une nouvelle preuve de son immortalité et même de sa perpétuité.

VIII. — *Preuve par la perpétuité du mouvement.*

C'est la preuve du *Phèdre*, empruntée au pythagoricien Alcméon de Crotone. Par rapport à la *génération*, l'âme est un principe: c'est elle qui donne aux choses leur existence par le mouvement qu'elle leur imprime. « L'être qui transmet le mouvement et le reçoit, au
» moment où il cesse d'être mû, cesse de vivre; mais
» l'être qui se meut lui-même, ne pouvant se faire dé-
» faut à lui-même, ne cesse de se mouvoir, et il est
» pour *les autres êtres qui tirent le mouvement du*
» *dehors* la source et le principe du mouvement (1). »
La génération éternelle suppose une âme éternelle, dans laquelle les nôtres étaient déjà contenues et dont elles se sont détachées pour entrer dans les corps; et nos âmes participent à l'éternité de l'âme en soi (2).

IX. — *Preuve par l'influence du mal sur l'âme.*

« Le mal est tout ce qui détruit et corrompt; le

---

(1) *Phædr.*, 245, c. d. e.
(2) V. plus haut, *L'âme universelle*.

» bien ce qui conserve et améliore... Chaque chose a
» son mal et son bien ; si elle est détruite, c'est par le
» mal et le principe de corruption qu'elle porte en
» elle ; et si ce mal n'a pas la force de la détruire, il
» n'est rien qui soit capable de le faire (1). » Or, tandis que les maladies du corps le détruisent, les maladies de l'âme, c'est-à-dire ses vices, ne peuvent parvenir à la dissoudre. Si donc son propre mal, qui est l'injustice, ne peut la détruire, elle est à l'abri de toute destruction.

X. — *Preuve par la sanction morale.*

Les arguments qui précèdent ont un caractère tout métaphysique : ils sont les applications de la théorie des Idées, et considèrent les choses dans leur essence même.

C'est beaucoup moins à la conscience qu'à la raison que ces preuves sont empruntées. Si Platon parle de la simplicité et de l'identité de l'âme, il entend par là la simplicité et l'identité, non de la conscience personnelle, mais de la raison, qui a un caractère presque impersonnel. S'il s'appuie sur l'idée de la science et de la réminiscence, c'est pour nous montrer la raison antérieure et supérieure aux corps qu'elle anime, et portant en elle-même l'éternelle vérité. S'il décrit le mouvement sans fin des contraires, qui fait succéder la vie à la mort, la mort à la vie, c'est qu'il conçoit la contradiction comme la loi métaphysique du monde sensible, et le mouvement comme un trait d'union entre deux Idées opposées. Quand il s'efforce de pénétrer dans l'essence la plus intime de l'âme, c'est à la lumière

(1) *Rép.*, X, 608, d, sqq.

des Idées, et par le principe métaphysique de l'exclusion des contraires dans l'essence. Vivre et se mouvoir sans cesse lui paraît la définition même de l'âme; mais c'est là encore une spéculation toute métaphysique sur les rapports de la génération avec ses principes moteurs. La conclusion de tous ces arguments, c'est que l'âme est indestructible dans l'unité de son essence et dans ses fonctions essentielles; mais l'est-elle dans sa personnalité? Platon nous a prouvé l'éternité de la raison, qui est plutôt impersonnelle qu'individuelle, et de la force motrice, qui est pour lui identique à l'intelligence, parce que la pensée est un mouvement spontané et que la raison même est un cercle qui se meut autour de l'Unité. Il y a donc en nous une raison impérissable et une source intarissable de changements; mais ces changements mêmes ne doivent-ils pas nous inquiéter, et sommes-nous bien sûrs de conserver notre personnalité propre au milieu des métamorphoses de la vie universelle? Platon ne dit-il pas lui-même dans le *Timée* qu'une de nos âmes est mortelle, celle qui comprend le θυμός et le τό ἐπιθυμητικόν? L'âme céleste seule ne l'est pas, parce qu'elle est raisonnable, parce qu'elle est la raison même. Mais, encore une fois, ma raison est-elle moi-même, et suffit-il qu'elle subsiste pour que mon individualité et ma personnalité subsistent également?

Platon ne sépare pas ou ne distingue pas la raison de la conscience, et on sait combien l'idée de la personne est peu claire dans sa doctrine. Mais, dans la question qui nous occupe, il a fini par conclure, sinon à la certitude, du moins à la probabilité de l'immortalité personnelle. C'est qu'il y a un problème moral impliqué dans le problème métaphysique. L'âme doit être punie ou récompensée selon ses œuvres, et la justice humaine est incapable d'accomplir entièrement la loi de l'expiation. Les juges de la terre, revêtus d'un corps, jugent des âmes également revêtues de leurs corps, et les jugent trop souvent d'après leur enveloppe extérieure. Il faut une autre justice; il faut une âme qui s'adresse à l'âme face à face, sans intermédiaires, et prononce sa condamnation ou son absolution par un décret infaillible : l'Ame divine (1).

Comment s'accomplira l'expiation ou la récompense dans l'autre vie? — Ici commencent les hypothèses et les mythes poétiques. Presque tous les mythes platoniciens ont rapport à la destinée et à l'éternité des âmes, parce que c'est la question la plus obscure de la philosophie, et que, d'autre part, ces mythes faisaient le fond des mystères et des traditions religieuses. Platon s'empare de ces traditions orientales et y ajoute tous les caprices de son imagination féconde. Tantôt il nous fait parcourir les périodes circulaires de la *grande année*, au bout de laquelle tout recommence dans le même ordre, de la même manière, à des intervalles égaux, et ainsi à l'infini, pendant l'éternité. Tantôt il nous montre les âmes des méchants soumises à des transformations qui sont des supplices, mais finissant par revenir à l'excellence et à la dignité de leur premier état, εἰς τὸ τῆς πρώτης καὶ ἀρίστης ἕξεως (2); d'où l'on peut conclure que toutes les âmes retrouveront enfin leur pureté primitive, et que le mal sera définitivement vaincu par le Bien (3).

---

(1) V. le mythe du *Gorgias*.
(2) *Tim.*, 42.
(3) Sur la destinée des âmes, voir *Phædr.*, 257, a, 248, d. *Crat.*, 54, 403, a. *Phæd.*, 84, a, 107, 113. *Gorg.*, 526, c. *Rép.*, 303, c, 608. *Leg.*, 903, 959. *Meno.*, 81. *Tim.*, 42, 90. *Polit.*, 471. — La doctrine ordi-

Ce qui domine tous ces mythes, c'est l'idée d'une Providence vigilante, rendant à chacun selon ses œuvres, disposant toutes les parties de l'univers dans l'ordre le plus propre à la perfection de l'ensemble. Lorsque Platon aperçoit ainsi toutes choses dans l'universel, il ne voit plus partout que le bien, la justice divine, la divine Providence, le triomphe complet de l'Idée intelligible au sein du monde sensible : le mal s'est évanoui dans le bien comme le relatif dans l'absolu, le non-être dans l'être, la matière dans l'Idée, l'ombre dans la pure lumière ; la Providence est absoute, « Dieu est innocent (1). »

naire de Platon est que les âmes pures retournent après la mort dans les étoiles, tandis que les âmes injustes sont réduites à errer autour de la terre et à y subir des métamorphoses sans pouvoir s'affranchir entièrement de la matière : elles peuvent redescendre à la vie animale ou simplement végétative. — Cf. Cicér., *De rep.* vi, *sub finem.*

(1) *Rép.*, X, 609.

N. B. Nous n'avons pas posé la question de l'ésotérisme de Platon ; mais nous croyons que l'analyse qui précède l'a suffisamment résolue. A quoi bon supposer des doctrines secrètes, contraires aux doctrines écrites, quand celles-ci ont déjà tant de profondeur et d'unité ? — Platon a dû avoir, sans aucun doute, un enseignement oral plus explicite et plus scientifique que ses Dialogues ; mais est-ce une raison pour croire que cet enseignement ait été *opposé* aux Dialogues ? Nous avons nous-même parlé de l'*exotérisme* du *Timée ;* mais nous n'entendons par là aucun mystère. La forme du *Timée* est plus allégorique et plus pythagorique, parce que c'est un pythagoricien qui parle ; comme la forme du *Parménide* est plus éléatique, parce que le héros est Parménide lui-même ; voilà tout.

Pour se convaincre de la faiblesse des arguments en faveur de l'ésotérisme, il suffit de lire la thèse latine de M. Druon, où ils sont tous résumés. — L'auteur va jusqu'à citer comme preuves de *mystères* les dialogues sans conclusion, comme le *Lysis*, l'*Hippias*, etc. — Mais qu'y avait-il donc de si mystérieux à cacher ? C'est ne rien comprendre à la *maïeutique* de Platon. — M. Druon ne voit du reste dans la philosophie platonicienne qu'un amas de contradictions inexplicables et d'obscurités impénétrables, et il conclut à des mystères. Nous espérons avoir suffisamment montré à quoi se réduisent ces prétendues contradictions.

TABLE DES MATIÈRES

Préface. 1

PREMIÈRE PARTIE.

EXPOSITION DE LA PHILOSOPHIE PLATONICIENNE.

LIVRE PREMIER.

EXISTENCE DES IDÉES.

CHAPITRE I. — MÉTHODE DE DÉMONSTRATION PLATONICIENNE.

I. *Platon démontrait-il l'existence des Idées?* 3
II. *Méthode de démonstration platonicienne.* Preuves indiquées par Platon et par Aristote. Classification des preuves inductives et déductives. 5
III. *Dogmatisme de Platon.* Comment sa doctrine enveloppe à la fois des thèses négatives et des thèses affirmatives. Quadruple aspect sous lequel Platon envisage les questions. . . 10

CHAPITRE II. — PREUVE DE L'EXISTENCE DES IDÉES PAR L'ANALYSE DES CONDITIONS DE LA CONNAISSANCE.

I. *La sensation.* Réfutation d'Héraclite et de Protagoras dans le *Théétète.* 17
II. *L'opinion.* Analyse des jugements médiats et comparatifs. La définition. 21
III. *La pensée discursive* et le raisonnement déductif. Éléments de la méthode géométrique : les figures, la démonstration, les principes et les axiomes. 32
IV. *La pensée intuitive.* L'induction et les vérités générales. Caractères de ces vérités. Rapport de l'universalité et de la perfection. En quoi consistent la pureté et la simplicité d'une notion. Qu'est-ce que la science? Comment elle a pour principe les Idées. 35

CHAPITRE III. — Preuve des idées par les conditions de l'existence.

I. *L'Idée, principe d'essence.* La détermination, l'indétermination et l'essence mixte. 53
II. *L'Idée, type de perfection.* 65
III. *L'Idée, principe des genres.* 70
IV. *L'Idée, cause finale.* 75

LIVRE DEUXIÈME.

NATURE DES IDÉES.

CHAPITRE I. — L'idée, principe d'unité.

Du caractère d'unité dans les Idées. Est-ce l'unité logique ou réelle? L'Idée n'est-elle qu'une notion générale ou est-elle une forme de la perfection? 81
I. Distinction de l'Idée et de la notion générale. 83
II. Union de l'Idée et de la notion générale. 87
III. L'unité de l'Idée résulte de sa perfection. 89

CHAPITRE II. — L'idée, principe de distinction.

Comment l'Idée, en même temps qu'elle unit, différencie les êtres. — Réfutation dans le *Sophiste* des systèmes de Parménide et des Mégariques. L'Idée, moyen terme entre la multiplicité pure et la pure unité, principe intelligible et vivant, immuable et actif tout ensemble. — Conciliation de ces systèmes avec ceux des Ioniens et des Atomistes, par le moyen de l'Idée. 91

LIVRE TROISIÈME.

DE QUOI Y A-T-IL IDÉE?

CHAPITRE I. — Principes généraux et méthode générale pour déterminer de quelles choses il y a idée. . . 106

CHAPITRE II. — I. Les qualités.

I. *Y a-t-il des Idées des conceptions universelles (le bien, le beau, le juste)?* 113
II. *Y a-t-il des Idées des conceptions générales (genres et espèces, réels ou artificiels)?* 114

CHAPITRE III. — II. Les existences.

I. *Y a-t-il une Idée de l'être?* 123

II. Y a-t-il des Idées des êtres individuels? 1° Les corps; 2° les âmes. 125

CHAPITRE IV. — III. LES RELATIONS.

I. Des relations en général. 135
II. Des négations et de l'Idée du non-être 137
III. De l'Idée du mal. 141

CHAPITRE V. — IV. LES QUANTITÉS.

Rapport des Idées aux nombres. — Différentes sortes de nombres. — Explication d'un curieux passage d'Aristote. — Comment la connaissance humaine avec ses divers degrés est une décade intellectuelle, représentant la décade intelligible. 143

LIVRE QUATRIÈME.

RAPPORT DES IDÉES AUX CHOSES.

CHAPITRE I. — PARTICIPATION DES CHOSES AUX IDÉES.

I. Hypothèse pythagoricienne de l'*imitation* (μίμησις). . . 154
II. Hypothèse de la *participation* de deux principes coéternels (μέθεξις). Caractère exotérique du dualisme dans le *Timée*. 155
III. Explication du rapport des Idées aux choses par le rapport des Idées entre elles. Le *Parménide*. Importance de ce dialogue. — Première partie du *Parménide*. Discussion provisoire du rapport des Idées aux choses. Objection tirée de la notion d'étendue. Objection du troisième homme. Comment Platon réfute, par anticipation, le conceptualisme d'Aristote. Objection tirée de l'impossibilité pour l'homme de connaître les Idées et pour Dieu de connaître les choses. Que ces objections sont dirigées contre le dualisme. Nécessité d'une communication intime entre les choses et les Idées. Comment la participation des choses aux Idées doit être cherchée dans la participation mutuelle des Idées elles-mêmes. 158

LIVRE CINQUIÈME.

RAPPORTS DES IDÉES ENTRE ELLES.

CHAPITRE I. — RAPPORTS DES IDÉES ENTRE ELLES. SUITE DE LA PARTICIPATION.

I. Des contradictoires et des contraires d'après le *Phédon* et le *Sophiste*. 173
II. De la participation des contraires d'après le *Parménide*. Vrai sens de ce dialogue. Introduction du dialogue et po-

sition du problème. Discussion préalable sur la participation des choses aux Idées. 181

III. Thèses sur la participation mutuelle des Idées : 1° Si l'un est dans le sens absolu, il exclut tous les contraires (thèse). Le bien-un. 2° Si l'un est un dans le sens relatif, il admet tous les contraires (antithèse). Les Idées. 3° Si l'un est un et multiple, il exclut et admet tous les contraires (synthèse). L'âme motrice. 4° Si l'un est un d'une manière relative, les autres choses en participent et réunissent tous les contraires (thèse). La génération. 5° Si l'un est un d'une manière absolue, les autres choses n'en participent pas et excluent tous les contraires (antithèse). La matière. 6° Si l'un n'existe pas, d'une manière relative, il admet tous les contraires (thèse). 7° Si l'un n'existe pas, d'une manière absolue, il exclut tous les contraires (antithèse). 8° Si l'un n'existe pas, d'une manière relative, les autres choses admettent tous les contraires (thèse). 9° Si l'un n'existe pas, d'une manière absolue, les autres choses excluent tous les contraires, et rien n'existe (antithèse). . 188

IV. Application à la participation des choses aux Idées. Qu'est-ce que le sensible ? 230

LIVRE SIXIÈME.

RAPPORTS DES IDÉES A L'INTELLIGENCE. — LA DIALECTIQUE ET LA RÉMINISCENCE.

CHAPITRE I. — DE LA DIALECTIQUE.

I. *Partie préparatoire de la dialectique. La purification.* . . 235
II. *Les opérations logiques de la dialectique.* L'Idée, principe de la définition. — 1° La division. 2° L'induction. 3° La définition. 237

CHAPITRE II. — MÉTAPHYSIQUE DE LA DIALECTIQUE PLATONICIENNE.

I. *La réminiscence.* Distinction de la réminiscence et de l'innéité. La réminiscence est-elle pour Platon un symbole, un dogme, une opération intellectuelle? Réfutation de la proposition sophistique : on ne peut chercher ce qu'on ne connaît pas. Distinction de la science virtuelle et de la science actuelle. Nécessité d'une union primitive entre l'intelligence et l'intelligible; symboles par lesquels Platon la représente. 246

II. *L'Intuition.* Allégories platoniciennes sur la vie antérieure. — Comment le problème de la participation reparaît à propos de la connaissance intuitive. Rapports de l'intelligence avec l'intelligible. Retour au *Sophiste*. La passivité et l'activité dans la connaissance. Comparaison de la doctrine platonicienne avec celle des mégariques. — Retour au *Parménide*. L'Idée de la science, nécessaire à la science des Idées. Unité suprême de la pensée et de l'être dans l'intuition rationnelle. 252

CHAPITRE III. — DE LA CERTITUDE ET DE L'ERREUR.

I. *De la certitude*. — L'Idée de la science, principe de toute certitude. Qu'il n'y a ni affirmation, ni négation, ni doute possible sans l'Idée de la vérité absolue. 265
II. *De l'erreur*. — Théories du *Théétète*, du *Ménon*, du *Sophiste* et du *Cratyle*. Comment la dernière explication de l'erreur se trouve dans la participation mutuelle des Idées et dans l'Idée du non-être. 267

CHAPITRE IV. — RÉSULTATS DE LA DIALECTIQUE. LA PHILOSOPHIE ET LES DIVERSES SCIENCES.

I. *La philosophie*. Qu'elle a son objet et sa fin dans l'Idée de la science en soi. Son caractère d'universalité. 276
II. *Les diverses sciences*. Leurs rapports avec la philosophie. Arithmétique, géométrie, stéréométrie, astronomie, musique, physique, psychologie. 280

CHAPITRE V. — RAPPORT DES IDÉES AU LANGAGE.

I. Le *discours*, ou la disposition des mots ; syntaxe de la proposition. Théorie du *Sophiste*. Les lois de la syntaxe ne sont point arbitraires et reflètent les Idées. 290
II. Les *éléments du discours*, ou les mots. Explication du *Cratyle*. Portée métaphysique de ce dialogue. Les mots sont-ils entièrement naturels ou entièrement conventionnels ? — 1° *Nature essentielle* de l'action de nommer ; l'Idée du nom. — 2° *Origine du langage*. — 3° *Formation du langage* ; lois philosophiques et philologiques de cette formation. L'imitation matérielle et l'imitation idéale. — D'après quelles règles le langage doit être réformé. Les mots composés et leur étymologie. Les mots élémentaires et les racines. — Appréciation du système étymologique de Platon. Comparaison avec les doctrines des philologues modernes. — Conclusion du dialogue : nécessité d'étudier les choses, non dans leurs noms, mais dans leurs Idées. . . 293

LIVRE SEPTIÈME.

RAPPORT DES IDÉES A LA SENSIBILITÉ. — L'AMOUR. — LE BEAU. — L'ART.

CHAPITRE I. — THÉORIE DE L'AMOUR.

I. *L'Amour dans la nature*. Discours d'Eryximaque. Théories d'Héraclite et d'Empédocle. 328

II. *L'Amour dans les âmes.* Les deux Vénus. Discours d'Aristophane et d'Agathon. Discours de Socrate. Mythe de la naissance de l'Amour. Comment il est fils de l'Idée du Bien et de la Matière. 330

III. *L'Amour dans son principe.* Principe et fin de l'Amour en Dieu. Désir de l'immortalité. Production du bien dans le bien par le bien. Discours de Diotime. L'Idée de la beauté éternelle, objet suprême de l'Amour. Le *Premier Aimable*. 338

CHAPITRE II. — L'IDÉE DU BEAU.

I. Définition et caractère du Beau en soi. Le *Premier Hippias*. L'Idée du Beau n'est point le plaisir, ni l'utilité, ni la convenance. Identité du Bien et du Beau. 347

II. Les beautés particulières dans la nature et dans l'humanité. Comment elles reproduisent les caractères du Beau en soi. 349

CHAPITRE III. — THÉORIE DE L'ART.

I. *L'art divin*, idéal de l'art humain. 360

II. *L'art humain.* Deux sortes d'imitation : imitation de la réalité et imitation des Idées. La seconde est le véritable objet de l'art. 363

III. *Fin de l'art* : le bien. Conséquences en esthétique et en politique. 365

IV. *Les différents arts.* Comment ils produisent la discipline du plaisir et de la douleur au moyen du beau. Musique, danse, peinture, poésie, éloquence. 369

LIVRE HUITIÈME.

RAPPORT DES IDÉES A L'ACTIVITÉ. — MORALE ET POLITIQUE DE PLATON.

CHAPITRE I. — LA LIBERTÉ MORALE DANS PLATON. — THÉORIE DE LA VOLONTÉ.

I. La volonté considérée dans sa *tendance à sa fin*. L'Idée du Bien, essence de la volonté. 380

II. La volonté considérée dans le *choix des moyens*. Le libre arbitre est-il dans Platon ? Critérium fourni par Aristote pour distinguer la doctrine propre à Platon de la doctrine purement socratique. La *science* du bien et l'*opinion* du bien. Celui qui a la science du bien choisit toujours le bien; celui qui n'en a que l'opinion le choisit-il toujours? Textes d'Aristote. 383

III. Textes de Platon; leur sens véritable. Comment Platon finit par mitiger la doctrine socratique; comment sa doctrine propre se dessine de plus en plus depuis le *Gorgias* jusqu'au dixième livre des *Lois*. 388

IV. Les *Lois*. Explication de passages mal compris. Ce que Platon entend par dommage volontaire et involontaire. Comment sa théorie de la pénalité se concilie avec sa théorie de la liberté. — Conclusion : toute-puissance de l'idée du bien, quand elle est connue scientifiquement. 390

CHAPITRE II. — La loi morale dans Platon. — L'idée du bien et du juste.

I. Existence de l'Idée du bien moral. 425
II. Détermination de l'Idée du bien moral. Le bien est-il le *plaisir*? 426
III. Le bien est-il l'*intelligence*? 431
IV. Caractère mixte du bien moral. 431
V. Les *vertus*. — La vertu privée. Rapports de la science, du courage et de la tempérance. — La vertu peut-elle être enseignée? — De la justice privée. 433
VI. Rapports du Bien et du Beau, du Bien et de l'Utile. . . 440

CHAPITRE III. — Politique de Platon. L'idée du juste dans la société.

I. Unité de la vertu privée et de la vertu publique. Comment la justice produit l'amour et la bienfaisance. Doit-on faire du mal à ses ennemis? Comment la justice produit la puissance et la félicité publiques. 442
II. L'Idée de l'Etat. La *République*. La propriété et la famille. 444
III. L'Etat réel et mixte. Les *Lois*. Rapports de la politique et de la théorie des Idées. 446

LIVRE NEUVIÈME.

RAPPORT DES IDÉES A DIEU. — THÉODICÉE PLATONICIENNE.

CHAPITRE I. — Hiérarchie des idées.

I. Les Idées forment-elles une hiérarchie aboutissant à l'unité? 449
II. Principaux degrés de la hiérarchie platonicienne. Classification des Idées. Catégories platoniciennes. 452
III. L'Unité, sommet de la hiérarchie. Son identité avec le Bien. 456

CHAPITRE II. — L'idée du bien supérieure a l'essence.

I. Dans quel sens les Idées *sont*. Sens vague et sens précis du mot *être*. Que les Idées sont essences. 458
II. Comment l'Idée du Bien est supérieure à l'essence. Qu'elle n'est pas une unité vide d'être. 460

CHAPITRE III. — Le bien supérieur a l'intelligence.

I. Le Bien en soi n'est pas l'intelligence. Comment le Bien, par son unité absolue (universalité et indivisibilité), est supérieur à la pensée, à la définition. Indétermination du Bien relativement à nous 466
II. Comment le Bien, par l'infinité des déterminations de son être, est pour nous indéfiniment déterminable. Retour à la thèse et à l'antithèse du *Parménide*. 473

CHAPITRE IV. — Le bien, principe des idées, est Dieu. — Preuve dialectique de l'existence de Dieu.

I. *Rapport des Idées à Dieu.* Elles ne sont pas primitivement et essentiellement des pensées divines, mais des déterminations de l'être divin. Critique de l'opinion qui attribue aux Idées une existence séparée de l'existence divine. . 475
II. Discussion des textes. Le *Timée*, la *République*, le *Philèbe*, le *Phèdre*, etc. 480

CHAPITRE V. — Preuves socratiques de l'existence de Dieu.

I. *Preuve par la cause efficiente.* Premier principe : Tout changement a une cause. — Second principe : Ce qui est dans l'effet se trouve dans la cause en idée et éminemment. — Troisième principe : Toute véritable cause est intelligente. — Preuve par la cause motrice. 490
II. *Preuve par la cause finale.* Dépendance de la cause motrice par rapport à la cause finale. Identité de la cause finale et de la cause exemplaire. Preuve de l'existence de Dieu : 1° par le rapport des moyens aux fins dans la nature; 2° par la tendance des facultés et des désirs au Bien dans l'humanité. 499

CHAPITRE VI. — Les attributs métaphysiques de Dieu. — L'individualité divine.

I. Unité de Dieu. 502
II. Simplicité. 504
III. Immutabilité. 504
IV. Eternité et immensité. 505
V. Indépendance absolue, supérieure à toute relation. — *Individualité* divine. 505

CHAPITRE VII. — Les attributs moraux de Dieu. — Personnalité divine.

I. *L'activité et la vie en Dieu.* Que Dieu contient éminemment le mouvement. Que Dieu contient éminemment le repos.

Conciliation en Dieu de l'activité vivante et de l'immutabilité. De la joie et du bonheur en Dieu. 507
II. *L'intelligence en Dieu.* L'Idée de la science. Caractère particulier de cette Idée, d'après le *Parménide*. Comment elle est identique à la science de l'Idée. Unité du sujet et de l'objet, de l'intelligence et de l'intelligible en Dieu. Rapport de l'intelligence et de l'intelligible. 514
III. *Le bien et la bonté en Dieu.* Nécessité de s'élever au-dessus de l'intelligence et de l'essence jusqu'au Bien. — Unité suprême de la perfection dans le Bien. . . . . . , . . 515
IV. *La personnalité en Dieu.* Largeur de la conception platonicienne. Comment le Dieu de Platon est tout à la fois universel et individuel, impersonnel et personnel. 517
V. *Platon a-t-il admis la Trinité?* Trilogies résultant de la théorie des Idées. Principaux rapports ternaires qu'on trouve dans Platon. 521

LIVRE DIXIÈME.

RAPPORT DE DIEU AU MONDE.

CHAPITRE I. — Dieu producteur du monde.

I. *Possibilité métaphysique du monde.* — Premier principe : Le possible a sa raison d'être dans le réel, le devenir dans l'être. — Deuxième principe : Le devenir n'est pas la négation absolue de l'être. — Troisième principe : L'être un enveloppe la pluralité des êtres particuliers. . 527
II. *Conception du monde.* Comment Dieu peut-il concevoir le monde? Difficulté soulevée dans le *Parménide*. Comment Platon la résout. Rôle de l'Idée. La dyade contenue dans l'Un-Être. 531
III. *Production du monde.* Théorie de la génération dans le *Banquet*. Rapports de la perfection, de l'amour et de la fécondité. Comment le Bien en soi devient le Bien pour autrui. Le monde, production du bien dans le bien par le Bien même. 535

CHAPITRE II. — Le monde. Cosmologie platonicienne.

I. *Le mouvement. Le temps. Rapport du monde au temps.* — Le mouvement, le temps et le monde sont-ils sans commencement? Discussion des textes du *Timée*. Que le monde est engendré sans commencement et sans fin. . 540
II. *Rapport de la matière à l'espace.* 552
III. *Le monde, image des Idées.* 553

CHAPITRE III. — Psychologie platonicienne dans son rapport avec la théorie des idées. — Idées génératrices de l'ame.

I. *L'âme intelligente du monde.* Éléments idéaux de l'âme. Le même, le divers et le mixte : raison, opinion et entendement discursif. Comment l'âme doit tout envelopper virtuellement pour pouvoir tout connaître. En quel sens l'âme est un *nombre*. L'âme est-elle divisible ou indivisible? . 556

II. *Les âmes particulières.* Leur rapport avec l'âme universelle et avec les âmes générales. Dialectique des âmes. Leur éternité. Leur incorporation. Rapport de cette psychologie avec la théorie des Idées. 563

CHAPITRE IV. — La Providence.

I. *La Providence.* Le monde et l'âme ne peuvent subsister par eux-mêmes. Identité de l'acte producteur et de l'acte conservateur. La Providence est universelle. 571

II. *La Religion.* Différence de la vraie religion et de la superstition. Critique du paganisme. La vraie piété. La sainteté identique avec la justice. L'Idée du saint. Les lois morales ne sont point une institution arbitraire de Dieu. . . . 573

CHAPITRE V. — Le mal et l'optimisme.

I. Qu'est-ce que le mal? Peut-il être défini ou connu? Le mal métaphysique. Sa nature d'après Platon. Son rapport avec le possible et la matière. Sa nécessité conciliée avec l'optimisme. 580

II. Le mal physique. Pourquoi les corps sont corruptibles. — Le mal moral. Pourquoi l'âme est unie à un corps. L'erreur et le vice. 586

CHAPITRE VI. — L'immortalité.

I. *Preuve par la nature de la vertu.* 594
II. *Preuve par la nature de la science.* 594
III. *Preuve par la génération des contraires.* 595
IV. *Preuve par la réminiscence.* 596
V. *Preuve par la simplicité de la raison.* 596
VI. *Preuve par l'activité de l'âme.* 597
VII. *Preuve par l'essence de l'âme.* 598
VIII. *Preuve par la perpétuité du mouvement.* 600
IX. *Preuve par l'influence du mal sur l'âme.* 600
X. *Preuve par la sanction morale.* — Etat des âmes après la mort. 601

FIN DE LA TABLE.

APPENDICE

EXTRAITS DU RAPPORT PRÉSENTÉ AU NOM DE LA SECTION DE PHILOSOPHIE A L'ACADÉMIE DES SCIENCES MORALES ET POLITIQUES SUR LE CONCOURS RELATIF AUX IDÉES DE PLATON.

Par M. Ch. LÉVÊQUE.

Lu en Décembre 1867.

Messieurs,

Sur la proposition de la section de philosophie et sous l'inspiration de l'illustre rénovateur du platonisme en France, qui depuis nous a été si cruellement enlevé, l'Académie avait mis au concours, en 1864, pour un prix extraordinaire de cinq mille francs à prendre sur la fondation Bordin, la question suivante : — *Examen de la théorie des Idées de Platon*. Le programme indiquait que la question proposée pouvait se diviser en quatre parties :

Première partie. — « La première partie, disait-il, doit être une exposition détaillée et approfondie de la théorie des Idées, considérée en elle-même et dans ses principales applications.

» Déterminer le caractère propre de l'Idée. Est-elle seulement une conception de l'esprit et n'ayant d'existence que dans l'esprit, ou n'est-elle pas aussi quelque chose d'existant en soi, comme les espèces et les genres, et n'exprime-t-elle pas l'unité réelle qui réside dans tous les individus d'un même ordre et constitue leur appartenance à cet ordre ?

» Apprécier à ce point de vue les propositions suivantes :

» Tout a son Idée ; l'Idée est l'essence de toute chose ; l'Idée est le type invisible des choses visibles ; l'Idée est le fondement de la définition ; l'Idée est l'objet unique et éternel de la science, de l'art, de la morale, de la politique.

» En quoi consiste la dialectique platonicienne?

» De l'Idée du Beau. — Esthétique platonicienne.

» De l'Idée du Juste dans chaque homme et dans l'Etat. — Morale et Politique platoniciennes.

» De la hiérarchie des Idées.

» De l'Idée du Bien placée au faîte de cette hiérarchie, et du Bien supérieur à l'existence, comme en étant la raison et la cause finale.

» Du Dieu de Platon comme le premier et le dernier principe de l'Idée du Bien, et des Idées qui s'y rattachent. — Théodicée platonicienne. »

Deuxième partie. — « Rechercher ce que les prédécesseurs de Platon, et surtout Socrate, ont fourni à la théorie des Idées. »

Troisième partie. — « De la polémique d'Aristote contre la théorie des Idées. »

Quatrième partie. — « Suivre cette polémique dans l'école d'Alexandrie ; discuter la valeur de la conciliation entreprise par cette école entre Platon et Aristote. »

Conclusion. — « Résumer les mérites et les défauts de la théorie platonicienne des Idées ; reconnaître la part et le fond de vérité que contient cette théorie, par conséquent l'importance de son étude et les lumières que lui pourrait emprunter la philosophie contemporaine. »

Ce programme était vaste et difficile à remplir. Il exigeait des concurrents, d'abord une étude approfondie et une intelligence toute particulière de la philosophie platonicienne ; puis une connaissance exacte des systèmes antiques qui l'ont préparée comme de ceux qui en sont plus ou moins sortis ; et enfin une raison métaphysique capable de juger cette philosophie en elle-même et d'y découvrir les éléments durables que la science actuelle doit recueillir et adopter. Une réunion de pareilles qualités est rare, et les espérances de l'Académie auraient pu être trompées. Mais une main vigoureuse avait dès longtemps remué le terrain, répandu les semences et préparé la moisson. Ce serait aujourd'hui une vive joie pour M. Cousin de voir quels beaux fruits a produits son énergique persévérance, en poursuivant le but pendant cinquante années, depuis 1817, où il commença à traduire Platon, jusqu'à l'heure où ce concours a été fermé. Quatre mémoires, en effet, ont répondu à votre appel. Trois sont dignes à des titres divers de votre estime et de vos récompenses ; et le premier, celui pour lequel nous demanderons la totalité de ce prix extraordinaire que vous avez promis, est une œuvre considérable, où se révèle avec éclat un beau talent d'écrivain, de critique et surtout de philosophe. Nous allons vous faire connaître ces travaux en procédant par degrés du plus faible au plus éminent. (1)

. . . .

MÉMOIRE N° 3.

> Dieu : « Pourquoi l'imparfait serait-il, et le parfait ne serait-il pas?... La perfection est-elle donc l'obstacle à l'être? — Non, elle est la raison d'être. »
> (Bossuet.)
>
> Le Monde : Ἀγαθὸς ἦν· ἀγαθῷ δ' οὐδεὶς περὶ οὐδενὸς οὐδέποτε ἐγγίνεται φθόνος· τούτου δ' ἐκτὸς ὢν πάντα ὅτι μάλιστα γενέσθαι ἐβουλήθη παραπλήσια ἑαυτῷ.
> (Platon.)
>
> L'Ame immortelle : Οὕτω μὲν ἔχουσα εἰς τὸ ὅμοιον αὐτῇ τὸ ἀειδὲς ἀπέρχεται, τὸ θεῖόν τε καὶ ἀθάνατον.
> (Phédon, 81, a.)

Le mémoire n° 3 comprend quatre volumes petit in-folio, formant ensemble un total de seize cent vingt-huit pages. Malgré cette vaste étendue et à part quelques répétitions qu'il sera aisé de faire disparaître, l'ouvrage est composé avec beaucoup d'art. Toutes les parties en sont fortement coordonnées autour d'un centre unique; et ce centre, c'est la théorie des Idées de Platon. Point de digressions; aucun hors-d'œuvre. Le style est plein, ferme, juste, toujours grave, parfois élevé et même éloquent, sans recherche cependant et sans préoccupation de l'effet à produire : voilà pour les qualités extérieures. Quant à l'esprit de l'auteur, il remplit dans la plus large mesure les conditions requises par le sujet, et, disons-le sur-le-champ, il a

(1) Suit l'examen des mémoires inscrits sous les numéros 1, 2 et 4.

comblé, dépassé même toutes les espérances. Il possède une science profonde et complète de la matière ; les textes, qu'il semble savoir par cœur, obéissent sans effort à son appel et viennent docilement se ranger à leur place dans le cadre immense de l'ouvrage. Critique exercé et d'une clairvoyance singulière, il porte sur les systèmes anciens et modernes des jugements qui sont à lui et invente, pour les confirmer ou les combattre, des arguments nouveaux. Bien plus, il pense pour son propre compte : il a une théorie ; et si, dominé par ses opinions personnelles, il a eu parfois le tort de plier à son gré et d'interpréter arbitrairement les doctrines qu'il expose et qu'il apprécie, il a le mérite d'en avoir parfaitement compris la valeur essentielle et d'en avoir mis les éléments durables en pleine et vive lumière.

Son mémoire se divise naturellement en trois grandes parties : l'analyse de la théorie des Idées et l'histoire des doctrines qui l'ont préparée et de celles qui en sont issues forme les deux premières. La conclusion forme à elle seule une troisième partie. Imprimée séparément, chacune de ces parties pourrait être un livre remarquable et qui se suffirait à lui-même. Et il est à noter que le talent de l'auteur, qui se fait sentir partout, éclate cependant avec plus de force dans les deux parties les plus difficiles à traiter, c'est-à-dire dans l'exposition et la conclusion critique.

Dans une introduction vigoureusement écrite, l'auteur fait du platonisme une question contemporaine en le plaçant en regard de l'hégélianisme, et en montrant que les deux systèmes sont les deux formes nécessaires de toute métaphysique, et qu'entre ces deux formes le métaphysicien est tenu de choisir (1). « Devons-nous, dit-il, placer à l'origine des choses la pensée obscure, la pensée qui ne pense pas et qui n'aura conscience de soi que dans l'humanité, ou la pensée claire, la pensée qui pense et qui rend toutes choses conformes à ses idées éternelles ? » — Le mémoire tout entier n'est que la réponse à cette question et la justification du platonisme.

Le plan adopté par l'auteur pour l'exposition de sa première partie est excellent et lui a permis de donner de la théorie des

---

(1) Cette introduction, où l'hégélianisme était apprécié d'une manière inexacte et mis en opposition trop absolue avec le platonisme, a été supprimée.

Idées une analyse à la fois complète, lumineuse et profonde. Il traite successivement de l'existence des Idées, — de la nature des Idées, — des objets dont il y a des Idées, — du rapport des Idées aux choses, — du rapport des Idées entre elles, — du rapport des Idées à l'intelligence humaine, — du rapport des Idées à la sensibilité, — du rapport des Idées à l'activité, — du rapport des Idées à Dieu, — et enfin des rapports de Dieu au monde. Il passe ainsi en revue tous les aspects de la philosophie de Platon, sans en rompre jamais l'unité et sans imposer nos classifications modernes aux pensées de ce libre génie. Cette exposition est un modèle de clarté et de méthode : on voit s'y disposer et s'y enchaîner naturellement, non-seulement les détails de la doctrine elle-même, mais aussi les solutions et les discussions diverses auxquelles le platonisme a donné lieu dans tous les temps.

L'auteur du mémoire reproduit d'abord la réponse de Platon à cette première question : « Y a-t-il des Idées ? » D'après lui, Platon a démontré que l'Idée existe comme condition de la connaissance et comme condition de l'existence. L'Idée est la condition de la connaissance, Platon l'a prouvé par la psychologie et la logique. Il a établi que sans l'Idée il n'y a ni sensation, ni opinion, ni raisonnement, ni pensée intuitive, ni science en un mot. Puis, essayant de découvrir la définition platonicienne de la science, l'auteur du mémoire arrive à cette formule qui n'est pas de Platon, mais que le maître eût sans doute reconnue et signée : « La science est ce qui a pour objet l'universalité et la perfection. » Passant ensuite à l'Idée envisagée comme condition de l'existence, il explique parfaitement que, selon Platon, l'Idée est nécessaire, parce qu'il faut, pour les êtres, un principe d'essence, un type de perfection, un principe des genres naturels, et enfin une cause finale expliquant l'action de la cause efficiente, et que l'Idée est tout cela. Ce chapitre, où l'auteur a su mettre à profit les travaux antérieurs en y ajoutant d'utiles détails et une précision nouvelle, a paru excellent.

La question de savoir quels sont les objets dont il y a des Idées, est l'une des plus épineuses que présente le platonisme. Platon n'a point dissimulé qu'il en était fort embarrassé, et ceux qui entreprennent d'expliquer sa pensée ne sauraient être plus à leur aise que lui. L'auteur du mémoire n'a point prétendu en savoir là-dessus plus long que Platon lui-même, et il faut l'en louer. Mais peut-être n'a-t-il pas toujours assez profité des textes qu'il avait sous la main. Par exemple, il rencontre cette opinion soutenue par d'éminents critiques, que l'âme dans les *Dialogues* n'est qu'une Idée. Il discute fort bien cette opinion et s'abstient de l'adopter. Toutefois, il y incline, et quand il s'en éloigne c'est pour déclarer que « l'idée de la substance individuelle manquait à Platon, qui consultait moins la conscience que la raison. » Il est regrettable que l'auteur du mémoire n'ait pas au moins cité et examiné, en cette occasion, quelques passages du Xe livre des *Lois*, où l'âme est appelée par Platon *un nombre qui se meut lui-même*, et aussi, *un mouvement qui se meut lui-même*. Ces passages ne trahissent-ils pas une certaine intervention de la conscience, un sentiment très-psychologique de la force individuelle?... Quoi qu'il en soit, de telles expressions appelaient une attention sérieuse et auraient dû être commentées (1).

Mais en ce qui touche les Idées du non-être et du mal, l'auteur semble avoir rencontré et mis en évidence la véritable pensée de Platon. Il dit et il démontre que, d'après les textes du *Sophiste*, le non-être n'est pas une négation absolue. En effet, la négation absolue de toute chose, ce serait, selon Platon, le pur néant, le contraire absolu de l'être, qui, n'étant même pas concevable, ne saurait être ni objet de science ni objet de discussion. Le non-être platonicien n'est que la négation relative, la négation partielle de l'être positif et réel ; il n'est pas le rien ; il peut donc avoir son Idée. Et il en est de même du mal. Proclus a eu tort de nier énergiquement l'existence d'une Idée du mal. Cette Idée existe : mais il faut reconnaître, dit Platon, que le mal n'est autre chose que la négation ou la limite d'un bien, d'une qualité positive. Le mal absolu serait identique au néant absolu, qui n'a rien à démêler avec la science et dont Platon ne s'occupe seulement pas (p. 143).

La question du rapport des Idées aux choses et des Idées entre elles se ramène au difficile et obscur problème de la participation, c'est-à-dire des rapports de Dieu avec le monde, du fini avec l'infini. Dans quel dialogue en doit-on chercher la solution ? Est-ce dans le *Timée* ? Est-ce dans le *Parménide* ? L'auteur du

---

(1) Cette lacune a été comblée, et on a essayé de mettre en lumière l'animisme universel qui se trouve dans Platon.

mémoire n° 3 a sur ce point une opinion hardie, nouvelle, qu'il soutient avec vigueur et qui mérite la plus grande attention. Il estime que le dualisme du *Timée*, comme il l'appelle (p. 156), a un caractère symbolique et plus ou moins exotérique ; que cette doctrine est provisoire et qu'on ne peut guère la considérer comme le dernier mot de Platon. Ce dernier mot serait dans le *Parménide* dont la métaphysique profonde ébranlerait par ses objections, effacerait, et finalement remplacerait par l'unité le dualisme des Idées et de la matière essayé provisoirement dans le *Timée*. A cette occasion, l'auteur propose une interprétation du *Parménide* qui lui appartient tout à fait et qui révèle une singulière force d'esprit. Il est impossible de le suivre ici dans les détours de cette discussion où il se joue avec une souplesse et une aisance surprenantes. Reproduisons du moins sa conclusion qui se trouve à la page 230 : « Les contraires qui comparaissent dans le *Parménide*, dit-il, ne sont donc point inconciliables : ils ont un sujet commun où ils coexistent. Ce sujet n'est pas la matière ; ce ne sont pas non plus les Idées, car les Idées étant multiples sont le domaine de la différence ; c'est quelque chose de supérieur aux Idées mêmes, qui les embrasse toutes et les concilie. Qu'est-ce que ce principe supérieur à l'essence et à la pensée, sinon l'Unité? » — Assurément cette solution n'est pas sans provoquer certaines objections assez graves. L'auteur n'a point démontré historiquement cette antériorité chronologique du *Timée* par rapport au *Parménide*, sur laquelle il s'appuie. Il n'a point non plus mis hors de doute ce dogmatisme du *Parménide* qui, d'après lui, ne serait que voilé par tant de thèses et d'antithèses accumulées. Qui sait si Platon n'a pas cédé un jour de sa vie à la séduction, si puissante pour un esprit grec, de la dialectique subtile de l'éléatisme ?... L'auteur du mémoire n'aurait-il pas dû établir plus fortement les bases de son interprétation (1) ? Ces objections qui ont leur valeur n'ont cependant pas empêché la section d'apprécier la vigueur métaphysique dont cette analyse si remarquable fournit la preuve à chaque page.

L'auteur traite ensuite des rapports de l'Idée avec l'intelligence humaine. Sa description des divers procédés et des degrés successifs de la dialectique est excellente. Mais il aurait dû

---

(1) On a essayé de le faire dans les chapitres consacrés au *Parménide*.

condenser davantage et expliquer en termes plus clairs la théorie du langage contenue dans le *Cratyle* (1).

L'étude de l'Idée dans son rapport avec la sensibilité, c'est-à-dire de l'idéal attirant l'âme à lui par l'amour, conduit l'auteur du mémoire à l'esthétique de Platon. En présence de cet attrayant aspect de la doctrine platonicienne, il n'a point imité la sèche brièveté que nous avons notée et regrettée dans le mémoire n° 2. Loin de là : embrassant la théorie de la beauté dans son ensemble et la rattachant aux Idées par les liens les plus naturels, il a montré toutes les conséquences que Platon en a déduites et toutes les applications qu'il en a faites. Tout en se servant des travaux antérieurs, l'auteur a su non-seulement être lui-même, mais encore présenter les résultats de ses propres méditations dans un cadre complet et sous une forme attachante. On a surtout remarqué l'habileté avec laquelle il a rétabli et groupé les pensées de Platon au sujet de l'amour, considéré d'abord dans la nature, puis dans l'âme, puis enfin en Dieu lui-même.

Le tableau de la morale platonicienne est contenu dans le chapitre intitulé : *Rapports des Idées à l'activité*. A la morale de Platon l'auteur a cru devoir rattacher la psychologie du maître, et, avant de parler de la loi morale, il a traité de la personnalité humaine et par conséquent de la liberté. Il lui a semblé certain que Platon n'a pas eu la vraie notion de la personne individuelle. Cette assertion, qui reparaît ici pour la seconde fois, a de quoi surprendre un peu ; car à la page précédente (386, t. Ier), interprétant le langage de Platon selon l'esprit et non selon la lettre, il avait dit : « La division réelle ne peut convenir qu'à la substance étendue, et l'âme ne peut être divisée physiquement en plusieurs choses de même nature que le tout et susceptibles d'une existence à part. Chaque âme est donc indivisible sous ce rapport. » L'auteur a beau chercher, il ne trouve dans l'âme, telle que l'a conçue Platon, qu'une pluralité mathématique ou numérique. Mais une pluralité pareille n'atteint nullement l'unité individuelle de la substance (2). En ce qui touche la volonté libre, l'auteur du mémoire discute à fond la question, et il conclut que Platon d'une part n'est point fataliste, mais que d'autre part il n'a

(1) Ce chapitre a été refait entièrement.
(2) On a fait droit à ces observations, et on a essayé de rétablir la vraie doctrine de Platon sur l'âme.

en la notion de l'activité libre que sous une forme obscure et populaire. Peut-être cette opinion eût-elle été un peu différente si l'on avait tenu compte de la théorie si curieuse et si étendue du volontaire et de l'involontaire dans le IX⁰ livre des *Lois*. Dans tous les cas, il convenait de discuter ces importants passages dont l'auteur du mémoire ne dit rien (1). Mais, à part ces réserves, nous n'avons que des éloges à donner à ce très-remarquable chapitre.

La première partie du mémoire est dignement terminée par le IX⁰ livre, qui a pour titre : *Rapports des Idées à Dieu*, et par le X⁰, intitulé : *Rapports de Dieu au monde*. Là, dans une suite d'excellents chapitres dont le lien est toujours la théorie des Idées, on voit se développer ce que l'auteur appelle, comme le programme, la théodicée de Platon. Cette ampleur, cette abondance, cette richesse d'aperçus, lui auraient absolument manqué s'il se fût placé au même point de vue que l'auteur du mémoire n° 2. Mais il a adopté une manière de voir tout à fait contraire. « On ne comprendra jamais, dit-il, que celui qui a écrit le *Parménide* ait abouti à une sorte de polythéisme métaphysique. » Il croit donc au monothéisme dans Platon ; il proclame hautement son opinion et il en démontre la vérité. Cette démonstration consiste essentiellement dans une analyse originale et profonde de l'idée du Bien, telle qu'elle est présentée dans les *Dialogues*. L'auteur révèle ici toute la souplesse et aussi toute la vigueur de cette intelligence philosophique dont il est doué. Pour donner une idée des résultats remarquables auxquels il arrive, nous citerons ce qu'il dit de l'amour en Dieu, considéré comme l'épanouissement du Bien et comme la cause qui a porté Dieu à créer le monde :

« Celui qui est le Bien même ne peut agir que conformément
» à sa nature ; il est nécessairement bon dans tous les sens du mot :
» bon parce qu'il possède le bien, bon parce qu'il répand le
» bien. Pourquoi donc Dieu ne produirait il pas ? Y a-t-il au
» dehors de lui quelque obstacle qui s'oppose au libre développe-
» ment de sa nature, comme il y a au dehors de nous des obsta-
» cles qui nous rendent impuissants et stériles avant que nous
» ayons atteint un certain degré de perfection ? Dieu est la per-
» fection même et sa nature est à jamais accomplie. Pourquoi

(1) Tout le travail sur la liberté dans Platon a été refondu, et on peut le considérer comme entièrement nouveau.

» donc, encore une fois, ne produirait-il pas? Est-il jaloux du
» bien qu'il possède et veut-il le renfermer à jamais en lui-
» même? Pensée impie qui prête à Dieu l'égoïsme et la stérilité
» de l'homme méchant ! Non, Dieu qui est le Bien, et qui est
» bon en lui-même, est bon pour les autres êtres qu'il conçoit
» éternellement comme possibles et comme pouvant être bons à
» son image. Alors s'accomplit en Dieu ce mystère de l'amour
» dont nous voyons en nous-mêmes l'imitation imparfaite : l'être
» souverainement bon et beau conçoit un modèle de beauté qui
» est le *vivant intelligible*, identique à lui-même, et il produit
» dans la beauté une œuvre belle et bonne, image de sa propre
» perfection : Πάντα ἐγέννησε παραπλήσια ἑαυτῷ. Ainsi dans le
» Père qui engendre le monde, comme dans l'homme, l'amour
» conserve son essence : il est la production du bien dans le
» bien par le bien même. » (T. II, p. 545-546.)

Il est difficile d'expliquer plus heureusement et plus clairement Platon avec les textes mêmes et les expressions de
Platon. A cette citation, nous pourrions en ajouter beaucoup
d'autres non moins frappantes. Cette forme de commentaire
à la fois libre et exacte, fidèle à l'esprit des textes et cependant
vivante et personnelle, n'est-elle pas la véritable méthode d'exposition de l'histoire de la philosophie? On voit avec quel talent
supérieur l'auteur du mémoire n° 3 sait l'employer.

Les dernières pages de cette première partie sont consacrées
à l'explication et à la défense de l'optimisme de Platon. Résistons
au désir de multiplier les citations et d'allonger outre mesure
ce rapport déjà si étendu. Cependant l'Académie nous permettra
de lui faire connaître encore le passage suivant, où le dogme
philosophique de l'immortalité de l'âme est solidement et justement rattaché aux pensées de Platon sur la nature du bien et
sur l'essence négative du mal : « C'est ainsi, dit l'auteur du
» mémoire, c'est ainsi que Platon, faisant sortir de la théorie des
» Idées l'optimisme qu'elle contient nécessairement, considère
» le mal ou comme relatif ou comme passager et réparable :
» aux objections tirées du mal de l'âme et de l'injuste réparti-
» tion des biens et des maux, il répond par la doctrine de l'im-
» mortalité, intimement liée à celle de la Providence. » (P. 620,
t. II.)

Ce savant et profond travail sur le Dieu de Platon a provoqué
d'unanimes éloges; on y a cependant mêlé le regret que

l'auteur du mémoire n'ait pas recherché spécialement en quoi le Dieu identique au Bien est une substance personnelle. Ce point était à la fois délicat et important, et tout à fait digne des curieuses réflexions d'un esprit que les difficultés ne repoussent ni ne découragent (1).

La partie historique du mémoire n'est nullement inférieure à l'exposition de la doctrine platonicienne. C'est toujours la même science, la même sagacité, la même force de critique appliquées avec le même succès à des recherches un peu différentes. On ne peut dire que le talent de l'auteur du mémoire y faiblisse un seul instant. Aucun de ses concurrents n'a traité comme lui la question des antécédents de la théorie des Idées : aucun n'a su, comme lui, rattacher à Platon chacun de ses prédécesseurs par le lien métaphysique ou dialectique ; « Anaxagore, dit-il, a connu l'intelligence, il n'a pas connu l'intelligible. » En parlant des pythagoriciens, il a marqué par quelques traits profonds les ressemblances qui les rapprochent de Platon et les différences qui les en éloignent (p. 680-685). Parmi ces différences, celle qu'il ne faut jamais perdre de vue, c'est que, pour Platon, le principe suprême, le Bien, est pur de tout mélange, de toute imperfection, de tout mal, tandis que le Dieu de Pythagore est un mélange de bien et de mal, germe de toute perfection, mais aussi de l'imperfection (p. 681). Les pages consacrées à Socrate sont excellentes. L'auteur y montre avec une rare sûreté les premières lueurs du platonisme dans la maïeutique, cet antécédent de la réminiscence, dans l'amour socratique qui, comme l'amour platonique, a son origine et sa fin dans l'idée du bien. Et Socrate ne s'élève-t-il pas à Dieu par l'ordre intelligible du monde, de même que Platon montera plus tard d'Idée en Idée jusqu'à l'Idée suprême, cause de l'essence et de l'existence ? — Mais où l'auteur du mémoire a montré la plus grande pénétration et en même temps la plus rare justesse, c'est dans l'histoire et l'appréciation de la polémique d'Aristote contre la théorie des Idées. C'est un morceau de premier ordre qui, publié séparément, serait un ouvrage considérable. Toute la matière du débat y est rassemblée et condensée. Aucune objection n'est omise, et chacune est examinée, pesée, réfutée. Avec un art consommé, l'auteur démontre qu'au fond presque toute la

---

(1) Voir, dans ce volume, pages 502-521.

théorie de Platon se retrouve dans celle de son disciple et que la plupart des reproches adressés à Platon par Aristote retombent sur la doctrine de celui-ci, en sorte que son système réfute sa polémique. Certes, malgré tant de contraires apparences, Aristote est encore, après Platon, le plus grand et le plus fidèle de tous les platoniciens ; et, en rencontrant sur son chemin les représentants dégénérés de l'Académie, l'auteur du mémoire a pu s'écrier avec vérité : « Où donc est le véritable platonisme ? » Est-ce dans l'Académie, où l'on vénère Platon sans le comprendre ? N'est-ce pas plutôt dans le Lycée, où Platon est attaqué, mais où triomphent ses doctrines les plus admirables ? » Ce rapprochement toutefois n'aboutit point à une confusion des deux philosophies : dans le mémoire n° 3, les différences, les nuances même sont marquées, et les lignes de démarcation fermement maintenues.

Après de fortes considérations sur le stoïcisme et l'épicuréisme, après un coup d'œil jeté sur les doctrines orientales qui ont préparé jusqu'à un certain point l'école d'Alexandrie, l'auteur aborde l'examen du néoplatonisme. Dans cette analyse de systèmes tout hérissés de difficultés, sa science reste aussi étendue et aussi profonde, son exposition aussi nette, ses vues aussi neuves. Il pénètre dans les replis les plus secrets et dans les détours les plus obscurs de la philosophie des hypostases et des émanations. Son explication du πρόοδος ou procession des êtres par l'émanation a été jugée très-originale. Mais, dans cette partie de son travail, sa critique est moins ferme et moins assurée. Ce n'est pas qu'il n'ait très-bien compris ce que demandait le programme et qu'il n'ait mis dans un jour tout nouveau les efforts qu'ont fait les Alexandrins pour concilier Platon et Aristote au sujet de l'un et du multiple, de l'Idée et du monde sensible, de la forme et de la matière. A part un endroit où il confond à tort les *Hénades* avec les *Idées* dans la métaphysique de Proclus, le résumé des conceptions des deux maîtres alexandrins est exact autant que lumineux. Cependant l'auteur du mémoire semble hésiter et varier quand il apprécie la tentative alexandrine. D'abord, Plotin l'éblouit et obtient de cet esprit si clairvoyant d'ordinaire des éloges presque sans restriction. Il trouve que les *Ennéades* contiennent « une philosophie le plus souvent admirable, dont la valeur ne lui semble pas avoir été justement appréciée. » Il a des excuses et même des louanges pour des opinions de Plotin regardées jusqu'ici comme des erreurs. Il dit, par exemple, que si le Dieu de Plotin ne pense pas, ce n'est pas que la pensée lui manque, mais au contraire à cause de l'éminence même de sa pensée (p. 1129). — Mais, répondra-t-on, comment l'éminence de la pensée consisterait-elle à ne pas penser? La philosophie de Plotin, comme celle de Proclus, a des enivrements redoutables auxquels l'historien des systèmes doit savoir résister. Dans un autre endroit, l'auteur du mémoire subit encore la fascination dangereuse de cette métaphysique ardue et subtile à la fois. Pour justifier l'extase, où l'âme perd absolument le sentiment d'elle-même et ne se distingue plus de l'unité divine, il propose résolûment l'explication que voici : « Cette union avec Dieu supprime la pensée non par défaut et » anéantissement, mais par plénitude et infinité. » (P. 1190.) Dans cette méthode d'interprétation qui conduirait non-seulement à l'approbation, mais à l'admiration du néoplatonisme, il y a un péril sérieux (1). Au reste, ce péril, l'auteur l'a aperçu plus loin. A la fin de son mémoire, son jugement sur les Alexandrins se modifie : « Ils ne se sont pas, écrit-il page 1613, ils ne se sont » pas assez clairement expliqués sur la nature du principe » suprême et conciliateur auquel se termine leur dialectique. » On se demande encore si ce principe est pour eux l'absolue » virtualité ou la réalité absolue, ou quelque chose de réel et de » virtuel à la fois ; et un examen plus approfondi fait com- » prendre que Plotin s'est borné à juxtaposer les principes, au » lieu d'en démontrer l'absolue identité dans l'être parfait. » — Tel est à l'égard du néoplatonisme le dernier mot de l'auteur du mémoire; et c'est sur cette opinion exprimée au terme même de son immense travail qu'il est équitable de le juger lui-même.

La conclusion critique remplit le quatrième volume tout entier. Elle est divisée en trois livres qui traitent, le premier : *de l'Idée, loi de la connaissance*; le second : *de l'Idée, loi de l'existence*; le troisième : *des principales applications de la théorie des Idées*. C'est un véritable traité de philosophie platonicienne où éclatent plus vivement encore que dans les précédents volumes et les qualités personnelles de l'auteur et son incon-

---

(1) Nous avons essayé de mieux justifier, en l'éclaircissant davantage, notre interprétation du néoplatonisme. Voir t. II, livre IV, chapitres II et III.

testable supériorité sur ses concurrents. Toutefois ce beau travail n'a pas laissé que de donner lieu à quelques observations critiques. Peut-être à cause même de la vaste étendue du sujet et de la méthode dialectique qui constamment y est employée, la marche des pensées est un peu lente; elle revient sur elle-même; elle amène certaines répétitions. L'appréciation de la doctrine platonicienne ne s'y présente pas assez comme le but spécial du volume, et des philosophes modernes, comme Leibnitz et Kant, obtiennent de l'auteur non moins de place et d'attention que Platon lui-même. Il a paru s'occuper bien fréquemment de Hégel et interpréter quelquefois avec un peu de liberté les conceptions, singulièrement obscures du reste, qui composent le fond de la philosophie du *devenir* (1). Mais si l'on prend ce quatrième volume pour ce qu'il est en réalité, c'est-à-dire pour une défense du platonisme au double point de vue de l'histoire et de la théorie, on est frappé et ravi de la puissance déployée par l'auteur. Il était évidemment maître de sa pensée avant d'entreprendre cet ouvrage. Aussi la conduit-il comme il veut, où il veut, sans tâtonnements et sans défaillances. Il s'empare de la théorie des Idées de Platon, l'explique, la confirme; puis, y ajoutant des considérations nouvelles et des arguments originaux, il s'en sert pour réfuter tour à tour l'empirisme positiviste, le criticisme de Kant, la dialectique de Hégel, les théories hasardées de Darwin (2) et de ses partisans. L'examen et la défense des preuves ontologiques de l'existence de Dieu devient, sous cette plume hardie, forte et presque toujours sûre, un morceau où la théodicée est comme renouvelée. Celui qui se meut avec tant d'aisance et de vigueur au milieu des questions les plus compliquées et les plus ardues est vraiment un philosophe. Au spiritualisme qu'il a embrassé, il apporte un précieux secours. Ce mémoire ne contient pas seulement des promesses et des espérances : l'arbre est jeune peut-être, comme on en peut juger à la chaleur et à la richesse de la sève; mais, quel que soit son âge, il porte d'excellents

---

(1) Nous avons profité de ces critiques dans notre troisième partie, qui a été plus remaniée que le reste de l'ouvrage.

Nous avons ajouté à cette partie un chapitre sur l'amour, emprunté à notre mémoire sur la *Philosophie de Socrate*.

(2) La partie relative à Hégel a été supprimée. Quant à la théorie de Darwin, elle ne semble avoir en elle-même rien de contraire aux données métaphysiques; c'est une question d'histoire naturelle.

fruits. Afin de justifier ces éloges qui, dans la section, ont été répétés et unanimes, nous citerons la conclusion dernière du quatrième volume :

« Le platonisme est tout entier dans ces deux principes :

» L'Être le meilleur en soi est aussi le plus réel en soi et le
» plus actuel : sa bonté est sa raison d'être.

» L'Être le meilleur en soi est aussi le meilleur pour les autres,
» le plus puissant, le plus aimant, le plus fécond : sa bonté est
» leur raison d'être.

» C'est là, nous osons le dire, le degré le plus élevé auquel
» puisse atteindre la pensée ; le terme de toute dialectique, de
» toute science, de toute philosophie. La raison n'est satisfaite
» que quand elle est remontée au delà même de l'essence, au
» delà de l'intelligence, jusqu'au Bien. Les panthéistes veulent
» s'arrêter à la substance nécessaire, à ce que Platon appe-
» lait l'essence ; et voilà que sous cette essence ainsi isolée,
» au lieu de l'être on découvre le néant. Aristote monte plus
» haut, mais il s'arrête à l'intelligence, et, voilà que cette pen-
» sée de la pensée, absorbée dans la contemplation d'elle-même
» et comme dans une sorte d'égoïsme stérile, ne semble plus
» qu'une pensée sans pensée. Plus haut, plus haut encore, par-
» delà l'essence, par-delà l'intelligence, Platon aperçoit le
» Bien, et dans le bien en soi il entrevoit le bien pour autrui,
» que le christianisme appellera la bonté. Qu'est-ce que l'*être*
» sans la *pensée*? Qu'est-ce que la *pensée* sans l'*amour*, c'est-à-
» dire sans le Bien?

» Le Bien seul est le Dieu vivant, Idée des Idées, être des
» êtres. En l'adorant, nous adorons le suprême idéal et aussi la
» suprême réalité : en l'aimant, nous ne faisons que répondre à
» son amour ; en le cherchant, nous ne faisons que céder à l'attrait
» de la beauté éternelle et éternellement féconde. C'est lui que
» tous les êtres poursuivent et que poursuivent ceux mêmes qui
» le nient. Qu'importe le nom qu'on lui donne ? Il est l'idéal,
» mais il est aussi l'Être ; il est l'intelligible, mais il est aussi
» le réel ; il est le Bien immanent, mais il est aussi le Bien
» expansif et aimant ; il est le vrai, il est le beau, il est l'ordre,
» l'harmonie, la perfection ; tous ces noms expriment une de
» ses faces, aucun n'épuise son infinité.

» Si cependant il est un nom qui lui convienne encore plus
» que tout autre parce que ce nom, embrassant toutes choses,

» est vaste et infini, non-seulement comme l'être et la pensée,
» mais comme l'amour, c'est celui que Platon prononça avant
» le christianisme et sous lequel il adora la perfection divine :
» c'est le nom de *Bonté.* » (p. 1626-1628.)

Nous n'ajouterons rien à ces éloquentes paroles. L'Académie connaît maintenant les concurrents qu'elle doit juger. En présence de ces travaux, surtout en présence des mémoires n° 2 et n° 3 qui donnent enfin à la philosophie française une complète exposition du platonisme; en présence aussi des deux esprits qui s'y révèlent et dont l'un est très-distingué, l'autre éminent, puissant même par la science et la pensée, l'Académie peut se réjouir d'avoir mis au concours ce magnifique et difficile sujet et d'avoir promis au vainqueur une récompense extraordinaire.

La section propose à l'Académie de décerner :

Au Mémoire n° 3 la totalité du prix qui est de *cinq mille francs;*

Au mémoire n° 2 un second prix, pour lequel la section prie l'Académie de prendre sur ses fonds en réserve une somme de *quinze cents francs;*

Au mémoire n° 1 une mention honorable.

Au nom de la section de philosophie :

Le Rapporteur,

Ch. LÉVÊQUE.